上古漢語語法史

姚振武 ◎ 著

上海古籍出版社

圖書在版編目(CIP)數據

上古漢語語法史 / 姚振武著. -- 上海 : 上海古籍出版社, 2025.5. -- ISBN 978-7-5732-1658-8
Ⅰ. H14-09
中國國家版本館CIP數據核字第2025T72N93號

題簽：袁本良

上古漢語語法史

姚振武 著

上海古籍出版社出版發行
（上海市閔行區號景路 159 弄 1-5 號 A 座 5F　郵政編碼 201101）
（1）網址：www.guji.com.cn
（2）E-mail：guji1@guji.com.cn
（3）易文網網址：www.ewen.co
江陰市機關印刷服務有限公司印刷
開本 700×1000　1/16　印張 33.75　插頁 6　字數 553,000
印數：1—1,100
2025 年 5 月第 1 版　2025 年 5 月第 1 次印刷
ISBN 978-7-5732-1658-8
H・290　定價：138.00 元
如有質量問題，請與承印公司聯繫

姚振武，1954年生，江西南昌人。1982年7月畢業於北京大學中文系，1984年4月入中國社會科學院語言研究所工作。主要從事古漢語語法研究。研究員，教授，曾任古代漢語研究室副主任、主任，並獲北京大學王力語言學獎。

目　録

緒　論 …………………………………………………………………… 1
　第一節　上古漢語的性質 ……………………………………………… 1
　　一、上古漢語的語言學價值 ………………………………………… 1
　　二、上古漢語的一致性 ……………………………………………… 8
　第二節　上古漢語語法發展簡述 ……………………………………… 11
　　一、詞類及構詞法的發展 …………………………………………… 11
　　二、句法結構的發展 ………………………………………………… 17
　　三、西周漢語的重要性 ……………………………………………… 20
　第三節　一點思考：上古漢語的綜合性及其他 ……………………… 21
　　一、語法的綜合性的概念 …………………………………………… 21
　　二、上古漢語語法的綜合性 ………………………………………… 23
　　三、語法的綜合性與語法成分的轉化：多樣化和同一化 ………… 32
　　四、語法的綜合性的意義 …………………………………………… 38
　　五、逆演化：由虛到實 ……………………………………………… 40

第一章　名詞和動詞的發展 …………………………………………… 43
　第一節　關於名詞 ……………………………………………………… 44
　　一、名詞概貌 ………………………………………………………… 44
　　二、關於詞頭"有" …………………………………………………… 45
　第二節　關於動詞 ……………………………………………………… 52
　　一、及物動詞和不及物動詞 ………………………………………… 52
　　二、存現動詞 ………………………………………………………… 58

第三節　名詞、動詞的相互轉化及其發展 ················· 61
　　一、動-賓框架內的名詞-動詞關係 ··················· 61
　　二、其他語法位置上的名-動轉化 ··················· 71
第四節　助動詞的發展 ························· 80
　　一、意願類 ···························· 81
　　二、能可類 ···························· 85
　　三、事理類 ···························· 96

第二章　形容詞的發展 ·························· 99
　第一節　性質形容詞的發展 ······················ 99
　第二節　狀態形容詞的發展 ······················ 104
　　一、單音節狀態形容詞的語法功能 ··················· 104
　　二、雙音節狀態形容詞的語法功能 ··················· 105
　　三、四音節AABB式狀態形容詞的語法功能 ··············· 107
　　四、狀態形容詞的轉指 ························ 107
　　五、附加式狀態形容詞的語法功能 ··················· 108

第三章　數詞、稱數法與量詞的發展 ···················· 112
　第一節　數詞及稱數法的發展 ····················· 112
　　一、計數法 ···························· 112
　　二、次序記錄法 ··························· 116
　　三、分數表示法 ··························· 119
　　四、倍數表示法 ··························· 121
　第二節　名量詞的發展 ························ 123
　　一、個體量詞的發展 ························· 124
　　二、集體量詞的發展 ························· 140
　　三、臨時量詞的發展 ························· 149
　　四、問題討論：關於"單位詞" ····················· 157
　第三節　從"名＋數＋名（量）"到"數＋量＋名" ············· 158
　　一、從"名＋數＋量"到"數＋量＋名" ·················· 158

二、問題討論：關於"移位" ………………………………… 165
　第四節　動量的表達與動量詞的發展 ……………………………… 168

第四章　代詞的發展 ……………………………………………… 172
　第一節　人稱代詞的發展 …………………………………………… 172
　　一、第一人稱代詞的發展 ………………………………………… 172
　　二、第二人稱代詞的發展 ………………………………………… 184
　第二節　古指稱詞的概念及古指稱詞的發展 …………………… 191
　　一、第三人稱範疇的表達與古指稱詞概念的提出 ……………… 192
　　二、古指稱詞的發展 ……………………………………………… 206
　第三節　己身代詞的發展 …………………………………………… 211
　　一、關於"自" …………………………………………………… 211
　　二、關於"己" …………………………………………………… 215
　　三、"自"和"己"的比較 ………………………………………… 216
　　四、歷史發展 ……………………………………………………… 219
　　五、問題討論：關於"自"的詞性 ………………………………… 220
　第四節　疑問代詞的發展 …………………………………………… 222
　　一、西周時期的疑問代詞 ………………………………………… 222
　　二、東周以後的疑問代詞 ………………………………………… 225

第五章　副詞的發展 ……………………………………………… 236
　第一節　範圍副詞的發展 …………………………………………… 236
　第二節　語氣副詞的發展 …………………………………………… 246
　第三節　時間副詞的發展 …………………………………………… 253
　第四節　否定副詞的發展 …………………………………………… 257
　第五節　情態方式副詞的發展 ……………………………………… 266
　第六節　程度副詞的發展 …………………………………………… 272

第六章　介詞的發展 ……………………………………………… 274
　第一節　殷商時期的介詞 …………………………………………… 275

第二節　西周時期的介詞............286
　　第三節　東周以至西漢時期的介詞............296

第七章　連詞的發展............310
　　第一節　並列連詞的發展............311
　　第二節　遞進連詞的發展............320
　　第三節　順承連詞的發展............322
　　第四節　選擇連詞的發展............324
　　第五節　因果連詞的發展............325
　　　一、原因連詞............325
　　　二、結果連詞............326
　　第六節　轉折連詞的發展............332
　　第七節　假設連詞的發展............333
　　第八節　讓步連詞的發展............336

第八章　結構助詞的發展............339
　　第一節　者、所............339
　　　一、本體名詞與動詞的統一性............339
　　　二、"者"和"所"的功能及發展............342
　　第二節　之............350
　　　一、定中結構之間的"之"............350
　　　二、主謂結構之間的"之"............351

第九章　語助詞的發展............353

第十章　語氣詞的發展............359
　　第一節　語氣詞的基本認識............359
　　第二節　語氣詞的產生和發展............361
　　　一、殷商時期的語氣詞............361
　　　二、西周時期的語氣詞............363

三、東周以後的語氣詞 ……………………………………… 367
　　四、語氣套疊現象及其發展 ………………………………… 375

第十一章　構詞法的發展 ………………………………………… 384
　第一節　殷商時期的構詞法 …………………………………… 384
　第二節　西周時期的構詞法 …………………………………… 388
　　一、雙音節單純詞的發展 …………………………………… 388
　　二、雙音節複合詞的發展 …………………………………… 391
　第三節　東周以後構詞法的發展 ……………………………… 392
　　一、動詞性偏正複合詞的產生 ……………………………… 392
　　二、動補性複合詞的產生 …………………………………… 394
　　三、附加式複合詞的進一步發展 …………………………… 396

第十二章　主謂結構的發展 ……………………………………… 397
　第一節　主語的位置 …………………………………………… 397
　第二節　"主+之+謂"式的產生與消亡 ……………………… 398
　第三節　受事主語句的發展 …………………………………… 402
　　一、意合句的發展 …………………………………………… 402
　　二、遭遇義動詞句的發展 …………………………………… 406
　　三、指稱句的發展及被動式的產生 ………………………… 413
　第四節　判斷句的發展 ………………………………………… 421

第十三章　動詞與受支配成分關係的發展 ……………………… 430
　第一節　殷商時期的動賓關係 ………………………………… 431
　　一、一般動賓語義關係及賓語的位置 ……………………… 431
　　二、有"標記"的賓語前置結構 …………………………… 435
　　三、三賓語及多賓語句 ……………………………………… 437
　第二節　西周時期的動賓關係 ………………………………… 441
　　一、一般動賓語義關係及賓語的位置 ……………………… 441
　　二、否定句中賓語的位置 …………………………………… 445

三、非否定句代詞賓語的位置 …………………………………… 447
　　四、有標記的賓語前置結構 ……………………………………… 450
　　五、複雜動賓式 …………………………………………………… 453
　第三節　東周以後的動賓關係 ……………………………………… 456
　　一、動賓語義關係的發展 ………………………………………… 456
　　二、"賓語前置"現象的衰微 ……………………………………… 459
　　三、三賓語句 ……………………………………………………… 463

第十四章　定中關係的發展 …………………………………………… 464
　第一節　定語的基本類型及其發展 ………………………………… 464
　第二節　"定+之+中"結構的產生 ………………………………… 468
　第三節　後置定語的發展 …………………………………………… 470
　　一、體現事物整體與部分關係的定語後置結構 ………………… 471
　　二、體現描寫關係的定語後置結構 ……………………………… 478

第十五章　處置式的產生與發展 ……………………………………… 481

第十六章　"動結式"的產生與發展 ………………………………… 487
　第一節　"動結式"辨析 …………………………………………… 487
　第二節　"動結式"的發展 ………………………………………… 494
　第三節　研究方法的檢討 …………………………………………… 509
　　一、問題的提出 …………………………………………………… 509
　　二、關於及物動詞與不及物動詞 ………………………………… 511
　　三、"主語與賓語的對立"問題 ………………………………… 514
　　四、"自動詞化"等等 …………………………………………… 515
　　五、結語 …………………………………………………………… 517

主要參考文獻 …………………………………………………………… 520
後　記 …………………………………………………………………… 529
再版後記 ………………………………………………………………… 532

緒　論

第一節　上古漢語的性質

一、上古漢語的語言學價值

（一）指稱、陳述的瞬間分化與人類語言的産生

在當今世界上所有活着的語言中，漢語是歷史極爲悠久，文獻資料最爲豐富，作爲母語使用的人口最多，類型上又非常特殊的一種語言。這個語言，連同它所承載的文化，在與周邊大量的其他語言及文化的長時期密切接觸中（中國是世界上周邊接壤國最多的國家），一直處於無與匹敵、無可撼動的"一尊"地位。可以毫不誇張地説，漢語是語言學研究的一塊沃土。如果我們要系統考察當今一種活的語言在公元前一千幾百年間一脈相承的發展情況，恐怕非漢語莫屬。而這個語言的來歷，也是非常特殊的。

根據人類起源的分子生物學研究最新進展，古人類學界現在普遍認爲，所有現代人類的祖先原來只是大約十萬年前生活在非洲東部的一小群人[①]。這就證明了此前一些著名語言學家關於人類語言單一起源的論斷。德國語言學家洪堡特（Wilhelm von Humboldt）早就指出："語言實際上只有一種，也只有這種語言纔是人類語言，它在世界上無數具體語言中得到了不同的顯示（sich of fenbart）。"[②] 美國語言學家薩丕爾（Edward Sapir）甚至推測説："語言的起源是一元的還是多元的呢，事情滿可能是這樣：作爲人類的一種制度（也不妨説作爲人類的一種"才能"），語言在人類歷史上

---

① ［美］韋爾斯（Spencer Wells）《出非洲記——人類前史》，杜紅譯，東方出版社2006年；梅朝榮《人類簡史·大辯論：現代人究竟起源於何時何地》，武漢大學出版社，2006年；周忠和《DNA解讀人類起源》，《華夏地理》2007年第1期。

② 姚小平《洪堡特——人文研究和語言研究》，外語教學與研究出版社，1995年，96頁。

只發展過一次,整部複雜的語言史只是單獨的一樁文化事業。"① 蘇聯學者 В.И. Абаев 也認爲,語言的產生"這個奇迹在我們這個星球的歷史上只能出現一次,也許在宇宙史上也是唯一的一次"②。事實上,從"普遍唯理語法"到"轉換生成語法",都是以人類語言的內在統一性爲其理論基礎的。

有些學者甚至認爲人類語言是在一瞬間產生的。例如洪堡特就認爲語言的起源是一種"突現"③。桂詩春也介紹了美國神經生理學家史密斯(Curtis Smith)的"語言的突然發明"的觀點④;王士元通過電腦建模的方式模擬語言的產生,結果顯示這是"突變的一刻",是"靈光一現"⑤。喬姆斯基甚至推測人類語言產生於人類"某個個體"的"基因突變"⑥。

大約三至六萬年前人類有了語言⑦,那麼,在那"突現"的一刻,究竟發生了什麼? 這個語言是怎樣的? 其特點又如何? 既然就語言而研究語言難以構建語言的原始面貌,那麼我們不妨先想想,從思維產生的角度看,人類語言最初可能甚至必然是個什麼樣子?

薩丕爾説:"再說一次,語言,作爲一種結構來看,它的内面是思維的模式。""思維只不過是脱去了外衣的語言。"⑧ 正是語言與思維的這種内在統一性,使我們有可能通過對最初思維形式的考察來推斷最初的語言形式。古希臘亞里士多德從一開始就是聯繫語法形式來研究哲學範疇的⑨。而"哲學範疇是人們的思維反映客觀世界的最普遍、最本質的概念"⑩。亞氏把客觀世界分爲十個範疇,其中本體範疇(即現實世界中不依賴任何其他東西而獨立存在的各種物體及其所代表的類)佔有特殊的位置,其他九個範疇(行爲、狀態、數量等)都是附屬於本體的,是本體的屬性。人類這種思維形式(本體—屬性)反映到語言上,就是本體爲指稱(主語、名詞等),其他九個範疇爲陳述

---

① [美]薩丕爾《語言論》,陸卓元譯,商務印書館,1985年,137~138頁。
② [蘇聯] В.И. Абаев《論意識和語言的起源》,蔡富有譯,《國外語言學》1980年第1期。
③ 姚小平《洪堡特——人文研究和語言研究》,82~83頁。
④ 桂詩春《語言起源問題新探——〈祖先的聲音〉評介》,《國外語言學》1993年第1期。
⑤ 王士元《演化語言學中的電腦建模》,《北京大學學報(哲學社會科學版)》2006年第2期。
⑥ [美]喬姆斯基《如何看待今天的生物語言學方案》,《語言科學》2010年第2期。
⑦ 王士元説:"令人鼓舞的是,分子基因學開始指出,哪些基因學上的事件與語言的產生有高度相關。最近《科學》雜誌上的兩篇文章,就把兩件這樣的事追溯到距今 37 000 與 58 000 年前。"見王士元《演化語言學中的電腦建模》,《北京大學學報(哲學社會科學版)》2006年第2期。
⑧ [美]薩丕爾《語言論》,19,200頁。
⑨ [古希臘]亞里士多德《範疇篇 解釋篇》,方書春譯,商務印書館,2005年。
⑩ 楊壽堪《亞里士多德範疇學説簡論》,福建人民出版社,1983年,34頁。

(謂語、動詞等),從而構成一個短句(語言),同時也就是一個判斷(邏輯)。

"本體—屬性"的概念可以由羅素的一段話來説明。羅素(Bertrand Russell)説:"事實上,'實體'(姚按:即我們所説的"本體")僅僅是把事件聚集成堆的方便的方式而已。我們關於史密斯先生能知道什麽呢?當我們看他的時候,我們就看到一套顔色;當我們聽他説話時,我們就聽到一串聲音。我們也相信他也像我們一樣地具有思想感情。但是離開了這些事件而外,史密斯先生又是什麽呢?"① 顯然,離開了這些表現爲"謂語"的"事件",史密斯先生也就不存在了。正是在這個意義上,我們説本體與屬性是統一的。

世界上所有的動物,甚至植物,同類之間都有信息的交流手段,這也常常被稱之爲"語言"。但只有人類能夠把同一個客觀對象分成"本體"和"屬性"兩部分來認識和思考,同時用指稱和陳述兩分的方式表達出來。這就是人類語言"突現"時的狀態。可以説,指稱與陳述的瞬間分化產生了語言。反映到語言形式上,就是名詞和動詞。這也就是人類語言最本質的功能就是指稱和陳述,最核心的成分就是名詞和動詞的根本原因②。正如薩丕爾所言:"説話的主題是名詞。最普通的説話主題不是人就是東西,所以名詞聚集在這一類具體概念周圍。對主題的陳述一般是某種動作(就'動作'的最廣泛的意義來説),是從一種存在狀態到另一種存在狀態的過渡,所以,專門用來作陳述的形式,即動詞,聚集在動作概念的周圍。沒有一種語言完全忽略名詞和動詞的區別,雖然在某些特殊情況下,這種區別的性質不容易捉摸。別的詞類就不同了,沒有一類是語言非有它就活不了的。"③

語言的單一起源性(本體)是指稱-陳述分化的基礎,(如果語言起源是多元的,就無法解釋人類語言所共有的指稱-陳述[名詞-動詞]的基本模式)。而"指稱-陳述"的分化又是語法成分的分析性與綜合性的基礎。分化(或者説分析)的雙方同時又是互相包涵的。這個觀點具有普遍意義。語法成分的任何分化(分析)都是統一體的分化,因此任何語法成分都包含着"分化和統一"(分析和綜合)這兩個方面,這兩個方面都對語法成分的發展變化發生着作用。

應該説,分析性與綜合性是人類語言語法成分既對立,又緊密聯繫的兩種基本屬性。

---

① [英]羅素《西方哲學史》上卷,何兆武、李約瑟譯,商務印書館,1963年,260頁。
② 姚振武《人類語言的起源與古代漢語的語言學意義》,《語文研究》2010年第1期。
③ [美]薩丕爾《語言論》,106~107頁。

（二）上古漢語與人類初期語言

一種語言只有（或非常接近於只有）名詞和動詞，這可能嗎？事實是，不僅可能，而且我們在上古漢語，尤其是殷商時期甲骨文裏，非常接近於看到這種事實。例如：

（1）辛卯卜，甲午禱禾上甲三牛？　　　　　　　　（《合集》33309）

例（1）與動詞"禱"相關的有四個名詞：甲午、禾、上甲、三牛，簡單、直接排列於動詞前後，其意略謂：在甲午這一天爲了年成用三頭牛向上甲禱祭嗎？如此複雜的語義關係，却没有借助任何"形態"或介詞。這樣的句子，其語序甚至還可以變動。例如：

（2）甲申卜，御婦鼠妣己三牝牡？　　　　　　　　（《合集》19987）
（3）一牛一羊御婦鼠妣己？　　　　　　　　　　　（《合集》19987）

我們看到，表示犧牲的名詞既可後置，如例（1）、（2），也可前置，如例（3）。

人造語言，即所謂"克里奧耳語（creole）"（其前身爲"洋涇浜語"，主要是名詞、動詞與形容詞，至于冠詞、助動詞、連接詞或介詞，不是很少就是没有）的産生也是很好的證明。

近現代以來，隨着資本的擴張，大農場、市集、貿易站大批出現，在那些地方，操不同語言的人會聚一堂，溝通的問題急需解決，於是一種人造語言"克里奧耳語"應運而生。戴蒙德指出："這個形成'克里奧耳語'的過程，是語言演化的自然實驗，在現代世界中開展過幾十次，各不相干。……時間範圍至少從17世紀起，直到20世紀。引人注目的是，所有這些實驗的語言産品，無論有與不足的面相，都有那麼多相似之處。"而在夏威夷，"創造新語言的人，是當年正在牙牙學語的兒童。……夏威夷兒童聽見的語法不多，他們聽見的，既不一致，又很原始。所以，他們創造了自己的語法。他們成功地爲自己創造了語法，而不是以聽來的語料拼湊出來"。戴蒙德問："每一個'克里奧耳語'的兒童創作者，怎麼能那麼迅速地就語法達成共識？爲什麼不同'克里奧耳語'的兒童創作者，會一再地發明相同的語法特徵？"戴蒙德根據喬姆斯基的思想回答說："'克里奧耳語'的語法特徵，就是天生的'普遍語法'的預置設定。"[①]

---

① ［美］戴蒙德（J. Diamond）《第三種黑猩猩：人類的身世與未來》，王道還譯，上海譯文出版社，2012年，161～167頁。

我們認爲,這個"預置設定"其實就是人類把同一個客觀對象分解爲"本體-屬性"兩部分來理解,並用"指稱-陳述"兩分的方式表達出來的能力。這種能力是主觀與客觀相互作用的產物,是現代人類獨有的。

此外,兒童語言的發展也很能説明問題。先是"獨詞句",這相當於"動物的喊叫"階段。然後是雙詞句,即名詞與動詞,形成"電報式的語言"①,這與我們所推定的人類語言初始狀態以及殷商甲骨文、克里奥耳語均相接近。四者如此契合,難道是偶然的嗎?

旁觀者清。關於漢語與人類原始語言的關係,西方人早就有所思考。羅賓斯(R.H. Robins)介紹説:"J.Webb(1611—1672)爭論説,漢語是亞當的語言。他在對《聖經》的歷史重新作適當的解釋時認爲:説漢語的人在巴別塔的建造和毁掉之前,就已跟人類的其餘部分分開了。Webb 從結構方面論證説,因爲漢語是單音節語言,其結構又最簡單(比希伯來語簡單得多),所以顯然必定是最原始的語言。這正是漢語及其據説是獨一無二的、明顯地簡單的結構的發現對十七世紀的歐洲語言學界所產生的深刻影響的一個方面。"② 語言譜系學説的鼻祖施萊哈爾(August Schleicher)曾設想,人類語言的發展最初發源於類似漢語那樣的簡單狀態,然後通過黏着期,最後進入最高形式的屈折狀態③。洪堡特也認爲"漢語由於其強烈的語言保守性,保留了原始的孤立結構。"④ 薩丕爾説:"我們發現漢語比我們可能找到的任何其他例子都更接近完全的孤立語。"⑤

洪堡特進一步指出了漢語語法形式與人類思維形式、邏輯形式的關係:"拿漢語來説,我們得承認它的形式或許比任一其他語言的形式都更好地突出了純思維的力量,正是由於漢語摒棄了所有細小的、會起干擾作用的聯繫音,纔使得心靈能夠更全面、更有力地把握純粹的思想。"⑥ "古典語體的漢語具有獨到的長處,那就是把重要的概念相互直接繫接起來;這種語言在简樸之中包含着偉大,因爲它仿佛摒棄了所有多餘的次要關係,力圖直接反

---

① [美] Breyne Arlene Moskowitz《語言的掌握》,李平節譯,《國外語言學》1981年第2、3期。
② [英] 羅賓斯《語言分類史(上)》,林書武譯,《國外語言學》1983年第1期。
③ 徐通鏘《歷史語言學》,商務印書館,1996年,18頁。
④ 姚小平《洪堡特——人文研究和語言研究》,163頁。
⑤ [美] 薩丕爾《語言論》,128頁。
⑥ [德] 洪堡特《論人類語言結構的差異及其對人類精神發展的影響》,姚小平譯,商務印書館,1999年,299頁。

映純粹的思想。"① "滲透到漢語之中的語法觀念是合乎邏輯的觀念,這一觀念給漢語帶來了適當的語序。"② 羅賓斯也指出,洪堡特"他讚揚漢語句子跟思想的簡單明確的順序是密切對應的"③。

為什麼漢語語法形式與人類思維形式、邏輯形式密切對應? 原因就在於,人類的思維形式、語言形式、邏輯形式最初本是三位一體的,而漢語,尤其是古代漢語,只不過較多地保持了人類語言初期的形式特點而已④。正如洪堡特所言:"漢語的語法之所以可能,完全是靠句子的短小和簡單。不過,雖說句子簡單,僅僅區分主語、係詞、謂語是不夠的,這些純邏輯的概念還必須由出自語言獨特本性的語法概念來進一步加以限定。我覺得,漢語似乎就處在這樣一條狹小的分界線上。毫無疑問,漢語跨過了這條分界線,這也正是它的語法藝術性之所在。"⑤ 洪堡特還說:"漢語就是最古老的語言。"⑥

其他西方學者也常有類似看法。例如,萊布尼茲曾說:"如果上帝曾經教導過人類某種語言的話,那種語言就一定會類似漢語。"李約瑟說:"漢語中從來不用像其他自然語言那樣尋找令人厭煩的詞根或者派生詞。她的詞根就是單詞,單詞也就是詞根——他們也從來不用考慮人稱的變格、動詞變化、數、性、語氣、時態以及其他語法上的細節。除了大自然帶給她的光綫以外,她沒有任何規則,也完全不需要擔心會發生任何混淆和困惑。因此,他們的語言樸實、簡單和容易,就像大自然在說話時應該的那樣。"⑦

差不多在五萬年前,現代人類祖先走出非洲,來到西亞地區。然後,其中一支大約在四萬至三萬年間經由中亞來到東亞地區,並取代了當地的"土著",成為東亞地區人類共同的,且唯一的祖先(中國有部分學者對此有所保留)。如圖所示⑧:

---

① [德] 洪堡特《論人類語言結構的差異及其對人類精神發展的影響》,195頁。
② [德] 洪堡特《論人類語言結構的差異及其對人類精神發展的影響》,351頁。
③ [英] 羅賓斯《語言分類史(上)》,《國外語言學》1983年第1期。
④ 姚振武《人類語言的起源與古代漢語的語言學意義》,《語文研究》2010年第1期。
⑤ [德] 洪堡特《論漢語的語法結構》,見姚小平編譯《洪堡特語言哲學文集》,湖南教育出版社,2001年,121頁。
⑥ [德] 洪堡特《論人類語言結構的差異及其對人類精神發展的影響》,318頁。
⑦ [英] 李約瑟《中國的科技與文明》卷七,14、13頁。姚按:以上這兩句話轉引自互聯網文章《李約瑟〈中國的科技與文明〉論漢語》,2014年9月3日發佈在"凱迪社區·貓眼看人"。尚未找到原著核查。
⑧ [美] 韋爾斯《出非洲記——人類前史》;金力《東亞人群的源流與遺傳結構》(網絡版),世紀大講堂,2005年2月26日;吳新智《古人類學研究的新進展》(網絡版),國家圖書館分館的講演,北京,2008年3月7日。

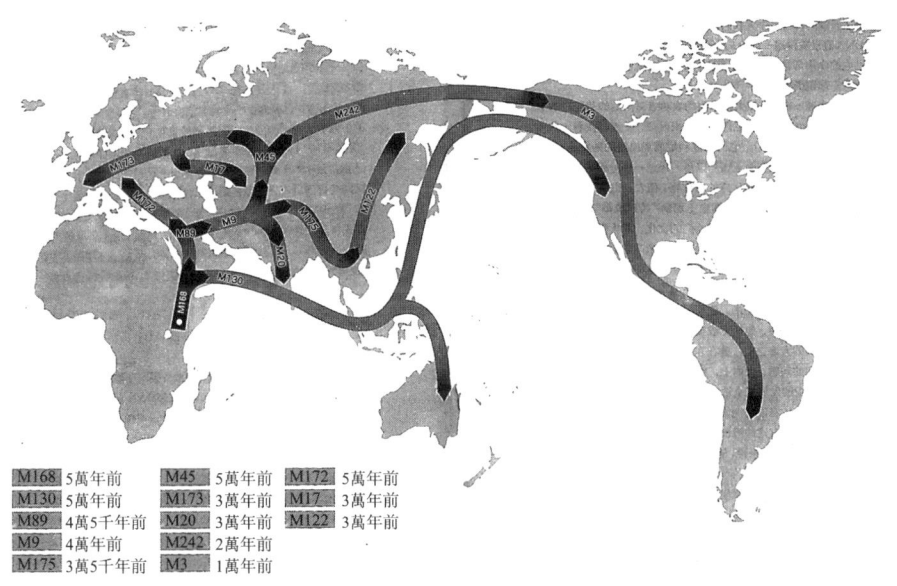

M168	5萬年前	M45	5萬年前	M172	5萬年前
M130	5萬年前	M173	3萬年前	M17	3萬年前
M89	4萬5千年前	M20	3萬年前	M122	3萬年前
M9	4萬年前	M242	2萬年前		
M175	3萬5千年前	M3	1萬年前		

世界各地Y—染色體譜系的分佈圖[①]

　　此後,也許因爲特殊地理條件的阻隔,進入東亞的這一支與世界其他地區的同類從此絕少交流,走上了完全不同的發展道路。他們的文化幸運地得以一脈相承,他們的語言也幸運地較多地保持了原始特點。這就是今天的中國人和他們的漢語(也可擴大爲漢藏語系諸語言)。歷史語言學認爲,從同一語言分化出來的各個語言,其中離開原始母語的語源中心越遠,它受語源中心的變化的影響就越小,因而往往可以在這種語言中找到同來源語言中最古老的語言特徵。漢語正是如此。這也就是漢語在世界語言中顯得非常另類的原因。

　　漢語語法的保守性,至少可以從目前可考的三千多年的歷史得到證實。在這三千多年中,漢語基本的語法格局始終保持不變[②]。喬姆斯基最近指出,五萬年前"我們的祖先從非洲出發,長途跋涉,分散到世界各地。就目前所知,語言官能本質上自此一直保持沒變,這在這麼短暫的時期内並不奇怪"[③]。

　　長期以來,人們根據世界各地均有古人類化石發現這一事實,認爲人類是由多地區起源、進化而來的。這種學說認爲人類共同的祖先,是二三百萬年前的非洲猿人。面對這種情況,以現有的歷史語言學研究方法,無論是譜系分

---

① [美]韋爾斯《出非洲記——人類前史》,220~221頁。
② 姚振武《人類語言的起源與古代漢語的語言學意義》,《語文研究》2010年第1期。
③ [美]喬姆斯基《如何看待今天的生物語言學方案》,《語言科學》2010年第2期。

類法,還是類型比較法,抑或語言的內部構擬法,要想重建人類的原始語言,幾乎是不可能的。1866年,巴黎語言學會甚至發表通告,禁止在學術會議上討論語言起源問題,有關期刊也不再發表此類論文。就是在今天,主流的看法依然認爲"某些學者在譜系分類的基礎上,企圖重建'人類共同的語言形式'(有的學者稱作"化石語言"),以此來證明世界諸語言同出一源的假說。這種構擬建立在層層假設之上,多半是無法驗證的"①。是分子生物學的最新進展印證了早前西方學者關於人類語言單一起源及其與漢語關係的天才推斷。漢語,尤其是古代漢語的存在,是對這種推斷的有力的事實支持②。

在印歐文化中心主義心態的影響下,語言學中歷來有關於"先進"語言和"落後"語言的偏見,就連洪堡特這樣偉大的思想家在對漢語保持敬意的同時,有時也難免含糊。中外學者對此均有深刻的批評。其實,古代漢語以極其簡單的語言形式承載了一個極其偉大的人類文明,這件事本身就是對這種偏見的最好回答。這方面我們已有介紹和論述,在此就不贅述了③。

現代語言學是以形態豐富的印歐語爲主要事實根據滋生、發展、擴散開來的,其影響一浪高過一浪,至今已是"一統天下"之勢。一百多年前,以《馬氏文通》爲標誌,漢語語法研究也捲入了這一浪潮。這首先應該說是一件好事。正是西方的理論和方法,給我們開啓了古漢語語法學乃至整個漢語語法學的大門。可是另一方面,我們也看到,這一百餘年的漢語語法學歷史,又是一部在理論方法上無法適應,不斷修修補補或棄舊換新的歷史。這是百餘年來漢語研究中種種難解糾葛的癥結所在。

二、上古漢語的一致性

本書所謂上古,主要是指自有系統文字記載的殷商時期直至西漢末年的一千三百餘年④。對於這一歷史階段漢語的一致性,學界本來沒有疑問,但近些年來有學者(主要是外國學者)認爲,商人語言(以殷商甲骨文爲代表)與

---

① 黃長著《世界諸語言》,見《中國大百科全書·語言文字卷》,中國大百科全書出版社,1988年,360頁。
② 姚振武《人類語言的起源與古代漢語的語言學意義》,《語文研究》2010年第1期。
③ 姚振武《人類語言的起源與古代漢語的語言學意義》,《語文研究》2010年第1期。
④ 語言學界一般所謂上古,還包括東漢時期的近200年。我們認爲,東漢時期,其語料既具有上古時期的一些特點,同時又具有了中古時期的某些性質,可視爲由上古到中古的過渡時期。本書有時對東漢及以後時期也稍有涉及。

周人語言（以西周金文爲代表）有着極大的差異，甚至不屬於同一個語系①。

這樣的觀點在理論上是值得重視的。但在系統地梳理和考察殷商語法與西周語法的關係之後，我們又很難實際認同。西周漢語對殷商漢語的繼承，是全面的，它是如此明顯，以至於我們很難找到一種成系統的語法類別只存在於殷商時期而不存在於西周時期。罕見的例外是語氣詞，殷商時期的"抑"和"執"，不見於西周時期。但裘錫圭曾推測，較晚的古漢語裏置於選擇問句兩個連詞之間的"抑"，也許就是由這種"抑"演變而成的②。

其實前輩學者早就深入思考過這個問題。陳夢家說：

> 王力在其中國文法初探曾根據了大略爲春秋以後的文言資料，舉出漢語詞序的九種規律：
> 1. 主格先於其動詞；
> 2. 目的格後於動詞；
> 3. 領格先於所領的名詞（如"邦君之妻"）；
> 4. 形容詞必先於所形容之名詞（如"遠人不服"）；
> 5. 副詞必先於其所限制的動詞、形容詞或另一副詞（如"先進於禮樂、名不正、不甚愛惜"）；
> 6. 空間短語以"於"爲介詞者置於動詞之後（如"子畏於匡"）；
> 7. 方式短語以"以"爲介詞者置於動詞前後均可（如"殺人以挺、以挺殺人"）；
> 8. 被動態（卜辭所無）；
> 9. 附屬句必先於主要句。
>
> 這九條除了8以外，和卜辭是相合的。這九條規律，也是今天漢語所依然存在的規律。
>
> 我們說甲骨文字已經具備了後來漢文字結構的基本形式，同樣的卜辭文法也奠定了後來漢語法結構的基本形式，周、秦的文字文法，都繼承了殷代文字文法而繼續一貫地發展下去，顯然不是和殷文殷語有着基本上的不同的。③

陳夢家的論斷是可靠的。喻遂生也從周原甲骨和殷墟甲骨、商代金文

---

① 洪波《兼指代詞語源考》，《古漢語研究》1994年第2期。
② 裘錫圭《關於殷虛卜辭的命辭是否問句的考察》，《中國語文》1988年第1期。
③ 陳夢家《殷虛卜辭綜述》，中華書局，1988年，133頁。

和周代金文、殷墟甲骨和周代金文、殷墟甲骨和先秦典籍及商周文字的關係等多方面系統考察了商、周語言的關係,得出的結論與陳夢家完全一致。喻遂生甚至指出,商周兩代不少形聲字、假借字在語音上也是一致的①。

至於殷墟甲骨文與當時口語的關係,有學者認爲:"早在甲骨文、金文時代,由於書寫工具的限制,即文字的數量較少和用於書寫的材料的匱乏,實際語言在寫下來的時候不得不被大大減約,以至於寫下來的書面語成爲一種只有極少數發明者或要經過專門學習纔能看懂的提示性的符號群,並逐漸成爲某種特權的象徵。"② 就此問題,喻遂生從甲骨文的書寫材料(材料供應源源不斷)、書寫方式(契刻技術高超)、材料篇幅(一百萬字以上,反映社會生活廣泛)、材料的口語性(接近口語)等方面深入考察,從而得出結論:"甲骨文時代長,數量大,又能反映實際語言,其語料價值是無庸置疑的。"

喻氏甚至舉出甲骨文如下一例:

> 癸卯卜,今日雨? 其自西來雨? 其自東來雨? 其自北來雨? 其自南來雨? （《合集》12870甲乙）

這種"簡單而樸素的古歌","其題材很接近漢樂府的《江南》:江南可采蓮,蓮葉何田田,魚戲蓮葉間:魚戲蓮葉東,魚戲蓮葉西,魚戲蓮葉南,魚戲蓮葉北",無疑是當時實際語言的忠實記錄③。

陳夢家就同一問題也早有切實的論述。他認爲:

> 當時的卜官應該是根據當時的語法來寫刻文字的,當時還沒有後代以某種文章格式作爲模擬的風氣。因此我們可以從卜辭推想到當時語法的一斑。
>
> ……
>
> 我們初步分析了卜辭文法以後,更清楚地明白了卜辭有着謹嚴的結構規律。後世書寫文字的文法和口語的語法雖然有一定程度上的差異,而在基本上是平行的,一系發展出來的。上推卜辭文法,和

---

① 喻遂生《甲骨語言的性質及其在漢語史研究中的價值》,見《甲金語言文字研究論集》,巴蜀書社,2002年。
② 朱慶之《佛教混合漢語簡論(初稿)》,首屆漢語史學術研討會論文,成都,1997年8月;轉引自喻遂生《甲骨語言的性質及其在漢語史研究中的價值》,見《甲金語言文字研究論集》。
③ 喻遂生《甲骨語言的性質及其在漢語史研究中的價值》,見《甲金語言文字研究論集》。

當時的口語語法應該是相接近的。①

周作爲殷商的屬國，雖然與殷商經常發生戰爭，不完全臣服，但對於殷商的禮制文化，包括官方語言，還是認同並基本繼承的。所以孔子說"周因於殷禮，所損益，可知也"（《論語·爲政》）。這個官方語言是有一定的口語基礎的。西周繼承下來，當然會隨着時間變化而有所"損益"，但基本系統因其權威性和嚴肅性，是保持不變的。《孟子·滕文公上》："學則三代共之。"陳夢家也指出："殷與西周文法之稍有差異，時代性大於地方性。"②再傳承下去，便很可能成爲了後來的"雅言"。《論語·述而》："子所雅言：詩、書、執禮，皆雅言也。"於是我們有機會看到一部公元前一千幾百年間的一脈相承的語言發展史。

薩丕爾說："語言自成爲一個潮流，在時間裏滾滾而來。它有它的沿流。即使不分裂成方言，即使每種語言都像一個穩固的、自給自足的統一體那樣保持下來，它仍舊會時時離開任何可以確定的規範，不斷發展新特點，逐漸成爲一種和它的起點大不相同的語言，一種實際上的新語言。"③

第二節　上古漢語語法發展簡述

一、詞類及構詞法的發展

從總體上看，上古漢語詞類及構詞法的發展，是一個由簡約到豐富的過程。

存現動詞。殷商有"有"（"㞢"、"又"），西周時期繼續使用。"有"的否定，殷商時只有"亡"，西周時期"亡"逐漸減少，代之以"無"（二者是通假關係），且新出現了"罔有、未有、無有、不有"等。至東周以後，表存現的"亡、罔有"就很少見了。"未有、無有、不有"等則一直使用到西漢。"有"一直使用到現代漢語之中。

助動詞。在殷商時期很不發達，大概只有"克"和"肩"兩個。至西周時期，"肩"基本消失。而助動詞逐步增多，分爲表意願（敢、肯），表能可（克、能、可），表事理（義［宜］）等三類，已基本具備了上古時期助動詞的三

---

① 陳夢家《殷虛卜辭綜述》，85、133頁。
② 陳夢家《殷虛卜辭綜述》，133頁。
③ ［美］薩丕爾《語言論》，134～135頁。

個類別。東周以後進一步增加，表意願的增加了"願、欲、忍、屑、憖"等；表能可的增加了"可以、得、獲、可得、堪、克能、克堪、足、足以"等；表事理的增加了"當"。

形容詞。性質形容詞，據現有材料看，殷商時期沒有雙音節的，只有單音節的，大致有"新、舊、大、小、白、黑、幽、赤、黃、嘉、淒、若、吉、安、高、寧、弘、多、少"等。進入西周，性質形容詞開始增多，增加了"明、哲、休、宜、吉、子（慈）、悲、卑、薄"等。同時，雙音節性質形容詞也開始出現，不過很少，如"壽考、吉康、明哲"等。東周以降，性質形容詞大量增加，雙音節者也大量湧現，如"貪冒、褊小、讒諂、富貴、福彊、長久、敦篤、誠信"等。狀態形容詞西周始見，大致分爲單音節式、雙音節AA式、四音節AABB式，以及附加式，並傳承下來。

個體量詞。殷商時期僅露端倪，只有"人"和"丙"。到了西周時期，"丙"已基本不見用，但個體量詞數量開始增多，除"人"外，新增的有"伯、夫、職、乘、兩（輛）、匹、金、反（鈑）、田、牛、羊"等。東周以降，西周原有的"田、牛、羊"等名詞兼任自身量詞的現象大致消失，"伯、職、反（鈑）、金"已基本不再用，"人、乘、兩（輛）、匹、夫"則繼續使用。同時漢語個體量詞數量大增，新增的有"夫、真、木（株）、編、枚、馹、脬、員、鼓、給、本、領、口、張、枚、篇、章、條、物、級、所、个、箇、皮、蹄、足、樹、章（稱樹木）、果（顆）、廷（梃）、節、弋（栽）、艘（艘）、騎、紙、比、羽、支、封、隻、垸（丸）、處、卷、件、頭"。由此漢語個體量詞走向發展成熟時期。

集體量詞。殷商時期有"朋"和"品"。西周時期這兩個量詞還繼續使用，進入東周以後就逐漸消失了。西周、東周時期都各自產生了一批集體量詞，如"家、乘、束、彀、兩、重（種）"等（以上西周），"行、列、肆、稱、章、廛、囷、握、純、秅、布、緷、程、耦（畮）、户、室、雙、秉、群"等（以上東周）。這些集體量詞後來有的遭淘汰，有的一直延續到西漢時期。西漢時期也產生了一批集體量詞，如"通、札、把、拼（柈）、唐、齊（劑）、騎、編、絮、合、牒、算（筭）、具"等。

動量的表示，上古時期，主要有"數+動"（及其衍生形式）和"動+數"（及其衍生形式）這樣兩種方式。殷商時期，動量表示極少見。至西周時期，用例略多，且兩種形式都有了，東周以降，用例大量增加，且有了較多的衍生形式。動量詞的产生，過去較有影響的説法是在魏晋六朝時代[1]，但據

---

[1] 劉世儒《漢語動量詞的起源》，《中國語文》1959年第6期。

我們看,戰國時期可能就有了動量詞"終"和"發"。至西漢時期,動量詞稍多,有"通、下、遍、過"等。不過總的來說,戰國秦漢間,動量詞是很少見的。

古指稱詞。古指稱詞承擔着後來指示代詞和第三人稱代詞這兩套代詞的功能①。殷商時期有"之、兹"兩個。西周時期,逐漸又有了"彼、是(時)、此(斯)、厥(氒)②、其"等。西周中晚期開始,"厥"逐漸爲"其"所取代,至戰國時期"厥"幾乎絕迹了。"兹"在東周以後就很少見了。"彼(夫)、是(時)、此(斯)、其、之"等一直存在於整個上古時期。

第一人稱代詞。上古時期,漢語第一人稱代詞存在一個不大嚴格的格位系統和"數"的區別。殷商時期有"我、余、朕"三個,西周時期全面繼承下來,同時增加了"吾"和"卬"(少見)等。西周以後"卬"逐漸消失。戰國時期,"朕"也比較少見了,一般只出現在引用古語或仿古的地方。而"余(予)"、"吾"至西漢時仍多見,東漢時期方退出口語③。從殷商時起,"我"就一直具有最廣泛的適應性和活躍性,以致最終在東漢時期"一統天下"。

第二人稱代詞。上古漢語第二人稱代詞系統也存在"格"和"數"的區別,但其模糊性甚於第一人稱代詞系統。殷商時期有"汝(女)"、"乃"和"爾",西周時期繼續使用,而且用量增多,用法複雜化。同時還增加了"而、戎、若"三個,不過數量較少。東周以降直至西漢,"女(汝)、爾、而、若、乃"繼續使用,"戎"不見用,向熹認爲"可能是一個方言詞"④。東漢時期,漢語第二人稱代詞在口語中逐漸統一於歷史悠久、普適性比較強的"女(汝)"⑤。

己身代詞。殷商時期只有"自",作主語。"自"作賓語始見於西周時期。"己"始見於西周時期。整個先秦兩漢時期,"自"、"己"一直分用,性質不同,各司其職。至東晉時期始見"自己"凝結爲一個詞。

疑問代詞。西周時始見,有"誰、疇、何、曷(害、割)、胡(遐)、安"等,並有複合形式"如何、奈何"等。東周以降,舊有的疑問代詞用法有所擴展,同時又新增"孰、焉、惡、奚"等。同時複合形式已多見,有"誰何、何誰、幾何、奈何、何如、何若、若何、如之何、若之何"等。

---

① 姚振武《上古漢語第三身範疇的表達及相關問題》,《古漢語研究》2001年第4期。
② "厥"在出土文獻中寫作"氒",二者爲異體關係。
③ 周法高《中國古代語法·稱代篇》,中華書局,1990年;朱慶之《上古漢語"吾"、"予/余"等第一人稱代詞在口語中消失的時代》,《中國語文》2012年第3期;朱紅《基於語料庫的漢語第一人稱代詞分析》,《古漢語研究》2011年第1期。
④ 向熹《簡明漢史》下册,高等教育出版社,1993年,55頁。
⑤ 孫良明《古代漢語語法變化研究》,語文出版社,1994年。

範圍副詞。殷商時期有"皆"、"率"和"咸",都是總括性的。西周時期,又增加了"既、悉、交、胥、共、周、祇、甯"等,其意義和用法也擴大了。東周以後,成員進一步擴大,除西周既有的以外,又新增加了"俱、並、齊、畢、舉、兼、唯(維、惟)、僅、特、適、獨、每"等。

語氣副詞。殷商時期有"其"和"允"。西周時期,"其"繼續使用,另外增加了"庶、尚、豈、曾、必"等。東周以後,語氣副詞的一個顯著特點是產生或強化了一批具有語氣副詞性質的雙音節固定組合,主要有"豈不、豈其、豈鉅、豈渠、豈遽、不亦、何不、庸何、何必、得無(得微)、無乃、庶幾"等。

時間副詞。殷商時期只有兩個:"卒"和"气"①。至西周時期,"卒"、"气"猶存("气"西周時作"迄",作"訖"),又增加了表已經發生的"既"、"咸",表即將發生的"將"和表恰好發生的"適"。東周以後"咸"不大見用了,其餘繼續使用,又產生了"已、曾、嘗、且、方、比、行、屬"等。

否定副詞。殷商時期有"勿、弜、弓、不、弗、毋、非"等("弜"、"弓"和"勿"可能是同一個詞的不同假借字)。"不"和"弗"修飾的是謂詞性成分,"非"修飾的是體詞性成分。西周以後,"弜"、"弓"等逐漸淡出,東周以後,"弗"逐漸被"不"替代了。"弗"修飾"及物動詞+賓語"現象在東周以後的大為減少,是"不"在替代"弗"的過程中自然呈現的一種現象。上古以後,大約到六朝時期,漢語中表示單純否定基本上只集中使用"不"②。

情態方式副詞。西周時期始見,這是副詞中數量最多的部分,根據意義大致可分為三類:1. 表示動作進行時的狀態;2. 表示動作進行的方式;3. 表示動作的重複或繼續發生。例如:尚、姑、親、復、又等。

程度副詞。殷商時期只有一個"引",只修飾"吉",表程度高③。西周時期主要有"引、孔、絕、已、泰、肆、愈、丕、皇、廢"等,都是表示程度高和深。東周以降,"引、孔、皇、廢"等幾乎不見用,另產生"最、極、固、殊、更、滋、彌、略"等。這一時期,程度副詞表達的範疇進一步深化和細化,大致可以分為表程度高、表程度加重、表程度輕等三類。

介詞。殷商時期有介詞"于、自"④,準介詞"由、在(才)、以、從"等。

---

① 楊逢彬《殷墟甲骨刻辭詞類研究》,花城出版社,2003年,265頁。
② 楊榮祥《近代漢語否定副詞及相關語法現象略論》,《語言研究》1999年第1期。
③ 楊逢彬《殷墟甲骨刻辭詞類研究》,269頁。
④ 楊逢彬《殷墟甲骨刻辭詞類研究》第七章;沈培《殷墟甲骨卜辭語序研究》,臺北文津出版社,1992年,155頁。

西周時期,介詞"于"、"自"的用法既繼承殷商時期,又有所豐富和發展。"由"、"在"、"以"等逐步發展爲比較成熟的介詞。"从"很少見用。此外西周時期新産生的介詞有"用、爲、與、及"等。這意味着,過去由少數介詞(或不用介詞)表達的多種語法範疇,現在有了更爲專門化的表達方式。東周以降,漢語介詞體系進入發展時期,在舊有介詞及其用法繼續保留的同時,各種語法範疇的新表達形式繼續大量出現。這主要表現在兩方面,一是舊有介詞增添新的用法,二是新介詞大量産生[1]。前者有"與、及、自、爲、由"等,後者大致有"方、當、即、應、迨、逮、竟、從、乎、道、向(嚮)、鄉、披、沿、將、因"等。

並列連詞。一般認爲,殷商時期的"眔"是一個比較確定的並列連詞。至西周時期,"眔"繼續使用(在西周傳世文獻中一般寫作"暨",西周金文中一般仍寫作"眔"),同時又增加了"與、雩、及、而、且、以"等。東周以及西漢時期並列連詞有"暨、與、及、以、而、如、且"等。另外還有表示分句間並列關係的格式"既(已、以)……又"等。

遞進連詞。西周時期始見,有"矧"和"且"。東周以至西漢時期又增加了"且夫、況(而況,況乎)、而"等。

順承連詞。西周時期始見,有"而、以、則"。東周以至西漢,增加了"而後、然後、然則、然而"。這些連詞既可以用於單句,也可以用於複句(後一分句)。另外,這一時期還有一些用於順承複句的連詞格式(組合),如"乃……遂"、"既……遂"等。

原因連詞。西周時期始見,有"惟(維、唯)、用"等。東周以後又增加了"以、爲、由"等。

結果連詞。西周時期始見,一般連接事理的因和果,有"肆、故(古)、則、以、兹"等。東周以至西漢間的結果連詞,可分爲兩類:一類連接事實的因和果,有"遂、乃、因、于是(于是乎、於是)、以故"等,都可以翻譯爲"於是";另一類連接事理的因和果,數量較多,如"則、故、是故、以故、用、是用、是以、以此、此以、斯是用"等,一般可以翻譯爲"因此"、"因而"、"所以"等。

假設連詞。西周時期始見,有"乃、如、借、則(少見)"等。東周以至西漢期間,"乃"、"借"已很少見,"如"、"則"則繼續使用。同時,這一時期假設連詞獲得了很大的發展,其中新增加的單音節假設連詞大致有"若、當、苟、爲、

---

[1] 由於介詞與動詞的界限不宜掌握,各古漢語語法著作所收介詞數量懸殊較大,有的十幾個,有的幾十個甚至上百個。請參考趙大明《左傳介詞研究》,北京大學博士論文,2001年。我們總體上採取比較嚴格的態度。

猶、且、使、所"等,新增加的雙音節組合有"若使、向使、苟或、當使、若其、自非、假令、弟令、藉使"等。這種雙音節形式的出現,是這一時期漢語的一個特點。

讓步連詞。西周時期始見,有"雖、雖則、每、有"等。東周以至西漢時期,讓步連詞"雖"、"雖則"繼續存在,另又增加了"縱、即、自、藉弟令(借弟令)"等。

結構助詞。上古漢語結構助詞西周時始見,有"者"、"所"和"之"。"者"和"所"是謂詞性成分轉指名詞(以下稱爲"轉指")的兩個緊密相關的標記。在需要轉指時,"V"和"VO"用"者","SV"用"所"。其中"V者"既可以轉指施事,也可以轉指受事;"VO"者只能轉指施事。"(S)所V"則只能轉指受事。"之"的作用主要有兩點:一是處在定語和中心語之間,充當定中結構的非強制性形式標記;二是處於非獨立的、指稱狀態下的主謂結構之間,充當非強制性形式標記。

語助詞。殷商時期有"叀"、"隹"兩個。進入西周,"叀"和"隹"繼續使用("叀"在傳世文獻中一般寫作"惠"。"隹"在金文中有時作"唯",在《尚書》中一般作"惟",在《詩經》中一般作"維")。另外還增加了"若、曰(聿、遹、越)、曰若、伊、之、載、云(員)、言、薄(薄言)、式、思、侯、于"等。語助詞中有不少是一個詞的不同寫法,或幾個詞具有同源關係。例如"惟"、"唯"、"維"實際上就是一個詞的不同寫法,"云"和"員"也是如此。"曰"、"聿"、"遹"、"越"等古音也很接近,功能相仿,很可能屬於同一個詞,或至少具有同源關係。西周時期語助詞的驟然增多,顯然與文體有極大關係。這些詞大部分見於《詩經》,詩歌是講究語音的節律和情感的抑揚的,經常有補足音節和刻意強調的需要,因此語助詞的大量產生就不奇怪了。東周以後,語助詞在詩歌裏面依然不少,而在非詩歌體的典籍裏則很自然地少了。東周時新產生的語助詞大致有"夫、其、逝(噬)、騫(蹇)、羌"等。

語氣詞。語氣詞是漢語特有的一個詞類,一般認爲殷商時期只有"抑"和"執",標示疑問語氣。降及西周,語氣詞明顯增多,大體可分爲三類:一類是標示陳述語氣的,主要有"也、矣、已、止"等;第二類標示疑問語氣,有"其";第三類標示感嘆語氣,主要有"哉(弋、才)、兮、斯、思、胥"等。東周以後,"思"、"胥"已很少見了。其他如"也(殹)、矣、兮、已、斯、哉"等繼續存在。由於這一時期社會文化空前活躍,各種思潮、各種文體相繼湧現,導致語氣的表達進一步豐富,新出現了"耳(而已)、爾、云、焉、者、邪、乎、與(歟)、夫、爲、而、且、來"等一批語氣詞。

語氣詞套疊("也乎哉"之類)是語氣詞使用過程中的一個歷史現象[①]。這種現象發端於春秋初中期,春秋晚期戰國初期進入了發展期,到了戰國中期呈現高峰態勢;進入戰國晚期,語氣詞套疊現象進入衰退期,西漢以後,語氣詞套疊現象進一步衰落,不再具有形式上的創新能力了。

　　構詞法方面。西周時開始有語音造詞法,因此出現疊音詞、雙聲聯綿詞、疊韻聯綿詞、非雙聲疊韻聯綿詞等。聯合式複合結構,殷商時期只有名詞性的,而且絕大多數是由天干、地支相配而成的"干支",如甲子、乙丑之類。而西周時期,聯合式複合詞已大大發展,既有名詞性的,又有動詞性的(包括形容詞性的)。名詞性的,其組成成分不再限於干支,已擴大到其他名詞性成分,如元首、弓矢、臣妾等。動詞性的數量很多,例如死亡、曲直、靜幽等。附加式複合詞是西周時期產生的。這時有了狀態形容詞詞尾"-若、-如、-然、-焉、-斯、-其"等,從而形成附加式狀態形容詞。

二、句法結構的發展

　　西周時期,由於舊有介詞的成熟和一批新介詞的產生並廣泛使用[②],過夫單純以動賓結構表達的各種語法範疇多傾向於用"介詞結構+動詞"來表達("介詞結構"與賓語一樣,或在動詞前或在動詞後)。這是本時期的一個顯著變化。因此,動賓結構的各種表達能力受到一定的分流,不過並沒有消失。可以說,凡由"介詞結構+動詞"表達的語法範疇,依然都可以由動賓結構來表達。只是由於前者的發展和活躍,使後者出現的機會相應減少了而已。

　　漢語判斷句最早是不用係詞的,即便在係詞產生以後,不用係詞的判斷句一直存在。這應該是漢語的一個特點。殷商時期已有判斷句,沒有係詞。同時還有判斷句的否定式,即謂語前用否定副詞"非"。雖然"非"在判斷句裏有時可以譯為"不是",但從整個功能上看,它應該是一個副詞。"非"字句一直存在於殷商乃至兩漢時期,是一個很強勢的句式。係詞"是"出現在戰國晚期,甚至可能在戰國中期以前。"者……也"是判斷句的固定格式。這種格式出現於東周以後,一直盛行於先秦西漢時期。

[①] 趙長才《先秦漢語語氣詞連用現象的歷時演變》,《中國語文》1995年第1期。
[②] 請參考本書第六章。

動賓語義關係。殷商時期有受事賓語、施事賓語、與事賓語、意動賓語、爲動賓語、方式工具賓語、處所賓語、時間賓語、存現賓語等。西周時增加了原因賓語和比較賓語。東周以降又增加了對待賓語、對向賓語、給予賓語、原因賓語（類型增加）、比較賓語（類型增加）等。

西周時期出現的古指稱詞"是"，在古漢語賓語前置句的發展史上是一件大事。"是"作賓語，在當時，其語法特點是前置性，語義特點是複指性，複指動詞前面的某一成分，這個成分最初往往是詞組或句子，而且可以被其他成分隔開。但這樣的前置式，如果"是"前有不止一個的可供複指的成分，就有歧義的可能。爲了消除歧義和促進功能的完善，"賓是動"式與"唯賓動"式自然而然地結合起來，構成了新型的"唯賓是動"式。"唯賓是動"（"唯"西周時又寫作"惟"）式具有明確的規定性，是西周後期非常流行的一個句式[①]。

到了漢代，否定式的賓語前置消失了，"是"、"之"等複指的賓語前置也消失了。疑問代詞作賓語，一開始就有前置和後置兩種情況（只是後置較少而已），其完全後置應該是中古以後的事了。

定中結構。殷商時期，漢語定中結構就已比較複雜。能夠充當定語的成分大致有名詞、代詞、數詞、形容詞、動詞、定中短語、並列短語、動賓結構等[②]，一般處於中心語之前。西周以後，作定語的成分在殷商原有基礎上又有了新的發展，增加了數量結構（形成"數+量+名"結構）、象聲詞、聯合結構、狀中結構、介詞結構、主謂結構、複句形式等。同時"定+之+中"之類的結構也出現了。這標誌着西周時期定語形式進一步複雜化。東周以降，"數+量"結構作定語的形式進一步豐富，完整的"數+量+名"形式趨於多見，且量詞包含各種類型。同時又產生了副詞作定語、"所"字結構作定語等新形式。"定+之+中"之類的結構也繼續存在。

定語的位置，一般在中心語之前，這毫無問題。但上古漢語也存在若干定語後置的現象。殷商時期體現事物整體與部分關係的定語後置結構，其中定語爲名詞性成分的，有表親屬稱謂的（祖乙）、君主稱謂的（王亥）、臣工稱謂的（師貯）、人名稱謂的（婦好）、地名稱謂的（宗父甲）等。西周時，

---

① 唐鈺明《甲骨文"唯賓動"式及其蛻變》，原載《中山大學學報》1990年第3期；又見《著名中年語言學家自選集·唐鈺明卷》，安徽教育出版社，2002年。
② 張玉金《甲骨文語法學》，學林出版社，2001年；陳夢家《殷虛卜辭綜述》；管燮初《殷虛甲骨刻辭的語法研究》，中國科學院出版，1953年。

這些類型都繼承下來了,同時還發展出稱謂星名的(星火)、稱謂植物名的(樹檀)等等。總的來説,名詞性定語後置現象是趨於消失的,但發展並不平衡。有些名詞性定語的後置,總是伴隨着它的前置現象,只是隨着時代的不同,前置、後置的比例大有差别。一般來説,時代越早,後置現象越多,越突出;時代越晚,後置現象則越少,越衰微。到了秦漢之際,除了刻意的存古和一些"語言化石"外,這些名詞性定語後置的現象就基本消失了①。

體現事物整體與部分關係、定語爲動詞性成分的定語後置結構,最早見於西周時期。其定語部分可分爲兩類,第一類是動詞詞組,東周以後,助詞"者"開始進入這種後置定語中,使其指稱性更加明顯。從此這類後置定語一直存在加"者"和不加"者"兩種形式。第二類是由"于"、"自"充當介詞的介賓結構。"于"字結構的這一用法,暫未見於殷商時期以及西周以後的文獻資料。

漢語體現描寫關係的定中結構,在殷商時期也有少數定語後置的現象,如"甲大"、"乙大"等②。進入西周以後這種現象依然存在,如"桑柔"、"月正"等。同時還發展出以名詞性成分作後置定語,體現描寫關係的類型,如"玄衣黼純"等。但這些都行之不遠,東周以後就逐漸消失了。

西周時期,産生了一批重要的句法結構,如"主+之+謂、定+之+中、V者、所V、數+量+名、處置式、動結式"等。

東周以降,"主+之+謂"不僅繼續存在,而且相當盛行。西漢初年這一結構大大衰落,南北朝初期從大衆口語中消失③。

"V者"、"所V"結構是上古漢語謂詞性成分轉指的有標記的形式,産生於西周時期,其後一直流行。

關於處置式。先秦"以"字結構可表處置,其中訟告義處置式、處所義處置式和認爲、當作義處置式,以及製作義處置式産生於西周時期。訟告義處置式不見於東周以及西漢時期,而與唐以後盛行的"把"字句倒比較接近(只要把"以"換成"把"即可,而"以"和"把"都有"持控"義)。處所義處置式一直流傳到西漢時期。認爲、當作義處置也流傳至西漢,不過形式發生了一些變化,即由"O_1以爲O_2"發展爲"以O_1爲

---

① 孟蓬生《上古漢語的大名冠小名語序》,《中國語文》1993年第4期。
② 轉引自沈培《殷墟甲骨卜辭語序研究》,210頁。
③ 王洪君《漢語表自指的名詞化標記"之"的消失》,見《語言學論叢》第十四輯,商務印書館,1984年。

O₂",而意思不變。製作義處置式西周以後似未延續下來。東周以後,"以"字結構處置式又產生了"告訴"義處置和"給予"義處置,且都延續到西漢時期。

動結式。據現有材料,最早見於西周時期,其下字爲形容詞。東周以降,下字爲形容詞的動結式繼續存在。同時,下字爲動詞的動結式開始增多,其功能也趨於齊全。動結式一直流行至今,是漢語最重要、最有特色的句法結構之一。

上古漢語真正的被動式"(N)爲N所V"是戰國末年出現的,但當時極少見。此式的大規模、爆發性的流行是在西漢,並一直延及魏晉南北朝時期[①]。

三、西周漢語的重要性

西周時期是一個承上啓下的時期。相當一批重要的語法現象,在西周時期或已存在,或有端倪。西周漢語的重要性,在過去並没有引起充分的注意。

西周漢語幾乎繼承了殷商漢語的所有重要的語法現象,同時又開啓或廓大了漢語許多重要語法現象。後者中比較大宗的,如:

產生了狀態形容詞,如"顯、粲、皇、桓桓、昭昭、堂堂、滂沱、穆穆皇皇"等。

產生了雙音節性質形容詞,如"壽考、吉康、明哲"等。

產生了疑問代詞,如"誰、疇、何、曷(害、割)、胡(遐)、安"等,還有"如何、奈若、若之何"等複合形式。

產生了情態方式副詞,這是副詞中數量最多的部分,如"尚、姑、親、復、又"等。

極大地豐富了漢語連詞的種類,產生了遞進連詞(矧、且)、順承連詞(而、以、則等)、原因連詞(惟[維、唯]、用等)、結果連詞(肆、故[古]、則、以等)、轉折連詞(而、則等)、假設連詞(乃、如、借等)、讓步連詞(雖、雖則、每等)等。

構詞法方面,產生了詞尾"若、如、然、焉、斯、其"等,漢語從此有了附加式造詞法。

[①] 孫良明説:"姚先生指出'(N)爲N所V'是'真正的被動式',此認識非常正確。除已爲語法學界公認外,本文説'爲-N-所-V'是完整的被動式,也可以充分證成此説。"見孫良明《談高誘"注"解説受事主語句的表達功能、解釋能力和先秦漢語受事主語句系統及古代漢語被動式的形成》,《漢語史學報》第九輯,上海教育出版社,2010年;又請參考唐鈺明《漢魏六朝被動式略論》,《中國語文》1987年第3期;姚振武《"爲"字的性質與"爲"字式》,見《第二屆國際古漢語語法研討會論文選編》,語文出版社,1998年。

產生了語音造詞法,漢語從此有了疊音詞、雙聲聯綿詞、疊韻聯綿詞、非雙聲疊韻聯綿詞等。

產生了結構助詞,漢語因此有了一批重要的句法結構,如"主+之+謂、定+之+中、V者、所V"等。

產生了"數+量+名"結構,尤其是個體量詞的"數+量+名"結構。

產生了處置式。

產生了動結式。

使動式是古代漢語動賓結構的一個重要類型,在殷商時期即已產生,不過還很少見,其動詞限於不及物動詞(包括形容詞)。西周時期,使動式進一步豐富,及物動詞、數詞、方位詞等都可以有使動用法。

第三節　一點思考:上古漢語的綜合性及其他

一、語法的綜合性的概念

指稱與陳述的瞬間分化產生了人類語言。因此人類語言一開始就是分析與綜合的統一體。分析是指,指稱與陳述從本體分化開來;綜合是指,指稱與陳述又統一於本體。由於這種關係,指稱與陳述既對立,又統一;既互相區別,又可以互相轉化。

由於只有(或非常接近於只有)名詞和動詞,人類初期語言又必然是一種綜合性(或者說兼容性、模糊性)極高的語言。這可以從兩方面來理解,一是從外部關係來看,這種語言以名詞和動詞的組合這樣"簡單"的形式,承載幾乎無限的語義關係。正如呂叔湘所說:"動詞和賓語的關係確實是說不完的。"[①] 二是從內部關係來看,名詞和動詞來源於"本體"這同一個客觀對象,是同一客觀對象的不同表現形式(指稱與陳述),互相包涵,所以可以互相轉化。這種性質導致語言發展史中"同一化⟵⟶多樣化"不斷交互出現的發展模式。我們在上古漢語語法發展史中看到的正是這種模式。

呂叔湘說:"由於漢語缺少發達的形態,許多語法現象就是漸變而不是頓變,在語法分析上就容易遇到各種中間狀態。詞和非詞(比詞小的,比詞大的)的界限,詞類的界限,各種句子成分的界限,劃分起來都難於處處'一

---

① 呂叔湘《語文常談》,生活・讀書・新知三聯書店,1980年,60頁。

刀切'。這是客觀事實，無法排除，也不必掩蓋。"①呂叔湘所説的"中間狀態"，在上古漢語裏表現尤甚。我們認爲，這並不是缺乏價值的"無奈的事實"，而是一筆寶貴的財富，是與由所謂"形態"所標示的事實一樣，具有普遍性意義和理論價值的。

如果用一個詞來概括西方傳統語言學的理論和方法的特點，那就是："分析"。大的方面，從音位的區分，到詞類的劃分，再到句子的切分；小的方面，每一種詞類內部的進一步細分，乃至解決具體問題的更爲"細分"的辦法，總之，無不體現一個"分"字。索緒爾（F. de Saussure）説："語言中只有差別。""人們通常所稱的'語法事實'最後分析起來，實與單位的定義相符，因爲它總是表示要素的對立。"②孫良明引述高名凱《語法理論》的話説："印度人稱語法爲vyākarana，意思説是'分離，分析'，即對語言的各種語法形式加以分離或分析。"③趙元任也説："語法描寫的很大一部分是語言形式的分類。"④似乎可以説，重分析，重對立，重差別，這是西方語言學的特點。在那裏，我們多看到對立，很少看到統一。顯然，這種思想是與形態豐富的語言事實相聯繫的。

漢語缺乏形態。那麼，如果主要以漢語，尤其是古代漢語事實爲根據，來建立一種語言學理論和方法，它應該是什麼特點呢？同樣一言以蔽之，那就是"綜合"（或者説"模糊"、"兼容"）。似乎不妨説，人類語言，形態的綜合意味着功能的孤立（單一），而形態的孤立意味着功能的綜合（模糊、兼容）。薩丕爾説："有的語言能只用兩個詞，一個主語詞和一個謂語詞，來傳遞The-mayor-is-going-to-deliver-a-speech所傳遞的，但是英語不是這樣高度綜合的語言。"⑤顯然，漢語，尤其是古代漢語正是"這樣高度綜合的語言"。

所謂綜合性，就是相關成分之間界限不十分清楚，一類成分容易兼有其他類別的功能，或轉化爲其他類別。顯然，語法成分處於缺乏形態的"孤立"狀態時，綜合性就特別強。據我們考察，上古漢語綜合性的主要表現是"一種形式多種功能"和"多種形式一種功能"現象。這是上古漢語的主要特點，同時也深刻地影響了上古漢語語法發展的過程。

---

① 呂叔湘《漢語語法分析問題》，商務印書館，1979年，第5節。
② ［瑞士］索緒爾《普通語言學教程》，高名凱譯，商務印書館，1980年，167~168頁。
③ 孫良明《中國古代語法學探究》，商務印書館，2005年，152頁。
④ 趙元任《漢語口語語法》，商務印書館，1979年，1頁。
⑤ ［美］薩丕爾《語言論》，32頁。

二、上古漢語語法的綜合性

（一）一種形式多種功能

一種形式多種功能是一種非常普遍的語法現象，下面舉例説明。

1. 語法結構的多功能性

以"動詞＋名詞"結構爲例。這是人類語言最基本的結構，在上古漢語裏幾乎可以表達無窮的語義關係。可以説，"動詞＋名詞"結構也許是最能體現語法成分綜合性的結構。

孫良明根據漢魏晋人的箋注總結上古漢語"動詞"和"名詞"的組合總共包含24種語義關係，其中"名＋動"9種，"動＋名"12種（包括時間、方位），"形＋名"3種①。

這是不同動詞的情況。如果是同一個動詞，情形又如何呢？且以"飲＋名"爲例（破折號後面是"名"的語義類型）。如：

（1）終日飲酒而不得醉焉。　　　　　　　　　（《史記·樂書》）
　　　——受事
（2）請諸大夫曰："常之母有魚菽之祭，幸而來會飲。"會飲田氏。
　　　　　　　　　　　　　　　　　　　　（《史記·田敬仲完世家》）
　　　——與事
（3）飲玉爵者弗揮。　　　　　　　　　　　　（《禮記·曲禮上》）
　　　——工具
（4）項王則夜起，飲帳中。　　　　　　　　　（《史記·項羽本紀》）
　　　——處所
（5）孝文時，吳太子入見，得侍皇太子飲博。（《史記·吳王濞列傳》）
　　　——方式
（6）滕公留朱家飲數日。　　　　　　　　　　（《史記·季布欒布列傳》）
　　　——時間
（7）對曰："臣飲一斗亦醉，一石亦醉。"　　　（《史記·滑稽列傳》）
　　　——數量
（8）先生能飲幾何而醉？　　　　　　　　　　（《史記·滑稽列傳》）
　　　——疑問

---

① 孫良明《漢魏晋人對謂詞結構中名動語義關係的分析》，《古漢語研究》2008年第2期。

（9）季孫曰："請飲彘也！" 　　　　　（《左傳》哀公二十五年）
　　——使動對象

如果有多個"名"，這些"名"也可以直接排列在動詞後面，體現複雜的語義關係，沒有任何形式標記：

（1）王綪繳蘭臺，飲馬西河，定魏大梁，此一發之樂也。

（《史記·楚世家》）
　　——使動對象和處所
（2）九月，晉靈公飲趙盾酒，伏甲將攻盾。　（《史記·晉世家》）
　　——使動對象和受事

古漢語的這種性質在現代漢語中也有明顯的體現。例如，我們除了可以説"吃飯"、"吃菜"外，還可以説"吃父母"、"吃食堂"、"吃筷子"、"吃大桌子"及"靠山吃山，靠海吃海"等。似乎可以説，凡是與"吃"有關的語義關係，都可以用"吃+賓語"這種極爲簡單的語法形式來表現。

2. 詞類的多功能性

先講虛詞。以介詞"于"爲例。誰都知道，古漢語的"于"功能十分寬泛，許多種類的賓語與它們的動詞之間能夠插入"于"字，例如受事、施事、處所、時間、原因等，從而呈現典型的"一種形式多種功能"現象。下面僅就西周時期"于"字用作介引動作行爲涉及的對象時所顯示的語義關係的情況作一簡單的示例，以見一斑。

有的引進受事或當事（非動作的直接接受者）。例如：

　　王乘于舟，爲大禮。　　　　　　　（麥方尊，西周早期）
　　敢追明公賞于父丁。　　　　　　　（作册令方彝，西周早期）

有的是引進取予的對象。例如：
　　格伯取良馬乘于朋生。　　　　　　（格伯簋，西周中期）
　　史獸獻工于尹。　　　　　　　　　（史獸鼎，西周早期）

有的是引進告語的對象。例如：
　　告追于王。　　　　　　　　　　　（多友鼎，西周晚期）
　　公告厥事于上。　　　　　　　　　（班簋，西周中期）

有的是引進動作的施事。例如：

作册麥易金于辟侯。　　　　　　　　（麥方尊，西周早期）
中乎歸生鳳于王。　　　　　　　　　（中方鼎，西周早期）

"一種形式多種功能"還體現在上古漢語的疑問代詞的功能上。王力從語音上把疑問代詞分爲z系、ɣ系和○系。z系指人，包括"誰"和"孰"等，ɣ系指物，包括"何、曷、胡、奚、遐"等；○系指處所，包括"惡、安、焉"等。王力認爲，"疑問代詞z系、ɣ系、○系之間的分别，在先秦是相當清楚的"①。但其實，由於綜合性的作用，些許的例外依然不可避免。例如：
"誰"、"孰"問事物：

夫誰不可喜，而誰不可懼？蝸蟻蜂蠆皆能害人，況君相乎？
　　　　　　　　　　　　　　　　　　　　（《國語·晉語九》）
子墨子曰："我將上大行，駕驥與羊，子將誰驅？"耕柱子曰："將驅驥也。"　　　　　　　　　　　　　　　　　　（《墨子·耕柱》）
能以國讓，仁孰大焉？　　　　　　　（《左傳》僖公八年）
孰城？城衛也。　　　　　　　　　　（《公羊傳》僖公元年）

"何"、"曷"、"胡"、"奚"問人：

宗廟會同，非諸侯而何？　　　　　　　　（《論語·先進》）
婚禮不稱主人。然則曷稱？稱諸父兄師友。
　　　　　　　　　　　　　　　　　　　　（《公羊傳》隱公二年）
叔孫氏之車士曰子鉏商，採薪於大野，獲麟焉，折其前左足，載以歸，叔孫以爲不祥，棄之於郭外，使人告孔子曰："有麇而角者，何也？"孔子往觀之，曰："麟也，胡爲來哉？胡爲來哉？"
　　　　　　　　　　　　　　　　　　　　（《孔子家語·辯物》）
["胡爲來哉？"猶言"誰幹的？"]
（景公）問于晏子曰："寡人夜者聞西方有男子哭者，聲甚哀，氣甚悲，是奚爲者也？寡人哀之。"晏子對曰："西郭徒居布衣之士，盆成适也。"　　　　　　　　　　（《晏子春秋·外篇第七》第十一章）

---

①　王力《漢語語法史》，見《王力文集》第11卷，山東教育出版社，1990年，102～108頁。

"惡"、"焉"問事物：

"敢問夫子惡乎長？"曰："我知言，我善養吾浩然之氣。"

（《孟子·公孫丑上》）

擇可勞而勞之，又誰怨？欲仁而得仁，又焉貪？

（《論語·堯曰》）

實詞也是如此。例如，及物動詞和不及物動詞是最基本的動詞分類，但不及物動詞可以具有及物動詞的功能，最明顯的就是"使動用法"。及物動詞也並不是任何時候都帶賓語的，它也可以不帶賓語，從而體現不及物動詞的功能。這一點過去注意不多，宜略加說明。呂叔湘說："一個具體的行爲必須繫屬於事物，或是只繫屬於一個事物，或是同時繫屬於兩個或三個事物。繫屬於兩個或三個事物的時候，通常有施和受的分別；只繫屬於一個事物的時候，我們只覺得這麽一個動作和這麽一件事物有關係，施和受的分別根本就不大清楚。"[1] 略舉幾例：

君伐，焉歸？　　　　　　　　　　　　（《左傳》昭公十年）
胡、貉數侵掠，獨占辰星，辰星出入躁疾，常主夷狄。

（《史記·天官書》）

六國回辟，貪戾無厭，虐殺不已。　　（《史記·秦始皇本紀》）

"伐"、"侵掠"、"虐殺"是不折不扣的及物動詞，但在以上句子中它們只繫屬於主語這一個事物，"我們只覺得這麽一個動作和這麽一件事物有關係"，從另一角度也未嘗不可以看作"表狀態"，類似形容詞。呂叔湘還說："漢語的及物動詞絕大多數都能進入第一格局的兩成分句。"[2]（姚按：指"中國隊勝"這種及物動詞不帶賓語的句子。）

漢語動結式的產生與動詞的綜合性（模糊性、兼容性）是直接相關的。過去主流的研究不僅忽略了及物動詞的不及物性，而且把能帶賓語的不及物動詞一律當作及物動詞看待，忽視了它的不及物性，這就導致對動結式產生於上古這一事實長期認識不清。說到底，其原因就是拘泥於及物動詞與不及物動詞截然兩分的西方觀念，而忽視了漢語動詞（及物動詞和不及物

---

[1] 呂叔湘《從主語、賓語的分別談國語句子的分析》，見《漢語語法論文集》（增訂本），商務印書館，1984年。
[2] 呂叔湘《說"勝"和"敗"》，《中國語文》1987年第1期。

動詞)的綜合性特點①。

(二)多種形式一種功能

如果說"一種形式多種功能"還比較好理解,那麼"多種形式一種功能"則似乎與基本語法觀念相抵觸。然而,它是與"一種形式多種功能"相對待的、在語言事實中切實存在的普遍現象,只是過去缺乏應有的認識。

1. 語法結構的"多種形式一種功能"

例如,語序問題廣泛存在"多種形式一種功能"的情況。過去我們的概念是,漢語由於缺乏形態,所以語序就顯得特別重要。這句話一般說並沒有錯,但問題是"重要"到何種程度,如果把它視爲一種堪與西方語言的形態相比的"說一不二"的語法手段,那就有誇大的嫌疑了。實際情況是,在語義關係基本相同的條件下,建立在不同語序基礎上的不同語法範疇,只有傾向性,甚或強烈的傾向性,但沒有規定性。這是一個非常普遍的事實。例如,殷商時期,多賓語句的賓語,位置就不很固定。再擴大看,動詞所支配的各類成分的位置,也難於做到定於一。施事成分絕大多數處在動詞之前,少數也可以處在動詞後;時間成分多數處於動詞前,少數也可以處在動詞後;受事成分,爲動成分,方式、工具成分,處所成分等多數處於動詞後,少數也可以處在動詞前。相應介詞結構的分佈,與上述成分位置的分佈也大體是一致的。因此如果抱着"語序崇拜"觀念來看待上古漢語,就會遇到難以解決的煩惱。例如說主語位於謂語前面,就立刻會有"後置主語"②出來"搗亂";說賓語位於動詞的後面,就立刻會就有"前置賓語"出來"搗亂";說定語在中心語前面,立刻就會有"後置定語"出來"搗亂"。凡此種種,不一而足。似乎可以說,凡是建立在語序基礎上的語法範疇,很少沒有"例外"的。既然例外普遍存在,這個事實本身就不能只當作例外來看待了。一段時間的多數,後來可能變爲少數;相應地,一段時間的少數,後來可能變爲多數。例如否定句中人稱代詞賓語的位置,殷商西周時前置是通例,後置是例外;但到兩漢時期,則後置是通例,前置變成例外了③。

下面以上古漢語的數量結構爲例作一具體說明。學界普遍認爲,"數+

---

① 請參考本書第十六章。
② 請參考管燮初《殷虛甲骨刻辭的語法研究》;陳夢家《殷虛卜辭綜述》;沈培《殷墟甲骨卜辭語序研究》。
③ 孫良明《從〈詩經〉毛傳、鄭箋談賓語前置句式的變化》,《中國語文》1989年第3期。

量"如果在名詞後,實際計量的意味較重;在名詞前,則描寫的意味較重①。這在大部分情況下是事實。但是還應看到,這種不同含意僅僅是傾向性的,不具有強制性。有時這兩種不同的語序,在語義相同的條件下,甚至可以混用不別。例如:

（1） 大(太)子帚三<u>乘</u>(乘)逄(路)車。　　　　（《曾侯乙墓竹簡》）

（2） 遮(旅)旜(陽)公之逄(路)車三<u>乘</u>(乘),屯麗。
　　　　　　　　　　　　　　　　　　　（《曾侯乙墓竹簡》）

（3） 一<u>輢</u>正車　　一<u>輢</u>羊車　　甬車一<u>輢</u>　（《包山楚簡·遣策》）

（4） 十<u>斗</u>粲,毇(穀)米六<u>斗</u>大半斗。麥十<u>斗</u>,爲麴三<u>斗</u>。
　　　　　　　　　　　（《睡虎地秦墓竹簡·秦律十八種·倉律》）

（5） 右方四<u>牒</u>竹器。
　　　　　　　　　（《長沙馬王堆漢軑侯辛追墓出土隨葬遣策考釋》282）

（6） 右方七<u>牒</u>瓦器錫(錫)(塗)。
　　　　　　　　　（《長沙馬王堆漢軑侯辛追墓出土隨葬遣策考釋》221）

（7） 右方髹(漆)畫木器八<u>牒</u>。
　　　　　　　　　（《長沙馬王堆漢軑侯辛追墓出土隨葬遣策考釋》218）

（8） 右方苴(菹)五<u>牒</u>、資(瓷)五。
　　　　　　　　　（《長沙馬王堆漢軑侯辛追墓出土隨葬遣策考釋》155）

（9） 右方土金錢馬牛羊鳥廿<u>牒</u>。
　　　　　　　　　（《長沙馬王堆漢軑侯辛追墓出土隨葬遣策考釋》311）

（10） 今佐丁盜粟一<u>斗</u>,直(值)三錢,柳下季爲魯君治之,論完丁爲倡,奏魯君。君曰:盜一錢到廿錢罰金一兩,今佐丁盜一<u>斗</u>粟,直(值)三錢,完爲倡,不已重虖(乎)？
　　　　　　　　　　　　　　　　　　（《張家山漢墓竹簡·奏讞書》）

（11） □□馬日匹二<u>斗</u>粟、一<u>斗</u>尗(？)②。傳馬、使馬、都廄馬日匹尗(？)一<u>斗</u>半斗。　　　　（《張家山漢墓竹簡·金布律》）

（12） 入粟糜秦十八<u>斛</u>,其二十秦<u>斛</u>粟,五十一<u>斛</u>糜。
　　　　　　　　　　　　　　　　　　　　（《敦煌漢簡》311）

---

① 吳福祥、馮勝利、黃正德《漢語"數+量+名"格式的來源》,《中國語文》2006年第5期;[法]貝羅貝《上古、中古漢語量詞的歷史發展》,《語言學論叢》第二十一輯,商務印書館,1998年。

② 原注:"尗"字不清,疑從"叔",即菽,豆。

以上各例出自遣策、賬單或法律文書,是純粹的計數計量,但語序的使用却相當隨意。例(1)~(3)顯示,曾侯乙墓竹簡中既有"三䡅(乘)迻(路)車"這樣的"數+量+名",又有"迻(路)車三䡅(乘)"這樣的"名+數+量";《包山楚簡》中也有相類情況。例(4),同一句話,前面説"十斗粲"(數+量+名),後面説"麥十斗"(名+數+量);例(5)~(9)中,同一個量詞"牒",或採用"數+量+名"的形式(例[5]、[6]),或採用"名+數+量"的形式(例[7]~[9]);例(10),同一件事,前面説"今佐丁盜粟一斗"(名+數+量),後面説"今佐丁盜一斗粟"(數+量+名);例(11),前面説"馬日匹二斗粟、一斗䵂"(數+量+名),後面説"馬日匹䵂一斗半斗"(名+數+量);例(12),同一段話,前面是"粟糜秶十八斛"(名+數+量),後面則是"二十秶斛粟""五十一斛糜"(數+量+名)。再看下例:

(13)夕毋食,旦取豐(蜂)卵一,漬美醯一栝(杯),以飲之。
　　　　　　　　　　　　(《馬王堆漢墓帛書·五十二病方》)
(14)取黃蜂駘廿,置一栝(杯)醴中,囗囗日中飲之。
　　　　　　　　　　　　(《馬王堆漢墓帛書·養生方》)
(15)炙蠶卵,令籑籑黃,冶之,三指最(撮)至節,入半音(杯)酒中
　　飲之。　　　　　　　(《馬王堆漢墓帛書·五十二病方》)

以上例(13)~(15)出自馬王堆漢墓帛書,同爲計數計量要求十分精確的藥方,或用"名+數+量"(例[13]),或用"數+量+名"(例[14]、[15]),不存在任何"計量性""描寫性"的區別。原因在於,"名+數+量"也就意味着"數+量+名",同樣,"數+量+名"也就意味着"名+數+量"。

再例如,現代標準的"幾分之幾"的分數表示法,其實起源頗早,春秋戰國時就有,至西漢時依然存在。不過,這種分數表示法在當時不過是諸多分數表示法之一種,遠未取得一統的地位。當時的分數表示法,也是"多種形式一種功能",這從以下例句便可以看出端倪:

(1)是故卷甲而趨,日夜不處,倍道兼行,百里而爭利,則擒三將軍,
　　勁者先,疲者後,其法十一而至;五十里而爭利,則蹶上將軍,其
　　法半至;卅里而爭利,則三分之二至。(《孫子兵法·軍爭篇》)
(2)故關中之地,於天下三分之一,而人衆不過什三;然量其富,什居

其六。 　　　　　　　　　　（《史記·貨殖列傳》）

例（1），"其法十一"、"其法半"、"（其法）三分之二"三種分數稱法同時並用。例（2）"三分之一"、"什三"、"什居其六"也是同時並用。這種並用，除了"變文避複"的效果外，形式的區别並没有什麽"微言大義"①。

所以，語序問題，既要看到它的傾向性，又要看到它的不確定性（綜合性、模糊性），説到底，還是要堅持分析性與綜合性的統一。

2. 詞類的"多種形式一種功能"

例如，大家知道，上古漢語第一人稱代詞系統有着大致的"格位"區别，這是可以證明的②。但事情還有"模糊"的一面。我們可以把這種"格位"現象比喻爲一群小朋友做辨認角色的游戲。這群小朋友各自擔負的角色有同有異，當環境同時有各種不同的位置可資對比時，他們一般都能各就各位，體現"格位"的區别，不大容易發生混淆。但當環境只有一種位置，無論是一種一個，還是一種多個，就容易發生辨識模糊，產生一定程度的混淆。兹就"一種多個"位置舉幾例：

（1）昔朕來自奄，予大降爾四國民命，我乃明致天罰。（《尚書·多士》）
　　　——朕、予、我同作主語
（2）我得天，楚伏其罪，吾且柔之矣。　　（《左傳》僖公二十八年）
　　　——我、吾同作主語
（3）我不欲人之加諸我也，吾亦欲無加諸人。　（《論語·公冶長》）
　　　——我、吾同作主語
（4）余雖靦然而人面哉，吾猶禽獸也，又安知是淺淺者乎？
　　　　　　　　　　　　　　　　　　　　　（《國語·越語下》）
　　　——余、吾同作主語
（5）叔孫曰："諸侯之會，衛社稷也。我以貨免，魯必受師，是禍之也，何衛之爲？人之有牆，以蔽惡也；牆之隙壞，誰之咎也？衛而惡之，吾又甚焉。雖怨季孫，魯國何罪？叔出季處，有自來矣，吾又

---

① 請參考本書第三章第一節。
② 見王力《漢語語法史》，《王力文集》第11卷，56～57頁。

誰怨？然鮒也賄,弗與,不已。"　　　　(《左傳》昭公元年）

——我、吾同作主語

（6）子之丰兮,俟我乎巷兮。悔予不送兮！　(《詩經·鄭風·丰》)

——我、予同作賓語

再例如,上古漢語"彼"、"是"、"此"、"其"、"之"等古指稱詞（一般稱爲指示代詞）,當它們處於承指位置,體現第三身代詞功能時,往往無分別地混用,不存在任何"彼此不同"、"遠近不同"等指別的因素。例如（加下劃綫者爲被承指成分,加着重號者爲承指成分）：

（1）所謂桑雍者,便辟左右之近者,及夫人優愛孺子也。此皆能乘王之醉昏,而求所欲於王者也。是能得之乎内,則大臣爲之枉法於外矣。　　　　　　　　　　　　(《戰國策·趙四》)

（2）夫管仲,天下之大聖也。今彼反齊,天下皆鄉之,豈獨魯乎？今若殺之,此鮑叔之友也,鮑叔因此以作難,君必不能待也,不如與之。　　　　　　　　　　　　　　(《管子·大匡》)

（3）齊大旱之時,景公召群臣問曰："天不雨久矣,民且有飢色,吾使人卜之,祟在高山廣水,寡人欲少賦斂以祠靈山,可乎？"群臣莫對。晏子進曰："不可,祠此無益也。夫靈山固以石爲身,以草木爲髮；天久不雨,髮將焦,身將熱,彼獨不欲雨乎？祠之無益。"景公曰："不然,吾欲祠河伯,可乎？"晏子曰："不可,祠此無益也。夫河伯以水爲國,以魚鱉爲民；天久不雨,水泉將下,百川將竭,國將亡,民將滅矣,彼獨不用雨乎？祠之何益？"

(《說苑·辨物》)

（4）昔楚人蛟革犀兕以爲甲,堅如金石,宛鉅鐵鉇,慘若蜂蠆,輕利剽疾,卒如飄風。然兵殆於垂沙,唐子死,莊蹻起,楚分爲三四者,此豈無堅甲利兵也哉？其所以統之者非其道故也。汝淮以爲險,江漢以爲池,緣之以方城,限之以鄧林,然秦師至於鄢郢,舉若振槁然。是豈無固塞限險也哉？其所以統之者非其道故也。紂殺比干而囚箕子,爲炮烙之刑,殺戮無時,群下愁怨,皆莫冀其命,然周師至而令不行乎左右。其豈無嚴令繁刑也哉？其所以統之者非其道故也。　　　　　　　(《韓詩外傳》卷四)

（5）朱公長男竟持其弟喪歸。至,其母及邑人盡哀之,唯朱公獨笑,曰:"吾固知必殺其弟也!彼非不愛其弟,顧有所不能忍者也。是少與我俱,見苦,爲生難,故重棄財。"

(《史記·越王勾踐世家》)

(6)景公有愛女,請嫁于晏子。公迺往燕晏子之家。飲酒,酣,公見其妻曰:"此子之内子邪?"晏子對曰:"然。是也。"公曰:"嘻!亦老且惡矣。寡人有女少且姣,請以滿夫子之宫。"晏子違席而對曰:"乃此則老且惡,嬰與之居故矣,故及其少且姣也。且人固以壯託乎老,姣託乎惡,彼嘗託而嬰受之矣。君雖有賜,可以使嬰倍其託乎?"再拜而辭。

(《晏子春秋·内篇雜下》第二十四章)

例(1)承指便辟左右之近者及夫人,或用"此"或用"是";例(2)承指管仲,或用彼,或用此;例(3)承指擬人化了的靈山、河伯,同樣賓語位置,或用"此"或用"之";例(4),上半段承指楚人,或用"此"或用"是"、"其";下半段"其"承指紂;例(5)朱公承指自己的長子,同在主語位置,既用"彼"又用"是";例(6)晏子承指自己的妻子,同在主語位置,既用"此"又用"彼"。親屬之間,尤其是直系親屬之間,處於那種場合,更是只能稱代,不可能有指別之意,否則就笑話了。這些事實說明,承指者僅僅是從單純第三身稱代的角度來使用這些稱代成分的,所以在同樣條件下用哪一個本無足輕重。如果其間還有指别的意思(如"彼此比較"等),則上述混用現象就不好解釋了,尤其是同一個人在同時、同地、對同一對象混用稱代成分,就更是不可思議的了①。呂叔湘早就指出:"我們要注意的是在這一類用法(按,指承指)裏,遠指和近指的區别不很顯著,白話的'這'和'那'有時竟可通用。"②

三、語法的綜合性與語法成分的轉化:多樣化和同一化

"一種形式多種功能"和"多種形式一種功能"現象作用於漢語史的發展,就容易導致語法成分的兩個看似相反的發展過程:前者常常導致多樣化,而後者常常導致同一化。

(一)"一種形式多種功能"與語法成分的多樣化發展

---

① 請參考姚振武《上古漢語第三身範疇的表達及相關問題》,《古漢語研究》2001年第4期。
② 呂叔湘《中國文法要略》,商務印書館,1982年,165頁。

既然是"一種形式多種功能",那麼其中的每一種功能都可能發展出一種獨立的樣式,從而形成多樣化。

例如,指稱與陳述互相轉化就是"一種形式多種功能"的重要體現。這種轉化,其影響是深層次的,全局性的,或隱或現地支配着語法發展的方方面面。最明顯的是,動詞可以不經任何形式改變而兼有名詞的功能,如果再進一步,這種名詞功能便可固化爲名詞,從而分化爲兩個獨立的詞,實現多樣化發展。名詞也可以不經任何形式改變而兼有動詞的功能,如果再進一步,這種動詞功能便可固化爲動詞,從而分化爲兩個獨立的詞,實現多樣化發展[①]。如:

"祝"本是一個祭祀義動詞,例如:"兄(祝)于母庚。"(《合集》40386正)發生轉指以後則指稱從事祭祀的人(施事),例如《晏子春秋·外篇第七》第六章:"齊有彗星。景公使祝禳之。"相類的例子還有:

(1) a. 無幾何而梁丘據御六馬而來。
　　　　　　　　　　　　(《晏子春秋·内篇諫上》第十八章)
　　 b. 晏子怪而問之,御以實對。
　　　　　　　　　　　　(《晏子春秋·内篇雜上》第二十五章)
(2) a. 輔拂無一人,諂諛我者甚衆。
　　　　　　　　　　　　(《晏子春秋·内篇雜上》第二十章)
　　 b. 故明王之任人,諂諛不邇乎左右,阿黨不治乎本朝。
　　　　　　　　　　　　(《晏子春秋·内篇問下》第二十四章)

以上的"御"和"諂諛",在"a"類句子裏是動詞,體現了本義,在"b"類句子裏則轉指從事該行爲動作的人(施事),爲名詞,從而實現了多樣化發展。

"使"本是一個使令義動詞,如《説文》:"使,令也。"《左傳》隱公元年:"天王使宰咺來歸惠公、仲子之賵。"發生轉指以後,則指稱被使令的人(受事)。例如,《左傳》隱公九年:"公怒,絶宋使。"相類的例子還有:

(3) a. 公召晏子,且賜之。　　(《晏子春秋·内篇雜下》第六章)
　　 b. 是則隱君之賜也。　　(《晏子春秋·内篇雜下》第十二章)

[①] 請參考姚振武《關於自指和轉指》,《古漢語研究》1994年第2期;姚振武《先秦漢語受事主語句系統》,《中國語文》1999年第1期;姚振武《動詞轉指的理論模型》,《歷史語言學研究》第一輯,商務印書館,2008年。

（4）a. 交游朋友從,無以説于人,又不能説人者窮。

　　　　　　　　　　　　　　（《晏子春秋·内篇問上》第十五章）

　　　b. 以君之賜,澤覆三族,延及交游。

　　　　　　　　　　　　　　（《晏子春秋·内篇雜下》第十八章）

（5）a. 臣請輓尸車,而寄之于國門外宇溜之下,身不敢飲食。

　　　　　　　　　　　　　　（《晏子春秋·外篇第七》第十一章）

　　　b. 臣節其衣服飲食之養,以先國之民。

　　　　　　　　　　　　　　（《晏子春秋·内篇雜下》第二十五章）

以上的"賜"、"交游"、"飲食",在a類句中是動詞,體現了本義,在b類句中則轉指該動作的受事,爲名詞,從而實現了多樣化發展。

　　名詞也可以不經任何形式改變而兼有動詞的功能,或轉化爲動詞,從而形成多樣化發展。例如:

王魚?　　　　　　　　　　　　　　（《合集》667反）
惠小臣令衆黍?　　　　　　　　　　（《合集》12）
貞:乎目邛方?　　　　　　　　　　（《合集》6194）
采菽采菽,筐之筥之。　　　　　　　（《詩經·小雅·采菽》）

　　當然我們並不否認名詞與動詞的區別,沒有這種區別,根本不能形成語言。名詞與動詞的關係,是分析與綜合的統一,區別與相容的統一,這就是我們的觀點。

　　上古漢語介詞的發展也經歷了多樣化的途徑。殷商時期介詞非常少,功能十分寬泛,綜合性極強,是典型的"一種形式多種功能"。至西周,介詞略有增加,東周時期則蔚爲大觀,增至二十餘個,與此相應,語法範疇的表達形式大爲豐富。過去由少數介詞承擔的範疇表達形式,東周以後則由多個介詞分別承擔。例如:介引與動作行爲相關的時間,殷商時期只有"于、自",西周時期也只有"于、自、在",東周以後則有"于、自、在、爲、方、當、即、應、迨、逮、比、竟、從、乎、向、及"等。介引與動作行爲相關的各類對象,殷商時期有"于、自",西周時期有"于、自、以、在",到了東周以後則有"于(於)、自、以、及、用、在、爲、與、比、從、道、乎"等。引介動作行爲的工具、方式、條件、依據等,殷商時期只有"于",西周時期有"于、用、由、以"等,到了東周以後,則有"于(於)、用、由、以、將、因、與、從"等。引介動作行爲的方位處所，殷商時期有"于、自、在、從"，西周時期有"于、自、在、以、由"，東周以後則有"于（於）、在、自、從、由、即、沿"等。引介動作行爲的原因或目的，西周時期有"以、用、爲"等，東周以後則有"用、以、因、爲、由"等。顯然，介詞增加的過程，就是相關的語法範疇的表達形式從"一種形式多種功能"發展爲多樣化的過程①。

　　語法結構也是一樣。例如，上面説過，"動詞+名詞"是高度綜合的結構，可以容納多種語義關係。但西周以降，尤其是東周以後，漢語介詞大發展，各種各樣的介詞加入"動"、"名"之間，形成多種"動+介+名"結構，分别表達原來只由"動+名"表達的各種各樣的語義關係。這就是"動+名"結構的多樣化發展②。

　　再例如，上古漢語真正的被動式"（N）爲N所V"的産生，也是多樣化的結果。最初是指稱式"（N）爲NV"兼有陳述的功能（一種形式多種功能），然後加上一個形式標記"所"造成"（N）爲N所V"，從而形成多樣化（"［N］爲NV"和"［N］爲N所V"並存）。讓我們先看這樣兩句話：

　　a. 張三是個胖子。
　　b. 張三很胖。

這兩句話語義相同。區别在於，a的"胖子"是對主語的指稱，b的"很胖"則是對主語的陳述。可是，實際上這兩句話往往可以不加分别地彼此通用。因爲a也就意味着b；b也就意味着a。我們發現，指稱與陳述的這種綜合性（或者説"兼容性"、"模糊性"），使得語言使用者（發話人和受話人）必要時可以把　個指稱式認作陳述式，並當作陳述式來用，從而導致從該指稱式另外引申出陳述式。請看下例：

（1）唯女子與小人爲難養也。　　　　　　　（《論語·陽貨》）
（2）初，尹公佗學射於庾公差，庾公差學射於公孫丁。二子追公，公
　　　孫丁御公。子魚曰："射爲背師，不射爲戮，射爲禮乎？"
　　　　　　　　　　　　　　　　　　　　　（《左傳》襄公十四年）
（3）管、蔡爲戮，周公右王。　　　（《左傳》襄公二十一年）
（4）今伐其師，楚必救之，戰而不克，爲諸侯笑。（《左傳》襄公十年）

---

① 請參考本書第六章。
② 請參考本書第十三章。

（5）無使臣爲箕子、接輿所笑。　　　　（《史記·魯仲連鄒陽列傳》）

比較例（1）、（2），知例（2）的"爲戮"，其性質應與並列的"爲俘馘"、"爲禮"以及例（1）的"爲難養"一致，其"戮"是對主語（子魚，也就是瘦公差）的指稱，意爲"是被殺戮的對象"。這代表了"爲V"式的本來面目。但這種指稱與相應的陳述又是相通的，即，一個人"成爲被殺戮的對象"（指稱）也就意味着他"被殺戮"（陳述），就像"張三是個胖子"也就意味着"張三很胖"一樣。於是指稱式"爲V"就經常用來表達陳述的意思，像例（3）、（4）那樣。在形式（指稱式）與内容（陳述）矛盾的作用下，形式被迫作出調整（加一個"所"），以適應内容，於是像例（5）那樣的真正的被動式（陳述式）"(N)爲N所V"便產生了①。

漢語"數+量+名"格式的産生，也是多樣化的結果。"名+數"（凸百牛百）和"數+名"（百凸百牛）代表個體量詞産生以前漢語兩種相對待的、基本的計數方式，二者常常可以混用不别。這種彼此的認同當然使相互之間有了巨大的制約力。然而這個認同系統是不平衡的。"名+數"有自己的變體"名+數+名（量）"（"車二丙"、"凸六卣"等），而"數+名"却没有與之相應的格式，於是形成以下不平衡的局面（箭頭所示爲可以混用不别的雙方）：

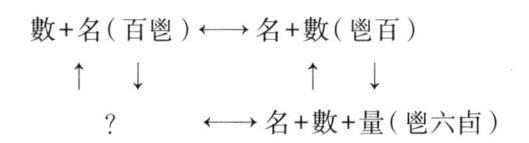

数+名（百凸） ⟷ 名+数（凸百）
↑ ↓　　　　↑ ↓
？　　⟷　名+数+量（凸六卣）

例如：

癸卯卜，貞：彈凸百牛百□？　　　　　（《合集》13523正）
□亥，貞：王又百凸百牛？　　　　　　（《合集》32044）
丁酉卜，貞：王賓文武丁伐三十人，卯六牢，凸六卣，亡尤？
　　　　　　　　　　　　　　　　　　（《合集》35355）

這就必然要求"數+名"也作出相應的反應，於是，在"名+數+名（量）"格式中産生並逐步成熟的量詞，比照它在"數"後的位置，逐步由類推而進入"數+名"格式中的"數"之後的位置，形成"數+量+名"

---

① 請參考姚振武《指稱與陳述的兼容性與引申問題》，《中國語文》2000年第6期；《先秦漢語受事主語句系統》，《中國語文》1999年第1期。

格式①。

（二）"多種形式一種功能"與語法成分的同一化發展

同一化是指幾個相類成分統一爲一個成分。

第一種情況是，在同一語法範疇表達系統的多個成分中，某一個成分具有相對的普適性，表現强勢，於是逐步取代其他相同（類似）成分，最終"一統天下"。下面略舉一些例子。

上文已指出，上古漢語第一人稱代詞系統（我、余[予]、朕、吾等）具有綜合性（多種形式一種功能），其中"我"的功能具有相對的普適性：既表多數，也可表單數（這就有了余、朕的功能）；既可作主語，也可作賓語（這就有了"余"的功能）和定語（這就有了朕的功能），在以後長期發展過程中"我"的普適性特點一直保持着，所以最終取代了其他第一人稱代詞②。

上古否定副詞"不"、"弗"的關係，也是這種情況。"不"具有相對的普適性，表現强勢，"弗"的功能"不"基本上都具備，而"不"的功能"弗"却不能涵蓋，所以"不"最終取代了"弗"③。

語法結構也有相類的表現。例如，漢語"幾分之幾"的表示法，就是在與"其法十一"、"其法半"、"仞三"、"什居其六"等不同形式同時並用中（見上文）脱穎而出，最終在六朝以後取代了其他分數表示法，成了表分數的定型結構④。

以上是取代者的功能比被取代者廣，具有功能優勢。有時二者功能相同，只是取代者比被取代者使用率高，也可完成同一化。例如古指稱詞"其"和"厥"，功能相同，只是後起的"其"使用率越來越高，西周中晚期開始，"厥"逐漸爲"其"所取代，至戰國時期"厥"幾乎絶迹了⑤。助動詞"得"和"獲"也是如此。二者功能幾乎完全相同，但"得"的使用率遠高於"獲"，所以最終取代了"獲"⑥。

還有一種情況是，相類的多個成分雖然具有綜合性，但最終的發展並不

---

① 請參考姚振武《上古漢語個體量詞和"數+量+名"結構的發展以及相關問題》，《中國語言學》第二輯，山東教育出版社，2009年。
② 請參考本書第四章第一節。
③ 請參考本書第五章第四節。
④ 參考郭錫良《先秦稱數法的發展》，見《漢語史論集》（增補本），商務印書館，2005年。
⑤ 參閲唐鈺明《其、厥考辨》，見《中國語文》1990年第4期。
⑥ 請參考劉利《先秦漢語助動詞研究》，北京師範大學出版社，2000年。

是其中的一個取代了其他,而是該多個成分被另外一個成分所取代。例如古指稱詞"彼、是、此、其、之"等,當用於第三身稱代時,具有很强的綜合性(見上文),但最終的發展却是另外的"他"成爲專職的第三身代詞。不過可以認爲,正是古指稱詞用於第三身稱代時所具有的强綜合性,爲日後第三身代詞"他"的産生奠定了功能基礎。

"一種形式多種功能"和"多種形式一種功能"其實是有着深刻内在聯繫的,可以互相轉化。仍以"諂諛"爲例:

（1）吾君賄,左右諂諛,作大事不以信,未嘗可也。

（《左傳》昭公六年）

（2）故明王之任人,諂諛不邇乎左右,阿黨不治乎本朝。

（《晏子春秋·内篇問上》第二十四章）

（3）法嚴政峻,諂諛者衆。　　（《史記·平津侯主父列傳》）

同一個"諂諛",例（1）與例（2）的關係是"一種形式多種（兩種）功能"的關係,例（1）爲動詞,例（2）爲名詞。而例（2）與例（3）的關係則是"多種（兩種）形式一種功能"的關係（同爲名詞）。可以看出,例（3）如果省去"者"（這是很常見的）,則與例（1）轉化爲"一種形式多種（兩種）功能"的關係了。

所以,從理論上説,同一化和多樣化是可以相互轉化的。不過這方面有待更爲廣泛細緻的考察和研究。

四、語法的綜合性的意義

語法成分的綜合性問題是一篇大文章。現代語言學理論主要建立在印歐語事實基礎上,偏重於語法成分的分析的屬性,於綜合性這一屬性發掘不够,這是可以理解的。這正是漢語學者可以大有作爲的地方。"綜合"的語法是一種從語法成分的對立中體現其統一性的語法。達爾文的進化論看到了不同物種之間的統一性,從而更深刻地把握了物種的本質;同樣,"綜合"的語法看到不同語言之間,或同一語言内部不同成分、不同結構間的内在的統一性,從而也能够更深刻地把握相關語言現象的本質。而體現人類語言這種統一性的最好標本也許就是漢語,尤其是古代漢語。同樣可以説,重綜合,重統一,重相容,這應該是建立在漢語,尤其是古代漢語這樣極度缺乏形態的語言事實之上的語言學觀念。這種觀念對於西方語言學也是具有意義的。正如薩丕爾所説:"没有一種語言是這樣霸道地强求内部一致的。所有的語法都有漏洞。"①

漢語的一些綜合現象,過去也有所注意,但給出的解釋多不能令人滿意。好一點的是用"語用平面"來解釋,但所謂"語用",其概念究竟是什麽? 仍難以説清楚。問題較多的是某些"認知語言學"解釋,僅憑心理感覺,就漫説開去②。現在我們找到了語言的綜合性的邏輯基礎,這就是基於本體範疇的指稱與陳述的分化。於是語言的綜合性與語言的分析性一樣,具有了可證僞性。分化之初,人類語言是一種高度綜合的語言。此後的發展大體依循兩種類型,一是相對保留"綜合"的性質(但也有一定程度的"分析",包括個别語法範疇的"形態"化和語法成分的多樣化),如漢語(或漢藏語系);一是相對往分析的方向發展(但也有一定程度的"綜合"),以至形成複雜的形態系統。人類語言類型的發展,其實就是在"分析"與"綜合"這兩個極端中間來回擺動,並産生出形形色色的中間現象。再"分析"的語言都會有一定能程度的綜合;再"綜合"的語言都會産生一定程度的分析。區别在於"分析"與"綜合"比重的大小和具體表現形式的差異。正如薩丕爾所言:"無論如何,很難把我們所知的一切語言都分别歸入這些類,尤其是因爲這些類别並不是互相排除的。下文就會看到,一種語言可能是黏着的,又是屈折的;或者是屈折的,又是多重綜合的;甚或是多重綜合的和孤立的。"③從一個語言的内部看,無論何種語法成分,都可從"分析與綜合的統一"的角度來思考。印歐語的語言事實有利於提出以"分析"爲特色的語言理論,人家這麽做了,做得非常出色。漢語及漢藏語的語言事實有利於提出以"綜合"爲特色的語言理論,但是一百餘年來我們基本是追尋西方的語言理論,所謂"跟着轉"。這種"跟着轉"固然是有意義的,因爲任何"個别"中都藴含着一般,所謂"他山之石可以攻玉"。但是我們却疏忽了基於自身"綜合"特點的語言事實的理論思考,以致我們的漢語研究在某種程度上陷入泥淖而不能自拔。這種思考不僅是漢語研究所必需,也應有利於西方語言研究(就像西方理論可用於漢語研究一樣),從而補充和豐富

---

① [美]薩丕爾《語言論》,34頁。
② 請參考姚振武《認知語言學思考》,《語文研究》2007年第2期,又見人大複印資料《語言文字學》2007年第8期;郭錫良、魯國堯主編《中國語言學》第一輯,山東教育出版社,2008年。
③ [美]薩丕爾《語言論》,110頁。

普通語言學理論。正如朱德熙所說："現代語言學的許多重要觀點是以印歐語系的語言事實爲根據逐漸形成的。採用這種觀點來分析漢語,總有一些格格不入的地方。這是因爲漢語和印歐語在某些方面(最明顯是語法)有根本性的不同。由此可見,如果我們不囿於成見,用獨立的眼光去研究漢藏語系語言,就有可能對目前公認的一些語言學觀念加以補充、修正甚至變革。從這方面看,漢藏語研究有十分重要的意義。"①

遺憾的是,"不囿於成見,用獨立的眼光去研究漢藏語系語言"這樣的工作,歷來做得非常淺,非常少。從這個意義上說,漢語,尤其是古代漢語這塊語言學的沃土,又是一塊待開發的處女地。

五、逆演化:由虛到實

語法理論上的語法化,一般是指實詞的虛化。但我們在考察上古語法發展史的過程中,發現一些似乎是虛詞實化的現象,特提出來供進一步研究。

殷商時期,"允"作爲常見的表肯定的語氣副詞,只能作狀語,各家均無異議。例如:

  允獲麋四百五十一。   (《合集》10344反)
  丁酉卜,王貞:今夕雨,至于戊戌雨?戊戌允夕雨。四月。
                (《合集》24769)

但到西周時,"允"有演化爲表"真實"、"確實"、"誠信"義的形容詞的迹象,因此似不宜再視爲副詞。例如:

  彝昧天令,故亡,允哉顯。   (班簋,西周中期)
  命汝作納言,夙夜出納朕命,惟允。 (《尚書·堯典》)
  汝作士,五刑有服,五服三就,五流有宅,五宅三居,惟明克允。
                (《尚書·堯典》)
  允矣君子,展也大成。   (《詩經·小雅·車攻》)

以上的"允"都是單獨作謂語,"真實"、"確實"、"誠信"的意思,只能視爲形容詞,且與殷商時期狀語位置上的"允"有明顯的意義聯繫。到後來,"允"又發展出常見的公平、公正的意義:

---

① 朱德熙《漢藏語概論》序,見馬學良主編《漢藏語概論》,北京大學出版社,1991年。

> 軍志曰："允當則歸。" 　　　　　　（《左傳》僖公二十八年）
> 允哉漢德,此鄙人之所願聞也。　　（《史記·司馬相如列傳》）

這就更是個形容詞了。

語氣副詞"必"見於西周時期,表斷定、確定不移或命令的語氣,只作狀語。例如:

> 夏德若兹,今朕必往。　　　　　　（《尚書·湯誓》）
> 維桑與梓,必恭敬止。　　　　　　（《詩經·小雅·小弁》）
> 弗過遇之,往厲必戒。　　　　　　（《易經·小過卦》）

東周以後,"必"的語氣副詞用法繼續大量存在,但同時又發展出少量動詞用法,例如:

> 何事於仁,必也聖乎！　　　　　　（《論語·雍也》）
> 子絶四:毋意,毋必,毋固,毋我。　（《論語·子罕》）
> 聽訟,吾猶人也。必也使無訟乎！　（《論語·顔淵》）
> 今之成人者何必然？見利思義,見危授命,久要不忘平生之言,亦可以爲成人矣。　（《論語·憲問》）
> 今亂本成矣,立可必乎？　　　　　（《左傳》閔公二年）
> 公曰："可必乎？"對曰："在道。國亂無象,不可知也。"
> 　　　　　　　　　　　　　　　　（《左傳》襄公九年）
> 我倚名族,亡秦必矣。　　　　　　（《史記·項羽本紀》）
> 紂剖比干,囚箕子,爲炮格,刑殺無辜,時臣下懍然,莫必其命。
> 　　　　　　　　　　　　　　　　（《史記·禮書》）
> 相陵爲鬭,七寸以内必之矣。　　　（《史記·天官書》）

因此,東周以後,"必"似不再是副詞,而演變爲動詞了。

範圍副詞"悉"見於西周時期,只作狀語。例如:

> 格爾衆庶,悉聽朕言。　　　　　　（《尚書·湯誓》）
> 王命衆,悉至于庭。　　　　　　　（《尚書·盤庚上》）
> 悉率左右,以燕天子。　　　　　　（《詩經·小雅·吉日》）

降及東周,"悉"有發展爲"使盡"義的致使動詞的迹象,例如:

諸侯悉師以復伐鄭。　　　　　　　（《左傳》襄公十一年）
我悉方城外以毀其舟,還塞大隧、直轅、冥阨。
　　　　　　　　　　　　　　　　（《左傳》定公四年）
悉其聰明,致其忠愛以盡之。　　　（《禮記·王制》）
秦悉塞外之兵,與周之衆,以攻南陽。（《戰國策·西周》）

因此,"悉"似不宜再視爲副詞,而是一個動詞了。

　　以上所謂的"逆演化",根據只是目前掌握的事實。情況究竟如何,也許有待以後發掘更多的資料來作更深的研究。

第一章
名詞和動詞的發展

　　名詞和動詞是人類語言中最早出現的、不可或缺的兩個基本詞類。從原則上說，任何語法範疇都可以通過名詞與動詞的結合得到表達①。正如吕叔湘所說："動詞和賓語的關係確實是說不完的。"② 薩丕爾也說："沒有一種語言完全忽略名詞和動詞的區別，雖然在某些特殊情況下，這種區別的性質不容易捉摸。別的詞類就不同了，沒有一類是語言非有它就活不了的。"③

　　王力曾說："實詞既然對於實物有所指，自然可以拿概念爲分類的標準；這種分類，簡直可說是邏輯學上或心理學上的分類，完全不以詞的形式爲憑。正因中國的詞不帶詞類的標記，所以不顧詞的形式纔是詞類區分的正當辦法。"④ 這樣的詞類分類觀念被棄之久矣。但我們依然認爲它具有一定的合理性。劃分詞類，意義和功能不宜截然對立起來。意義是功能的基礎，但意義又不簡單等於功能。二者既密切相關，又互相區别。那種認爲劃分詞類時"意義連一點參考價值都没有"⑤的觀點，是過於極端了。最明顯的，所謂"主語"、"謂語"、"名詞"、"動詞"等，其"主"、"謂"、"名"、"動"就是意義，無此何以說明功能？

　　本章對於名詞和動詞，所關注的主要是二者在没有"形態"或虚詞等形式標記參與下形成的種種關係。我們認爲這體現了人類語言最古老、最本質的特點，過去很少系統論述。至於在這種關係框架内具體成分的歷史替换，其實

---

① 姚振武《論本體名詞》，《語文研究》2005年第4期；姚振武《人類語言的起源與古代漢語的語言學意義》，《語文研究》2010年第1期。
② 吕叔湘《語文常談》，60頁。
③ [美]薩丕爾《語言論》，107頁。
④ 王力《中國語法理論》，見《王力文集》第1卷，山東教育出版社，1984年，20～21頁。
⑤ 朱德熙《語法答問》，見《朱德熙文集》第1卷，商務印書館，1999年，281頁。

倒是相對次要的,過去也有過不少研究,篇幅所限,有時也就不過細追究了。

第一節　關於名詞

一、名詞概貌

上古漢語的名詞可分爲:

1. 本體名詞。這是一個開放的類別,指稱不依賴任何其他事物而獨立存在的各種實體及其所代表的類,如動物、物品、建築物、農作物、人體、自然物等。例如:人、男、女、百姓、匹夫、鳥獸、馬、牛、犬、羊、兵甲、弓、刀、布帛、貝、舟車;宗、家室、門、户、宅、寢、禾、黍、麥、田、身、耳、止(趾)、山川、火、水、雲、風、雷、侯、白(伯)、衆、俘等。

還有所謂專有名詞也屬本體名詞的範疇,包括人名、國名、地名、神名、先人名等,例如:王、方、齊國、東阿、師、帝、東母、岳、河、巫、上甲、宰我等。

2. 附屬名詞。其概念一般要依附於相應的本體名詞纔得以存在。它包括:(1)表關係概念的抽象名詞,這也是一個開放的類別,如"禍、害、災、尤、敗、疾、禮、德、福、性、父、母、兄、子"等;(2)時間名詞,如"祀、年、秋、春、月、日、今、夕、旦、采、中日、甲子、乙丑"等;(3)方位名詞,如"東、西、南、北、左、中、右、下、上、内、外、側、旁、西南、北西、北東"等。

漢語名詞這樣的分類格局基本保持不變,只是各類別的具體成員隨着時代的推移有所替换。例如:西周以後,隨着社會的變化和發展,本體名詞增加了"士、大夫、下民"等,附屬名詞增加了"禮、德、福、法、道、禮、性"等,方位名詞增加了"側、旁、前、後、間"等,專有名詞"上甲、報乙、大丁、武乙、望乘"等則基本上看不到了。

名詞主要的語法功能,古今也是一致的,即作各種類型的主語、賓語(包括介詞賓語)等。例如:

　　貞:王其逐兕?獲。　　　　　　　　　　(《合集》190正)
　　禍兮福之所倚,福兮禍之所伏。　　　　　(《老子》第五十八章)
　　癸亥貞:旬有禍?　　　　　　　　　　　(《合集》34036)
　　貞:先不其獲羌?　　　　　　　　　　　(《合集》189正)
　　貞:御婦好于父乙?　　　　　　　　　　(《合集》271正)

時間名詞、處所方位名詞也常作主語、賓語：

  貞：東土受年？   （《合集》9734）
  貞：惠今二月宅東寑？   （《合集》13570）
  其禱雨于東方？   （《合集》30173）
  自今至于庚不其雨？   （《合集》12330）
  弗其及今四月雨？   （《合集》9608正）

時間名詞、處所方位名詞還可作狀語。例如：

  雀翌乙酉至于惠？   （《合集》6939）
  其西逐禽？   （《合集》28791）
  白（伯）姜日受天子魯休。   （伯姜鼎，西周早期）
  唯武王既克大邑商，則廷□（告？）于天。 （何尊，西周早期）
  子大夫日夜責寡人，不遺尺寸。
           （《晏子春秋·外篇第八》第十六章）
  家不外求而足，事君不因人而進。
          （《晏子春秋·内篇問上》第二十六章）

  名詞的語法特點是，一般可以受數量詞或古指稱詞（一般所謂"指示代詞"）修飾。例如：

  十五犬十五羊十五豚。   （《合集》29537）
  獲豕二。   （《合集》190正）
  雖千萬人，吾往矣。   （《孟子·公孫丑上》）
  名山三百，支川三千。   （《莊子·天下》）
  貞：我將自兹邑？若。   （《合集》13530）
  是鳥也，海運則將徙於南冥。   （《莊子·逍遥游》）

二、關於詞頭"有"[①]

  長期以來，學界有一種普遍認識，認爲上古漢語中有一種詞頭"有"，它最初用在名詞前面，没有實義。這種觀點其來有自。《詩經·大雅·文王》：

[①] 我們關於詞頭"有"的看法，重點參考了白平《"有"非詞頭辨》，見白氏著《漢語史研究新論》，書海出版社，2002年。

"有周不顯,帝命不時。"毛亨傳:"有周,周也。"孔穎達疏:"以'周'文單,故言'有'以助之。《烝民》曰'天監有周',《時邁》曰'明昭有周',皆同也。猶《左傳》謂'濟'爲'有濟'。傳疊而解之,有周,正周也。"這也許是"詞頭"説的較早的依據。其後,王引之《經傳釋詞》説:"有,語助也,一字不成詞,則加'有'字以配之,若虞、夏、殷、周皆國名,而曰有虞、有夏、有殷、有周是也。"馬建忠《馬氏文通》沿用此説。王力説:"上古名詞的前面往往有類似詞頭的前附成分,例如'有'字,它經常是加在國名、地名、部落名的前面……普通名詞的前面,也有加'有'字的。"①

這一説引起了爭論,又有了其他一些解釋。

黃奇逸認爲,"有鼻"、"有苗"、"有邰"、"有男"之類的"有"字應當解爲"有無"的"有"②。

李宇明把"有"字解爲"表定指的指示詞",認爲"它的語法作用是加在名詞前面,將泛指變爲特指"。文章舉例説,"'王'是一個普通名詞,泛指人間帝王,'有王'特指周成王","梅,泛指梅樹,'有梅'則特指女子作比的果實紛紛落地的梅樹"③。

秦建明、張懋鎔認爲"有"字古可通"國",所以"有夏"、"有周"就是"夏有"、"周有",也就是"夏國"、"周國"④。

"有"還可以用在形容詞、動詞前面,也被懷疑爲"詞頭"。例如,王力説:"上古漢語的形容詞也像動詞一樣,有些類似詞頭的附加成分……再舉出一個'有'字爲例:'不我以歸,憂心有忡'(《詩經·邶風·擊鼓》);'彤管有煒,説懌女美'(同上《靜女》)。"⑤王力主編的《古代漢語》對《詩經·豳風·七月》中"春日載陽,有鳴倉庚"一句注曰:"有,動詞詞頭。"⑥

以上關於"有"字的解釋,見仁見智,都難以圓通。衆所周知,漢語,尤其是古代漢語缺乏形態,兀自凸現出一個常見的"詞頭",這是非常可疑的。實際上,這個"有"字很可能是一個具有實義的修飾語。

1."豐厚"、"富足"義

"有"字在遠古時代有"豐厚"、"富足"之義。先看甲骨文的例子:

① 王力《漢語語法史》,見《王力文集》第11卷,4頁。
② 黃奇逸《古國、族名前的"有"字新解》,見《中國語文》1981年第1期。
③ 李宇明《所謂名詞詞頭"有"新議》,見《中州學刊》1982年第3期。
④ 秦建明、張懋鎔《也談古國名前的"有"字》,見《中國語文》1985年第4期。
⑤ 王力《漢語語法史》,見《王力文集》第11卷,165頁。
⑥ 王力主編《古代漢語》第二册,中華書局,1981年,492頁。

（1）王占曰：吉，受有年。　　　　　　　（《合集》9950反）

（2）壬寅卜，王貞：年有？惟雨。　　　　（《合集》20658）

以上例（1）的"有"曾被認爲"詞頭"①，但比較（2）的"年有"，其"有"是"豐足"之義②，只是與例（1）次序不同。可見例（1）的"有年"是定中結構，豐年之義，"有"絕非詞頭。

再看《詩經·小雅·魚麗》：

魚麗于罶，鱨、鯊。
君子有酒，旨且多。
魚麗于罶，魴、鱧。
君子有酒，多且旨。
魚麗于罶，鰋、鯉。
君子有酒，旨且有。
物其多矣，維其嘉矣！
物其旨矣，維其偕矣！
物其有矣，維其時矣！

這雖是一首無聊的貴族宴樂詩，但從語言的角度看，全詩"多"、"旨"、"有"反復交互出現，是"有"有"多"、"豐足"義的明證。再如：《詩經·大雅·公劉》"止基迺理，爰眾爰有"，"有"與"眾"爲對文。明白了"有"的"多"、"豐足"義，則下面的甲骨文例就好理解了：

惠行南麓，擒有狐。吉。　　　　　　　　（《合集》28320）
王其射有豕，湄日無災？擒？　　　　　　（《合集》28305）

上例的"有"也被認爲"詞頭"③，但其實"有狐"就是"許多狐"，"有豕"就是"許多豕"，其"有"是表示"多"的修飾語。這種偏正結構，其名詞前還可以加上另一個形容詞作修飾語，例如：

湄日無災，擒有大豕？　　　　　　　　　（《合集》28310）
惠阯麓獲有大鹿，無災？　　　　　　　　（《合集》28345）

---

① 見喻遂生《甲骨文的詞頭"有"》一文，載《甲金語言文字研究論集》。
② 《詩經·魯頌·有駜》"自今以始，歲其有"，毛亨傳"歲其有，豐年也"，是其證。
③ 見喻遂生《甲骨文的詞頭"有"》，載《甲金語言文字研究論集》。

"擒有大豕"就是"擒許多大豕","獲有大鹿"就是"獲許多大鹿"。這樣的"有"是"詞頭"説完全解釋不通的。

甲骨文表達物品之多,或在名詞前加"有",如上例的"有狐"之類,或直接列出具體數目。例如:

　　王擒狐三十又七。　　　　　　　　　　（《合集》28314）

這兩種方法,一是概稱,一是確指,二者是不能並立的。也就是説不大可能有"王擒有狐三十又七"這樣的説法,就如同我們今天不大可能有"抓了許多狐狸三十七隻"的説法一樣。如果把"有"看成詞頭,它與具體數目不能並立的現象就難以解釋了。

2."諸"、"衆"義

以"豐足"、"多"爲基礎,這種名詞前面的"有"又經常可有"諸"、"衆"、"所有的"等附加義。例如:

《尚書·多方》:"猷,告爾四國多方惟爾殷侯尹民。"又云:"猷,告爾有方多士暨殷多士。""多方"與"有方"互見,"有"與"多"是同義詞。《尚書·皋陶謨》:"予欲左右有民,汝翼;予欲宣力四方,汝爲。"又云:"烝民乃粒,萬邦作乂。""有民"與"烝民"是同義語,其結構模式也一致。《尚書》所用的"庶民"、"兆民"、"黎民"、"萬民"等語,均與"有民"同義。正如"兆民"之義不等於"民"一樣,"有民"之義也不等於"民"。再如:

（1）何憂乎驩兜? 何遷乎有苗?　　　　（《尚書·皋陶謨》）
（2）放驩兜于崇山,竄三苗于三危。　　　（《尚書·堯典》）

以上"有苗",王力認爲是"詞頭"[①]。但比較二例可知,"遷乎有苗"和"竄三苗"講的是一回事,即舜驅逐三苗之事,"有苗"即"三苗"。"有"與"三"是同義的。在上古時代,"三"常用來表示多數。王顯《〈詩·閟宫〉"三壽作朋"解》[②]一文曾詳細論證過"三壽亡朋"即相當於"萬壽無疆"。所以,"三苗"義即"衆苗",是對當時多部落群居的苗民的總稱。在遠古時代,尚未形成後來的統一國家,一個部族往往是多個部落的聯合體,所以,這些部族名稱之前往往冠以"有"字或"諸"字,用以表示"諸"、"各"、"衆"之類的意

---

① 王力《漢語語法史》,見《王力文集》第11卷,4頁。
② 見中國社會科學院語言研究所古代漢語研究室編《古漢語研究論文集》,北京出版社,1982年。

思。例如"戎"又常稱作"諸戎"。《左傳》襄公十四年中,姜戎氏的首領駒支自稱作"我諸戎"便是明證。《尚書·君奭》:"惟文王尚克修和我有夏。"孔安國傳:"以和我所有諸夏。"在《尚書》中,凡是可以或習慣上使用"多、烝、庶、兆、黎、四、百、萬、群"等字的位置上,往往出現使用"有"的現象,這就充分說明"有"字與這些字在其具體的語境中是同義的,它與後面的詞的結合完全是由於詞義搭配的内在規律的要求,不應該把它看作是"詞頭"等。這種表示"諸"、"各"、"眾"的"有",在殷商時期也有用例:

(1) 乙巳卜,設貞,呼子賓侑于有祖牢? 貞,勿呼子賓侑于有祖牢?
　　 貞,呼子賓侑于有祖牢? 　　　　　　　　(《合集》924正)
(2) ……御子賓于有妣牢?　　　　　　　　　 (《合集》3167正)
(3) 貞,呼子賓侑于有妣鼎有龍?　　　　　　 (《合集》3171正甲)
(4) 貞,御于有妣?　　　　　　　　　　　　　(《合集》10407正)

以上各例的"有"也被視爲"詞頭"[1],其實"有祖"就是"諸祖","有妣"就是"諸妣"。

3. "大"義

由"豐多"的意義,"有"字又滋生出"大"義,有褒美、崇尚的意義,其義略同於"大唐"、"大宋"的"大"。例如:

　　嗚呼!皇天上帝,改厥元子,兹大國殷之命。惟王受命,無疆惟休,亦無疆惟恤。嗚呼!曷其奈何弗敬!天既遐終大邦殷之命。兹殷多先哲王在天,越厥後王後民,兹服厥命;厥終智藏瘝在。夫知保抱攜持厥婦子,以哀籲天;徂厥亡出執。嗚呼!天亦哀于四方民,其眷命用懋,王其疾敬德。相古先民有夏,天迪從子保;面稽天若,今時既墜厥命。今相有殷,天迪格保;面稽天若,今時既墜厥命。(《尚書·召誥》)

這是一段召公的誥辭。對於殷代,或稱"大國殷",或稱"大邦殷",或稱"有殷",可以互相發明。又《詩經·大雅·大明》:"篤生武王,保右命爾,燮伐大商。"《詩經·大雅·文王》:"假哉天命,有商孫子。""大商"、"有商"互見,可見"有"之"大"義[2]。由此可知,凡上古朝代名稱之夏、殷、

---

[1] 見喻遂生《甲骨文的詞頭"有"》一文,載《甲金語言文字研究論集》。
[2] 周人對於夏代、殷代歷時之長,是抱有敬意的。他們認爲,商之滅亡,罪在商王紂而已,即所謂"觀政于商,惟受罔有悛心"(《尚書·泰誓中》),"受"即商紂王。

周,稱作"有夏"、"有殷"、"有周"者,均是"大夏"、"大殷"、"大周"的意思。

大盂鼎銘文曰:"丕顯文王受天有大令。"其"有大"爲同義並列結構。

《易經·渙卦》:"渙,亨。王假有廟。"帝王的宗廟後來都稱爲"太廟","太"字亦取崇美之義。

"有"字表示褒美、崇尚的意義,殷商時期也有迹可循。如:

燎于昌?　　　　　　　　　　　　　　　(《合集》14749正)
勿燎帝于有昌?　　　　　　　　　　　　(《合集》14686反)①

"昌"是神名,"有昌"略同於"大昌"或"皇昌",其"有"含褒美、崇尚的意思,類似於後世"大唐"、"大宋"的"大",或"皇明"、"皇清"的"皇"。

以上"諸"、"衆"義和"大"義的"有",是最被指爲"詞頭"的。

4. "甚"、"極"義

由"豐多"的意義再滋生,"有"字又可以表示程度,用作"甚"、"極"、"非常"之類的意思,在殷商時期已有迹象。例如:

貞:婦好其延有疾?
貞:婦好不延有疾?　　　　　　　　　　(《合集》13931)

"有疾"即"重疾"。這種"有"在《尚書》中也能見到。例如:

自成湯咸至于帝乙,成王畏相。惟御事厥棐有恭,不敢自暇自逸。
　　　　　　　　　　　　　　　　　　　(《尚書·酒誥》)

"有恭"就是"極爲恭敬"。

"有"的這種用法大量見於《詩經》之中,多用於單音節形容詞前。清代學者把《詩經》中這類"有"字的"有X"式看作"重言"的變體,實際上"有X"與"XX"的内部結構關係是不同的。例如:《詩經·邶風·擊鼓》:"不我以歸,憂心有忡。"毛亨傳:"憂心忡忡然。"《詩經·小雅·出車》:"憂心忡忡。"《詩經·小雅·采薇》:"憂心孔疚,我行不來。"比較《詩經》中的這三個例子,可見"孔疚"的結構同於"有忡","忡"與"疚"義通,"孔"與"有"也是作用相同的詞,而"忡忡"則屬於重言。但"孔疚"、"有

---

① 這一例引自《類纂》206頁。

忡"所表達的意思却與"忡忡"並無二致,所以毛傳、鄭箋、孔疏往往用重言的形式來解釋《詩經》中的這種"有X"式,清代學者竟直接把"有X"式看作重言,這是因爲它在表義上確實相當於重言。"忡"字重言爲"忡忡","忡忡"所形容的程度比單用"忡"要重,換言之,"忡忡"即相當於"很忡",這是普通的道理。《詩經·小雅·吉日》"麀鹿麌麌",鄭玄箋:"複麌,言多也。"這條注解正體現了古人對重言性質的認識。《詩經·秦風·小戎》:"四牡孔阜。"《詩經·秦風·駉驖》:"駉驖孔阜。"毛亨傳:"阜,大也。"《詩經·衛風·碩人》:"四牡有驕。"《詩經·大雅·崧高》:"四牡蹻蹻。"毛亨傳:"蹻蹻,壯貌。""驕"與"蹻"音義全同。在表達馬"很壯"這一意義時,《詩經》或者用重言"蹻蹻",或者用"有驕"、孔阜",不但證明了"有驕"義同"蹻蹻",而且也證明了"有"字並非虛設,其義正同於"孔"。

《詩經·周南·桃夭》:"桃之夭夭,灼灼其華。"又云:"桃之夭夭,有蕡其實。"又云:"桃之夭夭,其葉蓁蓁。""灼灼"與"有蕡"所處的位置正相照應,全詩的格式説明,"有蕡"就等於説"蕡蕡",因爲"灼灼"義同於"孔灼","蓁蓁"義同於"孔蓁",所以,"有蕡"即相當於"孔蕡",不過,"灼灼"與"蓁蓁"只是在意義上與"孔灼"和"孔蓁"相同,而"有蕡"却是連同結構關係也完全與"孔蕡"相同。

"有"的"孔"義在《詩經》中的使用頻率很高,例如《靜女》之"彤管有煒"、《羔裘》之"孔武有力"、《女曰雞鳴》之"明星有爛"、《有客》之"有萋有且"、《那》之"萬舞有奕"、《隰桑》之"隰桑有阿"等,均屬此類。到了春秋時期,又罕用了。

這種"有"字也可以用在單音節動詞之前。例如:

有來雝雝,至止肅肅。相維辟公,天子穆穆。

(《詩經·周頌·雝》)

依彼平林,有集維鷮。　　　　　　(《詩經·小雅·車舝》)

"有來"形容諸侯"紛紛而來","有集"形容雉鳥"紛紛而集"。

這種"有"字還可以用於名詞前,表示"極"義。例如:《詩經·小雅·巷伯》:"取彼譖人,投畀豺虎。豺虎不食,投畀有北。有北不受,投畀有昊。""有北"即"極北","有昊"即"極遠的昊天"。

總之,詞頭"有"也許是不存在的。仔細分析各家所指,其"有"都有實義可尋。不過也應看到，進入西周以後，"有X"逐漸有了某種程式化的傾向，導致"有"的意義和用法有所泛化，所以容易引起誤解。

第二節　關於動詞

一、及物動詞和不及物動詞

及物動詞是意義外向的動詞，是一個開放的詞類。主要表示行爲動作直接觸及、支配或影響他物。可分爲及物性行爲動詞和及物性心理感受動詞兩大類。及物性行爲動詞，如"侵、戎、逐、征、擒、俘、攻、擊、殺、伐、斬、追、射、獲、飲、食、見、望、聽、觀、知、問、聞、告、語、言、賜、授"等。及物性心理感受動詞，如"愛、惡、畏、恐、怨、恨、思、念、謀、慮、圖"等。

及物動詞最主要的語法特點是經常帶受事賓語。例如：

  舌方亦侵我西鄙田。　　　　　　　　（《合集》6057）
  王叀羨令五族戍羌方。　　　　　　　（《合集》28053）
  武征商。　　　　　　　　　（利簋，西周早期）
  魏安釐王攻趙救燕。　　　　　　（《韓非子·有度》）
  武王殺紂。　　　　　　　　　　（《莊子·盜跖》）
  聽其言而觀其行。　　　　　　　（《論語·公冶長》）
  陳亢退而喜曰："問一得三：聞《詩》，聞禮，又聞君子之遠其子也。"　　　　　　　　　　　　　　（《論語·季氏》）
  賜之千金。　　　　　　　　　　（《莊子·説劍》）
  授之以政。　　　　　　　　　　（《論語·子路》）
  愛共叔段，欲立之。　　　　　　（《左傳》隱公元年）
  燕人畏鄭三軍。　　　　　　　　（《左傳》隱公五年）
  思小惠而忘大恥。　　　　　　（《左傳》僖公二十七年）

及物動詞還可以作定語。例如：

  景公之嬖妾嬰子死。　（《晏子春秋·内篇諫下》第二十一章）
  故官無廢法，臣無隱忠。（《晏子春秋·内篇諫下》第二十二章）
  積邪在于上，蓄怨藏于民。（《晏子春秋·内篇問上》第十一章）

故察士不比周而進。　　　（《晏子春秋·內篇問上》第十四章）

不及物動詞是意義内向的動詞,可分爲不及物行爲動詞、不及物心理感受動詞、非自主不及物動詞等,如"來、往、進、出、退、趨、上、下、馳、走、拜、祭、吊、誓、悦、憂、懼、喜、感、恥、怒、卒、薨、崩、疾(生病)、娩、雨、旱、災、荒、動、壞、覆、流、墜"等。

不及物動詞經常單獨作謂語,一般不帶受事賓語。例如:

壬子卜,㱿貞:舌方出,隹我有作禍?　　（《合集》6087正）
祭伯來。　　（《左傳》隱公元年）
我能往,寇亦能往,不如伐庸。　　（《左傳》文公十六年）
師退,次于召陵。　　（《左傳》僖公四年）
嗇夫馳,庶人走。　　（《左傳》昭公十七年）
子大叔拜。　　（《左傳》昭公十六年）
叔孫穆子食慶封,慶封氾祭。穆子不説。
　　　　　　　　　　　（《左傳》襄公二十八年）
鄭印段如晋吊。　　（《左傳》昭公二年）
王乃徇師而誓,曰:……　　（《尚書·泰誓中》）
——以上不及物行爲動詞
國人皆喜,唯子良憂,曰:……　　（《左傳》宣公九年）
公怒。　　（《左傳》隱公五年）
騆氏懼,騆乞欲逃,子産弗遣。　　（《左傳》昭公十九年）
始皇悦。　　（《史記·秦始皇本紀》）
及其調和諧合,鳥獸盡感,而況懷五常,含好惡,自然之勢也?
　　　　　　　　　　　（《史記·樂書》）
——以上不及物心理感受動詞
辛亥卜,今日雨?允雨。　　（《合集》12922）
汝肇不墜。　　（录伯玫簋蓋,西周中期）
公子彄卒。　　（《左傳》隱公五年）
夫人姜氏薨。　　（《左傳》莊公二十一年）
宋公疾,太子兹父固請曰:……　　（《左傳》僖公八年）
鄭大旱,使屠擊、祝款、豎柎有事於桑山。
　　　　　　　　　　　（《左傳》昭公十六年）

——以上非自主不及物動詞

　不及物動詞還可以作定語、狀語。例如：

（1）以飛鳥犯先王之禁，不可。

　　　　　　　　　　　　（《晏子春秋·内篇諫上》第二十四章）

（2）公使汝養馬而殺之，當死罪一也。

　　　　　　　　　　　　（《晏子春秋·内篇諫上》第二十五章）

（3）景公走狗死。　　　（《晏子春秋·内篇諫下》第二十三章）

（4）公聞之而怒曰：……　　　（《晏子春秋·内篇諫上》第六章）

（5）伏匿隱處，不干長上。　（《晏子春秋·内篇問上》第二十二章）

（6）躍啄北海，頸尾咳于天地乎？

　　　　　　　　　　　　（《晏子春秋·外篇第八》第十四章）

以上例（1）~（3）不及物動詞作定語，例（4）~（6）不及物動詞作狀語。

　凡是動詞，在句中必有所關涉。動詞的其他關涉對象，如時間、處所、方式（或憑藉）、原因等，都能作爲賓語。及物動詞還能帶工具賓語。下面舉例説明。

　　　丙戌卜，㱿貞：翌丁亥我狩寧？
　　　　　貞：翌丁亥勿狩寧？　　　　（《合集》11006）
　　　臣聞之：賜人主之前者，瓜桃不削，橘柚不剖。
　　　　　　　　　　　　（《晏子春秋·内篇雜下》第十一章）
　　　子亦嘗聞請葬人主之宫者乎？
　　　　　　　　　　　　（《晏子春秋·内篇諫下》第二十章）
　　　——以上及物動詞帶處所賓語
　　　弦章諫曰："君欲飲酒七日七夜，章願君廢酒也。"
　　　　　　　　　　　　（《晏子春秋·内篇諫上》第四章）
　　　且引且戰，連鬭八日。　　（《史記·李將軍列傳》）
　　　攻數日，屠之。　　　　（《史記·大宛列傳》）
　　　——以上及物動詞帶時間賓語
　　　壬寅，子卜：御母小宰？　　　　（《合集》21805）
　　　西子蒙不潔，則人皆掩鼻而過之。　（《孟子·離婁下》）
　　　［趙岐注：蒙不潔，以不潔汙巾帽而蒙其頭面。］

褚師出,公戟其手,曰:"必斷而足。"　　(《左傳》哀公二十五年)
[楊伯峻注:"以手叉腰如戟形。"]
——以上及物動詞帶工具賓語
貞:禱婦好于父乙?　　　　　　　　　　(《合集》2634)
伯氏不出而圖吾君?伯氏苟出而圖吾君,申生受賜而死。
　　　　　　　　　　　　　　　　　　　(《禮記·檀弓上》)
叔孫太傅稱説引古今,以死争太子。　　(《史記·留侯世家》)
——以上及物動詞帶原因賓語
夫人將使公田孟諸而殺之。　　　　　　(《左傳》文公十六年)
死長安即葬長安,何必來葬爲!　　　　(《史記·吳王濞列傳》)
——以上不及物動詞帶處所賓語
魯道有蕩,齊子發夕。　　　　　　　　(《詩經·齊風·載驅》)
[毛傳:發夕,自夕發至旦。]
文王之行,至今爲法,可謂象之。　　　(《左傳》襄公三十一年)
——以上不及物動詞帶時間賓語
無始亂,……無驕能。　　　　　　　　(《左傳》定公四年)
上通九天,激厲至精。　　　　　　　　(《淮南子·覽冥訓》)
[高誘注:以精誠感之。]
——以上不及物動詞帶方式、憑藉賓語
於是叔輒哭日食。　　　　　　　　　　(《左傳》昭公二十一年)
世子曰:"不可,君安驪姬。"　　　　　(《禮記·檀弓上》)
應侯因謝病,請歸相印。　　　　　　　(《戰國策·秦三》)
——以上不及物動詞帶原因賓語

及物動詞和不及物動詞最主要的區別在意義上。用法上區別不很嚴格,只有一些傾向性區別,即:及物動詞經常帶受事賓語,不及物動詞經常單獨作謂語,一般不帶受事賓語,但作"使動"用時,不及物動詞的賓語有一部分可以理解爲受事。相應地,及物動詞有時也可以單獨作謂語,甚至也可有使動用法,這時又與不及物動詞甚至形容詞相接近了。正如吕叔湘所説:"一個具體的行爲必須繫屬於事物,或是只繫屬於一個事物,或是同時繫屬於兩個或三個事物。繫屬於兩個或三個事物的時候,通常有施和受的分别;只繫屬於一個事物的時候,我們只覺得這麼一個動作和這麼一件事物有關係,施和受的分別根本就不大清楚。"①

下面分別舉例説明。

動詞的使動用法,雖常見於不及物動詞,但及物動詞有時也有此用法。不及物動詞帶本體名詞賓語,通常是"使動用法",這一點一般語法書都會作爲該類動詞的語法特點而講到。但及物動詞的"使動用法"却歷來重視不够,需重點説明。

1. 不及物動詞的使動用法

戊寅,子卜:丁歸在川人? （《合集》21661）
伐無罪之國,以怒明神。（《晏子春秋·内篇諫上》第二十二章）
勞其力而疲之。 （《晏子春秋·内篇諫下》第一章）
以兵降城,以衆圖財,不仁。 （《晏子春秋·内篇諫下》第三章）
晏子退,公令出斬竹之囚。 （《晏子春秋·内篇諫下》第三章）
威當世而服天下,時耶? （《晏子春秋·内篇問上》第一章）
孰爲高臺,病人之甚也。 （《晏子春秋·内篇諫下》第十八章）
廣爲臺榭,殘人之墓。 （《晏子春秋·内篇諫下》第二十章）
故尊其位,重其禄。 （《晏子春秋·内篇諫下》第二十四章）
吾仗兵而却三軍者再。 （《晏子春秋·内篇諫下》第二十四章）
君裂地而封之。 （《晏子春秋·内篇問上》第十九章）

以上"歸在川人"意即"使在川人歸","怒神明"就是使神明發怒,"勞其力"就是使其力勞頓,餘可類推。

2. 及物動詞的使動用法

（1）晏子方食,景公使使者至。分食食之。
　　　　　　　　　　　（《晏子春秋·内篇雜下》第十八章）
（2）晏子飲景公酒,令器必新。（《晏子春秋·内篇雜上》第十四章）
（3）故魯工不知寒温之節,輕重之量,以害正生,其罪一也。作服不常,以笑諸侯,其罪二也。用財無功,以怨百姓,其罪三也。
　　　　　　　　　　　（《晏子春秋·内篇諫下》第十三章）

---

① 吕叔湘《從主語、賓語的分别談國語句子的分析》,見《漢語語法論文集》(增訂本),商務印書館,1984年。

（4）君歡然與子邑，必不受以恨君，何也？

　　　　　　　　　　　　《晏子春秋・內篇雜下》第二十章）

（5）今見戮于刖跪，以辱社稷。（《晏子春秋・內篇雜上》第十一章）

（6）今孔丘盛聲樂以侈世，飾弦歌鼓舞以聚徒，繁登降之禮，趨翔之節以觀衆。　　　（《晏子春秋・外篇第八》第一章）

（7）其適遇淫君，外内頗邪，上下怨疾，動作辟違，從欲厭私，高臺深池，撞鐘舞女，斬刈民力，輸掠其聚，以成其違。

　　　　　　　　　　　　（《晏子春秋・外篇第七》第七章）

例（1）的"食之"是"使之（使者）食"的意思。下面一例是"食"的"及物動"用法：

（8）和如羹焉，水火醯醢鹽梅，以烹魚肉，燀之以薪，宰夫和之，齊之以味，濟其不及，以泄其過。君子食之，以平其心。

　　　　　　　　　　　　（《晏子春秋・外篇第七》第五章）

同樣的"食之"，在例（1）裏是使動，在例（8）裏則是"及物動"。例（3）的"怨百姓"是"使百姓怨"的意思。下面一例"怨吾君"的"怨"則是"及物動"用法：

（9）百姓聞之必怨吾君。　（《晏子春秋・內篇諫上》第二十五章）

例（5）的"辱社稷"是使社稷遭辱的意思。下面一例"辱之"的"辱"則是"及物動"用法：

（10）晏嬰，齊之習辭者也。今方來，吾欲辱之。

　　　　　　　　　　　　（《晏子春秋・內篇雜下》第十章）

例（6）的"觀衆"即"使衆觀"，也就是展示於衆的意思。下面一例的"觀吾政"則是"觀"的"及物動"用法：

（11）晉大國也，使人來將觀吾政。

　　　　　　　　　　　　（《晏子春秋・內篇雜上》第十六章）

例（7）的"撞鐘"是"使鐘撞"的意思，其結構關係與"舞女"是一樣的。

再看以下幾例：

（12）朱公長男竟持其弟喪歸。至，其母及邑人盡哀之，唯朱公獨笑，曰:"吾固知必殺其弟也！彼非不愛其弟,顧有所不能忍者也。是少與我俱,見苦,爲生難,故重棄財。"
(《史記·越王句踐世家》)

(13) 沛公從百餘騎因項伯面見項羽。　　(《史記·樊酈滕灌列傳》)
(14) 嘗人,人死;食狗,狗死。　　(《吕氏春秋·上德》)
(15) 外連衡而鬭諸侯。　　(《史記·陳涉世家》)
(16) 聽人以言,樂於鐘鼓琴瑟。　　(《荀子·非相》)

"殺"顯然是一個非常典型的及物動詞,如"武王殺紂"(《莊子·盜跖》)。但例(12)的"殺其弟"是指"朱公長男"的行爲導致其弟被殺,爲使動關係。其餘諸例中的相關"及物動詞+賓語",也都是使動關係。

以上及物動詞的使動用法各例,涉及"食、飲、嘗、撞、殺、鬭、聽、笑(譏笑)、怨、恨、辱、觀"等,已包括及物動詞的主要類型。因此我們認爲,儘管從數量上看,及物動詞的使動用法比不及物動詞的使動用法少得多,但從理論上説,"使動用法"不宜成爲區别及物動詞與不及物動詞的依據。

3. 及物動詞單獨作謂語

齊兵大勝。　　(《戰國策·齊一》)
六國回辟,貪戾無厭,虐殺不已。　　(《史記·秦始皇本紀》)
胡、貉數侵掠,獨占辰星,辰星出入躁疾,常主夷狄。
　　(《史記·天官書》)
君伐,焉歸?　　(《左傳》昭公十年)

二、存現動詞

存現動詞表示存在,它是及物動詞,賓語表示存在的人或事物。殷商時期的存現動詞有兩個:有、亡。例如:

辛巳卜,我貞:我有事？十月　　(《合集》21663)
貞:……甲辰其有至艱？　　(《合集》7187正)
貞:薔有鹿？
　薔有鹿？二告　　(《合集》5775)
亡其鹿？　　(《合集》893)

存現動詞除可帶體詞性成分作賓語外，也可帶謂語性成分作賓語。例如：

　　王不隹有不若？　　　　　　　　　　　　（《合集》376正）
　　甲戌卜，古貞：其有出？　　　　　　　　　（《合集》3829）
　　壬子卜，㱿貞：舌方出，隹我有作禍？
　　壬子卜，㱿貞：舌方出，不隹我有作禍？　　（《合集》6087）
　　貞：我其有來？　　　　　　　　　　　　（《合集》19382）
　　亡其至？　　　　　　　　　　　　　　　（《合集》775反）

不過謂詞性成分一旦作存現動詞的賓語，便指稱化了，例如"有不若"，便是"有不若之事嗎"的意思了。

殷商時期"有"的書寫形式爲"㞢"、"又"，大致殷商早期多作"㞢"，晚期多作"又"。

甲骨刻辭中，"有"和"亡"是一對意義相反的存現動詞。"其"修飾動詞時，一般直接放在動詞前。但在修飾"有"和"亡"時，位置却比較特別，一般放在"有"之前，"亡"之後。例如：

　　己酉卜，㱿貞：危方其有禍？
　　己酉卜，㱿貞：危方亡其禍？　　　　　　（《合集》8492）
　　貞：其有來？
　　貞：亡其來？　　　　　　　　　　　　　（《合集》17079）

爲什麼會出現這種情況呢？沈培認爲，"亡"雖爲動詞，但爲否定義，所以當"亡"與副詞"其"組合時，受"否定副詞+其+VP"句式類推作用的影響，便出現在"其"字之前[1]。

至西周時期，"有"、"亡"繼續使用：

　　夏氏有罪，予畏上帝，不敢不正。　　　　（《尚書·湯誓》）
　　有鰥在下，曰虞舜。　　　　　　　　　　（《尚書·堯典》）
　　降余魯多福亡疆。　　　　　　　　　　　（士父鐘，西周晚期）
　　皇天亡斁。　　　　　　　　　　　　　　（毛公鼎，西周晚期）

---

[1] 沈培《殷墟甲骨卜辭語序研究》，163～169頁。

但"亡"逐漸減少,代之以"無",二者是通假關係:

  梁其萬年無彊(疆)。   (梁其鐘,西周晚期)
  今殷其淪喪,若涉大水,其無津涯。 (《尚書·微子》)

至東周以後,表存現的"亡"就很少見了。

  存現動詞"有"一直使用在現代漢語之中。"有"在殷商時多是表示客觀情況的存在,至西周,其意義則擴展爲領有、保有。例如:

  在武王嗣文作邦,闢厥慝,撫有四方。 (大盂鼎,西周早期)
  予曷其極卜?敢弗于從,率寧人有指疆土? (《尚書·大誥》)

"撫有四方"即佔有四方。"有指疆土"即保有指定的疆土。

  "有"的否定,殷商時只有"亡",西周時期則新出現了"罔有、未有、無有、不有"等。例如:

  罔有逸言,民用丕變。   (《尚書·盤庚上》)
  予未有知,思日贊贊襄哉。   (《尚書·皋陶謨》)
  凡厥庶民,無有淫朋。   (《尚書·洪範》)
  爾不克敬,爾不啻不有爾土,予亦致天之罰于爾躬。(《尚書·多士》)

其中"罔有"入東周以後就很少見,"未有、無有、不有"等則一直使用到西漢:

  鄭之從楚,社稷之故也,未有貳心。 (《左傳》宣公十二年)
  其明年,東巡海上,考神僊之屬,未有驗者。
            (《史記·孝武本紀》)
  自今無有代其君任患者,有一於此,將爲戮乎?(《左傳》成公二年)
  入海求蓬萊,終無有驗。   (《史記·孝武本紀》)
  不有廢也,君何以興?   (《左傳》僖公十年)
  不有居者,誰守社稷?不有行者,誰捍牧圉?
            (《左傳》僖公二十八年)
  庸知我國人不有以我情告鄭者乎? (《史記·秦本紀》)

這種表達形式的多樣化,與上古漢語語法範疇表達形式多樣化的總進程是一致的。

第三節　名詞、動詞的相互轉化及其發展

呂叔湘説:"名詞這個類裏邊最困難的問題還是怎樣區别哪些動詞已經轉變爲了名詞（兼屬兩類），哪些動詞只是可以'名用'，還没有轉變成名詞。"[①] 呂叔湘所關心的，正是名詞、動詞的同一性問題。這是語言學的核心問題之一。動詞和名詞不僅相互對立，而且還相互轉化。對立，人所共知；轉化，却歷來認識不夠。不研究轉化，就不可能認識名動關係的實質，從而也不可能真正認識名詞和動詞的對立。

一、動-賓框架内的名詞-動詞關係

名詞和動詞是人類語言中兩種最基本，也是最重要的詞類，承擔着人類思維、交際中活動中指稱-陳述這種最基本的方式和功能。古希臘亞里士多德從一開始就是聯繫語法形式來研究哲學範疇的。他認爲，每一個不是複合的（比如"白的人"）詞——即單一的詞，總是各表下列十個範疇中的一種，即：

範疇名稱	舉　例
本體	人、馬
數量	二尺長、二尺長
性質	白的、懂法語的
關係	二倍、一半、較大
地點	在市場裏、在某個地方
時間	昨天、去年
姿態	躺着、坐着
狀況（具有）	穿鞋的、武裝的
動作	開刀、燒灼
遭受	被開刀、被燒灼

---

① 呂叔湘《漢語語法分析問題》第40節。

這十個範疇並不是並列的,其中"本體"佔有特殊的位置,它指現實世界不依賴任何其他事物而獨立存在的各種實體及其所代表的類,其他範疇則只存在於本體之中,是本體的屬性。而語言的結構反映了現實世界的結構,即本體表現爲主語,本體的屬性——其他九個範疇表現爲謂語,從而構成一個判斷。因此,主語總是和名詞相聯繫,謂語總是和動詞、形容詞相聯繫。這就是傳統語法的基礎。

世界上其實只有本體,而語言中的"本體名詞"是對它的指稱,動詞、形容詞等謂詞則是對它的陳述。因此,動詞、形容詞有時也可以轉而指稱本體名詞即所謂"轉指";相應,本體名詞有時也可以轉而表達陳述(也可稱爲"轉述"),就是很自然的了。這是人類語言普遍的、必然的現象[①]。

不同的語言處理名、動相互轉化有不同的方式。有的語言,如印歐語,強烈傾向於加上形式標誌;有的語言則強烈傾向於不加,甚至完全沒有任何形式標誌,如殷商時代的漢語。沒有形式標記的"轉指"和"轉述"現象,體現了名、動關係的本質,將與語言本身相始終。有"形式標誌"的"轉指"和"轉述"則是歷史發展的產物,也一定會在歷史發展中消失。在它存在期間也不可能做到絕對的全覆蓋,總會有不用形式標誌的"馬脚",這是名、動本質關係所決定的。正如薩丕爾所言:"最簡單的,至少是最經濟的,表達某種語法觀念的方法,是把兩個或更多個詞排成一定的次序,聯結起來,而絕不改變這些詞本身。""關係原先不用外表形式表達,只是暗含在順序和節奏裏説出來。换句話説,關係是直覺地感到的,是從本身也在直覺平面上活動的動力因素裏'洩漏出來'的。""把詞序和音勢看做原始的、表達一切造句關係的方法,而把某些詞和成分的現有關係價值看做由價值轉移引起的後起情況,這樣的看法有點冒險,但不是完全沒有道理的空想。"[②]

名詞、動詞的無標記相互轉化,是人類語言的普遍現象,也是理解名、動關係的核心概念之一,在西方語言學的強勢背景下,它的意義和價值歷來缺

[①] 楊壽堪《亞里士多德範疇學說簡論》;姚振武《人類語言的起源與古代漢語的語言學意義》,《語文研究》2010年第1期;姚振武《論本體名詞》,《語文研究》2005年第4期;姚振武《關於自指和轉指》,《古漢語研究》1994年第2期。
[②] [美]薩丕爾《語言論》,54、101~102頁。

乏深入的挖掘,因此有必要多費些筆墨①。

據我們考察,古代漢語,尤其是殷商時期漢語,也許是最能體現名詞、動詞上述本質關係的語言。

(一)轉指

在殷商時期,動詞、形容詞發生轉指,是没有任何形式標記的。例如:

戍:本爲動詞,戍守之義,如"貞:勿呼雀戍?"(《合集》3227)後轉指衛戍者,如"戍其歸,呼踏,王弗每?"(《合集》27972)

射:本爲動詞,射箭之義,如:"王其射?"(《合集》27902)後轉指射箭者,如"貞:令多射衛?"(《合集》33001)

——以上是轉指施事

芻:本爲動詞,放牧之義,如"左告曰:㞢往芻自益,十人㞢二。"(《合集》137)後轉指爲所放牧的牲畜,如"旬㞢二日乙卯,允㞢來自光,氏羌芻五十。"(《合集》94)

伐:殺伐之義,如"貞:王勿令皋以衆伐邛方?"(《合集》28)後轉指所殺伐的人牲,如"貞:御于父乙,皿三牛、甾三十伐、三十宰?"(《合集》886)

——以上是轉指受事

西周以降,動詞性成分發生轉指,開始有了形式標記,這就是"者"和"所"。"者"附着於動詞性成分之後,而"所"附着於動詞性成分之前。具體規律是,如果"者"附着於單個動詞之後爲"V者",既可能指稱施事,也可能指稱受事。例如:

莫敖使徇于師曰:"諫者有刑!" 　　　　(《左傳》桓公十三年)
今夕何夕?見此粲者。 　　　　(《詩經·唐風·綢繆》)

這是指稱施事的例子。又如:

初,武城人或有因於吴竟田焉,拘鄫人之漚菅者,曰:"何故使吾

---

① 姚振武《漢語謂詞性成分名詞化的原因及規律》,見《中國語文》1996年第1期。王珏認爲:"姚振武先生獨闢蹊徑,從亞里士多德對現實世界分爲十個範疇的哲學觀點出發,對動名兼類詞的現象作出了理論上的解釋,……這就進一步從哲學和語義的高度對動詞和名詞的兼類問題作出了令人信服的闡釋,爲我們劃分名詞和動詞的實踐提供了理論根據。"見王珏《現代漢語名詞研究》,華東師範大學出版社,2001年、11~12頁。

水滋?"及吳師至,拘者道之以伐武城,克之。　（《左傳》哀公八年）

楚王賜晏子酒,酒酣。吏二縛一人詣王。王曰:"縛者曷爲者也?"　（《晏子春秋·內篇雜下》第十章）

這是指稱受事的例子。

如果"者"附着於動詞性詞組"VO"之後,則一定指稱施事。例如:

彼譖人者,亦已大甚。　（《詩經·小雅·巷伯》）
女子,從人者也。　（《左傳》僖公元年）

如果動詞性詞語是"SV",其轉指如果要採用形式標記,則只能用"所",形成"S所V",不能用"者"。轉指的對象一定是"O"。例如:

今汝聒聒,起信險膚,予弗知乃所訟。　（《尚書·盤庚上》）
神所馮依,將在德矣。　（《左傳》僖公五年）

事實上,"所"只能用於"SV"。只是其中的"S"有時顯,有時隱①。

動詞性成分轉化爲名詞性成分,西周以降雖然有了形式標記,但不用形式標記而轉化的基本性質依然保留着,並延續下去。轉化的對象與用形式標記的完全相同。例如:

（1）惟我下民秉爲,惟天明畏。　（《尚書·多士》）
（2）朕不肩好貨。　（《尚書·盤庚下》）
（3）勿辯乃司民湎于酒。　（《尚書·酒誥》）

以上例（1）是"SV"轉指受事"O","我下民秉爲"即"我下民所秉爲"之義。例（2）、（3）是"VO"轉指施事"S","好貨"即"好貨者";"司民"即"司民者"。再如:

晏子怪而問之,御以實對。
　　　　　　（《晏子春秋·內篇雜上》第二十五章）
故明王之任人,諂諛不邇乎左右,阿黨不治乎本朝。
　　　　　　（《晏子春秋·內篇問上》第二十四章）

以上的"御"和"諂諛",轉指從事該行爲動作的人（施事）。

---

① 姚振武《個別性指稱與"所"字結構》,《古漢語研究》1998年第3期。

是則隱君之賜也。　　（《晏子春秋·內篇雜下》第十二章）

民之無義,侈其衣服飲食。

（《晏子春秋·內篇雜下》第二十五章）

以上的"賜"和"飲食",則轉指這種動作的受事。

有形式標記的轉指,都是名詞化了的轉指。沒有形式標記的轉指,分爲兩種情况,一是名詞化了,例如上面所列舉的殷商時期的"成"、"射"、"芻"、"伐"等,其特點是可以受數量成分或指代成分的修飾,還可以收入辭典等。另一種只是臨時活用,尚未名詞化。例如:

（1）且古聖王畜私不傷行,斂死不失愛。

（《晏子春秋·內篇諫下》第二十一章）

（2）晏子對曰:"嬰聞拒欲不道,惡愛不祥。"

（《晏子春秋·外篇第八》第十二章）

（3）文王慈惠殷衆,收恤無主。（《晏子春秋·內篇問下》第十七章）

（4）刑無罪,夏商所以滅也。　（《晏子春秋·內篇諫上》第十二章）

（5）卜妄説邪,故好惡不足以導衆。

（《晏子春秋·外篇第八》第二章）

（6）晏子曰:"嬰聞與君異。"　（《晏子春秋·內篇諫下》第一章）

（7）既奪人有,又禁其葬,非仁也。

（《晏子春秋·外篇第七》第十一章）

（8）公曰:"善乎! 晏子之願也。"（《晏子春秋·外篇第八》第八章）

（9）肆心傲聽,不恤民憂,非義也。

（《晏子春秋·外篇第七》第十一章）

（10）修道以要利,得求而返邪者弱。

（《晏子春秋·內篇問上》第二十三章）

以上例（1）~（4）轉指施事,實現轉指的動詞與該動詞加上"者"性質是一樣的,如例（1）的"死"即"死者",餘類推。例（5）~（10）轉指受事,實現轉指的動詞與該動詞加上"所"性質是一樣的,如例（5）的"好"、"惡"即"所好"、"所惡",餘類推。

非名詞化的轉指與名詞化的轉指發生機理是一樣的,前者如果經常、反復出現,得到了語言社會的廣泛認可,也就轉化爲後者了。

（二）轉述

名詞轉而作動詞用，在迄今爲止的漢語發展史中一直存在，且没有産生任何形式標記。最早的例子，如：

目：本義爲人眼。如"貞：王其疾目？"（《合集》456正）用爲動詞，表監視義。如"貞：乎目邛方？"（《合集》6194）

魚：本爲名詞，魚。如"癸卯卜，家獲魚？其三萬不……"（《合集》10471）又用作動詞，義爲捕魚。如"王魚？""勿魚？"（《合集》667反）

黍：本義爲黍子。如"貞：登黍？/勿登黍？"（《合集》235）又用作動詞，義爲種黍子。如"貞：惠小臣令衆黍？"（《合集》12）

田：本義爲農田。如"土方侵我田，十人。"（《合集》6057反）用爲動詞，義爲種田。如"丁亥卜，令衆𠭯田，受禾？"（《合集》31969）

雖然没有形式標記，但這並不意味着名詞性成分用如動詞，理論上有什麽特殊的限制。清代《虛字説》作者袁仁林早就説過："凡實皆可虛，凡死皆可活，但有用不用之時耳。從其體之静者隨分寫之，則爲實爲死，從其用之動者以意遣之，則爲虛爲活。"袁氏所謂"實字"、"死字"，大致相當於今之名詞；"虛字"、"活字"大致相當於今之動詞。袁氏還舉例説："'耳'、'目'，體也，死實字也；'視'、'聽'，用也，半虛半實字也。'耳而目之'句，配以'而'字'之'字，則死者活，實者虛矣。口中'耳目'，而意已'視聽'矣。"袁氏進一步指出："虛用活用，亦非修辭者勉强杜撰如此。蓋天地間虛實恒相倚，體用不相離，至静之中而有至動之理，凡物皆然。"[①] 這是中國古人對名、動關係極爲深刻的表述，西方人大概不大容易説出來，其思想的光輝，足以千古！中國歷來有"體用"之説，與西方的"範疇説"大致相當。中國人和西方人，都不約而同地用這樣的學説來解釋語言現象，這説明，真理是客觀的，只要忠實地面對事實，無論是中國人還是西方人，都將不期而遇，不謀而合。只是由於所根植的語言"土壤"不同，二者側重點有所不同。西方思想側重於"分析"，中國思想側重於"綜合"，西方重分化，中國重統一，二者都具有普遍意義，完全應該相互啓迪，相互借鑒。

---

① 袁仁林《虛字説》，中華書局，1989年，131頁。

名詞性成分用爲動詞性成分,也可以表達廣泛的語義關係。這方面過去研究得很不夠,所以我們引例略多一些①。

1. 體用。名詞用爲動詞後,詞義轉爲該名詞所表示的事物的用途:

  王以名使括,若膠柱而鼓瑟耳。　　（《史記·廉頗藺相如列傳》）
  秦恐王之變也,故以垣雍餌王也。　　（《戰國策·魏三》）
  日,並燭天下者也。　　　　　　　　（《戰國策·趙三》）

2. 工具。表示以這種名詞作爲工具進行的動作:

  采菽采菽,筐之筥之。　　　　　　　（《詩經·小雅·采菽》）
  公子怒,欲鞭之。　　　　　　　　　（《左傳》僖公二十三年）
  從左右,皆肘之。　　　　　　　　　（《左傳》成公二年）
  將入門,策其馬,曰:……　　　　　（《論語·雍也》）
  十七年,春,晉侯使郤克徵會于齊,齊頃公帷婦人使觀之。
  　　　　　　　　　　　　　　　　　（《左傳》宣公十七年）
  起行酒,至武安,武安膝席曰:"不能滿觴。"
  　　　　　　　　　　　　　　　　（《史記·魏其武安侯列傳》）
  投之一骨,輕起相牙者,何則?　　　（《戰國策·秦三》）

3. 處所。以動作發生的處所表示動作:

  高祖被酒,夜徑澤中,令一人行前。　（《史記·高祖本紀》）
  大饗之禮,尚玄酒,而俎腥魚。　　　（《史記·樂書》）
  周諺有之,匹夫無罪,懷璧其罪。　　（《左傳》桓公十年）

4. 方向。以動作的方向、趨向表示動作及其趨向:

  思而不懼,其周之東乎?　　　　　　（《左傳》襄公二十九年）
  寡人之從君而西也,亦晉之妖夢是踐。（《左傳》僖公十五年）
  公在乾侯,言不能外内也。　　　　　（《左傳》昭公三十一年）
  於是左右既前殺軻。　　　　　　　　（《史記·刺客列傳》）

5. 時間。以動作進行的時間表示動作:

———
① 魏德勝《古漢語中名詞的結構義》,《河南大學學報(社會科學版)》1998年第1期。

古人有言曰:牝雞無晨。　　　　　　　（《尚書·牧誓》）
朝朝日,夕夕月,則揖。　　　　　　　（《史記·孝武本紀》）
右尹子革夕,王見之。　　　　　　　　（《左傳》昭公十二年）
公之未昏於齊也,齊侯欲以文姜妻鄭大子忽。（《左傳》桓公六年）

6. 以結果表示動作:

王不聽諫,後三年吳其墟乎!　　　（《史記·越王勾踐世家》）
昧之難,越亂,故楚南察瀨湖而野江東。　（《戰國策·楚一》）
美哉禹功,明德遠矣。微禹,吾其魚乎?　（《左傳》昭公元年）
宋人皆醯之。　　　　　　　　　　　（《左傳》莊公十二年）

7. 模擬。用這個名詞形象地類比跟這個名詞的特徵、用途、形狀等有關的動作:

三里之城,七里之郭,環而攻之而不勝。（《孟子·公孫丑下》）
湯湯洪水滔天,浩浩懷山襄陵。　　　（《史記·五帝本紀》）
褚師出,公戟其手。　　　　　　　　（《左傳》哀公二十五年）
王襟以山東之險,帶以河曲之利。　　（《戰國策·秦四》）

8. 方式。以動作行為的方式來表示這個動作:

夫子將有異志,不君君矣。　　　　　（《左傳》昭公十七年）
過其友曰,孟嘗君客我。　　　　　　（《戰國策·齊四》）
若不朝夕見,誰能物之。　　　　　　（《左傳》昭公二十九年）
〔孔穎達《正義》:"以物名之。"〕
如齊王之不信趙,而小人奉陽君也。　（《戰國策·燕二》）

9. 以受事表示動作,分兩種情況。第一種是以受事表示動作及其受事:

王魚?
勿魚?　　　　　　　　　　　　　　　（《合集》667反）
殼貞:王其黍?　　　　　　　　　　　（《合集》9516）
丁酉卜,爭貞:今春王勿黍?　　　　　（《合集》9518）
庶群自酒,腥聞在上。　　　　　　　（《尚書·酒誥》）

夫子之在此也,猶燕之巢於幕上。　　　(《左傳》襄公二十九年)
　　　關中阻山河四塞,地肥饒,可都以霸。　　(《史記·項羽本紀》)
　　　遂伐鄭,將納公子瑕,門于桔柣之門,瑕覆于周氏之汪。
　　　　　　　　　　　　　　　　　　　　　　(《左傳》僖公三十三年)
　　　吳人曰:"宋百牢我,魯不可以後宋,且魯牢晉大夫過十,吳王百牢,不亦可乎?"　　　　　　　　(《左傳》哀公七年)
　　　(靈公)三十八年,孔子來,禄之如魯。(《史記·衛康叔世家》)
　　　譬如捕鹿,晉人角之,諸戎掎之。　　(《左傳》襄公十四年)
　　　[賓語"之"指鹿,而"角"是屬於鹿的。]
　　　崔氏堞其宮而守之,弗克。　　　　(《左傳》襄公二十七年)
　　　[孔穎達《正義》:"謂新築女牆而守之。"]

"魚"是捕獲的對象,於是就用它來表示捕魚的行爲。"酒"是喝的對象,於是用它來表示喝酒。"黍"是栽種的對象,所以用它表示栽黍的行爲。餘例可類推。

　　第二種是以受事表示動作行爲,語義上不包含受事,所以通常可以帶賓語。如:

　　　使各居其宅,田其田。　　　　　　　　　(《説苑·貴德》)

10. 以行爲標準來表示行爲、動作:

　　　君子謂宋共姬:"女而不婦,女待人,婦義事也。"
　　　　　　　　　　　　　　　　　　　　　　(《左傳》襄公三十年)
　　　段不弟,故不言弟。　　　　　　　　　(《左傳》隱公元年)

　　以上名詞性成分用爲動詞性成分各項及例句,其分類雖或有可商,但已足以顯示名詞"活用"爲動詞的常見性及其在語義類型上的廣泛性。在這個"活用"的過程中,有的名詞最終固定爲動詞,這就是兼類詞。有的則半途而廢。這是同一進程中的正常現象。

　　名詞既然用爲動詞,那麼它也像真正的動詞一樣,具有了使動用法、意動用法、爲動用法的功能。

1. 使動用法

　　　我疆我理,南東其畝。　　　　　　(《詩經·小雅·信南山》)

今欲并天下,凌萬乘,詘敵國,制海內,子元元,臣諸侯,非兵不可。（《戰國策·秦一》）

桓公解管仲之束縛而相之。（《韓非子·難一》）

齊桓公合諸侯而國異姓。（《史記·晋世家》）

故扁鵲不能肉白骨。（《鹽鐵論·非鞅》）

2. 意動用法

余弗其子婦侄子?（《合集》21065）

寶珠玉者,殃必及身。（《孟子·盡心下》）

大決所犯,傷人必多,吾不克救也。不如小決使道,不如吾聞而藥之也。（《左傳》襄公三十一年）

爾欲吳王我乎?（《左傳》定公十年）

3. 爲動用法

王賓妣歲,亡尤?（《合集》22583）

坎坎鼓我。（《詩經·小雅·伐木》）

與其成周,不如城之。（《左傳》昭公三十二年）

齊頃公帷婦人,使觀之。（《左傳》宣公十七年）

女死,必於殽之巖唫之下。我將尸女於是。（《穀梁傳》僖公三十三年）

"賓妣歲",爲妣歲舉行賓祭。"鼓我",爲我而擊鼓。"城之",爲之筑城。"帷夫人",爲婦人拉帷幕。"尸女",爲你收尸。

漢語動詞性成分轉化爲名詞性成分,因爲有形式標記,所以是十分自由的;而名詞性成分轉化爲動詞性成分缺乏形式標記,所以是不自由的。形式標記的這種不平衡分佈,是完全正常的。沒有形式標記,應理解爲"尚未出現",而不是不能出現。就好比一個人,也許一輩子都沒有機會當工人或作軍人,但必須承認他穿上工裝就可以是工人,穿上軍裝就可以是軍人,因爲它有這個潛質。古漢語中有"魚肉百姓"的說法,"魚肉"用作動詞。但似乎沒有"牛馬百姓"的說法,其中並沒有什麼一定之規,只能說是約定使然。如果有一天,發明出一種形式標記,標示在"魚肉"、"牛馬"一類的名詞前,表示其動詞化,從而使它們獲得帶賓語的自

由,這也是順理成章的。在英語中就有名詞性成分動詞化的標記"ize"。例如:

woman(婦女)→womanize(追求女色)
sympathy(同情心)→sympathize(同情,表同情)
system(系統)→systemize(系統化)
organ(組織)→organize(組織起來)

上述名詞、動詞的互相爲用,充分提示了二者之間的内在聯繫。難以想象,兩個只有對立,没有統一的對象之間,會有這麼密切的、成規律性的對應現象。然而過去學界關於這種現象的理論解釋却極爲薄弱。

二、其他語法位置上的名-動轉化

"名-動"統一的一面不僅體現在"動-賓"框架内,在其他語法位置上也同樣可以體現。上面的例句中實際上已包含一些這方面的情况,下面再分别作一簡單的描述。

（一）名詞作謂語

1. 名詞作謂語表示與該名詞相關的動作行爲

  余又致我考我母令,珥生則堇圭。　（五年召伯虎簋,西周晚期）
  古人有言曰:牝雞無晨。　　　　　　　　（《尚書·牧誓》）
  公薨不地,故也。隱之,不忍地也。　　（《穀梁傳》隱公十一年）

"堇圭"常作爲贈送的禮物,於是也用來表示贈送堇圭的行爲。"雞"是早晨叫的,於是用"晨"來表示雞叫。"地"是事件發生的處所,於是用"地"來表示記載事件發生處所的行爲。

2. 名詞作謂語表示與該名詞相關的狀態特徵

  初,宋芮司徒生女子,赤而毛,棄諸堤下。
            （《左傳》襄公二十六年）
  子謂仲弓曰:"犁牛之子騂且角。雖欲勿用,山川其舍諸?"
             （《論語·雍也》）
  且是人也,蜂目而豺聲,忍人也,不可立也。（《左傳》文公元年）
  有神人面鳥身若瑾以侍,搤矢有苗之祥。　（《墨子·非攻下》）

叔魚生,其母視之,曰:"是虎目而豕喙,鳶肩而牛腹,谿壑可盈,是不可饜也,必以賄死。"遂不視。　　　　　　　(《國語·晉語八》)

彼徒我車,所遇又阨,以什共車,必克。　　(《左傳》昭公元年)

九土所資,或農或商,或田或漁,如冬裘夏葛,水舟陸車,默而得之,性而成之。　　　　　　　　　　　　　　　(《列子·湯問》)

北國之人鞨巾而裘,中國之人冠冕而裳。　　(《列子·湯問》)

天子彤弓,諸侯彤弓,大夫黑弓,禮也。　　(《荀子·大略》)

天子山冕,諸侯玄冠,大夫襌冕,士韋弁,禮也。(《荀子·大略》)

3. 名詞作謂語以說明與該名詞相關的性質

名詞的概念中本來就有"性質"的因素,例如父子,其概念不僅是血緣關係,還包含一套行爲準則;士農工商,也不僅僅是不同的職業,還包含各自的行爲規範。觚之爲觚,是有其特定的式樣以及依附於此式樣的其他附加義的。所以,名詞有可能用來作謂語以說明性質。

名詞作謂語以說明性質,一種是主語、謂語爲兩個相同的單音節名詞,並列出現,後一個說明前一個的性質。這種名詞多爲父子、兄弟、君臣、夫婦之類,其否定式是將否定詞"不"加在作謂語的名詞之前,形成"N不N"。例如:

齊景公問政於孔子。孔子對曰:"君君臣臣,父父子子。"公曰:"善哉,信如君不君,臣不臣,父不父,子不子,雖有粟,吾得而食諸?"
　　　　　　　　　　　　　　　　　　　　(《論語·顏淵》)

君臣父子兄弟夫婦,始則終,與天地同理,與萬世同久,夫是之謂大本。……君君臣臣、父父子子、兄兄弟弟,一也;農農士士、工工商商,一也。　　　　　　　　　　　　　　　(《荀子·王制》)

子曰:"觚不觚,觚哉,觚哉!"　　　　　　(《論語·雍也》)

另一種是後一個名詞與其主語不同形,也不是並列出現,這種作謂語的名詞,其"性質"意一般比較明顯,無需與主語兩兩並列就可以彰顯。例如:

己酉卜:亞賓其唯臣?

[己]酉卜:亞稱其唯臣?　　　　　　　　　　(《合集》22301)

已,予惟小子,若涉淵水,予惟往求朕攸濟。　(《尚書·大誥》)

田車既好,四牡孔阜。　　　　　　　　　　(《詩經·小雅·吉日》)

肉食者鄙，未能遠謀。　　　　　　　（《左傳》莊公十年）
彼衆我寡，及其未既濟也，請擊之。　（《左傳》僖公二十二年）
子南，夫也。　　　　　　　　　　　（《左傳》昭公元年）
伍子胥父誅乎楚，挾弓而去楚，以干闔廬。闔廬曰："士之甚，勇之甚。"　　　　　　　　　　　　　　　（《公羊傳》定公四年）

作謂語的名詞，有的後來轉爲了形容詞，例如"鄙"原是指"邊遠地區"，由此而有"粗俗"、"淺陋"義，用久了便成了形容詞。"阜"原意爲"土山"，由此而有"高大"義，用久了也變成了形容詞。

古漢語名詞用如動詞缺乏形式標記，有時就用其他語法手段作爲補充。這種手段主要有兩種，一是用如動詞的名詞通常並列出現，二是名詞之間經常加上連詞"而"或"且"等。其中並列出現是一個比較強勢的條件，它類似於一種強調和提頓，意在提醒對方：這裏的"名"用的是其概念中的"謂"的因素。例如，"毛"、"角"是生出的，所以可用來表示"生毛"、"長角"；"冕"和"裳"是供人穿戴的，所以可用來表示"戴冕"和"穿裳"，如此等等。"而"、"且"等在句中幾乎是專門用來連接動詞的，用在名詞之間，其作用差不多相當於動詞化的形式標記。不過，無論是並列出現還是用連詞"而"、"且"，抑或二者同時使用，都沒有絕對的強制性。使用這些手段，動詞化的意味自然較爲顯豁些，但是不使用也不是絕對不可以。這從上面的例句中已可以看出。名詞的動詞化，必要條件是名詞要處於謂語的位置上，雖然這尚不是充分條件。其他條件都不是絕對必需的。

（二）名詞作狀語

名詞作狀語是古漢語的一個特點，具體情況如下。

1. 比擬動作的狀態特徵，有"像（如、若、似）……一樣"之義。如：

經始勿亟，庶民子來。　　　　　　　（《詩經·大雅·靈臺》）
豕人立而啼。　　　　　　　　　　　（《左傳》莊公八年）
今漁父杖拏逆立，而夫子曲要磬折，言拜而應，得無太甚乎？
　　　　　　　　　　　　　　　　　（《莊子·漁父》）

["曲要"，曲腰。"磬折"，像石磐之形一樣折身。]

禹行而舜趨，是子張氏之賤儒也。　　（《荀子·非十二子》）
嫂蛇行匍伏，四拜自跪而謝。　　　　（《戰國策·秦一》）

項羽、劉季、陳勝、吳廣等州郡各共興軍聚衆,虎爭天下。
　　　　　　　　　　　　　　　　(《史記·南越列傳》)
丁壯號哭,老人兒啼。　　　　　(《史記·循吏列傳》)
天下之士雲合霧集,魚鱗雜遝,熛至風起。(《史記·淮陰侯列傳》)
痛哉言乎!人頭畜鳴。　　　　　(《史記·秦始皇本紀》)
右挈黿頭,鶴躍而出。　(《晏子春秋·内篇諫下》第二十四章)

今之所謂"山呼海嘯"、"龍騰虎躍"也屬此類。

2. 表示動作行爲的工具,有"用(以)……"之意。如:

王呼内史駒册命師至父。　　　　(師至父鼎,西周中期)
晉、楚不務德而兵争。　　　　　(《左傳》宣公十一年)
箕畚運於渤海之尾。　　　　　　(《列子·湯問》)
吴王出勞軍,即使人鏦殺吴王。　(《史記·吴王濞列傳》)
江南火耕水耨。　　　　　　　　(《史記·平準書》)

《方言》:"戟謂之鏦。""鏦殺吳王",意即"以戟刺殺吳王"。"火耕水耨",意即以火耕,以水耨。今之所謂"刀耕火種"、"車載斗量"也屬此類。

3. 表示動作行爲的憑據,有"依照(按照)……"、"像對待……般地"一類意思。這一類狀語多由抽象名詞承擔。如:

吳越受令,荆楚惼憂,莫不賓服。(《晏子春秋·内篇問上》第七章)
今有人於此,義不入危城,不處軍旅。　(《韓非子·顯學》)
公子爲人仁而下士,士無賢不肖皆謙而禮交之。
　　　　　　　　　　　　　　　　(《史記·魏公子列傳》)
失期,法皆斬。　　　　　　　　(《史記·陳涉世家》)
["法皆斬",按法皆斬。]
齊將田忌善而客待之。　　　　　(《史記·孫子吳起列傳》)
["客待之",像待客一樣待他。]
(莊生)以廉直聞於國,自楚王以下皆師尊之。
　　　　　　　　　　　　　　　　(《史記·越王勾踐世家》)
而坐須賈於堂下,置莝豆其前,令兩黥徒夾而馬食之。
　　　　　　　　　　　　　　　　(《史記·范雎蔡澤列傳》)
范、中行氏皆衆人遇我,我故衆人報之。至於智伯,國士遇我,我

故國士報之。　　　　　　　　　（《史記·刺客列傳》）

4.處所、方位、時間名詞作狀語,這些詞因與動作的關係更爲密切,所以更常用作狀語。例如:

上古穴居而野處,後世聖人易之以宮室。　（《周易·繫辭下》）
夫田氏,國門擊柝之家。　（《晏子春秋·外篇第七》第十章）
今先生儼然不遠千里而庭教之,願以異日。（《戰國策·秦一》）
遷其民於臨洮,將軍壁死。　　　（《史記·秦始皇本紀》）
王令吕伯曰:"以乃師右比毛父。"　　（班簋,西周中期）
莊公終任勇力之士,西伐晉,取朝歌。
　　　　　　　　　　（《晏子春秋·內篇問上》第二章）
狂者東走,逐者亦東走。　　　（《淮南子·説山訓》）
君上享其名,臣下利其實。　（《晏子春秋·內篇問上》第四章）
家不外求而足,事君不因人而進。
　　　　　　　　　（《晏子春秋·內篇問上》第二十六章）
子大夫日夜責寡人,不遺尺寸。
　　　　　　　　　　（《晏子春秋·外篇第八》第十六章）
大智不形,大器晚成,大音希聲。　（《吕氏春秋·樂成》）

方位詞常與名詞結合構成表處所的短語以作狀語,表示動作發生的處所。如:

孟嘗君待客坐語,而屏風後常有侍史,主記君所與客語,問親戚居處。　　　　　　　　　　　（《史記·孟嘗君列傳》）
始翟公爲廷尉,賓客闐門,及廢,門外可設雀羅。
　　　　　　　　　　　　　　　　（《史記·汲鄭列傳》）

有時表示與動作行爲有關的範圍。如:

此時孟嘗君有一狐白裘,直千金,天下無雙。
　　　　　　　　　　　　　　　（《史記·孟嘗君列傳》）
魏惠王兵數破於齊秦,國內空。　　（《史記·商君列傳》）

有的名詞不帶方位詞作賓語也可表示動作行爲的方向。如:

袁盎面刺絳侯之驕矜。　　　　　　　　（《鹽鐵論・相刺》）
　　["面刺",當面批評。]

時間詞也可與其他成分構成名詞短語,以作狀語。如:

　　高祖是日駕,入都關中。　　　　　　　　（《史記・高祖本紀》）
　　五月丙戌,地動,其蚤食時復動。　　　　（《史記・孝景本紀》）
　　旦日不可不蚤自來謝項王。　　　　　　　（《史記・項羽本紀》）

以上各例的時間詞語表示動作發生的時點。又如:

　　效不敢不萬年夙夜奔走揚公休。　　　　　（效卣,西周中期）
　　以吾一日長乎爾,毋吾以也。　　　　　　（《論語・先進》）
　　燒秦宮室,火三月不滅。　　　　　　　　（《史記・項羽本紀》）
　　晝夜哭,七日七夜不絕其聲。　　　　　　（《史記・伍子胥列傳》）

以上各例表示動作行爲延續的時段。

5. 數詞作狀語,表示動作行爲的次數。如:

　　病萬變,藥亦萬變。　　　　　　　　　　（《吕氏春秋・察今》）
　　此所謂四分五裂之道也。　　　　　　　　（《史記・張儀列傳》）
　　一死一生乃知交情。一貧一富,乃知交態。一貴一賤,交情
　　乃見。　　　　　　　　　　　　　　　　（《史記・汲鄭列傳》）

6. 名詞重疊作狀語。如:

　　項氏世世爲楚將。　　　　　　　　　　　（《史記・項羽本紀》）
　　楚兵呼聲動天,諸侯軍無不人人惴恐。　　（《史記・項羽本紀》）

（三）名詞作定語

在古漢語裏,名詞作定語的情況相當豐富。名詞定語的作用主要有以下幾種。

1. 表示人事物的狀態或性質

用一事物比擬另一事物。如:

　　螓首蛾眉。　　　　　　　　　　　　　　（《詩經・衛風・碩人》）
　　["螓"(qín音秦),是一種像蟬似的小蟲,寬廣方正。]

且是人也,蜂目而豺聲,忍人也。　　　　（《左傳》文公元年）
　　秦王爲人,蜂準,長目,摯鳥膺,豺聲,少恩而虎狼心。
　　　　　　　　　　　　　　　　　　　　　（《史記·秦始皇本紀》）
　　有使者銅色而龍形,光上照天。　（《史記·淮南衡山列傳》）

用某器物所用的材料來表示其性質。如：

　　我姑酌彼金罍。　　　　　　　　　（《詩經·周南·卷耳》）
　　["金罍"是青銅所製的酒器。古人凡金屬都可以叫"金"。]
　　狐裘蒙戎。　　　　　　　　　　　（《詩經·邶風·旄丘》）
　　["狐裘",狐皮製作的襖。"蒙戎"猶蓬鬆,柔軟貌。]

用某器物所捕的對象來表示器物的性能。如：

　　肅肅兔罝。　　　　　　　　　　　（《詩經·周南·兔罝》）
　　["罝",即罟,用以捕捉野生動物的網。"兔罝"就是捕兔的網。]
　　魚網之設。　　　　　　　　　　　（《詩經·邶風·新臺》）

2. 表示身份、職業或人、事、物的時間、處所等。例如：

　　聽輿人之誦曰：……　　　　　　（《左傳》僖公二十八年）
　　子有軍事,獸人無乃不給於鮮？　（《左傳》宣公十二年）
　　南越反,拜爲樓船將軍。　　　　　（《史記·酷吏列傳》）
　　臣有息女,願爲季箕帚妾。　　　　（《史記·高祖本紀》）

以表時間的詞或短語作定語,表示人、事、物的時間特徵,這種用法漢以後漸多。如：

　　呂太后者,高祖微時妃也。　　　　（《史記·呂太后本紀》）
　　五月子者,長與户齊,將不利其父母。（《史記·孟嘗君列傳》）
　　["五月子",指五月份生的孩子。]
　　持三日糧,以示士卒必死,無一還心。　（《史記·項羽本紀》）

有時以處所詞或短語位於中心語前,表示人、事、物的特徵。如：

　　老父相吕后曰："夫人天下貴人。"　　（《史記·高祖本紀》）
　　公平生數言魏其、武安長短,今日廷論,局趣效轅下駒,吾并斬若

屬矣。　　　　　　　　　　　　（《史記·魏其武安侯列傳》）

扁鵲以其言飲藥三十日,視見垣一方人,以此視病,盡見五藏癥結。　　　　　　　　　　（《史記·扁鵲倉公列傳》）

［"垣一方人",牆那邊的人。］

丁男被甲,丁女轉輸,苦不聊生,自經於道樹,死者相望。
　　　　　　　　　　　　　　　（《史記·平津侯主父列傳》）

［"道樹",道路邊的樹。］

3. 表示修飾語與被修飾語之間的領屬關係。例如：

帝臣不蔽,簡在帝心。　　　　　　　　（《論語·堯曰》）
毋廢王命。　　　　　　　　　　　（《左傳》宣公十二年）
瞽叟愛後妻子,常欲殺舜。　　　　　（《史記·五帝本紀》）

以專名作定語,表示領屬關係的較多。如：

齊田氏祖於庭。　　　　　　　　　　　（《列子·説符》）
請梁王歸相國印,……齊兵必罷。　　（《史記·呂太后本紀》）

以地方專名作定語,既表領屬關係,也可表住所。如：

北山愚公者,年且九十。　　　　　　　　（《列子·湯問》）
河曲智叟笑而止之。　　　　　　　　　　（《列子·湯問》）

以地方專名修飾物品,表領屬關係同時表某地特産。如：

臣在大夏時,見邛竹杖、蜀布。　　　　（《史記·大宛列傳》）
得烏孫馬好,名曰"天馬"；及得大宛汗血馬,益壯。
　　　　　　　　　　　　　　　　　（《史記·大宛列傳》）

［"汗血"修飾"馬","大宛"修飾"汗血馬"。］

表領屬關係,修飾語與被修飾語之間常加"之"。如：

鄰國之難,不可虞也。　　　　　　　　（《左傳》昭公四年）
君信蠻夷之訴以絶兄弟之國。　　　　（《左傳》昭公十三年）
秦王知以己之故而歸燕之十城,亦必喜。（《史記·蘇秦列傳》）

（四）動詞作主語、賓語

　　動詞能够不經任何形式變化而直接作主語、賓語,這是漢語尤其是古漢語的一個特點。動詞作主語、賓語分爲兩種情況,一種是動詞語義不變,處在主語、賓語位置上,隨即指稱化,即指稱該動詞所代表的事件本身,這種指稱化稱爲"自指"。動詞作這種主語、賓語很自由。例如:

（1）賦斂如攟奪,誅戮如仇讎。　　（《晏子春秋・外篇第七》第二章）
（2）祝有益也,詛亦有損。　　（《晏子春秋・外篇第七》第七章）
（3）不德而有功,憂必及君。　　（《晏子春秋・内篇問上》第二章）
（4）溺者不問墜,迷者不問路。（《晏子春秋・内篇雜上》第二十章）
（5）王曰:"何坐?"曰:"坐盗。"（《晏子春秋・内篇雜下》第十章）
（6）使古而無死,何如?　　（《晏子春秋・内篇諫上》第十八章）
（7）三者皆憂也,故不敢以憂侍坐。

（《晏子春秋・内篇諫下》第九章）

例（1）~（3）是動詞作主語,其中例（3）的主語是不及物動詞。例（4）~（7）是動詞作賓語,其中例（6）、（7）的賓語是不及物動詞,例（7）是不及物動詞作介詞賓語。

　　另一種情況是,動詞在主語、賓語的位置上已轉而指稱該與動詞相關的對象,諸如施事、受事、與事、工具等。這種情況稱爲"轉指"。轉指是動詞的一項基本功能。關於"轉指"我們在"動-賓框架内的名詞-動詞關係"一節裏已論及。

　　上述動詞、名之間種種無形式標記的相互轉化,從本質上説,屬於人類語言固有的現象,任何時期都不可避免。但從表面看,有的殷商、西周未見（或少見）,而只見（或多見）於東周以後。這很可能是由於材料所限。從整體上看,殷商、西周時期的材料相對較少,句式也相對單調,所以體現豐富多彩的"動-名"相互關係的機會相對較少。例如同一個"子",殷商時期只有意動用法,而東周以後既有意動用法,也有使動用法。我們認爲這很可能是材料受限所致。殷商時期很可能既有意動用法,也有使動用法,只是殷商時期使動用法没有反映出來。因此,在上面的論述中,我們往往没有拘泥於表面材料的多寡而排列"歷時"順序,我們認爲那樣做可能反而會掩蓋事情的實質。

　　與此相關,東漢以後的一些注家,對於先秦典籍中名詞、動詞互相轉化的現象往往加以注釋,孫良明據此認爲至東漢時期這些相互轉化的現象已經消失①。對此我們不能認同。我們認爲,隨着時代的不同,名詞、動詞互相轉化現象所表現的廣度和影響的深度可能有所不同。因此有些具體用例在不同的時代會產生隔膜,需要注釋,是很自然的。不能以此證明這種轉化已消失。這種轉化即便在現代漢語中也未消失,而且具有能産性,何況古代②。

第四節 助動詞的發展

上古漢語有一套助動詞系統。助動詞是一種輔助性動詞,只能帶謂詞性賓語③。從語法功能來看,助動詞與副詞的重要區別在於,助動詞或能與助詞"所"結合成"所"字結構,或能單用作謂語,這都是副詞所不具備的。

上古漢語助動詞可分爲表意願、表能可、表事理三大類。表意願的包括"願、欲、敢、肯、忍、屑、憖"等;表能可的包括"肩、克、能、可、可以、得、獲、堪、克能、克堪、足、足以"等;表事理的包括"宜、當"等。

在殷商時期,助動詞很不發達,大概只有"克"和"肩"兩個。例如:

(1) 癸卯卜:其克戋周?　　　　　　　　　(《合集》20508)
(2) 壬子卜,貞:亞克興有疾?
　　　　弗其克。　　　　　　　　　　　(《合集》13754)

李明引裘錫圭説,認爲例(1)是問能否戰勝(戋)周。例(2)"克興有疾"意爲能分擔王疾,其"興"義爲"同"。

---

① 孫良明《古代漢語語法變化研究》。
② 姚振武《漢語謂詞性成分名詞化的原因及規律》,見《中國語文》1996年第1期;姚振武《人類語言的起源與古代漢語的語言學意義》,《語文研究》2010年第1期。
③ 極少數的例子,助動詞後面直接跟名詞。這又大致分兩種情況,一是這個名詞已動詞化了,例如:

　　將欲霸王,夷吾在此。　　　　　　　　(《韓非子·外儲説左下》)

這個"霸王"是"作霸王"、"稱霸王"的意思。請比較"沛公欲王關中"(《史記·高祖本紀》)。二是助動詞與名詞之間省略了一個動詞。例如:

　　晉人不欲夷吾,實欲重耳。　　　　　　　　(《史記·秦本紀》)

這一例的"欲"後省略了動詞"入"。觀下文"秦使人告晉大臣,欲入重耳,晉許之"可知。

己巳卜,肩入。
不肩入。　　　　　　　　　　　　　　（《合集》22259）
辛酉卜:妙肩出。　　　　　　　　　　（《合集》22322）

裘錫圭認爲,殷商時期的"肩御"、"肩出"、"肩往"等,其"肩"都可訓爲"克"。《説文解字》:"克,肩也。"姚孝遂認爲,"克"之本義爲肩任,引申爲能、爲成、爲堪、爲勝。①

至西周時期,"肩"基本消失。而助動詞逐步增多,有"敢、肯、克、能、可、義(宜)"等,已基本具備了上古時期助動詞的三個類別。例如:

孫孫子子母敢忘伯休。　　　　　　　　（縣妃簋,西周中期）
厥子乃弗肯播,矧肯獲?　　　　　　　　（《尚書·大誥》）
王曰:"令眾奮,乃克至。"　　　　　　　（令鼎,西周早期）
我不能不眔縣伯萬年保。　　　　　　　（縣妃簋,西周中期）
若火之燎于原,不可嚮邇,其猶可撲滅?　（《尚書·盤庚上》）
懋父令曰:"義(宜)播。"　　　　　　　（師旂鼎,西周中期）

東周以後,助動詞進一步增加,表意願的增加了"願、欲、忍、屑、憖"等;表能可的增加了"可以、得、獲、可得、堪、克能、克堪、足、足以"等;表事理的增加了"當"。

下面分别説明各類助動詞的性質。

一、意願類

1. 敢、肯、忍、屑、憖

"敢"表示有膽量做某種事,分别用在陳述句和反問句中。用在陳述句中多爲否定式,否定詞有"不"、"莫"等。"敢"在西周金文中已很常見,直至西漢一直沿用不衰。例如:

敢對揚天子丕顯魯休。　　　　　　　　（大克鼎,西周晚期）
效不敢不萬年夙夜奔走揚公休。　　　　（效卣,西周中期）
予曷敢不于前寧人攸受休畢?　　　　　（《尚書·大誥》）
上好禮則民莫敢不敬。　　　　　　　　（《論語·子路》）

---

① 李明《漢語助動詞歷史演變研究》,北京大學博士論文,2001年。

用於反問句,東周以後常有語氣詞"乎"等相呼應。如:

  小人不犯不祥,古之制也,吾敢違諸乎?
          (《晏子春秋·內篇雜下》第二十二章)

"肯"表示願意。用於陳述句和疑問句。例如:

  此邦之人,不我肯穀。   (《詩經·小雅·黃鳥》)
  先生病矣,苦於山林之勞,故乃肯見於寡人。(《莊子·徐無鬼》)
  若考作室,既厎法,厥子乃弗肯堂,矧肯構? (《尚書·大誥》)
  客肯爲寡人來靖郭君乎?   (《戰國策·齊一》)

"忍"用在動詞前,表示動作行爲是施動者所能忍受的或者是所願意做的,常與"不"連用,表示不能容忍或不願意。如:

  君子之於禽獸也,見其生,不忍見其死;聞其聲,不忍食其肉。是以君子遠庖廚也。   (《孟子·梁惠王上》)
  孟舒知士卒罷敝,不忍出言。   (《史記·田叔列傳》)

"忍"的意義和用法一直延續到現代漢語之中。

"屑"經常與"不"構成"不屑",表示輕蔑。例如:

  宴爾新婚,不我屑以。   (《詩經·邶風·谷風》)
  ["不我屑以"意思是不屑於要我。]
  鬒髮如雲,不屑髢也。   (《詩經·鄘風·君子偕老》)
  ["髢",加假髮。]

"慭"較少見,與"願"的意思比較接近。例如:

  不慭遺一老,俾守我王。   (《詩經·小雅·十月之交》)
  鈞將皆死,慭使吾君聞勝與臧之死也以爲快。
            (《左傳》昭公二十八年)

"慭"戰國晚期以後幾乎不見用。

 2. 願、欲

"願"和"欲"是一對既互相區別,又緊密聯繫的助動詞。"願"表示施事者的主觀意願。這種意願的實現,往往需要所交談的對象(當事者、與事者或受事者）的配合或其他客觀條件的允許,下面舉例説明①。

(1) 納我而無二心者,吾皆許之上大夫之事,吾願與伯父圖之。
(《左傳》莊公十四年)

(2) 子墨子曰:"北方有侮臣,願藉子殺之。"　(《墨子·公輸》)

(3) 酒醴之味,金石之聲,願夫子無與焉。
(《晏子春秋·内篇諫上》第六章)

(4) 公望見晏子,下而急帶曰:"夫子何爲遽？國家無有故乎？"晏子對曰:"不亦急也。雖然,嬰願有復也。"
(《晏子春秋·内篇諫上》第二十三章)

(5) 騫,周室之賤史也,不量其不肖,願事君子。
(《晏子春秋·内篇問下》第三十章)

例(1)～(3)是施事者希望當事者如何如何,例(4)～(5)是施事者爲自己向對方請願。例(4)的"嬰願有復也",意思是"我希望(向您)稟報",對方充當與事。例(5)"願事君子"的"君子"是指交談的對方(晏子),充當受事。

有時施事者出於客氣,也用"願":

諸侯之事,百官之政,寡人願以請子。
(《晏子春秋·内篇諫上》第六章)

願夫子輔吾志,明以教我。　(《孟子·梁惠王上》)

以上各例,都是君上對臣下提出要求,依事理不一定要徵得臣下同意,其用"願",是把自己放在與對方商量的位置,使語氣顯得客氣委婉,表面上依然是需要對方配合。

"欲"本義表示施事者即將獨立做出他想做的行爲,無需任何配合商量。例如:

欲報之德,昊天罔極。　(《詩經·小雅·蓼莪》)

晋平公欲伐齊,使范昭往觀焉。
(《晏子春秋·内篇雜上》第十六章)

---

① 姚振武《〈晏子春秋〉的助動詞系統》,《中國語文》2003年第1期。

這種"欲"佔用例的大多數。

　　本義的"欲"有一個前提，即施事者願意實行該動作行爲。也就是說，"欲"的前提是"願"，"欲"包含着"願"，如果不"願"，就根本談不上"欲"。所以有些"欲"也由此有了"願"的含義，用這樣的"欲"時，與用"願"一樣，施事者往往需要對方的同意或配合，我們稱爲"欲$_2$"，而把上面所顯示的"欲"稱爲"欲$_1$"。"欲$_2$"等同於"願"。"欲$_2$"的例子如：

　　　君欲見之，召之，則不往見之，何也？　　（《孟子·萬章下》）
　　　三國之兵深矣！寡人欲割河東而講，何如？
　　　　　　　　　　　　　　　　　　　　　　（《韓非子·内儲説上》）
　　　三君皆欲其國之安。　　（《晏子春秋·外篇第八》第三章）

以上各例的"欲"都只是"欲$_2$"，"願"的意思，可以换成"願"。

　　正因爲有"欲$_2$"，所以，戰國晚期以前，"願"沒有否定形式，即沒有"不願"這樣的形式。"欲"有否定式"不欲"，它們全都相當於"不願"，例如：

　　　夫靈山固以石爲身，以草木爲髮。天久不雨，髮將焦，身將熱，彼
　　獨不欲雨乎？祠之何益？　　（《晏子春秋·內篇諫上》第十五章）
　　　劫人以兵甲，威人以眾彊，故天下不欲其彊。
　　　　　　　　　　　　　　　　　　（《晏子春秋·內篇問上》第五章）
　　　以其家貨養寡人，不欲其淫侈也。
　　　　　　　　　　　　　　　　　　（《晏子春秋·內篇雜上》第十五章）
　　　雖然，君子獨不欲富與貴乎？
　　　　　　　　　　　　　　　　　　（《晏子春秋·內篇雜下》第十六章）

　　也就是說否定式中的"欲"全都是"欲$_2$"。這是一個非常重要的事實。"欲$_1$"表示即將做出某種動作行爲，本身是不可能有否定式的。一否定，其意義就必然轉化爲"不願"。例如"晉欲攻齊"表示晉即將攻齊，如果是否定式"晉不欲攻齊"，則必然表示晉不打算、不願意攻齊，不可能有別的選擇。"不欲"的"欲"一概是"欲$_2$"這一事實從反面說明，把"欲"區分爲"欲$_1$"、"欲$_2$"是正確的。

　　因爲"不欲"在語義上全面等於"不願"，所以在《晏子春秋》中只有"不欲"，没有"不願"。其他先秦及西漢典籍，考察結果如下表：

典籍＼詞目	欲	不欲	願	不願
《詩經》	4	0	0	0
《尚書》(今文)	9	1	0	0
《論語》	35	6	5	0
《左傳》	304	15	33	0
《國語》	152	11	21	0
《墨子》	230	21	0	0
《孟子》	93	8	20	0
《禮記》	69	7	6	1
《戰國策》	521	24[①]	243	2
《莊子》	81	12	28	2
《荀子》	146	26	20	3[②]
《韓非子》	222	9	40	0
《呂氏春秋》	315	17	51	0
《史記》	1 419	443	348	9

從上表可以看出，戰國中期以前，"欲"佔絕對優勢，其後也佔有相當的優勢。"願"很少甚至於沒有，是因爲"願"的範疇可以由"欲"來表達。這一時期只有"不欲"，沒有"不願"。戰國晚期，"不願"開始出現，但比例很低[③]。

二、能可類

1. 克、堪、克堪

助動詞"克"、"堪（戡）"分別來源於動詞"克（剋）"、"堪（戡）"，後二者在"勝"、"勝任"義上是同義詞。《爾雅·釋詁》："剋、堪，勝也。"又："勝、勘，克也。"由此引申，又都是克服、戰勝、平定之義。例如：

---

① 包括2例"弗欲"。
② 《荀子》還有8例"莫不願……"，例如：

今世俗之亂君，鄉曲之儇子，莫不美麗姚冶，奇衣婦飾，血氣態度擬於女子；婦人莫不願得以爲夫，處女莫不願得以爲士。　　　　　　（《荀子·非相》）

雖然從語義上看，應是"莫+不願"，但從語法語音上看，"莫不"已連爲一體。（比較"莫不美麗姚冶"。）
③ 姚振武《〈晏子春秋〉的助動詞系統》，《中國語文》2003年第1期。

> 汝克黜乃心,施實德于民。　　　　　　(《尚書·盤庚上》)
> 既克商二年,王有疾,弗豫。　　　　　　(《尚書·金滕》)
> 西伯既戡黎,祖伊恐,奔告于王。　　　　(《尚書·西伯戡黎》)
> 惟新陟王,畢協賞罰,戡定厥功,用敷遺後人休。(《尚書·顧命》)

再進一步引申,就有了"能可"義了:

> 癸卯卜:其克找周?　　　　　　　　　(《合集》20508)
> 嗚呼!厥亦惟我周太王、王季,克自抑畏。(《尚書·無逸》)
> 惟爾多方,罔堪顧之。　　　　　　　　(《尚書·多方》)

有時甚至"克堪"並用:

> 惟我周王,靈承于旅,克堪用德,惟典神天。(《尚書·多方》)

　　以上發展過程只是一種合理推測,從實際所掌握的材料來看,在殷商時期,"克"作爲助動詞可見,作爲及物動詞反倒未見。這種矛盾,只有待日後材料進一步豐富纔有望解決。
　　2. 克、能
　　助動詞"能"本來是動詞,"勝任"之意。例如:

> 吾少也賤,故多能鄙事。　　　　　　　(《論語·子罕》)
> 夫知遇而不知所不遇,知能能而不能所不能。(《莊子·知北游》)

由此發展,便有了能可之義,逐漸成爲助動詞了。
　　助動詞"克"與"能"二者意義接近,都表示"有能力"、"條件許可"等。請看下例:

> 雀克入凸邑。
> 雀弗其克入。　　　　　　　　　　　　(《合集》7076正)
> 惟文王尚克修和我有夏。　　　　　　　(《尚書·君奭》)
> 爾克敬,天惟畀矜爾。　　　　　　　　(《尚書·多士》)
> 故我至于今,克受殷之命。　　　　　　(《尚書·酒誥》)
> 人之彥聖,其心好之,不啻若自其口出,是能容之。
> 　　　　　　　　　　　　　　　　　　(《尚書·秦誓》)

　　　　犖有力焉,能投蓋于稷門。　　　　　（《左傳》莊公三十二年）
　　　　人誰無過？過而能改,善莫大焉。　　（《左傳》宣公二年）

否定式,二者的否定詞都是"不"。例如：

　　　　惟夏之恭多士,大不克明保享。　　　（《尚書·多方》）
　　　　汝亦罔不克敬典,乃由裕民。　　　　（《尚書·康誥》）
　　　　不以規矩,不能成方圓。　　　　　　（《孟子·離婁上》）
　　　　我不能不眾縣伯萬年保。　　　　　　（縣妃簋,西周中期）

"克"與"能"意思和用法差不多,因此偶爾可以"克能"並用。例如：

　　　　周其有髭王,亦克能修其職,諸侯服享,二世共職。
　　　　　　　　　　　　　　　　　　　　　（《左傳》昭公二十六年）

"克"與"能"主要是歷時替代關係。"克"最古老,見於殷商時期,"能"出現於西周金文,以後逐步增多,大約至戰國中期以後,"克"完全淡出,而爲"能"所替換。

3. 可、能

表能可的"可",一般是對受事者承受來自外界的動作行爲作出估計或認定。因此"可"的賓語如果是及物動詞,主語則一般是受事成分,這是"可"字句的主要特點。西周時期"可"已多見,直到西漢仍很常用。舉例如下：

（1）子曰："殷因於夏禮,所損益,可知也；周因於殷禮,所損益,可知
　　　也。其或繼周者,雖百世,可知也。"　　　　（《論語·爲政》）
（2）范昭歸以報平公曰："齊未可伐也。"
　　　　　　　　　　　　　　　　（《晏子春秋·內篇雜上》第十六章）
（3）式爾,有厥罪小,乃不可不殺。　　　　　　（《尚書·康誥》）
（4）臣聞古者之士,可與得之不可與失之,可與進之不可與退之。
　　　　　　　　　　　　　　　　（《晏子春秋·內篇諫上》第八章）
（5）人性有賢不肖,可學乎？　　（《晏子春秋·內篇問下》第六章）
（6）地可動乎？　　　　（《晏子春秋·外篇第七》第二十一章）
（7）今惟殷墜厥命,我其可不大監撫于時？　　（《尚書·酒誥》）
（8）文子曰："有人不難以死安利其國,可無愛乎？"（《國語·晉語八》）

以上例(1)爲肯定句,例(2)、(3)爲否定句,例(4)爲介詞結構作"可"的賓語,例(5)、(6)爲是非問句,例(7)、(8)爲反問句。

因爲受事成分處在主語位置,所以"可"很少帶動賓結構賓語。

"可"帶動賓結構賓語,據我們所掌握的材料,大致分爲兩種情況:一種情況是,動詞可以帶雙賓語,其中一個賓語處於"可"前主語位置,另一個賓語便只能處於"可"後動賓結構(或介賓結構)賓語的位置了。例如:

　　我不可不監于有夏,亦不可不監于有殷。　　(《尚書·詔誥》)
　　三軍可奪帥也,匹夫不可奪志也。　　(《論語·子罕》)

這種"可",可以認爲是"可"的基本用法的變體。

另一種情況,"可"是"可以"的省略,請看下例:

　　明君之蓄勇力之士也,上有君臣之義,下有長率之倫,内可以禁暴,外可以威敵,上利其功,下服其勇,故尊其位,重其禄。今君之蓄勇力之士也,上無君臣之義,下無長率之倫,内不以禁暴,外不可威敵。　　(《晏子春秋·内篇諫下》第二十四章)

這一例的"不可威敵","可"似乎帶動賓結構作賓語,但前有"可以威敵",顯示"可"與"可以"在同樣的意義上交互出現,説明這種"可"是"可以"的省略,其意義相當於"能"①,與"可"的基本用法有别。

有時賓語是形容詞性成分,主語便是該成分所評價的對象。這時句子主要採取兩種形式,一是形容詞性成分直接作"可"的賓語,這種形式比較少見。例如:

　　天之變,彗星之出,庸可悲乎?(《晏子春秋·外篇第七》第二章)
　　嬰聞汩常移質,習俗移性,不可不慎也。
　　　　　　　　　　　　(《晏子春秋·内篇雜上》第二十三章)

另一種辦法就是主要動詞用"可謂"的形式,例子較多。如:

　　子曰:"三年無改於父之道,可謂孝矣。"　　(《論語·學而》)
　　晉國無亂,諸侯無闕,可謂良矣。　　(《左傳》昭公元年)
　　先王之道,禮樂可謂盛矣。　　(《史記·樂書》)

---

① 姚振武《〈晏子春秋〉的助動詞系統》,《中國語文》2003年第1期。

"可"還可以獨用,獨用的"可"表示允許,常常有"應該"、"合適"等主觀評價的意思,類似表肯定的形容詞。例如:

> 子封曰:"可矣。厚將得衆。"　　　　　　(《左傳》隱公元年)
> 公曰:"不可。先君以寡人爲賢,使主社稷。若棄德不讓,是廢先君之舉也,豈曰能賢?"　　　　　　(《左傳》隱公三年)
> 若出於東方,觀兵於東夷,循海而歸,其可也。
> 　　　　　　(《左傳》僖公四年)
> 予欲殺二子者以説于上帝,其可乎?
> 　　　　　　(《晏子春秋·內篇諫上》第十二章)

如最後一例,君王殺臣下,客觀上本不存在可以不可以的問題,因此"其可乎?"實際上是問應該不應該,合適不合適。表意願還是表允許有時並不好區分,因爲意願只是在能可基礎上的一種延伸。

"能"是對施事者對外採取行動的能力的估計或認定。因此與"可"相比較,"能"的最大特點就是能以動賓(或介賓)結構及其各種擴展式作爲賓語,這種動賓(或介賓)結構的賓語一般是受事成分。例如:

> (1)知人則哲,能官人。　　　　　　(《尚書·皋陶謨》)
> (2)是以管子能以齊國免于難,而以吾先君參乎天子。
> 　　　　　　(《晏子春秋·內篇問上》第七章)
> (3)汝弗能使有好于而家,時人斯其辜。　　　　　　(《尚書·洪範》)
> (4)寸之管無當,天下不能足之以粟。
> 　　　　　　(《晏子春秋·內篇諫下》第一章)
> (5)是以雖事惰君,能使垂衣裳,朝諸侯。
> 　　　　　　(《晏子春秋·內篇諫下》第五章)
> (6)且嬰之于靈公也,盡復而不能立之政。
> 　　　　　　(《晏子春秋·外篇第七》第十九章)

以上例(2)是"介-賓-動-補"結構作賓語,例(4)是"動-賓-補"結構作賓語,例(5)是兼語式(省略的)作賓語,例(6)是雙賓語結構作賓語。這些用法,"可"字均未見。

"能"還可以帶單獨的動詞作爲賓語。例如:

（7）人之彦聖，而違之，俾不達，是不能容。　　　　（《尚書·秦誓》）
　　（8）夷吾不能守，盟而行。　　　　　　　　　　　（《左傳》僖公六年）
　　（9）當是時，盛君之行不能進焉。　（《晏子春秋·内篇諫上》第十六章）
　　（10）景公登路寢之臺，不能終，而息乎陛。
　　　　　　　　　　　　　　　　　　（《晏子春秋·内篇諫下》第十八章）

以上例（7）、（8）賓語爲及物動詞，例（9）、（10）賓語爲不及物動詞。各例的"能"都不能換爲"可"，因爲語義上不能相容。

"能"偶爾還帶形容詞賓語，但很少見。如：

　　君固無勇，而又聞是，弗能久矣。　　　　　（《左傳》襄公十八年）

"能"有時也可單獨使用。例如：

　　潘崇曰："能事諸乎？"曰："不能。""能行乎？"曰："不能。""能行大事乎？"曰："能。"　　　　　　　　　　　　　　　（《左傳》文公元年）
　　公曰："子之道若此其明，亦能益寡人之壽乎？"對曰："能。"
　　　　　　　　　　　　　　　　　　（《晏子春秋·内篇雜下》第四章）

"可"和"能"，雖然都是表示可能性，但所關涉的動作行爲的方向不一樣。"可"表示由外向内，"能"表示由内向外，所以二者在句中一般不能互換。這是需要注意的。

4. 可以

助動詞"可以"是由助動詞"可"與介詞"以"由於經常鄰接使用凝結而成的，這是毫無問題的。問題是它們是何時凝結爲一個詞的，似乎還没有明確的答案。最早的"可以"見於《尚書》：

　　既克商二年，王有疾，弗豫。二公曰："我其爲王穆卜。"周公曰："未可以戚我先王。"　　　　　　　　　　　　　　　（《尚書·金縢》）

如果僅從語感上看，這似乎已經像助動詞了。但先秦介詞"以"意義和用法極爲靈活多樣，我們並不能排除這一例的結構爲"可+以……"的可能。《詩經》裏"可以"多見，在大、小《雅》部分，我們見到如下的例句：

　　它山之石，可以爲錯……它山之石，可以攻玉。
　　　　　　　　　　　　　　　　　　　　　　　（《詩經·小雅·鶴鳴》）

挹彼注兹,可以餴饎……挹彼注兹,可以濯罍……挹彼注兹,可以濯溉。　　（《詩經·大雅·泂酌》）

這些例子中的"以"也都不能排除介詞的可能。但是到了《國風》中,却有了這樣的句子：

衡門之下,可以棲遲。泌之洋洋,可以樂飢。（《詩經·陳風·衡門》）

"衡門之下"是處所成分。介詞"以"與處所成分似乎是不相容的。因此這一例的"以"已經非常虛了,"可以"可能已經非常接近助動詞。及至《論語》之中,便有了這樣的句子：

加我數年,五十以學《易》,可以無大過矣。　（《論語·述而》）
君子博學於文,約之以禮,亦可以弗畔矣夫。　（《論語·雍也》）
士不可以不弘毅,任重而道遠。　　　　　　（《論語·泰伯》）

這些句子中"以"已經完全虛了,"可以"肯定是地地道道的助動詞了。

助動詞"可以"戰國中期以前多表示動作由内向外,且多以賓語爲受事的動賓結構作爲賓語,所以,其性質一般來說相當於"能",而不相當於"可"。例如,"紀人伐夷"（《左傳》隱公元年）這樣的話,在戰國中期以前,如果要變換說法,是可以說成"紀人能伐夷"或"紀人可以伐夷"的,但不能說成"紀人可伐夷"。反過來,"五十者可以衣帛矣"、"七十者可以食肉矣"（《孟子·梁惠王上》）在戰國中期以前是不能說成"五十者可衣帛矣"、"七十者可食肉矣"的。但戰國中期以後,這種區别逐漸模糊了。例如《史記》中就出現了這樣的話："伯禹爲司空,可美帝功。"（《史記·五帝本紀》）如果在戰國中期以前,這樣的話似乎只能說成"伯禹能美帝功"或"伯禹可以美帝功"。

《晏子春秋》大約爲戰國中期的作品,其"可以"共55例,有49例是以動賓結構作爲賓語,相當於"能"。例如：

巨可以補國,細可以益晏子者,三百篇。
　　　　　　　　　　（《晏子春秋·內篇雜上》第二十六章）
從君之欲,不可以持國。（《晏子春秋·內篇諫下》第二十一章）

只有如下兩例的"可以"肯定相當於"可"：

　　　　子之宅近市,湫隘囂塵,不可以居。
　　　　　　　　　　　（《晏子春秋·內篇雜下》第二十一章）
　　　　嬰聞古之能行道者,世可以正則正,不可以正則曲。
　　　　　　　　　　　（《晏子春秋·內篇問下》第二十五章）

這說明在《晏子春秋》時代,"可以"與"可"的界限總體依然是清楚的,只有極少數"可以"相當於"可"的現象。這提示二者的區別開始模糊,這種模糊後世逐漸加劇了。

　　"可"和它的否定式"不可"都可獨用,即單獨回答問題。例如:

　　　　予欲殺二子者以說于上帝,其可乎？會譴、梁丘據曰:"可。"
　　　　　　　　　　　（《晏子春秋·內篇諫上》第十二章）
　　　　吾所得者少,不可。　　　　　　　（《韓非子·十過》）

"可以"沒有此種用法。這是"可以"的一個明顯特徵,它顯然與"以"的前身是介詞有直接的關係。

　　5. 得、獲、能

　　"得"的本義很實在,是"獲得"、"得到"的意思,可以帶各種體詞賓語。如:

　　　　求乃人,乃弗得。　　　　　　　　（曶鼎,西周中期）
　　　　凡民自得罪,寇攘奸宄,殺越人于貨,暋不畏死,罔弗憝。
　　　　　　　　　　　　　　　　　　　　　（《尚書·康誥》）
　　　　求仁而得仁,又何怨！　　　　　　（《論語·述而》）

但當"得"的賓語是謂詞時,語義便有模糊的傾向。如:

　　　　民有三患:飢者不得食,寒者不得衣,勞者不得息。
　　　　　　　　　　　　　　　　　　　　　（《墨子·非樂上》）

這一句一連三個"得","不得食"、"不得衣"的"得"顯然是及物動詞,則"不得息"的"得"也應為及物動詞,"不得息"是得不到休息的意思。但同時卻有了表能可的含義,因為"得不到休息"也就意味着"不能休息"。

　　有時我們甚至能見到動詞"得"向助動詞"得"過渡的痕迹:

　　　　子曰:"聖人,吾不得而見之矣；得見君子者,斯可矣。"子曰:

"善人,吾不得而見之矣;得見有恒者,斯可矣。" （《論語・述而》）

這一例的幾個"得"均表能可,其中"得見"意義和語法是一致的,而"不得而見"意義和語法却不一致:"不得"是"不能"的意思,本不應與連詞發生關係,連詞"而"本是連接及物動詞的,這裏還保留着,説明這個"得"意義雖變過來了,但語法上還拖着一條尾巴,從而讓我們看見了嬗變的痕迹。

與"能"一樣,"得"也能帶動賓結構賓語。但"能"是重在對施事者自身能力的估計或認定,而"得"則重在表客觀的許可。下面仍以《晏子春秋》爲例加以説明:

（1）平公曰:"聞子大夫數矣,今迺得見。"
　　　　　　　　　　　　（《晏子春秋・内篇問下》第十五章）
（2）此鼠所以不可得殺者,以社故也。（《晏子春秋・内篇問上》第九章）

以上例（1）是對結果的許可,例（2）是對條件的許可。在這種典型的例子裏,"得"不能换成"能"。與此相應,在典型的對施事者能力的估計或認定的句子裏,"能"也不能换成"得"。例如:

不能愛邦内之民者,不能服境外之不善。
　　　　　　　　　　　　（《晏子春秋・内篇問上》第一章）
寸之管無當,天下不能足之以粟。
　　　　　　　　　　　　（《晏子春秋・内篇諫下》第一章）

以上的"能"有比較明顯的"能力"的含義,所以不能换爲"得"。再如:

（1）群臣皆得畢其誠,讒諛安得容其私?
　　　　　　　　　　　　（《晏子春秋・外篇第七》第十四章）
（2）比死者勉爲樂乎! 吾安能爲仁而愈黥民耳矣?
　　　　　　　　　　　　（《晏子春秋・内篇諫上》第八章）

例（1）的"安得"表示條件的許可,例（2）的"安能"表示的是能力,二者不能互换。

不過,因爲一定的許可也往往意味着一定的能力,一定的能力也往往意味着一定的許可,所以"得"和"能"在一些非典型場合界限又不是很清楚。

請比較下列例句：

（1）其行公正而無邪,故讒人不得入。（《晏子春秋·內篇問上》第五章）
（2）是故明堂之制,下之潤濕,不能及也。上之寒暑,不能入也。
　　　　　　　　　　　　　　　　　　（《晏子春秋·內篇諫下》第十四章）

例（1）的"讒人不得入",理解爲讒人沒有條件入也行,理解爲讒人沒能力入也行。例（2）的"不能及"、"不能入"也一樣,其"能"可以換成"得"而句意不變。

上面所討論的"得"和"能",在現代漢語普通話裏只用"能"來表示。例如：

（1）我們今天能聚在一起,真是很不容易。
（2）小張能游一千米。

例（1）的"能"表示客觀的許可,相當於上面所討論的"得";例（2）的"能"表示主觀的能力,相當於上面所討論的"能"。

與"得"具有同樣的獲得義的"獲",也經歷了與"得"相似的虛化過程。"獲"作爲及物動詞,極爲古老：

（1）獲馘四千八百□二馘。　　　　　　　　　（小盂鼎,西周早期）

當"獲"帶動詞或動詞短語作賓語時,"獲"在動賓語義關係中也同樣產生出了表示"能够"義的助動詞用法。例如：

（2）臣願獲盡辭而死。　　　　　　　　　　　（《國語·晉語四》）
（3）民之主也,縱惑不疚,肆侈不違,流志而行,無所不疚,是以及亡而不獲追鑒。　　　　　　　　　　　　　（《國語·晉語一》）
　　［韋昭注："鑒,鏡也。言不得復追鏡前世善敗以爲戒也。"］
（4）晉之別縣不唯州,誰獲治之？　　　　　　（《左傳》昭公三年）
　　［杜預注："言縣邑既別甚多,無有得追而治取之。"］

這些用爲助動詞的"獲",都表示"客觀條件許可"。

"得"、"獲"兩個本屬及物動詞的同義詞,在與後續於它們的動詞性成分不斷重複的結合中,最終都孕育了"能够"義,從而虛化出助動詞的用法來。

"得"、"獲"在虛化出助動詞的用法之後,往往可以替換使用。比較下面各組例子:

  a. 肥也不得聞命,無乃罪乎?   (《國語·魯語下》)
   逢執事之不閒,而未得見;又不獲聞命,未知見時。
                (《左傳》襄公三十一年)
  d. 若得歸骨於楚,死且不朽。   (《國語·楚語上》)
   雖獲歸骨於晋,猶子則肉之,敢不盡情? (《左傳》昭公十三年)
  c. 是寡君不得事君也。   (《左傳》成公八年)
   小事大,未獲事焉。   (《左傳》襄公二十八年)

從以上各組句子的比較中可以看出,"得"、"獲"是句法功能和語義功能幾乎相同的兩個可替換詞。

"獲"不及"得"使用頻率高,至戰國末年,助動詞"獲"已很少見了[①]。

6. 足、足以

助動詞"足"來源於形容詞"足"。形容詞"足"本是"充足"的意思:

  (1)益之以霢霂,既優既渥,既霑既足,生我百穀。
                (《詩經·小雅·信南山》)
  (2)百姓足,君孰與不足?百姓不足,君孰與足? (《論語·顏淵》)

當形容詞"足"用作謂詞的修飾語(狀語)時,就有了產生"足够"義的可能。例如:

  (3)是四國者,專足畏也。又加之以楚,敢不畏君土哉?
                (《左傳》昭公十二年)
  (4)戰而不捷,參之肉其足食乎? (《左傳》宣公十二年)
  (5)嬰之衆不足用也,知無能謀也。 (《左傳》襄公二十八年)

以上各例的"足"(或"不足")都是"足够"(或"不够")的意思。但從事理上説,"足V"(或"不足V")往往意味着"能够V"(或"不能够V")。如例(5)的"不足用",也就意味着"不能用"("不足用"是"不能用"的原因),所以纔可以和下一句的"無能謀"並舉。其實"無能謀"改成"不足

[①] 劉利《先秦漢語助動詞研究》。

謀",句子的意思也是一樣的。"足"的"能夠"義便由此產生。例如:

(6) 四十、五十而無聞焉,斯亦不足畏也已! （《論語·子罕》）
(7) 如有周公之才之美,使驕且吝,其餘不足觀也已。（《論語·泰伯》）
(8) 噫!斗筲之人,何足算也! （《論語·子路》）
(9) 故人主必將有便嬖左右足信者,然後可。 （《荀子·君道》）

這就是助動詞了。助動詞"足"同時有一種價值判斷的意蘊,有"值得"（或"不值得"）的意思。例如同是"足畏",例（3）是足夠強大,足夠使人害怕的意思。而例（6）則是（不）值得害怕的意思。這便是十足的助動詞了。

助動詞"足以"的產生,當是由於"足"經常直接修飾包括介詞"以"的"以……V"結構,久而久之,使得"足以"得以凝結,"以"完全虛化所導致的。這是一個合理的推測,只是尚無足夠的材料證明其過程。

助動詞"足以"相當於"足"。例如:

(10) 子曰:"士而懷居,不足以爲士矣!" （《論語·憲問》）
(11) 禍猶未也,未足以懲君。 （《左傳》僖公二十一年）

以上例（10）的"不足以"表"不值得",例（11）的"未足以"表"不能夠"。

三、事理類

1. 宜

助動詞"宜"爲"適宜"、"適合"、"應該"的意思。這個詞比較古老,在西周金文中就已存在。例如:

　　我宜鞭汝千。 （儴匜,西周晚期）

其後也經常使用:

　　是宜爲君,有恤民之心。 （《左傳》莊公十一年）
　　昔者嬰之所以當誅者宜賞,今所以當賞者宜誅。
　　　　　　　　　　　　　　　　（《晏子春秋·內篇雜上》第四章）
　　今六國復自立,秦地益小,乃以空名爲帝,不可。宜爲王如故,便。 （《史記·秦始皇本紀》）

"宜"還經常處在主謂短語的前面或後面,表示評價。例如:

夫子之云,不亦宜乎! （《論語·子張》）
秦穆之不爲盟主也宜哉! （《左傳》文公六年）
——以上處在主謂短語後面
宜君王之欲殺女而立職也。 （《左傳》文公元年）
失禮違命,宜其爲禽也。 （《左傳》宣公元年）
——以上處在主謂短語前面

"宜"有時還與"所"字組成"所"字結構:

左右善,則百僚各得其所宜。（《晏子春秋·内篇問上》第三十章）
待其來者而正之,因時之所宜而定之。 （《國語·越語下》）

2. 當

"當",《説文》:"田相值也。"後泛指兩兩相當。進而逐步引申出掌管、承當、面對等及物動詞義。如:

子夏之門人小子,當灑掃、應對、進退,則可矣。（《論語·子張》）
當仁,不讓於師。 （《論語·衛靈公》）
下臣不幸,屬當戎行,無所逃隱。 （《左傳》成公二年）
養生者,不足以當大事,惟送死可以當大事。（《孟子·離婁下》）

以上均爲"當"的及物動詞用法。因掌管、承當、面對也就往往意味着"應當"、"應該","當"的助動詞義及用法便由此引申虛化來的。如:

人無於水監,當於民監。 （《尚書·酒誥》）
公當享,卿當宴,王室之禮也。 （《左傳》宣公十六年）
今臣使楚,不當從此門入。 （《晏子春秋·内篇雜下》第九章）
言人之不善,當如後患何? （《孟子·離婁下》）
古公曰:"我世當有興者,其在昌乎?" （《史記·周本紀》）

"當"也可單獨作謂語,表示評價,這時其性質略近於形容詞。例如:

苟可法于國,而善益于後世,則父死亦當矣,妾爲之收亦宜矣。
（《晏子春秋·内篇諫下》第二章）

> 乃命有司,申嚴百刑,斬殺必當,毋或枉橈。枉橈不當,反受其殃。　　　　　　　　　　　　　　　(《禮記·月令》)

作爲助動詞,"宜"與"當"的意義接近,用法則略有區別。"當"不能放在主謂短語前面表示評價,這是它與"宜"的區別之一。例如,"宜君王之欲殺女而立職也"(《左傳》文公元年)就不能說成"當君王之欲殺女而立職也。"

以上關於助動詞"當"產生原因及過程的論述,僅僅是一種合理的推測。從目前掌握的實際用例來看,反倒是助動詞用法在前,及物動詞用法在後,這是需要注意的。

第二章
形容詞的發展

漢語形容詞是一個開放的類別,可分爲性質形容詞和狀態形容詞兩大類。從意念上看,性質形容詞表示事物的形狀和性質,這種形狀和性質在時間上或程度上是容許變化的,有伸縮性的,因此可以接受時間副詞和程度副詞的修飾。如:

既富矣,又何加焉? （《論語·子路》）
名山既多矣,松柏既茂矣,望之相相然。
　　　　　　　　（《晏子春秋·內篇雜下》第十三章）
臣之罪甚多矣。　　　　　（《左傳》僖公二十四年）

上例中,"既富"是性質形容詞"富"的一個發展階段。"甚多"是性質形容詞"多"的加強。而狀態形容詞是一種相對靜止狀態的描寫,不具備概念上的可變性,所以不能接受時間副詞和程度副詞的修飾。從功能上看,性質形容詞可以帶介詞結構作爲補語,表示比較,如"暖於布帛"、"大於海"之類,狀態形容詞不具備這種功能。性質形容詞可以有"使動用法"和"意動用法",狀態形容詞也不具備這種功能[①]。

第一節　性質形容詞的發展

據現有材料看,殷商時期只有單音節的性質形容詞,大致有"新、舊、大、小、白、黑、幽、赤、黃、嘉、淒、若、吉、安、高、寧、弘、多、少"等。進入西周,性質形

---

① 楊建國《先秦漢語的狀態形容詞》,《中國語文》1979年第6期。

容詞開始增多,增加的了"明、哲、休、宜、吉、子(慈)、悲、卑、薄"等。同時,雙音節性質形容詞也開始出現,不過很少,如"壽考、吉康、明哲"等。東周以降,性質形容詞大量增加,雙音節者也大量湧現,如"貪冒、疢瘵、褊小、讒諂、侈靡、辟邪、奸邪、簡易、驕泰、惛亂、潔清、富貴、貧富、福彊、廣莫、長久、敦篤、誠信"等。

性質形容詞主要的功能是作謂語、定語、狀語,能受副詞修飾,帶介詞結構作補語,使動用法,意動用法,轉指等。舉例如下。

1. 作謂語

  王占曰:其有雨?⋯⋯丙午亦雨,多。 (《合集》16013)
  彰厥有常,吉哉! (《尚書·皋陶謨》)
  民雖靡膴,或哲或謀,或肅或艾。 (《詩經·小雅·小旻》)
  用匄眉壽黄耇吉康。 (師圣父鼎,西周中期)
  衛國褊小,老夫耄矣,無能爲也。 (《左傳》隱公四年)
  飭法修禮以治國政,而百姓肅也。(《晏子春秋·内篇諫上》第二章)

2. 作定語

  辛酉卜:王其登新鬯? (《合集》30974)
  貞:我家舊老臣亡害我? (《合集》3522)
  丕顯皇祖考。 (梁其鐘,西周晚期)
  火所未至,徹小屋,塗大屋。 (《左傳》襄公九年)

西漢時期,形容詞作定語表親屬關係,有一種特殊的語序[①]。例如:

  方今上無太子,大王,親高皇帝孫,行仁義,天下莫不聞。

           (《史記·淮南衡山列傳》)

"親高皇帝孫"也就是"高皇帝親孫"的意思。再如:

  李太后,親平王之大母也。 (《史記·梁孝王世家》)
  鄂君子晳,親楚王母弟也。 (《説苑·善説》)

3. 作狀語

  丁巳卜,今☒方其大出?四月。 (《合集》6689)

---

① 楊伯峻、何樂士《古漢語語法及其發展》,語文出版社,1992年,181頁。

多賜寶休。丕顯天子。　　　　　　　（大克鼎,西周晚期）
王以爲有禮,厚賄之。　　　　　　　（《左傳》宣公九年）
君子曰:"善事大國。"　　　　　　　（《左傳》襄公二十六年）
聲甚哀,氣甚悲。　　　　　（《晏子春秋·外篇第七》第十一章）

4.受副詞修飾

受否定副詞的修飾。例如:

癸酉卜,爭貞:王腹不安,亡延?　　　　　　（《合集》5373）
于四方民。亡不康静。　　　　　　（師詢簋,西周晚期）
以兵降城,以衆圖財,不仁。　（《晏子春秋·內篇諫下》第三章）

受程度副詞和時間副詞的修飾。例如:

召萬年永光。用作團宮旅彝。　　　　（召尊,西周早期）
仰之彌高,鑽之彌堅。　　　　　　　（《論語·子罕》）
夫六晉之時,知氏最強。　　　　　　（《韓非子·難三》）
景公問晏子曰:"天下有極大乎?"
　　　　　　　　　　　　　（《晏子春秋·外篇第八》第十四章）
民氓百姓,不亦薄乎。　　　（《晏子春秋·內篇諫上》第五章）
陳、鮑方睦,遂伐欒、高氏。　　　　　（《左傳》昭公十年）
既富矣,又何加焉?　　　　　　　　（《論語·子路》）

5.帶介詞結構作補語,表示比較

天下之水,莫大於海。　　　　　　　（《莊子·秋水》）
間於天地之間,莫貴於人。　　　　　（《孫臏兵法·月戰》）
故與人善言,暖於布帛;傷人以言,深於矛戟。（《荀子·榮辱》）

6.使動用法

性質形容詞的使動用法就是性質形容詞用作動詞,使賓語出現該形容詞所表示的狀況。這是性質形容詞的一項基本功能,在殷商時期就存在:

乙丑卜,賓貞:大甲若王?　　　　　　（《合集》3216正）
癸卯卜,賓貞:寧風?　　　　　　　　（《合集》13372）
庚戌[卜],爭貞:雨,帝不我熯?　　　　（《合集》10165）

"帝不我熯",否定句中代詞賓語前置,是問"上帝不會使我受旱吧?"西周以後,這種用法也一直存在着:

　　父義和!其歸視爾師,寧爾邦。　　　　(《尚書·文侯之命》)
　　晉侯謂慶鄭曰:"寇深矣,若之何?"對曰:"君實深之,可若何?"
　　　　　　　　　　　　　　　　　　　　(《左傳》僖公十五年)
　　"既庶矣,又何加焉?"曰:"富之。"　　　(《論語·子路》)
　　凡用兵之法,全國爲上。　　　　　　　(《孫子兵法·謀攻》)
　　故天將降大任於斯人也,必先苦其心志,勞其筋骨。
　　　　　　　　　　　　　　　　　　　　(《孟子·告子下》)
　　據忠且愛我,我欲豐厚其葬,高大其壟。
　　　　　　　　　　　　　　　　(《晏子春秋·内篇諫下》第二十二章)
　　城不入,臣請完璧歸趙。　　　(《史記·廉頗藺相如列傳》)

"君實深之",實際上您使秦軍(寇)深入了。"富之",使之富裕。"苦其心志",使其心志困苦。"勞其筋骨",使其筋骨疲勞。"全國",使國家完好無損。"豐厚其葬",使其葬禮豐厚;"高大其壟",使其墳墓高大。"完璧",使璧完整無缺。

7. 意動用法

性質形容詞的意動用法就是性質形容詞用作動詞,表示主語認爲賓語(或把賓語當作)具有該形容詞所代表的性質。這也是性質形容詞的一項基本功能。在殷商時期就存在:

　　己未卜,王貞:乞侑禱于祖乙?王吉兹卜。　(《合集》22913)

"王吉兹卜",意即王認爲這次占卜是吉利的。

　　西周以下,這種用法也一直延續着。例如:

　　丕顯成康,上帝是皇。　　　　　　(《詩經·周頌·執競》)
　　彼醉不臧,不醉反恥。　　　　　　(《詩經·小雅·賓之初筵》)

形容詞"皇"本是偉大、美好的意思。"是皇"即認爲"是"(上帝)偉大,美好的意思。("是皇",代詞賓語前置。)"不醉反恥"即反恥不醉,反以不醉爲恥。再例如:

且夫我嘗聞少仲尼之聞而輕伯夷之義者,始吾弗信。

(《莊子·秋水》)

烏獲輕千鈞而重其身,非其身重於千鈞也,勢不便也;離朱易百步而難眉睫,非百步近而眉睫遠也,道不可也。 (《韓非子·觀行》)

莒之細人,變而不化,貪而好假,高勇而賤仁。

(《晏子春秋·內篇問上》第八章)

景公賢魯昭公去國而自悔。(《晏子春秋·內篇雜上》第二十章)

始吾望儒而貴之,今吾望儒而疑之。

(《晏子春秋·外篇第八》第四章)

羽人對曰:"言亦死,而不言亦死,竊姣公也。"

(《晏子春秋·外篇第八》第十二章)

8.作及物動詞

性質形容詞除了有使動、意動用法外,還可以變爲真正的及物動詞。性質形容詞變爲及物動詞,是與詞性、詞義的改變同步進行的,這時的動賓結構就不能解釋爲"使動"或"意動"。例如:

(1) 貴不淩賤,富不傲貧。 (《晏子春秋·內篇問下》第十一章)
(2) 所言無不義,故下無僞上之報。(《晏子春秋·內篇問上》第十六章)
(3) 任人之長,不彊其短。 (《晏子春秋·內篇問上》第二十四章)
(4) 彊不暴弱。 (《晏子春秋·內篇問下》第十一章)
(5) 嬰聞國有具官,然後其政可善。(《晏子春秋·內篇問上》第六章)

"傲"本義是驕傲,在例(1)裏有了"輕視"的意思;"僞"本義是虛假,在例(2)裏有了蒙騙的意思;"彊"在例(3)裏則有了"强求"的意思;"暴"在例(4)裏則有了"欺侮"、"侵犯"的意思;"善"在例(5)裏的意思是"改善"。性質形容詞的這種發展變化,在殷商及西周時期尚未見到。

9.轉指

與動詞一樣,性質形容詞也有轉指的功能,轉而指稱具有那種性質的人或物,成爲了名詞。轉指的辦法有兩種:一是在該形容詞後加一形式標記,常見的是"者",如"善者"、"仁者"、"大者"等,這種現象極爲普遍,不必贅言;另一種辦法是不加任何形式標記,形容詞自行轉變爲相關的人或物。後一種辦法也很常見,但却很少受到注意和重視,特舉例説明。

性質形容詞的轉指,殷商時期少見。茲舉兩例:

> 貞:弜𠦪唯吉用? (《合集》15422)
> 辛亥卜,何貞:惠吉燕用? (《合集》27846)

這兩例的"吉",張玉金認爲是形容詞作賓語①,我們認爲可能轉指吉祥之物,是名詞作賓語。

西周以下,性質形容詞的轉指逐漸增多,成爲一種常見現象。例如:

> 非佞折獄,惟良折獄,罔非在中。 (《尚書·呂刑》)
> 彊不暴弱。 (《晏子春秋·內篇問下》第十一章)
> 貴不凌賤,富不傲貧。 (《晏子春秋·內篇問下》第十一章)
> 中也養不中,才也養不才,故人樂有賢父兄也。如中也棄不中,才也棄不才,則賢不肖之相去,其間不能以寸。 (《孟子·離婁下》)
> 故明王之任人,諂諛不邇乎左右。
> (《晏子春秋·內篇問上》第二十四章)
> 班白不提挈。 (《禮記·王制》)

以上各例加着重號的形容詞,已經發生了轉指,其性質相當於該形容詞加上"者"。例如"佞"即"佞者","良"即"良者","彊"及"彊者","弱"即"弱者"。餘可類推。

第二節　狀態形容詞的發展

狀態形容詞描寫事物的狀態,未見於殷商時期,西周開始出現,大致分爲單音節式,雙音節AA式、AB式,四音節AABB式,以及附加式。

一、單音節狀態形容詞的語法功能

單音節狀態形容詞《詩經》、《楚辭》中較多見,可以作謂語、狀語或定語。例如:

> 彝昧天令,故亡,允哉顯。 (班簋,西周中期)

---

① 見張玉金《甲骨文語法學》,144頁。

鳥乃去矣,后稷呱矣。　　　　　　（《詩經·大雅·生民》）
羔裘晏兮,三英粲兮。　　　　　　（《詩經·鄭風·羔裘》）
慎而無禮,則葸。　　　　　　　　（《論語·泰伯》）
胸中不正,則眸子眊焉。　　　　　（《孟子·離婁上》）
——以上作謂語
遡游從之,宛在水中央。　　　　　（《詩經·秦風·蒹葭》）
紛吾既有此内美兮。　　　　　　　（《楚辭·離騷》）
眇不知其所蹠。　　　　　　　　　（《楚辭·離騷》）
——以上作狀語
對揚皇天子丕杯休。　　　　　　　（善鼎,西周中期）
離離鳴雁,旭日始旦。　　　　　　（《詩經·邶風·匏有苦葉》）
謂予不信,有如皦日。　　　　　　（《詩經·王風·大車》）
嘒彼小星,三五在東。　　　　　　（《詩經·召南·小星》）
——以上作定語

二、雙音節狀態形容詞的語法功能

1. 雙音節狀態形容詞AA式可以作謂語、狀語和定語,還可以作賓語。例如:

丕顯朕皇高祖單公,桓桓克明哲乓德。　　（逨盤,西周晚期）
冬日烈烈,飄風發發。　　　　　　（《詩經·小雅·四月》）
石瀨兮淺淺,飛龍兮翩翩。　　　　（《楚辭·九歌·湘君》）
美哉水乎清清。　　　　（《晏子春秋·内篇問下》第四章）
賢者以其昭昭,使人昭昭。　　　　（《孟子·盡心下》）
——以上作謂語
丕顯皇考宮公,穆穆克盟乓心。　　（師望鼎,西周中期）
坎坎鼓我,蹲蹲舞我。　　　　　　（《詩經·小雅·伐木》）
(良人)施施從外來,驕其妻妾。　　（《孟子·離婁下》）
今若天飄風苦雨溱溱而至者,此天之所以罰百姓之不上同於天者也。　　　　　　　　　　　（《墨子·尚同上》）
澪澪不知六翮之所在。　（《晏子春秋·外篇第八》第十四章）
不知貴真,禄禄而受變於俗。　　　（《莊子·漁父》）

——以上作狀語

番番良士,旅力既愆,我尚有之。　　　　（《尚書·秦誓》）
英英白雲,露彼菅茅。　　　　　　　　　（《詩經·小雅·白華》）
浩浩沅湘,分流汨兮。　　　　　　　　　（《楚辭·九章·懷沙》）
無邀正正之旗,勿擊堂堂之陳,此治變者也。（《孫子·軍爭》）
故薄薄之地,不得履之。　　　　　　　　（《荀子·榮辱》）
——以上作定語

AA式狀態形容詞還可以作動詞賓語或介詞賓語。如：

所謂庸人者,口不能道善言,心不知邑邑。（《荀子·哀公》）
掩耳而聽者,聽漠漠而以爲哅哅,埶亂其官也。
　　　　　　　　　　　　　　　　　　　（《荀子·解蔽》）
孰能去刺刺而爲愕愕乎？　　　　　　　　（《管子·白心》）
——以上作動詞賓語

爾尚不忌于凶德,亦則以穆穆在乃位,克閱于乃邑。
　　　　　　　　　　　　　　　　　　　（《尚書·多方》）
行乎冥冥而施乎無極,而賢不肖一焉。　　（《荀子·修身》）
禍自所由生也,生自纖纖也,是故君子早絶之。
　　　　　　　　　　　　　　　　　　　（《荀子·大略》）
耳之所聽,非特雷鼓之聞也,察於淑淑；心之所慮,非特知於麤麤也,察於微眇。　　　　　　　　　　　　　　　　　　　（《管子·水地》）
——以上作介詞賓語

這種賓語,詞性並未改變,只是事物化了,一般稱爲"自指"。

2. 雙音節狀態形容詞AB式也可以作謂語、狀語或定語。如：

一之日觱發,二之日栗烈。　　　　　　　（《詩經·豳風·七月》）
寤寐無爲,涕泗滂沱。　　　　　　　　　（《詩經·陳風·澤陂》）
不績其麻,市也婆娑。　　　　　　　　　（《詩經·陳風·東門之枌》）
靈衣兮被被,玉佩兮陸離。　　　　　　　（《楚辭·離騷》）
其容簡連。　　　　　　　　　　　　　　（《荀子·非十二子》）
大德不同,而性命爛漫矣。　　　　　　　（《莊子·在宥》）
——以上作謂語

晏子逡循對曰:"嬰不肖。"

(《晏子春秋・内篇問下》第十二章)

晏子朝,杜肩望羊待于朝。　(《晏子春秋・内篇諫上》第六章)

公反,誒詒爲病,數日不出。　　　　(《莊子・達生》)

有一狙焉,委蛇攫抓,見巧乎王。　　(《莊子・徐無鬼》)

——以上作狀語

丕顯文王受天佑大命。　　　　　(大盂鼎,西周早期)

汝丕遠惟商耇成人,宅心知訓。　　　(《尚書・康誥》)

荏染柔木,君子樹之。　　　　　(《詩經・小雅・巧言》)

窈窕淑女,君子好逑。　　　　　(《詩經・周南・關雎》)

——以上作定語

三、四音節AABB式狀態形容詞的語法功能

先秦漢語中,AABB式狀態詞經常出現在謂語位置上:

烝烝皇皇,不吴不揚。　　　　　(《詩經・魯頌・泮水》)

緜緜翼翼,不測不克。　　　　　(《詩經・大雅・常武》)

穆穆皇皇,宜君宜王。　　　　　(《詩經・大雅・假樂》)

爾羊來思,矜矜兢兢。　　　　　(《詩經・小雅・無羊》)

朋友切切偲偲,兄弟怡怡。　　　　　(《論語・子路》)

言語之美,穆穆皇皇;朝廷之美,濟濟鎗鎗。 (《荀子・大略》)

丈夫女子,振振殷殷,無不戴説。

(《呂氏春秋・孝行覽・慎人》)

有時候AABB式狀態形容詞可以提到主語的前面:

譆譆出出,鳥鳴于亳社。　　　　(《左傳》襄公三十年)

雄雄赫赫,天德明只。　　　　　(《楚辭・大招》)

這兩例可以看作主謂倒裝句。

尚未見到AABB式狀態形容詞用作定語或狀語的情況。

四、狀態形容詞的轉指

與其他謂詞性成分一樣,狀態形容詞也可以實現轉指,轉指所描

寫的對象，相當於一個名詞。轉指方式有二，一是"狀態形容詞+者"，例如：

彼姝者子，何以畀之？	(《詩經·鄘風·干旄》)
今夕何夕？見此粲者。	(《詩經·唐風·綢繆》)
楚楚者茨，言抽其棘。	(《詩經·小雅·楚茨》)
蜎蜎者蠋，烝在桑野。	(《詩經·豳風·東山》)
俞俞者，憂患不能處，年壽長矣。	(《莊子·天道》)
浩浩者，水；育育者，魚。	(《管子·小問》)

上例中，"粲者"指美女，"楚楚者"就是指"茨"，"浩浩者"就是指"水"，"育育者"就是指"魚"。餘例可類推。

另一種轉指的方式是不用加"者"，直接指稱所描寫的對象。例如：

（1）穆穆在上，明明在下，灼于四方，罔不惟德之勤。

(《尚書·呂刑》)

（2）名山既多矣，松柏既茂矣，望之相相然，盡目力不知厭。而世有所美焉，固欲登彼相相之上，忔忔然不知厭。

(《晏子春秋·內篇雜下》第十三章)

以上例（1）的"穆穆"是指"莊重威嚴的君王"，"明明"是指"勉力不息的群臣"①。例（2）的"相相"，顯然是指"松柏既茂矣，望之相相然"的"名山"。這樣的轉指，有的只是臨時一用，有的則逐步推廣開來，變爲真正的名詞了。

五、附加式狀態形容詞的語法功能

西周以降，漢語產生了一批狀態形容詞詞尾，從而形成後附式狀態形容詞，主要有若、如、然、焉、斯、其、爾等（"-爾"產生並多見於戰國早、中期）。詞尾一般見於單音節狀態形容詞和雙音節狀態形容詞AA式，雙音節狀態形容詞AB式和四音節狀態形容詞未見有附加詞尾者。

狀態形容詞詞尾的作用就是彰顯所依附成分"表狀態"的性質。這

---

① 顧寶田、洪澤湖《尚書譯注》："莊重威嚴的君王在上面，勉力不息的群臣在下。"（吉林文史出版社，1995年，227頁）

一點,當所依附成分本身就是狀態形容詞時,似乎不十分明顯。但當所依附成分是名詞或性質形容詞時,就十分明顯了。以"若"爲例,《詩經·衛風·氓》:"桑之未落,其葉沃若。"《詩經·小雅·皇皇者華》:"我馬維駱,六轡沃若。"王引之並注:"若,猶然也。"《尚書·洪範》:"曰休徵:曰肅,時雨若;曰乂,時暘若;曰哲,時燠若;曰謀,時寒若;曰聖,時風若。"《禮記·禮器》:"君子之於禮也,有所竭情盡慎,致其敬而誠若,有美而文而誠若。"王引之並注:"若,詞也。"楊樹達批:"楊按:二義似同。"① 這裏的"若"就是我們所說的狀態形容詞詞尾。引例中,"沃若"的"沃"本身就是狀態形容詞,所以"若"的作用似乎不易體會。但"雨"、"寒"、"風"等都是名詞,"誠"是性質形容詞,配以"若",表狀態的意思於是彰顯出來了。正是在這個意義上,我們不妨說詞尾"若"的功能就是"狀態形容詞化"。當它所依附的成分本身就是狀態形容詞時,其功能與原狀態形容詞的功能則構成疊加關係。

一般來講,加詞尾的狀態形容詞常作謂語、狀語,較少作定語。其中有的只能作謂語,如"-如"、"-若";有的只能作狀語,如"-其",有的既能作謂語,也能作狀語,如"-焉"、"-斯";有的既能作謂語、狀語,還能作定語,如"-然"、"-爾"。

1. "-若"、"-如",只作謂語:

  屯如,邅如,乘馬班如。   (《易經·屯卦》)
  子之燕居,申申如也,夭夭如也。 (《論語·述而》)
  君子引而不發,躍如也。   (《孟子·盡心上》)
  今呂嘉、建德等反,自立娿如。 (《史記·南越列傳》)
  有孚顒若。   (《易經·觀卦》)
  我馬維駱,六轡沃若。   (《詩經·小雅·皇皇者華》)
  君子之於禮也,有所竭情盡慎,致其敬而誠若,有美而文而誠若。
            (《禮記·禮器》)

2. "-其",只作狀語,主要見於《詩經》:

  嚶其鳴矣,求其友聲。   (《詩經·小雅·伐木》)
  騂騂角弓,翩其反矣。   (《詩經·小雅·角弓》)

---

① 王引之《經傳釋詞》,岳麓書社,1982年,149～150頁。

兄弟不知,咥其笑矣。　　　　　　　(《詩經·衛風·氓》)

3. "-焉","-斯",作謂語、狀語:

其心休休焉,其如有容。　　　　　　(《尚書·秦誓》)
今王室實蠢蠢焉。　　　　　　　　　(《左傳》昭公二十四年)
諸侯其誰不欣焉望楚而歸之,視遠如邇? (《左傳》昭公元年)
事大敵堅,則渙焉離耳。　　　　　　(《荀子·議兵》)
王赫斯怒,爰整其旅。　　　　　　　(《詩經·大雅·皇矣》)
色斯舉矣,翔而後集。　　　　　　　(《論語·鄉黨》)
君子之飲酒也,受一爵而色洒如也,二爵而言言斯。(《禮記·玉藻》)

"-斯"作謂語甚少見。

4. "-然"、"-爾",作謂語、狀語、定語:

君子有三變:望之儼然,即之也溫,聽其言也厲。

(《論語·子張》)
其志嘐嘐然。　　　　　　　　　　　(《孟子·盡心下》)
南有嘉魚,烝然罩罩。　　　　　　　(《詩經·小雅·南有嘉魚》)
夫子循循然善誘人。　　　　　　　　(《論語·子罕》)
言必信,行必果,硜硜然小人哉!　　(《論語·子路》)
我善養吾浩然之氣。　　　　　　　　(《孟子·公孫丑上》)
昔者莊周夢爲蝴蝶,栩栩然蝴蝶也;俄然覺,則蘧蘧然周也。

(《莊子·齊物論》)
鼓瑟希,鏗爾,舍瑟而作。　　　　　(《論語·先進》)
既竭吾才,如有所立卓爾。　　　　　(《論語·子罕》)
爾毋從從爾,爾毋扈扈爾。　　　　　(《禮記·檀弓》)
夫子莞爾而笑。　　　　　　　　　　(《論語·陽貨》)
嘑爾而與之,行道之人弗受;蹴爾而與之,乞人不屑也。

(《孟子·告子上》)
蕞爾國,而三世執其政柄,其用物也弘矣。(《左傳》昭公七年)

這些詞尾之間是有語音聯繫的。"如"、"若"、"然"、"爾"上古同屬日母。王力說:"在用作形容詞詞尾的情況下,'如'、'若'、'而'、'然'、

'爾'五字同源。"① "斯"和"其"上古同屬之部,"焉"和"然"同屬元部。張博指出,"如綴和若綴在早期典籍中使用較多,晚期典籍中使用較少。值得注意的是,'如'和'若'的出現在《禮記》、《論語》、《孟子》和《莊子》等書中是互補的。《禮記》、《論語》和《孟子》有'如'無'若',而《莊子》有'若'無'如'","這使我們可以假定,詞綴如和若是同一形式的方言變體,'如'主要出現於魯方言,而'若'出現於魯方言以外的其他方言"②。

非附加式狀態詞形容詞可以發生轉指(帶"者"或不帶"者"),附加式狀態詞形容詞一般不具備這些功能。

---

① 王力《同源字典》,商務印書館,1982年,156頁。"而"作詞尾,我們持謹慎態度,暫時不取。
② 張博《先秦形容詞後綴"如、若、爾、然、焉"考察》,《寧夏大學學報(社會科學版)》1992年第4期;周法高《中國古代語法・構詞篇》,臺灣中研院史語所,1961年。

第三章
數詞、稱數法與量詞的發展

第一節　數詞及稱數法的發展

一、計數法

從現有最早的文字記錄(甲骨文、金文)看,漢語數詞有"一、二、三、四、五、六、七、八、九、十、百、千、萬、億"等。計數法通常都是十進制。十十爲百,十百爲千,十千爲萬。萬以上還有億,至東周以後還出現了億以上的兆、經、姟等。萬以上的計數,萬萬爲億,萬億爲兆,萬萬兆爲姟。漢代還有"巨萬"的説法①:

> 是以和五味以調口,剛四支以衛體,和六律以聰耳,正七體以役心,平八索以成人,建九紀以立純德,合十數以訓百體。出千品,具萬方,計億事,材兆物,收經入,行姟極。　　　　　(《國語・鄭語》)
>
> 今聞韓衆去不報,徐巿等費以巨萬計,終不得藥。
>
> 　　　　　　　　　　　　　　　　(《史記・秦始皇本紀》)

計數是整數用乘法,零數用加法,如"三十"就是"三乘以十";"十三"就是"十加三";"三十二"就是"三乘以十再加二"。這一點古今是一致的。

殷商西周時期兩位以上的數字,相加的關係經常加"又",相乘的關係不能加"又"。(甲骨文早期作"㞢",晚期多作"又",西周金文作"又",傳世典籍作"有"。以下一律寫作"有"。)

例如,帶"有"的:

> 毘百有九十有九。　　　　　　　　　　　(《合集》10407正)

---

① 周法高《中國古代語法・稱代篇》第六章。

允㞢二百有九。	（《合集》10349）
人鬲千有五十夫。	（大盂鼎，西周早期）
肇十有二州，封十有二山。	（《尚書·堯典》）
咨！汝二十有二人，欽哉！	（《尚書·堯典》）

也有不帶"有"的：

允隻麋四百五十一	（《合集》10344反）
俘牛三百五十五牛。	（小盂鼎，西周早期）

戰國以後，帶"有"的就比較少了：

冬，十二月，宣公即位。	（《左傳》隱公四年）
鄙人之年八十五矣。	（《晏子春秋·內篇諫上》第十三章）
吾有司死者三十三人，而民莫之死也。	（《孟子·梁惠王下》）
天有九野，九千九百九十九隅，去地五億萬里。	（《淮南子·天文訓》）
太史公曰：（故）［在］旋璣玉衡以齊七政，即天地二十八宿。	
	（《史記·律書》）

但有時依然帶"有"：

冬，十有二月，衛人立晉。	（《左傳》隱公四年）
景公之時，霖雨十有七日。	（《晏子春秋·內篇諫上》第五章）
昔者舜薦禹於天，十有七年。	（《孟子·萬章上》）
肇丨有二州，決川。	（《史記·五帝本紀》）
諸侯子弟若肺腑，外國歸義，封者九十有餘。	
	（《史記·惠景閒侯者年表》）

至西漢，不帶"有"的已佔絕對多數。《史記·曆書》記載天象，記數極為豐富，沒有一例帶"有"的。在出土的西漢時期的各類簡牘中，基本不見這種帶"有"的作法，只是在算式中略有孑遺：

得從（縱）八十四步有（又）七千一百廿九分步之五千七〈九〉百六十四。	（《張家山漢墓竹簡·算數書》）

這種孑遺其實今天依然存在。因此我們認為，西漢以後這種"有"基本消

失,只在一些仿古句式中出現。

在很長一段時間內,以"一"開頭的兩位以上的數,如"一十"、"一百"、"一千"等,其"一"往往不說。如:

(1) 俘人十有六人　　　　　　　　　　　(《合集》137反)
(2) 俘人萬三千八十一人。　　　　　　　(小盂鼎,西周早期)
(3) 駟介百乘,徒兵千。　　　　　　　(《左傳》僖公二十八年)
(4) 貧民萬七千家,用粟九十七萬鍾、薪橑萬三千乘。
　　　　　　　　　　　　　(《晏子春秋・内篇諫上》第五章)
(5) 墨罰之屬千,劓罰之屬千,臏罰之屬五百,宮罰之屬三百,大辟之罰其屬二百,五刑之屬三千。　　　(《史記・周本紀》)

以上例(4),"萬七千家"、"萬三千乘","萬"前的"一"不說。但"九十七萬鍾","九十七"非"一",非說不可。例(5)也是開頭的數是"一"的和非"一"的同時出現,區別非常明顯。

戰國晚期以後,可以見到"一"出現的例子。如:

(6) 九夷方一百里,加以魯衛,強萬乘之國也。
　　　　　　　　　　　　　　　　　(《戰國縱橫家書・二十》)
(7) 大餘五十六,小餘一百八十四。　　　　(《史記・曆書》)
(8) 参功:凡下二國,縣一百二十二。　　(《史記・曹相國世家》)

有時甚至兩種用法混用不別:

(9) 上極而反,東行,行日一度半,一百二十日入。其庳,近日,曰明星,柔;高,遠日,曰大囂,剛。其始出西[方],行疾,率日一度半,百二十日;上極而行遲,日半度,百二十日,旦入,必逆行一二舍而入。　　　　　　　　　　　　　(《史記・天官書》)

例(9)"一百二十日"和"百二十日"交替出現,沒有什麼區別。

這個觀點在甲骨文裏似乎遇到了困難。陳夢家說:"卜辭的5 000可以作'五一千',亦偶有作'五千'的;卜辭的500可以作'五一白',亦可以作'五白'的合文。卜辭的100是'一白'的合文,但也有作'白'的。"[①]

---

① 陳夢家《殷虛卜辭綜述》,107頁。

陳夢家的觀點如果成立的話，那麼西周以降這種明顯存在的省略"一"的規律就成了無源之水了。這個規律具有很大的強制性，我們甚至在戰國中期以前的材料中沒有見到過在開頭位置的"一千"、"一百"、"一十"的說法。我們檢查了陳書所引的"一白㠯一白羌卯三白宰"、"𠬝人一千"在《合集》中的釋文，結果前者爲"百㠯百羌卯三百宰"（《合集》301），後者爲"登人三千"（《合集》6173）。我們又考察了《類纂》的"十"字條、"百"字條、"千"字條，結果是，以"十"開頭的至少有上百例，如"十羌"、"十又六人"之類，沒有一例作"一十"的。"百"字條有數百例，其中"百"字開頭的不下數十例，沒有一例作"一百"的，而"三百"、"五百"之類則極多見。"千"字條也一樣，約百餘例中，"三千"、"五千"者極多，"一千"則一例也沒有。這顯然反映了釋讀者的看法。"十"並不是合文，爲什麼甲骨文從未見"一十"的說法？既然"五千"可以讀爲"五一千"，那麼以"一"開頭的，爲什麼從未見"一一千""一一百"之類？"一白㠯"的說法如果真的存在，爲什麼西周以降毫不見蹤影？因此我們懷疑，合文"百（一白）"是有實際語言根據的。意思是"一白"，但那個"一"從不說出來，所以反映到文字上就合爲一個"百"了。

王力說："'一'字在'十'、'百'、'千'、'萬'的前面時，在上古時代常常是不說出來的。"①周法高也說："在古代，單位是'一'時往往不說。在數字前者，如用'十'（或'百'、'千'、'萬'）代表'一十'（或'一百'、'一千'、'一萬'）。"②這話基本正確，但可能稍欠準確。因爲如果處於非開頭的位置，儘管"'一'字在'十'、'百'、'千'、'萬'的前面"，也還是必須說出來的。例如：

凡萬一千八百户。　　　　　　（《史記·衛將軍驃騎列傳》）
青校尉蘇建有功，以千一百户封建爲平陵侯。
　　　　　　　　　　　　　　（《史記·衛將軍驃騎列傳》）

這兩例的"一千"、"一百"的"一"都必須說出，因爲它們前面有上位數"萬"或"千"，它們處於非開頭位置。而處於開頭位置的"萬"、"千"，其前面的"一"則不說出。

---

① 王力《漢語語法史》，見《王力文集》第11卷，28頁。
② 周法高《中國古代語法·稱代篇》，347頁。

在名量詞前,數詞是"一"時,"一"也往往不說。如:

我既賣(贖)女(汝)五[夫][效]父,用匹馬束絲。
(曶鼎,西周中期)

視爾如荍,貽我握椒。　　(《詩經·陳風·東門之枌》)

在孤之側者,觴酒、豆肉、簞食,未嘗敢不分也。(《國語·吳語》)

賜田嗇夫壺酒束脯。

(《睡虎地秦墓竹簡·秦律十八種·廄苑律》)

上例的"匹馬"即"一匹馬","握椒"即"一握椒","觴酒"即"一觴酒","豆肉"即"一豆肉","簞食"即"一簞食","壺酒束脯"即"一壺酒一束脯"。"數+量+名"如此,"名+數+量"也是如此:

余易(賜)女(汝)鑾旂卣金車……　　(彔伯戎簋蓋,西周中期)
易(賜)戠弓矢束馬匹貝冑(五朋)。　　(戠簋,西周中期)
易女弓一,矢束,臣五家,田十田。　　(不其簋,西周晚期)

"鑾旂卣"即"鑾旂一卣","矢束"即"矢一束","馬匹"即"馬一匹"。

二、次序記錄法

次序的記錄,在殷商時期已用干支記錄時間的順序。此法一直沿用至今,只是使用範圍越來越小。

殷商時期用數詞記次序,形式上與普通基數無異,內容上一般是表示時間的順序[①]。例如:

唯王八祀。　　　　　　　　　　　　　　　(《合集》41704)

癸巳卜,賓貞:臣執? 王占曰:吉,其執,唯乙丁。七日丁亥既執。　　　　　　　　　　　　　　　　　　(《合集》643)

王占曰:有求,其有來艱,气至。七日己巳允有來艱自西。
(《合集》6057正)

以上"八祀"就是第八年。其餘兩例的"七日"都是"第七日"的意思。

西周以後,次序記錄法基本沿襲了殷商,但內容有所擴大,不僅是計時

---

① 張玉金《甲骨文語法學》。

間了①。例如：

> 五行：一曰水，二曰火，三曰木，四曰金，五曰土。
> 　　　　　　　　　　　　　　　　　　　　（《尚書·洪範》）

> 八政：一曰食，二曰貨，三曰祀，四曰司空，五曰司徒，六曰司寇，七曰賓，八曰師。　　　　　　　　　　　　（《尚書·洪範》）

> 由是第之：二曰太蔟，所以金奏贊陽出滯也。三曰姑洗，所以修潔百物，考神納賓也。四曰蕤賓，所以安靖神人，獻酬交酢也。五曰夷則，所以詠歌九則，平民無貳也。六曰無射，所以宣布哲人之令德，示民軌儀也。　　　　　　　　　　　　　（《國語·周語下》）

> 斗魁戴匡六星曰文昌宮：一曰上將，二曰次將，三曰貴相，四曰司命，五曰司中，六曰司祿。　　　　　　　（《史記·天官書》）

> 一氣二體三類四物五聲六律七音八風九歌，以相成也。
> 　　　　　　　　　　　　　（《晏子春秋·外篇第七》第五章）

> 有嬀之後，將育于姜。五世其昌，並于正卿。八世之後，莫之與京。　　　　　　　　　　　　　　　　　（《左傳》莊公二十二年）

> 禹遵之。後十四世，至帝孔甲，淫德好神，神瀆，二龍去之。其後三世，湯伐桀，欲遷夏社，不可，作《夏社》。後八世，至帝太戊，有桑穀生於廷。　　　　　　　　　　　　　　　　（《史記·封禪書》）

以上各例順序所示內容，有陰陽五行，有官制，有天象，有音律，也有時間，已包括社會生活的方方面面，不像殷商時期僅序時間了。

西周時期還發展出一種新的次序表示法，即用"初一"表示"第一"，第一以下的各序數用"次＋基數"表示②。如：

> 初一曰五行，次二曰敬用五事，次三曰農用八政，次四曰協用五紀，次五曰建用皇極，次六曰乂用三德，次七曰明用稽疑，次八曰念用庶徵，次九曰嚮用五福，威用六極。　　　　　（《尚書·洪範》）

這種辦法後來發展爲"初……次……次……"：

> 故初作《大誥》，次作《微子之命》，次《歸禾》，次《嘉禾》，次《康

---

① 郭錫良《先秦稱數法的發展》，見《漢語史論集》(增補本)。
② 錢宗武《今文〈尚書〉語法研究》，商務印書館，2004年。

誥》、《酒誥》、《梓材》，其事在周公之篇。　　　（《史記·周本紀》）

或"長……次……次……"：

> 高帝八男：長庶齊悼惠王肥；次孝惠，呂后子；次戚夫人子趙隱王如意；次代王恒，已立爲孝文帝，薄太后子；次梁王恢，呂太后時徙爲趙共王；次淮陽王友，呂太后時徙爲趙幽王；次淮南厲王長；次燕王建。　　　（《史記·高祖本紀》）

"第"真正用作表次序的詞頭，據王力說，是在晉代以後。他還認爲《史記》如下兩例的"第"仍是"次第"的意思①：

（1）平陽侯曹參身被七十創，攻城略地，功最多，宜第一。
　　　　　　　　　　　　　　　　　（《史記·蕭相國世家》）
（2）於是孝文帝乃以絳侯勃爲右丞相，位次第一；平徙爲左丞相，位次第二。　　　（《史記·陳丞相世家》）

實際上，《史記》中既有作名詞"次第"解的"第"，也有可視爲詞頭的"第"。僅以"第一"而論，就有不同的分野。先看前者：

（3）國人固推弘，弘至太常。太常令所徵儒士各對策，百餘人，弘第居下。策奏，天子擢弘對爲第一。召入見，狀貌甚麗，拜爲博士。
　　　　　　　　　　　　　　　　（《史記·平津侯主父列傳》）

這一例，前有"弘第居下"，可知後面的"擢弘對爲第一"的"第一"爲"次第一"的意思，"第"爲名詞。再看後者：

（4）聞河南守吳公治平爲天下第一。　（《史記·屈原賈生列傳》）

"對策"可以有"第"，而治平的"天下第"却從無有過。這個"第一"實爲"最佳"的意思，其"第"應爲序數的詞頭無疑。再看下例：

（5）有男四人，使相工相之，至第二子，其名玄成。
　　　　　　　　　　　　　　　　　（《史記·張丞相列傳》）

"第二子"，與今天的順序表示法已無二致。今天的"第+數+名"其實在

---

① 王力《漢語語法史》，見《王力文集》第11卷，29頁。

《居延新簡》中已很多見：

  第十二隧長王延壽   （《居延新簡》52·551）①
  第七隊卒胡建   （《居延新簡》52·554）
  入北第一，槖書一封。   （《居延新簡》49·28）
  右第三車十人。   （《居延新簡》53·43）

《居延新簡》所收簡牘，絶大部分爲西漢簡，少數東漢初年簡。因此我們認爲，序數的詞頭"第"可能在西漢時期已存在。同時表次第的名詞"第"也存在着，二者有時同形異質，必須仔細區分。有時甚至不好區分，例如上面的例（1）和例（2）的"第"，如果參考例（3）自然應視爲表次第的名詞。但如果參考例（4）和例（5），則視爲序數的詞頭也未嘗不可。這是"第"由名詞發展爲詞頭過程中的正常現象，毫不奇怪。

  史存直認爲，"像《史記·太史公自序》中的'作五帝本紀第一'、'作夏本紀第二'、'作殷本紀第三'、'作周本紀第四'等，就顯然用'第'爲序數的標誌了"②。我們認爲，史存直所列的"第"，尚不足以認定爲詞頭，因爲《史記》之作，各卷的先後次序是有講究的，這個"第"恐怕還是有名詞"次第"的意思。

三、分數表示法

  分數的表示，在殷商時期尚未見，西周金文中始見，用的是"其+分子數"的形式：

    公宕其參，汝則宕其貳，公宕其貳，汝則宕其一。
            （五年召伯虎簋，西周晚期）

這一例管燮初譯爲："止公宕欠其中三分，你就宕欠其中二分，止公宕欠其中二分，你就宕欠其中一分。"③

  後來分數表示法漸多，形式也比較多樣。例如：

---

① 本書所引漢代簡牘，《居延新簡》和《敦煌懸泉漢簡釋粹》，絶大部分爲西漢簡，少數東漢初年簡。《居延漢簡甲乙編》和《敦煌漢簡》則統屬兩漢，筆者尚未見進一步分別其年代的研究資料。其餘均爲西漢簡牘。
② 史存直《漢語史綱要》，中華書局，2008年，249頁。
③ 管燮初《西周金文語法研究》，商務印書館，1981年，123頁。

大縣城方王城三之一,小縣立城,方王城九之一。
(《逸周書・作雒解》)
三分天下有其二,以服事殷。　　　(《論語・泰伯》)
大都,不過參國之一;中,五之一;小,九之一。(《左傳》隱公元年)
舊國舊都,望之暢然;雖使丘陵、草木之緡,入之者十九,猶之暢然。
(《莊子・則陽》)

以上"十九"這種"分母+分子"的形式,先秦用例尤其多,形式上與普通的數詞無別,是要特別注意的。

下面再引《張家山漢墓竹簡・算數書》兩段,看看當時分數稱謂的複雜性:

(1) 乘　少半乘少半,九分一也;半步乘半步,四分一;半步乘少半步,六分一也;少半乘大半,九分二也;五分乘五分,廿五分一;四分乘四分,十六分一;四乘五分,廿分一;五分乘六分,卅分一也;七分乘七分,卌九分一也;六分乘六分,卅六分一也;六分乘七,卌二分一也;七分乘八分,五十六分一也。一乘十,十也;十乘萬,十萬也;千乘萬,千萬。一乘十萬,十萬也;十乘十萬,百萬。半乘千,五百。一乘百萬,百萬;十乘百萬,千萬。半乘萬,五千;十乘千,萬也;百乘萬,百萬;半乘百,五十。
(《張家山漢墓竹簡・算數書》)

(2) 寸而乘寸,寸也;乘尺,十分尺一也。(《張家山漢墓竹簡・算數書》)

據注釋者解釋,以上例(1),"少半"爲"三分之一","大半"爲"三分之二"。"半"爲"二分之一"。算式中的"幾分之幾"則只説"幾分",如"四分"、"五分"、"六分",各自爲"四分之一"、"五分之一"、"六分之一"的意思。得數的"幾分之幾"則只説"幾分幾",如"四分一"、"卅六分一"等。例(2)的"十分尺一"就是"十分之一尺"的意思。

現代標準的"幾分之幾"的分數稱法,其實起源頗早,春秋戰國時就有。例如:

(1) 將不勝其忿而蟻附之,殺士卒三分之一,而城不拔者,此攻之災也。
(《孫子兵法・謀攻篇》)

（2）是故卷甲而趨，日夜不處，倍道兼行，百里而爭利，則擒三將軍，勁者先，疲者後，其法十一而至；五十里而爭利，則蹶上將軍，其法半至；卅里而爭利，則三分之二至。
（《孫子兵法·軍爭篇》）

（3）出門，使以三分之一行。　　　　（《左傳》哀公八年）

至西漢時依然存在：

（4）今盜宗廟器而族之，有如萬分之一，假令愚民取長陵一抔土，陛下何以加其法乎？　　　　（《史記·張釋之馮唐列傳》）

（5）故關中之地，於天下三分之一，而人衆不過什三；然量其富，什居其六。　　　　（《史記·貨殖列傳》）

（6）弦之爲射，百分之一也。　　　　（《淮南子·説林訓》）

不過，這種分數表示法在當時不過是諸多分數表示法之一種，遠未取得一統的地位。當時各種分數表示法，使用上似乎有一定的隨意性，這從以上的某些例句便可以看出端倪。如例（2），"其法十一"、"其法半"、"（其法）三分之二"三種分數稱法同時並用。例（5）"三分之一"、"什三"、"什居其六"也是同時並用。這種並用，除了"變文避複"的效果外，形式的區別似乎並沒有什麼"微言大義"。

郭錫良認爲，這種"幾分之幾"的稱法，六朝以後"成了表分數的定型結構"[①]。

四、倍數表示法

倍數的表示，西周時期材料始見。如：

（1）墨辟疑赦，其罰百鍰，閱實其罪。劓辟疑赦，其罰惟倍，閱實其罪。剕辟疑赦，其罰倍差，閱實其罪。　　　　（《尚書·呂刑》）

（2）絶智棄辯，民利百倍。　　　　（《郭店楚墓竹簡·老子甲》）

（3）諸侯之地五倍於秦，料諸侯之卒，十倍於秦。（《戰國策·趙二》）

（4）今吾以十倍之地，請廣於君，而君逆寡人者，輕寡人與？
（《戰國策·魏四》）

[①] 郭錫良《先秦稱數法的發展》，見《漢語史論集》（增補本）。

古時"倍"是今天"兩倍"的意思。因此例(1)的"其罰惟倍"的"倍"猶今之"兩倍",即"二百鍰"。

倍數的表示也可以不用"倍"。例如：

(5) 小國寡民,使有什佰之器而不用。　　　　(《老子》第八十章)

"什佰之器"即有十倍、百倍功效的器具。

表倍數時,兩倍用"倍",兩倍以上有時只用數詞表示。如：

(6) 諸分之當半者,倍其母；當少半者,三其母；當四分者,四其母；當五分者,五其母；當十、百分者,輒十、百其母,如欲所分。
　　　　　　　　　　　　　　(《張家山漢墓竹簡·算數書》)

(7) 民五之方各,十之方静,百之而後葍。
　　　　　　　　　　　　　　(《郭店楚墓竹簡·尊德義》)①

例(6)的"倍其母"實際就是"兩倍其母",但不説"二其母"。其餘"三其母"、"四其母",分別是"三倍其母"、"四倍其母"的意思,餘類推。例(7)的"五之"、"十之"、"百之"就是"五倍之"、"十倍之"、"百倍之"。再如：

(8) 故用兵之法,十則圍之,五則攻之,倍則分之。
　　　　　　　　　　　　　　(《孫子兵法·謀攻》)

(9) 夫物之不齊,物之情也。或相倍蓰,或相什百,或相千萬；子比而同之,是亂天下也。　　　　(《孟子·滕文公上》)

(10) 次國地方七十里,君十卿禄,卿禄三大夫,大夫倍上士,上士倍中士,中士倍下士,下士與庶人在官者同禄。
　　　　　　　　　　　　　　(《孟子·萬章下》)

例(8)的"十"、"五"是"十倍"、"五倍"之意,"倍"則是"兩倍"之意。其餘兩例可類推。

---

① 據荆門市博物館編《郭店楚墓竹簡》(文物出版社,1998年)引"裘按"(裘錫圭按)曰："此句疑當讀爲'民五之方挌(格鬭之"格"本字),十之方争,百之而後服'。"

第二節　名量詞的發展

關於名量詞,高名凱説:"這種虛詞,有的人,如戴遂良稱之曰別詞(spécificatifs),因爲它的作用在於表示各事物的特別的性質。另外的法國人和英國人則稱此種虛詞爲類詞(classificateurs, classifiers),陸志韋曾提議稱此等虛詞爲'助名詞'。"① 王力、吕叔湘稱爲"單位詞"②。這種種不同名稱,是對同一種事物從不同角度觀察理解的結果,都有一定道理。

據我們考察,上古漢語名量詞可大致分爲個體量詞、集體量詞、容器量詞(也稱臨時量詞)和度量衡量詞。所謂容器量詞(如"杯、筐、車"等),性質有時與度量衡量詞中的容量詞比較接近,而且時間越早,二者的界限越模糊。集體量詞、容器量詞的産生與人類的基本生活密切相關③。例如液體,如果要計數,僅僅用數詞與液體名詞直接結合的方式是不行的,非得通過稱量的方式纔行,於是容器名詞自然就成爲了表達容量的量詞。例如,"鬯十卣",這個"卣"就非有不可,孤立的"鬯十"是不成文意的(殷商時期確實有"鬯十"這樣的形式,那只是"鬯十卣"的省略,説見第三章第三節)。群體,如果要計數計量,僅僅用數詞與個體名詞直接結合的方式也是不行的,非得有集體量詞不行。例如"貝十朋",這個"朋"也非有不可,否則意思完全不同。我們相信,集體範疇、容量範疇的表達是各種語言通常都有的,當一個語言社會發展到一定階段,度量衡量詞的産生也是必然的。唯獨計數天然個體,一般數詞與名詞直接結合就能完成,並不一定要個體量詞。個體量詞只是漢語以及其他漢藏系語言發展到一定階段的產物。

名詞的量範疇(或説單位範疇)是和其數範疇密不可分、互相依存的。就"名"而言,一定的數總是一定量(單位)的數,因此可以説,有數必有量。但數量的表達方式,不同的語言,或同一種語言的不同發展階段容有不同。

---

① 高名凱《漢語語法論》,商務印書館,1986年,160頁。
② 王力《中國語法理論》,見《王力文集》第1卷,343頁;吕叔湘《中國文法要略》,商務印書館,1982年,129頁。
③ 這裏所謂集體量詞、容器量詞只是一個粗略的、方便的説法,它實際是指在一定語法位置上表達集體範疇、容量範疇的語法成分。在一些語言裏,集體量詞、容器量詞與名詞是不分的,殷商時期也基本如此。

一、個體量詞的發展①

計數天然個體，一般來說，數詞與名詞直接結合就能完成，並不一定要個體量詞。上古時期，天然個體的計數的主要手段有二："數+名"及其衍生形式和"名+數"及其衍生形式。例如：

　　五十犬、五十羊、五十豚　　　　　　　　（《合集》29537）
　　鹿五十又六　　　　　　　　　　　　　　（《合集》10308）

在殷商及西周時期，這種方式佔有絕對優勢，即便到了個體量詞大發展的春秋戰國以及西漢時期，這種方式依然佔很大優勢。

但是，漢語個體量詞起源很早，西周以降發展也很快，這一點過去的認識很不夠，是需要注意的。

關於個體量詞的性質及其產生過程，過去較少探討，我們認爲應該注意殷商時期的以下句式：

　　A. 動名：登人　　　　　　　　　　　　（《合集》7330）
　　B. 數名：三千人　　　　　　　　　　　（《合集》6642）
　　C_1. 動名$_1$+數名$_2$：俘人十有六人　　　（《合集》137反）
　　C_2. 動名$_1$+數名$_2$：執羌十人　　　　　（《合集》496）
　　D. 名$_1$+數+名$_2$(量)：羌其十人　　　　（《合集》26911）

A式是古漢語最基本的動賓結構形式。B式是古漢語最基本的計數方式之一，其"名"由於具有可數性，它與"數"結合，不可避免地有了量的範疇（因爲名詞的量範疇[或說單位範疇]是和其數範疇密不可分、互相依存的），或者說量的範疇已隱含在"名"裏，使這個"名"具有了語義雙重性。C式是A、B兩種句式的結合。C_1式的名$_1$和名$_2$相同，C_2式的名$_1$和名$_2$不相同。值得注意的是，C式的結構是"動名+數名"，而不是"動+名數名"，這是我們認爲C式是A式B式結合產物的主要理由。

我們認爲，C式中的"名$_2$"，實際就是漢語個體量詞的最初階段。這可以從組合關係和聚合關係兩方面來說明。從組合關係來說，在C_1式裏，由

---

① 姚振武《上古漢語個體量詞和"數+量+名"結構的發展以及相關問題》，《中國語言學》第二輯，山東教育出版社，2009年。

於兩個相同的"名"同時毗鄰而現,這就使二者的語義有了分化的可能甚至必然。其結果是,"名₂"的"名"範疇由"名₁"來承擔,而"名₂"自身則只有"量"範疇了(或者説量詞化了)。正是基於這種道理,"名₂"經常被視爲量詞。例如陳夢家説:"'人十业六人'的第二個'人'是單位詞而非名詞。"①黃載君也説:"甲文還出現'俘人十业六人',第一個人是名詞,而數詞後加'人'就只能屬於量詞。"② 洪波也指出:"這種結構出現以後,後一同形名詞立即成爲羨餘語素,因而發生虛化,成爲類別詞的初始形式。"③

在現代哈尼語裏,"如果是單音節名詞,則名詞自身又可以是計量的單位"。例如:

$xɔ^{33}tɕhis^1xɔ^{33}$　一根毛
毛　一　(根)
$tsho^{55}tɕhi^{31}tsho^{56}$　一個人
人　一　(個)

從純形式的角度看,上例實際上是"毛一毛"、"人一人",與殷商時期相關句式是完全一致的④。

因此我們認爲C₁式又可以表述爲"動+名₁+數+名₂",其中"名₂"是漢語個體量詞的雛形,也是關鍵階段。在C₂式裏,"名₂"與"名₁"不同形,"名₂"的量詞性更爲明顯。上述"分化"使得"名₁+數+名₂"有了一定的獨立性,於是有了D式。C₁、C₂式在殷商時期多見。D式很少見,當是晚出的受限制的格式,從其後的表現來看,通常出現在"賬單"類的材料中。表面上看它是獨立的,實際上它很可能承前省略了動詞,或至少有一個類似"有"的存現動詞隱含着,因此它實際上是C₂式,不妨描寫爲"(動+)名₁+數+名₂"。總之,只要它前面動詞一顯現,"名₁"在結構上立刻屬於動詞,成爲C₂式,直到現代漢語中依然如此(如"挑水三擔"、"吃飯三碗"之類)。這是它的"胎記"。

從聚合關係來説,殷商時期漢語容器量詞、集體量詞的出現一律採取

---

① 陳夢家《殷虛卜辭綜述》,110頁。陳氏又説:"單位詞即所謂量詞。"見同書94頁。
② 黃載君《從甲文、金文量詞的應用,考察漢語量詞的起源與發展》,《中國語文》1964年第6期。
③ 洪波《漢語類別詞起源初探》,見《堅果集》,南開大學出版社,1999年。按,洪波所言"類別詞",就是本文的個體量詞。
④ 李永燧、王爾松《哈尼語簡志》,民族出版社,1986年,44頁。

"(動)+名+數+名(量)"的形式,與C式中"名₂"的位置完全一致。這當然給"名₂"的個體量詞化以巨大的類推力。例如:

(1) 叀貝十朋,吉。　　　　　　　　　　　　　(《合集》29694)
(2) 王令帚(寢)辳(農)省北田三(四)品。　　　(寢農鼎,殷代)
(3) 丁酉卜,貞:王賓文武丁伐三十人,卯六牢,鬯六卣,亡尤?
　　　　　　　　　　　　　　　　　　　　　　(《合集》35355)
(4) 其登新鬯二升①一卣王[受又]?　　　　　　(《合集》30973)

"朋",本表兩串相連的貝,用作集體量詞,具體數目不定。"品"是種、類的意思。"卣"、"升"是所謂容器量詞。

長期以來,C₁式的"名₂"被認爲是對其"名₁"的複製,或曰"拷貝"。這種觀點值得商榷。從意義上看,"名₂"表達的是"量"的範疇,與"名₁"迥然有別,不宜視爲是"名₁"的簡單"複製",語言的經濟性原則也不支持這樣的"複製"。從形式上看,B式在C₁式之外還大量存在,不可能因爲它與A式結合,其中的名詞就成爲了對A式中的名詞的複製。除非B式只在C₁式中存在,出了C₁式就不能成立,"複製"説纔有基礎。但這是不符合語言事實的。複製(或曰"拷貝")説的問題出在脱離相關動詞孤立地考察所謂"名+數+名",其實如果聯繫前面的動詞來看,前後兩個"名"層次不同,事情本來是清楚的。

個體量詞的産生和發展,是一個漫長而又複雜的過程。以C式中的"名₂"爲起點,有的"半途而廢",有的早熟但也早遭淘汰,有的最終發展成爲成熟的個體量詞。作爲對漢語個體量詞起源和發展的考察,所有的"名₂"原則上都應納入我們的視綫,而不是僅僅局限於那些日後走向成熟的個體量詞。因此我們把"名₂"當作個體量詞看待。而把C₁中的名₂看作名₁兼作個體量詞,這是個體量詞産生初期的基本形式,類別性比較低,概括性也不强。可以説,能否在C式中充當"名₂"是本文衡量個體量詞的一個標準。以後發展出來的"數+量+名",其"量"的位置當然更是名量詞的基本標準。

殷商時期,漢語個體量詞已露出端倪。有如下兩個:

人　專用於稱人。例如:

---

① 此"升"《合集》作"𢆶",《類纂》釋爲"必",從用例來看,也是一個容器量詞。

（5）俘人十有五人……俘人十有六人。　　　　（《合集》137反）
（6）其有羌十人王受佑。　　　　　　　　　　（《合集》26919）
（7）羌其十人。吉　　　　　　　　　　　　　 （《合集》26911）

丙　用於車、馬等。例如：

（8）……車二丙，𢦏百八十三，函五十，矢……　　（《合集》36481正）
（9）……癸未……方于……［羌］係一……馬二十丙㞢□。

　　　　　　　　　　　　　　　　　　　　　　　（《合集》1098）

　　關於甲骨文的"丙"，王力認爲是表"集體單位"[①]。但黃載君指出："馬固然有以四爲一計算單位的，那是由於四馬駕一車之故；至於車就沒有用集體單位計算的必要，從來都用'一輛'作爲計算單位的，至少'車若干丙'必爲表個體單位的量詞。"黃載君還引例（9），並認爲："這是記俘獲敵方的馬匹，而且'丙'還有零餘之數，戰爭俘獲本無一定，不可能成雙或成駟，所以此處記馬單位之'丙'也應該是表個體單位的量詞。"[②]陳夢家也說"甲骨文的'丙'可能是單數"[③]。我們同意黃載君、陳夢家的觀點。

　　張玉金認爲甲骨文"丨"、"骨"、"羌"也是個體量詞。張氏曰：

　　丨：原爲一骨之形，後演化爲量詞，指骨版一塊。例如："一丨"（《合集》9976）、"十屯有一丨"（《合集》17580）、"三屯有一丨"（《合集》17611）。

　　骨：原像卜用的牛胛骨形，本爲名詞，有時用如量詞。如"甲辰乞骨十骨"（《合集》35211）。

　　羌：本指羌人，名詞，有時用如量詞。例如"羌百羌"（《合集》32042）。[④]

　　按：關於"丨"，張氏所舉之例，"丨"均只是簡單處在數詞之後，這是可數名詞的一個基本位置，並沒有形成"（動＋）名＋數＋名"這種個體量詞形成的典型環境，因此似不能證明"丨"的量詞性質。比如，"一丨"只是和

---

① 王力《漢語語法史》，見《王力文集》第11卷，34頁。
② 黃載君《從甲文、金文量詞的應用，考察漢語量詞的起源與發展》，《中國語文》1964年第6期。
③ 陳夢家《殷虛卜辭綜述》，94頁。
④ 張玉金《甲骨文語法學》，19～20頁。

"一牛"這樣的殷商時期基本的稱數格式相類,"牛"既然不能因此證明爲量詞,"丿"也同樣如此。

關於"骨",張氏所舉之例,《合集》原釋文是這樣的:

  甲辰,三骨,十骨。   (《合集》35211)

如果依這樣的釋文,"骨"顯然不是量詞。何況,被指爲量詞的"骨"僅此一例,似未便下定論。

關於"羌",張氏所舉之例,《合集》釋文是這樣的:

  丙午卜,翌甲寅酒㝬,䎿于大甲,羌百羌,卯十牢。(《合集》32042)

對於這一例,郭沫若以爲"羌百羌,卯十牢"爲對文,"卯"爲動詞,故上一個"羌"也當爲動詞,"磔"的意思①。我們認爲郭氏的意見不宜忽視。值得注意的是,視"羌"爲量詞的觀點雖流傳甚廣,但據我們所涉及的材料來看,所舉的例子幾乎就只有這一例,而"羌"與動詞"卯"對文却有多例。如:

(10)癸卯㞢于義京,羌三人,卯十牛。 (《合集》390正)
(11)癸酉㞢于義京,羌三人,卯十牛。 (《合集》394)

因此我們不把"羌"列爲個體量詞。

到了西周時期,個體量詞"丙"已基本不見用,但個體量詞數量開始增多,除"人"外,新增的有"伯、夫、聝、乘、兩(輛)、匹、金、反(鈑)、田、牛、羊"等。"伯"、"夫"皆稱人,"伯"可能有點身份,"夫"則常指成年男性。"聝"本是人的左耳朵,也兼用來稱量人的數量。"乘"、"兩(輛)"皆稱車,"匹"稱馬。"金"作"鐘"的個體量詞。"田"、"牛"、"羊"兼作自身的個體量詞。例如:

(12)賜夷司王臣十又三伯。   (大盂鼎,西周早期)
(13)凡用即召田七田,人五夫。   (曶鼎,西周中期)
(14)獲聝四千八百□二聝,俘人萬三千八十一人,……俘車卅兩(輛),俘牛三百五十五牛,羊廿八羊,……俘聝二百卅七聝,俘人□□人,俘馬百四匹,俘車百□兩(輛)。(小盂鼎,西周早期)
(15)俘戎車百乘一十又七乘。 (多友鼎,西周晚期)

---

① 于省吾主編《甲骨文字詁林》第一册,中華書局,1996年,116頁。

（16）賜汝馬乘鐘五金。　　　　　　　　　　（公臣簋,西周晚期）
（17）叔尃父作鄭季寶鐘六金,尊盨四,鼎七。（叔尃父盨,西周晚期）
（18）王則畀柞伯赤金十反（鈑）。　　　　　（柞伯簋,西周早期）

"金"作個體量詞用,似未見前人論及。考以上"鐘五金"、"鐘六金"之例,符合"（動）+名+數+名"這種量詞形成的典型環境,其"金"似當視爲量詞。"寶鐘六金",侯志義認爲:"'六金'不辭,'金'字應爲衍文。"① 這是難以説通的。叔尃父盨同時出土4件,銘文全同,其"金"怎麽會是"衍文"呢? 上引公臣簋之"鐘五金",侯氏則標爲"鐘五,金"②,可見他自己也很游移。把"金"單立,不僅用法罕見,文意也很生澀,似不足取。因"鐘"字本身就从"金",不勞再單用一個"金"以説明其質地。公臣簋也是同時出土4件,"賜汝馬乘鐘五金"一句全同。當時鑄鐘銘文,鄭重其事,很難出現"衍文"。長沙馬王堆漢軑侯辛追墓出土隨葬遣策中多有"米酒二資（瓷）"一類的説法,也是用器物的質地作爲器物自身的量詞③。彼量詞"資（瓷）"與此量詞"金"似乎是異曲同工。

"反"通"鈑",《爾雅·釋器》:"餅金謂之鈑。""赤金十反"就是赤金十塊。

這一時期,名詞作自身的個體量詞依然是個體量詞的主要形式,這是個體量詞尚未完全成熟的表現。

東周以降,是漢語個體量詞發展成熟時期,數量大增。西周原有的量詞,"田、牛、羊"等名詞兼任自身量詞的現象大致消失,"伯、職、反（鈑）、金"已基本不再用,"人、乘、兩（輛）、匹、夫"則繼續使用。

從東周到西漢,個體量詞也有發展變化。

只見於春秋戰國時期,不見於西漢時期的個體量詞有"夫、貞、木（株）、編、蚡、駟、胯、員、鼓、給、本"等。

夫

　　柏撰（奠）二夫　　　　　　　　（《曾侯乙墓竹簡》）④
　　凡君子二夫,敦是。　　　　　　（《包山楚簡·文書》）

――――――

① 侯志義主編《西周金文選編》,西北大學出版社,1990年,184頁。
② 侯志義主編《西周金文選編》,317頁。
③ 見唐蘭《長沙馬王堆漢軑侯辛追墓出土隨葬遣策考釋》,《文史》第十輯,中華書局,1980年。
④ 裘錫圭、李家浩《曾侯乙墓竹簡釋文與考釋》注:"柏奠,用柏木作的俑。"見湖北省博物館編《曾侯乙墓》,文物出版社,1989年,530頁。本書所引曾侯乙墓竹簡釋文均據裘、李文。

劉彬徽、彭浩、胡雅麗、劉祖信《包山二號楚墓簡牘釋文與考釋》："夫，《說文》：'丈夫也。'此指成年之人。""敓，讀如皋，借作致，……此言聚會。"① "夫"西周時已存在。到東周時期只見於曾侯乙墓楚簡、包山楚簡等南部資料中，這是需要注意的。

真 個體量詞"真"在曾侯乙墓竹簡中極常見。例如：

　　二真吳甲　　三真楚甲　　　　　　（《曾侯乙墓竹簡》）

裘錫圭、李家浩認爲："簡文'真'是'甲'的量詞，或疑當讀爲'領'，但字未能密切，待考。"②

木（株）

　　甲室、人：一宇二內，各有戶，內室皆瓦蓋，木大具，門桑十木。
　　　　　　　　　　　　　　　　　　（《睡虎地秦墓竹簡·封診式》）

木，整理小組認爲"朱"字之誤，亦即"株"。

編

　　或取一編菅焉，或取一秉秆焉。　　（《左傳》昭公二十七年）

"編"作爲個體量詞，先秦很少見，《左傳》中僅以上一例，稱席子之類。

紛 稱車輛的個體量詞，只見於《包山楚簡》，共二見：

　　䚢寅受一紛正車。　　　　　　　　（《包山楚簡·遣策》）
　　一紛車之上□皆執事□不□□之□。（《包山楚簡·遣策》）

《包山楚簡》另有"一䡇羊車"、"一䡇正車"可與上例相參考。

駟 稱量四匹馬拉的車。例如：

　　凡用兵之法，馳車千駟，革車千乘。　（《孫子兵法·作戰》）

胕 同"臠"，表示肉塊的個體量詞。例如：

　　嘗一胕肉而知一鑊之味，一鼎之調。　（《呂氏春秋·察今》）

---

① 湖北荆沙鐵路考古隊《包山楚簡》，文物出版社，1991年，40頁。
② 裘錫圭、李家浩《曾侯乙墓竹簡釋文與考釋》，見湖北省博物館編《曾侯乙墓》，518頁。

員　稱量事物的量詞,很少見。例如:

　　雖有《詩》、《書》,鄉一束,家一員,獨無益於治也。
　　　　　　　　　　　　　　　　　　　　（《商君書·農戰》）

《說文》:"員,物數也。"段注:"本爲物數,引申爲人數,俗稱官員。"書稱"員"僅此一見,乃後世個體量詞"員"的先聲。

鼓　稱"壘灶"的個體量詞,兩見於《墨子》:

　　屯陳、垣外術衢街皆爲樓,高臨里中,樓一鼓壘灶。
　　　　　　　　　　　　　　　　　　　　（《墨子·號令》）
　　壘灶,亭一鼓。　　　　　　　　　　　（《墨子·雜守》）

孫詒讓《墨子閒詁》:"亦言每亭爲一壘灶。《號令》篇云'樓一鼓壘灶'。"

給

　　省殿,貲工師一甲,丞及曹長一盾,徒絡組廿給。省三歲比殿,貲工師二甲,丞、曹長一甲,徒絡組五十給。
　　　　　　　　　　　　　　　　　（《睡虎地秦墓竹簡·秦律雜抄》）

給,整理小組疑讀爲"緝",王鍈認爲實爲"根"或"條"的意思①,但整理小組的譯文也譯爲"根"②。

本　表示樹木的個體量詞。例如:

　　然後瓜桃棗李一本數以盆鼓。　　　　　（《荀子·富國》）

從春秋戰國時期(有的可追溯到西周及殷商時期)一直延續到西漢的個體量詞是"人、乘、兩(輛)、匹、領、口、張、枚、篇、章、條、物、級、所、个"。

人　這是歷史最爲悠久,地域分佈最廣,用法最爲單一的個體量詞之一。例如:

　　有子七人,母氏勞苦。　　　　　　（《詩經·邶風·凱風》）
　　隸臣欲以人丁粼者二人贖,許之。（《睡虎地秦墓竹簡·倉律》）
　　鄣卒周仁等卅一人省作府以府　　　　（《居延新簡》4·48A）

---

① 見王鍈《雲夢秦簡所見某些語法現象》,《語言研究》1982年第1期。
② 睡虎地秦墓竹簡整理小組編《睡虎地秦墓竹簡》,文物出版社,1990年,84頁。

實際上，"人"的量詞用法直到今天仍存在。

乘　車輛的個體量詞。例如：

一鞏（乘）逄（路）車。　　　　　　　（《曾侯乙墓竹簡》）
獲樂呂及甲車四百六十乘。　　　　　（《左傳》宣公三年）
一輬（乘）羊車。　　　　　　　　　　（《包山楚簡》）
韜車一乘，馬二匹。　　　　　　　（《居延漢簡甲乙編》36·6）

兩（輛）　車輛的個體量詞，西周時已存在。例如：

車牛一兩（輛）。　　　　　　（《睡虎地秦墓竹簡·金布律》）
牛車二兩（輛），直四千。　　　　（《居延漢簡甲乙編》37·35）
衝車卅七兩（輛）。　　　　　　　　（《尹灣漢墓簡牘》33頁）

匹　馬匹的個體量詞。例如：

俘馬百四匹。　　　　　　　　　　　（小盂鼎，西周早期）
三匹駰。　　　　　　　　　　　　　（《曾侯乙墓竹簡》）
見子產以馬四匹；見子大叔以馬二匹。　（《左傳》昭公六年）
野馬一匹出，殄北候長皆☐　　　　　　（《居延新簡》43·14）

"匹"西周時已存在。春秋戰國以來，"匹"有時也用來指馬以外的動物，這是西周時期所沒有的用法。例如：

齊侯伐萊，萊人使正輿子賂夙沙衛以索馬牛，皆百匹，齊師乃還。
　　　　　　　　　　　　　　　　　　（《左傳》襄公二年）
有人於此，力不能勝一匹雛，則爲無力人矣。（《孟子·告子下》）
牛一匹名黑
　　（《散見簡牘合輯·湖北江陵鳳凰山八號漢墓竹簡》691）

領　稱量衣着之類。例如：

衣裘三領，足以覆惡。　　　　　　　　（《墨子·節葬》）
白野王綺複衣一領。
　　（《散見簡牘合輯·江蘇連雲港市海州西漢侍其墓木牘》）
衣袍五十領。

（《散見簡牘合輯・廣西貴縣羅泊灣一號漢墓木牘、木簡、封檢》）
白布單衣一領。　　　　　　　　　（《居延新簡》52・259）

口

稱人。例如：

百畝之田，匹夫耕之，八口之家足以無飢矣。（《孟子・盡心上》）
户人野能田四人口八人。
　　　　　　　　（《散見簡牘合輯・湖北江陵鳳凰山十號漢墓簡牘》）

"能田"即能田者，"口"爲人口[①]。

稱"釜"。如：

承五月餘官弩二張，箭八十八枚，釜一口，磑二合。
　　　　　　　　　　　　　　　　　（《居延漢簡甲乙編》128・1）

"口"稱"釜"，只見於居延漢簡，而居延漢簡以及整個西北地區漢代簡牘中，都未見"口"稱人的用例。

張

子産以幄幕九張行。　　　　　　　（《左傳》昭公十三年）
餘官弩二張　　赤弩一張　　凡弩二張
　　　　　　　　　　　　　　　　　（《居延漢簡甲乙編》128・1）

"張"作爲個體量詞在先秦很少見，《左傳》僅以上一見，稱幄幕。入漢以來，則常見於西北地區簡牘，爲數很多，但只稱弓弩，不稱其他。

枚　表示物品的個體量詞，產生於戰國時期，至兩漢間成爲所稱物最多、分佈區域最廣的個體量詞。"枚"稱量的對象幾乎包含各類事物，有"槍、石、雞、雞子、狗、杯、案、槃、餔比、梗、板、馬泉、竹、羊韋、葦席、卮、箭、楯、面衣、行幐、黄單綺、白韋綺、白布單、財用、斧、枸、白素帶、二福巾"等。例如：

置連挺，長斧、長椎各一物，槍二十枚。　（《墨子・備城門》）
狗三枚，大小。　　　　　（《居延漢簡甲乙編》89・13B）
矢高弩臂三尺，用弩無數，出人六十枚，用小矢無留。
　　　　　　　　　　　　　　　　　　　　（《墨子・備高臨》）

[①] 裘錫圭《湖北江陵鳳凰山十號漢墓出土簡牘考釋》，《文物》1974年第7期。

　　　　羊韋七枚☐　　　　　　　　（《居延新簡》40・187）
　　　　葦席四枚　　　　　　　　　（《居延新簡》44・6A）
　　　　二福巾三枚垂　　　　　　　（《居延漢簡補編》L55）
　　　　君俛視席端,有鬒髮長二寸以上到尺者六枚。君復置炙前,令人
　　道後扇,髮飛入炙中者二枚。　　（《張家山漢墓竹簡・奏讞書》）
　　　　魚五枚（《散見簡牘合輯・湖北江陵鳳凰山八號漢墓竹簡》763）

"枚"的用法雖廣,但似乎只用於較小的物體。所以不見用於人,也不見用於駱駝、馬、牛、驢、羊等較大的牲畜。

　　篇　表示文章的個體量詞。例如:

　　　　二篇之策,萬有一千五百二十,當萬物之數也。
　　　　　　　　　　　　　　　　　　（《周易・繫辭上》）
　　　　余讀陸生《新語》書十二篇,固當世之辯士。
　　　　　　　　　　　　　　　　　　（《史記・酈生陸賈列傳》）
　　　　孫子曰夫十三篇
　　　　（《散見簡牘合輯・青海大通縣上孫家寨一一五號漢墓木簡》）

　　章　稱詩篇、文章等的個體量詞。如:

　　　　子家賦《載馳》之四章。文子賦《采薇》之四章。
　　　　　　　　　　　　　　　　　　（《左傳》文公十三年）
　　　　與父老約,法三章耳。　　　（《史記・高祖本紀》）
　　　　鐸椒爲楚威王傳,爲王不能盡觀《春秋》,采取成敗,卒四十章,
　　爲《鐸氏微》。　　　　　　　　（《史記・十二諸侯年表》）

"章"又可稱樹木,僅一見:

　　　　木千章,竹竿萬个。　　　　（《史記・貨殖列傳》）

　　條　多稱長條形物體以及條文式文件。如:

　　　　右孟春月令十一條。　　　　（《敦煌懸泉漢簡釋粹》193頁）
　　　　鞼瞀十二條毋組　　　　　　（《居延漢簡甲乙編》14・23）
　　　　絑罯一百角。　　　　　　　（《包山楚簡》）
　　　　絑猎,百紉甲（四十）氵=。　（《包山楚簡》）

肙、紉（紉），王貴元引何琳儀說，認爲二字皆通"條"①。

物 "物"似乎兼有"件"和"種類"的意思。例如：

置連挺，長斧、長椎各一物，槍二十枚。　　（《墨子·備城門》）

即日嚴持絳單衣、甲帶、旁橐、刺馬刀，凡四物，其昏時到部。

（《居延新簡》59·2）

方（防）風、□三等，界當三物，冶，三指最（撮）後飯☒

（《馬王堆漢墓帛書·養生方》）

凡二物並和，取三指最（撮）到節一，醇酒盈一衷桮（杯），入藥中，撓飲。　　（《馬王堆漢墓帛書·五十二病方》）

級

指爵位：

能得甲首一者，賞爵一級。　　（《商君書·境內》）

能產捕群盜一人若斬二人，捧（拜）爵一級。

（《張家山漢墓竹簡·捕律》）

兒政、隧長王匡，爵各一級。　　（《居延新簡》22·448A）

指首級：

能與衆兵俱追，先登陷陣，斬首一級，購錢五萬如比。

（《居延新簡》22·226）

所 一般稱動作行爲的產物，包括傷痕、建築物等：

其腹有久故瘢二所。　　（《睡虎地秦墓竹簡·封診式》）

吞遠隧倉一所。　　（《居延新簡》58·81）

□□八十五斤　　積薪四所　　（《居延漢簡甲乙編》·36.12）

"所"稱建築物，只見於西北地區。

個體量詞"所"在中東部地區似只見於睡虎地秦墓竹簡，睡虎地行政上屬秦，而秦之中心在北方，這是值得注意的。

---

① 見王貴元《戰國竹簡遣策的物量標記法與量詞》，《古漢語研究》2002年第3期。

个

> 君有楚命,亦不使一个行李告于寡君。 (《左傳》襄公八年)
> 廟門容大扃七个,闈門容小扃參个。
> (《周禮·冬官考工記·匠人》)
> 木千章,竹竿萬个。 (《史記·貨殖列傳》)

西漢時期新產生的個體量詞有"箇、皮、蹄、足、樹、章(稱樹木,例見上)、果(顆)、廷(梃)、節、弋(栽)、椴(艘)、騎、羽、支、封、隻、垸(丸)、處、卷、件、頭"。

箇 稱竹子的個體量詞:

> 一日伐竹六十箇。 (《張家山漢墓竹簡·算數書》)
> 八寸竹一箇爲尺五寸簡三百六十六。
> (《張家山漢墓竹簡·算數書》)

"个"和"箇"後來合併了,但在上古是有區別的,"个"出現較早,所稱較廣,"箇"不見於先秦,只出現在漢代,且只稱竹子。

皮 稱牛羊的個體量詞,只見於《史記·貨殖列傳》,僅一例:

> 屠牛羊彘千皮。 (《史記·貨殖列傳》)

"皮"又可稱皮衣,也僅一見:

> 狐貂裘千皮。 (《史記·貨殖列傳》)

蹄、足 稱豬、羊、牛等的個體量詞。這種個體量詞與所稱對象不是一對一的關係,而是四對一,即四蹄(或足)相當於一個個體單位。例如:

> 故曰陸地牧馬二百蹄,牛蹄角千,千足羊,澤中千足彘。
> (《史記·貨殖列傳》)

這種用法似只見於《史記·貨殖列傳》。

樹 表示樹木的個體量詞,只見於《史記·貨殖列傳》。例如:

> 安邑千樹棗,燕秦千樹栗,蜀、漢、江陵千樹橘,淮北、常山以南,河濟之間千樹萩。 (《史記·貨殖列傳》)

果（顆）

　　乾薑二果（顆），十沸，抒置甕中。
　　　　　　　　　　　　（《馬王堆漢墓帛書・五十二病方》）
　　付子卅果（顆）。　　　　　　（《武威漢代醫簡》）

廷（梃）《馬王堆漢墓帛書》稱細長物爲廷（梃）。例如：

　　傷者，以續【䰇（斷）】根一把，獨□長支（枝）者二廷（梃），黃芩二梃，……　　　　　（《馬王堆漢墓帛書・五十二病方》）
　　桂尺者五廷（梃）。　　　　（《馬王堆漢墓帛書・養生方》）

《睡虎地秦墓竹簡・法律答問》："木可以伐者爲'梃'。"

節　稱條狀物，只見於馬王堆漢墓帛書：

　　癰自發者，取桐本一節所，以䈉汨煮□
　　　　　　　　　　　　（《馬王堆漢墓帛書・五十二病方》）
　　竹緩節者一節，大徑三寸□　（《馬王堆漢墓帛書・養生方》）

弋（裁）　稱獸皮，很少見：

　　狐皮卅五弋（裁）、狸皮廿五弋（裁）、犬皮十二弋（裁）偕出關，關並租廿五錢，問各出幾何。　（《張家山漢墓竹簡・算數書》）

㮯（艘）

　　船一㮯（艘）
　　　　　　　　　（《散見簡牘合輯・湖北江陵鳳凰山八號漢墓竹簡》683）

船稱"㮯"（艘），這也許是最早的用例。

騎　指供騎使的馬匹。例如：

　　見馬迹入河，馬可二十餘騎。　（《居延新簡》48・55A）
　　二百戶、五百騎以上，賜爵少上造，黃金五十斤，……
　　　　　　　　　　　　　　　　　（《敦煌漢簡》1361A）

羽　似乎只限於稱"矢"。例如：

蚕矢六百　　卌七羽敝干斥呼　　三百九十七完　其九十五羽完干斥呼　　六十一羽敝干完　　　　（《疏勒河流域出土漢簡》*246）

槀矢七羽,幣。　　　　　　　（《居延漢簡甲乙編》45·14）

支　稱量條狀物,不多見。例如:

布單卷百五十二支　　　（《疏勒河流域出土漢簡》329）
具弩二矢六十支　　　　（《居延漢簡甲乙編》280·12）

封　封緘的信函曰"封"。例如:

皇帝囊書一封,賜敦煌太守。　（《敦煌懸泉漢簡釋粹》92頁）
出書四封　其三封□□□□□郡守府　八月辛酉☒　其一封□□□□　　　　　　（《疏勒河流域出土漢簡》519）

隻

然而晉人與姜戎要之殽而擊之,匹馬隻輪無反者。
　　　　　　　　　　　　　（《公羊傳》僖公三十三年）
出百八十,買雞五隻。　　　　（《居延新簡》51·223）

"隻"作爲個體量詞傳世典籍中僅見《公羊傳》一例。按:隻,何休注:"踦也。""踦"即偶奇之奇,謂單數。《穀梁傳》此句正作"匹馬倚輪"。因此若依何休注,此"隻"不宜看作量詞,漢代簡帛中作爲個體量詞的"隻"也少見。

垸（丸）

令大如酸棗,□【之】吞一垸（丸）（《馬王堆漢墓帛書·養生方》）

處

仙君弱君等貧毋産業五年四月十日嫗以稻田一處桑田二處分予弱君波田一處分予仙君　　（《江蘇儀徵胥浦101號西漢墓》）
右第二長官二處田六十五畝　租廿六石
　　　　　　　　　　　　　（《居延漢簡甲乙編》303·7）

卷　成卷的物品:

長卿未死時,爲一卷書,曰有使者來求書,奏之。
（《史記·司馬相如列傳》）
六甲陰陽書一卷　　　　　　　（《尹灣漢墓簡牘》51頁）

件　稱羊皮：

用羊韋八十三件　　　　　　　（《居延新簡》40·6B）
羊韋五件　　　　　　　　　　（《居延新簡》65·118）

"件",一般認爲出現於南北朝。以上事實使這個詞出現的年代上推了幾百年。

頭　稱牛和羊：

□□十石六斗　以食田牛六頭六月食
　　　　　　　　　　　　　　（《居延漢簡甲乙編》303·51）
出羊一頭　　　　　　　　　　（《居延漢簡甲乙編》413·6A）

"頭"還可以稱魚,這似乎是前不見古人,後不見來者的現象。例如：

今自買魚得二千二百朿十頭　　（《居延新簡》44·5）
鮑魚百頭　　　　　　　　　　（《居延漢簡甲乙編》263·3）

東周以後大量產生的個體量詞,地域分佈廣,用法也比較複雜。如果把這些個體量詞的地域分佈大致分爲西北地區（以西北地區漢代簡牘爲代表）、中東部地區（以傳統上以中原地區爲中心的傳世文獻和出土的簡帛文獻爲代表）、南部地區（主要以楚地簡帛,如馬王堆漢墓帛書、曾侯乙墓竹簡等爲代表）,可以大致看出如下一些稱量特點：

人,三地域皆可稱"人"。南部又稱"夫",中東部、南部又稱"口"。

皮張或葦席之類,中東部稱"個",稱"皮",西北部稱"件",南部稱"戈（裁）"。然三地域似皆可稱"枚"。

矢、箭,中東部稱"個",西北部稱"羽"、"支",兩地域都稱"枚"。

車輛,三地域皆稱"乘"稱"兩"。中東部又稱"駟",南部又稱"幫"。

馬,三地域皆可稱"匹"。中東部、西北部又稱"騎",中東部又稱"蹄"。

牛、羊、魚,西北部可稱"頭",中東部、南部"牛"又可稱"匹",中東部

"羊、豬"可稱"足",南部"魚"又可稱"枚"①。

二、集體量詞的發展

殷商時期有集體量詞"朋"和"品":

  蚩貝十朋,吉。　　　　　　　　　　　　(《合集》29694)
  王令寢農省北田三(四)品。　　　　　　(寢農鼎,殷代)

"朋",本表兩串相連的貝,用作集體量詞,具體數目不定。"品"是種、類的意思。
 西周時期這兩個量詞還繼續使用:

  割邢侯服,易臣三品:州人、東人、䜌人。　(邢侯簋,西周早期)
  賜戯弓矢束馬匹貝五朋。　　　　　　　　(戯簋,西周中期)
  厥貢惟金三品。　　　　　　　　　　　　(《尚書·禹貢》)

進入東周以後,這兩個集體量詞就逐漸消失了。
 西周時期產生的集體量詞有"家、乘、束、縠、兩、重(種)"等,這些量詞在東周以後繼續使用。其中"種、縠"不見於西漢文獻,"家、乘、束、兩"一直延續到西漢時期。

家 指一個家庭單位的人數,人數不一。例如:

  余其舍汝臣十家。　　　　　　　　　　　(令鼎,西周早期)
  皆有賜邑三百家。　　　　　　　　　　　(《商君書·境內》)
  河平五年正辛亥屬閼立等五家共為廣地候官☐
              (《居延漢簡甲乙編》29.10)

乘 計量馬的集體量詞,意為"四匹"。例如:

  賜汝馬乘鐘五金。　　　　　　　　　　　(公臣簋,西周晚期)
  陳文子有馬十乘。　　　　　　　　　　　(《論語·公冶長》)
  凡新官之馬六䌛(乘)。　　　　　　　　　(《曾侯乙墓竹簡》)
  襄公以傷於楚,欲得晉援,厚禮重耳以馬二十乘。
              (《史記·宋微子世家》)

---

① 姚振武《上古漢語名量詞稱量特徵初探》,見徐丹主編《量與複數的研究——中國境內語言的跨時空考察》,商務印書館,2010年。

"馬乘"即"馬一乘"。

束 很常見,用於成捆成紮的條狀物。例如:

　　生芻一束。　　　　　　　　　　　(《詩經·小雅·白駒》)
　　上與病者粟,則受三鐘與十束薪。　(《莊子·人間世》)
　　脯一束　　　　　　　　　　　　　(《張家山漢墓竹簡·遣策》)
　　凡得蒲四百五十束。　　　　　　　(《居延新簡》52·57)

瑴 計量玉的集體量詞,意為"雙"。例如:

　　賜玉五瑴馬四匹矢三千。　　　　　(應侯視工簋,西周中期)
　　皆賜玉五瑴。　　　　　　　　　　(《左傳》莊公十八年)

兩 "兩"除了是表車乘的個體量詞外,還是集體量詞,常用於成雙成對的物品,如"絑、履、馬"等。例如:

　　賓豕韐璋馬兩,賓嬰韐璋帛束。　　(大簋蓋,西周晚期)
　　葛屨五兩。　　　　　　　　　　　(《詩經·齊風·南山》)
　　布絑二兩。　　　　　　　　　　　(《居延新簡》52·93)
　　素履一兩　(《長沙馬王堆漢軑侯辛追墓出土隨葬遣策考釋》271)

"帛束"就是"帛一束";"馬兩"就是"馬一兩",即兩匹馬。(參考"素履一兩"。)由此引申,有成雙成對形狀的單件物品也稱"兩",如"絝(褲)"有兩褲筒,可稱"兩";"複袍"、"複襦"因是夾層,也稱"兩";"尉(褽)"是兩袖,所以也稱"兩"。例如:

　　絝一兩　　　　　　　　　　　　　(《居延新簡》1·2)
　　纁複袍一兩　　　　　　　　　　　(《居延漢簡甲乙編》206·23)
　　賣綃複襦一兩　　　　　　　　　　(《居延漢簡甲乙編》326·20A)
　　素信期繡褽一兩赤緣千金絛飭
　　　　　(《長沙馬王堆漢軑侯辛追墓出土隨葬遣策考釋》251)

當然,"複袍"、"複襦"等也可稱"領":

　　第卅四卒呂護買布複袍一領直四百,又從鄣卒李忠買皂布☐
　　　　　　　　　　　　　　　　　　(《居延漢簡甲乙編》49·10)

縑複襲、布複襦、布單襜褕各一領。(《居延漢簡甲乙編》82·34)

重（種） 種類之意。例如：

越玉五重（種）：陳寶、赤刀、大訓、弘璧、琬琰，在西序。
(《尚書·顧命》)

天子十有二閑，馬六種；邦國六閑，馬四種；家四閑，馬二種。
(《周禮·夏官司馬·校人》)

除了上述的"重（種）"和"穀"外，產生於東周時期而不見於西漢時期的集體量詞還有"行、列、肆、稱、章、廛、囷、握、純、秅、布、緄、程、耦（壘）"等。

行 一行猶一列，數目不定。例如：

使罪人三行，屬劍於頸。 (《左傳》定公十四年)

列 一列猶一行，數目不定，少見。例如：

以甲千列環其內外。 (《晏子春秋·內篇雜上》第三章)

肆 計量樂器的集體量詞，意爲"行"、"列"。一說一套十六個爲一肆。例如：

凡兵車百乘，歌鐘二肆。 (《左傳》襄公十一年)

稱 意爲"套"。例如：

歸公乘馬，祭服五稱。 (《左傳》閔公二年)

章 意爲"套"。例如：

冕服九章。 (《周禮·秋官司寇·大行人》)

廛 通"纏"，意爲"束"。例如：

不稼不穡，胡取禾三百廛兮。 (《詩經·魏風·伐檀》)

囷 計量穀物的集體量詞，意爲"囤"。例如：

不稼不穡，胡取禾三百囷兮。 (《詩經·魏風·伐檀》)

握　義略同於"把",很少見。例如:

視爾如荍,貽我握椒。　　　　　　(《詩經·陳風·東門之枌》)
["握椒",一握椒。]

純　意爲"束"。例如:

錦繡千純。　　　　　　　　　　　　　　　(《戰國策·趙二》)

秅　捆、束類集體量詞,爲"四百秉"。例如:

十稷曰秅。四百秉爲一秅。　　　　　　　(《儀禮·聘禮》)
禾三十車,車三秅。　　　　　　　　　　(《儀禮·鄉射禮》)

布　猶言"堆",很少見。例如:

高齮以錦示子猶,子猶欲之。齮曰:"魯人買之,百兩一布。"
　　　　　　　　　　　　　　　　　　(《左傳》昭公二十六年)

緄　猶"捆"、"束",很少見。例如:

衛君懼,束組三百緄,黃金三百鎰,以隨使者。(《戰國策·宋衛》)

程　稱量稻穀的集體量詞,很少見。例如:

盜田二町當遺三程者□□□□☒　　(《雲夢龍崗秦簡》241)
一町當遺二程者而□□□□☒　　　(《雲夢龍崗秦簡》240)

《睡虎地秦墓竹簡·秦律十八種·倉律》"程禾……",整理小組注:"程,《廣雅·釋詁三》:'量也。'禾,此處爲狹義,指穀子。""程"既是"量"的動作,那麼"量"的結果也叫"程",即一定的數量。具體數目不詳。

耦(畐)　意爲"對"。例如:

射者三耦,公臣不足,取於家臣。家臣,展瑕、展王父爲一耦;公臣,公巫召伯、仲顏莊叔爲一耦;鄫鼓父、党叔爲一耦。
　　　　　　　　　　　　　　　　　　(《左傳》襄公二十九年)

長沙仰天湖楚墓竹簡有"畐",當與"耦"通。例如下:

綎布之緼二墨。　　　　　　（《長沙楚墓・仰天湖竹簡釋文》簡8）

產生於東周且一直延續到西漢的集體量詞還有"戶、室、雙、秉、群"等。

戶　指一個家庭單位的人數，人數不一。例如：

其邑人三百戶，無眚。　　　　　　（《易經・訟卦》）
立數十萬戶之邑。　　　　　　（《莊子・盜跖》）
人戶、馬牛一以上爲大誤。　　　　　　（《睡虎地秦墓竹簡・效律》）
["人戶"，即人一戶。]
徙天下豪富於咸陽十二萬戶。　　　　　　（《史記・秦始皇本紀》）

室　義略同於"家"，可作爲計量人的集體量詞。例如：

晉侯賞桓子狄臣千室。　　　　　　（《左傳》宣公十五年）
一郵十二室。長安廣郵廿四室，敬（警）事郵十八室。
　　　　　　（《張家山漢墓竹簡・行書律》）

雙　意爲"對"。例如：

白玉之珩六雙。　　　　　　（《國語・晉語二》）
象疏比一雙
　　　　　　（《散見簡牘合輯・湖南長沙馬王堆一號漢墓竹簡、木楬》）

秉　相當於"把"。例如：

或取一秉秆焉。　　　　　　（《左傳》昭公二十七年）
羊（矢），箙五秉　　羊（矢）五秉　　五秉羊（矢）
　　　　　　（《曾侯乙墓竹簡》）
冉子與之粟五秉。　　　　　　（《史記・仲尼弟子列傳》）

群　表概稱的集體量詞，數目在三以上：

誰謂爾無羊，三百維群。　　　　　　（《詩經・小雅・無羊》）
萬共校其一群千一百頭遷沙萬共校牛凡百八十二頭其七頭即游部取獲　　　　　　（《敦煌漢簡》618A）
夫獸三爲群，人三爲衆。　　　　　　（《史記・周本紀》）

只見於西漢時期的集體量詞有"通、札、把、扮(枼)、唐、齊(劑)、騎、編、絜、合、牒、算(筭)、具"等。

通 劉世儒認爲魏晉南北朝時"通"是"專用的動量詞","表示次數的專用量詞"①,從漢簡的情況來看,這是不確的。"通"在西北漢簡中作爲名量詞似已出現。例如:

　　札五通凡九通以篋封,遣鄣卒杜霸持詣□
　　　　　　　　　　　　　　　　(《居延漢簡甲乙編》3·25)

這一例的"通"可以確定無疑是名量詞。

事實上,在《世説新語》中也有"通"作名量詞的例子:

　　裴郎作《語林》,始出,大爲遠近所傳。時流年少,無不傳寫,各有一通。　　　　　　　　　　(《世説新語·文學》)

這是傳世文獻中較早的例子。

札 稱成捆的東西。例如:

　　□丈兩行五十札□　　　　(《居延漢簡甲乙編》126·35)
　　□兩行二百札三百□　　　(《居延漢簡甲乙編》234·35)

把

　　傷脛(痙)者,擇薤　把,以淳酒半斗煮沸【飲】之。
　　　　　　　　　　　　　　(《馬王堆漢墓帛書·五十二病方》)
　　取革夬長四寸一把,茪(尤)一把,……
　　　　　　　　　　　　　　(《馬王堆漢墓帛書·養生方》)

以上集體量詞"把",也許是目前所見的最早用例。

扮(枼) 小束爲扮。例如:

　　薤一扮(枼)　　　　　　(《馬王堆漢墓帛書·五十二病方》)
　　革薢、牛膝各五扮(枼)……　(《馬王堆漢墓帛書·養生方》)

---

① 劉世儒《漢語動量詞的起源》,《中國語文》1959年第6期;劉世儒《魏晉南北朝個體量詞研究》,《中國語文》1961年第10、11期。

唐 捆、束之類，很少見。例如：

> 七（？）月四日付五翁伯枲一唐卅
> （《湖北江陵鳳凰山十號漢墓出土簡牘考釋》115）
> 七月十六日付司馬伯枲一唐卅二
> （《湖北江陵鳳凰山十號漢墓出土簡牘考釋》116）

裘錫圭説："枲一唐之價爲卅或卅二，可知唐比絜大得多。"[1]

齊 通"劑"，猶言"份"，少見。如：

> 取犁（藜）盧二齊，烏豙（喙）一齊，礜一齊，屈居（據）□齊，芫華（花）一齊，並和以車故脂，……（《馬王堆漢墓帛書·五十二病方》）

騎 指一人一馬。例如：

> 官迺丙午虜可二百餘騎燔廣漢塞格至其夜過半時虜去□□□□
> □□□□（《敦煌漢簡》1369）
> 信所出奇兵二千騎，共候趙空壁逐利，則馳入趙壁。
> （《史記·淮陰侯列傳》）

編 編紮成的一疊文件曰"編"，在西北地區漢代簡牘中極常見，中東部地區少見。例如：

> 書功勞墨將名籍一編，敢言之。　　（《居延新簡》5·1）
> 出一編書。　　（《史記·留侯世家》）

量詞"編"在先秦僅見如下一例：

> 或取一編菅焉，或取一秉秆焉。　　（《左傳》昭公二十七年）

"菅"是草席之類，"一編菅"相當於"一領菅"，"編"屬個體量詞。因此我們把《左傳》的"編"與西北漢簡的"編"分開對待。

絜 "絜"的本義是圍長。例如：

> 牛一，黑，特，左斬，齒八歲，絜七尺三寸☑
> （《居延漢簡甲乙編》517·14）

---

[1] 據裘錫圭《湖北江陵鳳凰山十號漢墓出土簡牘考釋》，《文物》1974年第7期。

用爲集體量詞,指一定圍長的捆、札。例如:

  九月十五日付司□□笥二合₌五十四直百八枲四絜₌七直廿八・凡百卅六　　（《湖北江陵鳳凰山十號漢墓出土簡牘考釋》122）

  出枲一絜　　　　　　　　　　　　（《居延漢簡甲乙編》203・5）

集體量詞"絜"不多見。

 合　用於笥、樽、磑、盛、檢（簽）、桮、杯、盞等。例如：

（1）笥一合　小樽一合　　　　　　　（《居延新簡》5・15）

（2）磑一合,上蓋缺二所,各大如疎。（《居延漢簡甲乙編》128・1）

（3）右方食盛十四合檢（簽）二。

      （《長沙馬王堆漢軑侯辛追墓出土隨葬遣策考釋》116）

（4）（漆）泂（般）食檢（簽）一合盛稻食。

      （《長沙馬王堆漢軑侯辛追墓出土隨葬遣策考釋》174）

（5）（漆）畫具杯桮二合

      （《長沙馬王堆漢軑侯辛追墓出土隨葬遣策考釋》202）

（6）（雕）杯廿₌（二十）會（合）　　　　（《望山楚簡》111頁）

（7）二會（合）盞、一迅缶、一湯鼎□　　（《望山楚簡》112頁）

"合"之稱物,或是用於合二而一的東西,或是用於成對成雙之物。"笥"是盛東西得竹葦類器具,"樽"是酒杯,應該都有蓋。"磑"是石磨,從例（2）可以看出,當時的石磨是有蓋的。或許,當時把石磨的上半部分稱爲"蓋",亦未可知。"杯、盞、桮"等則是成對成雙算的。集體量詞"合"上不見於先秦,下亦似未見於魏晉。

 牒

  右方牛、犬、豖（豕）、羊、肩載（戴）八牒。

      （《長沙馬王堆漢軑侯辛追墓出土隨葬遣策考釋》45）

  右方四牒竹器。

      （《長沙馬王堆漢軑侯辛追墓出土隨葬遣策考釋》282）

  □自言責賒長孫宗等衣物錢凡八牒,直錢五千一百。

      （《居延新簡》52・110）

關於"牒",唐蘭說:"八牒,《說文》:'簡,牒也。''牒,札也。'牒與策字通,

《説文》：'箕，簹也。'《廣雅·釋器》：'箕，籠也。'用竹來做的是箕，削成薄片叫作牒。這裏說八牒就是八簡。"① 可見"牒"就是後世的"葉"。"牛、犬、象（豕）、羊、肩載（哉）八牒"就是牛、犬、象（豕）、羊、肩載（哉）記有八葉（簡）。"牒"用爲集體量詞。

算（筭）

  市陽三月百九算算九錢九百八十一正偃付西鄉偃佐賜
          （《湖北江陵鳳凰山十號漢墓出土簡牘考釋》4正）
  □馬錢五千算   （《居延新簡》53·232）

關於"算"，裘錫圭認爲："所謂'算'的本來意思只不過是徵收賦稅時的計算單位。'算'的對象可以是人，也可以是別的東西。例如武帝時曾算車船，算緡，算六畜等等。每算所負擔的賦稅額也可有不同的標準。"② 不過"算"後來可能又成爲了錢的計算單位，不僅限於賦稅。

具 "一具"略同於"一套"。例如：

  珥一具   （《敦煌漢簡》681）
  疏比一具   （《居延漢簡甲乙編》41·20）
  鐵舘一具 革鞅鞘二具   （《敦煌漢簡》690）
  疏比一具（《散見簡牘合輯·湖南長沙馬王堆一號漢墓竹簡、木楬》）
  博、筭、絭、枘、博席一具
          （《湖北江陵鳳凰山八號漢墓竹簡試釋》165）

"具"不見於先秦，從上例看，漢代已較普遍。馬王堆一號漢墓又有"象疏比一雙"，可與上例"疏比一具"相發明。

  "具"又有個體量詞的功能。例如：

  旄席千具。   （《史記·貨殖列傳》）
  赤梧七具 白梧十七具 墨著大梧廿
           （《居延漢簡甲乙編》89·13A）
  鉏一百廿具
   （《散見簡牘合輯·廣西貴縣羅泊灣一號漢墓木牘、木簡、封檢》）

---

① 據唐蘭《長沙馬王堆漢軑侯辛追墓出土隨葬遣策考釋》，《文史》第十輯，13頁。
② 裘錫圭《湖北江陵鳳凰山十號漢墓出土簡牘考釋》，《文物》1974年第7期。

劉世儒認爲,其個體量詞的功能是由集體量詞功能發展來的[①]。

從稱量特點看,稱量成束的東西,中東部用"廛、握、純、秅、緄",西北地區用"札",南部地區用"把、扏(枖)、唐",中東部和南部共用"秉",西北部和南部共用"挈",三地域共用"束"。以家庭單位來稱量人數,中東部與西北部用"家"不用"室",中東部與南部用"室"不用"家",三地域共用"户"[②]。

三、臨時量詞的發展

臨時量詞是一個開放的類,時間、地域特徵比較明顯,絶大部分借日用器皿充當,即所謂容器量詞,少部分是擬似容器量詞,如"匊(掬)、撮"等。

殷商時期臨時量詞有"升"和"卣":

其登新鬯二升一卣。　　　　　　　　　　（《合集》30973）
丁酉卜,貞:王賓文武丁伐三十人,卯六牢,鬯六卣,亡尤?
　　　　　　　　　　　　　　　　　　　（《合集》35355）

西周時期,則有"卣、爵、壺、車"等,這些臨時量詞一直沿用到東周時期:

賜矩鬯一卣貝廿朋。　　　　　　　　（伯唐父鼎,西周中期）
由醉之言,俾出童羖。三爵不識,矧敢多又!
　　　　　　　　　　　　　　　　　（《詩經·小雅·賓之初筵》）
顯父餞之,清酒百壺。　　　（《詩經·大雅·韓奕》）
見豕負塗,載鬼一車。　　　（《易經·睽卦》）

進入東周以後,臨時量詞急劇增多,這也許與這一時期的語料增多有直接關係。見於東周時期而不見於西漢時期的臨時量詞有"匊(掬)、輿、爵、卣、甒、瓢、簞、豆、簋、簠、銅、鼎、籩、筥、敦、匡、筐、盆、俎、積、籔(籢)、碻、畁、箕、筼、秅、簷(擔)、來、赤、篇、韐、稯、壺、畚"。

匊(掬)　意爲兩手捧起之數,所指數值不定。例如:

終朝采緑,不盈一匊。　　　　　　（《詩經·小雅·采緑》）

---

① 劉世儒《魏晉南北朝稱量詞研究》,《中國語文》1962年第3期。
② 姚振武《上古漢語名量詞稱量特徵初探》,見徐丹主編《量與複數的研究——中國境内語言的跨時空考察》。

輿　車，借用作容量詞。例如：

金重於羽者，豈謂一鈞金與一輿羽之謂哉？（《孟子·告子下》）

爵　本爲一種酒器，借用作容量詞，西周的例子已見上，東周的例子，如：

君子之飲酒也，受一爵而色洒如也，二爵而言言斯。

（《禮記·玉藻》）

卣　本爲一種酒器，借用作容量詞，殷商西周例已見上，東周的例子，如：

秬鬯一卣，虎賁三百人。　　　（《左傳》僖公二十八年）

甒　本爲一種酒器，借用作容量詞。例如：

饌于其上兩甒醴、酒，酒在南。　　（《儀禮·既夕禮》）

瓢　本爲取水器，借用作容量詞。例如：

一簞食，一瓢飲，在陋巷，人不堪其憂，回也不改其樂。

（《論語·雍也》）

簞　本爲小筐子一類容器，借用作物品的集體量詞。例如：

非其道，則一簞食不可受於人。　　（《孟子·滕文公下》）

豆　本爲一種食器，借用作容量詞。例如：

食一豆肉，飲一豆酒，中人之食也。（《周禮·冬官考工記·梓人》）

簋　本爲一種盛食物的容器，借用作容量詞。例如：

於粲洒埽，陳饋八簋。　　　（《詩經·小雅·伐木》）

簠　本爲一種盛食物的容器，用來作爲容量詞。例如：

食四十簠。　　　　　　　（《周禮·秋官司寇·掌客》）

鉶　本爲一種盛菜、羹等物的器皿，用來作爲容量詞。例如：

食四十簠、十豆、四十鉶。　　（《周禮·秋官司寇·掌客》）

鼎　本爲烹煮用的器物,用來作爲容量詞。例如:

　　其有親戚者,必遺之酒四石、肉四鼎。　　（《管子·輕重乙》）

籩　一種竹製食器,用來作爲容量詞。例如:

　　四籩棗糗栗脯。　　（《儀禮·既夕禮》）

筥　一種盛物容器,用來作爲容量詞。例如:

　　米八十筥。　　（《周禮·秋官司寇·掌客》）

敦　一種容器,用來作爲容量詞。例如:

　　饌黍稷二敦于階間。　　（《儀禮·士虞禮》）

匴　一種竹製容器,用來作爲容量詞。例如:

　　爵弁皮弁緇布冠各一匴。　　（《儀禮·士冠禮》）

筐　竹製盛物器具,用來作爲容量詞。例如:

　　米八筐。　　（《儀禮·聘禮》）

盆　陶製容器,用來作爲容量詞。例如:

　　今是土之生五穀也,人善治之,則畝數盆。　　（《荀子·富國》）

俎　本爲置放肉類的木製器具,用來作爲容量詞。例如:

　　上大夫八豆八簋六鉶九俎,魚腊皆二俎。（《儀禮·公食大夫禮》）

積　猶言"堆",但體積較大。例如:

　　入禾稼、芻稾,輒爲廥籍,上内史。芻稾各萬石一積,咸陽二萬一積,其出入、增積及效如禾。（《睡虎地秦墓竹簡·秦律十八種·倉律》）

籔（籅）　一種竹器,用爲容量詞,只見於包山楚簡。例如:

　　脩一籔,肴（脯）一籔,簽魚一籔。　　（《包山楚簡·遣策》）

砧　一種陶罐,用爲容量詞,只見於包山楚簡。例如:

鈔酭一砶,窂一砶,菀蘆二砶,萬蘆一砶。　　（《包山楚簡·遣策》）

罶　與"弇"字古文相近,借作籃,用爲容量詞,只見於包山楚簡。例如：

醢肉酭一罶,萩酭一罶。　　　　　（《包山楚簡·遣策》）

筲　一種竹筒,用爲容量詞,只見於包山楚簡。例如：

冢肴（脯）二筲,脩二筲,戁豬一筲。　（《包山楚簡·遣策》）

篕　一種有外罩的竹器,類似笞,用爲容量詞,只見於包山楚簡。例如：

檮脯一篕,僻朘一篕,庶雞一篕,一篕朘。　（《包山楚簡·遣策》）

以下是九店楚簡中的一組容器量詞。考釋者注："自一號至一二號殘簡爲（一）組,記的是崔、梅等的數量。數量單位有擔、秭、來、赤、篙、韌等。其性質不詳。從崔、梅等字从'田'、从'米'來看,其所記之物可能跟農作物有關。"①

秭

崔一秭又五來　　崔二秭,……崔二秭又五來

（《九店楚簡·五六號墓竹簡》）

簷（擔）

敔稌之四簷（擔）　　敔稌之十簷（擔）

（《九店楚簡·五六號墓竹簡》）

來

崔一秭又五來　　崔五秭又六來　（《九店楚簡·五六號墓竹簡》）

赤、篙、韌

☐【崔】☐簷（擔）三簷（擔）三赤二篙,方☐

（《九店楚簡·五六號墓竹簡》）

崔四【簷（擔）,方宎笁一,崔十】簷（擔）又三簷（擔）三赤二篙。

（《九店楚簡·五六號墓竹簡》）

---

① 湖北省文物考古研究所、北京大學中文系編《九店楚簡》,中華書局,1999年,57頁。

梅三䪵一篇☐ 　　　　　　（《九店楚簡·五六號墓竹簡》）

秧

崔五秧又六來　　崔六秧① 　　（《九店楚簡·五六號墓竹簡》）

壺　本為飲器，借用作量詞。例如：

生丈夫二壺酒，一犬；生女子二壺酒，一豚。　（《國語·越語》）
賜田嗇夫壺酉（酒）束脯。
　　　　　　　　（《睡虎地秦墓竹簡·秦律十八種·廄苑律》）
["壺酉（酒）"，即一壺酒。]

畚　一種用蒲草之類編製的容器②，用為量詞。例如：

官府受錢者，千錢一畚，以丞、令印印。
　　　　　　　　　　　　　（《睡虎地秦墓竹簡·金布律》）
春秋治渠各一通出塊糞三百畚　夏十石文華出塊糞少一畚以上
　　　　　　　　　　　　　（《漢晋西陲木簡二編·治渠簡》）

從東周一直延續到西漢的臨時量詞有"撮、觴（傷）、盛、車、簀（匱）、篋、甕、杯（桮）"。

撮　意為數指抓起之量。例如：

今夫地，一撮土之多。　　　　　　　（《禮記·中庸》）

簡帛中又有"三指最（撮）"、"三指大捽（撮）"之語，如：

方（防）風、☐三等，界當三物，冶，三指最（撮）後飯☐
　　　　　　　　　　　　　（《馬王堆漢墓帛書·養生方》）
屑勻（芍）藥，以☐半桮（杯），以三指大捽（撮）飲之。
　　　　　　　　　　　　　（《馬王堆漢墓帛書·養生方》）

---

① 考釋者注："'秧'字還見於下二號、三號、四號等簡，從此字所處的位置與'秧'相同來看，它們有可能是同一個字的異體。……那麼從'癸'聲之字與從'坐'聲之字也應當可以相通。"湖北省文物考古研究所、北京大學中文系編《九店楚簡》，59頁。
② 睡虎地秦墓竹簡整理小組編《睡虎地秦墓竹簡》，36頁。

觴(傷)　本爲酒器,借用作容量詞。例如:

觴酒、豆肉、箪食。　　　　　　　　　(《國語·吴語》)
醤一傷(《散見簡牘合輯·湖北江陵鳳凰山八號漢墓竹簡》766)
["傷"通"觴"。]

盛　一種容器,借用作容量詞。例如:

旨酒一盛兮,余與褐之父睨之。　　　(《左傳》哀公十三年)
五百石以下,食一盛,醤半升。　　(《張家山漢墓竹簡·賜律》)

車　西周時已用爲臨時量詞,例見上,東周以降,如:

得慶氏之木百車於莊。　　　　　　(《左傳》襄公二十八年)
□薪三車　　　　　　　　　(《張家山漢墓竹簡·遣策》)

簣(蕢)　本爲竹筐一類容器,用作容量詞。例如:

譬如爲山,未成一簣。止,吾止也。譬如平地,雖覆一簣,進,吾往也。　　　　　　　　　　　　　　　　　　(《論語·子罕》)
瓦器三蕢(簣)
　　　　　　(《長沙馬王堆漢軑侯辛追墓出土隨葬遣策考釋》219)

篋　本爲箱子一類的器具,借用作容量詞。例如:

衛人使屠伯饋叔向羹與一篋錦。　　　(《左傳》昭公十三年)
脯一篋(《散見簡牘合輯·湖北江陵鳳凰山八號漢墓竹簡》651)

甕　又寫作"甕",本爲一種陶製器皿,借用作容量詞。例如:

醯醢百有二十甕。　　　　　(《周禮·秋官司寇·掌客》)
穿地□尺,而煮水一甕。　　(《馬王堆漢墓帛書·五十二病方》)

杯(桮)

今之爲仁者,猶以一杯水救一車薪之火也。(《孟子·告子上》)
脂少一杯。　　　　　　(《居延漢簡甲乙編》285·18)
歓(飲)水一桮(杯)。　　　(《張家山漢墓竹簡·引書》)

只見於西漢時期的臨時量詞有"盂、甀、橐、委(捼)、笥、落、筲(莆)、資(瓷)、玷(旪)、甌、坑(瓨)、器"。

盂 盛食物的器皿,用爲容量詞,很少見。如:

道傍有禳田者,操一豚蹄,酒一盂,祝曰:……
(《史記·滑稽列傳》)

甀 一種類似罎子的陶器,較少見。例如:

漿千甀。　　　　　　　　　　　(《史記·貨殖列傳》)

橐 一種口袋,用爲容量詞。例如:

五采絹一橐　　　　　　　　(《尹灣漢墓簡牘》152頁)

委(捼) 《説文》:"捼,一曰兩手相切摩也。"用爲量詞,大約相當於"一捧",僅一見:

□者□詐,治以蜀椒一委(捼),燔□
(《馬王堆漢墓帛書·五十二病方》)

笥 一種盛食物及其他物品的方形器物。例如:

魚膚一笥　(《長沙馬王堆漢軑侯辛追墓出土隨葬遣策考釋》34)

落 一種竹籠,只見於張家山漢墓竹簡。例如:

白魚一落　李落　卵落　(《張家山漢墓竹簡·遣策》)

筲(莆) 可能與"桶"相通。例如:

醬一筲　鹽介(芥)一莆(筲)　(《張家山漢墓竹簡·遣策》)

資(瓷) 帶釉硬陶器皿,瓷器的前身。《長沙馬王堆漢軑侯辛追墓出土隨葬遣策考釋》中多見。例如:

米酒二資(瓷)　　　　　　　　　　　　(簡162)
白酒二資(瓷)　　　　　　　　　　　　(簡162)
醬一資(瓷)　　　　　　　　　　　　　(簡134)

"資"後來作"瓷",這是迄今有關瓷器的較早記載①。"資"既是器皿,又具有其特殊的質地概念。慧琳《一切經音義》卷三十九引張戩《考聲切韻》說:"瓷,瓦類也,加以藥石而色光澤也。""資"作量詞,與西周金文裏"金"作量詞("鐘五金"[公臣簋])似乎是異曲同工,都是以對象的質地作爲其量詞。

聀(卙) 通"緝、緝"等,把用竹簽串起來的食物放在一起,叫作"卙"。在《長沙馬王堆漢軑侯辛追墓出土隨葬遣策考釋》中多見。例如:

栂(梅)十聀(卙) （簡156）

筍十聀(卙) （簡158）

白魚五聀(卙) （簡145）

甌 一種小盆,用爲容量詞,僅如下一見:

傷者,以續【鹽(斷)】根一把,獨□長枝者二廷(梃),黃芩二梃,甘草□廷(梃),秋烏豪(喙)二□□□□□者二甌,即並煎□熟。

（《馬王堆漢墓帛書·五十二病方》）

以上"把"、"梃"、"甌"三者並列,都是量詞。

坑(瓴、瓨) 即後世"缸",用爲容量詞,在《長沙馬王堆漢軑侯辛追墓出土隨葬遣策考釋》中多見。例如:

魴一坑(瓴) （簡138）

馬醬一坑(瓴) （簡140）

鱋一坑(瓴) （簡141）

醯醬千瓨。 （《史記·貨殖列傳》）

器 本義爲器皿,用爲容器量詞:

醯一器 （《敦煌漢簡》369）

辨醬一器

（《散見簡牘合輯·湖北江陵鳳凰山一六七號漢墓竹簡、木楬》）

畫盛六合盛黃白粱稻食麥食各二器

（《散見簡牘合輯·湖南長沙馬王堆一號漢墓竹簡、木楬》）

---

① 據唐蘭《長沙馬王堆漢軑侯辛追墓出土隨葬遣策考釋》,《文史》第十輯。

四、問題討論：關於"單位詞"

漢語的名量詞絕大部分是從名詞發展來的，這毫無問題。但是關於名量詞的標準，從歷史發展的角度看，却可以有"管後"和"管前"兩種。"管後"就是以名量詞與名詞完全分離爲名量詞成立的標準；"管前"就是以名量詞與名詞分離的開始點爲名量詞成立的標準。郭錫良是主張"管後"的。他認爲在魏晋以前，漢語名量詞"還没有從名詞中分化出來，只是名詞中的一小類"，因此他稱爲"單位詞"①。這種觀點確有其道理，因爲相當長時期内很難從語法功能上把名量詞與名詞截然分開。但我們同時也看到，即便把所謂單位詞看作名詞中的一小類，也還有一個與其他類名詞的劃界問題。例如，容器之"卣"（名詞）與作爲單位詞的"卣"如何區分？郭錫良反對把量詞從名詞中單立出來的主要理由，是先秦數詞與名詞可以直接結合。但是，同樣的理由，似也可以作爲"單位詞"與其他名詞没有區别的證據。其實"單位詞"的建立，也還是以語義爲根據的。問題依然没有最終解決。既然如此，似還不如統一用"量詞"這一個影響較廣的稱謂省事。正如陳夢家所説："單位詞即所謂量詞。"②吕叔湘也説："'量詞'、'單位詞'、'單位名詞'就不值得争論。"③

郭錫良還説："到了魏晋以後，名詞變得不能直接同數詞結合了，中間必須加上一個單位詞；而單位詞却總是直接同數詞結合成數量結構，用作句子中的一個成分。這時單位詞和一般名詞的語法功能、語法作用有了明顯的區别，纔能説單位詞已經從名詞中分化出來，成了獨立的一類詞——量詞。"④這基本符合事實，但也不盡然。直到今天名詞和數詞直接結合的現象依然未完全絶迹，例如"三十人"、"五兄弟"、"三姐妹"、"十八勇士"、"十年"、"八天"等。而"單位詞却總是直接同數詞結合成數量結構，用作句子中的一個成分"也並非魏晋以後的事，早在戰國西漢間就已存在。例如：

（1）□三輂(乘)迻(路)車，屯朧(虎)韔(襮)。丌(其)一輂(乘)，
白金之弼，載紉裹。　　　　　　　　　　　（《曾侯乙墓竹簡》）

---

① 郭錫良《從單位名詞到量詞》，見郭錫良《漢語史論集》（增補本）。
② 陳夢家《殷虚卜辭綜述》，94頁。
③ 吕叔湘《漢語語法分析問題》第2節。
④ 郭錫良《從單位名詞到量詞》，見郭錫良《漢語史論集》（增補本）。

（2）大(太)子帬三𦫿(乘)迶(路)車,丌(其)一𦫿(乘)駟,丌(其)二𦫿(乘)屯麗。　　　　　　　　　（《曾侯乙墓竹簡》）
（3）譬如群獸然,一個負矢,將百群皆奔。　　（《國語·吳語》）
（4）君子之飲酒也,受一爵而色洒如也,二爵而言言斯。（《禮記·玉藻》）
（5）出東書八封,板檄四,楊檄三。四封太守章:一封詣左馮翊,一封詣右扶風,一封詣河東太守府,一封詣酒泉府。一封敦煌長印,詣魚澤候。二封水長印,詣東部水。一封楊建私印,詣冥安。
　　　　　　　　　　　　　　（《敦煌懸泉漢簡釋粹》91頁）
（6）右二牒,直三千三百卅。　（《居延漢簡甲乙編》141·2）

　　名量詞的確立,如果以"名詞變得不能直接同數詞結合"爲標準,那麼只好說名量詞直到今天仍未與名詞完全分開;如果以"單位詞却總是直接同數詞結合成數量結構,用作句子中的一個成分"爲標準,則名量詞早在戰國時期已經獨立。

　　由此可見,名量詞的分化是一個漫長而複雜的過程,内部各成員並不是同步同質地均衡發展,很難整齊劃一。"管後"的辦法,願望雖然好,但要在某一個時間點上成系統地把名詞和名量詞劃分得一清二楚其實是很難的。因此本文採取"管前"辦法,指出上述"動名$_1$+數名$_2$"的"名$_2$"位置是"名"表達量範疇的開始,也是漢語名詞、個體量詞分化的開始和關鍵,所有個體量詞乃至全體名量詞(時間名詞除外)必須經過這個點,並且語義發生改變,没有例外。只是在後續的發展中,有的最終"成功",有的則半途而廢。因此,我們稱"名$_2$"爲個體量詞。這個辦法的缺點是犧牲了一點詞類系統的清晰性。出現這樣的窘境,是因爲現有的詞類系統以及詞類理論不足以使我們十分有效地解釋古漢語事實,而我們一時又拿不出更爲合理的理論和方法。

第三節　從"名+數+名(量)"到"數+量+名"[①]

一、從"名+數+量"到"數+量+名"

漢語包括個體量詞在内的名量結構由"名+數+量"爲主發展爲

[①] 姚振武《上古漢語個體量詞和"數+量+名"結構的發展以及相關問題》,《中國語言學》第二輯。

"數+量+名"爲主,經歷了一個漫長的過程。整個上古時期一直是"名+數+量"佔絕對優勢地位。"數+量+名"的出現,過去學界或是認爲"此種格式秦漢以後纔逐漸發展,在魏晋六朝始佔優勢,先秦時代還不多見,所遇到的僅限於表度量衡單位或表容量的量詞"①。或是認爲"這些最早的量詞必定在名詞後的位置,即樣式七(姚按:即"數+量+名",其"量"爲個體量詞)在漢代仍未出現。幾個採用'匹'或'兩'的樣式七例句,我們看作是例外:它們只出現在歷史文獻的可能是在後世加進的段落中,在漢簡裏一例也沒有"②。然而據我們的考察,"數+量+名",尤其是個體量詞的"數+量+名"比學界原先認定的時期要早得多。因此,過去學界關於漢語"數+量+名"結構的產生和發展的種種解釋,都有重新討論的必要。

名量結構與計數方式是密不可分的。嚴格地說,所謂名量結構只是計數方式的一種。因此探討名量結構的發展,必須從計數方式談起。

在殷商時期,個體量詞僅露端倪,漢語天然個體的計數主要是靠名詞和數詞的直接結合來完成的。其方式主要有兩大類,一是"名+數"(及其衍生形式),一是"數+名"(及其衍生形式)。例如:

(1) 二千六百五十六人　　　　　　　　　(《合集》7771)
(2) 五十犬、五十羊、五十豚　　　　　　(《合集》29537)
(3) 十又五羌　　　　　　　　　　　　　(《合集》32067)
　　——以上爲"數+名"
(4) 鹿五十又六　　　　　　　　　　　　(《合集》10308)
(5) 允隻(獲)虎二、兕　、鹿十二、豕二、䶊(麋)百二十七、兔_十二、雉七　　　　　　　　　　　　　　　　(《合集》10197)
　　——以上爲"名+數"

這兩種計數方式有沒有差別?當然會有一定差別。吕叔湘早就指出,"名+數"格式"計算味更重一些"③。沈培也探討了殷商時期這兩種格式可能存在的某種差異。不過事情還有另一面。在殷商時期,以上兩種基本的計數方式又常常可以混用不別。例如:

---

① 黄載君《從甲文、金文量詞的應用,考察漢語量詞的起源與發展》,《中國語文》1964年第6期。
② [法]貝羅貝《上古、中古漢語量詞的歷史發展》,見《語言學論叢》第二十一輯。
③ 吕叔湘《中國文法要略》,134頁。

（6）貞［奉］年于王亥，囚犬一，羊一，豭一，奠三小宰，卯九牛，三青，三羌。　　　　　　　　　　　　　　　（《合集》378正）

（7）癸酉卜，又米于六雲五豭卯五羊。三　　（《合集》33273）

（8）癸酉卜，又奠于六雲六豭卯羊六。三　　（《合集》33273）

例（6）是同一條卜辭中"數+名"和"名+數"混用不別。例（7）、（8）是同版的兩條選貞之辭，一條用"數+名"格式，一條用"名+數"格式。沈培說："'名數'和'數名'格式在祭祀卜辭中混用的情況，究竟是任意的，還是有一定意義的，我們還不清楚。"①其實在我們看來，這種現象可以理解。就漢語，尤其是古漢語而言，兩個不同的語法形式，在語義相同或者相通的條件下，往往可以不加分別彼此通用，這是一條重要規律。正如朱德熙所言："相同的語義關係可以用不同的形式來表達。"②"數+名"、"名+數"格式如此，後來的"名+數+量"、"數+量+名"格式也是如此（說見下）。其他格式也如此。這條規律常常成爲某些新形式產生的原因③。

我們在"個體量詞的發展"一節論證了"（動）+名+數+名"格式是個體量詞產生的關鍵，後一個"名"實際上是個體量詞的雛形。現在我們要論證，這個格式，也是給漢語名量結構帶來重大影響的格式。看下例：

（9）癸卯卜，貞彈豋百牛百□。　　　　　（《合集》13523正）

（10）□亥，貞王又百豋百牛。　　　　　（《合集》32044）

（11）丁酉卜，貞：王賓文武丁伐三十人，卯六牢，豋六卣，亡尤？
　　　　　　　　　　　　　　　　　　　　　（《合集》35355）

例（9）、（10）代表個體量詞產生以前漢語兩種相對待的、基本的計數方式，"名+數"（豋百牛百）和"數+名"（百豋百牛）都可以說，二者甚至常常可以混用不別，例又見（6）、（7）、（8）。這種彼此的認同當然使相互之間有了巨大的制約力。然而這個認同系統是不平衡的。"名+數"有自己的變體"名+數+名（量）"，如"車二丙"、"豋六卣"等，而"數+名"却沒有與之相應的格式，於是形成以下不平衡的局面（箭頭所示爲可以混用不別

---

① 沈培《殷墟甲骨卜辭語序研究》，201頁。
② 朱德熙《語法答問》，見《朱德熙文集》第1卷，305頁。
③ 姚振武《指稱與陳述的兼容性與引申問題》，《中國語文》2000年第6期。

的雙方)①：

$$數+名(百鬯) \longleftrightarrow 名+數(鬯百)$$
$$\updownarrow \qquad\qquad \updownarrow$$
$$? \longleftrightarrow 名+數+量(鬯六卣)$$

這就必然要求"數+名"也作出相應的反應,於是,在"名+數+名(量)"格式中產生並逐步成熟的量詞,比照它在該格式中"數"後的位置,逐步由類推而進入"數+名"格式中的"數"之後的位置,形成"數+量+名"格式,以達到新的平衡。這也就是說,"數+量+名"格式是語言在系統認同要求下自平衡的產物。

考"數+量+名"格式的產生,在殷商時期就有某種迹象。先看下例:

（12）丁亥卜,禱鬯三祖丁牢王受又。吉　　　　（《合集》27180）

（13）丙申卜,即貞,[父]丁歲鬯一卣。　　　　（《合集》23227）

例（12）的"鬯三"和例（13）的"鬯一卣",都是殷商時期常見格式。前面說過,液體的計量一般要有容量詞,否則無法理解。可是例（12）的"鬯三"並無容量詞,怎麼理解？比較例（13）的"鬯一卣"可知,所謂"鬯三",只是"鬯三卣"的省略。這應該無問題。然而,殷商時期還常有"百鬯"、"二十鬯"這樣的形式。例如：

（14）丁亥卜,殼貞,昔乙酉箙旋钔……[大丁],大甲,祖乙百鬯,百羌,卯三百宰。　　　　　　　　　　　　　　（《合集》301）

（15）二十鬯。大吉,用　　　　　　　　　　（《合集》30914）

同樣,孤立的"百鬯"、"二十鬯"也是不可理解的,其間一定隱含一個類似"卣"的容量詞,否則不成文意。根據類推的原理,既然"鬯三"是"鬯三卣"的省略,"百鬯"、"二十鬯"也應該理解爲"百卣鬯"、"二十卣鬯"這樣的"數+量+名"式纔合理。雖然我們在殷商時期沒有找到"百卣鬯"這樣的實際用例,但"百鬯"的存在告訴我們,"百卣鬯"這樣的"數+量+名"已呼之欲出了。以後名量結構的實際發展,也證實了這一點。黃載君指出："甲文'鬯'可以不用量詞,而在金文'鬯'如表示數量,非有量詞'卣'

---

① 張延俊也注意到這種不平衡的現象,但他關於"數+量+名"產生的解釋與我們完全不同。見張延俊《也論漢語"數·量·名"形式的產生》,《古漢語研究》2002年第2期。

不可。"① 這是必然的。事實說明,漢語"數+量+名"結構的出現,最初很可能是通過隱含的方式,從容量詞開始的。而且本質上還是"非有量詞'卣'不可"。

到了西周時期,"數+量+名"就比較明顯了,量詞範圍也擴大了。例如:

(16)昔(禮)百生(姓)脉(豚)眔商(賞)卣鬯貝。(士上盂,西周早期)
(17)賢從,公命事晦(賄)賢百晦(糧)。　　　(賢簋,西周中期)
(18)我既賣(贖)女(汝)五[夫][效]父,用匹馬束絲。
　　　　　　　　　　　　　　　　　　　(曶鼎,西周中期)
(19)王賜(賜)乘馬。　　　　　　　(虢季子白盤,西周晚期)

"卣鬯"即"一卣鬯","百晦(糧)"即"百畝(糧)","晦"即"畝"。"匹馬束絲"即"一匹馬,一束絲";"乘馬"即"一乘馬"(四匹馬)。古漢語量詞前的數詞爲"一"時,數詞照例是可以省去的。例如:

(20)視爾如荍,貽我握椒。　　　(《詩經·陳風·東門之枌》)
(21)在孤之側者,觴酒、豆肉、簞食,未嘗敢不分也。(《國語·吳語》)
(22)賜田嗇夫壺酉(酒)束脯。
　　　　　　　　　　　(《睡虎地秦墓竹簡·秦律十八種·廄苑律》)
(23)一簞食,一豆羹,得之則生,弗得則死。　(《孟子·告子上》)

"握椒"即"一握椒","觴酒"即"一觴酒","豆肉"即"一豆肉","簞食"即"一簞食","壺酉(酒)束脯"即"一壺酉(酒)一束脯"。(例[23]可資比較,其"一"可以省去。)"數+量+名"如此,"名+數+量"也是如此:

(24)余易(賜)女(汝)鬯卣金車……　(录伯䢅簋蓋,西周中期)
(25)易(賜)女(汝)鬯一卣。　　　　　(大盂鼎,西周早期)
(26)易女弓一,矢束,臣五家,田十田。　(不其簋,西周晚期)
(27)易(賜)戲弓矢束馬匹貝鬲(五朋)。　(戲簋,西周中期)

例(24)的"鬯卣"即"鬯一卣"。(例[25]可資比較。其"一"可以省去。)例(26)"矢束"即"矢一束",例(27)"馬匹"即"馬一匹"。

---

① 黄載君《從甲文、金文量詞的應用,考察漢語量詞的起源與發展》,《中國語文》1964年第6期。

例（16）～（19）是我們所見的最早的"數+量+名"①，其量詞爲度量衡量詞（畝）、容器量詞（卣）、集體量詞（乘、束）、個體量詞（匹），已大致包含了漢語名量詞的各個種類。

進入東周以後，"數+量+名"逐步增多，形式也更加完整，舉例如下。

1. 量詞爲個體量詞的，如：

（28）二真②吳甲　　二真楚甲　　晶（參）真吳甲　　一真吳甲
　　　一真楚甲　　　　　　　　　　　　　（《曾侯乙墓竹簡》）
（29）晶（參）馬（匹）郂（漆）甲　三馬（匹）畫甲《曾侯乙墓竹簡》）
（30）都牧之晶（參）匹駒騎。　　　　　　（《曾侯乙墓竹簡》）
（31）王𦮕一䡊（乘）逄（路）車，三匹騇。（《曾侯乙墓竹簡》）
（32）大（太）子常三䡊（乘）逄（路）車，丌（其）一䡊（乘）駟，丌
　　　（其）二䡊（乘）屯麗。　　　　　　（《曾侯乙墓竹簡》）
（33）鄝君𦮕一䡊（乘）逄（路）車，轚（襡）。𦳞（陽）城君三逄（路）
　　　車，鄝君一䡊（乘），遞（旅）公三䡊（乘）逄（路）車。
　　　　　　　　　　　　　　　　　　　　（《曾侯乙墓竹簡》）
（34）一䡊（乘）正車　　一䡊（乘）韓＝（韋）車　　一䡊（乘）羊車
　　　　　　　　　　　　　　　　　　　　　（《包山楚簡》）
（35）君有楚命，亦不使一个行李告于寡君。（《左傳》襄公八年）
（36）屯陳，垣外術衢街皆爲樓，高臨里中，樓一鼓聾灶。（《墨子·號令》）
（37）嘗一脟肉而知一鑊之味，一鼎之調。（《呂氏春秋·察今》）
（38）不用一領甲，不苦一士民。　　　　（《韓非子·初見秦》）
（39）長卿未死時，爲一卷書，曰："有使者來求書，奏之。"
　　　　　　　　　　　　　　　　　　　（《史記·司馬相如列傳》）

2. 量詞爲集體量詞的，如：

（40）或取一秉秆焉。　　　　　　　　　（《左傳》昭公二十七年）

---

① 沈培引郭沫若《殷契粹編》"庚午貞：秋大隻于帝五丰臣"一例，郭氏等人認爲"丰"即個體量詞"个"。沈培指出，這個"丰"歷來各家意見不同，在沒有弄清"丰"字到底是個什麼字的情況下，不能據此遽然判定卜辭中有"數量名"格式。見《殷墟甲骨卜辭語序研究》，204頁。我們同意沈培的意見。

② 裘錫圭、李家浩《曾侯乙墓竹簡釋文與考釋》注："簡文'真'是'甲'的量詞。或疑當讀爲'領'，但字音未能密切，待考。"見湖北省博物館編《曾侯乙墓》，518頁。

（41）一雙璜　　一雙虎（琥）　　二合（合）盞　　（《望山楚簡》）
（42）然則不買五雙珥。　　　　　　　　　　（《戰國策·楚四》）

3. 量詞爲容器量詞的，如：

（43）衛人使屠伯饋叔向羹與一篋錦。　　（《左傳》昭公十三年）
（44）與之一簞珠，使問趙孟。　　　　　（《左傳》哀公二十年）
（45）生丈夫二壺酒，一犬；生女子二壺酒，一豚。（《國語·越語上》）
（46）又進二豆湆于兩下。　　　　　　　（《儀禮·少牢饋食禮》）
（47）饌于其上兩甒醴、酒，酒在南。　　（《儀禮·既夕禮》）
（48）四籩棗糗栗脯。　　　　　　　　　（《儀禮·既夕禮》）
（49）婦贊者執二籩麷、蕡，以授主婦。　（《儀禮·有司》）
（50）側尊一甒醴，在服北。　　　　　　（《儀禮·士冠禮》）
（51）司士進一敦黍于上佐食，又進一敦黍于下佐食，皆右之于席上。
　　　　　　　　　　　　　　　　　　　（《儀禮·少牢饋食禮》）
（52）四篗①飤　　一篗胈　　　　　　　（《包山楚簡·遣策》）

4. 量詞爲度量衡量詞的，如：

（53）未有巢者，煮一斗棗、一斗膏，以爲四斗汁，……
　　　　　　　　　　　　　　　　　（《馬王堆漢墓帛書·五十二病方》）
（54）入粟糜秝十八斛，其二十秝斛粟，五十一斛糜。（《敦煌漢簡》311）
（55）遂賦晉國一鼓鐵，以鑄刑鼎。　　　（《左傳》昭公二十九年）
（56）今君舉千鍾爵祿，而妄投之于左右。（《晏子春秋·內篇諫下》第一章）
（57）歠粥，朝一溢米，夕一溢米。　　　（《儀禮·既夕禮》）
　　　［“溢”，鎰。］
（58）五尺童子，操寸之煙，天下不能足以薪。
　　　　　　　　　　　　　　　　　　　（《晏子春秋·內篇諫下》第一章）
（59）故家五畝宅，百畝田。　　　　　　（《荀子·大略》）
（60）二福巾三枚垂　　　　　　　　　　（《居延漢簡補編》L55）
　　　［“福”，幅。］

---

① 篗，劉彬徽、彭浩、胡雅麗、劉祖信《包山二號楚墓簡牘釋文》注："讀如'筥'，《儀禮·士昏禮》：'婦執笲棗自門入.'鄭玄注：'笲，竹器而衣者，其形蓋如今之筥、筴籚矣.'"見湖北省荊沙鐵路考古隊《包山楚簡》。

個體量詞的"數+量+名"在春秋末、戰國初的《曾侯乙墓》的遣策中已多見,其個體量詞有真、匹、乘等。"真"稱量鎧甲;"匹"既稱量鎧甲,又稱量馬匹;"乘"則稱量車輛。以上列舉的僅是一小部分。曾侯乙墓下葬年代爲公元前433年或稍後,比孔子辭世(前479)僅晚幾十年。以上例(33)"數+名"(三迻[路]車)與"數+量+名"(三轚[乘]迻[路]車)同現,這說明當時個體量詞的使用還比較隨意,同時也證明"數+量+名"是"數+名"加上量詞造成的。

二、問題討論:關於"移位"

關於"數+量+名"產生的原因,一般認爲它是"名+數+量"中"數量"移位到"名"前面的結果。我們認爲,就漢語由"名+數+量"爲主到"數+量+名"爲主的表面現象而言,"移位"說比較直觀,似乎並無大礙。但作爲對這一語言現象歷史進程的具體描寫和解釋,"移位"說則有重大缺陷,因爲事實是兩種並列的、相互對待的語言現象的相互制約、此消彼長的複雜過程,而不是一個因移動而變爲了另一個。

貝羅貝解釋了"移位"的原因及過程,其核心論點是:首先,"名+數+量"中的"數+量"由謂語"重新分析"爲修飾語,然後,服從於漢語修飾語居前(修飾語+中心語)的特點,其"數+量"從名詞之後移位到名詞之前,成爲"數+量+名"[①]。

這個"重新分析"可能並不存在。就漢語尤其是古漢語而言,"名+數+量"本來就可以與"數+量+名"混用不別,彼此認同,並不非要句法上的"重新分析"不可。例如:

(1)大(太)子幣三轚(乘)迻(路)車。　　　(《曾侯乙墓竹簡》)
(2)遬(旅)旘(陽)公之迻(路)車三轚(乘)。(《曾侯乙墓竹簡》)
(3)一轋正車　一轋羊車　甬車一轋　(《包山楚簡·遣策》)
(4)十斗粲,毇(穀)米六斗大半斗。麥十斗,爲䵃三斗。
　　　　　　　　　　(《睡虎地秦墓竹簡·秦律十八種·倉律》)
(5)右方四牒竹器。
　　　　　　　(《長沙馬王堆漢軑侯辛追墓出土隨葬遣策考釋》282)

---

① [法]貝羅貝《上古、中古漢語量詞的歷史發展》,見《語言學論叢》第二十一輯。

（6）右方七楪瓦器錫（錫）垛（塗）。

（《長沙馬王堆漢軑侯辛追墓出土隨葬遣策考釋》221）

（7）右方髹（漆）畫木器八楪。

（《長沙馬王堆漢軑侯辛追墓出土隨葬遣策考釋》218）

（8）右方苴（疽）五楪、資（瓷）五。

（《長沙馬王堆漢軑侯辛追墓出土隨葬遣策考釋》155）

（9）右方土金錢馬牛羊鳥廿楪。

（《長沙馬王堆漢軑侯辛追墓出土隨葬遣策考釋》311）

（10）今佐丁盜粟一斗，直（值）三錢，柳下季爲魯君治之，論完丁爲倡，奏魯君。君曰：盜一錢到廿錢罰金一兩，今佐丁盜一斗粟，直（值）三錢，完爲倡，不已重虖（乎）？

（《張家山漢墓竹簡·奏讞書》）

（11）□□馬日匹二斗粟、一斗尗(？)[1]。傳馬、使馬、都廄馬日匹尗(？)一斗半斗。　　（《張家山漢墓竹簡·金布律》）

（12）入粟糜秾十八斛，其二十秾斛粟，五十一斛糜。（《敦煌漢簡》311）

以上各例出自遣策、帳單或法律文書，是純粹的計數計量。例（1）~（3）顯示，《曾侯乙墓竹簡》既有"三篅（乘）迻（路）車"這樣的"數+量+名"，又有"迻（路）車三篅（乘）"這樣的"名+數+量"；《包山楚簡·遣策》中也有相類情況。例（4），同一句話，前面説"十斗粲"（數+量+名），後面説"麥十斗"（名+數+量）。例（5）~（9）中，同一個量詞"楪"，或採用"數+量+名"的形式（例[5]、[6]），或採用"名+數+量"的形式（例[7]~[9]）。例（10），前面説"盜粟一斗"（名+數+量），後面説"盜一斗粟"（數+量+名）。例（11），前面説"馬日匹二斗粟、一斗尗"（數+量+名），後面説"馬日匹尗一斗半斗"（名+數+量）。例（12），同一段話，前面是"粟糜秾十八斛"（名+數+量），後面則是"二十秾斛粟"、"五十一斛糜"（數+量+名）。再看下例：

（13）夕毋食，旦取豐（蜂）卵一，漬美醯一梧（杯），以飲之。

（《馬王堆漢墓帛書·五十二病方》）

（14）即有頸（痙）者，冶，以三指一撮，和以溫酒一音（杯），飲之。

（《馬王堆漢墓帛書·五十二病方》）

---

[1] 原注："尗"字不清，疑从"叔"，即菽、豆。

（15）炙蠶卵，令篓篓黄，冶之，三指最（撮）至節，入半音（杯）酒中
飲之。　　　　　　　　　（《馬王堆漢墓帛書・五十二病方》）
（16）取黄蜂駘廿，置一桮（杯）醴中，□□日中飲之。

（《馬王堆漢墓帛書・養生方》）

以上例（13）～（16）同出自馬王堆漢墓帛書，同爲計數計量要求十分精確的藥方，或用"名+數+量"（例[13]、[14]），或用"數+量+名"（例[15]、[16]）。

以上各例中相比較的"名+數+量"和"數+量+名"，語序形式的分别没有任何意義。原因在於，"名+數+量"也就意味着"數+量+名"，同樣，"數+量+名"也就意味着"名+數+量"。

出現這種情況並不奇怪。漢語中兩個不同的語法形式，在語義相同或者相通的條件下，往往可以不加分别地彼此通用。不久前筆者去一家飯館赴宴，門前站着兩個穿唐裝的小伙子，每逢有客人來，他們就會拉長聲音朝裏面喊"客人兩位"（譬如説兩位），目的是告訴裏面的服務員來了多少客人，以便做好接待的準備。可是我們注意到，他們喊着喊着，就會變一種語序，成爲"兩位客人"之類了。時間一長，我們又注意到，他們往往是兩種語序交替使用的。一陣子這樣，一陣子又那樣。兩種語序，對於他們來説，除了避免單調的作用外，没有任何分别。這種混用不别，就是我們所説的兼容性（或綜合性、模糊性）。當這樣混用不别時，没有人認爲"名+數+量"在句法上"重新分析"爲"數+量+名"，或"數+量+名"在句法上"重新分析"爲"名+數+量"[①]。

那麼，"名+數+量"和"數+量+名"是不是任何時候都没有區别呢？當然不是。一般説，二者表意重點有時可以有所不同。比如前者可能更側重於表達實際的計數計量，後者則在計數計量之外，其"數+量"作爲名詞的修飾語，更有利於表達對名詞的屬性或特徵的描寫。這種區别在實際用例中同樣可以觀察到。但是，這僅僅是表意側重點的不同，不是截然的區分，没有强制性。换句話説，"名+數+量"和"數+量+名"的關係是傾向性區别中的相互兼容，或者説是相互兼容中的傾向性區别。這就是漢語。

關於"名+數+量"的句法上的"重新分析"既然不存在，那麼所謂服

[①] 姚振武《指稱與陳述的兼容性與引申問題》，《中國語文》2000年第6期。

從漢語修飾語居前特點的"移位"説也就落空了。

第四節　動量的表達與動量詞的發展

動量表示的是動作行爲的次數。上古時期，漢語動量的表示主要有"數+動"（及其衍生形式）和"動+數"（及其衍生形式）這樣兩種方式。

殷商時期，動量表示很少見。有如下一例，爲"數+動"式①：

癸酉卜，殻貞：旬亡禍？王二曰：丏！　　　　（《合集》10405正）

"王二曰"即王兩次説。

至西周時期，用例略多，且兩種形式都有了：

（1）王三宿，三祭，三咤。　　　　　　　　　（《尚書·顧命》）
（2）夫子勖哉！不愆于四伐、五伐、六伐、七伐乃止，齊焉。
　　　　　　　　　　　　　　　　　　　　　　（《尚書·牧誓》）
（3）五載一巡守，群后四朝。　　　　　　　　（《尚書·堯典》）
（4）農三拜頴首，敢對揚王休。　　　　　　　（農卣，西周中期）
（5）我宜鞭汝千。　　　　　　　　　　　　　（曶匜，西周早期）
（6）乃師或以汝告，則致乃鞭千。　　　　　　（曶匜，西周早期）

但這一時期動量表示的形式比較簡單。例（4）的"三拜頴首"是"三拜三頴首"的意思，屬於"數+動"的衍生形式，這種衍生形式西周時尚少見。

東周以降，用例大量增加，且有了較多的衍生形式。舉例如下。

1. "數+動"及其衍生形式

至于廟門，揖入。三揖，至于階，三讓。主人以賓升，西面。
　　　　　　　　　　　　　　　　　　　　　　（《儀禮·士昏禮》）
尸三飯，告飽。　　　　　　　　　（《儀禮·特牲饋食禮》）
下階，發氣，怡焉；再三舉足，又趨。　　（《儀禮·聘禮》）
賓升，北面，奠雁，再拜稽首，降，出。　　（《儀禮·士昏禮》）
凡舉爵，三作而不徒爵。　　　　　　（《儀禮·鄉飲酒禮》）

---

① 張玉金《甲骨文語法學》，19頁。

公輸盤九設攻城之機變,子墨子九距之。　（《墨子·公輸》）
主人西南面三拜眾賓,眾賓皆答壹拜。　（《儀禮·鄉飲酒禮》）
賓三拜乘禽於朝,訝聽之。　（《儀禮·聘禮》）
婦入寢門,贊者徹尊冪,酌玄酒,三屬于尊,棄餘水于堂下階間。
　　　　　　　　　　　　　　　　　　　　（《儀禮·士昏禮》）
賓三飯以涪醬。　　　　　　　　　　　（《儀禮·公食大夫禮》）

2. "動+數"及其衍生形式

（賓）北面哭,踊三,降,主人不踊。　　（《儀禮·士喪禮》）
商祝免袒,執功布入,升自西階,盡階,不升堂。聲三,啓三,
命哭。　　　　　　　　　　　　　　　　（《儀禮·既夕禮》）
曰:"皋某復!"三,降衣于前。　　　　（《儀禮·士喪禮》）
祝曰:"餕,有以也。"兩餕奠舉于俎,許諾,皆答拜。若是者三。
　　　　　　　　　　　　　　　　　　　（《儀禮·特牲饋食禮》）
賓即筵坐,左執觶,祭脯醢,以柶祭醴三。（《儀禮·士昏禮》）
宰夫內拂几三,奉兩端以進。公東南鄉,外拂几三,卒,振袂,中
攝之,進,西鄉。　　　　　　　　　　　（《儀禮·聘禮》）
宗人東面取巾,振之三,南面授尸。　（《儀禮·特牲饋食禮》）

總的來看,在整個上古時期,"數+動"及其衍生形式在數量上一直佔有絕對優勢。

動量詞的产生,過去較有影響的說法是"漢語動量詞至遲在魏晉六朝時代就已經产生了,或者說就已經'逐漸出現'了"[①]。但據我們看,戰國時期可能就有了動量詞。例如:

小樂正立于西階東,乃歌《鹿鳴》三終。　（《儀禮·大射儀》）
群工陪于後,乃管《新宮》三終。　　　　（《儀禮·大射儀》）
歌《騶虞》,若《采蘋》,皆五終。射無算。（《儀禮·鄉射禮》）

這裏的"三終"、"五終"就是三遍、五遍的意思。"終"為動量詞。我們知道,"終"有"終結"、"完結"、"既已"之義,古人訓之極多。把終結一次作

---

① 劉世儒《漢語動量詞的起源》,《中國語文》1959年第6期。

爲一遍（動量）來計量，是自然的。彭林把上面幾例譯爲"三遍"、"五遍"，並注明："每一耦射時，要歌《詩》五遍。"似得之①。

《左傳》中還有如下一例：

> 必使先射，射三發，皆遠許爲。許爲射之，殪。
> 　　　　　　　　　　　　　　　　（《左傳》哀公十六年）

何樂士認爲："'發'在這裏可以理解作動詞，也可理解作量詞。'發'在《左傳》裏，除此例外都用爲動詞。這個'發'可能也是動詞，以後逐步成爲動量詞；也可能當時已具備有動量詞的性質。總之，可以看出，有些動量詞是由動詞發展變化而來的。"②

關於"發"，《史記》中有如下一例：

> 遂入，至紂死所。武王自射之，三發而後下車，以輕劍擊之，以黃鉞斬紂頭，縣大白之旗。已而至紂之嬖妾二女，二女皆經自殺。武王又射三發，擊以劍，斬以玄鉞，縣其頭小白之旗。（《史記·周本紀》）

這一例的"武王又射三發"，其"發"似只能理解爲動量詞。因副詞"又"修飾動量結構很自然，而修飾主謂結構（視"發"爲動詞）則不自然。

至西漢時期，動量詞稍多，除"發"以外，大致還有"通、下、遍、過"等③。舉例如下：

> □□行夜舉苣火二通　　　　　（《居延新簡》53·104A）
> 虜犯入塞隨河下行夜舉火二通　　（《居延新簡》22·392）
> ["二通"即"二遍"、"二次"之意。]
> 即以疑所持胡桐木丈從後墨擊意項三下
> 　　　　　　　　　　　　　　　（《居延新簡》22·326）
> 今乃言候擊敵數十下　　　　　（《居延新簡》52·178）
> 太子擊前誦恭王之言，誦三遍而請習之。　（《説苑·敬慎》）
> 汗出以巾拭身，亦三十遍而止。　（《靈樞經·壽夭剛柔》）

---

① 彭林注譯《儀禮》，岳麓書社，2001年，177~178、134頁。又請參考葉桂郴、羅智豐《漢語動量詞形成的原因》，《古漢語研究》2007年第3期。
② 何樂士《左傳的數量詞》，見《古漢語語法研究論文集》。
③ 唐鈺明《古漢語動量表示法探源》，《古漢語研究》1990年第1期。

一歲中往來過他客,率不過再三過,數見不鮮,無久慁公爲也。

(《史記・酈生陸賈列傳》)

八風四時之勝,終而復始,逆行一過,不復可數,論要畢矣。

(《黃帝內經素問・玉版論要篇》)

不過總的來説,戰國秦漢間,動量詞是很少見的。

第四章
代詞的發展

第一節　人稱代詞的發展

上古漢語裏只有第一、第二人稱代詞,没有專職的第三人稱代詞。

一、第一人稱代詞的發展

(一)第一人稱代詞發展概述

殷商時代,第一人稱代詞有"我"、"余"、"朕"三個,它們語音有一定的聯繫,語法功能有一定的分工。陳夢家説:"卜辭的第一人稱有'我'、'余',領格有'朕'。'余'和'朕'通常爲王的自稱,凡有此二代詞的卜辭通常(也有少數的例外)是王自卜的。'余'可以是主格賓格而不能是領格,'我'則可以兼爲主賓領三格。如此,'余'、'我'同爲第一人稱的主格賓格,'朕'、'我'同爲第一人稱的領格,它們的分別何在?'余'、'朕'都是時王的自稱,所以是單數的,'朕'就是'我的'。卜辭'我受年'相當於'商受年','我'是集合的名詞,主格賓格之'我'就是'我們'。卜辭的'受余又'和'受我又'是不同的,前者是受王佑,後者是受商佑。領格之'我'就是'我們的'。"①

這也就是說,這三者有"格位"和"數"的不同。"我"表多數,可作主語、賓語和定語;"余"、"朕"表單數,"余"可作主語、賓語,很少作定語,"朕"主要作定語,有時也作主語。

陳氏所言是對"我"、"余"、"朕"三者關係的具有代表性的概括,大體符合事實,但也不盡然。兹説明如下。

---

① 陳夢家《殷虚卜辭綜述》,96頁。

我

"我"可作主語、定語、賓語,表多數。例如:

(1) 庚寅卜,爭貞:我其祀于河? 　　　　　　(《合集》14549)
(2) 甲辰卜,爭貞:我伐馬方,帝授我祐? 　　(《合集》6664正)
(3) 丙辰卜,永貞:呼省我田? 　　　　　　　(《合集》9611)
(4) 癸未卜,古貞:黃尹保我史?
　　　　　 貞:黃尹弗保我史? 　　　　　　(《合集》3481)
(5) □午卜,宮貞:河求(咎)我? 　　　　　　(《合集》14615)
(6) 辛酉卜,殼貞:乙丑其雨,不唯我禍?
　　　　　 貞:乙丑其雨,唯我禍? 　　　　(《合集》6943)
(7) 庚戌卜,殼貞:昆害我?
(8) 庚戌卜,殼貞:昆不我害? 　　　　　　　(《合集》14707)
(9) 丙戌子卜,貞:丁不努我? 　　　　　　　(《合集》21727)

以上各例中的"我",例(1)、(2)作主語,例(3)、(4)作定語。例(5)~(8)作動詞的賓語,其中包括服從古漢語賓語提前規律的用例(例[6]用"唯"標誌賓語提前,例[8]則是否定句中代詞賓語提前)。否定句中代詞賓語"我"也有不前置的,如例(9)。

"我"還作多賓語結構中的間接賓語[①]。例如:

(10) 貞:帝其作我孽? 　　　　　　　　　　(《合集》14184)
(11) 貞:帝不我其畀土方祐? 　　　　　　　(《合集》40033)

上引例(10)中的"我"作間接賓語,置於動詞之後。例(11)中的"我"也作間接賓語,但由於出現在否定句中,故前置於動詞。

但"我"表多數有時不十分嚴格。喻遂生專有《甲骨文"我"有單數說》一文對此加以闡述[②]。他舉出了"我"和"余"同辭的例子:

　　癸酉卜,王貞,余勿祀我龠,唯……用? 　(《合集》15496)
　　辛巳卜,王貞,余福酒,我御……三匚? 十二月。(《合集》19814)
　　……王貞,余……𠚚于示,……我祐? 　(《合集》20322)

---

① 關於賓語的概念,請參考本書第十三章。
② 喻遂生《甲骨文"我"有單數說》,見《甲金語言文字研究論集》。

喻遂生認爲:"三句均爲時王自卜祭祀之事。第一句'我'後一字爲建築形,大約爲祭祀的場所,句意爲:'余'勿祭祀於'我'的家廟(?)。第二句意爲:'余'進行福祭、酒祭,'我'御祭於匚乙、匚丙、匚丁三位先王。第三句意爲:'余'祭祀於祖宗的牌位,先王授予'我'保佑。每句中的'余'、'我'應指稱同一主體,特別是第二句,'余'、'我'均作主語,其數應該一致,亦即都是表單數的。"

喻遂生還注意到殷商時期"我自饗"的用例:

　　惠王貞,我自饗,不其受年? 受年? 貞,王勿覲? (《合集》40095)

喻遂生認爲這一例是王自貞,"我自饗"就是我親自饗,與"王自饗"爲王親自饗相類,"我"只能爲單數。

余

"余"表示單數。"余"的句法功能如下。

一是作主語,這是"余"的主要用法。例如:

　　庚辰卜,王:余酒御于上甲?　　　　　　　(《合集》19809)
　　庚辰卜,王貞:余亡害?　　　　　　　　　(《合集》5002)

"余"作主語,佔其用例的絕大多數。

二是作賓語。例如:

　　(1) 羌甲求余?　　　　　　　　　　　　(《合集》1803)
　　(2) 祖辛害余?　　　　　　　　　　　　(《合集》1740)
　　(3) 己酉卜,王貞:師不余其見?　　　　　(《合集》20391)
　　(4) 王占曰:吉,黽勿余害。　　　　　　　(《合集》809)

上引例(1)、例(2)是"余"作賓語後置,而例(3)、例(4)是否定句中代詞賓語"余"前置。

"余"還作兼語短語中的兼語。例如:

　　貞:□夢,呼余御邑?
　　貞:王有夢,不唯呼余[御]邑?　　　　　(《合集》376)

這是陳夢家沒有言及的。

三是作定語。例如：

乙丑卜，王貞：占娥子余子？　　　　　　　　（《合集》21067）
戊辰卜，王貞：婦鼠娩余子？　　　　　　　　（《合集》14115）

陳夢家說"'余'可以是主格賓格而不能是領格"，似過於絕對。但"余"作定語的例子確非常少見。在殷商時期第一人稱代詞單數作定語的主要是"朕"。

朕

"朕"也表示單數，其主要用法是作定語。例如：

己卯卜，王貞：鼓其取宋伯歪，鼓骨載朕事，宋伯歪从鼓？
　　　　　　　　　　　　　　　　　　　　（《合集》20075）
殺朕史？　　　　　　　　　　　　　　　　（《合集》39824）
丙子卜，貞：朕臣商（賞）？　　　　　　　　（《屯南》2672）
庚戌卜：朕耳鳴，侑御于祖庚羊百？　　　　　（《合集》22099）
庚辰□王：弗疾朕天？　　　　　　　　　　（《合集》20975）

但喻遂生等指出，"朕"也可以作主語①，這是陳夢家未言及的：

戊寅卜：朕出今夕？　　　　　　　　　　　（《合集》22478）
□□卜，貞：朕載？　　　　　　　　　　　（《合集》20337）
丁未卜，王：勿令師黍，朕御？　　　　　　　（《合集》4243）
庚辰卜，王：朕戜羌，不葬？　　　　　　　　（《合集》525）

陳煒湛還指出了"朕"作賓語的個別用例，其文如下：

土占曰：祖乙弗若朕，不其□。（《丙》428）

此例之朕爲王自稱，作若的賓語。若，順也。此爲占辭，刻於一腹甲（由十二片碎甲綴合而成）之反面，其正面（《丙》427）則爲"貞祖乙若王不⇥"。若朕，若王，均爲動賓結構。又如：

王占曰：吉，帝左朕。（《乙》8368〔8367反〕）

此亦占辭，"朕"用爲"左"的賓語，其爲賓格當無可疑。左即佐，左朕義同佐王，卜辭亦多見。朕用爲賓格之例目前尚不多見，也

---

① 喻遂生《甲骨文"我"有單數說》，見《甲金語言文字研究論集》。

許還是一兩個"例外",但總不能說"朕"在卜辭中沒有賓格或不可用作賓語吧?①

這些都表明所謂"格位"的區別存在模糊之處。

大致說來,殷商時期漢語第一人稱系統確實有類似"形態"的區別。"我"作主語、賓語和定語,表複數。"余"和"朕"表單數,"余"作主語、賓語,很少作定語,"朕"主要作定語,有時也作主語,偶爾作賓語。二者在作賓語這一點上構成對立,在作定語這一點上也構成對立。這些區別在幾個第一人稱代詞同時並用時往往表現得比較明顯(例句見下一小節)。但以上這些分工和對立又往往不是十分嚴格的,時有"例外"。這些都體現了第一人稱系統"形態"區別的模糊的一面。

降及西周,這三個第一人稱代詞"形態"區別進一步模糊。或者說它們的功能有持續"泛化"的趨勢。

我 "我"表單數已是很明確的事了。如:

夙夕召我一人烝四方。　　　　　　　　　(大盂鼎,西周早期)

這是"我"爲單數的確切例證。

據錢宗武考察,"今文《尚書》中自稱代詞'我'用作單數凡74見","今文《尚書》'我'用作複數凡122見"②。可見"我"表單數已常態化了。

余 "余"除常作主語、賓語外,作定語不再是少見現象,這就與"我"相接近了。例如:

肆明粵辟前王事余一人。　　　　　　　　(師𩛥鼎,西周早期)
降余多福,福余順孫。　　　　　　　　　　(㝬鐘,西周中期)
唯皇上帝百神,保余小子。　　　　　　　　(㝬鐘,西周中期)
余弗敢亂余國致我考我母令。　　　(五年召伯虎簋,西周晚期)

"余"在傳世文獻中寫作"予",常作定語。例如:

疇若予工?　　　　　　　　　　　　　　　(《尚書·堯典》)

---

① 陳煒湛《甲骨文所見第一人稱代詞辨析》,《學術研究》1984年第3期。所引卜辭,"《丙》428"爲《合集》13604反;"《丙》427"則爲《合集》13604正;"《乙》8368"爲《合集》17691反,其釋文爲"王固曰:吉。左朕",無"帝"字。
② 見錢宗武《今文〈尚書〉語法研究》,115頁。

疇若予上下草木鳥獸？　　　　　　　　（《尚書・堯典》）
爾尚輔予一人,致天之罰,予其大賚汝。　（《尚書・湯誓》）
公！明保予沖子。　　　　　　　　　　（《尚書・洛誥》）
非予罪,時惟天命。　　　　　　　　　　（《尚書・多士》）

朕　據錢宗武考察,今文《尚書》"'朕'作主語凡20見","'朕'作定語凡33見"①。此外已有"朕"作賓語的確切用例,凡兩見：

汝曷弗告朕,而胥動以浮言,恐沈于衆？　（《尚書・盤庚上》）
爾謂朕："曷震動萬民以遷？"　　　　　（《尚書・盤庚下》）

"朕"還開始見到表多數的例子：

（1）帝曰："迪朕德,時乃功惟敘。"　　（《尚書・皋陶謨》）
（2）乃祖乃父,丕乃告我高后曰："作丕刑于朕孫。"
　　　　　　　　　　　　　　　　　　　（《尚書・盤庚中》）

例（1）是舜和禹在一次會議上的對話,會議議題是如何發揚堯的光榮傳統,治國安民。正如王世舜所言："從這裏我們還能約略看出原始社會酋長和官員之間的平等關係,以及由此而產生的親密無間的情景。"②因此這裏的"朕德"應理解爲"我們的德教"（實乃堯的德教）。例（2）,說話的是"乃祖乃父",顯然是多數,所以"朕孫"也應是"我們的子孫"。

吾　大約西周中後期,又有了一個第一人稱代詞"吾"：

鳴鶴在陰,其子和之,我有好爵,吾與爾靡之。（《易經・中孚卦》）
我其發出狂吾家,耄遜于荒？　　　　　　（《尚書・微子》）

這可能是人稱代詞"吾"最早的用例③。其中《微子》的"吾家"在敦煌寫本中作"魚家","吾"、"魚"古音相通。

"吾"常作主語、定語。例如：

吾少也賤,故多能鄙事。　　　　　　　　（《論語・子罕》）
雖曰未學,吾必謂之學矣。　　　　　　　（《論語・學而》）

---

① 見錢宗武《今文〈尚書〉語法研究》,116頁。
② 見王世舜《尚書譯注》,四川人民出版社,1982年,24～25頁。
③ 張玉金《甲骨文語法學》,86頁。

吾道一以貫之。　　　　　　　　　　　　　（《論語·里仁》）
吾黨之小子狂簡,斐然成章,不知所以裁之!（《論語·公冶長》）
吾日三省吾身。　　　　　　　　　　　　　（《論語·學而》）

"吾"在春秋金文中寫作"虞"或"獻":

獻(吾)以宴以喜。　　　　　　　　　　　　　（沇兒鐘）
保虞(吾)兄弟。　　　　　　　　　　　　　　（鬲鎛）

王力説:"'吾'字用於主位和領位,不用於賓位。除非在否定句裏,賓語提到動詞前面的時候,'吾'字纔可以用於賓位。"①這話適用於戰國以前。例如:

子曰:"以吾一日長乎爾,毋吾以也!居則曰:'不吾知也!'如或知爾,則何以哉?"　　　　　　　　　　　　（《論語·先進》）
愿,吾愛之,不吾叛也。　　　　（《左傳》襄公三十一年）

戰國以後,開始見到"吾"作賓語(非否定式)而置於動詞之後的例子,這種情況雖很少見,但少見不等於没有。下面略舉幾例:

厚攻則厚吾,薄攻則薄吾。　　　　　　　　　（《墨子·公孟》）
吾服女也甚忘,女服吾也亦甚忘。雖然,女奚患焉?雖忘乎故吾,吾有不忘者存。　　　　　　　　　　　（《莊子·田子方》）
彼貴我名聲,美我德行,欲爲我民,故辟門除塗,以迎吾入。
　　　　　　　　　　　　　　　　　　　　　（《荀子·議兵》）

值得注意的是,在《晏子春秋》②中,"吾"作賓語共5次,有4次置於動詞之後,只有一次是在否定式中置於動詞之前。現在把這5例悉列於下:

公曰:"章諫吾曰:'願君之廢酒也,不然,章賜死。'"
　　　　　　　　　　　　　　　（《晏子春秋·内篇諫上》第四章）
劫吾以刃而失其志,非勇也。（《晏子春秋·内篇雜上》第三章）
回吾以利而倍其君,非義也。（《晏子春秋·内篇雜上》第三章）

---

① 見王力《漢語語法史》,《王力文集》第11卷,57頁。
② 《晏子春秋》爲戰國時作品。請參考本書第十二章第四節相關説明。

今此子事吾三年,未嘗弼吾過也。

(《晏子春秋·外篇第七》第二十三章)

吾三年爲人臣僕,而莫吾知也。

(《晏子春秋·內篇雜上》第二十四章)

胡適認爲:"'吾'字不可用於賓次。其用於賓次者,非由錯寫,必係後人之變法,而非古文之用法矣。"① 這一看法顯然有偏頗。

王力又説:"在先秦時代,除了否定句在賓語提到動詞前面的情況下,"吾"字不用作賓語,但是到了戰國時代,已經出現了少數例外。"② 這個論斷是比較符合實際的。

卬　　西周時還有一個第一人稱代詞"卬",比較少見,作主語或賓語。如:

招招舟子,人涉卬否。人涉卬否,卬須我友。

(《詩經·邶風·匏有苦葉》)

樵彼桑薪,卬烘于煁。　　　　(《詩經·小雅·白華》)

越予沖人,不卬自恤。　　　　(《尚書·大誥》)

肆予曷敢不越卬敉寧王大命?　　(《尚書·大誥》)

"卬"疑母陽部,"吾"疑母魚部,"我"疑母歌部,三者可能有同源關係③。西周以後"卬"逐漸消失。戰國時期,"朕"也比較少見了,一般只出現在引用古語或仿古的地方。而"余(予)"、"吾"至西漢時仍多見,東漢時期方退出口語。從殷商時起,"我"在功能上一直具有最廣泛的適應性,以致最終在東漢時期"一統天下"④。

(二)相關"形態"現象的思考

關於上古漢語第一人稱代詞繁多的原因,歷來衆說紛紜。可大致歸結爲格位説和非格位説。王力是主張"格位説"的。他認爲:"不同音的兩個人稱代詞同時出現在一部書裏,情況就不同了。特別是在同一篇文章裏,甚至在同一個句子裏,'吾'和'我'(或"吾"和"予")同時並用,或'汝'和

---

① 《胡適文存》卷二《吾我篇》,見《胡適全集》第1卷,安徽教育出版社,2003年。
② 王力《漢語語法史》,《王力文集》第11卷,60頁。
③ 周生亞《論上古漢語人稱代詞繁複的原因》,《中國語文》1980年第2期。
④ 周法高《中國古代語法·代詞篇》;朱慶之《上古漢語"吾""予/余"等第一人稱代詞在口語中消失的時代》,《中國語文》2012年第3期;朱紅《基於語料庫的漢語第一人稱代詞分析》,《古漢語研究》2011年第1期;孫良明《古代漢語語法變化研究》。

'爾'同時並用,就不能歸結於時代不同和方言不同。如果説毫無分別的兩個人稱代詞在一種語言中(口語中)同時存在,並且經常同時出現,那是不能想象的。"①

　　王力所言的"同時並用"是客觀存在的。當這樣並用時,不同的第一人稱代詞總是顯示出比較清楚的"格位"區别。這種現象在殷商時期就已存在。例如:

　　　　甲戌卜,王:余令角帚叶朕事? 　　　　　　(《合集》5495)
　　　　——"余"作主語,"朕"作定語
　　　　寅□卜:王□弜弗其叶朕事,其㬎余? 　　(《合集》5499)②
　　　　——"余"作賓語,"朕"作定語
　　　　己酉卜,王貞:余丂朕考工征我莫。 　　　(《合集》20613)
　　　　——"余"作主語,"朕"作定語,"我"作賓語

這種情況西周時期也常能見到。例如:

　　　　余其用格我宗子與百姓。 　　　　　　　　(善鼎,西周中期)
　　　　余弗敢亂余國致我考我母令。 　(五年召伯虎簋,西周晚期)
　　　　余用作朕烈考害伯寶簋。 　　　　　　　　(揚簋,西周晚期)
　　　　今予其敷心腹腎腸,歷告爾百姓于朕志。 　(《尚書·盤庚下》)
　　　　予造天役,遺大投艱于朕身。 　　　　　　(《尚書·大誥》)

以上各例,作主語用"余"("予"),作定語用"我"或"朕"。

　　東周以降,也有類似情況。例如"吾"和"我"同時並用,如果面對的是主語和賓語,則一般是"吾"作主語而"我"作賓語;如果面對的是賓語和定語,則一般是"我"作賓語而"吾"作定語。例如:

　　　　善爲我辭焉。如有復我者,則吾必在汶上矣。(《論語·雍也》)
　　　　太宰知我乎!吾少也賤,故多能鄙事。 　　(《論語·子罕》)
　　　　夫召我者而豈徒哉?如有用我者,吾其爲東周乎?
　　　　　　　　　　　　　　　　　　　　　　　　(《論語·陽貨》)
　　　　回也,非助我者也!於吾言,無所不説。 　(《論語·先進》)

---

① 王力《漢語語法史》,《王力文集》第11卷,56~57頁。
② 以上兩例轉引自張玉金《甲骨文語法學》,26頁。筆者核對了《合集》原文,釋文從《合集》原文。

吾王之好鼓樂,夫何使我至於此極也? （《孟子·梁惠王下》）
子爲鄭國,我爲吾家,以庇焉,其可也?（《左傳》襄公三十一年）

這種經常的現象顯然不是偶然的。

但我們也注意到,這種"形態"區別往往不是很嚴格,難以做到"說一不二"。如上所示,殷商時期,"我"具有廣泛適應性,其表多數不很嚴格。"余"也不僅作主語、賓語,還可以作定語;"朕"也不僅作定語,還可以作主語甚至賓語。這種情況西周以後延續下來,且有進一步泛化的趨勢。

那麼,究竟應該怎樣認識這種看似撲朔迷離的現象呢?

經仔細觀察,可以看出,上古漢語第一人稱代詞系統"形態"其實還是有一定規律可循的。大致是這樣的:第一,如果句法環境同時提供各種不同的句法位置,這些代詞往往"各就各位",呈現出有序的對立(如上所述);第二,如果句法環境只提供一個位置,這些代詞的出現雖往往體現規律,但不時會有"例外",這一點上文也有反映;第三,如果句法環境同時提供多個相同的句法位置,則常常出現"混亂"現象。這一點上文未涉及,茲舉幾例:

（1）昔朕來自奄,予大降爾四國民命,我乃明致天罰。（《尚書·多士》）
　　——朕、予、我同作主語
（2）我得天,楚伏其罪,吾且柔之矣。　（《左傳》僖公二十八年）
　　——我、吾同作主語
（3）我不欲人之加諸我也,吾亦欲無加諸人。　（《論語·公冶長》）
　　——我、吾同作主語
（4）余雖靦然而人面哉,吾猶禽獸也,又安知是淺淺者乎?
　　　　　　　　　　　　　　　　　　（《國語·越語下》）
　　——余、吾同作主語
（5）叔孫曰:"諸侯之會,衛社稷也。我以貨免,魯必受師,是禍之也,何衛之爲? 人之有牆,以蔽惡也;牆之隙壞,誰之咎也? 衛而惡之,吾又甚焉。雖怨季孫,魯國何罪? 叔出季處,有自來矣,吾又誰怨? 然鮒也賄,弗與,不已。"　　　（《左傳》昭公元年）
　　——我、吾同作主語
（6）子之丰兮,俟我乎巷兮。悔予不送兮!　（《詩經·鄭風·丰》）
　　——我、予同作賓語

再例如：

（7）今子矔我，吾以子爲知我矣。嚮者子乘，不我辭也，吾以子爲忘。
今又不辭而入，是與臣我者同矣。我猶且爲臣，請鬻于世。

（《晏子春秋·内篇雜上》第二十四章）

這一例，"我"和"吾"在賓語位置上的對立很嚴格，只用"我"，不用"吾"。但是在主語位置上卻顯示出了隨意性：忽而用"我"，忽而用"吾"。

上古漢語第一人稱代詞這種在同時多個相同的句法位置上經常出現的混亂同樣不是偶然的，它與這些代詞在同時多個不同的句法位置經常出現的有序對立，形成鮮明而有趣的對照。

我們可把這種"格位"現象比喻爲一群小朋友做辨認角色的游戲。這群小朋友各自擔負的角色有同有異，當環境同時有各種不同的位置可資對比時，他們一般都能各就各位，不大容易發生混淆。但當環境只有一種位置，無論是一種一個，還是一種多個，就容易發生辨識模糊，產生一定程度的混淆。

綜上所述，上古漢語第一人稱代詞"形態"系統似同時存在清晰和模糊兩種傾向。歷史的發展，如果清晰性得到擴散，就可能最終呈現一個比較嚴格的第一人稱形態系統；如果模糊性得到擴散，第一人稱就可能最終歸於一。事實是，後來模糊性擴散開來了，於是中古以後，第一人稱代詞逐漸歸於一，這就是"我"，而且不再有"數"的區別。

我們認爲，就上古漢語第一人稱代詞而言，"不嚴格的形態"也許比較符合實際。

其實，"不嚴格的形態"這種現象也是有普遍意義的。從本質上説，不僅符合古漢語的實際，而且也應該符合其他語言的"形態"現象的實質。區別只在於，形態豐富的語言，其"形態"比較清晰，比較不容易找到"例外"（但絶不是没有"例外"）。形態缺乏的語言，其"形態"就較爲模糊，"例外"也就比較容易找到。古漢語便屬後者。薩丕爾説："没有一種語言是這樣霸道地强求内部一致的。所有的語法都有漏洞。"①

人類的語言，"孤立語"中可能存在局部的"屈折"（例如上古漢語第一人稱代詞系統），"屈折語"中也可能存在局部的"孤立"。一個"説一不二"

---

① ［美］薩丕爾《語言論》，34頁。

的形態系統只能存在於想象之中，要在現實中找到它，也許是徒勞的。正如薩丕爾所言：" 無論如何，很難把我們所知的一切語言都分別歸入這些類，尤其是因爲這些類別並不是互相排除的。下文就會看到，一種語言可能是黏着的，又是屈折的；或者是屈折的，又是多重綜合的；甚或是多重綜合的和孤立的。"

薩丕爾還指出：" 沒有一種語言完全忽略名詞和動詞的區別，雖然在某些特殊情況下，這種區別的性質不容易捉摸。別的詞類就不同了，沒有一類是語言非有它就活不了的。" " 最簡單的，至少是最經濟的，表達某種語法觀念的方法，是把兩個或更多個詞排成一定的次序，聯結起來，而絕不改變這些詞本身。" " 說話的現實内容，它的母音和輔音所結成的各音組，原先只限於是具體的；關係原先不用外表形式表達，只是暗含在順序和節奏裏説出來。換句話説，關係是直覺地感到的，是從本身也在直覺平面上活動的動力因素裏'洩漏出來'的。" 薩氏還説：" 把詞序和音勢看做原始的、表達一切造句關係的方法，而把某些詞和成分的現有關係價值看做由價值轉移引起的後起情況，這樣的看法有點冒險，但不是完全沒有道理的空想。"①

薩氏的論述表明，人類語言最基本的成分就是名詞和動詞，最基本的關係就是詞序和音勢。其他一切都是後起的，非根本性的。既然是後起的，非根本性的，它就會留下發展變化的痕迹，就無法做到 "説一不二"。與印歐語相較，這些後起的、非根本性成分的脆弱性，在古代漢語裏表現得比較明顯而已。

從這個角度看上古漢語人稱代詞 "形態" 系統的不嚴格性，就一點也不奇怪了。它代表人類語言 "形態" 性質的另一面。

王力説：" '余'（予）和'吾'、'我'在語法上有什麼不同，'汝'（女）和'爾'、'若'在語法上有什麼不同，還没有人能夠劃分清楚。"② 長期以來，這被當着一個令人遺憾的事實屢被提及。人們總是懷着 "劃分清楚" 的企圖，不斷從主觀上找原因，懷疑自己的理論不夠，對事實的分析觀察不細，於是各種解釋紛如聚訟。但是，如果事實本身就是不甚清楚的狀態，那麽這種自責，這種 "劃分清楚" 的追求，豈不是徒勞嗎？

---

① ［美］ 薩丕爾《語言論》，107、54、101～102 頁。
② 王力《漢語語法史》，《王力文集》第 11 卷，62 頁。

"劃分清楚"的企圖,歸根到底,是過分貫徹西方的形態觀念所造成的。西方的形態觀念用於西方的語言固然有較强的解釋力,但用於古漢語却不斷的捉襟見肘,這是不爭的事實。人類的語言,是不可能一開始就具有豐富的、複雜的形態系統的。所有的複雜都是由簡單演化來的。典型的簡單(孤立)是比較好解釋的;典型的複雜(屈折)也是比較好解釋的。但是語言的發展不可能是一種非此即彼的過程,其間一定有各種各樣的中間現象。對於這種現象,無論是單純站在簡單的立場,還是單純站在複雜的立場,都是無法解釋圓滿的。也就是説,我們既要承認驢和馬,也要承認非驢非馬。而且還要認識到,這非驢非馬,其理論價值與驢和馬是完全相當的,具有合法性。如果非要把騾子解釋爲馬(或驢),那就錯在理論了。面對事實,需要改變的是理論,而不是扭曲事實來遷就理論[①]。

古漢語人稱代詞系統的"形態"現象,説穿了,就是一種整體"孤立"背景下的,發展過程中産生的,局部的、暫時的、不成熟的形態化現象。猶如一張顯影不良的底片,一段時期内只能辨認出一個大致的輪廓,而且不久之後,這個輪廓也消失了,復歸於"孤立"的底基。這種現象是彌足珍貴的,它對於我們深入理解人類語言類型,具有重要的意義。

二、第二人稱代詞的發展

殷商時期,第二人稱代詞有"汝(女)"和"乃"。陳夢家説:"卜辭第二人稱,爲例甚少。主賓格用'女',領格用'乃'。"[②]例如:

女□入乎有司:"汝克俘二人?" （《合集》35362）
癸卯卜,貞:不女得? （《合集》439）
侯虎往,余不爾其合,以乃史歸? （《合集》3298）

陳氏所言也只是一個大概。在很少的用例中,就有"汝(女)"作領格的現象:

曰:侯虎,得女史芀,受…… （《合集》3298）
貞:王曰:"侯虎,得女史芀"? （《合集》3297正）

[①] 姚振武《人類語言的起源與古代漢語的語言學意義》,《語文研究》2010年第1期。
[②] 陳夢家《殷虛卜辭綜述》,96頁。

張玉金認爲,卜辭中還有一個第二人稱代詞"爾",只兩見[①]:

(1) 戊戌卜,殼貞:王曰:"侯虎往,余不爾其合,以乃史歸?"
　　　　　　　　　　　　　　　　　　　　(《合集》3297)
(2) 癸酉卜,殼貞:令多奠:"依爾墉?"　　　(《合集》6943)

這兩例,或作賓語(例[1],前置)或作定語(例[2])。兩例"爾"均表複數。

到了西周時期,"汝(女)"、"乃"和"爾"繼續使用,而且用量增多,用法複雜化。例如:

公宕其參,女(汝)則宕其貳。　　　(五年召伯虎簋,西周晚期)
昔余既令女(汝),今余唯緟臺乃令。　(師克盨,西周晚期)
余令女(汝)史(使)小大邦。　　　(中甗,西周早期)
鞭女(汝)五百,罰女(汝)三百鍰。　(㪤匜,西周晚期)
予若籲懷茲新邑,亦惟汝故,以丕從厥志。(《尚書·盤庚中》)
今我唯令女(汝)二人亢眔矢䖵。　　(矢令方彝,西周早期)
唯乎事(使)乃子㝬萬年辟事天子。　(㝬方鼎,西周中期)
往盡乃心,無康好逸豫。　　　　　(《尚書·康誥》)
禹曰:"俞,乃言底可績。"　　　　(《尚書·皋陶謨》)
禹曰:"都,帝!慎乃在位。"　　　(《尚書·皋陶謨》)
朕心朕德惟乃知。　　　　　　　　(《尚書·康誥》)
爾有唯小子,亡識。　　　　　　　(何尊,西周早期)
爾無不信,朕不食言。　　　　　　(《尚書·湯誓》)
我有周惟其大介賚爾。　　　　　　(《尚書·多方》)
今我既羞告爾于朕志,若否,罔有弗欽。(《尚書·盤庚下》)
肆朕誕以爾東征。　　　　　　　　(《尚書·大誥》)
告爾殷多士!今予惟不爾殺。　　　(《尚書·多士》)
惟宮室、臺榭、陂池、侈服,以殘害于爾萬姓。(《尚書·泰誓上》)
稱爾戈,比爾干,立爾矛,予其誓。　(《尚書·牧誓》)

以上各例,"女(汝)"作主語、賓語、兼語、定語等,"乃"作定語、主語,"爾"

---

① 張玉金《甲骨文語法學》,26~27頁。

作主語、賓語、定語。

西周時期還新出現了"而"、"戎"、"若"三個第二人稱代詞,不過數量較少。

而 據錢宗武統計,《尚書》"而"四見,都是作定語①:

  人之有能有爲,使羞其行,而邦其昌。 (《尚書·洪範》)
  汝弗能使有好于而家,時人斯其辜。 (《尚書·洪範》)
  其害于而家,凶于而國。 (《尚書·洪範》)

這大概是最早,也是較爲集中的用例。"而"在《詩經》裏也有幾例:

  戎雖小子,而式弘大。 (《詩經·大雅·民勞》)
  嗟爾朋友!予豈不知而作? (《詩經·大雅·桑柔》)
  我日斯邁,而月斯征。 (《詩經·小雅·小宛》)
  咨女殷商,而秉義類,強禦多懟。 (《詩經·大雅·蕩》)

從《詩經》的用例來看,"而"既可作定語,也可作主語。

戎 據張玉金介紹,"戎"在西周時期只出現在《詩經》裏,有5例②:

  戎雖小子,而式弘大。 (《詩經·大雅·民勞》)
  周邦咸喜,戎有良翰。 (《詩經·大雅·崧高》)
  王命仲山甫:式是百辟,纘戎祖考。 (《詩經·大雅·烝民》)
  纘戎祖考,無廢朕命。 (《詩經·大雅·韓奕》)
  朕命不易,榦不庭方,以佐戎辟。 (《詩經·大雅·韓奕》)

從這些用例來看,"戎"可作主語、定語。"戎"在東周及秦漢時期均不見用。向熹認爲"可能是一個方言詞"③。

若 據張玉金介紹,西周時期的"若"有如下幾例:

(1) 王曰:盂,若敬乃政,勿廢朕命。 (大盂鼎,西周早期)
(2) 矧惟若疇:圻父薄違、農父若保、宏父定辟。 (《尚書·酒誥》)
(3) 我亦維有若文祖周公暨列祖召公……我亦維有若祖祭公之執和周國,保乂王家。 (《逸周書·祭公解》)

---

① 錢宗武《今文〈尚書〉語法研究》,128頁。
② 張玉金《西周漢語代詞研究》,中華書局,2006年,97頁。
③ 向熹《簡明漢語史》下册,55頁。

（4）今王嗣受厥命,我亦惟兹二國命,嗣若功。　　《尚書·召誥》

張玉金說:"例(1)中的'若',韓耀隆(1967)認爲是第二人稱代詞作主語,唐蘭(1986)也把它譯爲'你'。例(2)中的'若疇',曾運乾訓釋說:'若疇,汝之三卿,司馬、司徒、司空也。疇,讀如壽。《詩·魯頌·閟宫》"三壽作朋",鄭箋:"三壽,三卿也。"'曾運乾的這種說法,有不少人信從。例(3)中的'若',黃懷信(1996)譯爲'您',張聞玉(2000)從之。例(4)中的'若',本爲第二人稱代詞,但在這裏活用爲第三人稱代詞,詳見下文。總之,可以認爲在西周時代已經出現了第二人稱代詞'若','若'與'卬'、'吾'對應,'卬'、'吾'在當時也已經出現了。"[①]

從張玉金所介紹的這幾例來看,"若"可以作定語和主語。

東周以降,直至西漢,"女(汝)、爾、而、若、乃"繼續使用,"乃"或作"迺"。大致情況如下。

女(汝)　作主語、賓語、兼語、定語。例如:

賈辛將適其縣,見於魏子。魏子曰:"辛來!……今女有力於王室,吾是以舉女。……"　　（《左傳》昭公二十八年）

今有司曰:"女胡執人於王官?"將焉執之?

（《左傳》昭公七年）

且夫女獨未聞牧野之語乎?　　（《史記·樂書》）

賜,汝來何其晚也?　　（《史記·孔子世家》）

——以上作主語

呼,役夫!宜君王之欲殺女而立職也。　　（《左傳》文公元年）

余不女忍殺,宥女以遠。　　（《左傳》昭公元年）

吾盡逐田氏而立女,可乎?　　（《史記·齊太公世家》）

嗟士卒!聽無譁,余誓告汝。　　（《史記·秦本紀》）

——以上作動詞賓語

捷,吾以女爲夫人。　　（《左傳》莊公八年）

後之人將求多於女。　　（《左傳》僖公七年）

吾與女同好棄惡,復修舊德,以追念前勳。

（《左傳》成公十三年）

[①] 張玉金《西周漢語代詞研究》,92頁。

嗟！伯夷，以汝爲秩宗，夙夜維敬，直哉維靜絜。

（《史記·五帝本紀》）

——以上作介詞賓語

賜女州田，以胙乃舊勳。　　　　　　（《左傳》昭公三年）

活我，吾與女璧。　　　　　　　　（《左傳》哀公十七年）

維時其庶民于女極，錫女保極。　　　（《史記·宋微子世家》）

——以上作多賓式中的間接賓語

鮑牧又謂群公子曰："使女有馬千乘乎！"（《左傳》哀公八年）

三月丙戌，余將使女反滅知氏。　　　　（《史記·趙世家》）

——以上作兼語

於是華亥欲代右師，乃與寺人柳比，從爲之徵，曰："聞之久矣。"公使代之。見於左師，左師曰："女夫也必亡！"

（《左傳》昭公六年）

["女夫"，在這裏是"你這個人"的意思。]

自我爲汝家婦，未嘗聞汝先古之有貴者。今暴得大名，不祥。

（《史記·項羽本紀》）

爾而忘句踐殺汝父乎？　　　　　　（《史記·吳太伯世家》）

——以上作定語

爾　作主語、賓語、兼語、定語。例如：

（1）楚子將殺之，使與之言曰："爾既許不穀，而反之，何故？……"

（《左傳》宣公十五年）

（2）今我其即命於元龜，爾之許我，我以其璧與圭歸，以俟爾命。爾不許我，我乃屏璧與圭。　　　　　（《史記·魯周公世家》）

（3）爾求之久矣。我能事爾，爾不可使多蓄憾，將免我乎？爾爲之！

（《左傳》文公十四年）

（4）帝令處父不與殷亂，賜爾石棺以華氏。　（《史記·秦本紀》）

（5）余必使爾罷於奔命以死。　　　　　（《左傳》成公七年）

（6）中壽，爾墓之木拱矣。　　　　　（《左傳》僖公三十二年）

（7）非我無信，女則棄之。速即爾刑！　（《左傳》宣公十五年）

（8）子玉使鬬勃請戰，……晉侯使欒枝對曰："……敢煩大夫謂二三子，戒爾車乘，敬爾君事，詰朝將見。"（《左傳》僖公二十八年）

（9）女其往視爾事矣。　　　　　　　　　　（《史記·夏本紀》）

"爾"常表單數,如上例(1)、(3)、(4)、(6)、(7)、(9)。有時也表複數,如上例(2)、(5)、(8)。

　　而　作主語、賓語、定語,作定語是主要用法。例如:

（1）且而與其從辟人之士也,豈若從辟世之士哉?　（《論語·微子》）
（2）夫差,而忘越王之殺而父乎?　　　　　（《左傳》定公十四年）
（3）謂遺:"請城費,吾多與而役。"　　　　（《左傳》襄公七年）
（4）使人弗去,曰:"罪無所歸,將加而師。"　（《左傳》宣公十三年）
（5）余,而祖也。以是爲而子。　　　　　　（《左傳》宣公三年）
（6）必以而子與大夫之子爲質。　　　　　　（《左傳》定公八年）
（7）豎儒,幾敗而公事!　　　　　　　　　（《史記·留侯世家》）
（8）我令而父霸,我又立若,若初欲分吳國半予我,我不受,已,今若反以讒誅我。　　　　　　　　　（《史記·越王句踐世家》）

以上例(3)、(4)"而"作多賓語句的間接賓語。

　　乃（迺）　作定語、兼語。例如:

（1）王曰:"舅氏!余嘉乃勳!應乃懿德,謂督不忘。往踐乃職,無逆朕命!"　　　　　　　　　　　　　（《左傳》僖公十二年）
（2）天子使大夫戒,曰:"某日,伯父帥乃初事。"　（《儀禮·覲禮》）
（3）高帝罵之曰:"迺公居馬上而得之,安事《詩》、《書》!"
　　　　　　　　　　　　　　　　　　（《史記·酈生陸賈列傳》）
（4）王使單平公對,曰:"肸以嘉命來告余一人。往謂叔父:余嘉乃成世,復爾禄次。"　　　　　　　　　（《左傳》哀公十六年）

以上例(1)～(3)的"乃"作定語,例(4)的作兼語。

　　若　作主語、賓語、定語。例如:

（1）君王爲人不忍,若入前爲壽,壽畢,請以劍舞,因擊沛公於坐,殺之。不者,若屬皆且爲所虜。　　　　（《史記·項羽本紀》）
（2）若不趣降漢,漢今虜若,若非漢敵也。　　（《史記·項羽本紀》）
（3）靈公怨太子出奔,謂郢曰:"我將立若爲后。"

　　　　　　　　　　　　　　　　　　　　（《史記·衛康叔世家》）

（4）使予錫女壽十年有九，使若國家蕃昌，子孫茂，毋失。

(《墨子・明鬼下》)

（5）吾翁即若翁，必欲烹而翁，則幸分我一桮羹。

(《史記・項羽本紀》)

可以看出，上古漢語第二人稱代詞是比較"繁複"的，其用法也是比較複雜的。對此，有人解釋爲"格位"或"數"的區別，有人解釋爲方言的區別①。事實上，即便排除方言的因素，這些第二人稱代詞各自的區別也難理出一幅清晰的圖像。例如，何樂士就比較了《左傳》"女"和"爾"的用法，她說：

"女"出現96次，用作賓語50次，主語43次；"爾"共73次，用作主語34次，定語30次。"女"作賓語的用法最多，而"爾"作賓語僅5次。"爾"作定語表領位有30次之多，而"女"絕少用於領位，僅有一例起指示作用。由此可以見到，除作主語的用法二者都較多以外，作賓語和作定語，二者是互相補充、彼此配合的。

"爾"作主語或賓語時，雖以表單數爲主，但表複數的也不少，已舉例如上。而"女"大多表單數，只有極少數表複數。如2.1.3例（1）的"使女有馬千乘乎"中的"女"等。②

錢宗武則研究了今文《尚書》的第二人稱代詞，他認爲：

今文《尚書》"汝"、"爾"、"乃"沒有格的區別。分析高頻詞"汝"、"爾"，"爾"雖晚出，不見於《虞夏書》，然而，在《商書》和《周書》中，除未見作兼語的用法外，其餘用法均同於"汝"。《商書》的《湯誓》和《盤庚》三篇及《周書》的《酒誥》、《顧命》和《文侯之命》，"汝"、"爾"同用。餘各篇"汝"、"爾"交替使用，即或用"汝"，不用"爾"；或用"爾"，不用"汝"。可見"汝"、"爾"格位的使用沒有明顯的區別，只有偶然性沒有必然性。《尚書》主於記言，或出於誓誥者的個人習慣，抑或出於整理者史官的習慣。不少學者認爲上古人稱代詞有"格"的區別，今文《尚書》的語言事實不能支持這一見解。當然，

---

① 周法高《中國古代語法・稱代篇》；周生亞《論上古漢語人稱代詞繁複的原因》，《中國語文》1980年第2期。

② 何樂士《〈左傳〉的人稱代詞》，見《古漢語語法研究論文集》。

我們也須承認今文《尚書》的對稱代詞亦存在互補關係。統計分析表明：今文《尚書》"汝"凡148見,主語就有92見,佔60%強,"汝"主要用於主格,用於領格僅5見。"乃"主要用於領格,"乃"凡66見,定語就有64見,約佔96%。"而"四例全部用於領格。"爾"凡161見,主格63見,約佔總數的39%略多些,賓語(約佔11%)、定語(約佔24%)、同位語(約佔25%)的用法則比較均衡。"乃"、"而"古音同爲泥紐咍韻,"乃"主要用於領格。"而"、"乃"一組,"而"或爲"乃"的地方變體。

"汝"、"爾"、"乃"、"而"單複數同形。除"爾"單數8見,複數153見,使用頻率差距較大外,"汝"、"乃"單複數使用頻率均較接近。"汝"凡148見,單數84見,複數64見。"乃"凡66見,單數23見,複數43見。①

綜合何、錢二人的論述,可以看出,上古漢語第二人稱代詞系統的"格"和"數",呈現的是一種似有若無的面貌,其模糊性甚於第一人稱代詞系統②。錢氏既否定"格位"的存在,同時又承認"今文《尚書》的對稱代詞亦存在互補關係"。何氏揭示的也只是《左傳》的"女"和"爾"在賓語和定語位置上的一種不嚴格的互補,以及"數"關係上的同樣是不嚴格的區別。與此相應,還有不少文章探討了不同的第二人稱代詞在語音上的聯繫和區別③。

至東漢時期,第二人稱代詞在口語中基本統一於普适性比較强的"女(汝)"④。

第二節　古指稱詞的概念及古指稱詞的發展

"古指稱詞"這個術語是我們的一個創造。它包括上古漢語"彼"、"夫"、"是"、"此"、"其"、"之"等語法成分。這些成分,學界或把它們分

---

① 錢宗武《今文〈尚書〉語法研究》,130頁。
② 請參考本書第四章第一節。
③ 王力《漢語語法史》第四章,見《王力文集》第11卷;錢宗武《〈書〉"女(汝)、爾、乃、而"研究》,《湖南師範大學社會科學學報》1996年第6期。
④ 孫良明《古代漢語語法變化研究》。

爲指示代詞和第三人稱代詞兩類,或歸爲指示代詞一類。而實際情況是,上古漢語用一套代詞承擔了印歐語及現代漢語中指示代詞和第三人稱代詞這兩套代詞的功能。因此我們用"古指稱詞"來概括這一套代詞①。

一、第三人稱範疇的表達與古指稱詞概念的提出

(一)關於第三身範疇

範疇是人的思維對客觀事物的普遍本質的概括和反映。人類的語言(或方言,下同)千差萬別,但範疇却應該是一致的。同一種範疇,在甲語言裏用某一種方式來表達,在乙語言裏則可能用另一種方式來表達。這是很常見的現象。例如江西南昌話没有"胳膊"、"大腿"等詞,但這决不意味着南昌人没有胳膊、大腿的範疇,區别只是對這種範疇的表達不一樣而已。典型的第三身範疇應該是對"我"(第一身)、"你"(第二身)之外的第三者(人)的單純的稱代。理論上一種語言可以没有專職的第三身代詞,但不可能不會表達第三身範疇。

上古漢語第三人稱代詞問題關係到上古漢語的一項重要特徵,是古漢語學界長期關注、頗爲費解的一個問題。焦點是上古漢語究竟有没有第三人稱主格代詞。主要有兩種意見。王力認爲上古漢語"第三人稱的主格代詞却是没有。'彼'字本是指示代詞,和此字相對待。它雖也偶然借用爲主格的人稱代詞,但仍有彼此比較之意"②。這是一種意見。張斌、胡裕樹認爲上古漢語"第三人稱代詞有彼、夫、其、之"等,同時,這幾個詞又被認爲是"指示代詞"③。這是第二種意見。後者代表比較傳統的一種看法。

王力認爲,上古漢語"没有第三人稱,是因爲它没有這種需要。在承説法裏,句子可以不用主語","當著者認爲有用主語的必要的時候,就把上面説過的主語復説一次"(着重號爲原文所有)④。這是一種具有代表性的看法。這種看法在道理和事實兩方面都是可商榷的。所謂"不用主語"(即通常所謂"承上省略")和把主語"復説一次"這兩種辦法,與第三身範疇的

---

① 姚振武《上古漢語第三身範疇的表達及相關問題》,《古漢語研究》2001年第4期。
② 王力《中國語法理論》,見《王力文集》第1卷,265頁。
③ 張斌、胡裕樹《漢語語法》,見《中國大百科全書·語言文字卷》,中國大百科全書出版社,1988年,177～183頁。
④ 王力《中國語法理論》,見《王力文集》第1卷,266頁。

表達是兩碼事，前者不能替代後者。請看如下事實：

　　無論是在上古漢語，還是在中古漢語、近代漢語乃至現代漢語中，這兩種辦法都是廣泛存在的，而這却絲毫沒有妨礙第三身代詞的產生、發展，以至今日須臾不可離的事實。

　　就上古漢語而言，當"上面說過的主語"是單數時，採取"復說一次"的辦法似乎還管用，但是當它是多數時，這種辦法則行不通了。例如：

（1）當成周者，南有荆、蠻、申、呂、應、鄧、陳、蔡、隨、唐；北有衛、燕、狄、鮮虞、潞、洛、泉、徐、蒲；西有虞、虢、晉、隗、霍、楊、魏、芮；東有齊、魯、曹、宋、滕、薛、鄒、莒。是非王之支子母弟甥舅也，則皆蠻、荆、戎、狄之人也。　　　　　　　　（《國語·鄭語》）

（2）公孟子曰："君子必古言、服，然後仁。"子墨子曰："昔者商王紂、卿士費仲爲天下之暴人，箕子、微子爲天下之聖人，此同言，而或仁或不仁也。周公旦爲天下之聖人，關叔爲天下之暴人，此同服，或仁或不仁。然則不在古服與古言矣。"　（《墨子·公孟》）

例（1）顯然不可能把前面數十個邦國一一復說一遍，只能用稱代成分"是"承指。例（2）前一個"此"承指紂、費仲、箕子、微子四人，後一個"此"承指周公旦、關叔二人，所承指的對象也都不宜一一復說，唯一的辦法就是用一個稱代成分"此"進行承指。因此說"沒有這種需要"，是不合適的。

（二）上古漢語第三人稱範疇的表達

　　其實，問題不是上古漢語能不能表達第三人稱範疇，而是如何表達第三人稱範疇。相信這個問題搞清楚了，上古漢語第三人稱代詞問題也就容易解決了。以"彼"爲例，上述第二種意見之所以把有關的"彼"歸入第三身代詞，是因爲看到了它稱代第三者（人）。而第一種意見則認爲這個"彼""指示性很重"[①]，"仍有彼此比較之意"[②]，應屬於指示代詞。

　　這就關係到指示代詞與第三身代詞的區別，通常關於指示代詞的觀念是，它具有指別兼稱代的功能，即既有指別性又有稱代性。第三身代詞則與其他人稱代詞一樣，"只有稱代作用，沒有指別作用"[③]。而"指別和稱代是不

[①] 王力《漢語語法史》，見《王力文集》第11卷，65頁。
[②] 王力《中國語法理論》，見《王力文集》第1卷，265頁。
[③] 呂叔湘主編《現代漢語八百詞》，商務印書館，1980年，9頁。

同的句法功能"①。因此二者的區別實質也就是指別兼稱代與單純第三身稱代的區別。但具體如何分別？學界似尚無專門的討論。目前各家的辦法多少有點"跟着感覺走"，同一個例句中的"彼"，甲覺得是單純第三身稱代，便歸入第三身代詞；乙覺得是指別兼稱代，便歸入"指示代詞"，沒有一個客觀標準。

造成第三身代詞只有稱代作用，沒有指別作用的原因是什麼？學術界一致的看法是，第三身代詞的特點就在於它一般處在承指（或曰回指）的位置。什麼是承指？呂叔湘說："上文已說，或說的人和聽的人了然於何所指，謂之承指。"② 布龍菲爾德（L. Bloomfield）說："代詞he意味着，在一切事物中，被he所替代的是剛剛纔說過的那個。單數陽性實體詞語含有這層意味的代詞是複指的或依附的代詞（anaphoric or dependent substitute），而剛纔說過的被替代的形式叫作先行詞者（或先行語，antecedent）。"③ 呂叔湘說："他字主要是個回指性的代詞。""第一次指點給別人的時候還得用指示代詞，然後纔能說他。""總之，必須要說的聽的雙方腦子裏有了默契，知道他指誰，然後纔能說他。"④ 王力也說："人稱代詞可細分爲兩類，第一類是'我'和'你'是用不着'先詞'（antecedents）的；第二類是'他'，是往往用的着'先詞'的。"⑤ 顯然，承指性是第三身代詞只有稱代作用，沒有指別作用的根本原因。因爲既然上文已說，或聽說雙方彼此已了然，前詞對於雙方就是唯一的了，再次提到時只須稱代，無須也無所指別，尤其當前詞是人名這種專有名詞時，更是如此。專有名詞本身就是獨一無二的，本來就無須也無所指別。

第三身代詞只有稱代作用沒有指別作用的原因固然在於它總是處在承指的位置上，但不能簡單地反過來說，凡處於承指位置上的稱代成分都具有第三身稱代的性質⑥。爲保證觀察的嚴謹，我們所謂第三身稱代，只限於在敘述句或描寫句中承指的位置上，稱代上文剛剛出現過的人的例子，這樣的稱代，排除了各種複雜因素的干擾，其第三身稱代的性質應該是無可置疑的。

---

① 呂叔湘《漢語語法分析問題》第49節。
② 呂叔湘《中國文法要略》，165頁。
③ ［美］布龍菲爾德《語言論》，袁家驊、趙世開、甘世福譯，商務印書館，1980年，312頁。
④ 呂叔湘《近代漢語指代詞》，學林出版社，1985年，23～24頁。
⑤ 王力《中國語法理論》，見《王力文集》第1卷，263頁。
⑥ 姚振武《上古漢語第三身範疇的表達及相關問題》，《古漢語研究》2001年第4期。

正如吕叔湘所指出的："指示上文説過的人，這個人、那個人往往等於他。"①（着重號爲原文所有。）

依照這樣的標準觀察上古漢語事實，我們發現，"彼（夫）"、"是（時）"、"此（斯）"等所謂的"指示代詞"都可以在主語、賓語位置作單純的第三身稱代，而且具有能産性。不僅可以稱代施事，有時還可稱代受事，且兼容單複數。下面分别列舉（被承指成分下加橫綫，承指成分下加着重號）。

彼（夫）

（3）聲子曰："今又有甚於此。椒舉娶於申公子牟，子牟得戾而亡，君大夫謂椒舉：'女實遣之。'懼而奔鄭，引領南望，曰：'庶幾赦余。'亦弗圖也。今在晋矣。晋人將與之縣，以比叔向。彼若謀害楚國，豈不爲患？"　　　　　　　　（《左傳》襄公二十六年）

（4）仲至自齊，季孫欲立之。南遺曰："叔孫氏厚，則季氏薄。彼實家亂，子勿與知，不亦可乎？"　　　　　　　　　（《左傳》昭公五年）
　　　　["仲"即"叔孫氏"]。

（5）對曰："楚執政衆而乖，莫適任患。若爲三師以肄焉，一師至，彼必皆出。彼出則歸，彼歸則出，楚必道敝。"
　　　　　　　　　　　　　　　　　　　　　　　　（《左傳》昭公三十年）

（6）師行，百里子與蹇叔子隨其子而哭之。秦伯怒曰："何爲哭吾師也？"二子曰："非敢哭師也，哭吾子也。我老矣！彼不死，則我死矣！"　　　　　　　　　　　　　（《穀梁傳》僖公三十三年）

（7）我死，汝往讓兩兄，彼即不來，汝有義而女。（《韓詩外傳》卷十）

（8）夫管子，天下之才也，所在之國，則必得志於天下。令彼在齊，則必長爲魯國憂矣。　　　　　　　　　　　　（《國語·齊語》）

（9）孟子曰："説大人，則藐之，勿視其巍巍然。堂高數仞，榱題數尺，我得志弗爲也。食前方丈，侍妾數百人，我得志弗爲也。般樂飲酒，驅騁田獵，後車千乘，我得志弗爲也。在彼者，皆我所不爲也；在我者，皆古之制也，吾何畏彼哉？"　（《孟子·盡心下》）

（10）曾子寢疾，病。樂正子春坐於牀下，曾元、曾申坐於足，童子隅坐而執燭。童子曰："華而睆，大夫之簀與？"子春曰："止！"曾

---

① 吕叔湘《近代漢語指代詞》，205頁。

子聞之,瞿然曰:"呼!"曰:"華而睆,大夫之簀與?"曾子曰:"然,斯季孫之賜也,我未之能易也。元,起易簀。"曾元曰:"夫子之病革矣,不可以變,幸而至於旦,請敬易之。"曾子曰:"爾之愛我也不如彼。君子之愛人也以德,細人之愛人也以姑息。"

(《禮記·檀弓上》)

[鄭玄注:"彼,童子也。"]

以上例(3)~(7)的"彼"是作主語、施事的例子,例(8)~(10)的"彼"是作賓語、受事的例子。其中例(10)"爾之愛我也不如彼"短短八字,一、二、三身俱全,可以互相發明。

"夫"與"彼"有語音上的衍生關係,性質也基本一致:

(11) 春,楚屈瑕伐羅,鬬伯比送之。還,謂其御曰:"莫敖必敗,舉趾高,心不固矣。"遂見楚子,曰:"必濟師!"楚子辭焉。入告夫人鄧曼。鄧曼曰:"大夫其非眾之謂,其謂君撫小民以信,訓諸司以德,而威莫敖以刑也。莫敖狃於蒲騷之役,將自用也,必小羅。君若不鎮撫,其不設備乎!夫固謂君訓眾而好鎮撫之,召諸司而勸之以令德,見莫敖而告諸天之不假易也。不然,夫豈不知楚師之盡行也?" (《左傳》桓公十三年)

[楊伯峻注:"夫,他稱代詞,彼也,指伯比。"[①]]

(12) 公爲支離之卒,因祝史揮以侵衛。衛人病之。懿子知之,見子之,請逐揮。文子曰:"無罪。"懿子曰:"彼好專利而妄,夫見君之入也,將先道焉。" (《左傳》哀公二十五年)

["彼"、"夫"互見。]

是(時)

(13) 麇曰:"必立伯也,是良材。" (《左傳》哀公十七年)

(14) 魏宣子之謀臣曰趙葭,康子之謀臣曰段規,是皆能移其君之計。 (《戰國策·趙一》)

(15) 故莊王之世,滅若敖氏,唯子文之後在,至於今處鄖,爲楚良臣。是不先恤民而後己之富乎? (《國語·楚語下》)

---

① 見楊伯峻《春秋左傳注》第一册,中華書局,1981年,137頁。

(16) 虢叔恃勢,鄶仲恃險,是皆有驕侈怠慢之心,而加之以貪冒。
（《國語·鄭語》）

(17) 趙簡子以襄子爲後,董閼于曰:"無恤賤,今以爲後,何也?"簡子曰:"是爲人也,能爲社稷忍羞。"　　（《淮南子·道應訓》）
[高誘注:"無恤,襄子之名。襄子能柔,能忍恥也。"]

(28) 景公有所愛槐,令吏謹守之,植木縣之。下令曰:"犯槐者刑,傷槐者死。"有不聞令、醉而犯之者。公聞之,曰:"是先犯我令。"使吏拘之,且加罪焉。　　（《晏子春秋·内篇諫下》第二章）

(19) 王奔鄖。鍾建負季羋以從。由于徐蘇而從。鄖公辛之弟懷將弑王,曰:"平王殺吾父,我殺其子,不亦可乎?"辛曰:"君討臣,誰敢讎之?君命,天也。若死天命,將誰讎?《詩》曰'柔亦不茹,剛亦不吐。不侮矜寡,不畏强禦',唯仁者能之。違强陵弱,非勇也;乘人之約,非仁也;滅宗廢祀,非孝也;動無令名,非知也。必犯是,余將殺女。"　　（《左傳》定公四年）

(20) 曾西艴然不悦,曰:"爾何曾比予於管仲?管仲得君如彼其專也,行乎國政如彼其久也,功烈如彼其卑也。爾何曾比予於是!"　　（《孟子·公孫丑上》）

(21) 高辛氏有二子,長曰閼伯,季曰實沈,居曠林,不相能也,日操干戈以相征伐。后帝弗臧,遷閼伯于商丘,主辰,商人是因,故辰爲商星。遷實沈于大夏,主參,唐人是因,服事夏、商,其季世曰唐叔虞。　　（《史記·鄭世家》）

(22) 其母曰:"子靈之妻殺三夫,一君、一子,而亡一國、兩卿矣,可無懲乎?吾聞之:'甚美必有甚惡。'是鄭穆少妃姚子之子,子貉之妹也。子貉早死,無後,而天鍾美於是,將必以是大有敗也。"
（《左傳》昭公二十八年）

以上的"是",例(13)~(18)作主語、施事,例(19)~(22)作賓語,受事;其中例(14)、(16)爲複數,略相當於"他們";例(22)爲介詞賓語;例(21)是前置賓語;例(22)前一個作主語,後兩個作介詞賓語;例(19)"必犯是,余將殺女"、例(20)"爾何曾比予於是",短短數字,一、二、三身俱全,可以相互發明。

"時"用如"是",見於《尚書》,其例如下:

（23）其在高宗,時舊勞于外,爰暨小人。　　　　（《尚書·無逸》）
（24）今惟殷墜厥命,我其可不大監撫于時?　　　（《尚書·酒誥》）

此（斯）

（25）昔者禹征有苗,湯伐桀,武王伐紂,此皆立爲聖王,是何故也?
　　　　　　　　　　　　　　　　　　　　　　（《墨子·非攻下》）
（26）是故昔者,聖王既没,天下失義,諸侯力征。南有楚越之王,而北
　　　有齊晉之君,此皆砥礪其卒伍,以攻伐並兼爲政於天下。
　　　　　　　　　　　　　　　　　　　　　　（《墨子·節葬下》）
（27）魏宣子之謀臣曰趙葭,韓康子之謀臣曰段規,此皆能移其君
　　　之計。　　　　　　　　　　　　　　　　（《韓非子·十過》）
（28）吾觀晉公子,萬乘之主也;其左右從者,萬乘之相也。今窮而出
　　　亡過於曹,曹遇之無禮,此若反國,必誅無禮,則曹其首也。
　　　　　　　　　　　　　　　　　　　　　　（《韓非子·十過》）
（29）褒人褒姁有獄,而以爲入於王,王遂置之,而嬖是女也,使至於爲
　　　后而生伯服。天之生此久矣,其爲毒也大矣。（《國語·鄭語》）
（30）伯樂教二人相踶馬,相與之簡子廄觀馬。一人舉踶馬;其一人
　　　從後而循之,三撫其尻而馬不踶。此自以爲失相。其一人曰:
　　　"子非失相也,……"　　　　　　　　　　（《韓非子·説林下》）
（31）牛缺居上地,大儒也。下之邯鄲,遇盜於耦沙之中。盜求其橐中
　　　之載則與之,求其車馬則與之,求其衣被則與之。牛缺出而去。
　　　盜相謂曰:"此天下之顯人也,今辱之如此,此必愬我於萬乘之
　　　主,萬乘之主必以國誅我,我必不生,不若相與追而殺之,以滅其
　　　迹。"　　　　　　　　　　　　　　　　　（《吕氏春秋·必己》）
（32）家富良馬,其子好騎,墮而折其髀。人皆吊之。其父曰:"此何
　　　遽不爲福乎?"居一年,胡人大入塞,丁壯者引弦而戰,近塞之
　　　人,死者十九,此獨以跛之故,父子相保。故福之爲禍,禍之爲
　　　福,化不可極,深不可測也。　　　　　　　（《淮南子·人間訓》）
（33）子嬰與其子二人謀曰:"丞相高殺二世望夷宫,恐群臣誅之,乃
　　　詳以義立我。我聞趙高乃與楚約,滅秦宗室而王關中。今使
　　　我齋見廟,此欲因廟中殺我。我稱病不行,丞相必自來,來則

殺之。" （《史記·秦始皇本紀》）

（34）張儀已學而游説諸侯。嘗從楚相飲，已而楚相亡璧，門下意張儀，曰："儀貧無行，必此盜相君之璧。" （《史記·張儀列傳》）

（35）今上始得天下，獨以己之私怨求一人，何示天下之不廣也！且以季布之賢而漢求之急如此，此不北走胡即南走越耳。

（《史記·季布欒布列傳》）

以上的"此"，例（31）爲賓語、受事，其餘爲主語、施事。例（25）～（28）爲複數，略相當於"他們"，餘爲單數；例（33）"此欲因廟中殺我"，第三身、第一身同現。

"斯"與"此"關係密切（《論語》用"斯"不用"此"），雖然總體數量較少，但也有第三身稱代的例子。如：

（36）孔子謂："子賤君子哉！魯無君子，斯焉取斯？"

（《史記·仲尼弟子列傳》）

（37）塞侯微巧，而周文處讇，君子譏之，爲其近於佞也。然斯可謂篤行君子矣！ （《史記·萬石張叔列傳》）

例（36）前後兩個"斯"，前一個承指上文剛提到的子賤，爲第三身稱代。後一個指君子的品質、修養。此例《論語·公冶長》作"子謂子賤：'君子哉若人！魯無君子者，斯焉取斯？'""若人"是指示代詞的性質，"斯"則處在承指的位置，是第三身稱代的性質。例（37）的"之"、"其"、"斯"都是承指上文剛提到的塞侯和周文，"之"和"其"被認爲是第三身稱代，"斯"也不應例外。

上述"彼（夫）"、"是（時）"、"此（斯）"各例，都是承指剛剛提到的第三者，不存在任何"彼此不同"、"遠近不同"等指別的因素。此外，我們把它們視爲單純第三身稱代，還有以下證據：

其一，這些成分處於承指位置上時不再有區別。也就是説，同一個第三者（人），當被承指時，説話人常無分別地混用"彼、是、此、其、之"等稱代成分。

其二，當這個第三者的身份是承指者的親屬時，也是用"彼、是、此"等來承指。而親屬之間更是無須"指別"的。例如：

（38）所謂桑雍者，便辟左右之近者，及夫人優愛孺子也。此皆能乘王之醉昏，而求所欲於王者也。是能得之乎内，則大臣爲之枉法於外矣。 （《戰國策·趙四》）

（39）夫管仲，天下之大聖也。今彼反齊，天下皆鄉之，豈獨魯乎？今若殺之，此鮑叔之友也，鮑叔因此以作難，君必不能待也，不如與之。　　　　　　　　　　　　　　　　　　　　　　　　　　（《管子·大匡》）

（40）齊大旱之時，景公召群臣問曰："天不雨久矣，民且有飢色，吾使人卜之，崇在高山廣水，寡人欲少賦斂以祠靈山可乎？"群臣莫對。晏子進曰："不可，祠此無益也。夫靈山固以石爲身，以草木爲髮，天久不雨，髮將焦，身將熱，彼獨不欲雨乎？祠之無益。"景公曰："不然，吾欲祠河伯可乎？"晏子曰："不可，祠此無益也。夫河伯以水爲國，以魚鱉爲民，天久不雨，水泉將下，百川竭，國將亡，民將滅矣，彼獨不欲雨乎？祠之何益？"
　　　　　　　　　　　　　　　（《晏子春秋·內篇諫上》第十五章）

（41）昔楚人蛟革犀兕以爲甲，堅如金石，宛鉅鐵釶，慘若蜂蠆，輕利剽疾，卒如飄風。然兵殆於垂沙，唐子死，莊蹻起，楚分爲三四者，此豈無堅甲利兵也哉？其所以統之者非其道故也。汝淮以爲險，江漢以爲池，緣之以方城，限之以鄧林，然秦師至於鄢郢，舉若振槁然。是豈無固塞限險也哉？其所以統之者非其道故也。紂殺比干而囚箕子，爲炮烙之刑，殺戮無時，群下愁怨，皆莫冀其命，然周師至，而令不行乎左右。其豈無嚴令繁刑也哉？其所以統之者非其道故也。　　　　　　　　（《韓詩外傳》卷四）

（42）朱公長男竟持其弟喪歸。至，其母及邑人盡哀之，唯朱公獨笑，曰："吾固知必殺其弟也！彼非不愛其弟，顧有所不能忍者也。是少與我俱，見苦，爲生難，故重棄財。"
　　　　　　　　　　　　　　　　　　　（《史記·越王勾踐世家》）

（43）景公有愛女，請嫁于晏子。公迺往燕晏子之家。飲酒，酣，公見其妻曰："此子之內子邪？"晏子對曰："然。是也。"公曰："嘻！亦老且惡矣。寡人有女少且姣，請以滿夫子之宮。"晏子違席而對曰："乃此則老且惡，嬰與之居故矣，故及其少且姣也。且人固以壯託乎老，姣託乎惡，彼嘗託而嬰受之矣。君雖有賜，可以使嬰倍其託乎？"再拜而辭。
　　　　　　　　　　　　　　　（《晏子春秋·內篇雜下》第二十四章）

例（38）承指便辟左右之近者及夫人，或用"此"，或用"是"；例（39）承指管仲,或用彼,或用此。例(40)承指擬人化了的靈山、河伯,同樣賓語位置,或用"此"或用"之"。例(41)上半段承指楚人,或用"此",或用"是"、"其";下半段"其"承指紂,與上面的"此"、"是"、"其"同處排比句的相同位置,且獨立作主語,亦可以相互發明。例(42)朱公承指自己的長子,同在主語位置,既用"彼"又用"是"。例(43)晏子承指自己的妻子,同在主語位置,既用"此"又用"彼"。又例(14)與例(27)內容完全相同,一用"是",一用"此"。這些事實說明,承指者僅僅是從單純第三身稱代的角度來使用這些稱代成分的,所以在同樣條件下用哪一個本無足輕重。如果其間還有指別的意思(如"彼此比較"等),則上述混用現象就不好解釋了,尤其是同一個人在同時、同地、對同一對象混用稱代成分,就更是不可思議的了。正如呂叔湘所言:"指人而又是稱代性承指,那就是三身指稱的第三身了。""我們要注意的是在這一類用法(按,指承指)裏,遠指和近指的區別不很顯著,白話的'這'和'那'有時竟可通用。"①

例(42)、(43)以及上述例(8)、(9)又都是承指自己的兒子、兄弟或妻子。親屬之間,尤其是直系親屬之間,處於那種場合,更是只能稱代,不可能有指別之意,否則就笑話了。

上古漢語還有"其"、"之"這兩個成分,學界一般都認爲是第三身代詞。這兩個成分絕大部分處於承指的位置(呂叔湘說"其"字"專用於承指"②),所以學界分歧較小。茲略舉幾例。

其 一般作領屬性定語,偶爾作兼語:

(44)人之有能有爲,使羞其行。　　　　　　(《尚書·洪範》)
(45)壯者以暇日修其孝悌忠信,入以事其父兄,出以事其長上。
　　　　　　　　　　　　　　　　　　　　　(《孟子·梁惠王上》)
(46)子游曰:"地籟則衆竅是已,人籟則比竹是已。敢問天籟。"子綦
　　曰:"夫吹萬不同,而使其自已也。"　　　(《莊子·齊物論》)

之 一般作賓語,偶爾也可作兼語:

(47)夫陽生長而國人戴之,君其勿易。
　　　　　　　　　　　　　　　　　(《晏子春秋·內篇諫上》第十一章)

———————
① 呂叔湘《中國文法要略》,165～166頁。
② 呂叔湘《中國文法要略》,165頁。

（48）令柏巡氓,家室不能禦者,予之金。

（《晏子春秋·内篇諫上》第五章）

（49）公曰:"翟王子羨之駕,寡人甚説之,請使之示乎。"

（《晏子春秋·内篇諫上》第九章）

"其"和"之"的存在,就是"彼"、"是"、"此"較少作賓語、幾乎不作領屬性定語的原因。

但是"其"和"之"也有指别的用法,只是用例較少。如:

（50）匿怨而友其人,左丘明恥之,丘亦恥之。　（《論語·公冶長》）
（51）子曰:"不在其位,不謀其政。"　（《論語·泰伯》）
（52）日居月諸,照臨下土。乃如之人兮,逝不古處。

（《詩經·邶風·日月》）
（53）之二蟲又何知?　（《莊子·逍遥游》）

學界對於"彼"、"是"、"此"等,過於注重指别的一面而忽視了單純第三身稱代的一面;而對"其"、"之"則過於注重單純第三身稱代的一面而忽視了指别的一面。

至此,我們可以把上古漢語第三身範疇的表達方式歸納如下:主語用"彼"、"是"、"此"等;領屬性定語用"其";賓語絶大部分用"之",少量用"彼"、"是"、"此"。這一格局在例（40）、例（43）中表現得尤其明顯。

（三）古指稱詞概念的提出

從以上論述可以看出,上古漢語雖然没有一個功能完備的專職第三身代詞,但却可以自如、完整地表達第三身範疇,辦法就是多個成分合作,各司其職,綜合體現。

過去有關研究的一個重大缺陷,是幾乎完全忽視了"是（時）"和"此（斯）"等的單純第三身稱代的用法。現在證實,這種用法確實存在,且並不罕見。這就促使我們從系統上重新考慮過去所謂"指示代詞"的性質,從而提出"古指稱詞"的概念。

總結"彼、是、此"等的功能,有以下三點:

甲:單純指别,表現在作定語的時候。例如"彼君子"（《詩經》）,"是時"（《晏子春秋》）,"此言"（《孟子》）等。

乙:指别兼稱代,表現在用作特指的時候。這也是被認爲"指示代詞"

的典型用法①。

丙：單純稱代，表現在用作承指的時候。其中指人的部分肯定就是第三身稱代。

以上是彼、是、此等的功能格局。王力一派的意見是一律歸爲指示代詞。然而什麼是"指示代詞"？王力説："凡詞用來特別指出人物或其德性，或其行爲的方式、德性的程度等，叫作指示代詞。"②吕叔湘説："這、那後面有名詞的時候，它的作用是指示；這、那後面没有名詞的時候，它的作用是稱代（當然也兼指示）。"③可以看出，學界一般是在甲和乙的範圍内界定指示代詞的，忽視了丙。王力的歸類實際只適合甲、乙，容納不了丙。這也就是本文討論的重點。張斌、胡裕樹一派對"彼"則採取一分爲二的辦法：甲、乙歸爲指示代詞，丙歸爲第三身代詞。這種辦法有兩方面的問題，一是方法上落入了"依句辨品"的窠臼，後患無窮；二是所謂第三身代詞在功能上也是不完備的：較少作賓語，幾乎不作領屬性定語。

這兩派意見有一個共同點：都堅持指示代詞與第三身代詞兩分。王力一律歸於指示代詞，是因爲他認爲彼、是、此等不符合他心目中第三身代詞的標準，所以寧可把第三身代詞空着也不讓它們進來，實質上還是兩分。

指示代詞和第三身代詞在印歐語中是兩分的，在現代漢語中也是兩分的。然而我們看到，在上古漢語中却没有這種分别，即上古漢語用一套代詞承擔了印歐語及現代漢語中指示代詞和第三身代詞這兩套代詞的功能。在

---

① 特指不同於承指。特指常伴以手勢或其他動作以示指别，有時近指、遠指對舉，有時並不對舉，只是指示一個以别其餘，或者説話者心目中有其他個體作爲指别的參照。特指一般没有前詞。某些特指與"説的人和聽的人了然於何所指"的承擔有時在形式上不好區分，必須分析語境。例如：

（1）孟子曰："《春秋》無義戰，彼善於此，則有之矣。"　　　　　《孟子·盡心下》）
（2）對曰："王請無好小勇。夫撫劍疾視曰：'彼惡敢當我哉！'此匹夫之勇，敵一人者也。王請大之。"　　　　　《孟子·梁惠王下》）
（3）齊莊公朝，指殖綽、郭最曰："是寡人之雄也。"　　　　　《左傳》襄公二十一年）
（4）魯君之宋，呼於垤澤之門。守者曰："此非吾君也，何其聲之似我君也？"《孟子·盡心上》）
（5）無幾何而梁丘據御六馬而來。公曰："是誰也？"晏子曰："據也。"
　　　　　《晏子春秋·内篇諫上》第十八章）

例（1）"彼"、"此"對舉，指别之意明顯。例（2）~（4）的稱代成分均是直指當前對象中的某一個，屬於特指。例（4）是否定句，所以指别之意更爲明顯。例（5）的"梁丘據"是記述者筆下出現的，和"是"不構成承指關係，"是"爲特指，顯然有識别的意思。

② 王力《中國現代語法》，商務印書館，1985年，223頁。
③ 吕叔湘《近代漢語指代詞》，195頁。

上古漢語第三身代詞問題上如果不放棄指示代詞、第三身代詞兩分的觀念，就不可能擺脫左支右絀的局面。打一個比方，現代的餐具，碗是裝飯的，盤子是裝菜的。然而在古代，我們假定，只有一種餐具，既裝飯又裝菜。對此，站在現代的立場上，說古代既有盤子又有碗，是不對的。因爲古代無論裝飯還是裝菜都是用同一種東西。如果說古代的碗兼有盤子的功能，或者盤子兼有碗的功能，同樣是不對的。因爲只有兩種不同的東西同時存在，纔會有"兼"的問題，例如在現代，偶爾用碗裝了一次菜，我們纔可以說這個碗兼了盤子的功能，因爲另外確有盤子存在。而古代只有一樣的東西，根本無所兼，當然也就無從"兼"。可以看出，上述種種扞格都是碗和盤子必須兩分這種現代觀念帶來的。如果放棄這種觀念，承認古代沒有碗和盤子的不同，問題就解決了。呂叔湘說："就古代漢語而論，第三身代詞跟指示代詞的關係異常密切，應該合併成一類。"[1]這實際上已經點到了問題的實質。

指示代詞與第三身代詞不分的觀點同樣也適合於"其"和"之"，這是同一系統内部的平行現象。區別只在於，"其"和"之"在功能上只有甲和丙兩個環節。

上古漢語裏不存在指示代詞與第三人稱代詞的對立，這並不奇怪。呂叔湘指出："指示代詞跟三身代詞在來源上有密切的關係，多種語言裏都有或顯著或隱微的例證。"[2]徐丹也描繪了英語、法語、俄語的指示代詞與第三人稱代詞在淵源上的密切關係[3]。郭錫良也指出，蒙語"第三人稱代詞與指示代詞完全是相同的形式"，"朝鮮語同蒙語相似，指示代詞和第三人稱代詞也是不分的"[4]。

指示代詞和第三身代詞不分，在現代方言中仍有遺留。張惠英指出："第三人稱代詞單數，在方言中多數用'他、伊、渠'，而在山西很多方言中，第三人稱代詞是用遠指詞'兀'或'那'構成。""用'那（乃）、那家'作第三人稱的地方，他們的遠指詞有的是用'那'，如汾陽、離石，有的則不用'那'，也用'兀'，如洪洞、臨汾、臨縣。由於'那'在山西還是被廣泛使用的遠指詞，所以儘管臨汾、臨縣不用'那'作遠指詞，但第三人稱的'那'、'那

---

[1] 呂叔湘《近代漢語指代詞》，1頁。
[2] 呂叔湘《近代漢語指代詞》，187頁。
[3] 徐丹《第三人稱代詞的特點》，《中國語文》1989年第4期。
[4] 郭錫良《漢語第三人稱代詞的起源和發展》，見《漢語史論集》（增補本）。

家'來自遠指詞'那'還是無疑的。"①

吕叔湘説:"古代多借指示代詞爲第三身代詞,如之原來是近指代詞,其原來是中指(較近的遠指)代詞,彼原來是遠指代詞。"② 郭錫良也説:"總之,代詞'其'同'之'一樣,原本是指示代詞,在先秦雖然已經由特指代詞向第三人稱代詞轉化,但也未完成它的轉化過程。"③按照這種觀點,"之"、"其"、"彼"等原來必須有過一段没有單純第三身稱代用法的時期,然後纔談得上"借"或"轉化"。可是這一時期並没語言事實的支持。因爲從殷商時期開始,相關成分就同時具有"指示代詞"和"第三人稱代詞"兩種用法。(説見下)

郭錫良又説,"之"、"其""它們在先秦本質上是指示代詞,不過兼任了後代第三人稱代詞的職務"④。這也是欠妥的。只有兩種不同的詞類同時存在,纔可謂"兼"。比如名詞、動詞這兩個詞類同時存在,纔有條件説某一名詞兼動詞。説一種成分兼任當時並不存在,數百年後纔出現的另一種成分的職務,還不如説這職務就是該成分的本職。説它們本質上是指示代詞,與説它們本質上是第三人稱代詞一樣,反而模糊了它們的本質。我們認爲,這些成分的"指示代詞"用法和"第三人稱代詞"用法,都是與生俱來的,都是它們固有功能的一部分,不存在誰先誰後的問題,當然也就不存在誰向誰借(或轉化,或兼任)的問題。這其實很好理解,所謂"第三人稱代詞"用法,無非就是這些成分處在承指的位置上指代人的用法。我們覺得,所謂"借"、"轉化"、"兼任"等,都是指示代詞與第三身代詞兩分的觀念起作用的結果。

可以看出,我們關於"彼"、"是"、"此"和"其"、"之"的觀念在現有語法術語中找不到合適的名稱。説它們是指示代詞,就意味着它們不是第三人稱代詞,從而掩蓋了它們單純第三身稱代的功能;説它們是第三人稱代詞,就意味着它們不是指示代詞,從而掩蓋了它們單純指別和指別兼稱代(就"彼"、"是"、"此"而言)的功能。所謂"借"、"轉化"、"兼任"等,都是這種兩難之間的調整,是一種"補漏"行爲,不解決根本問題。爲此,似不妨創造"古指稱詞"這樣一個術語來稱呼它們。指,含義指別;稱,含義稱

---

① 張惠英《漢語方言代詞研究》,語文出版社,2001年,197~198頁。
② 吕叔湘《近代漢語指代詞》,187頁。
③ 郭錫良《漢語第三人稱代詞的起源和發展》,見《漢語史論集》(增補本)。
④ 郭錫良《漢語第三人稱代詞的起源和發展》,見《漢語史論集》(增補本)。

代。粗略地説,古指稱詞與現代語法觀念中的指示代詞和第三人稱代詞的關係,可以用古人類學中古猿與現代的人和猴的關係來類比。古猿是後來的人和猴的共同祖先,但它既不是人,也不是猴。因此,無論把古猿稱作人還是稱作猴,都是不科學的。古猿就是古猿。與此相仿,古指稱詞從功能上説是後來的指示代詞和第三人稱代詞的共同祖先,但它既不是指示代詞,也不是第三人稱代詞。因此,無論把它稱作指示代詞還是稱作第三人稱代詞,也都是不妥的。古指稱詞就是古指稱詞。

上古漢語是有詞類的,但上古漢語的詞類格局可能既不同於西方語言的詞類格局,也不同於現代漢語的詞類格局,這是需要注意的。

二、古指稱詞的發展

殷商時期古指稱詞有"之"、"兹"兩個。

之　主要是作賓語和定語。例如:

翌辛丑不其啓?王占曰:"今夕其雨。"翌辛[丑]雨,之夕允雨。
辛丑啓。　　　　　　　　　　　　　　　(《合集》3297反)
己丑卜,㱿貞:唯冥人?
　　　　貞:不唯冥人?
　　　　唯之人?
　　　　不唯之人?　　　　　　　　　　(《合集》7851)
□□卜,亘貞:于之?　　　　　　　　　(《合集》18866)
貞:曰之?　　　　　　　　　　　　　　(《合集》18863)

這也就是傳統所謂"指示代詞"用法。

當"之"承指前面出現的人的時候,實際就是"第三身代詞"用法。例如:

登*邕,延父己、父庚,王受祐。
弜延于之,若。　　　　　　　　　　　　(《屯南》210)
辛卯卜,賓貞:沚䝨*啓巴,王惠之比。　(《合集》6461正)①

兹　主要作定語、賓語和主語。例如:

---

① 以上6例分别轉引自張玉金《甲骨文虚詞詞典》,中華書局,1994年,320頁;張玉金《甲骨文語法學》,30頁。

  壬寅卜，㱿貞：不雨？唯茲商有作囚。　　　（《合集》776正）
  貞：茲邑其有降禍？
  戊戌卜，寽貞：茲邑亡降禍。　　　　　　（《合集》7852正）
  辛巳，余卜：今秋我步茲？　　　　　　　　（《合集》21796）
  王在茲大示佐。　　　　　　　　　　　　　（《合集》816反）
  茲有祟……吉……　　　　　　　　　　　　（《合集》7159正）
  其牢又一牛？茲用。　　　　　　　　　　　（《合集》35931）
  乙未卜，又彳歲于父乙三牛？茲用。　　　　（《合集》34240）

"茲用"在卜辭中極常見，可視爲受事主語句。
  "其"，一般認爲在殷商時期只作語氣詞用，但張玉金舉出了如下一例作"第三人稱代詞"的例子：

  庚寅卜，王：余燎于其配。　　　　　　（《英國所藏甲骨集》1864）

張玉金譯文："在庚寅卜，大王貞問：我應該燎祭他的配偶嗎？"[①]
  "茲"在西周，繼承了殷商時期的用法，同時，"第三身代詞"用法偶可見：

  甲子，王乃洮頮水，相被冕服，憑玉几。乃同召太保奭、芮伯、彤伯、畢公、衛侯、毛公、師氏、虎臣、百尹、御事。王曰："……"茲既受命，還，出綴衣于庭。　　　　　　　　　　（《尚書·顧命》）

這一例，"茲"承指前面的"太保奭……御事"等，可譯爲"他們"。王世舜譯爲"大臣們接受命令回來之後"[②]，周秉鈞譯爲"群臣已經接受教命，就退回來"[③]，可謂近之。或者，因古漢語授受不分，"茲"也可以理解爲承指王，則這一句意爲"他（王）授命後，返回，出綴衣于庭"，亦可爲一説。
  "茲"在東周以後就很少見了。
  西周以後，古指稱詞"茲"、"之"以外，逐漸又有了"彼（夫）、是（時）、此（斯）、厥（氒）[④]、其"等。
  厥 主要作定語，有時作主語，出現並活躍於西周時期，與其他古指稱詞一樣，"厥"也兼有"指示代詞"與"第三身代詞"的用法。

[①] 張玉金《甲骨文虛詞詞典》，173～174頁。
[②] 王世舜《尚書譯注》，256頁。
[③] 周秉鈞《尚書注譯》，岳麓書社，2001年，220頁。
[④] "厥"在出土文獻中寫作"氒"，二者爲異體關係。以下一律寫作"厥"。

"第三身代詞"用法：

(1) 先獸作朕考寶尊鼎。獸其萬年永寶。用朝夕饗厥多倗友。

(先獸鼎，西周早期)

(2) 率時農夫，播厥百穀。　　　　(《詩經·周頌·噫嘻》)

(3) 敔作寶簋。用饎厥孫子。厥不吉其□。　(敔簋，西周早期)

(4) 唯三月丁卯。師旂眾僕不從王征于方。雷使厥友弘以告于伯懋父。……懋父令曰："宜播。叔，厥不從厥右征。"

(師旂鼎，西周中期)

以上各例的"厥"都用於承指，例(1)、(2)的作定語；例(3)的前一個作定語，後一個作主語；例(4)第一個和第三個作定語，第二個作主語。"厥不從厥右征"，馬承源譯為"他們不從其尊長出征"①。

"指示代詞"用法：

唯九月，王在宗周令盂。王若曰："盂，丕顯文王受天佑大命，在武王嗣文作邦，闢厥慝，撫有四方，允正厥民。"② (大盂鼎，西周早期)

天子萬年世孫子受厥純魯。　　　　(伯姜鼎，西周早期)

曰若稽古，皋陶曰："允迪厥德，謨明弼諧。" (《尚書·皋陶謨》)

西周中晚期開始，"厥"逐漸為"其"所取代，至戰國時期"厥"幾乎絕迹了③。

"彼(夫)、是(時)、此(斯)、其、之"等，直到西漢時一直存在，作為古指稱詞，它們兼有"第三身代詞"和"指示代詞"用法。其"第三身代詞"用法在上文已多有舉例和說明。下面列舉其"指示代詞"用法，並說明其語法功能。

彼(夫)　主要作主語、賓語、定語。例如：

(1) 王請無好小勇。夫撫劍疾視曰："彼惡敢當我哉！"此匹夫之勇，敵一人者也。王請大之。　　　　(《孟子·梁惠王下》)

---

① 馬承源《商周青銅器銘文選(三)》，文物出版社，1988年，60頁。
② "厥慝"當指商紂治下的奸匿，"厥民"當指商紂治下的尚未歸順的百姓。"商紂"在上文並未出現，"厥"應理解為"那些"、"那裏的"等。"允正厥民"，秦永龍譯為"改造那裏的民眾"，可謂得之(見秦永龍編著《西周金文選注》，北京師範大學出版社，1992年，37頁)。
③ 參閱唐鈺明《其、厥考辨》，見《中國語文》1990年第4期。

（2）吾所謂聰者，非謂其聞彼也，自聞而已矣；吾所謂明者，非謂其見彼也，自見而已矣。夫不自見而見彼、不自得而得彼者，是得人之得而不自得其得者也，適人之適而不自適其適者也。

（《莊子·駢拇》）

（3）彼趙高素諛日久，今事急，亦恐二世誅之。（《史記·項羽本紀》）

（4）日君以夫公孫段爲能任其事，而賜之州田。（《左傳》昭公七年）

例（1）的"彼惡敢當我哉"，"彼"作主語，雖然指人，但爲特指，是指示代詞用法（指別兼稱代），與"第三身代詞"用法比較，有明顯區別。例（2）爲"彼"作賓語，例（3）、（4）則是"彼（夫）"作定語，都是指別兼稱代。

是 主要作主語、賓語、定語。例如：

（1）齊莊公朝，指殖綽、郭最曰："是寡人之雄也。"

（《左傳》襄公二十一年）

（2）黃帝策天命而治天下，德澤深後世，故其子孫皆復立爲天子，是天之報有德也。（《史記·三代世表》）

（3）是盟也何益？（《左傳》成公十一年）

（4）禹，汝平水土，維是勉哉。（《史記·五帝本紀》）

以上的"是"，例（1）、（2）作主語，其中"是寡人之雄也"，雖然指人，但爲特指，是指示代詞用法（指別兼稱代），與"第三身代詞"用法比較，有明顯區別。例（3）作定語，例（4）作前置賓語。

此（斯） 主要作主語、賓語、定語。例如：

（1）魯君之宋，呼於垤澤之門。守者曰："此非吾君也，何其聲之似我君也？"（《孟子·盡心上》）

（2）此蔡侯般弑其君之歲也。（《左傳》昭公十一年）

（3）吾嘗學此矣，忠信之事則可，不然，必敗。（《左傳》昭公十二年）

（4）此一物足以釋西伯，況其多乎！（《史記·周本紀》）

（5）知懼如是，斯不亡矣。（《左傳》成公七年）

（6）自生民以來，未始有受命若斯之亟也。（《史記·秦楚之際月表》）

以上例（1）也是特指，是指別兼稱代而非第三身代詞用法。其餘各例，指別兼稱代用法甚明。

其 主要作定語，極少作賓語。例如：

不在其位，不謀其政。　　　　　　　　（《論語·泰伯》）
莊王曰："若之許我，已而背之，其信安在？"（《史記·鄭世家》）
嗟，四岳，湯湯洪水滔天，浩浩懷山襄陵，下民其憂，有能使治者？　　　　　　　　　　　　　　　　（《史記·五帝本紀》）

之 主要作賓語，少量作定語。"之"作賓語，大部分爲承指，類似第三人稱代詞用法，但也有無所承指的，這就有"指別兼稱代"的性質了。"之"作定語，則只能是"指別兼稱代"的性質。例如：

何謂寵辱若驚？（寵爲上，）辱爲下。得之若驚，失之若驚，是謂寵辱若驚。　　　　　　　　　　　　（《老子》第十三章）
子曰："由，誨女知之乎？知之爲知之，不知爲不知，是知也。"
　　　　　　　　　　　　　　　　　　　（《論語·爲政》）
之子于歸，宜其室家。　　　（《詩經·國風·桃夭》）
之二蟲又何知？。　　　　　　　　（《莊子·逍遥游》）

郭錫良說："'之'、'兹'同屬之部，並且聲母同是舌齒音；'其'也屬之部，聲母是牙音。'之'、'兹'同'其'構成泛指和特指的對立，'之'與'兹'在遠古有語法功能方面的差異，春秋戰國時期'兹'已成爲古語的殘留。'此'、'斯'、'是'同屬支部，聲母也同是齒音，在語法方面關係也很密切，以聲母的不同表示語法方面的細微差別。'此'是指示性很強的近指代詞，'斯'是指示性輕的近指代詞，'是'是指代不在近前的中指代詞，或者可以稱爲憶指。'彼'、'夫'同是幫母字，韻的方面是歌、魚旁轉，用韻母的不同表示語法方面的細微差別。'彼'是指示性很強的遠指代詞，'夫'的指示性弱。"①

單純從"指示代詞"用法的角度看，上述論述是符合事實的。尤其是當這些成分同時出現的時候，其分別更爲明顯。例如：

春秋無義戰，彼善於此，則有之矣。　　（《孟子·盡心下》）
以德若彼，用力如此，蓋一統若斯之難也。
　　　　　　　　　　　　　　　　　（《史記·秦楚之際月表》）

---

① 郭錫良《試論上古漢語指示代詞的體系》，見《漢語史論集》（增補本）。

敢問古樂之如彼,何也? 新樂之如此,何也? (《史記·樂書》)

但這種分別又是有條件的。郭錫良還指出:"正如王力指出的:'近指和遠指,似乎很容易分別。其實除非遠近二物都説得出來,纔有了比較,否則所謂遠或近是没有標準的。'這就是説,遠近是相對而言的,説話人對所談的事物,基於考慮的角度不同,既可以視爲近指,又可以視爲遠指,因此有時説到同一個事物,既可以用'是',又可以用'此'。這種情況在現代漢語中同樣可以出現。"① 我們完全同意這個觀點。

第三節　己身代詞的發展

己身代詞,《馬氏文通》稱爲"重指代字",有的語法書稱爲"複指詞"②,還有的稱爲"反身代詞"③。我們認爲,指示代詞、第三人稱代詞都有"重指"或"複指"的功能,稱爲"重指代字"或"複指代詞"至少在字面上不利於區別。因此我們依楊樹達的提法④,稱爲"己身代詞"。採用這一名稱或類似名稱的還有楊伯峻、何樂士、殷國光、魏德勝等⑤。

在現代漢語裏,己身代詞只有"自己"一個(包含它的變體"自家"、"自個兒"),可是在上古漢語裏,據《馬氏文通》,則有"自、己、身、親"等幾個。但實際上只有"自"和"己"是真正的代詞性質,"身"和"親"不宜視爲代詞⑥。

一、關於"自"

(一) 作主語

己身代詞"自"的核心義就是己身稱代。其爲主語,一般是作主謂謂語句的小主語,複指充當施事的大主語(大主語有時可以隱含或省略)。有時

---

① 郭錫良《試論上古漢語指示代詞的體系》,見《漢語史論集》(增補本)。
② 王力《中國語法理論》,見《王力文集》第1卷;周法高《中國古代語法·稱代篇》。
③ 高名凱《漢語語法論》。
④ 楊樹達《高等國文法》,商務印書館,1984年。
⑤ 楊伯峻、何樂士《古漢語語法及其發展》;魏德勝《睡虎地秦墓竹簡語法研究》,首都師範大學出版社,2000年;殷國光《吕氏春秋詞類研究》,華夏出版社,1997年。
⑥ 姚振武《上古漢語己身代詞研究》,見《紀念〈中國語文〉創刊50周年學術論文集》,商務印書館,2003年。

它只有核心義,有時在有核心義的同時,隨着不同的語境,還伴有"親自"、"擅自"、"獨自"、"自然而然"等附加義。

1. 單純核心義。例如:

(1) 天作孽,猶可違;自作孽,不可活。
　　　　　　　　　　　　(《孟子·公孫丑上》引《尚書·太甲》)
(2) 孟子曰:"許子必種粟而後食乎?"曰:"然。""許子必織布而後衣乎?"曰:"否,許子衣褐。""許子冠乎?"曰:"冠。"曰:"奚冠?"曰:"冠素。"曰:"自織之與?"曰:"否,以粟易之。"曰:"許子奚爲不自織?"曰:"害於耕。"　(《孟子·滕文公上》)
(3) 景公見道殣,自慚無德。　(《晏子春秋·外篇第七》第八章)
(4) 舜者處民之中,則自齊乎士。(《晏子春秋·外篇第八》第五章)
(5) 君知所以爲尸者,則自下之。　(《禮記·曲禮上》)

2. 核心義+"親自"。例如:

(6) (先君)自御,禮之于廟。　(《晏子春秋·内篇問下》第二章)
(7) 齊高固來逆女,自爲也。故書曰"逆叔姬",卿自逆也。
　　　　　　　　　　　　　　　　　　(《左傳》宣公五年)
(8) 魚石、向爲人、鱗朱、向帶、魚府出舍於睢上,華元使止之,不可。冬十月,華元自止之,不可,乃反。　(《左傳》成公十五年)
(9) 孟子曰:"吾今而後知殺人親之重也:殺人之父,人亦殺其父;殺人之兄,人亦殺其兄。然則非自殺之也?一間耳。"
　　　　　　　　　　　　　　　　　　(《孟子·盡心下》)
(10) 帝親自勞軍,勒兵申教令,賜軍吏卒。　(《史記·孝文本紀》)

以上各例的"自"除核心義外,都還有"親自"這個附加義。例(6)的"自御"是國君親自駕車。例(7),楊伯峻注:"至卿大夫以下娶婦,必親迎。"① 例(8)"自止之",沈玉成譯爲"華元親自去勸阻"②。例(9)的"自殺之"也是自己親手殺的意思。例(10)的"親自勞軍",其構造是"親+自勞軍","親"字即便不用,"自勞軍"也是"親自勞軍"的意思(比較例[9]的"自

---

① 見楊伯峻《春秋左傳注》第二册,686頁。
② 見沈玉成《左傳譯文》,中華書局,1981年。

殺之")。

　　3. 核心義+"擅自"。例如：

（11）其次昧財之失守，委而不以分人者，百姓必進自分也。
　　　　　　　　　　　　　　(《晏子春秋·內篇諫下》第十九章)

（12）是賈以王之權、國之寶，外自交於諸侯，願王察之。
　　　　　　　　　　　　　　(《戰國策·秦五》)

（13）初，靈王卜曰："余尚得天下。"不吉。投龜，詬天而呼曰："是區區者而不余畀，余必自取之。"　　(《左傳》昭公十三年)

（14）項王自立爲西楚霸王，王九郡，都彭城。(《史記·項羽本紀》)

（15）南陽有梅免、白政，楚有殷中、杜少，齊有徐勃，燕趙之間有堅盧、范生之屬。大群至數千人，擅自號，攻城邑，取庫兵，釋死罪。
　　　　　　　　　　　　　　(《史記·酷吏列傳》)

以上各例的"自"除核心義外，都還有"擅自"的意思。例(15)"擅自號"的構造是"擅+自號"，"擅"字也可以不用，像(11)~(14)各例一樣。"自號"也是"擅自號"，只是加一"擅"字意思更加顯豁。(比較《史記·吳太伯世家》："太伯之奔荆蠻，自號句吳。")

　　4. 核心義+"獨自"。例如：

（16）景公聞之，大駭，乘馹而自追晏子，及之國郊，請而反之。
　　　　　　　　　　　　　　(《晏子春秋·內篇雜上》第二十七章)

（17）今公自奮乎勇力，不顧乎行義。
　　　　　　　　　　　　　　(《晏子春秋·內篇諫上》第一章)

（18）及高祖起沛，入至咸陽，陵亦自聚黨數千人，居南陽，不肯從沛公。　　　　　　　　　　　　(《史記·陳丞相世家》)

（19）范蠡曰："君行令，臣行意。"乃裝其輕寶珠玉，自與其私徒屬乘舟浮海以行，終不反。　　(《史記·越王句踐世家》)

（20）莊生知其意欲復得其金，曰："若自入室取金。"長男即自入室取金持去，獨自歡幸。　　(《史記·越王句踐世家》)

以上各例的"自"除核心義外，還有"獨自"的附加義。例(20)"獨自歡幸"的構造是"獨+自歡幸"。也可以像例(16)~(19)一樣不用"獨"，用"獨"只是使句義更顯豁一些而已。

5. 核心義+"自然而然"。例如：

（21）今君若設文而受諫，謁聖賢人，雖不去晏，星將自亡。
　　　　　　　　　　　　　　　（《晏子春秋·內篇諫上》第十八章）
（22）乾溪之役，八年，百姓之力不足而自息也。
　　　　　　　　　　　　　　　（《晏子春秋·內篇諫下》第七章）
（23）他時秦地不過千里，賴陛下神靈明聖，平定海內，放逐蠻夷，日月所照，莫不賓服。以諸侯爲郡縣，人人自安樂，無戰爭之患，傳之萬世。　　　　　　　　　　　（《史記·秦始皇本紀》）
（24）李耳無爲自化，清靜自正。　（《史記·老子韓非列傳》）
（25）或說陳王曰："客愚無知，顓妄言，輕威。"陳王斬之。諸陳王故人皆自引去，由是無親陳王者。　　　（《史記·陳涉世家》）

以上各例的"自"除核心義外，還有"無需外力，自然而然"的附加義。

上述各類附加義的產生並不奇怪。複指成分，尤其是接近所複指對象的複指成分，往往顯得不很重要，其意義容易發生游移，產生附加義，甚至產生質變，成爲另一種成分。

上述附加義有時會因各人理解的不同而有差異。如例（16），如果將其"自"理解爲"親自"，也是可以的。這種某種程度上的詞義模糊，並不妨礙大的分野，是完全正常的。

（二）作賓語

"自"作賓語只有核心義，並且一律前置於動詞。例如：

（26）子曰："君子道者三，我無能焉：仁者不憂，知者不惑，勇者不懼。"子貢曰："夫子自道也！"　　　　（《論語·憲問》）
（27）（北郭騷）退而自刎。　（《晏子春秋·內篇雜上》第二十七章）
（28）越自度亦未能滅吳，乃與吳平。　（《史記·越王句踐世家》）
（29）楚公子棄疾弒其君靈王而自立，爲平王。　（《史記·鄭世家》）
（30）以刑罰自防者勸乎爲非，以賞譽自勸者惰乎爲善。
　　　　　　　　　　　　　　　（《晏子春秋·內篇諫上》第三章）

以上例（26）~（29）各例的"自"，既複指動作的施事，又代表動作的受事，即表示施事者施行爲於他自身。如果"自"作賓語只有這樣的句子，我們似乎可以將它們一併歸入"自"作主語的單純核心義一類，因爲古漢語的主語

也可以是受事。例如:

(31) 君伐,焉歸? 　　　　　　　　　　　(《左傳》昭公十年)
(32) 諫行言聽。　　　　　　　　　　　　(《孟子·離婁下》)

但是我們看到了例(30)這樣的句子,這種以介詞結構"以……"作狀語的句子,其中心語如果是及物動詞,一般要求帶賓語,或至少可補出賓語。就例(30)而言,賓語只能是"自"。因此我們認爲"自"作賓語應單立一類。不過應看到,這一類的"自"同時也具有主語的性質(即主語的二重性)①。

二、關於"己"

"己"只表單純的己身稱代,沒有附加義,可以作主語、賓語、定語。下面分別説明。

(一) 作主語

(33) 己欲立而立人,己欲達而達人。　　　　(《論語·雍也》)
(34) 己弗能有,而以與人,人之不至,不亦宜乎?

(《左傳》隱公十一年)

(35) 有人於此,越人關弓而射之,則己談笑而道之。

(《孟子·告子下》)

(36) 禹思天下有溺者,由己溺之也;稷思天下有飢者,由己飢之也。

(《孟子·離婁下》)

(37)(趙姬)以叔隗爲内子,而己下之。　(《左傳》僖公二十四年)

(二) 作賓語

"己"作賓語一般在動詞(或介詞)之後,只有在否定句中纔可置於動詞之前。例如:

(38) 禹、湯罪己,其興也悖焉。　　　　　(《左傳》莊公十一年)
(39) 有之己不難非之人。　(《晏子春秋·内篇問上》第二十一章)
(40) 既而大叔命西鄙、北鄙貳於己。　　　　(《左傳》隱公元年)

---

① 主語的二重性是指既是主語又是賓語,二者不矛盾。請參考吕叔湘《漢語語法分析問題》第83節。

（41）善敗由己,而由人乎哉?　　　　　　　（《左傳》僖公二十年）
（42）若君爲己死而爲己亡,非其私暱,孰能任之?

　　　　　　　　　　　　　　　（《晏子春秋·内篇雜上》第二章）
（43）不患人之不己知,患不知人也。　　　（《論語·學而》）
（44）臣聞之,士者詘乎不知己,而申乎知己。

　　　　　　　　　　　　　（《晏子春秋·内篇雜上》第二十四章）

"己"作賓語,位置很自由。同樣是否定句,例(43)"己"前置於動詞;例(44)"己"則後置於動詞。在先秦時期,前者佔優勢,後者則代表了歷史發展的趨勢。

（三）作定語

"己"還可以作定語,這是"自"所没有的功能。例如:

（45）子産是以惡其爲人也,使次己位。　　（《左傳》襄公三十年）
（46）竊人之財,猶謂之盜,況貪天之功以爲己力乎?

　　　　　　　　　　　　　　　　　（《左傳》僖公二十四年）
（47）冉有以武城人三百爲己徒卒,老幼守宫,次于雩門之外。

　　　　　　　　　　　　　　　　　（《左傳》哀公十一年）
（48）仁以爲己任,不亦重乎?　　　　　　（《論語·泰伯》）

"己"作定語的定中結構,用於"以……爲"式最爲常見。

三、"自"和"己"的比較

（一）語法異同

1. 作主語

如上所述,"自"和"己"都可以作主語。在表純己身稱代的條件下,二者有時意義相同,可以互换。請比較例(5)的"自下之"和例(37)的"己下之"。再例如:

（49）得夢啓北首而寢於盧門之外,己爲烏而集於其上。

　　　　　　　　　　　　　　　　　（《左傳》哀公二十六年）
（50）子期似王,逃王,而己爲王,曰:"以我與之,王必免。"

　　　　　　　　　　　　　　　　　（《左傳》定公四年）
（51）周公乃被齋,自爲質,欲代武王。　　（《史記·周本紀》）

（52）臣聞殷周之王千餘歲，封子弟功臣，自爲枝輔。

（《史記·秦始皇本紀》）

比較上面各例，可以看出，例（49）、（50）的"己爲"可以換成"自爲"；同樣，例（51）、（52）的"自爲"也可以換成"己爲"。但是，如果"自"在表己身稱代的同時還帶有附加義，則不能換爲"己"。如以上例（6）～（25）的"自"都不能換爲"己"。

此外，當己身代詞與動詞被其他成分隔開的時候，只能用"己"，不能用"自"，如例（34）的"己弗能有"就決不能說成"自弗能有"。"自"必須緊貼動詞。

2. 作賓語

"自"和"己"都可以作賓語。但"自"作賓語一律置於動詞之前，"己"作賓語則一般後置於動詞，二者形成比較嚴格的互補格局。"己"在否定式中作賓語，服從於上古漢語的一般規律，可前置於動詞，但也有後置的現象。

"己"作動詞否定式的賓語，最早出現在《論語》中，共5例，全部前置，但到了秦漢之間，情況就起了變化。《莊子》3例，2例前置，1例後置；《戰國策》9例，3例前置，6例後置；《史記》有3例，2例後置，1例前置，但這前置的一例與《論語》中　例完全相同，疑引自《論語》。略舉幾例如下：

（53）不患無位，患所以立；不患莫己知，求爲可知也。

（《論語·里仁》）

（54）其於不己若者，不比之。　　　（《莊子·徐無鬼》）

（55）其爲人也，上忘而下畔，愧不若黃帝，而哀不若己者。

（《莊子·徐無鬼》）

（56）楚王美秦之語，怒韓、梁之不救己，必入於秦。（《戰國策·趙一》）

3. 作定語

"己"可以作定語，例如上。"自"無此項功能。

（二）語義指向的異同

"自"可用於自稱，對稱，他稱，很少用於泛稱。"己"則用於他稱和泛稱，不能用於自稱和對稱。例如：

（57）廣曰："諸校尉無罪，乃我自失道。吾今自上簿。"

（《史記·李將軍列傳》）

（58）長怒曰："女欲離我自附漢。"　　　　（《史記·淮南衡山列傳》）
（59）無忌既以秦女自媚於平王。　　　　（《史記·伍子胥列傳》）
（60）陳轅宣仲怨鄭申侯之反己於召陵。　　　　（《左傳》僖公五年）
（61）己所不欲，勿施於人。　　　　（《論語·顏淵》）

以上的"自"，例（57）是自稱，例（58）是對稱，例（59）是他稱。"己"，例（60）是他稱，例（61）是泛稱。泛稱的所指非常廣泛，故不必作爲前詞出現。

當己身代詞前面只有一個主語時，"自"和"己"都可以複指這個主語，例如：

（62）爲人者重，自爲者輕。景公自爲，而小國不與。
　　　　（《晏子春秋·內篇問上》第五章）
（63）古之學者爲己，今之學者爲人。　　　　（《論語·憲問》）

同樣是與"爲人"相對，例（62）用"自爲"，"自"複指主語景公；例（63）用"爲己"，"己"複指主語"古之學者"。但是，當己身代詞前面有兩個主語（包括兼語）時，二者便顯示出不同。一般來說，"己"總是複指距離"己"較遠的那個動詞的主語，"自"總是複指距離"自"較近的那個動詞，即"自"所緊貼的動詞的主語。例如：

（64）晏子入坐，樂人三奏，然後知其謂己也。
　　　　（《晏子春秋·內篇雜上》第一章）
（65）（晏子）聞北郭子之以死白己也，……
　　　　（《晏子春秋·內篇雜上》第二十七章）
（66）晏子知其妄，使卜自曉公。
　　　　（《晏子春秋·外篇第七》第二十一章）

例（64）"（晏子）然後知其謂己也"，"己"指較遠的動詞"知"的主語"晏子"。如果把"謂己"改爲"自謂"，則"自"必指較近的動詞"謂"的主語"其"即"樂人"了。例（65），"己"指較遠的"晏子"，如果改爲"自白"，則"自"必指較近的"北郭子"。例（66），"自"指較近的"卜"，如果改爲"使卜曉己"，則"己"必指較遠的"晏子"。再例如：

（67）不識舜不知象之將殺己與？　　　　（《孟子·萬章上》）
（68）太甲顛覆湯之典刑，伊尹放之於桐，三年，太甲悔過，自怨自艾，於桐處仁遷義,三年,以聽伊尹之訓己也,復歸于亳。

(《孟子·萬章上》)

例(67)的"己"指較遠的動詞"知"的主語"舜",如果把"殺己"改爲"自殺",則"自"必將指較近的動詞"殺"的主語"象"了。句子的意思也成了"象"自殺而不是"象"殺"舜"。例(68)的意思是伊尹訓太甲,如果把"訓己"改爲"自訓",則成爲伊尹自己訓自己了。王力認爲:"'己'字不必與主事者爲同一人物,而'自'字則必然。"[1]也是就這種事實而言的。

四、歷史發展

己身代詞"自"作主語是最基本的,也是最古老的用法,始見於殷商時期。例如:

(69)庚戌卜:余自御?　　　　　　　　　　(《合集》22099)
(70)勿自饗?
　　　王自饗?　　　　　　　　　　　　　(《合集》6394)
(71)戊午卜,爭貞:惟王自往陷十二月?　　　(《合集》6664正)
(72)庚戌,惟王自征刀方?　　　　　　　　(《合集》33035)

"自"作賓語始見於西周時期。例如:

(73)惟王淫戲用自絕,故天棄我。　　　　　(《尚書·西伯戡黎》)
(74)惟御事厥棐有恭,不敢自暇自逸。　　　(《尚書·酒誥》)

己身代詞"己"始見於西周時期:

(75)人之有技,若己有之;人之彥聖,其心好之。(《尚書·秦誓》)
(76)民之無良,相怨一方。受爵不讓,至于己斯亡。

(《詩經·小雅·角弓》)

以上例(75)"己"作主語,例(76)"己"作介詞賓語。

"己"作定語始見於《論語》,僅如下一例:

(77)仁以爲己任,不亦重乎?　　　　　　　(《論語·泰伯》)

---

[1] 王力《中國語法理論》,見《王力文集》第1卷,286頁。

整個先秦兩漢時期，"自"、"己"一直分用，各司其職。據我們考察，至東晉時期始見"自己"凝結爲一個詞：

（78）此菩薩若得種種上味飲食香華衣服資生之具，若自己受用則快樂長壽。　　　　　　　　　　　　　　　　（《華嚴經》卷十二）

（79）思惟自己善根，猶如虛空。　　　　（《華嚴經》卷二十八）

從語法功能來看，"自己"更接近"己"，即不具有黏附性，作賓語也不用前置。但在語義上"自己"除保留了"己"的特點外，也保留了"自"的特點。在現代漢語裏，"自"作爲"化石語素"仍有所保存，如"自殺"、"自責"、"自理"等。除此之外，基本是"自己"一統天下。這固然帶來了表達上的便利，但也引出了"自"、"己"分用時期所不可能有的歧義。例如：

（85）小張知道小李在責備自己。

這句話是有歧義的。"自己"既可以相當於"己"，指"小張"，也可以相當於"自"，指"小李"。但在"自"、"己"分用的上古漢語裏，則不會有這種歧義。上面這句話如果折合成上古漢語，應該是下面兩句：

（86）小張知小李之責己也。
（87）小張知小李之自責也。

例（86），"己"指較遠的小張；例（87），"自"指較近的小李。

五、問題討論：關於"自"的詞性

"自"究竟是代詞還是副詞？在語法學界歷來有分歧。《馬氏文通》說："'自'字可主可賓，而其居賓次者，必先乎賓之者，賓於介字者亦先焉。"[①] 這是比較傳統的代詞說。王力認爲："'自'字實際上是一個末品代詞，它非但永遠不能居於主位，嚴格地說，它也永遠不居於目的位。"[②] 楊伯峻、何樂士也說"自"是"以代詞的意義作副詞用"[③]，意思與王力差不多。這也是當前比較有影響的一種看法。王力等人的看法實際是自相矛盾的。我們知道，代詞的語法性質是由它所稱代的成分決定的，也就是說，所稱代的成分是什

---

① 馬建忠《馬氏文通》，商務印書館，1983年，56頁。
② 王力《中國語法理論》，見《王力文集》第1卷，284頁。
③ 楊伯峻、何樂士《古漢語語法及其發展》，127頁。

麼語法性質，該代詞就具有什麼語法性質。這是一條規律。"自"所稱代的只能是名詞性成分，這是大家都承認的。可是，如果按照王力等的看法，它却是一個副詞，這就直接與上述規律發生了矛盾。

總結"自"的各種意義和用法，可以看出，把"自"看作副詞主要有以下兩點理由：一是"自"只能出現在動詞前面並緊貼動詞，這就在語法功能上與副詞似乎有了干係；二是"自"又有各種各樣的附加義，這就在語法意義上有了副詞的嫌疑。但是我們認爲，從整體上看，"自"應該是一個己身代詞，而不是副詞。理由如下：

1. 通過仔細觀察可以看出，"自"的稱代性與它的各種"副詞"意義之間的關係，是一種核心義與附加義的關係。核心義是貫穿所有用例的，而附加義只是在部分例句中存在，完全是依附性的，不可能脱離"自"的稱代義而獨立存在。如上述（1）～（5）各例句，"自"就只有稱代義，没有附加義。如例（1）是兩個相對應的複句，"天作孽"是主謂結構，"自作孽"自然也應該是相應的主謂結構。這個例句説明，在古人的心目中，"自"在這裏是與"天"一樣是一個主語。在這樣的例句中，作爲單純的稱代，"自"與其他人稱代詞並没有什麼區别，不宜作兩種對待。

2. "自"的"副詞"意義是變動不居的，隨着不同的語境，它們忽此忽彼，時有時無。唯一不變的就是它的稱代義以及隨之而來的作主賓語的性質。請結合上面的例（9）、（13）看下例：

（88）梁亡，不書其主，自取之也。　　　　　（《左傳》僖公十九年）
（89）齊遺魯書曰："子糾兄弟，弗忍誅，請魯自殺之。"

　　　　　　　　　　　　　　　　　　　　　（《史記·齊太公世家》）

同是"自取之"，例（88）的"自"只是單純的己身稱代，没有任何附加義（如獨自、擅自、親自、自然而然等），而例（13）的"自"除己身稱代以外，還有"擅自"的附加義，其義蓋謂：這一點點都不給我，那我就要自己（擅自）獲取它。同是"自殺之"，例（89）的"自"只是單純的己身稱代，没有任何附加義，而例（9）的"自"則除己身稱代以外，還有"親自"的附加義。以上事實表明，附加義只是在一定的語境中被臨時賦予的，脱離了該語境則可能消失。不變的只有己身稱代這個核心。

3. "自"作賓語的用法的存在，可以從反面證明"自"作爲主語的可靠性，從而證明"自"的代詞身份。因爲一個指代成分既然可以作賓語，却又不可以作主語,這在邏輯上是講不通的。正如吕叔湘所說的,主語和賓語並不矛盾,主語就是動詞的諸個賓語中提出來放到的主題位置的那個。主語具有二重性①。

4."自"還可以和另一個典型的己身代詞"己"作比較,二者的用法有諸多一致性。從上面"'自'和'己'的比較"可看出,"己"和"自"同爲主語,只表單純的己身稱代,意義和用法完全一致。如果說"己爲……"是主謂結構,而"自爲……"是狀中結構,是講不通的。再比較上面例(62)、(63)可知,"爲己"、"自爲"與"爲人"相對,"自"和"己"同是賓語,只不過"自"作爲介詞賓語前置了。

考察全部的"自"字句可以看出,"自"與其他名詞性稱代成分有着相同的語法意義和語法功能,這是它的普遍性。同時,它又有一些依附於這種稱代性的附加義,句法上具有黏附性,這是它的特殊性。如此而已。如果因爲它的特殊性就把它定爲副詞,或把它分爲代詞、副詞兩個,那就好比一個成年人由於某種原因有了一些小孩子脾氣,就被人認爲是小孩子,或被分割爲兩個人一樣,是大可不必的。

第四節 疑問代詞的發展

疑問代詞詢問具體的人、物、事以及時間、處所、原因、方式等。

一、西周時期的疑問代詞

殷商時期不見有疑問代詞。西周時期疑問代詞有"誰、疇、何、曷(害、割)、胡(遐)、安"等。下面簡略介紹。

誰、疇

"誰"常見於《詩經》,用於問人,可作主語、賓語和定語。"誰"作賓語一般要前置於動詞。在《詩經》中,動詞和賓語"誰"之間還經常加一"云"字。"誰"作定語,在"誰"和中心詞之間常加"之"。例如:

　　誰敢不讓,敢不敬應。　　　　　　(《尚書·皋陶謨》)
　　莫肯念亂,誰無父母!　　　　　　(《詩經·小雅·沔水》)

---

① 吕叔湘《漢語語法分析問題》第83節。

彼何人斯，其心孔艱。胡逝我梁，不入我門。伊誰云從？維暴之云。　　　　　　　　　　　　　　（《詩經·小雅·何人斯》）
瞻烏爰止，于誰之屋？　　　　（《詩經·小雅·正月》）

"疇"常見於《尚書》，用於問人，只見有作主語的例子。

帝曰：疇若予工？　　　　　　　　　（《尚書·堯典》）
帝曰：疇若予上下草木鳥獸？　　　　（《尚書·堯典》）

"若"，善也。用作動詞，謂善治也。"工"指"百工之官"，"上下草木鳥獸"指"山澤之官"。這兩例的意思分別是"誰人勝任我之百工之官？""誰人勝任我之山澤之官？"

"誰"和"疇"古音比較接近，"疇"只見於《尚書》，向熹認爲大約是一個方言詞[①]。"誰"的主要意義和用法一直沿用到現代漢語之中。

何

"何"作疑問代詞主要問事物、時地、原因等，極少問人。"何"可用作主語（較少見）、謂語、動詞賓語、介詞賓語和定語。"何"作動詞賓語一般要前置於動詞，少有不前置的現象。例如：

（1）皋陶曰："都！亦行有九德；亦言其人有德，乃言曰：載采采。"
　　禹曰："何？"皋陶曰："寬而栗，柔而立，……"
　　　　　　　　　　　　　　　　　　（《尚書·皋陶謨》）
（2）民莫不穀，我獨丁罹。何辜于天？我罪伊何？
　　　　　　　　　　　　　　　　　　（《詩經·小雅·小弁》）
（3）其釣維何？維魴及鱮。　　（《詩經·小雅·采綠》）
（4）無父何怙？無母何恃？　　（《詩經·小雅·蓼莪》）
（5）國既卒斬，何用不監。　　（《詩經·小雅·節南山》）
（6）禹拜曰："都！帝，予何言？"　　（《尚書·皋陶謨》）
（7）靡所止疑，云徂何往？　　（《詩經·大雅·桑柔》）
（8）赫赫師尹，不平謂何！　　（《詩經·小雅·節南山》）
（9）夜如何其？夜未央。　　　（《詩經·小雅·庭燎》）
（10）何以舟之？維玉及瑤，鞞琫容刀。　（《詩經·大雅·公劉》）

---

① 向熹《簡明漢語史》下册，71頁。

（11）何草不黃，何日不行，何人不將，經營四方。

（《詩經·小雅·何草不黃》）

上述各例的"何"，以語法功能言之，例（1）、（2）爲主語，例（3）爲謂語，例（4）～（9）爲動詞賓語，其中例（8）、（9）後置於動詞，例（10）爲介詞賓語，例（11）爲定語；以語法意義言之，例（4）問人，例（5）問原因，例（7）問處所，例（9）問時間，其餘問事物。

這一時期的"何"已有了與動詞"如"、"奈"、"若"等組成複式結構的現象，意思相當於"怎麼樣""怎麼辦"等：

予聞，如何？　　　　　　　　　　　　（《尚書·堯典》）
嗚呼！曷其奈何弗敬？　　　　　　　　（《尚書·召誥》）
今爾無指告，予顛隮，若之何其？　　　（《尚書·微子》）

但這種複式結構還很少見，大批出現是東周以後的事。

曷（害、割）

與"何"相比，"曷"出現次數較少，主要問事物、時間、原因等。一般作狀語，作賓語很少見。

（1）厥命曷以？引養引恬。　　　　　（《尚書·梓材》）
（2）時日曷喪？予及汝皆亡。　　　　（《尚書·湯誓》）
（3）山川悠遠，曷其沒矣？　　　　　（《詩經·小雅·漸漸之石》）
（4）汝曷弗告朕？　　　　　　　　　（《尚書·盤庚上》）
（5）天曷不降威？　　　　　　　　　（《尚書·西伯戡黎》）

以上各例的"曷"，以語法功能言之，例（1）作介詞賓語，其餘均作狀語；以語法意義言之，例（1）問事物，例（2）、（3）問時間，例（4）、（5）問原因。

此外還有"害"、"割"。作爲疑問代詞，"害（割）"主要作狀語，詢問原因，可譯爲"爲什麼"。例如：

（1）越予小子考，翼不可征，王害不違卜？　　　（《尚書·大誥》）
（2）我后不恤我衆，舍我穡事而割正夏？　　　　（《尚書·湯誓》）
（3）嗣余小子弗彶，邦將害吉？　　　　　　　　（毛公鼎，西周晚期）

"割"以"害"爲聲符，二者顯然是同一個詞。而"曷"與"害"雙聲疊韻，因

此"曷"、"害"、"割"當是同一個詞的不同寫法。"何"與"曷"也是雙聲關係,亦可以相通。例如:

(4)何彼襛矣?唐棣之華。曷不肅雝?王姬之車。

(《詩經·召南·何彼襛矣》)

這一例,"何"、"曷"前後相隨,意思完全一致①。

胡(遐)

"胡"作狀語,主要詢問原因,常見於《詩經》:

祈父!予,王之爪牙。胡轉予于恤?靡所止居。

(《詩經·小雅·祈父》)

父母生我,胡俾我瘉? (《詩經·小雅·正月》)

"胡"又寫作"遐":

周王壽考,遐不作人? (《詩經·大雅·棫樸》)

心乎愛矣,遐不謂矣? (《詩經·小雅·隰桑》)

安

"安"很少見,主要詢問處所,可譯"哪裏"、"何處",作動詞的賓語,前置於動詞。例如:

天之生我,我辰安在? (《詩經·小雅·小弁》)

"安"也可作狀語,問情狀,意含反詰,"怎麼"的意思。例如·

敬思以德,備乃禍難。難至而悔,悔將安及?(《逸周書·芮良夫解》)

二、東周以後的疑問代詞

東周以降,舊有的疑問代詞用法有所擴展。同時又有新增的疑問代詞,新增的有"孰、焉、惡、奚"等。下面分別敘述。

(一)舊有疑問代詞用法的擴展

何

"何"在西周時期極少問人。東周以後這種用法有所增加。例如:

---

① 錢宗武《今文〈尚書〉語法研究》。

(1) 宗廟會同,非諸侯而何? 　　　　　　　（《論語·先進》）
(2) 孟子者何也? 昭公夫人也。　　　　（《穀梁傳》哀公十二年）
(3) 上曰:"若所追者誰何?"曰:"韓信也。"
　　　　　　　　　　　　　　　　　　（《史記·淮陰侯列傳》）
(4) 吳王聞袁盎來,亦知其欲說已,笑而應曰:"我已爲東帝,尚何誰拜?"　　　　　　　　　　　　　　　　（《史記·吳王濞列傳》）

例(3)、(4)的"誰何"、"何誰"同義連用,說明"何"有"誰"義。

這一時期,"何"有時還寫作"可"。例如:

國亡矣,死者若有知也,可以歆舊祀?　　（《左傳》定公五年）
今罪無所,而民皆盡忠以死君命,又可以爲京觀乎?
　　　　　　　　　　　　　　　　　　（《左傳》宣公十二年）

疑問代詞"何"與比擬動詞"如"、"若"構成動賓結構,形成"何如"、"如何"、"何若"、"若何"、"如之何"、"若之何"等複合形式,本時期較多出現。例如:

(1) 令尹盡信之矣,國將如何?　　　　（《左傳》昭公二十七年）
(2) 明恥、教戰,求殺敵也。傷未及死,如何勿重?
　　　　　　　　　　　　　　　　　　（《左傳》僖公二十二年）
(3) 吳王問:"君子之行何如?"（《晏子春秋·外篇第七》第十六章）
(4) 古之盛君,其行如何。　（《晏子春秋·內篇問上》第十一章）
(5) 景公問晏子曰:"國如何則可謂安矣?"
　　　　　　　　　　　　　　　　（《晏子春秋·內篇問下》第八章）
(6) 叔向問晏子曰:"何若則可謂榮矣?"
　　　　　　　　　　　　　　（《晏子春秋·內篇問下》第二十六章）
(7) 景公問于晏子曰:"忠臣之事君也何若?"
　　　　　　　　　　　　　　（《晏子春秋·內篇問上》第十九章）
(8) 公曰:"寡人爲之若何?"（《晏子春秋·內篇諫上》第二十一章）
(9) 歲已暮矣,而禾不獲,忽忽矣若之何? 歲已寒矣,而役不罷,悇悇矣如之何?　　　　（《晏子春秋·外篇第七》第十二章）

"何"作比擬動詞"如"、"若"的賓語,其位置可前可後,形成"何如——如何"、"何若——若何"、"如之何——若之何"的相配模式。這些模式的意義和功能基本一致。如例(3)的"君子之行何如"與例(4)的"其行如何",同樣性質的提問,或用"何如",或用"如何"。類似的情況也常發生在例(5)的"如何"與例(6)的"何若",例(7)"何若"與例(8)"若何"之間。例(9),"若之何"與"如之何"前後對舉,意思完全一致。"如"上古是日母魚部,"若"上古是日母鐸部,語音極爲接近,意義也相當一致,目前看不出二者有什麼明顯區別。

這些形式大部分情況下應作爲一個整體來理解,表謂詞性稱代,意思相當於"怎麼樣"、"怎麼辦"、"爲什麼"等。少數情況下表體詞性稱代,這時必須分開來理解,"如"爲動詞,"何"則單獨表體詞性稱代。例如:

(10) 公曰:"熱乎?"曰:"熱。""熱何如?"曰:"如火。""其色何如?"曰:"如未熟李。""大小何如?"曰:"如豆。""墮者何如?"曰:"如履辨。" (《晏子春秋·内篇雜下》第七章)

前面問"何如",後面答"如火"、"如未熟李"、"如豆"等,這是最明顯的一例。

疑問代詞"何"還可以與動詞"爲"(這個"爲"常常翻譯爲"是",有人稱爲"斷詞")構成動賓結構,指人,一般前置,偶爾也後置。例如:

左右對曰:"爲其來也,臣請縛一人,過王而行。王曰何爲者也,對曰齊人也。" (《晏子春秋·内篇雜下》第十章)

景公上路寢,聞哭聲。曰:"吾若聞哭聲,何爲者也?"梁丘據對曰:"魯孔丘之徒鞠語者也。" (《晏子春秋·外篇第八》第二章)

晏子曰:"君何爲者也?" (《晏子春秋·内篇雜上》第九章)

公曰:"然夫子之于寡人何爲者也?"對曰:"嬰,社稷之臣也。"
(《晏子春秋·内篇雜上》第十三章)

田無宇譏之曰:"出于室爲何者也?"晏子曰:"嬰之家也。"
(《晏子春秋·外篇第八》第十章)

前4例"何"前置,最後一例則後置。"何"還可構成其他動賓結構,例如:

景公游于牛山,少樂。公曰:"請晏子一願。"晏子對曰:"不,嬰何願?" (《晏子春秋·外篇第八》第八章)

景公問于晏子曰："爲政何患？"

（《晏子春秋·內篇問上》第三十章）

然吾失此，何之有也？　（《晏子春秋·內篇雜上》第二十六章）

這些動賓結構中，"何"都前置，最後一例前置的"何"還有"之"複指。

疑問代詞"何"還可與介詞"以"、"爲"構成介賓結構"何以"、"何爲"，"何"前置。

"以"的本義爲"率領"、"攜帶"，化爲介詞，則有"用"、"憑"、"根據"等義，所以"何以"通常可以理解爲"用什麽"、"憑什麽"、"根據什麽"等。又"用什麽"、"憑什麽"、"根據什麽"也就意味着行爲的方式，所以"何以"有時也可以理解爲"怎麽"。例如：

公曰："何以察之？"　　（《晏子春秋·內篇問上》第三十章）
嬰不識其何以爲成行義者也。

（《晏子春秋·內篇問下》第二十八章）

微此二子者，何以治吾國？微此一臣者，何以樂吾身？

（《晏子春秋·內篇雜上》第十二章）

辟若此，何以能率諸侯以朝天子乎？

（《晏子春秋·內篇問下》第二章）

則齊君何以共其社稷與諸侯幣帛？

（《晏子春秋·外篇第七》第二十四章）

公曰："何以知之？"　　（《晏子春秋·內篇雜下》第五章）

"用什麽"、"憑什麽"、"根據什麽"也往往意味着事情的原因，所以"何以"有時也可表示"爲什麽"。例如：

田桓子疑晏子何以辭邑，晏子答以君子之事也。

（《晏子春秋·內篇雜下》第二十章）

景公謂太師曰："子何以不爲客調成周之樂乎？"

（《晏子春秋·內篇雜上》第十六章）

公何以不使内勿服，則外莫敢爲也？

（《晏子春秋·內篇雜下》第一章）

"以"本爲動詞，有時其動詞性依然很強。例如：

人何以則可謂保其身。 （《晏子春秋·內篇問下》第二十七章）

今方來，吾欲辱之，何以也？ （《晏子春秋·內篇雜下》第十章）

景公問晏子曰：“臣之報其君何以？”

（《晏子春秋·內篇問上》第二十八章）

公曰：“紀有書，何以亡也？”晏子對曰：“有以亡也。”

（《晏子春秋·內篇雜上》第十九章）

以上各例，"何以"接近單獨作謂語。最後一例，從下文的答語"有以亡也"來看，上文的"何以亡也"接近於連謂結構。

介賓結構"何爲"表原因，義爲"爲什麼"。例如：

從者曰：“何爲不助田、鮑？”

（《晏子春秋·內篇雜下》第十四章）

景公賞賜及後宮，文繡被臺榭，菽粟食梟鴟。出而見殣，謂晏子曰：“此何爲而死？” （《晏子春秋·外篇第七》第八章）

子何爲獨立而不憂？ （《晏子春秋·內篇雜下》第十三章）

夫子何爲遽？國家無有故乎？

（《晏子春秋·內篇諫上》第二十三章）

介賓結構"何爲"與動賓結構"何爲"雖然表面上一樣，但介詞"爲"的作用是引進原因，動詞"爲"的作用則相當於"斷詞"。這種區別在下一例中表現得很清楚：

晏子之晉，至中牟，睹弊冠反裘負芻息于塗側者，以爲君子也。使人問焉曰：“子何爲者也？”對曰：“我越石父者也。”晏子曰：“何爲至此？”曰：“吾爲人臣僕于中牟，見使將歸。”晏子曰：“何爲爲僕？”對曰：“不免凍餓之切吾身，是以爲僕也。”

（《晏子春秋·內篇雜上》第二十四章）

這一段有三個"何爲"，第一個是動賓結構，意思是"你是什麼人"，"爲"相當於"斷詞"；第二、第三個是介賓結構，意思是"爲什麼來這裏"、"爲什麼當僕人"，"爲"引進原因。其中"何爲爲僕"，連續兩個"爲"，前一個是介詞，後一個是動詞（"斷詞"），都不能省略。

此外還有凝固結構"幾何"、"奈何"，分別介紹如下。

"幾何"有兩個意思,一是問數量,一是問時間。例如:

　　景公游于麥丘。問其封人曰:"年幾何矣?"
　　　　　　　　　　　　(《晏子春秋·內篇諫上》第十三章)
　　公曰:"子之道若此其明,亦能益寡人之壽乎?"對曰:"能。"公曰:"能益幾何?"　　　　(《晏子春秋·內篇雜下》第四章)
　　無幾何而梁丘據御六馬而來。公曰:"是誰也?"
　　　　　　　　　　　　(《晏子春秋·內篇諫上》第十八章)
　　無幾何,日暮。公西面望睹彗星,召伯常騫,使禳去之。
　　　　　　　　　　　　(《晏子春秋·內篇諫上》第十八章)

以上各例的"幾何",前兩例問靜態的數量,作謂語;後兩例問動態的時間,作狀語。"無幾何"意思是"不久"。

"奈何"意思為"怎麼辦",西周時就出現,但東周以降較多見:

　　寡人闔門而圖莒,國人以為有亂,皆摽長兵而立于衢閭,奈何?
　　　　　　　　　　　　(《晏子春秋·外篇第八》第十五章)
　　晏子對曰:"其田氏乎?田無宇為埠矣!"公曰:"然則奈何?"
　　　　　　　　　　　　(《晏子春秋·外篇第七》第十章)
　　向壽曰:"然則奈何?武遂終不可得也?"
　　　　　　　　　　　　(《史記·樗里子甘茂列傳》)

"奈何"還可表反問,用在句首,"難道"的意思。例如:

　　若寡人國小也,尚有徑寸之珠照車前後各十二乘者十枚,奈何以萬乘之國而無寶乎?　　(《史記·田敬仲完世家》)

由上可見,"何"是一個比較廣譜的疑問代詞,所指多樣化,用法也非常豐富。

曷

與"何"發展出問人的用法相應,"曷"也發展出問人的用法,相當於"誰"。例如:

　　紀履緰者何?紀大夫也。何以不稱使?婚禮不稱主人。然則曷稱?稱諸父兄師友。　　　　(《公羊傳》隱公二年)

> 輒者,曷爲者也? 蒯聘之子也。　　　　　（《公羊傳》哀公三年）

胡

同時,"胡"也發展出問人的用法:

> 叔孫氏之車士曰子鉏商,採薪於大野,獲麟焉,折其前左足,載以歸,叔孫以爲不祥,棄之於郭外,使人告孔子曰:"有麏而角者,何也?"孔子往觀之,曰:"麟也,胡爲來哉? 胡爲來哉?"（《孔子家語·辯物》）

"胡爲來哉"猶言"誰幹的"。

不過,"曷"、"胡"問人的用法都很少見。

誰

"誰"在西周時期只問人,東周以後,就可以問事物了,且可以作主語、謂語、賓語、定語等[①]:

> （1）夫誰不可喜,而誰不可懼? 蝍蟻蜂蠆皆能害人,況君相乎?
> 　　　　　　　　　　　　　　　　　　　　　　（《國語·晉語九》）
> （2）子墨子曰:"我將上大行,駕驥與羊,子將誰驅?"耕柱子曰:"將驅驥也。"　　　　　　　　　　　　　　　　（《墨子·耕柱》）
> （3）吾誰與爲親?　　　　　　　　　　　　　（《莊子·齊物論》）
> （4）予之不祥者誰也? 則天也。　　　　　　　（《墨子·天志》）
> （5）社稷五祀,誰氏之五官也?　　　　（《左傳》昭公二十九年）
> （6）虎兕出於柙,龜玉毀於櫝中,是誰之過與?　　（《論語·季氏》）

以上的"誰",例（1）人與動物並指,例（2）指動物,例（4）指天,例（3）、（5）、（6）指人。

"誰"在東周時還發展出了抉擇問:

> 四方諸侯,其誰不解體?　　　　　　　　（《左傳》成公八年）
> 苟主社稷,國內之民其誰不爲臣?　　　　（《左傳》莊公十四年）
> 況其下之人,其誰敢不戰戰兢兢,以事百神?（《國語·楚語下》）
> 雖四鄰諸侯之聞之也,其誰不憸懼於君之威而欣喜於君之德?
> 　　　　　　　　　　　　　　　　　　　　　　（《國語·晉語二》）

[①] 王海棻《先秦疑問代詞"誰"與"孰"的比較》,《中國語文》1982年第1期。

"誰"表抉擇少見,且通常指人。"誰"一般不表比較。

安

"安"在東周以後明顯增多,但用法上不見有明顯的發展。

(二)新增的疑問代詞及其用法

孰

殷商甲骨文、西周金文以及《尚書》(今文)、《詩經》均不見有"孰"。"孰"的產生,大約在春秋末、戰國初。"孰"問人或事物,多表抉擇,可以作主語、賓語、定語、和狀語等,作賓語一般要前置。例如:

(1) 父與夫孰親? 　　　　　　　　　(《左傳》桓公十五年)

(2) 能以國讓,仁孰大焉? 　　　　　　(《左傳》僖公八年)

(3) 公曰:"孰可使?"曰:"臣莫尊於世子,則世子可。"

(《穀梁傳》僖公十年)

(4) 聖王有百,吾孰法焉? 　　　　　　(《荀子·非相》)

以上的"孰"都表抉擇,例(1)~(3)作主語,例(4)作賓語。"孰"有時也不表抉擇:

(5) 孰爲此者?天地。 　　　　　　　(《老子》第二十三章)

(6) 孰爲貴?孰爲知?曰天爲貴,天爲知而已矣。(《墨子·天志中》)

(7) 景公曰:"孰君而無稱?" 　　　　(《公羊傳》昭公二十五年)

(8) 若使古而無死,太公、丁公將有齊國,桓、襄、文、武將皆相之,君將戴笠、衣褐,執銚耨以蹲行畎畝之中,孰暇患死?

(《晏子春秋·内篇諫上》第十八章)

(9) 孰城?城衛也。 　　　　　　　　(《公羊傳》僖公元年)

(10) 百姓足,君孰與不足? 　　　　　　(《論語·顏淵》)

(11) 孰是人斯而有是臭也? 　　　　　　(《國語·晉語三》)

(12) 曾不知夏之爲丘兮,孰兩東門之可蕪?(《楚辭·九章·哀郢》)

以上的"孰",例(5)、(6)作主語,例(7)、(8)作定語,例(9)、(10)作賓語(包括介詞賓語),例(11)、(12)作狀語。"孰"作狀語比較少見。

王海棻認爲:從意義上說,"孰"和"誰"一樣都是用來問人的,"誰"有時可問事物,"孰"有抉擇意義時,人和事物都可問,沒有抉擇意義時,也可問事物,但較少見。"孰"經常表示抉擇和比較,"誰"也可表抉擇,但不能表比較。"誰"表抉擇,一般只代人。從用法上説,"誰"和"孰"均可作主語,但有的書上主語只用"孰"而不用"誰"。"誰"和"孰"均可作動詞賓語,但"孰"作動詞賓語不及"誰"字普遍。"誰"和"孰"均可作介詞賓語,"誰與"是普通介賓詞組,"孰與"用法有二:其一同於"誰與",另一則作爲凝固格式表示比較。"誰"和"孰"均可作名詞修飾語,但"孰"作修飾語非常罕見,"誰"作修飾語有兩種形式:"誰+名"與"誰+之+名",前者的"誰"一般不指人,與其後名詞是修飾關係,後者的"誰"一般指人,與其後名詞爲領屬關係,但漢代開始,"誰+名"也常表領屬關係。"誰"可作判斷句謂語,"孰"則不能。"孰"可作狀語,"誰"則不能。"誰"可偶而作動詞謂語,"孰"則不見有此用法。先秦時期,作爲疑問代詞,"誰"的産生早於"孰",但到後來,"孰"字運用漸廣,以致在大多數先秦古籍中出現的次數都超過了"誰"①。

雖然如此,但仔細比較,"孰"在一些重要功能上却不如"誰"。例如"誰"可作判斷句謂語,"孰"不能;"誰"可作名詞修飾語,"孰"則非常罕見有此用法;"誰"作動詞賓語也比"孰"普遍。雖然"孰"可作狀語,"誰"不能,但"孰"作狀語其實也是很少的②。這就可以解釋爲什麽東漢以後是"誰"取代了"孰",而不是"孰"取代了"誰"。

焉

"焉"詢問處所、方式和事物等,多前置於動詞。例如:

(1) 焉得諼草?言樹之背。　　　　　　(《詩經·衛風·伯兮》)
(2) 郯君亡國,將焉歸?　　　　　　　　(《左傳》昭公二十三年)
(3) 未能事人,焉能事鬼?　　　　　　　(《論語·先進》)
(4) 衛懿公好鶴,鶴有乘軒者。將戰,國人受甲者皆曰:"使鶴!鶴實有禄位,余焉能戰?"　　　　　　(《左傳》閔公二年)
(5) 擇可勞而勞之,又誰怨?欲仁而得仁,又焉貪?(《論語·堯曰》)

例(1)、(2)的"焉"問處所,譯爲"哪裏"、"何處"。例(3)、(4)的"焉"問方式,可譯爲"如何"、"怎麽"。例(5)的"焉"問事物,相當於"什麽"。代詞的語法性質,是由它所稱代的成分決定的。因此,當"焉"稱代方式處

---

① 王海棻《先秦疑問代詞"誰"與"孰"的比較》,《中國語文》1982年第1期。
② 王海棻《先秦疑問代詞"誰"與"孰"的比較》,《中國語文》1982年第1期。

所時,宜視爲狀語,當它稱代事物時,宜視爲賓語。

戰國晚期開始,疑問代詞"焉"逐步減少①。

惡

"惡"問事物、處所、方式等。例如:

(1) "敢問夫子惡乎長?"曰:"我知言,我善養吾浩然之氣。"

（《孟子·公孫丑上》）

(2) 晏子蹴然者三。曰:"臣受命弊邑之君,將使于吴王之所。以不敏而迷惑,入于天子之朝。敢問吴王惡乎存?"

（《晏子春秋·內篇雜下》第八章）

(3) 居惡在?仁是也。路惡在?義是也。　（《孟子·盡心上》）

(4) 宗不余辟,余獨焉辟之?賦詩斷章,余取所求焉,惡識宗?

（《左傳》襄公二十八年）

(5) 固有受而不用,惡有拒而不受者哉!

（《晏子春秋·內篇諫下》第十七章）

以上的"惡",例(1)問事物,"惡乎長"猶言"善於什麽";例(2)、(3)問處所;例(4)、(5)問方式。問事物的用例很少見。

西漢以後,疑問代詞"惡"明顯減少。

奚

"奚"問人物、事物、原因、處所、方式等。例如:

(1) (景公)問于晏子曰:"寡人夜者聞西方有男子哭者,聲甚哀,氣甚悲,是奚爲者也?寡人哀之。"晏子對曰:"西郭徒居布衣之士,盆成适也。"　（《晏子春秋·外篇第七》第十一章）

(2) 東面而征,西夷怨;南面而征,北狄怨。曰:"奚爲後我?"

（《孟子·梁惠王下》）

(3) 晏子曰:"君奚問天之寒也?"

（《晏子春秋·內篇諫下》第十三章）

(4) 晏子朝,杜扃望羊待于朝。晏子曰:"君奚故不朝?"

（《晏子春秋·內篇諫上》第六章）

---

① ［法］貝羅貝、吴福祥《上古漢語疑問代詞的發展與演變》,《中國語文》2000年第4期。

（5）偉哉！造化又將奚以汝爲？將奚以汝適？以汝爲鼠肝乎？以汝爲蟲臂乎？　　　　　　　　　　　　　　　（《莊子·大宗師》）
（6）夫天地者，古之所大也，而黄帝堯舜之所共美也。故古之王天下者，奚爲哉？天地而已矣。　　　（《莊子·天道》）
（7）君曰："何哉，奚勞寡人？"曰："勞君之神與形。"
　　　　　　　　　　　　　　　　　　　　（《莊子·徐無鬼》）
（8）彼且奚適也？我騰躍而上，不過數仞而下，翱翔蓬蒿之間，此亦飛之至也。而彼且奚適也？　　（《莊子·逍遥游》）
（9）曰："奚之？"曰："將之衛。"　　　　　（《莊子·人間世》）

以上的"奚"，例（1）是問人，作賓語；例（2）~（4）是問原因，其中例（2）、（3）作狀語，例（4）作定語；例（5）是問事物，作賓語；例（6）、（7）是問方式，作狀語；例（8）、（9）是問處所，作賓語。

西漢以後，疑問代詞"奚"明顯減少。

王力曾把上古漢語疑問代詞從語音上分爲z系、γ系和○系。z系指人，包括"誰"和"孰"等；γ系指物，包括"何"、"曷"、"胡"、"奚"、"遐"等；○系指處所，包括"惡"、"安"、"焉"等。王力認爲，疑問代詞z系、γ系、○系之間的分別，在先秦是相當清楚的，到了漢代以後，界限變爲不那麼清楚了。但是，"誰"仍指人，保存爲今天的"誰"，"何"仍指物，在今天則說成"什麼"。這個大界限仍是清楚的。[①]

這個大致的分野確實存在，但由於語法成分的綜合性，正如上面的事實所表明的，東周以後，各類疑問代詞之間的界限就開始日趨模糊了。

東漢以後，"孰"開始在口語中退隱，其問人的功能逐漸由"誰"承擔，問物的功能逐漸由"何"承擔。而"曷（害、割）、胡（遐）、安、焉、惡、奚"等也逐漸退隱，讓位並最終統一於功能相對較全的"何"[②]。

[①] 王力《漢語語法史》，見《王力文集》第11卷，102~108頁。
[②] 孫良明《古代漢語語法變化研究》。

第五章

副詞的發展

　　副詞表示程度、範圍、時間、可能性、否定等，它們並不能單獨地指稱一種實物，一種實情，或一件實事，而是必須附加於形容詞或動詞，纔能理解。因此，副詞是只能作狀語，不能充當其他語法成分的虛詞。古代漢語副詞的種類及數量比較豐富，一般置於所修飾的謂詞性成分之前。

　　漢語的名詞、動詞、形容詞都能作狀語，它們作狀語時原則上不能看作副詞。因此下列狀語位置上的詞都不是副詞：

　　　　豕人立而啼。　　　　　　　　　　　　（《左傳》莊公八年）
　　　　禹行而舜趨，是子張氏之賤儒也。　　　（《荀子·非十二子》）
　　　　——以上名詞作狀語
　　　　君子曰："善事大國。"　　　　　　　　 （《左傳》襄公二十六年）
　　　　王以爲有禮，厚賄之。　　　　　　　　（《左傳》宣公九年）
　　　　——以上形容詞作狀語
　　　　故聖人伏匿隱處，不干長上。
　　　　　　　　　　　　　　（《晏子春秋·內篇問上》第二十二章）
　　　　夫子其辱視寡人乎。　（《晏子春秋·內篇雜下》第七章）
　　　　——以上動詞作狀語

　　上古漢語的副詞大致可以分爲以下幾類：範圍副詞、語氣副詞、時間副詞、否定副詞、情態方式副詞、程度副詞。下面逐一考察。

第一節　範圍副詞的發展

　　範圍副詞主要從語法關係和語義指向兩方面來觀察。在語法關係上它一般修飾謂詞性成分;在語義指向上,它或表示與一定行爲動作相關的主體(如施事、受事等)的範圍,或只限制行爲動作本身,而並不具體落實具體對象。

殷商時期範圍副詞有"皆"、"率"和"咸",都是總括性的。

"皆"既可以總括施事,也可以總括受事。例如:

(1)辛巳卜:王其奠元暨永,皆在盂奠,王弗□羊？　(《屯南》1092)
(2)豚暨羊皆用？　(《合集》31182)
(3)其皆取二山,有大雨？　(《合集》30453)

例(1)的"皆"總括施事主語"元暨永",例(2)的"皆"總括受事主語"豚暨羊"。例(3)的"皆"總括受事賓語"二山"。

"率"稍多見,總括受事。受事可以是主語或賓語。例如:

(1)貞:今來羌,率用？　(《合集》248正)
(2)貞:衛以叟,勿率用？　(《合集》555正)
(3)己亥卜:田率燎土(社)豕、兄豕、河豕、岳豕？(《合集》34185)

例(1)、(2)總括受事主語,例(3)總括受事賓語[①]。

殷商時期"咸"用例較少。作爲範圍副詞,是有分歧意見的。有人認爲"咸"有"終"、"既"義。但下例也許是比較可靠的範圍副詞例:

丙申卜,㱿貞:來乙巳酒下乙？王固曰:"酒隹业祟？其业殷？"乙巳酒,明雨,伐既雨,咸伐亦雨,饮卯鳥星。　(《合集》11497正)

此例,前既有"伐既",則後面"咸伐"的"咸"似不當再有"既"義。姚孝遂按:"此'咸'字當如《說文》訓'皆'訓'悉'。"[②]似可取。這個"咸"指向受事。

西周時期,範圍副詞在殷商時期已有的"皆"、"率"和"咸"的基礎上,又增加了"既、悉、交、胥、共、各、周、祇、畜"等。範圍副詞的意義和用法也擴大了。總結起來,這些範圍副詞語義指向有三類:一是只指向動詞前的成分(通常是施事);二是既可指向動詞前的成分(通常是施事),也可指向

---

① 張玉金《甲骨文語法學》,60～61頁;楊逢彬《殷墟甲骨刻辭詞類研究》,264頁;黃天樹《甲骨文中的範圍副詞》,《語言文字學》2011年第12期。

② 于省吾主編《甲骨文字詁林》第三册"咸"字條。

動詞後成分（通常是受事）；三是只指向動詞本身，並不指向具體對象。從語法意義上看，又可分爲兩類：一是僅止性的，這就是只指向動詞本身的那些範圍副詞，即"祇"、"啻"等；二是總括性的，它包括僅止性範圍副詞以外的其他範圍副詞。下面分別敘述。

（一）只指向動詞前的成分（通常是施事）

1. 總括性的，這類範圍副詞有"胥"和"共"。例如：

  汝曷弗告朕，而胥動以浮言。　　　　　（《尚書·盤庚上》）
  爾之遠矣，民胥然矣。爾之教矣，民胥傚矣。
  　　　　　　　　　　　　　　　　　　（《詩經·小雅·角弓》）
  君子有穀，詒孫子。于胥樂兮。　　　（《詩經·魯頌·有駜》）
  萬邦黎獻，共惟帝臣。　　　　　　　　（《尚書·皋陶謨》）
  古我先王，亦惟圖任舊人共政。　　　　（《尚書·盤庚上》）
  汝共作我畜民。　　　　　　　　　　　（《尚書·盤庚中》）

2. 表示其前面的所有施事分別做，這就是"各"。例如：

  咸建五長，各迪有功。　　　　　　　　（《尚書·皋陶謨》）
  自今至于後日，各恭爾事，齊乃位，度乃口。（《尚書·盤庚上》）

（二）總括性的，既可指向動詞前的成分（通常是施事），也可指向動詞後成分（通常是受事），這類範圍副詞最多，有"皆、咸、率、既、悉、交、周"等。例如：

  （1）時日曷喪？予及汝皆亡！　　　　　（《尚書·湯誓》）
  （2）太保暨芮伯，咸進，相揖，皆再拜稽首。（《尚書·顧命》）
  （3）嗚呼！邦伯、師長、百執事之人，尚皆隱哉。（《尚書·盤庚下》）

以上三例，"皆"都是指向動詞前施事的。

  （4）之子于垣，百堵皆作。　　　　　　（《詩經·小雅·鴻雁》）

例（4）的"皆"是指向動詞前受事的，即"皆作百堵"之意。

  （5）四罪而天下咸服。　　　　　　　　（《尚書·堯典》）
  （6）王牢于厭，咸宜。　　　　　　　　（貉子卣，西周早期）

例(5)的"咸"指向動詞前施事,即"天下"等。例(6)的"咸"則指向動詞前受事,即王所圈養(牢)的牲畜。

(7) 唯殷邊侯、甸與殷正百辟,率肆于酒。 (大盂鼎,西周早期)
(8) 蠻夷率服。 (《尚書·堯典》)
(9) 夏王率遏衆力,率割夏邑,有衆率怠弗協。 (《尚書·湯誓》)

例(7)、(8)的"率"指向動詞前施事。例(9)有三個"率",頭兩個指向動詞後受事,第三個"率"指向動詞前施事,全句的意思是"夏王竭盡(率遏)民力,徹底剝削(率割)夏國城邑,民衆全都怠慢不合作"。以前的注解多把這三個"率"理解爲無意義的"語助詞",恐非。

(10) 格爾衆庶,悉聽朕言。 (《尚書·湯誓》)
(11) 王命衆,悉至于庭。 (《尚書·盤庚上》)
(12) 悉率左右,以燕天子。 (《詩經·小雅·吉日》)

以上例(10)、(11)的"悉"指向動詞前施事,例(12)的"悉"指向動詞後受事,全句的意思爲"(大臣)率領全部隨員"的意思。

(13) 荆、河惟豫州:伊、洛、瀍、澗既入于河。 (《尚書·禹貢》)
(14) 群公既皆聽命,相揖趨出。 (《尚書·顧命》)
(15) 九澤既陂,四海會同。 (《尚書·禹貢》)
(16) 三危既宅,三苗不敘。 (《尚書·禹貢》)

以上例(13)、(14)的"既"指向動詞前施事,例(15)、(16)的"既"指向動詞前的受事。值得注意的是,例(14)"既皆"連用,知"既"有"皆"義。例(15)"既"與"會"對用,義亦相近。

(17) 不令兄弟,交相爲瘉。 (《詩經·小雅·角弓》)
(18) 讒人罔極,交亂四國。 (《詩經·小雅·青蠅》)
(19) 六府孔修,庶土交正。 (《尚書·禹貢》)

《詩經·邶風·國門》:"我入自外,室人交遍讁我。""交遍"連用,知"交"有"遍"義。以上例(17)"交"指向動詞前施事,例(18)、(19),"交"指向受事。其中例(18)"交"指向動詞後受事,"交亂四國"即"遍亂四國"。例(19)的"交"則指向動詞前的受事,"庶土交正"即"交正庶土"（正，徵税賦）。這個例子說明，範圍副詞指向受事，其受事是可前可後的。聯繫到例（15）、（16）的"九澤既陂"、"三危既宅"，可不可以有"既宅三危"、"既陂九澤"這樣的説法？雖無直接例證，但從道理上説，應該是可能的。

  （20）自西徂東，周爰執事。   （《詩經·大雅·緜》）
  （21）載馳載驅，周爰咨詢。   （《詩經·小雅·皇皇者華》）

"周"有"周遍"義。"周爰執事"，就是人人勞作之義。"周"指向動詞前施事；"周爰咨詢"就是向所有人咨詢，"周"指向動詞後受事。

  （三）限止性的，只指向動作行爲本身，這類範圍副詞有"祇"、"啻"，表示行爲動作的唯一性、排他性等。例如：

  厥命罔顯于民，祇保越怨不易。   （《尚書·酒誥》）
  不思舊姻，求爾新特。成不以富，亦祇以異。
             （《詩經·小雅·我行其野》）
  無將大車，祇自塵兮。 （《詩經·小雅·無將大車》）
  爾不啻不有爾土，予亦致天之罰于爾躬。 （《尚書·多士》）
  人之有技，若己有之；人之彦聖，其心好之，不啻若自其口出，是能容之。   （《尚書·秦誓》）

以上各例的"祇"、"啻"有"僅止"、"唯一"義，只是限止動作行爲本身，無關乎施、受。

  降及東周，"悉"有發展爲"使盡"義的致使動詞的迹象。例如：

  諸侯悉師以復伐鄭。   （《左傳》襄公十一年）
  我悉方城外以毁其舟，還塞大隧、直轅、冥阨。
             （《左傳》定公四年）
  悉其聰明，致其忠愛以盡之。   （《禮記·王制》）
  秦悉塞外之兵，與周之衆，以攻南陽。 （《戰國策·西周》）

因此，"悉"似不宜再視爲副詞。

  東周以後，範圍副詞成員進一步擴大，除西周既有的以外（"啻"東周以後很少見，且多用於疑問句），又新增加了"俱、並、齊、畢、舉、兼、唯（維、惟）、僅、特、適、獨、每"等。

東周以後,範圍副詞語義指向格局大體與西周時期一致,但也發展出兩種新類型:一種既可指向動詞前成分(一般爲施事),也可僅指向動詞本身,或整個動賓結構,與施、受無直接關係,這就是"獨";第二種表示主體反復的動作行爲中的任何一次,這就是"每"。

下面僅就新增加的部分分別說明。

(一)只指向動詞前成分(一般爲施事或當事)

1.總括性的,這類範圍副詞有"俱、齊、畢"等。例如:

(1)陽州人出,顏高奪人弱弓,籍丘子鉏擊之,與一人俱斃。

(《左傳》定公八年)

(2)今秦萬乘之國,梁亦萬乘之國。俱據萬乘之國,交有稱王之名。

(《戰國策·趙三》)

(3)父子俱以材力事殷紂。　　　　　(《史記·秦本紀》)

(4)子事三君,君不同心,而子俱順焉。

(《晏子春秋·內篇問下》第二十九章)

例(2)"俱"、"交"連用,知"俱"有"交"義;例(4)的"俱"是指同一個體在不同情況下都具有某種性質;

(5)用少莫如齊致死,齊致死莫如去備。　(《左傳》昭公二十一年)

(6)有頃,齊奏宮中之樂,俳優侏儒戲於前。　(《孔子家語·相魯》)

"齊"字兩例,動詞的施事省略。

(7)天子七月而葬,同軌畢至。　　　(《左傳》隱公元年)

(8)師畢入,衆知之。　　　　　　　(《左傳》哀公二年)

(9)於是諸侯畢服,湯乃踐天子位,平定海內。　(《史記·殷本紀》)

2.表示主體反復的動作行爲中的任何一次,這就是"每"。例如:

每有風雨,暮夜求必存,吾是以知其愛也。

(《晏子春秋·內篇諫下》第二十二章)

吾每有問,而未嘗自得也。(《晏子春秋·內篇問下》第二十章)

晏子爲莊公臣,言大用,每朝賜爵益邑。俄而不用,每朝致邑與爵。　　　　　　　　　(《晏子春秋·內篇雜上》第二章)

秦每破諸侯,寫放其宮室,作之咸陽北阪上。

(《史記·秦始皇本紀》)

(二)總括性的,一般指向受事成分,該受事成分一般居於動詞後作賓語,有時也居於動詞前作受事主語,即"兼"。

(1)齊侯、鄭伯爲衛侯故如晉,晉侯兼享之。

(《左傳》襄公二十六年)

(2)皇帝并宇,兼聽萬事,遠近畢清。　(《史記·秦始皇本紀》)

(3)見其可利也,則必前後慮其可害也者,而兼權之,孰計之,然後定其欲惡取舍。　(《荀子·不苟》)

(4)五疾,上收而養之,材而事之,官施而衣食之,兼覆無遺。

(《荀子·王制》)

以上例(1)~(3)的"兼"指向受事賓語,例(4)的"兼"指向受事主語。

(三)總括性的,既可指向動詞前的成分(通常是施事),也可指向動詞後成分(通常是受事),這類範圍副詞有"並、舉"等。例如:

(1)德、刑不立,姦、軌並至。　(《左傳》成公十七年)
(2)執法之吏,並荷百姓。　(《晏子春秋·內篇諫上》第八章)
(3)天生五材,民並用之,廢一不可。　(《左傳》襄公二十七年)
(4)景公使晏子于楚,楚王進橘,置削,晏子不剖而並食之。

(《晏子春秋·內篇雜下》第十一章)

範圍副詞"並"在《史記》中寫作"并":

(5)諸侯并起叛秦。　(《史記·秦本紀》)
(6)今皇帝并有天下,別黑白而定一尊。　(《史記·秦始皇本紀》)

以上例(1)、(2)、(5),"並"指向動詞前施事主語;例(3)、(4)、(6)"並(并)"指向動詞後受事賓語。

(7)昔者諸侯事吾先君,皆如不逮,舉言群臣不信,諸侯皆有貳志。

(《左傳》宣公十七年)

(8)君舉不信群臣乎?　(《左傳》哀公六年)

（9）故君子不下室堂，而海内之情舉積此者，則操術然也。

（《荀子・不苟》）

以上的"舉"，例（7）指向施事主語，例（8）指向受事賓語，例（9）指向受事主語。

（四）限止性的，只指向動作行爲本身，這類範圍副詞有"唯（維、惟）、僅、特、適"等。

"唯（維、惟）"強調行爲動作的唯一性。例如：

（1）衛唯信晉，故師在其郊而不設備。　　　（《左傳》成公六年）
（2）君不此憂恥，而惟圖耳目之樂。

（《晏子春秋・内篇諫上》第九章）
（3）夫麋鹿維無禮，故父子同麀。（《晏子春秋・外篇第七》第一章）

"唯（維、惟）"有時似乎限制名詞。例如：

（4）維據盡力以愛君，何愛者之少邪？

（《晏子春秋・内篇諫下》第二十二章）
（5）維據也以其私財忠于君，何忠者之寡邪？

（《晏子春秋・内篇諫下》第二十二章）
（6）不計之義，維晏子爲能行之。

（《晏子春秋・内篇雜上》第二十一章）
（7）維義可以爲長存。　　（《晏子春秋・内篇雜下》第十四章）
（8）維以政與德而順乎神爲可以益壽。

（《晏子春秋・内篇雜下》第四章）
（9）夫往者維雨乎？　　（《晏子春秋・内篇問下》第十五章）
（10）若夫方立之人，維聖人而已。

（《晏子春秋・外篇第七》第二十三章）
（11）臣聞之：隱而顯，近而結，維至賢耳。

（《晏子春秋・内篇雜下》第二十三章）

從表面看"維"限制的都是名詞性成分，這就與副詞只修飾動詞的概念相抵觸了。但是我們還看到下面的例句：

（12）登之無蹊，維有楚棘而已。（《晏子春秋・内篇雜下》第十三章）

（13）景公曰："善哉晏子之言，可無用乎？其維有德。"

（《晏子春秋·內篇諫上》第十五章）

這兩例，"維"與名詞性成分之間是有存現動詞"有"的，其結構是"維有＋名"。但這個"有"是可以省略的，省略之後，就成了例（9）～（11）這樣的句子。換言之，例（4）～（11）與例（12）、（13）語法意義完全一致，區別只在於"有"的有無。有的，可以省略；沒有的，可以加上。"維有"表示主語的範圍（"維"是限制"有"的），這是有例可尋的，只不過"維"寫作"惟"：

（14）《詩》曰："何其處也？必有與也；何其久也？必有以也。"惟有以者，惟能長生久視。　　　（《說苑·修文》）

這句話，也可以省去"有"，成為"惟以者，惟能長生久視"，這就與例（4）～（8）一樣了。

還有一個問題。以上表面形式是"維＋句子形式"的各例，其"維"究竟是修飾緊貼它的名詞性成分的，還是修飾整個句子形式的？如例（4），究竟應分析為"維據＋盡力以愛君"，還是應分析為"維＋據盡力以愛君"？可能會有不同看法。不過例（5）表句中停頓的"也"為我們提供了啟示。這個停頓表明"維"只是修飾"據"的，或至少可以只修飾"據"（當然"維"後含一個被省略的"有"）。

"唯"也有相似的現象：

（15）唯有德者能以寬服民，其次莫如猛。　　（《左傳》昭公二十年）

（16）唯我知女。女專利而不厭，予取予求，不女疵瑕也。

（《左傳》僖公七年）

（17）大夫多笑之，唯晏子信之。　　（《左傳》昭公二年）

例（15）有"有"，例（16）、（17）則無之。

"唯（維、惟）"在殷商時期作"隹"，是一個表強調的語助詞，西周開始寫作"惟"、"維"、"唯"（少數），依然是表強調的語助詞（見"語助詞"章），但已有少許表限止義的跡象，例如：

啟呱呱而泣，予弗子，惟荒度土功。　　（《尚書·皋陶謨》）

這是説，啓呱呱而泣，我都顧不上慈愛他，只是忙於考慮治理水土的事。"惟"有"僅止"義。東周以後，語助詞"唯（維、惟）"逐漸發展出表限止義的範圍副詞用法來。

"僅"、"特"、"適"則表示行爲動作的唯一性、排他性，常有程度低、幅度小、範圍窄等意味。例如：

楚不在諸侯矣，其僅自完也，以持其世而已。

（《左傳》昭公十九年）

履重，僅能舉足。　　（《晏子春秋・内篇諫下》第十三章）

四戰之後，趙之亡卒數十萬，邯鄲僅存，雖有戰勝之名而國已破矣。　　（《史記・張儀列傳》）

反行，飲至、舍爵、策勳焉，禮也。特相會，往來稱地，讓事也。

（《左傳》桓公二年）

凡君薨，卒哭而祔，祔而作主，特祀於主，烝、嘗、禘於廟。

（《左傳》僖公三十三年）

高糾與嬰爲兄弟久矣，未嘗干嬰之行，特禄仕之臣也，何足以補君乎？　　（《晏子春秋・内篇雜上》第二十八章）

相如度秦王特以詐詳爲予趙城，實不可得。

（《史記・廉頗藺相如列傳》）

子無謂秦無人，吾謀適不用也。　　（《左傳》文公十三年）

飲食之人，無有失也，則口腹豈適爲尺寸之膚哉？

（《孟子・告子上》）

快意當前，適觀而已矣。　　（《史記・李斯列傳》）

以上各例的範圍副詞，都是只指向謂詞性成分自身。

（五）限止性的，一般指向動詞前成分（多爲施事），有時指向動詞本身，或整個動賓結構。這就是"獨"，是東周以後出現的一種新類型。

1. 指向動詞前成分的，如：

（1）今民各有心，而鬼神乏主；君雖獨豐，其何福之有？

（《左傳》桓公六年）

（2）艾孔、梁丘據皆從而泣，晏子獨笑于旁。

（《晏子春秋・内篇諫上》第十七章）

（3）縱彼不言，籍獨不愧於心乎？　　　　（《史記·項羽本紀》）

這一類型，至西漢又發展出"獨"置於主語前的形式。例如：

（4）桓楚亡，人莫知其處，獨籍知之耳。　　（《史記·項羽本紀》）
（5）今獨臣有船，漢軍至，無以渡。　　　　（《史記·項羽本紀》）

"獨籍知之"也就是"籍獨知之"（比較例[3]）。

2.指向動詞本身，或整個動賓結構的，如：

（6）國皆其國也，奚獨賂焉？　　　　　　　（《左傳》襄公二十八年）
（7）今三臣始禍，而獨逐鞅，刑已不鈞矣。　（《左傳》定公十三年）
（8）漢王之敗彭城而西，行使人求家室，家室亦亡，不相得。敗後乃獨得孝惠，六月，立爲太子。　　　　　　　（《史記·高祖本紀》）

以上的"獨"，例（6）指向動詞本身，例（7）、（8）指向動賓結構。

第二節　語氣副詞的發展

殷商時期，語氣副詞有"其"、"允"①。"其"的用例非常多，一般表疑問和揣測的語氣。"允"也不少見，一般表肯定的語氣。二者不能並用。例如：

今夕其雨？　　　　　　　　　　　　　　（《合集》8473）
我不其受年？　　　　　　　　　　　　　（《合集》5611正）
王其入于商？　　　　　　　　　　　　　（《合集》7803）
允獲麋四百五十一。　　　　　　　　　　（《合集》10344反）
丁酉卜，王貞：今夕雨，至于戊戌雨？戊戌允夕雨。四月。
　　　　　　　　　　　　　　　　　　　（《合集》24769）

關於"其"，楊逢彬認爲"很可能和句末語氣詞一樣是單功能的；它本身可能並不表示任何語氣，只是通過強調謂語來加強句中原有語氣"②。這

---

① 古漢語與廣義的"語氣"有關的語法成分有"語氣副詞"、"語助詞"和"語氣詞"。這三者在概念上的區別，請參考本書第十章第一節。
② 見楊逢彬《殷墟甲骨刻辭詞類研究》，242頁。

種觀點是可商的。如果"其"的功能果真"不表示任何語氣",只是"加强句中原有語氣",那麼爲什麼不見有"其允……"句?("其"爲什麼不見用來加强肯定句的語氣?)其實原因就在於,"其"標示疑問或揣測語氣,如果原句就是疑問或揣測語氣,則可以用"其""加强"之,如果原句並不表疑問或揣測,則不能用"其"。所以"其"與表肯定語氣的語氣詞"允"不能並立[①]。

西周時,表肯定的語氣副詞"允"有演化爲"真實"、"確實"義的形容詞的迹象,因此不視爲副詞。例如:

> 彝昧天令,故亡,允哉顯。　　　　　　　(班簋,西周中期)
> 命汝作納言,夙夜出納朕命,惟允。　　　(《尚書·堯典》)
> 汝作士,五刑有服,五服三就,五流有宅,五宅三居,惟明克允。
> 　　　　　　　　　　　　　　　　　　　(《尚書·堯典》)
> 允矣君子,展也大成。　　　　　　　　　(《詩經·小雅·車攻》)

以上的"允"都是單獨作謂語,表真實、確實、誠信的意思,與狀語位置上的"允"有明顯的意義聯繫。

西周時期的語氣副詞主要有"其、庶、尚、豈、曾、必"等。

其　與殷商時期相較,"其"的功能有較大擴展,可以表達祈使、命令、反問或推測等語氣。例如:

> (1) 帝曰:"我其試哉!"　　　　　　　　(《尚書·堯典》)
> (2) 爾尚輔予一人,致天之罰,予其大賚汝。(《尚書·湯誓》)
> (3) 吁!咸若時,惟帝其難之。　　　　　(《尚書·皋陶謨》)
> (4) 我其敢求位?　　　　　　　　　　　(《尚書·多士》)
> (5) 若火之燎于原,不可嚮邇,其猶可撲滅?(《尚書·盤庚上》)

以上的"其",例(1)表祈使,例(2)表命令,例(3)表推測,例(4)、(5)表反問。

庶　表推測語氣。例如:

> 予惟曰:"庶有事。"　　　　　　　　　(《尚書·洛誥》)
> 哀敬折獄,明啓刑書胥占,咸庶中正。　　(《尚書·吕刑》)

[①] 請參考本書第十章。

尚　表祈使語氣。例如：

于民之中,尚明聽之哉! 　　　　　　　　（《尚書·吕刑》）
勗哉夫子! 尚桓桓,如虎、如貔、如熊、如羆,于商郊。
　　　　　　　　　　　　　　　　　　　（《尚書·牧誓》）
惟厥罪無在大,亦無在多,矧曰其尚顯聞于天。
　　　　　　　　　　　　　　　　　　　（《尚書·康誥》）

豈　表反詰語氣。例如：

予豈汝威? 用奉畜汝衆。　　　　　　　　（《尚書·盤庚中》）
四牡騑騑,周道倭遲。豈不懷歸?　　　　　（《詩經·小雅·四牡》）
豈敢定居,一月三捷。　　　　　　　　　　（《詩經·小雅·采薇》）

"豈不"、"豈敢",從以後的發展看,逐步演化爲較爲固定的雙音節組合。

曾　表示行爲、事情的發生出乎意料,可譯爲"竟然"。例如：

喪亂蔑資,曾莫惠我師。　　　　　　　　（《詩經·大雅·板》）
咨女殷商。曾是强禦,曾是掊克,曾是在位,曾是在服。
　　　　　　　　　　　　　　　　　　　（《詩經·大雅·蕩》）

必　表斷定、確定不移或命令的語氣。例如：

民之所欲,天必從之。　　　　　　　　　（《尚書·泰誓上》）[1]
夏德若兹,今朕必往。　　　　　　　　　（《尚書·湯誓》）
維桑與梓,必恭敬止。　　　　　　　　　（《詩經·小雅·小弁》）
弗過遇之,往厲必戒。　　　　　　　　　（《易經·小過卦》）

東周以降,"其、庶、尚、曾、豈"等繼續保留,另外又增加了"蓋、盍、獨、庸、奚、殆、敢、請、誠"等。東周以後語氣副詞的一個顯著特點是產生或强化了一批具有語氣副詞性質的雙音節固定組合,主要有"豈不、豈其、豈鉅、豈渠、豈遽、不亦、何不、庸何、何必、得無(得微)、無乃、庶幾"等。下面擇要介紹。

蓋　多用在謂語前面,以推測的形式表委婉的語氣。例如：

---

[1] 《泰誓》屬僞古文,但這一句爲《左傳》襄公三十一年所引,是可靠的。

其祝、史薦信,是言罪也;其蓋失數美,是矯誣也。

(《左傳》昭公二十年)

寡人聞:大國之君蓋回曲之君也。

(《晏子春秋·內篇問下》第十二章)

觴三行,遂罷酒。蓋是後也,飭法修禮以治國政,而百姓肅也。

(《晏子春秋·內篇諫上》第二章)

上曰:"蓋聞天道禍自怨起而福繇德興。百官之非,宜由朕躬。"

(《史記·孝文本紀》)

盍 表反問,相當於表反詰的"何不"。例如:

子曰:"盍各言爾志?" (《論語·公冶長》)

對曰:"盍去冤聚之獄,使反田矣。"

(《晏子春秋·內篇諫上》第二十一章)

伍奢有二子,不殺者爲楚國患。盍以免其父召之,必至。

(《史記·楚世家》)

獨 表反問,由表限止的範圍副詞發展而來,有"難道"、"怎麼"之意。例如:

棄君之命,獨誰受之? (《左傳》宣公四年)

天久不雨,發將焦,身將熱,彼獨不欲雨乎?祠之何益?

(《晏子春秋·內篇諫上》第十五章)

程李俱東西宮衛尉,今眾辱程將軍,仲孺獨不爲李將軍地乎?

(《史記·魏其武安侯列傳》)

與"獨"相關的還有雙音節的"何獨"。例如:

(1)富,人之所欲也。何獨弗欲? (《左傳》襄公二十八年)

(2)騶忌子曰:"何獨語音,夫治國家而弭人民皆在其中。"

(《史記·田敬仲完世家》)

例(1)的"何獨"可以翻譯爲"爲什麼偏偏",例(2)的"何獨"可以翻譯爲"豈但"。

奚 表疑問或反問。例如:

（1）或謂孔子曰："子奚不爲政？" 　　　　　（《論語·爲政》）
（2）女奚不曰：其爲人也，發憤忘食，樂以忘憂，不知老之將至云爾。
　　　　　　　　　　　　　　　　　　　　　（《論語·述而》）
　　　——以上表疑問
（3）死者天地之理，物之自然者，奚可甚哀？　（《史記·孝文本紀》）
　　　——以上表反詰

殆　表推測語氣。例如：

離外之患，而天不靖晉國，殆將啓之，二也。（《左傳》僖公二十三年）
今日寡人出獵，上山則見虎，下澤則見蛇。殆所謂不祥也？
　　　　　　　　　　　　　　　　（《晏子春秋·内篇諫下》第十章）
吾嘗見一子於路，殆君之子也。　　　　　　（《史記·趙世家》）

敢　表謙敬語氣。例如：

季路問事鬼神。子曰："未能事人，焉能事鬼？"曰："敢問死。"
曰："未知生，焉知死？"　　　　　　　　　（《論語·先進》）
重耳敢再拜稽首，奉揚天子之丕顯休命。（《左傳》僖公二十八年）
王命之，臣敢對，因竭其愚忠。　　　　　　（《史記·趙世家》）

請　表謙敬語氣。謙敬副詞"請"，不是請求對象幹什麼，而是請求對象允許我幹什麼的意思。例如：

回雖不敏，請事斯語矣！　　　　　　　　　（《論語·顔淵》）
三年不治，臣請死之。　（《晏子春秋·外篇第七》第二十章）
先生果能，孤請世世以衛事先生。　　　　　（《史記·魏世家》）

誠　表強調語氣，有"果真"、"確實"、"一定"等含義。例如：

桓公召而與之語，訾相其質，足以比成事，誠可立而授之。
　　　　　　　　　　　　　　　　　　　　　（《國語·齊語》）
晏子曰："君誠避宮殿暴露，與靈山河伯共憂，其幸而雨乎？"
　　　　　　　　　　　　　　　　（《晏子春秋·内篇諫上》第十五章）
今誠以吾衆詐自稱公子扶蘇、項燕，爲天下唱，宜多應者。
　　　　　　　　　　　　　　　　　　　　　（《史記·陳涉世家》）

豈不 表示反問語氣。句末經常用語氣詞"哉"相呼應，有時也用"乎"、"矣"。例如：

豈不爾思，遠莫致之。　　　　　　　（《詩經・衛風・竹竿》）
使是人反其國，豈不爲古之賢君乎？
　　　　　　　　　　　（《晏子春秋・内篇雜上》第二十章）
周公輔成王也，豈不亦忠聖乎？　　（《史記・范雎蔡澤列傳》）

豈其、豈鉅、豈渠、豈遽 這幾個雙音節語氣副詞意思相近，都表示反問。古音也接近，可能是同一個詞，或有同源關係。例如：

今周與四國服事君王，將唯命是從，豈其愛鼎？
　　　　　　　　　　　　　　　　　　（《左傳》昭公十二年）
羽豈其苗裔邪？何興之暴也！　　　　（《史記・項羽本紀》）
今俳優、侏儒、狎徒詈侮而不鬭者，是豈鉅知見侮之爲不辱哉。
　　　　　　　　　　　　　　　　　　　（《荀子・正論》）
夫威强未足以殆鄰敵也，名聲未足以縣天下也，則是國未能獨立也，豈渠得免夫累乎？　　　　　　　　　　（《荀子・王制》）
此忐也，豈遽忘於諸侯之耳乎？　　　　（《國語・吳語》）

不亦 表反問語氣，多修飾形容詞，句末一般有語氣詞"乎"相呼應。例如：

有朋自遠方來，不亦樂乎？　　　　　　（《論語・學而》）
因民之所利而利之，斯不亦惠而不費乎！　（《論語・堯曰》）
得令四支無心，十有八日，不亦久乎？
　　　　　　　　　　　（《晏子春秋・内篇諫上》第二十三章）
三主惑而終身不悟，亡，不亦宜乎？　（《史記・秦始皇本紀》）

何不 表詢問語氣，其意相當於"爲什麼不"。有時也表反問。例如：

崔子曰："子何不死？子何不死？"（《晏子春秋・内篇雜上》第二章）
公何不去二子者，毋使耳目淫焉。
　　　　　　　　　　　（《晏子春秋・内篇諫下》第十五章）
此父兄之任也。王何不召公子池而問焉？　（《戰國策・秦四》）

公何不蚤告我？乃至於此！　　　（《史記·秦始皇本紀》）

何必　表反問語氣。例如：

欺其君，何必使余？　　　　　（《左傳》襄公二十九年）
如是可矣，何必瘠魯以肥杞？　（《左傳》襄公二十九年）
夫樂，何必夫故哉！　　　　　（《晏子春秋·內篇諫上》第六章）
然戰國之權變亦有可頗采者，何必上古？（《史記·六國年表》）

庸（庸何）　表反問語氣，句末一般有語氣詞"乎"相呼應，可譯爲"難道"、"怎麼"等。例如：

子儀在位，十四年矣；而謀召君者，庸非貳乎？
　　　　　　　　　　　　　　　（《左傳》莊公十四年）
賢而隱庸爲賢乎？　　（《晏子春秋·內篇問上》第十三章）
且吾聞箕子見唐叔之初封，曰"其後必當大矣"，晉庸可滅乎！
　　　　　　　　　　　　　　　（《史記·晉世家》）
且人有君而弑之，吾焉得死之？而焉得亡之？將庸何歸？
　　　　　　　　　　　　　　　（《左傳》襄公二十五年）
數月於外，一旦於是，庸何傷？　　（《左傳》昭公元年）

得無（得微）　表詢問或反問語氣，句末有語氣詞呼應。例如：

諸侯得微有故乎？國家得微有事乎？
　　　　　　　　　　　（《晏子春秋·內篇雜上》第十二章）
爲之難，言之得無訒乎？　　　　（《論語·顏淵》）
今民生長于齊不盜，入楚則盜，得無楚之水土使民善盜耶？
　　　　　　　　　　　（《晏子春秋·內篇雜下》第十章）
今秦，虎狼之國也，而君欲往，如有不得還，君得無爲土禺人所笑乎？　　　　　　　　　　　　　（《史記·孟嘗君列傳》）

無乃　表反問語氣。例如：

居簡而行簡，無乃大簡乎？　　　（《論語·雍也》）
據之防塞群臣，擁蔽君，無乃甚乎？
　　　　　　　　　　　（《晏子春秋·內篇諫下》第二十二章）

今蒲,衛之所以待晉楚也,以衛伐之,無乃不可乎?
(《史記·孔子世家》)

庶幾 表示推測或估計,可譯爲"或許"、"但願"、"大概"等。例如:

今行父雖未獲一吉人,去一凶矣。於舜之功,二十之一也,庶幾免於戾乎! (《左傳》文公十八年)
懼而奔鄭,引領南望,曰:"庶幾赦余。"(《左傳》襄公二十六年)
吾王庶幾無疾病與?何以能田獵也? (《孟子·梁惠王下》)

東周以後,"必"的"語氣副詞"用法繼續大量存在,但同時又發展出少量動詞用法,例如:

何事於仁,必也聖乎! (《論語·雍也》)
子絕四:毋意,毋必,毋固,毋我。 (《論語·子罕》)
聽訟,吾猶人也。必也使無訟乎! (《論語·顏淵》)
今之成人者何必然?見利思義,見危授命,久要不忘平生之言,亦可以爲成人矣。 (《論語·憲問》)
今亂本成矣,立可必乎? (《左傳》閔公二年)
公曰:"可必乎?"對曰:"在道。國亂無象,不可知也。"
(《左傳》襄公九年)
我倚名族,亡秦必矣。 (《史記·項羽本紀》)
紂剖比干,囚箕子,爲炮格,刑殺無辜,時臣下懍然,莫必其命。
(《史記·禮書》)
相陵爲鬭,七寸以內必之矣。 (《史記·天官書》)

因此我們不再把"必"看作語氣副詞。一般説,詞類的虛化是一個由實到虛的過程,但"必"以及上面説過的"悉"、"允"卻有由虛到實的迹象,這是值得注意的。

第三節　時間副詞的發展

楊逢彬認爲,殷墟甲骨刻辭中的時間副詞只有兩個:卒、气。例如:

  丁丑卜,旅貞:王賓……自上甲卒至于多毓,無尤?

(《合集》22623)

  癸丑卜,貞:王賓幼自上甲至于多毓,卒無尤? (《合集》35437)

  戊辰……貞:翌辛……亞气以衆人插丁录,呼保我?

(《合集》43)

  辛未卜,㱿貞:我拱人,气在黍,不劓,受…… (《合集》795)

楊氏認爲,這兩個副詞都是"最終"的意思。至於它們的區別,大約是:"气"是由動詞"气"虛化來的,而"卒"是"(時間上)到……爲止"的意思。因而副詞"气"重在過程,可以譯爲"一直";"卒"則重在結果,可以譯爲"最終"①。

  至西周時期,"卒"、"气"猶存("气"西周時作"迄",作"訖")。例如:

  肇禋,迄用有成,維周之禎。 (《詩經·周頌·維清》)
  國既卒斬,何用不監! (《詩經·小雅·節南山》)

  西周時又出現了表已經發生的"既"、"咸",表即將發生的"將"和表恰好發生的"適"。例如:

  既克商二年,王有疾,弗豫。 (《尚書·金縢》)
  昔乃祖亦既令乃父尸司莽人,不淑,取我家窳。

(卯簋蓋,西周中期)

  借曰未知,亦既抱子。 (《詩經·大雅·抑》)
  十又一月癸未,史獸獻工于尹。咸獻工,尹賞史獸福。

(史獸鼎,西周早期)

  今予將試以汝遷,安定厥邦。 (《尚書·盤庚中》)
  唯天將集乎命。 (毛公鼎,西周晚期)
  伐木許許,釃酒有藇。既有肥羜,以速諸父。寧適不來,微我弗顧。 (《詩經·小雅·伐木》)

  東周以後,"咸"不大見用了,"既"、"將"、"適"繼續使用。例如:

  宋、衛既入鄭,而以伐戴召蔡人。 (《左傳》隱公十年)

---

① 見楊逢彬《殷墟甲骨刻辭詞類研究》,265頁。

其年,既滅南越,上有嬖臣李延年以好音見。

（《史記·孝武本紀》）

子西縊而縣絕,王使適至,遂止之。　（《左傳》文公十年）

老父已去,高祖適從旁舍來,呂后具言客有過,相我子母皆大貴。

（《史記·高祖本紀》）

鳥之將死,其鳴也哀;人之將死,其言也善。

（《論語·泰伯》）

成王將崩,懼太子釗之不任。　（《史記·周本紀》）

東周以後又產生了"已、曾、嘗、且、方、比、行、屬"等。

已　本爲動詞,"完結"的意思,這在西周以及東周早期很常見。例如:

樂只君子,德音不已。　（《詩經·小雅·南山有臺》）

令尹子文三仕爲令尹,無喜色;三已之,無慍色。

（《論語·公冶長》）

從東周中晚期開始,"已"逐漸較多地用作狀語,"已經"的意思,具有了副詞的性質。例如:

箕伯、直柄、虞遂、伯戲,其相胡公、大姬已在齊矣。

（《左傳》昭公三年）

道之不行,已知之矣。　（《論語·微子》）

筐篋已富,府庫已實,而百姓貧。　（《荀子·王制》）

四瀆已修,萬民乃有居。　（《史記·殷本紀》）

有時"既已"連用:

既已告於君,故與叔向語而稱之。　（《左傳》昭公三年）

項羽雖聞漢東,既已連齊兵,欲遂破之而擊漢。

（《史記·高祖本紀》）

曾、嘗　表示過去有過某種行爲,大約產生於春秋晚期或戰國早期。例如:

有若無,實若虛,犯而不校,昔者吾友嘗從事於斯矣。

（《論語·泰伯》）

且君嘗爲晉君賜矣,許君焦、瑕,朝濟而夕設版焉,君之所知也。

(《左傳》僖公三十年)

余嘗西至空桐,北過涿鹿。　　(《史記·五帝本紀》)

大夫奚隆於越,越曾足以爲大虞乎?　　(《國語·吳語》)

莊公存之時,樂曾淫于宮中,子般執而鞭之。

(《公羊傳》閔公元年)

夫龍雒侯曾爲前將軍。　　(《史記·建元以來侯者年表》)

且 表"將來"、"即將",戰國中期始見,其後一直沿用。例如:

今且大祭,爲君請壽,故將往,以聞。

(《晏子春秋·內篇雜下》第四章)

今吾尚病,病愈,我且往見。　　(《孟子·滕文公上》)

賓客群臣有能出奇計彊秦者,吾且尊官,與之分土。

(《史記·秦本紀》)

方 表"將來"、"即將",始見於戰國中期,其後一直沿用。例如:

晏子方食,景公使使者至。(《晏子春秋·內篇雜下》第十八章)

今方來,吾欲辱之,何以也?　(《晏子春秋·內篇雜下》第十章)

信方斬,曰:"吾悔不用蒯通之計,乃爲兒女子所詐,豈非天哉!"

(《史記·淮陰侯列傳》)

方將增泰山之封,加梁父之事。　(《史記·司馬相如列傳》)

最後一例"方將"同義連用,可知"方"之"將"義。

比 表示行爲、狀態即將發生,或剛剛發生,始見於戰國中期。例如:

(1)曰:"比死者勉爲樂乎?吾安能爲仁而愈黥民耳矣?"

(《晏子春秋·內篇諫上》第八章)

(2)晏子使于魯。比其返也,景公使國人起大臺之役。歲寒不已,凍餒之者鄉有焉。國人望晏子,晏子至,已復事,公延坐,飲酒樂。

(《晏子春秋·內篇諫下》第五章)

(3)晏子自國往見公,比至,衣冠不正,不革衣冠,望游而馳。公望見晏子,下而急帶曰:"夫子何爲遽,國家無有故乎?"

(《晏子春秋·內篇諫上》第二十三章)

（4）景公游于菑,聞晏子死。公乘侈輿服繁駔驅之,而因爲遲,下車而趨。知不若車之遫,則又乘。比至于國者,四下而趨,行哭而往,伏尸而號。　　　　　　　　　（《晏子春秋·外篇第八》第十六章）

例（1）~（3）是行爲、狀態即將發生。例（2）後面的"國人望晏子,晏子至"說明前面的"比其返也"是將返未返之時。例（3）後面的"公望見晏子"說明前面的"比至"是將至未至之時。例（4）的"比至于國",從上下文看,則顯然是剛剛抵國。

"比"後來一直沿用:

於是吳王遂縱兵追之。比至郢,五戰,楚五敗。

（《史記·吳太伯世家》）

行　表"即將"發生,大約戰國晚期出現,後一直沿用。例如:

法不信,則君行危矣。　　　　　（《韓非子·有度》）
漢興兵誅郢,亦行以驚動南越。　　（《史記·南越列傳》）

以後有"行將"一詞,不過那是東漢以後的事了。

屬　表動作行爲止在發生或恰好發生,大約產生於戰國初期,其後一直沿用。例如:

屬有宗祧之事於武城,寡君將墮幣焉,敢謝後見。

（《左傳》昭公四年）

公曰:"吾屬欲美之。"　　　　　（《國語·魯語上》）
天下屬安定,何故反乎?　　　　（《史記·留侯世家》）

第四節　否定副詞的發展

殷商時期,否定副詞有"不、弗、弜、弓、勿、毋、非"等,其中"勿"、"毋"出現很少。

不、弗、弜、弓、勿

據裘錫圭研究,"弜"、"弓"二字,很可能是同一個詞的不同假借字,"弓"和"勿"也可能是同一個詞的不同假借字。"弜"、"弓"表示意願,往往可以翻譯成現代漢語的"不要"。而"不"、"弗"這兩個否定副詞則是表示可能性和事實的,往往可以翻譯成現代漢語的"不會"。例如:

庚申卜,㱿,鼎(貞):王勿征舌方,上下弗若,不我其受(授)又(祐)。　　　　　　（轉引自裘文,又見於《合集》6320）

弜量,弗受又年。　　　　（轉引自裘文,又見於《合集》28198）

裘錫圭指出:"征不征舌方是要不要這樣做的問題,否定詞用'勿'。上下神祈高興不高興,保佑不保佑殷人,是會不會這樣的問題,否定詞用'不'、'弗'。"①

不過,裘錫圭又謹慎地指出,卜辭裏有極少數與通例不合的例外。有的按通例該用"勿"、"弜"却用了"不"、"弗",例如:

王不往田,雨。　　　　　　　　　　　（《合集》28603）

有的按通例該用"不"、"弗"却用了"勿"、"弜",例如:

丙戌卜,弜若。　　　　　　　　　　　（《合集》13927）

裘錫圭對這種現象作了一些推測性的解釋②。我們認爲裘錫圭的謹慎並不是多餘的。這種"例外"有時是可以理解的。"勿"、"弜"一般是對占卜對象能夠控制的行爲的否定,又可譯爲"不應該"、"不宜"等;而"不"、"弗"則是對客體行爲變化的否定,是對可能性的否定,可譯爲"不會"、"不能"等③。我們認爲,這兩類否定固然有別,但有時候二者在邏輯上又有某種内在聯繫。也就是說,"不應該"、"不宜"有時候也就意味着"不會"、"不能";反之,"不會""不能"有時候也就意味着"不應該"、"不宜"。例如,問"不該順利嗎?"有時意思就是"不會順利嗎?"(說話者把"會不會"這種客觀的問題用"該不該"這種主觀的方式說出來。)所以,些許的"例外"也許是難以避免的,似不足爲怪。

關於"不"和"弗",王力認爲二者同源,並作了擬音:piuə不/ piuət 弗(之物通轉)④。

---

① 裘錫圭《說"弜"》,載《裘錫圭自選集》,河南教育出版社,1994年。
② 裘錫圭《說"弜"》,載《裘錫圭自選集》。
③ 張玉金《甲骨文語法學》,40～41頁。
④ 王力《同源字典》,102頁。

在殷商及西周時期,二者的意義及用法是很接近的。這主要是指,二者都是對動作行爲的單純否定,都可以修飾及物動詞,以及修飾"及物動詞+賓語"。例如:

  辛巳卜:弗受?   (《合集》21987)
  己巳卜:不受?   (《合集》32778)
  貞:兔以三十馬,弗其執羌?王占曰:其唯丁執,吉。
                (《合集》500正)
  □不其以人?   (《合集》1028)
  夏王率遏衆力,率割夏邑,有衆率怠弗協。 (《尚書·湯誓》)
  誰敢不讓,敢不敬應?   (《尚書·皋陶謨》)
  予弗知乃所訟。   (《尚書·盤庚上》)
  汝曷弗告朕,而胥動以浮言。   (《尚書·盤庚上》)
  我后不恤我衆。   (《尚書·湯誓》)
  爾不許我,我乃屏璧與珪。   (《尚書·金縢》)

"不"和"弗"也都可以修飾不及物動詞。例如:

  貞:今夕師不震?吉兹御。   (《合集》36428)
  貞:又邑今夕弗震?在十月又一。 (《合集》36429)
  納于大麓,烈風雷雨弗迷。   (《尚書·堯典》)
  若網在綱,有條而不紊。   (《尚書·盤庚上》)

毋

關於"毋"。張玉金認爲"毋"比較特别,它既用來表示對可能性的否定,也常用來表示對必要性的否定,就功能來説,它介於"勿"、"弜"和"不"、"弗"兩組之間,兼有這兩組的功能:

  己卯卜,貞:今日啓?王占曰:其啓,唯其毋大啓。
                (《合集》24917)
  貞:侑母庚,毋害王?   (《合集》14161正)

以上關於天放晴、害王的貞問,都是會不會的問題,所以其"毋"相當於"不"、"弗"。

庚申卜,王貞:其侑于母辛?
庚申卜,王貞:毋侑于祖辛于母辛? （《合集》22971）
庚申卜,行貞:王其往于田,亡災?
貞:毋往? （《合集》24262）

以上關於侑祭、田獵的貞問,都是要不要的問題,所以其"毋"相當於"勿"和"弜"等①。

尤其是當"毋"與語氣詞"其"連用時,幾乎都相當於"不其"、"弗其"。例如:

貞:翌戊申毋其星(晴)。 （《合集》11496正）
丁亥卜,貞:既雨。
貞:毋其既[雨]。 （《合集》1784）
戊毋其雨。
壬毋其雨。 （《合集》29901）
貞:毋其延有祟。 （《合集》17079反）
貞:王目龍。
王目毋其龍。 （《合集》13623正）
貞:婦好毋其有子。 （《合集》13927）
癸亥卜,㱿貞:我史戈缶?
癸亥卜,㱿貞:我史毋其戈缶? （《合集》6834正）

天是晴是雨,王是否遭祟、有病,婦是否懷孩子,這些都不是要不要這樣的問題,而是會不會這樣的問題。所以上引這些卜辭裏的"毋"字的用法都與"不"、"弗"相似。最後所引的卜辭(《合集》6834正),其同版卜辭有說"多臣弗其戈缶"的,此辭的"毋其"顯然與"弗其"同意。殷商卜辭裏"勿"、"弜"之後幾乎從來不用"其"字②。

非

王力認為"非"是用來否定名詞謂語的,因此是個否定副詞③。這一認識

---

① 張玉金《甲骨文語法學》,48頁。
② 裘錫圭《談談古文字資料對古漢語研究的重要性》,《中國語文》1979年第6期。原文例句的出處一律改為《合集》序號。個別字參考了《合集》的釋讀。
③ 王力《漢語語法史》,《王力文集》第11卷,263頁。

也適用於甲骨文。例如：

> 庚辰貞：日有戠,非禍,隹若？
> 庚辰貞：日戠,其告于河？　　　　　　　（《合集》33698）
> 癸酉貞：日月有食,隹若？
> 癸酉貞：日月有食,非若？　　　　　　　（《合集》33694）
> 非水？
> 隹？　　　　　　　　　　　　　　　　　（《合集》28299）
> 戊午不祀,示咎？
> 戊午非隹咎？　　　　　　　　　　　　　（《合集》21987）①

"不"和"弗"修飾的是謂詞性成分，"非"修飾的是體詞性成分，所以都是副詞。

西周以後，"弜"、"丂"等逐漸淡出，否定副詞主要有"不、弗、勿、毋（無）②、未、莫、非"等。

不、弗、勿、毋（無）

"勿"，表禁止和勸誡。例如：

> 勿用非謀非彝蔽時忱。　　　　　　　　　（《尚書·康誥》）
> 爲國家者,見惡如農夫之務去草焉,芟夷蘊崇之,絕其本根,勿使能殖,則善者信矣。　　　　　　　　　　　　　　　（《左傳》隱公六年）
> 願君教茶以禮,而勿陷于邪。（《晏子春秋·內篇諫上》第十一章）
> 施諸己而不願,亦勿施於人。　　　　　　（《禮記·中庸》）
> 王勿憂,先修政事。　　　　　　　　　　（《史記·殷本紀》）

有時"勿"就相當於"不"：

> 公命,我勿敢言。　　　　　　　　　　　（《尚書·金縢》）
> 宋人請猛獲于衛。衛人欲勿與。　　　　　（《左傳》莊公十二年）

"毋（無）"，也表禁止和勸誡，性質與"勿"相近。例如：

> 夙興夜寐,毋忝爾所生。　　　　　　　　（《詩經·小雅·小宛》）

---

① 以上關於"非"的各例句,轉引自楊逢彬《殷墟甲骨刻辭詞類研究》,265頁。
② 西周以後"毋"或寫作"無"。請參考呂叔湘《論毋與勿》,見《漢語語法論文集》（增訂本）。

毋逝我梁,毋發我笱。　　　　　　(《詩經·邶風·谷風》)

初,楚范巫矞似謂成王與子玉、子西曰:"三君皆將强死。"城濮之役,王思之,故使止子玉曰:"毋死。"　　(《左傳》文公十年)

有時"毋(無)"也相當於"不":

委之常秩,道之禮則,使毋失其土宜,衆隸賴之。

(《左傳》文公六年)

剛而毋虐,簡而毋傲。　　　　　　(《史記·五帝本紀》)

王力説:

> 關於上古漢語的副詞,還有一件事值得注意的,就是否定詞"弗"、"勿"的用法。經過多人的分別研究,大家承認,在謂語的中心詞是及物動詞的時候,"弗"和"勿"所修飾的及物動詞一般不能帶賓語。這樣,"弗"和"不"是有分別的,"勿"和"毋"也是有分別的。這兩對字在語音上是有非常明顯的對應規律的:
>
> 　　不 pǐuə　　毋(無)miua
> 　　弗 pǐuət　　勿 mǐuət
>
> "弗"和"勿"同屬古音物部;"不"屬之部(古讀平聲),"毋"屬魚,上古之魚兩部常常是相通的。
>
> ……在甲骨文中,"弗"和"不"、"勿"和"毋"的界限並不十分清楚。在《尚書》中,"弗"和"不"的界限也不清楚。但是,就多數上古史料看來,特別是就多數先秦史料看來,"弗"和"勿"後面的及物動詞不帶賓語是無可争辯的事實。
>
> ……
>
> "毋"(無)字跟"勿"字正相反,它用於及物動詞前面時,必須帶賓語。①

王力所説的"毋(無)"、"勿"之别,也許只應該看作一種大致的傾向,不宜絶對化。因爲這二者功能交叉的情況也時有存在,不宜忽略。王力既已看到甲骨文中"毋(無)"、"勿"界限不清的事實,下面就再舉一些先秦典籍中的同類情況:

---

① 王力《漢語語法史》,《王力文集》第11卷,180~182頁。

勿乘駑馬,惡其取道不遠也。

(《晏子春秋·内篇雜上》第十九章)

夫子釋之,勿傷吾仁也。 (《晏子春秋·内篇諫上》第二十五章)

魯人欲勿殤童汪踦,問於仲尼。仲尼曰:"能執干戈以衛社稷,雖欲勿殤也,不亦可乎!" (《禮記·檀弓下》)

五百石以下不臨,遷,勿奪爵。 (《史記·秦始皇本紀》)

可疾去矣,慎毋留! 即弟出,勿問所以然。

(《史記·越王句踐世家》)

以上是"勿"後面的及物動詞帶賓語的情況。下面是"毋(無)"後面的及物動詞不帶賓語的情況:

命有司省囹圄,去桎梏,毋肆掠,止獄訟。 (《禮記·月令》)
禁婦女毋觀,省婦使以勸蠶事。 (《禮記·月令》)
節嗜欲,定心氣,百官靜事毋刑。 (《禮記·月令》)
女毋不信,朕不食言。 (《史記·殷本紀》)
王案兵毋出,可以德東周,而西周之寶必可以盡矣。

(《史記·周本紀》)

願陛下遂從時毋疑,即群臣不及謀。 (《史記·秦始皇本紀》)

有時候,"毋(無)"、"勿"甚至混用不別:

食魚無反,毋盡民力乎。勿乘駑馬,則無罟不肖于側乎。

(《晏子春秋·内篇雜上》第十九章)

這一例,"毋盡民力"與"勿乘駑馬"並列,提示"毋"、"勿"功能一致。總之,"毋(無)"、"勿"之別是不十分嚴格的。

"不"與"弗"的關係也相類似。上文已指出,這二者在殷商及西周時期界限並不清楚。東周以後,"弗"修飾"及物動詞+賓語"的現象大爲減少,以至於有的學者得出"'弗'字只用在省去賓語的外動詞之上","内動詞及帶有賓語的外動詞之上只用'不'字,不用'弗'字"的結論[1]。這個結論是不符合事實的。因爲東周以後"弗"修飾"及物動詞+賓語"的現象依然

---

[1] 請參考丁聲樹《釋否定詞:"弗"、"不"》,見《中研院史語所集刊外編第一種·慶祝蔡元培先生六十五歲文集》下册,1936年;黄景欣《秦漢以前古漢語中的否定詞"弗"、"不"研究》,《語言研究》1958年第3期。

存在,只是有所减少。例如:

　　無德而貪,其在《周易》《豐》䷶之《離》䷝,弗過之矣。(《左傳》宣公六年)

　　鮑先入晉地,士魴禦之,少秦師而弗設備。(《左傳》襄公十一年)
　　今大臣執柄獨斷,而上弗知收,是人主不明也。
　　　　　　　　　　　　　　　　　　　　(《韓非子·孤憤》)
　　後家居長安,長安中諸公莫弗稱之。
　　　　　　　　　　　　　　　　　(《史記·魏其武安侯列傳》)
　　疾得齊、韓之重,其主弗敢棄疾也。　(《史記·楚世家》)

"弗"否定面窄,"不"否定面寬,"不"兼有"弗"的功能,或者説"弗"體現"不"的部分功能。例如"弗"較少修飾形容詞,尤其是東周以後,"弗"修飾形容詞的情況很罕見。而"不"修飾形容詞很常見。與"不"相比,"弗"還較少修飾不及物動詞。"不"可修飾名詞謂語,"弗"未見有此現象①。東周以後,"弗"逐漸被"不"替代了。"弗"修飾"及物動詞+賓語"的現象在東周以後大爲減少,只是"不"在替代"弗"的過程中自然呈現的一種現象。

未

表示還没有施行某種行爲或事情還没有發展到某種狀態。例如:

　　公乃爲詩以貽王,名之曰"鴟鴞",王亦未敢誚公。
　　　　　　　　　　　　　　　　　　　　(《尚書·金縢》)
　　小人有母,皆嘗小人之食矣;未嘗君之羹,請以遺之。
　　　　　　　　　　　　　　　　　　　　(《左傳》隱公元年)
　　及禹崩,雖授益,益之佐禹日淺,天下未洽。(《史記·夏本紀》)

莫

表示某種行爲動作或性質狀態無例外地没有施事者或當事者。所修飾的及物動詞的賓語如果是代詞,一般要前置。"莫"西周時主要見於《詩經》,東周以後始廣泛出現。例如:

　　(1) 嗟我兄弟,邦人諸友。莫肯念亂,誰無父母!
　　　　　　　　　　　　　　　　　　　　(《詩經·小雅·沔水》)

———

① 何樂士《〈左傳〉否定副詞"不"與"弗"的比較》,見《古漢語語法研究論文集》。

（2）誰能出不由戶？何莫由斯道也？　　　（《論語·雍也》）
（3）王曰：陛下將用兵有能過韓信者乎？上曰：莫及也。
　　　　　　　　　　　　　　　　　　　（《史記·陳平世家》）
（4）民之訛言，寧莫之懲。　　　　（《詩經·小雅·沔水》）
（5）子曰："莫我知也夫！"　　　　　　　（《論語·憲問》）
（6）至其次序分絕，文字之上下，簡之參差長短，皆有意，人莫之
　　　能知。　　　　　　　　　　　　　　（《史記·三王世家》）
（7）民莫不穀，我獨于罹。　　　　（《詩經·小雅·小弁》）
（8）上好禮，則民莫敢不敬。　　　　　　（《論語·子路》）
（9）夏帝卜殺之與去之與止之，莫吉。　　（《史記·周本紀》）

以上的"莫"，例（1）~（6）是否定動詞或動賓結構，其中例（4）~（6）的動詞賓語是代詞，所以前置。例（7）~（9）否定的是形容詞。

"莫"的語法規律，與古漢語的其他語法規律一樣，也會有些許例外。例如，"莫"後動詞的代詞賓語，就偶有不前置的情況：

　　莫益之，或擊之，立心勿恆，凶。　　　　（《易經·益卦》）
　　（孔子）喟然嘆曰："莫知我夫！"　　　（《史記·孔子世家》）
　　九合諸侯，一匡天下，諸侯莫違我。　　　（《史記·封禪書》）
　　始皇為人，天性剛戾自用，起諸侯，并天下，意得欲從，以為自古
　　莫及己。　　　　　　　　　　　　　（《史記·秦始皇本紀》）

這種情況雖少，卻代表了以後的發展趨勢。

"莫"與"不"的分別，總體看是清楚的，但也應看到，西漢時有少量的"莫"已開始與"不"或"勿"相模糊。例如：

（1）君試遺其女樂，以奪其志；為由余請，以疏其間；留而莫遣，以失
　　　其期。戎王怪之，必疑由余。　　　　（《史記·秦本紀》）
（2）仲由將入，遇子羔將出，曰："門已閉矣。"子路曰："吾姑至矣。"
　　　子羔曰："不及，莫踐其難。"子路曰："食焉不辟其難。"
　　　　　　　　　　　　　　　　　　　（《史記·衛康叔世家》）

例（1）談論的是由余一個人，所以"留而莫遣"就是"留而不遣"。例（2）是子羔與子路的對話，"莫踐其難"是勸子路不要去赴難，其"莫"相

當於"勿"。

非

西周以後,"非"所修飾的成分日益豐富、複雜,既可以是名詞性成分,也可以是動詞、形容詞以及各種謂詞性結構。這些謂詞性成分一旦與"非"結合,通常會指稱化,性質與名詞性成分相當。"非"與它所修飾的成分一同構成謂語①。"非"一般可譯爲"不是"、"不屬於"等。例如:

溥天之下,莫非王土。率土之濱,莫非王臣。
　　　　　　　　　　　　　　　　　　(《詩經·小雅·北山》)
在今爾安百姓,何擇非人?何敬非刑?　(《尚書·呂刑》)
今京不度,非制也,君將不堪。　　　　(《左傳》隱公元年)
天非虐,惟民自速辜。　　　　　　　　(《尚書·酒誥》)
得一夫而失一國,與惡而棄好,非謀也。(《左傳》莊公十二年)
與衛偕命,而不與偕復,非信也。　　　(《左傳》僖公二十八年)
非先王不相我後人,惟王淫戲用自絕。　(《尚書·西伯戡黎》)
天子非展義不巡守,諸侯非民事不舉,卿非君命不越竟。
　　　　　　　　　　　　　　　　　　(《左傳》莊公二十七年)
非其人居其官,是謂亂天事。　　　　　(《史記·夏本紀》)
是故先王非務武也,勸恤民隱而除其害也。(《史記·周本紀》)

"非"字一直存在於西周乃至兩漢時期,是一個很強勢的否定副詞。

上古以後的發展,大約到六朝時期,漢語中表示單純否定基本上只集中使用"不"了②。

第五節　情態方式副詞的發展

情態方式副詞主要表示動作行爲狀態、方式,一般修飾動詞語,較少修飾形容詞及其他謂詞。

---

① 王力說:"在上古漢語裏,要對形容詞謂語或動詞謂語加以否定就用'不'字;要對名詞謂語加以否定,就用'非'字。'不'和'非'在不同的謂語中起相同的作用,它們的詞性是一樣的。"見王力《漢語語法史》,《王力文集》第11卷,263頁。
② 楊榮祥《近代漢語否定副詞及相關語法現象略論》,《語言研究》1999年第1期。

張玉金認爲,殷商時期情態方式副詞有"大"、"自"、"遲"、"迅'、"銳"等五個詞。

自　和其他四個情態方式副詞區別明顯,"自"是用來表示某人親自進行某種動作行爲的,可譯爲"親自"。例如:

> 丙辰卜,殼貞:今者我其自來?
> 丙辰卜,殼貞:今者我不其自來? 王占曰:吉,其自來。
> 　　　　　　　　　　　　　　　　　　　　　(《合集》4769)

大　表示動作行爲規模大時只使用"大",它可譯爲"大規模"、"大舉"等。例如:

> 今者方其大出?
> 今者方不大出?　　　　　　　　　　　(《合集》6690)

遲、迅、銳　"遲"是用來表示動作行爲遲緩的,可譯者爲"緩慢"、"慢";與"遲'相反,"迅"、"銳"兩個詞都是用來表示動作行爲的迅速的,可譯爲"迅速"、"急速"、"趕快"等。例如:

> 丁丑卜,狄貞:王其田,迅往?
> 丁丑卜,狄貞:王遲往?　　　　　　　(《合集》29084)
> 壬戌卜,狄貞:亞口其陟,迅入?
> 壬戌卜,狄貞:其遲入?　　　　　　　(《合集》28011)
> □亥卜:翌日戊王銳田,大啓? ☒大吉。兹用。允大啓。
> 　　　　　　　　　　　　　　　　　　　　　(《合集》28663)

"迅"常與"遲"對言,而"銳"從不跟"遲"對言。"銳"可譯爲"急速"、"趕快","迅"可譯爲"迅速"[①]。

以上所謂情態方式副詞,其副詞身份可疑。"大"、"遲"、"迅"、"銳"可能屬於形容詞作狀語,"自"是己身代詞,不過至少,這類例子在相當程度上反映了殷商時期動詞的情態方式範疇的表達方式,這應該是沒有問題的。

西周以降,情態方式副詞大幅出現,爲副詞中數量最多的部分。只能擇

---

① 張玉金《甲骨文語法學》,57頁;張玉金《西周漢語語法研究》,商務印書館,2004年,66頁。

要介紹。情態方式副詞根據意義大致可分爲三類：

1. 表示動作進行時的狀態

尚、猶（由）、且 表既成事實的持續或意猶未盡。例如：

惟厥罪無在大，亦無在多，矧曰其尚顯聞于天。(《尚書·康誥》)
蔓草猶不可除，況君之寵弟乎？　　　(《左傳》隱公元年)
故王公不致敬盡禮，則不得亟見之。見且由不得亟，而況得而臣之乎？　　　　　　　　　　　　　(《孟子·盡心上》)
天且弗違，而況於人乎？　　　　(《易傳·文言》)

"猶若"、"猶且"、"猶尚"、"尚猶"、"尚猷"、"且猶"這幾個習慣性短語，是同義副詞的連用。"猷"爲"猶"的通假。它們常用於遞進複句的第一分句，與第二分句的"況、而況"等關聯。例如：

君雖彊本趣耕，發草立幣而無止，民猶若不足也。
　　　　　　　　　　　　　　　　(《管子·輕重甲》)
君子以倍叛之心接臧穀，猶且羞之，而況以事其所隆親乎！
　　　　　　　　　　　　　　　　(《荀子·禮論》)
親以寵偪，猶尚害之，況以國乎？　　(《左傳》僖公五年)
薰一蕕，十年尚猶有臭。　　　　　(《左傳》僖公四年)
管仲且猶不可召，而況不爲管仲者乎？(《孟子·公孫丑下》)

姑、且、聊、苟 表行爲動作的權宜性，都是"姑且"的意思。例如：

又惟殷之迪諸臣惟工，乃湎于酒，勿庸殺之，姑惟教之有斯明享。
　　　　　　　　　　　　　　　　(《尚書·酒誥》)
子有酒食，何不日鼓瑟？且以喜樂，且以永日。
　　　　　　　　　　　　　　(《詩經·唐風·山有樞》)
庶見素衣兮，我心傷悲兮，聊與子同歸兮。
　　　　　　　　　　　　　　(《詩經·檜風·素冠》)
若棄魯而苟固諸侯，群臣敢憚戮乎？　　(《國語·魯語下》)

故、特、直 表動作的故意性、特地性。例如：

今故興事動衆以增國城，是重吾罪也。　(《呂氏春秋·制樂》)

惠施日以其知與人之辯,特與天下之辯者爲怪。(《莊子·天下》)
嬰最不肖,故直使楚矣。　(《晏子春秋·内篇雜下》第九章)

徒、故(固)、乃　表事出意外,可譯爲"竟然"、"却"、"反而"等。例如:

子路出,謂子貢曰:"吾以夫子爲無所不知,夫子徒有所不知。"
(《荀子·子道》)
吾得斗升之水然活耳,君乃言此,曾不如早索我於枯魚之肆!
(《莊子·外物》)
臣以王爲已知之矣,王故尚未之知邪?　(《吕氏春秋·審己》)
仁人固如是乎? 在他人則誅之,在弟則封之。
(《孟子·萬章上》)

潛、微、竊　表動作行爲暗中進行。例如:

三月,晋侯潛會秦伯于王城。　　(《左傳》僖公二十四年)
齊侯疾,崔杼微逆光,疾病而立之。　(《左傳》襄公十九年)
於是乎畏晋而竊與楚盟,故曰"匱盟"。　(《左傳》成公二年)

侵(寖)、漸　表動作行爲漸漸進行。例如:

帝憑怒,侵減龍伯之國使阨。　　(《列子·湯問》)
夫嬰兒不剔首則腹痛,不揊痤則寖益。　(《韓非子·顯學》)
知慮漸深,則一之以易良。　　(《荀子·修身》)

徒、特　表動作行爲没有價值。例如:

齊師徒歸。　　(《左傳》襄公二十五年)
妾願子母辟之他國,若早自殺,毋徒使母子爲太子所魚肉也。
(《史記·晋世家》)
三國固且去矣,吾特以三城送之。　(《韓非子·内儲説上》)

實、果、洵　表動作行爲確實、實在。例如:

我思古人,實獲我心。　　(《詩經·邶風·綠衣》)
桓公實北征山戎,而管仲因而令燕修召公之政。
(《史記·管晏列傳》)

所敬在此,所長在彼,果在外,非由內也。　（《孟子·告子上》）
子之湯兮,宛丘之上兮,洵有情兮,而無望兮。

（《詩經·陳風·宛丘》）

佯(陽)　表假裝做某事。例如:

玄成時佯狂,不肯立,竟立之,有讓國之名。

（《史記·張丞相列傳》）

所説陰爲厚利而顯爲名高者也,而説之以名高,則陽收其身而實疏之。　（《韓非子·説難》）

趣　表示動作行爲快速。例如:

三軍之士皆在,有人能坐待刑,而不能面夷? 趣行事乎!

（《國語·晉語三》）

若不趣降漢,漢今虜若,若非漢敵也。　（《史記·項羽本紀》）

本、固(故)　表原本如此。例如:

勢之於治亂,本末有位也。　（《韓非子·難勢》）
百姓皆以王爲愛也,臣固知王之不忍也。（《孟子·梁惠王上》）
身故不肖,力不足以適二主,其勢不俱適,與其死夫人所者,不若賜死君前。　（《韓非子·姦劫弑臣》）

2. 表示動作進行的方式,這類主要有"親、相、相與、交、更(gēng)、顧"等。

親　表親自施行。例如:

王親命之:纘戎祖考。　（《詩經·大雅·韓奕》）
武王親釋其縛,受其璧而祓之。　（《左傳》僖公六年）
寡人親爲發喪,諸侯皆縞素。　（《史記·高祖本紀》）

相、相與　表示兩個以上的主體彼此對待、互爲施受,有時也表示一方對待另一方。例如:

教學相長也。　（《禮記·學記》）
非天子,諸侯相送不出境。　（《史記·齊太公世家》）
晏子受禮,叔向從之宴,相與語。　（《左傳》昭公三年）

或表示共同、協力。如：

(其妻)與其妾訕其良人，而相泣於中庭。 （《孟子·離婁下》）
魯孟孫、叔孫、季孫相戮力劫昭公，遂奪其國而擅其制。
　　　　　　　　　　　　　　　　　　　　（《韓非子·内儲説下》）
又有微子、微仲、王子比干、箕子、膠鬲，皆賢人也，相與輔相之，故久而後失之也。　　　　　　　　　　　　（《孟子·公孫丑上》）
田、鮑、高、欒氏相與謀慶氏。　　　　（《史記·齊太公世家》）

交 表示動作行爲交互發生。例如：

周、鄭交質。王子狐爲質於鄭，鄭公子忽爲質於周。
　　　　　　　　　　　　　　　　　　　　（《左傳》隱公三年）
上下交爭怨而相篡弒，至於滅宗，皆以此類也。（《史記·秦本紀》）

更（gēng） 表示施事者輪換、交替從事某行爲。例如：

卒勞者更休之。　　　　　　　　　　　　　　（《墨子·旗幟》）
孔子居陳三歲，會晉楚争彊，更伐陳。　（《史記·孔子世家》）

顧 表示動作行爲與常理相反，可譯作"反而"。例如：

今三川、周室，天下之市朝也。而王不爭焉，顧爭於戎狄，去王業遠矣。　　　　　　　　　　　　　　　　　　　（《戰國策·秦一》）
孟賁過於河，先其五，船人怒，而以楫虩其頭，顧不知其孟賁也。
　　　　　　　　　　　　　　　　　　　　（《呂氏春秋·必己》）

3. 表示動作的重複或繼續發生，主要有"復、又、更（gèng）"。

太保乃以庶邦冢君，出取幣，乃復入，錫周公。（《尚書·召誥》）
久矣，吾不復夢見周公。　　　　　　　　　（《論語·述而》）
至者，參輒飲以醇酒，閒之，欲有所言，復飲之，醉而後去，終莫得開説，以爲常。　　　　　　　　　　　　（《史記·曹相國世家》）
嶓冢導漾，東流爲漢，又東爲滄浪之水。　　（《尚書·禹貢》）
損之又損，以至於無爲。　　　　　　　　（《老子》第四十八章）
瞽叟又使舜穿井，舜穿井爲匿空旁出。　　（《史記·五帝本紀》）

虞不臘矣。在此行也,晋不更舉矣。　　（《左傳》僖公五年）

當魏齊辱我於廁中,公不止,罪二也。更醉而溺我,公其何忍乎？罪三矣。　　（《史記·范雎蔡澤列傳》）

第六節　程度副詞的發展

程度副詞表一般表示動作、行爲、狀態的程度高、深,表示弱、淺的程度副詞較少。

楊逢彬認爲殷商時期程度副詞只有一個"引",只修飾"吉",表程度高[①]。例如：

中不雉衆？王占曰：引吉。

左不雉衆？王占曰：引吉。　　（《合集》35347）

癸亥王卜貞：旬無禍？王占曰：引吉。　　（《合集》35582）

西周時期,程度副詞主要有"廢、引、孔、絶、已、泰、肆、愈、丕"等,都是表示程度高、深。例如：

故天翼臨子,廢保先王。　　（大盂鼎,西周早期）

皇天引厭厥德,配我有周。　　（毛公鼎,西周晚期）

趡趡子白,獻馘于王,王孔嘉子白義。　　（虢季子白盤,西周晚期）

終踰絶險,曾是不意！　　（《詩經·小雅·正月》）

昊天已威,予慎無罪。　　（《詩經·小雅·巧言》）

昊天泰憮,予慎無辜。　　（《詩經·小雅·巧言》）

其詩孔碩,其風肆好,以贈申伯。　　（《詩經·大雅·崧高》）

曷云其還？政事愈蹙。　　（《詩經·小雅·小明》）

危既宅,三苗丕敘。　　（《尚書·禹貢》）

東周以降,"引、孔、廢"等幾乎不見用,另產生"最、極、固、殊、更、滋、彌、略"等。這一時期,程度副詞表達的範疇進一步深化、細化,大致可以分爲表程度高、表程度加重、表程度輕等三類,後兩類是新出現的。下面分別說明。

---

① 楊逢彬《殷墟甲骨刻辭詞類研究》,269頁。

1. 表程度高,主要有"絕、已、丕、最、極、固(故)、泰、殊、肆"等。例如:

  華陽夫人以爲然,承太子間,從容言子楚質於趙者絕賢,來往者皆稱譽之。   (《史記·呂不韋列傳》)

  吾得仲父已難矣,得仲父之後,何爲不易乎哉?(《韓非子·難二》)

  重耳敢再拜稽首,奉揚天子之丕顯休命。(《左傳》僖公二十八年)

  又殺公之所最善馬,當死罪二也。

         (《晏子春秋·内篇諫上》第二十五章)

  洪泉極深,何以寘之?   (《楚辭·天問》)

  景公使梁丘據致千金之裘,晏子固辭不受。

         (《晏子春秋·外篇第七》第二十五章)

  嬰故老耄無能也,請毋服壯者之事。

         (《晏子春秋·内篇雜上》第五章)

  今子既上無君侯有司之勢,而下無大臣職事之官,而擅飾禮樂,選人倫,以化齊民,不泰多事乎! (《莊子·漁父》)

  良殊大驚,隨目之。   (《史記·留侯世家》)

  山林匱竭,林麓散亡,藪澤肆既,民力凋盡。(《國語·周語中》)

2. 表程度加重,主要有"更、愈、滋、彌"等。例如:

  修士不能以貨賂事人,恃其精潔而更不能以枉法爲治。

         (《韓非子·孤憤》)

  境内皆言兵,藏孫、吴之書者家有之,而兵愈弱。

         (《韓非子·五蠹》)

  民多利器國家滋昏。 (《老子》第五十七章)

  仰之彌高,鑽之彌堅。   (《論語·子罕》)

3. 表程度輕,主要有"略"。例如:

  德雖未至也,義雖未濟也,然而天下之理略奏矣。(《荀子·王霸》)

  於是項梁乃教籍兵法,籍大喜,略知其意,又不肯竟學。

         (《史記·項羽本紀》)

第六章
介詞的發展

從理論上說,介詞在句中的作用是介引與謂語動詞相關名詞或代詞,表示時間、處所、方式、因果等關係。介詞及介詞結構一般不能單獨作謂語,必須與主要謂語動詞配合使用。

上古漢語的介詞幾乎都是從動詞發展來的,但途徑或有不同。有的介詞直接由動詞演化而來,如"于、自、在、從、用、爲"等,這類最多,來源也比較確定;有的動詞則演化出並列連詞和介詞兩種用法,以至難以區分,如"與、及、以"等。這一類尤其應當注意。正如王力所言:

> 西洋所謂連詞(conjunctions)和介詞(prepositions),它們的界限,在中國語裏是不清楚的。最顯明的例子就是古代的"而"、"與"兩字。……"與"字,在"惟我與爾有是夫"(《論語·述而》)裏,普通認爲連詞;在"諸君子皆與歡言"(《孟子·離婁下》)裏,普通又認爲介詞。其實在中國人的心理,"與"字只表示某種行爲(或屬性)是兩個以上的人或物所共有的,並不計及它所聯結的是等立仂語主位,或是主位和關係位:在"我與爾有是"裏,固然我和你都有這個;在"諸君子皆與歡言"裏,何嘗不是"諸君子"和王歡都說話?依葉氏說:"'and'和'with'所表的意義是差不多的,主要的分別只在於前者聯結平等的兩項,後者把從屬部分聯結於主要部分罷了。"中國無論古今,"and"和"with"都是不分的,這也可以證明中國人的"語象"裏向來是沒有"連"、"介"的分別的。①

呂叔湘則進一步分析了產生這種糾葛的根源:

---

① 王力《中國語法理論》,見《王力文集》第1卷,238~239頁。

介詞除了跟動詞的分合問題外，還有跟連詞的分界問題……跟與相當的和、跟、同都是兼屬連詞和介詞兩類："筆和墨都現成"裏邊的和是連詞，"筆要和墨放在一塊兒"裏邊的和是介詞。現在的連、介劃分法來自西方語法。按照這種劃分法，凡是連接小句和小句的，不論是並列關係還是主從關係，都是連詞；至於連接詞和詞的，就得看是哪一種關係，表示並列關係的還是連詞，只有表示詞和詞之間的主從關係的纔是介詞。四分天下而連詞有其三，介詞只有其一，抽象地看來很不合理，但是從西方語言的形態出發，非得這樣劃分不可。①

　　鑒於此，有些詞，如"與"、"及"、"以"等便分別出現在介詞章和連詞章兩部分裏，"表示並列關係的還是連詞，只有表示詞和詞之間的主從關係的纔是介詞"。

　　上古時期，介詞與動詞（或連詞）有着千絲萬縷的聯繫。因此，在某些時候，企圖用一種"非此即彼"的辦法把二者截然分開，其實是很困難的，甚至是不可能的。我們用"詞類"的觀念分析語言事實（捨此似暫無他法），但同時也要充分注意這種觀念的局限性，尤其是在解釋漢語這種缺乏"形態"的語言時的局限性。

第一節　殷商時期的介詞

　　至少有一段時間，漢語很可能沒有任何介詞。介詞所表達的範疇，隱含在由實詞組成的句子中。請看甲骨文例句：

（1）辛卯卜，甲午禱禾上甲三牛？用。　　　　（《合集》33309）
（2）丁亥卜，御弜大甲宰。　　　　　　　　　（《合集》4324）
（3）丁亥卜，御弜大乙宰。　　　　　　　　　（《合集》4324）

以上各例，只有名詞和動詞。例（1）與動詞"禱"相關的有四個名詞：甲午、禾、上甲、三牛，簡單、直接排列於動詞前後，其意略謂：在甲午這一天爲

---

① 吕叔湘《漢語語法分析問題》第50節。

了年成用三條牛向上甲禱祭嗎？（其他兩例性質相近）如此複雜的語義關係，却没有借助任何"形態"或介詞。這樣的句子，其語序甚至還可以變動，例如：

（1）甲申卜，御婦鼠妣己三牝牡？十二月。　　　　（《合集》19987）
（2）一牛一羊御婦鼠妣己？　　　　　　　　　　　（《合集》19987）
（3）一牛御婦鼠妣己？　　　　　　　　　　　　　（《合集》19987）

以上三句出自同一片甲骨，與動詞"御"相關的有三個名詞。其中表犧牲的名詞或置於動詞後（例[1]），或置於動詞前（例[2]、[3]），没有任何形式標記。我們認爲，這種情况可能體現了漢語遠古時期的面貌。

關於殷商時期的介詞，楊逢彬認爲真正可稱得上是介詞的只有兩個："于"和"自"[①]。另外，我們認爲，"由"、"在"、"从"、"以"，雖未便遽定爲介詞，但似已有了接近介詞的用法，姑且稱爲"準介詞"。下面分別介紹。

于

郭錫良論證了"于"由動詞發展爲介詞的過程。他認爲，"于"本是動詞，義爲"去到"。例如：

壬寅卜，王于商。　　　　　　　　　　　　　　　（《合集》33124）
［比較］辛卯卜，王入商。　　　　　　　　　　　（《合集》33125）
□午卜，在商貞：今日于亳，無災？　　　　　　　（《合集》36567）

"王于商"即王去到商邑，句中没有別的動詞，"于商"與"入商"的格式相同，"于"是動詞。

乙酉卜，行貞：王步，自遘于大，無災？在十二月。
　　　　　　　　　　　　　　　　　　　　　　　（《合集》24238）
癸卯卜，行貞：王步，自雇于嘉，亡災？在八月。在雇。
　　　　　　　　　　　　　　　　　　　　　　　（《合集》24347）

"王步"是王出行，"自遘于大"是從"遘"這個地方去到"大"這個地方，這種格式中的"于"只能是動詞。

从宫歸，乃先于盂。　　　　　　　　　　　　　　（《合集》29117）

──────────
① 見楊逢彬《殷墟甲骨刻辭詞類研究》第七章。

"先于盂"即先去到盂地。

  貞：呼去伯于冥。   （《合集》635正）

  丙戌卜，貞：令犬延于京。   （《合集》4630）

  這種兼語式的"于"字句，在殷商時期用例很多，"于"字前都沒有別的動詞，"于"是"去到"義的動詞。

  郭錫良認爲，在甲骨文中，"于"字作爲介詞，它是由"去到"義動詞虛化而成的。它應該是先用來介紹行爲的處所，再擴展介紹行動的時間和動作涉及的對象。"于"和"往"義動詞的運動方向一致，用在往義動詞之後，意義不變，是動詞；用在"入"、"來"、"至"等"來"義動詞之後，運動方向相反，"于"的意義起了變化，抽象化，只表示引進"來"、"至"這一行爲的處所，開始向介詞轉化。同時也用於非往來義動詞之後，也常常發生運動方向的不一致，如"土方征于我東鄙"，"于"也只表示行爲的處所。這種用例的大量出現，"于"的意義虛化，也就是語法化，成爲表示行爲處所的標誌，由動詞轉化爲介詞。例如：

  辛酉卜，殼貞：今二月王入于商？   （《合集》7774）

  貞：方其來于沚？   （《合集》6728）

  自灘至于膏，亡災？   （《合集》28188）

  貞：作大邑于唐土？   （《合集》1105）

  王于祖乙宗卜？   （《合集》32360）

  殷商時期引進處所的"于"字結構，一般都是在動詞之後。但也有位於動詞前的，如上面最後一例。

  介詞"于"意義進一步虛化，由表示空間擴展爲表示時間：

  （1）貞：其于六月娩？   （《合集》116正）

  （2）乙酉卜，殼貞：王于八月入？   （《合集》5167）

  （3）丁亥卜，酘升歲于庚寅？   （《合集》4318）

  （4）貞：惠乙酉酘？

    貞：于來乙巳酘？   （《合集》894）

  引進時間的"于"字結構大多用在動詞的前面。但也有用在動詞後的，如上例（3）。

"于"字引進祭祀對象,也是由引進行爲處所的用法擴展而來的。祭祀對象一般是人名、廟號或自然神名,其實也是一種廣義的行爲處所。例如:

（1）貞:燎于王亥母豚? 　　　　　　　　　（《合集》1186正）
（2）丁未卜,争貞:王告于祖乙? 　　　　　（《合集》1583）
（3）于小乙禱?
　　　于祖丁禱? 　　　　　　　　　　　　（《合集》27348）
（4）己丑卜,大貞:于五示告:丁、祖乙、祖丁、羌甲、祖辛?
　　　　　　　　　　　　　　　　　　　　（《合集》22911）
（5）三百羌用于丁? 　　　　　　　　　　　（《合集》295）

引進祭祀對象的"于"字結構,多數用在動詞後面,如以上例（1）、（2）、（5）。但也可以用在動詞前面,如以上例（3）、（4）[①]。

據喻遂生研究,介詞"于"還有多種用法[②]。例如:

引進祭品:

　　貞,翌丁卯侑于牢又一牛? 　　　　　　（《合集》15080）
　　貞,燎于小牢九牛? 　　　　　　　　　（《合集》15605,又15606）

引進非祭祀動詞的受事賓語:

　　帝弗缶于王? 　　　　　　　　　　　　（《合集》14188）
　　["缶",假借爲保。]
　　父乙叡于王?……父……不叡……王? 　（《合集》2221）
　　["叡",親近、撫愛。]
　　父乙大叡于王? 貞,侑于父乙? 　　　　（《合集》2220）

引進謂詞或謂詞性結構:

　　甲寅卜,殼,呼子汰酒缶于娩? 甲寅卜,殼,勿呼子汰酒缶于娩?
　　　　　　　　　　　　　　　　　　　　（《合集》3061正）
　　["子汰",人名。"酒",祭祀動詞。"缶",借作"保",泛指神祇。]
　　辛卯,王卜,貞:其遌,于往來無災? 　　（《合集》36399）

---

① 郭錫良《介詞"于"的起源和發展》,《中國語文》1997年第2期。
② 喻遂生《甲骨文介詞"于"用法補議》,載《甲金語言文字研究論集》。

["迖",巡行。]

貞,其品司于王出? 　　　　　　　（《合集》23712,又23713、23714）

["品"、"司",祭祀動詞。]

形容詞+于+名詞:

乙丑卜,古貞:婦姘魯于黍年? 　　　　　　　（《合集》10132正）

["魯",美、好。]

我們認爲,似乎可以説,動詞或形容詞帶任何性質的賓語,二者中間都可以加一個"于"字,以使原有的語法關係更爲顯豁。不過,這個"于"也可以不出現,用其他手段也可使二者的語法關係得以顯豁[①]。

楊逢彬指出:"我們承認'于'是殷墟甲骨刻辭中發育最爲成熟的一個介詞;同時,我們也認爲,殷墟甲骨刻辭中的'于'還不是一個純粹的介詞;它還殘留着一些動詞性,還殘留了一點詞彙意義。"[②]

自

介詞"自"也可以引介動作行爲的起點,包括處所起點、時間起點等。還可以引介動作行爲的對象。

"自"引進處所起點,如:

貞:其有來艱自沚?

貞:無來艱自沚? 　　　　　　　（《合集》5532正）

貞:我將自兹邑?

　　勿將自兹邑? 　　　　　　　（《合集》13530）

辛酉卜,尹貞:王步自商,無災? 　　　　　　　（《合集》24228）

以上例句"自"字結構位於動詞之後。下列"自"字結構字結構則位於動詞之前:

貞:王自宋入。 　　　　　　　（《合集》3458正）

自瀼至于大,無災?

自瀼至于膏,無災? 　　　　　　　（《合集》28188）

[①] 姚振武《先秦漢語受事主語句系統》,《中國語文》1999年第1期。
[②] 楊逢彬《殷墟甲骨刻辭詞類研究》,287頁。

這類刻辭並不多見。

"自"引介時間起點。"自"字結構引介時間起點只位於動詞"至"之前,其中大多數"至"字後有介詞"于",少數"至"後無"于"。如:

  自今庚子至于甲辰,帝令雨?   (《合集》900)
  貞:自今五日至于丙午,雨?   (《合集》12316)
  癸酉卜,自今至丁丑,其雨?不。
    自今至丁丑,不其雨?允不。 (《合集》21052)

但到西周時期,"自"字結構引介時間起點就可以位於動詞"至"之後了(説見下)。

"自"引介動作行爲的對象,略相當於"于"。例如:

  貞:御自唐、大甲、大丁、祖乙百羌百牢? (《合集》300)
  貞:翌甲辰勿酚羌自上甲。   (《合集》419正)
  ……卜,其告火自毓祖丁?   (《合集》27317)

這種用法少見。

"自"字還可以與動詞"至"連用,表達動作對象的起訖。例如:

  庚辰卜,貞:卒升歲作自祖丁至于丁? (《合集》377)
  乙酉卜,行貞:王賓歲自祖乙至于父丁,無尤? (《合集》22899)

關於介詞"自"的來源,楊逢彬認爲是由動詞"自"虛化而來。這個動詞由名詞"自"(鼻子)引申而來,其義爲"自……開始",可以帶賓語(處所、人物等)。從殷墟甲骨的某些刻辭中可以窺見其端倪:

  王占曰:其自高妣己?   (《合集》438反)
  庚戌卜,貞:多羌自洌?   (《合集》22044)
  貞:其自帝甲,有延?   (《合集》27437)
  其自祖丁?   (《合集》38244)

楊逢彬認爲,以上刻辭中的"自",很難説不具有動詞的特徵。作爲動詞的"自",其意義本來是自足的,不一定要與其他動詞連用。但"自……開始直到……"也是表達中經常要出現的話題,而這時候,"自"就必須與其他動詞連用。在這一表達中"直到……"往往是表達的重點,這樣,"自"及其賓語就處於從屬的,不被强調的位置,以至於必須依附於某個謂語動詞而存在,於是,"自"就虚化爲介詞。"自……開始直到……"的表達在刻辭中所見到的形式是"自……于……"、"自……至(于)……"。後一種形式在甲骨刻辭中有20例以上,在"至"前有副詞"卒"。例如:

  庚戌卜,王貞:翌辛亥乞酌彡祀,自上甲卒至于多毓,無害?
              (《合集》22646)
  庚戌卜,尹貞:翌辛巳乞酌彡祀,自上甲卒至于毓,無害?
              (《合集》22647)

從這些句子至少可以看出,"自……至(于)……"這一句式在甲文時代並不穩固,是由前後兩個部分拼接而成的[①]。

由

"由"字,沈培認爲是介詞,引導時間,並舉了如下例子[②]:

  壬寅卜,貞:由郭往,有…… (《合集》3417)
  乙酉卜,爭貞:麋告曰:方由今春凡,受有祐。 (《合集》4597)
  戊子卜,殷貞:王勿由昏往出。 (《合集》16108)
    貞:土勿往出由昏。 (《合集》16107)

在

"在"作爲動詞應該是没有問題的,因爲它經常單獨作謂語。例如:

  彝在中丁宗,在三月。 (《合集》38223)
  旬有祟,之口鬲,汕夕,有祝在休。 (《合集》24358)
  癸卯卜,在上鬠貞,王旬亡禍? 在十月。 (《合集》36846)

這樣的"在"無疑是動詞。但是"在"字還可以用在連謂結構中。例如:

  庚辰貞:其禱生于妣庚、妣丙,在祖乙宗卜。 (《合集》34082)
  己未卜,行貞:王賓歲二牛無尤? 在十二月,在亦卜。
              (《合集》24247)

[①] 楊逢彬《殷墟甲骨刻辭詞類研究》,290~293頁。
[②] 沈培《殷墟甲骨卜辭語序研究》,155頁。

從表面看,這樣的"在"已很像後世的介詞"在"了。但郭錫良指出,這樣的"在"字結構"實際上恐怕仍應斷開,即應作'在祖乙宗,卜'"①。這個意見是有道理的。不過也應看到,這樣的"在"字結構與真正介詞結構的淵源關係。如果說話者着意强調動作與動作發生處所的緊密關係,就很容易對這種結構發生重新分析,使前面有獨立性的"在+賓"結構變爲介詞結構,作狀語了。連謂結構是漢語動詞賴以虚化爲介詞的常見格式。

喻遂生認爲殷商時期的"在"還有一種介詞用法,即聯繫動作的對象,相當於介詞"于"。例如:

  其求在父甲,王受佑?   (《合集》27370)
  [比較]貞,求于上甲,授我佑?   (《合集》1171正)
  其侑在父庚?   (《懷》1374)
  [比較]貞,侑于父庚?   (《合集》1661正)
  乙丑卜,其告在毓祖丁,王受佑?   (《合集》27320)
  [比較]……翌乙未……告于毓祖乙?   (《合集》23161)
  其祝在妣辛。有正?   (《合集》27553)
  [比較]祝于妣辛,吉。   (《合集》27555)

喻遂生認爲,上述各例的"在",從詞義上講已無存在義,從語法上講已很難點斷而獨立存在,如果承認用以比較的各例中"于"是表引進對象的介詞的話,那就没有理由不承認這些"在"字已是介詞了。另外,喻遂生還舉出一些同片同事而"在"、"于"並用的辭例,更能證明二者在片中具有相同的詞性。如:

  其侑于父庚羌? 弱侑羌? 其侑在父庚?   (《懷》1374)
  ["弱",否定副詞。]
  其求年在毓,王受年? 于祖乙求,王受年? 吉。于大甲求,王受年? 吉。   (《合集》28274)
  在毓? 于父甲? 于祖丁?   (《合集》27369)
  其求,王受佑? 弱祀求于之,若? 其求在父甲,王受佑?
    (《合集》27370)
  弱祀祝于之,若? 其祝在妣辛,有正?   (《合集》27553)

---

① 郭錫良《遠古漢語的詞類系統》,見《漢語史論集》(增補本)。

喻遂生還認爲,甲骨文"在"引進對象不僅限於人(先祖),還有其他事物或地方,只是用例不如引進人的多。如:

　　庚午燎于岳,有从在雨?燎于岳,亡从在雨?　　(《合集》33273)

"岳"即山神,"从"郭沫若讀作"縱","縱雨"謂急雨、驟雨。但此有"在"字,"縱在雨"應意爲"縱于雨",即使雨下大。于省吾解"从"爲順,則"順在雨"應意爲在下雨方面順,"在"都應是介詞。

　　甲辰卜,貞:乞令吴以多馬亞省在南?　　(《合集》564正)

"吴",人名。"多馬亞",官名。"省",巡視,《易經·觀卦》:"先王以省方觀民設教。"疏:"以省視萬方。""省在南"即"省于南",巡視南方,試比較:"貞,王往省于敦?"(《英國所藏甲骨集》459)"南"非一般的巡視的處所,而是巡視的對象,當與"勿省南?"(《合集》7773)同類。①

以

關於"以",郭錫良認爲其本義應是提攜、攜帶,用作具體"提攜"義的例證在卜辭中很難找到,用作抽象的"攜帶"、"帶領"義的用例却是很多的。例如:

　　丁未卜,争貞:勿令睪以衆伐邛?　　(《合集》26)
　　丁未卜,貞:惟亞以衆人步?十二月。　　(《合集》35)
　　丁卯卜,令執以人田于蓁?十一月。　　(《合集》1022乙)

郭錫良認爲,有的人把這種"以"字認作介詞,甚至連詞,那是以今律古,顯然是不妥當的。這裏的"以"很實在,是動詞;"以衆"是帶領衆人,它同後面的動詞構成連動結構,而不是介賓結構作狀語。"以"的使用範圍擴大,用於表示向上送繳物品或向祭祀對象供奉物品,引申出"致送"義,"致送"也就是帶來或帶去的意思,它相當於後代的"貢納"或"進獻",卜辭中"以"的這種用例更多。例如:

　　辛未卜,永貞:追以牛。　　(《合集》8970)
　　戊辰卜,雀以象?
　　戊辰卜,雀不其以象?十二月。　　(《合集》8984)

---

① 喻遂生《甲骨文"在"字介詞用法例證》,《古漢語研究》2002年第4期。

癸亥貞:危方以牛,其蒸于來甲申? (《合集》33191)
壬申貞:蒸,多甯以旨于大乙?
壬申貞:多甯以旨蒸于丁卯,惟…… (《屯南》2567)
甲辰貞:射ケ以羌一于父丁…… (《合集》32025)

前三例一般都釋作貢納,後兩例一般釋作進獻。這種"以"後面的賓語一般都是貢納或進獻的物品,如上舉各例。但是也可以是進獻的對象,例如:

丙申貞:其告高祖夒以祖辛?
弜以? (《合集》32314)

這種"以"字帶賓語的結構,可以用在別的動詞之前,也可以用在別的動詞之後,都還是"致送"義動詞。不過這種"以"字結構用在別的動詞之後,理解時受後代的影響,可能把"以"字看作介詞,例如:

王其田,以萬,弗悔,吉?
以萬,吉? (《屯南》2256)
乙未卜,旅貞:侑,以牛,其用于妣? 惟今日? (《合集》23403)
庚辰卜,其蒸方,以羌,在必,王受有佑? (《屯南》606)

上舉三例,一般都把"以"字結構連前讀,自然容易看作介賓結構作補語。郭錫良認爲,在殷商時期,這些"以"字仍是動詞,仍是帶領或進獻的意思,應該點斷。不過,這也許正是"以"字由動詞虛化爲介詞的契機之一。①

　　郭錫良的"契機"説是非常敏鋭的。事實上,我們認爲,上述"以衆伐邛"之類,也未嘗不可以看作動詞虛化爲介詞的契機。"以"的率領義和憑藉義,既是對立關係(差異),又是包含關係。"率領"可以看作"憑藉"的方式之一,二者僅僅是一念之差。

从

　　關於殷商時期的"从",一般認爲是介詞。但楊逢彬認爲還只是動詞,帶處所賓語,"從……經過"的意思。主要理由有:

　　其一,在殷墟甲骨刻辭中,"从"字結構單用比它與其他謂詞性結構連用(無論可否點斷)要多。例如:

---

① 郭錫良《介詞"以"的起源與發展》,《古漢語研究》1998年第1期。

庚从升延雨?
辛从升? 　　　　　　　　　　　　　（《合集》21350）
已巳从升? 　　　　　　　　　　　　（《合集》21340）
辛未从升? 　　　　　　　　　　　　（《合集》21341）
甲从升? 　　　　　　　　　　　　　（《合集》21355）
翌庚从升? 　　　　　　　　　　　　（《合集》21356）
从凡,無災?从棶,無災? 　　　　　　（《殷契粹編》1017）

其二,"从"字結構還可作動詞"延"的賓語:

王其省盂田,延从宫,無災?
弜延从宫,其悔? 　　　　　　　　　（《屯南》2357）

在殷墟甲骨刻辭中,許多動詞能帶謂詞性成分作賓語,"延"是其中之一。但迄今未見動詞能以介詞結構作賓語者。

其三,"从"可位於"呼＋名詞＋从＋方位名詞(或方位名詞組)"這一結構中:

其呼麥豕从北? 　　　　　　　　　　（《合集》6016正）
呼衛从丙北? 　　　　　　　　　　　（《合集》7656正）

殷墟甲骨中,能處在上列刻辭"从"所在的位置(姚按:兼語式中後一動詞的位置)的也只能是動詞①。

楊逢彬的意見是有道理的。從這個角度看,過去視爲介詞結構作狀語的一些例子,也未嘗不可以理解爲連動結構。如:

……卜,韋貞:王往省从西,告于大甲? 　（《合集》1434）
癸丑卜,貞:畵往追龍从采西?及。 　　（《合集》6593）
……盂田先省迺从宫入,湄日無災? 　　（《合集》28975）
从宫归,迺先于盂。 　　　　　　　　　（《合集》29117）

不過也應看到,與其他介詞的來源一樣,連動結構總是容易虛化爲介詞結構。二者有時很難截然分清。

---

① 見楊逢彬《殷墟甲骨刻辭詞類研究》,304~310頁。

第二節　西周時期的介詞

西周時期介詞系統有較大發展。"于"、"自"的用法既繼承殷商時期，又有所豐富和發展。"以"、"在"、"由"等也逐步發展為比較成熟的介詞。此外西周時期新產生的介詞還有"用、爲、與、及"等。這意味着，過去由少數介詞（或不用介詞）表達的多種語法範疇，現在有了更爲專門化的表達方式。

于

關於"于"，據郭錫良研究，西周金文中"于"字仍有用作動詞的。例如：

佳周公于征伐東夷。　　　　　　　　　（塱方鼎，西周早期）
楷伯于邁王。　　　　　　　　　　　　（獻簋，西周早期）

只是比例更小，在整個《商周青銅器銘文選》中只出現三次，佔全部用例的1%不到。

至於"于"的介詞用法則有了很大變化。首先"于"所帶的詞語，可以不是表示具體事物或地點的名詞，而是表示抽象事物的名詞或形容詞。例如：

曰古文王，初盭龢于政。　　　　　　　（牆盤，西周中期）
欲汝弗以乃辟陷于艱。　　　　　　　　（師詢簋，西周晚期）
永終于吉。　　　　　　　　　　　　　（井人妄鐘，西周晚期）
休同公克成綏吾考以于晏晏受令①。　　（沈子簋，西周早期）
其于之朝夕監。　　　　　　　　　　　（史臨簋，西周早期）

"盭龢于政"是說在政治中施行安定和協的方針，並使得政局安定團結，"于政"是在政治事物方面，表示動作的適應範圍；"陷于艱"是說陷入困難境地，"艱"本是形容詞，在這裏表示動作的狀態；"于吉"、"于晏晏"也都是

---

① 馬承源注："休美於同公，能使吾考安然地接受王命。"見馬承源《商周青銅器銘文選（三）》，57頁。

表示動作的適應範圍或進行狀態。這是表示行爲處所的擴展,可以算是廣義的行爲處所介紹,也可以另外概括爲行爲背景的介紹,或者叫作引進動作範圍。

其次,"于"字用作介紹行爲涉及的對象時,搭配的動詞比甲骨文廣泛得多,不限於祭祀動詞,因而構成的語義關係必然更加複雜。有的是引進受事或當事(非動作的直接接受者)。例如:

  王乘于舟,爲大禮。   (麥方尊,西周早期)
  㺇御于天子。   (虢叔旅鐘,西周晚期)
  敢追明公賞于父丁。   (作册令方彝,西周早期)
  用享孝于文神。   (此鼎,西周晚期)

有的是引進取予的對象。例如:

  格伯取良馬乘于朋生。   (格伯簋,西周中期)
  其又内于師旅。   (師旅鼎,西周中期)
  史獸獻工于尹。   (史獸鼎,西周早期)
  令作册旅兄望土于相侯。   (作册旅尊,西周早期)

有的是引進告語的對象。例如:

  告追于王。   (多友鼎,西周晚期)
  公告厥事于上。   (班簋,西周中期)

有的是引進動作的施事。例如:

  作册麥易金于辟侯。   (麥方尊,西周早期)
  中乎歸生鳳于王。   (中方鼎,西周早期)

  總之,從語義方面來分析,情況是相當複雜的,後代"于"字結構的多種語義關係在西周金文中大多已經產生,不再像殷商時期那樣單純。根據語義分類,不易截然劃開,比如上面所舉的取予對象、告語對象,其實也是當事的一種。在這方面,不宜過細推敲[①]。

  西周時期"于"字結構可以放在動詞前作狀語,只是仍較少見。

[①] 見郭錫良《介詞"于"的起源和發展》,《中國語文》1997年第2期。

例如：

  王大省公族，于庚嬴旅①。　　　　　　（中觯，西周早期）
  于周受命，自召祖命。　　　　　　　　（《詩經·大雅·江漢》）
  彼人之心，于何其臻。　　　　　　　　（《詩經·小雅·菀柳》）
  四方迪亂未定，于宗禮亦未克敉。　　　（《尚書·洛誥》）
  于朕皇考用祈眉壽。　　　　　　　　　（伯公父勺，西周中期）
  予曷敢不于前寧人攸受休畢？　　　　　（《尚書·大誥》）
  上帝既命，侯于周服。　　　　　　　　（《詩經·大雅·文王》）
  于民之中，尚明聽之哉。　　　　　　　（《尚書·呂刑》）

自

  介詞"自"，在西周時期依然保留着引介動作行爲的處所起點、時間起點以及動作行爲對象的用法。

  表示處所起點，"自"字結構的位置依然既可後（作補語），又可前（作狀語）。例如：

  王歸自諆田。　　　　　　　　　　　　（令鼎，西周早期）
  亂匪降自天，生自婦人。　　　　　　　（《詩經·大雅·瞻卬》）
  民之初生，自土沮漆。　　　　　　　　（《詩經·大雅·緜》）
  自西徂東，靡所定處。　　　　　　　　（《詩經·大雅·桑柔》）
  自彼殷商，來嫁于周。　　　　　　　　（《詩經·大雅·大明》）

  表示時間起點，殷商時期"自"字結構引進時間起點只位於動詞"至"之前，構成"自今至丁丑"一類的句子。但到西周時期，表示時間起點的"自"字結構已可前可後，動詞也不僅限於"至"了。"自"字結構居後的例子：

  帝作邦作對，自大伯、王季。　　　　　（《詩經·大雅·皇矣》）
  繼自今，我其立政。　　　　　　　　　（《尚書·立政》）

"自"字結構居前的例子：

---

① 馬承源注："在庚嬴旅次。""庚嬴當爲王所省公族的地名。"見馬承源《商周青銅器銘文選（三）》，77頁。

自古王若茲監。　　　　　　　　　　　（《尚書·梓材》）
　　　自彼成康，奄有四方，斤斤其明。　　　（《詩經·周頌·執競》）
　　　自朝至于日中、昃，不遑暇食。　　　　（《尚書·無逸》）

"自"字結構表示動作行爲的對象。如：

　　　無有遘自疾。　　　　　　　　　　　　（《尚書·洛誥》）
　　　念自先王先公，乃妹克衣告烈成工。　　（沈子簋,西周早期）

這樣的例子，"自"略相當於"于"，無論在殷商時期還是西周時期都少見，東周以後就基本消失了。

　　以

　　如果説"以"在殷商時期還是率領義動詞的話，那麽到了西周時期已虛化爲介詞。據郭錫良研究，西周時期"以"的使用範圍進一步擴大，賓語是不能帶領的事物，"以"的意義自然虛化；加上"以"字結構有時用在另一動詞的後面，也是促使"以"的意義虛化的條件。例如：

　　（1）虢仲以王南征。　　　　　　　　　（虢仲盨蓋,西周晚期）
　　（2）汝以我車宕伐玁狁于高陵。　　　　（不其簋蓋,西周晚期）
　　（3）余獻婦氏以壺。　　　　　　　　　（五年琱生簋,西周晚期）
　　（4）王令東宮追以六師之年。　　　　　（㝬貯簋,西周中期）

帶領往往是大帶小、上領下。例（1），不可能是虢仲帶領王南征，而只能是虢仲憑藉王命南征。"以王"是南征的依據，是介賓結構作狀語。例（2），"車"是宕伐玁狁的武力，也可以説是完成"宕伐"這一動作的工具，"以我車"是引進行爲工具的介賓結構。例（3），"以壺"如果用在動詞"獻"之前，還可能理解成"拿壺"，現在用在後面，"以"的意義就很空靈了，只能是介紹動作涉及的對象的介詞。例（4），"以六師"如果用在動詞"追"之前，"以"就保留了它原來的意義（帶領），現在用在後面，再也無法理解爲"帶領"了，只能是引進動作涉及對象的介詞。

　　綜觀西周的介詞"以"，可以引進動作行爲賴以進行的工具或憑藉，如例（2）；也可以引進動作直接涉及的對象，表示行爲的方式，如例（3）、（4）；還可以引進動作行爲實施的原因，如例（1）。

　　"以"虛化爲介詞以後，還可以用在方位詞、處所詞的前面，表示空間、

時間、數量的界限,西周也有了這種用法。例如:

  (5)自瀘涉,以南,至于大沽,一封。   (散盤,西周晚期)

  介詞"以"有一個特性,賓語前置和省略的情況比較多,西周也有反映。例如:

  (6)折首五百,執訊五十,是以先行。 (虢季子白盤,西周晚期)
  (7)受令册,佩以出,返納瑾璋。   (頌鼎,西周晚期)

例(6),"是以"是賓語前置,後來形成固定結構。例(7)的"以"是由於介詞"以"的賓語省略而進一步虛化成連詞的。根據考察,"以"的語法化速度比"于"快,金文中"以"字的介詞用法已經基本上齊全,並有了連詞的用法,只是使用頻率比後代低一些①。

  "以"還可以引介伴隨實施動作行爲的人,相當於"同……"或"與………"、"和……"一類意思。例如:

  萬年以厥孫子寶用。   (辝簋,西周中期)
  王易命鹿,用乍寶彝,命其永以多友殷飤。 (命簋,西周早期)
  今至于爾辟,弗克以爾多方享天之命,嗚呼! (《尚書·多方》)
  其汝克敬以予監于殷喪大否。   (《尚書·君奭》)

在

"在"在西周時期依然有動詞用法。例如:

  祐于周,在二月既望。   (保尊,西周早期)
  唯十又一月初吉,辰才丁亥,王在宗周。 (善鼎,西周中期)
  皇考其嚴在上。   (士父鐘,西周晚期)

同時也依然可以用於連動結構:

  唯九月,王在宗周令盂。   (大盂鼎,西周早期)
  康侯在休師易乍册㫃貝。   (作册㫃鼎,西周早期)

"在"字這樣的用法,雖然很像後世的介詞,但依然難於擺脫"連動結構"的

---

① 見郭錫良《介詞"以"的起源和發展》,《古漢語研究》1998年第1期。

嫌疑。不過下列"在"字結構用在動詞後補語的位置,就很難不認爲是介詞了:

  汝毋敢墜在乃服。　　　　　　　　　（毛公鼎,西周晚期）
  立政用憸人,不訓于德,是罔顯在厥世。　　（《尚書·立政》）
  乃穆考文王,肇國在西土。　　　　　　（《尚書·酒誥》）
  陟降厥士,日監在茲。　　　　　　　（《詩經·周頌·敬之》）

"墜在乃服"是"荒怠於你的政事"的意思。(《爾雅》:"服,事也。")"墜"與"在乃服"之間是無法點斷的。其他各例的動詞與"在"字結構之間也都不宜點斷。

  再看下例:

  弘于天,若德裕乃身,不廢在王命。　　　（《尚書·康誥》）

"王命"是"不廢"的對象,其間的"在"就只能理解爲介詞,略相當於"于",容不得別的解釋。

  鑒於"在"的這種用法,再聯繫到上述喻遂生關於殷商時期"在"字已有介詞用法的觀點[①],我們認爲,至少到西周時期,"在"的介詞性已經比較成熟了。

  "在"的作用,可以表動作行爲的時間、處所方位、對象等。例如:

  在八月乙亥,辟井侯光氒正史,䣛于麥宮。（麥方彝,西周早期）
  在昔,殷先哲王迪畏天顯小民,經德秉哲。（《尚書·酒誥》）
  則罔有立政,用憸人,不訓于德,是罔顯在厥世。
  　　　　　　　　　　　　　　　　　（《尚書·立政》）
  ——以上表時間
  文王監在上。　　　　　　　　　　　（大豐簋,西周早期）
  唯成王大㚔在宗周。　　　　　　　　（獻侯簋,西周早期）
  師雍父戍在古𠂤。　　　　　　　　　（禹鼎,西周中期）
  ——以上表處所方位

---

① 見本書第八章第一節。另參考喻遂生《甲骨文介詞"于"用法補議》,載《甲金語言文字研究論集》。

弘于天,若德裕乃身,不廢在王命。　　　　　（《尚書·康誥》）
——以上表對象

用

"用"在殷商時期是典型的動詞,表與祭祀有關的"使用"、"施行"義。例如:

丁酉卜,殻貞:今日用五宰祖丁?　　　　　（《合集》1878正）
其侑大乙惟五牢?用。　　　　　（《合集》27090）

至西周時期,這種"使用"、"施行"義仍保存着,不過意義有所泛化。例如:

（1）芮公作從鐘,子孫永寶用。　　　　　（芮公鐘,西周晚期）
（2）妾不敢弗帥用文且（祖）皇考,穆穆秉德。
　　　　　（井人妾鐘,西周晚期）
（3）丕顯朕皇考,克譜明氒心,帥用氒先祖考政德。
　　　　　（逨鐘,西周晚期）

以上的"用",例（1）爲使用義,例（2）、（3）爲施行義。

西周時期,"用"由"使用"、"施行"義,逐步虛化出介詞用法,表動作行爲的工具（或方式）、憑藉、原因等。下面分別介紹。

表工具（或方式）,"用"字結構可以出現在謂語動詞之前作狀語。例如:

（麥）用恭儀甯侯。　　　　　（麥尊,西周早期）
其在四方,用丕式見德。　　　　　（《尚書·立政》）

也可以出現在謂語動詞之後作補語。例如:

執豕于牢,酌之用匏。　　　　　（《詩經·大雅·公劉》）
初九,鞏用黃牛之革。　　　　　（《易經·革卦》）
六二,執之用黃牛之革,莫之勝說。　　　　　（《易經·遯卦》）

"用"的賓語一般後置,但有時前置,特別是賓語爲代詞"是"的時候,更是這樣。例如:

王易乘馬,是用左王。　　　　　（虢季子白盤,西周晚期）

吉蠲爲饎,是用孝享。　　　　　　　(《詩經·小雅·天保》)
惟威惟虐,大放王命,乃非德用乂。　(《尚書·康誥》)

"非德用乂"即不可用德惠治理。

　　介詞"用"的賓語,一般要出現,但有時候可以承前省略。例如：

（1）明公易亢師鬯、金、小牛,曰："用祓。"　(矢令方彝,西周早期)
（2）嚴惟丕式,克用三宅三俊,其在商邑,用協于商邑。

(《尚書·立政》)

例（1）"用"的賓語承前"鬯、金、小牛"而省略,例（2）"用"的賓語承前"三宅三俊"而省略。

　　"用"字結構表憑藉。例如：

（1）用甯王遺我大寶龜紹天明。　　　(《尚書·大誥》)
（2）凡在天下之庶民,罔不維后稷之元穀用蒸享。

(《逸周書·商誓解》)

（3）亦維我后稷之元穀用告和,用胥飲食。(《逸周書·商誓解》)
（4）邢叔采作朕文祖穆公大鐘,用喜樂文神人,用祈福祿眉魯。

(邢叔鐘,西周中期)

（5）兮仲作大林鐘,其用追孝于皇考己伯。(兮仲鐘,西周晚期)
（6）易汝茲勝,用歲用征。　　　　　(毛公鼎,西周晚期)

例（1）"用"的賓語後置,例（2）、（3）"用"的賓語前置,例（4）、（5）、（6）"用"的賓語承前省略。

　　表工具（或方式）和表憑藉有時區分比較模糊,這是可以理解的。

　　"用"字結構表原因。例如：

（1）嗚呼哀哉！用天降大喪于下國,亦唯鄂侯馭方率南淮夷東夷廣伐南國東國,至于歷內。王迺命西六師殷八師曰："撲伐鄂侯馭方……"

(禹鼎,西周晚期)

（2）用燕喪威儀。　　　　　　　　　(《尚書·酒誥》)
（3）王不敢後,用顧畏于民喦。　　　(《尚書·召誥》)
（4）守宮對揚周師釐,用作祖乙尊。　(守宮尊,西周中期)
（5）天降威,我民用大亂喪德。　　　(《尚書·酒誥》)

例（1）、（2）"用"的賓語後置於介詞，但整個"用"字結構則前置於謂語動詞。例（3）"用"的賓語後置，"用"字結構也後置於謂語動詞。例（4）、（5）"用"的賓語承前省略。

從以上可看出，介詞"用"和介詞"以"在許多方面用法接近。這是有語義根據的。《一切經音義》卷二十八引《蒼頡》："用，以也。"

爲

"爲"在殷商時期即有"施行"義，作動詞。例如：

　　癸未卜，㱿貞：王爲巳，若？　　　　　　　（《合集》15189）

"巳"即"祀"。"爲巳"即"進行祭祀"。

至西周時期，"爲"字經常有"製造"義，動詞，且常與同義詞"作"連用。例如：

　　彊伯自爲用甗。　　　　　　　　　（彊伯甗，西周早期）
　　伯好父自鑄作爲旅簋。　　　　　（伯好父簋，西周晚期）

在"爲"字逐漸發展爲介詞的過程中，首先是動詞"爲"與其賓語之間出現了受益者。例如：

　　余兄爲汝兹小鬱彞。　　　　　　（叔趯父卣，西周早期）

"爲汝兹小鬱彞"可以理解爲"製作你的這個小鬱彞"，同時也就有了"爲你製作這個小鬱彞"的意思。由此"爲"發展爲介詞，引出動作行爲的受益對象。例如：

　　叀啓諆爲禦作父甲旅尊。　　（叀啓諆父甲尊，西周早期或中期）
　　二公曰："我其爲王穆卜。"　　　　　　（《尚書·金滕》）
　　蹶父孔武，靡國不到。爲韓姞相攸，莫如韓樂。
　　　　　　　　　　　　　　　　　　　（《詩經·大雅·韓奕》）

"爲韓姞相攸"即爲韓姞尋找住所，"攸"即"所"。

"爲"還可以介引原因，不過較少見。例如：

　　胡爲我作，不即我謀。　　　　（《詩經·小雅·十月之交》）

"胡爲我作"即"爲什麼讓我勞作"，疑問代詞"胡"作介詞"爲"的賓語，前置於"爲"。

由

"由"在殷商時期就有被認爲介詞用法的用例,介引時間[1]。但楊逢彬認爲所謂介詞"由"的用例太少,且首先"介引時間"也不符合介詞引申的規律,所以楊氏對此持謹慎態度[2]。

但西周時期的"由"作爲一個介詞,已比較清楚了。其用法大致如下:

表示從何處或從何人。"由"字結構作狀語,可譯爲"從"、"由"。例如:

  王麻冕黼裳,由賓階隮。   (《尚書·顧命》)
  太保承介圭,上宗奉同瑁,由阼階隮。 (《尚書·顧命》)

"由"字結構有時可用在謂語中心詞之後作補語,"由"相當於"于",可譯爲"向"或"從"。例如:

  別求聞由古先哲王,用康保民。 (《尚書·康誥》)

"由"字結構引進動作行爲的工具、憑藉、依據等,出現在謂語中心詞之前作狀語或之後作補語,可譯爲"用"、"憑藉"、"按照"、"依據"等。例如:

  乃其速由文王作罰,刑茲無赦。 (《尚書·康誥》)
  爽邦由哲。   (《尚書·大誥》)
  [要用明智的人使國家清明。]
  汝乃其速由茲義率殺。   (《尚書·康誥》)

與

"與"經常和賓語一起構成"與"字結構作狀語。"與"介引動作行爲參與者,可譯爲"跟"、"同"等。"與"的賓語一般爲施事。例如:

  我有好爵,吾與爾靡之。   (《易經·中孚卦》)

"與"的賓語還可前置,例如:

---

[1] 見本書第六章第一節。
[2] 楊逢彬《殷墟甲骨刻辭詞類研究》,313頁。

凡天智玉,武王則寶與同。　　　　　　　(《逸周書·世俘解》)
["寶與同",跟寶玉同等看待。]

"與"的賓語常常省去,但通過上下文可推知省的是什麽。例如:

兹予大享于先王,爾祖其從與享之。　　　(《尚書·盤庚上》)
["爾祖其從與享之",你們的祖先與(我的先王)一同享受祭祀。]
此邦之人,不可與處。　　　　　　　　　(《詩經·小雅·黄鳥》)
彼譖人者,誰適與謀。　　　　　　　　　(《詩經·小雅·巷伯》)

"與"的這些用法,顯然與後世作爲介詞的"與"是一脈相承的。

及

"及"在殷商時期有"追及"、"至"、"宜"等義。前二者爲動詞,後者略近於形容詞。例如:

(1) 己亥,歷貞:三族王其令追召方及于……　(《合集》32815)
(2) 乙酉卜,大貞:及兹二月有大雨?　　　　(《合集》26868)
(3) 未有及雨。　　　　　　　　　　　　　(《前》3.29.3)[①]

以上各例的"及",例(1)爲"追及"義,例(2)爲"至"義,例(3)則爲"宜"義,"及雨"也就是"及時之雨"。

到了西周時期,"及"字發展出介詞用法,介引參與動作行爲的施事主體,用在謂語動詞前,可譯爲"跟"、"同"、"跟……一起"等。例如:

時日曷喪?予及汝偕亡。　　　　　　　　(《尚書·湯誓》)
武王既喪,管叔及其群弟乃流言于國。　　(《尚書·金縢》)
戎大同從追汝,汝及戎大辜搏。　　　　　(不其簋蓋,西周晚期)

第三節　東周以至西漢時期的介詞

東周以降,漢語介詞體系進入發展時期,在舊有介詞及其用法繼續保留的同時,各種語法範疇的新表達形式繼續大量出現。這主要表現在兩方面,

---

[①] 此例轉引自于省吾主編《甲骨文字詁林》第一册,111頁。

一是舊有介詞增添新的用法,二是新介詞大量產生①。下面分別介紹這兩方面的情況。

舊有介詞增添新的用法,這些介詞有"與、及、自、爲、由"等。

與

進入東周以後,"與"的用法複雜化,介詞性已趨於成熟②,用法大致如下。

1. "與"字結構引進與動作行爲相關的對象

表示跟誰(一起)行動。介詞表示"同……"或"與……"、"和……"一類意思。這是這類用法的介詞中歷史悠久,出現頻率也較高的一個。它所引進的賓語主要是與主語相對待的一方。如:

> 公與宋公爲會,將尋宿之盟。　　　　(《左傳》隱公四年)
> 五月,甲辰,授兵於大宮。公孫閼與潁考叔爭車,潁考叔挾輈以走,子都拔棘以逐之。　　　　(《左傳》隱公十一年)
> 十三年,春,齊侯使仲孫湫聘于周,且言王子帶。事畢,不與王言。　　　　(《左傳》僖公十三年)
> 所不與舅氏同心者,有如白水!　　　　(《左傳》僖公二十四年)

最後兩例爲否定式,介詞"與"受副詞"不"的修飾,這是東周時期纔見到的現象。

同時,"與"引進與主語相偕同的一方的例子也不少,這種用法不見於西周時期。如:

> 願車馬衣輕裘與朋友共敝之而無憾。　　　　(《論語·公冶長》)
> 古之人與民偕樂,故能樂也。　　　　(《孟子·梁惠王上》)
> 與天地同常。　　　　(《墨子·尚賢中》)

"與"所引進的這兩種賓語可以結合它後面的動詞加以辨別。引進的賓語與主語相對待時,後面的動詞代表的動作行爲必需是有關的雙方參加,如"戰、鬥、爭、攻、盟、合、期、約"等,動詞前可受"相"、"互"等副詞修飾。引進

---

① 由於介詞與動詞的界限不宜掌握,各古漢語語法著作所收介詞數量懸殊較大,有的十幾個,有的幾十個甚至上百個。請參考趙大明《左傳介詞研究》。我們總體上採取比較嚴格的態度。
② 介詞"與"和"及"同時又是連詞。二者的關係,可參看徐蕭斧《古漢語中的"與"和"及"》,《中國語文》1981年第5期。

的賓語與主語的動作相偕同時，動詞前面可受"共、偕、俱、同、並"等副詞修飾。而表示"爲了"的介詞"與"（見下），其後面的動詞則不俱備以上特點。

"與"字結構表示動作行爲爲誰而發，可譯爲"爲"、"替"等。這種用法不見於西周時期。如：

> 後若有事,吾與子圖之。　　　　　　　　　（《國語·吳語》）
> 秦王聞之懼,令辛戎告楚曰："毋與齊東國,吾與子出兵矣。"
> 　　　　　　　　　　　　　　　　　　　　（《戰國策·楚四》）

"與"字結構表示比較的對象。可譯爲"跟……（相比）"、"同……（相比）"等，這種用法不見於西周時期。例如：

> 今吾道路修遠,無會而歸,與會而先晉,孰利? （《國語·吳語》）
> 秦以趙攻,與之齊伐趙,其實同理,必不慮矣。
> 　　　　　　　　　　　　　　　　　　　　（《戰國策·東周》）

"與"字結構表示給與或交給誰。這種用法大約在漢以後興起，發展較快，作用較大。如：

> 我有禁方,年老,欲傳與公,公毋泄。（《史記·扁鵲倉公列傳》）

"與"字結構表示與主語相對應的一方。用法同"于"，表"對於"義，這種用法不見於西周時期。如：

> 吳有越,腹心之疾；齊與吳,疥癬也。　　　（《史記·越世家》）
> 秦之與魏,譬若人有腹心之疾。　　　　　　（《史記·商君列傳》）

2. "與"字結構表示動作的方式

"與"用在動詞前，有時同"以"，這種用法不見於西周時期。如：

> （1）殷人殯於兩楹之間,則與賓主夾之也。　（《禮記·檀弓上》）
> （2）大夫有所往,必與公士爲賓也。　　　　（《禮記·玉藻》）

例（1）"與賓主夾之"，主在東，賓在西，柩在中，以賓與主夾柩也。例（2）"與公士爲賓"，以公士爲賓。

及

介詞"及"在東周以後發展出介引動作行爲發生的時間的用法。

"及"字結構常用在動詞前,表示趕趁在某一時段內行動。可譯爲"趁……之時"。"及"的賓語可爲"其+謂語(也)"、"主+(之)+謂"或動詞結構、名詞結構等。如:

彼衆我寡,及其未既濟也,請擊之。　　(《左傳》僖公二十二年)
不亟治,病即入濡腎。及其未舍五藏,急治之!
　　　　　　　　　　　　　　　　　　(《史記·扁鵲倉公列傳》)
且賢君知,各及其身顯名天下。　　(《史記·商君列傳》)
爲大王將,有功終不得封侯,故及大王之嚮臣,臣亦及時以請園池爲子孫業耳。　　　　　　　　　　(《史記·白起王翦列傳》)

"及"字結構引進動作行爲延續或終止的時間,可譯爲"到了……的時候"。如:

及莊公即位,爲之請制。　　　　　　(《左傳》隱公元年)
鄭人有且置履者,……已得履,乃曰:"吾忘持度。"反歸取之。及反,市罷,遂不得履。　　(《韓非子·外儲説左上》)
及高祖時,中國初定。　　(《史記·酈生陸賈列傳》)

自

介詞"自"的意義及用法,在東周以後又有了新的發展,主要體現在以下幾方面。

"自"字結構用在謂語動詞前面,介引動作行爲的施事主體。可譯爲"由"。例如:

天下有道,則禮樂征伐自天子出;天下無道,則禮樂征伐自諸侯出。自諸侯出,蓋十世希不失矣;自大夫出,五世希不失矣。
　　　　　　　　　　　　　　　　　　　　　(《論語·季氏》)
侯自我得之,自我捐之,無所恨。　(《史記·魏其武安侯列傳》)

"自"字結構用在謂語動詞前面,介引動作行爲發生的原因,可譯爲"因爲"、"由於"等。例如:

象曰:需于泥,災在外也。自我致寇,敬慎不敗也。
　　　　　　　　　　　　　　　　　　　　　　(《易經·需卦》)

  蓋聞天道：禍自怨起而福繇德興。　　（《史記·孝文本紀》）

"自"字結構用在謂語動詞前面，介引動作行爲憑藉的準則，可譯爲"根據"、"依照"等。

  齊舊四量，豆、區、釜、鍾。四升爲豆，各自其四，以登於釜。
              （《左傳》昭公三年）
  疏數自適爲之。　　　　　　　　　（《墨子·備城門》）

爲

介詞"爲"在東周以後也有了新的發展，主要表現在以下幾個方面：引進動作行爲的原因或目的。例如：

  晉疾，楚將辟之。何爲而使晉師致死於我？
              （《左傳》襄公十一年）
  故良農不爲水旱不耕，良賈不爲折閲不市，士君子不爲貧窮怠乎道。　　　　　　　　　　　　　　　　　（《荀子·修身》）

以上兩例"爲"字結構表原因。

  晏子曰："君之賜卿位以尊其身，嬰非敢爲顯受也，爲行君令也。寵以百萬以富其家，嬰非敢爲富受也，爲通君賜也。
         （《晏子春秋·内篇雜下》第十二章）

這一例，"爲"字結構表目的。"爲顯受"即"爲了尊顯而接受"；"爲富受"即"爲了富貴而接受"。"爲行君令"、"爲通君賜"是承上省略了動詞"受"。

"爲"字結構表示動作行爲所旁及的對象，可譯爲"向""對"等。例如：

  臣請爲王言樂。　　　　　　　　　（《孟子·梁惠王下》）
  越王慮伐吴，欲人之輕死也，出見怒鼃，乃爲之式。
              （《韓非子·内儲説上》）

"爲之式"，向它致敬。

  "爲"字結構引進動作行爲發生的時間，這類例子很少見。如：

  爲其來也，臣請縛一人，過王而行。（《晏子春秋·内篇雜下》第十章）

"爲其來也"相當於"于其來也",意謂在他來的時候。

"爲"字結構表示跟誰(一起)行動,"爲"字表示"同……"或"與……"、"和……"一類意思。如:

> 嚴仲子辟人,因爲聶政語。　　　　(《戰國策·韓二》)
> 寡人獨爲仲父言,而國人知之,何也?　　(《韓詩外傳》卷四)

由

介詞"由"在東周以後的發展,主要在以下方面:

"由"字結構由表動作行爲的起點發展爲表事件的起點。"由"的賓語常爲"是"、"此",指代上文的事件。如:

> 少康滅澆于過,后杼滅豷于戈。有窮由是遂亡,失人故也。
> 　　　　　　　　　　　　　　　　　　　(《左傳》襄公四年)
> 乃賜造父以趙城,由此爲趙氏。　　　　(《史記·趙世家》)
> 天子爲治第,令驃騎視之,對曰:"匈奴未滅,無以家爲也。"由此上益重愛之。　　　　　　(《史記·衛將軍驃騎列傳》)

"由"的賓語可以爲專名或主謂結構。如:

> 夥涉爲王,由陳涉始。　　　　　　　(《史記·陳涉世家》)
> 太卜之興,由漢興而有。　　　　　　(《史記·日者列傳》)

"由此"還可用在句末。如:

> 十一月,上廢栗太子,竇太后心欲以孝王爲後嗣。人臣及袁盎等有所關說於景帝,竇太后義格,亦遂不復言以梁王爲嗣事由此。
> 　　　　　　　　　　　　　　　　　　　(《史記·梁孝王世家》)

東周以降新産生的介詞大致有"方、當、即、應、迨、逮、竟、從、乎、道、向(嚮)、鄉、披、沿、將、因"等。下面逐一介紹[①]。

方

介詞"方"的賓語常爲表時間的名詞性短語,"方"字結構表示"在……時"、"當……時",用在動詞或主謂結構前。如:

---

① 楊伯峻、何樂士《古漢語語法及其發展》。

古者有夏方未有禍之時,百獸貞蟲,允及飛鳥,莫不比方。

              (《墨子·明鬼下》)

 方事之殷也,有韎韋之跗注,君子也。 (《左傳》成公十六年)

 方吾在縲絏中,彼不知我也。 (《史記·管晏列傳》)

 方此時也,堯安在。   (《韓非子·難一》)

當

"當"字結構表動作行爲發生的時間,意義及用法略同於"方",可譯爲"在……時"、"逢"等。如:

 當武王邑姜方震大叔,夢帝謂己:"余命而子曰虞。"

              (《左傳》昭公元年)

 當是時,丞相入奏事,坐語移日,所言皆聽。

            (《史記·魏其武安侯列傳》)

 當其貧困時,人莫省視。至其貴也,乃爭附之。

              (《史記·滑稽列傳》)

 君子當時不動,而民無觀也。 (《鹽鐵論·相刺》)

表示動作行爲的方向,可譯爲"臨"、"向"等。如:

 胥甲、趙穿當軍門呼曰:"死傷未收而棄之,不惠也。不待期而薄人於險,無勇也。"   (《左傳》文公十二年)

 越子以三軍潛涉,當吳中軍而鼓之,吳師大亂,遂敗之。

              (《左傳》哀公十七年)

 當壁而拜者,神所立也。 (《左傳》昭公十三年)

 令子嬰齋,當廟見,受王璽。 (《史記·秦始皇本紀》)

即

引介動作行爲發生的時間。常以"日"、"夜"、"夕"作賓語,可譯爲"當"、"在"等。如:

 孝景崩,即日太子立,稱制。 (《史記·魏其武安侯列傳》)

 於是高帝即日駕,西都關中。 (《史記·留侯世家》)

 代王即夕入未央宫。   (《史記·吕太后本紀》)

引進與動作行爲有關的處所。"即"引進處所,常用於動詞之前,可譯爲"在"、"就着"、"靠近"等。如:

  冠者即筵坐。   (《儀禮·士冠禮》)
  項羽晨朝上將軍宋義,即其帳中斬宋義頭。
              (《史記·項羽本紀》)

應

"應"字的賓語表示動作行爲發生時所依隨的對象。"應"字結構用在動詞之前,表示動作行爲緊接着所依隨的對象發生,"應"字結構後面的動作行爲常是上文動作行爲的結果。如:

  其射,見敵意,非在數十步之内,度不中不發,發即應弦而倒。
              (《史記·李將軍列傳》)
  及秦皇帝崩,天下大叛。……窮山通谷豪士並起,……起閭巷,杖棘矜,應時而皆動,不謀而俱起,不約而同會。
             (《史記·平津侯主父列傳》)
  下圈刺豕,正中其心,一刺,豕應手而倒。 (《史記·儒林列傳》)

迨

"迨"字結構表示與動作行爲有關的時間、時機等。"迨"有"趕上"、"趁着"義。"迨"的賓語常爲"主+之+謂"結構或"其+謂"結構,有時爲"主謂"結構。如:

  迨天之未陰雨,徹彼桑土,綢繆牖户。 (《詩經·豳風·鴟鴞》)
  請迨其未畢濟而擊之!   (《公羊傳》僖公二十二年)

在詩歌中有時爲了押韻,"迨+賓"可在句後:

  士如歸妻,迨冰未泮。   (《詩經·邶風·匏有苦葉》)

逮

"逮"字結構表示與動作行爲有關的時間、時機等,表示動作行爲的發生接近或臨當某時,用法與"迨"同。如:

  逮夜至於齊,國人知之。   (《左傳》哀公六年)

願君遠楚、趙之兵未至於梁,亟以少割收魏。

(《史記・穰侯列傳》)

竟

介引動作行爲延續或終止的時間。"竟"字結構常用在動詞或主謂結構前,表示"直到……(時)"。例如:

竟頃公卒,百姓附,諸侯不犯。　　(《史記・齊太公世家》)
念爲廉吏,奉法守職,竟死不敢爲非。　　(《史記・滑稽列傳》)
吳、楚已破,竟景帝不言兵,天下富貴。　　(《史記・酷吏列傳》)
["竟景帝",直到景帝執政結束的時間內。]
觴九行,謁者言"罷酒"。御史執法舉不如儀者輒引去。竟朝置酒,無敢讙譁失禮者。　　(《史記・劉敬叔孫通列傳》)
["竟朝",直到朝拜禮儀結束。]

從

"從"(殷商時作"从")在殷商時期只帶處所賓語,雖有類似介詞的用法,但其實仍屬動詞。"從"在西周時期似乎沉寂了,我們只見到如下一例:

爾小子乃興,從爾遷。　　(《尚書・多士》)

從這一例看,"從"是介詞用法[①]。

東周時期,"從"已肯定是介詞了。其用法大致如下。

介引行爲、事態的時間起點。例如:

恃險與馬,不可以爲固也,從古以然。　　(《左傳》昭公四年)

"從古以然"表示自古以來就已是這樣。"以"通"已"。

宣王伐魯,立孝公,諸侯從是而不睦。　　(《國語・周語上》)
學業之敗也,道術之廢也,從此生矣。　　(《呂氏春秋・誣徒》)
從是以後不敢復言爲河伯娶婦。　　(《史記・滑稽列傳》)
唐舉曰:"先生之壽,從今以往者四十三歲。"

(《史記・范雎蔡澤列傳》)

[①] 周秉鈞譯:"從你們遷來洛邑開始,你們的子孫也將興旺發達。"見周秉鈞《尚書注譯》,182頁。

"從"的賓語,由表空間範疇到表時間範疇,這是虛化的明顯迹象。介引動作行爲的與事,可譯爲"跟"、"向"等。如:

> 縈毋張喪車,從韓厥曰:"請寓乘!" （《左傳》成公二年）
> 長卿第俱如臨邛,從昆弟假貸,猶足爲生,何至自苦如此!
> 　　　　　　　　　　　　　　　　　　　　　（《史記·司馬相如列傳》）

表示動作行爲在何處發生或源自何處。如:

> 吾從北方聞子爲梯,將以攻宋。　　　　　（《墨子·公輸》）
> 晉靈公不君,厚斂以彫牆,從臺上彈人而觀其辟丸也。
> 　　　　　　　　　　　　　　　　　　　　　（《左傳》宣公二年）
> 睢從簣中謂守者曰:"公能出我,我必厚謝公。"
> 　　　　　　　　　　　　　　　　　　　　　（《史記·范睢蔡澤列傳》）
> 蝗蟲從東方來,蔽天。　　　　　（《史記·秦始皇本紀》）

介引動作行爲起始的地點及其經由,可譯爲"自"、"沿"。如:

> 使狗國者,從狗門入。　　（《晏子春秋·内篇雜下》第九章）
> 舟止,從其所契者入水求之。　　　（《吕氏春秋·察今》）
> 漢王用韓信之計,從故道還。　　　（《史記·高祖本紀》）

與"自"不同的是,"從"字似乎主要强調動作行爲的切入點、着眼點,對於終點的呼應比較淡漠。因此當没有終點呼應時,用"自"或用"從"似乎没有什麽區别,當需要終點呼應時,一般只用"自"而不用"從"。

介引動作行爲事實的依據,可譯爲"按照"、"根據"等。例如:

> 若能入火取錦者,從所得多少賞若。　　（《列子·黄帝》）
> 聖人從外知内,以見知隱也。　　　（《淮南子·説山訓》）

乎

作爲介詞,"乎"字結構一般只用於動詞或形容詞之後,大致相當於相同位置的"于(於)",引介相關的對象、處所、原因、時間等。例如:

> 請以饗乎從者。　　　　　　（《公羊傳》昭公二十五年）
> 或問乎曾西曰:……　　　　　（《孟子·公孫丑上》）

先王過舉,擢之乎賓客之中。　　　　　(《戰國策·秦策》)

善釣者出魚乎十仞之下,餌香也。善弋者,下鳥乎百仞之上,弓良也。　　　　　(《呂氏春秋·功名》)

式微式微,胡不歸？微君之故,胡爲乎中露？

(《詩經·邶風·式微》)

黎民得離戰國之苦,君臣俱欲休息乎無爲。

(《史記·呂太后本紀》)

吾獨窮困乎此時也？　　　(《楚辭·離騷》)

道

"道"本義爲"道路"。道路必有所由,故引申出"由"、"從"、"經由"等義,虛化爲了介詞。

表動作行爲發生、出現的起點,意爲"從"、"由"等。如：

故凡治亂之情,皆道上始。　　　(《管子·禁藏》)

(師曠)援琴而鼓,一奏之,有玄鶴二八道南方來。

(《韓非子·十過》)

南越食蒙蜀枸醬,蒙問所從來,曰："道西北牂柯。"

(《史記·西南夷列傳》)

表示動作行所涉及的對象,常表"經由"義。如：

孔子道彌子瑕見釐夫人。　　　(《呂氏春秋·貴因》)

乃道碭至成陽。　　　　　(《史記·高祖本紀》)

從酈山下,道芷陽間行。　　　(《史記·項羽本紀》)

向(嚮)

這是一個歷史悠久的重要的介詞,其本義是朝北的窗户,《詩經·豳風·七月》："塞向墐户。"引申爲"面向"義,這就是介詞的用法。字又作"嚮"。它的出現數量與靈活用法隨着時代的發展而不斷增加,一直沿用至今。

表示動作行爲的朝向。"向(嚮)"字結構常用在動詞前表示施動者動作時的朝向。例如：

河伯始旋其面目,望洋向若而歎曰：……　　(《莊子·秋水》)

西門豹簪筆磬折,嚮河立待良久。　　（《史記·滑稽列傳》）
繆公素服郊迎,嚮三人哭曰:……　　（《史記·秦本紀》）
今有滿堂飲酒者,有一人獨索然向隅而泣,則一堂之人皆不樂矣。　　（《說苑·貴德》）

表示動作行爲的發生接近或臨當某一時間。如:

夫水,嚮冬則凝而爲冰。　　（《淮南子·俶真訓》）

鄉

表示動作行爲的朝向,義與"嚮"相近。例如:

秦伯素服郊次,鄉師而哭。　　（《左傳》僖公三十三年）
（子鮮）託於木門,不鄉衛國而坐。　　（《左傳》襄公二十七年）

披

《說文解字》:"披,從旁持曰披。"由"從旁持"引申出"在旁側"、"緣側"諸義,用作介詞,可譯爲"在……旁"、"沿着"等,多見於漢代。例如:

披山通道,未嘗寧居。　　（《史記·五帝本紀》）
佗小渠披山通道者,不可勝言。　　（《史記·河渠書》）

沿

表示動作行爲依傍、經由何處,常用在動詞前,有"沿着……"、"順着……"之意。如:

子沿漢而與之上下,我悉方城外以毀其舟。（《左傳》定公四年）
子西縊而縣絕,王使適至,遂止之,使爲商公。沿漢溯江,將入郢。　　（《左傳》文公十年）
於是越王句踐乃命范蠡、舌庸,率師沿海泝淮以絕吳路。
　　（《國語·吳語》）

將

"將"由動詞"率領"義虛化爲介詞,介引動作的憑藉或工具,始見於戰國晚期。例如:

蘇秦始將連橫說秦惠王,曰:……　　（《戰國策·秦一》）

故非有一人之道也,直將巧繁拜請而畏事之,則不足以持國安身。　　　　　　　　　　　　　　　　　　(《荀子·富國》)

因

本爲動詞,有"依靠"、"趁(機)"、"承襲"諸義。例如:

季寤、公鉏極、公山不狃皆不得志於季氏,叔孫輒無寵於叔孫氏,叔仲志不得志於魯,故五人因陽虎。　　　　(《左傳》定公八年)

秋,齊公子鉏納去疾,展輿奔吳。叔弓帥師疆鄆田,因莒亂也。
　　　　　　　　　　　　　　　　　　(《左傳》昭公元年)

昔爽鳩氏始居此地,季萴因之,有逢伯陵因之,蒲姑氏因之,而後大公因之。古若無死,爽鳩氏之樂,非君所願也。
　　　　　　　　　　　　　　　　　　(《左傳》昭公二十年)

則天之明,因地之性,生其六氣,用其五行。
　　　　　　　　　　　　　　　　　　(《左傳》昭公二十五年)

動詞"因"因經常與其他動詞連用,而逐漸虛化爲介詞,用法大致如下:

介引動作行爲的依靠或憑藉的對象。例如:

鄭伯因櫟人殺檀伯而遂居櫟。　　　　(《左傳》桓公十五年)
(孔子)因嬖臣彌子瑕以見衛夫人,子路不悅。
　　　　　　　　　　　　　　　　　　(《鹽鐵論·論儒》)
廉頗聞之,肉袒負荊,因賓客至藺相如門謝罪。
　　　　　　　　　　　　　　　　　　(《史記·廉頗藺相如列傳》)
古者人之始生未有宮室之時,因丘陵掘穴而處焉。
　　　　　　　　　　　　　　　　　　(《墨子·節用中》)

介引動作行爲發生、出現時所借助的時機、條件。例如:

楚子殺之。其族爲亂。冬,巴人因之以伐楚。
　　　　　　　　　　　　　　　　　　(《左傳》莊公十八年)
十三年春,吳欲因楚喪而伐之。　　　(《史記·吳太伯世家》)

總結起來,東周以後,介詞的數量大大增加,與此相應,語法範疇的表達形式大爲豐富。過去由少數介詞承擔的範疇表達形式,東周以後則由多個介詞分別承擔。例如,介引與動作行爲相關的時間,殷商時期只有"于、自",西周時期也只有"于、自、在",東周以後則有"于、自、在、爲、方、當、即、應、迨、逮、比、竟、從、乎、向(嚮)、及"等。介引與動作行爲相關的各類對象,殷商時期有"于、自",西周時期有"于、自、以、在",到了東周以後則有"于(於)、自、以、及、用、在、爲、與、比、從、道、乎"等。引介動作行爲的工具、方式、條件、依據等,殷商時期只有"于",西周時期有"于、用、由、以"等,到了東周以後,則有"于(於)、用、由、以、將、因、與、從"等。引介動作行爲的方位處所,殷商時期有"于、自、在、从",西周時期有"于、自、在、以、由",東周以後則有"于(於)、在、自、從、由、即、沿"等。引介動作行爲的原因或目的,西周時期有"以、用、爲"等。東周以後則有"用、以、因、爲、由"等。

第七章

連詞的發展

　　分句與分句,詞組與詞組,甚至詞與詞之間存在各種語義關係,如並列、順承、轉折、選擇、假設等,連詞加在其中,起強化、突顯這種語義關係的作用。朱德熙説:"按照漢語語法的傳統分析方法,連詞是作爲一種語法手段,而不是作爲結構成分來看待的。"① 有的連詞一般只出現在某種語義關係中,例如"若"、"得令"一般只出現在假設關係中;有的連詞却可以出現在多種語義關係中,例如"而",可以出現在並列、遞進、轉折、順承等多種語義關係中。

　　在歷史發展的過程中,連詞和介詞的關係密切,有不少連詞是從介詞發展而來的,有部分常用連詞還兼介詞。王克仲比較了介詞"與"和並列連詞"與"的區别。他認爲,介詞"與""前面可以出現修飾語","修飾語有副詞、連詞、助動詞、介詞、結構助詞、代詞和詞組";而"連詞'與'的突出特徵是,在它的前後不能有任何附加語;所連接的前後兩部分,詞序可以變换"②。

　　此外,並列連詞結構可作主語、賓語等,而介詞結構只能作狀語或補語。

　　當然這只是理想的劃分,實際情况要複雜得多,有時難免"表示並列關係的還是連詞,只有表示詞和詞之間的主從關係的纔是介詞"③ 的處理方法。

---

① 朱德熙《語法講義》,見《朱德熙文集》第1卷,商務印書館,1999年,210頁。
② 王克仲《先秦虚詞"與"字的調查報告》,見《古漢語研究論文集》(二),北京出版社,1984年。所言"與"字前面的修飾語,應是與"與"字結構而不是"與"字發生直接關係。例如:

　　　諸君子皆與驩言,孟子獨不與驩言,是簡驩也。　　(《孟子·離婁下》)
　　　不仁者,可與言哉?　　(《孟子·離婁上》)

上例,"皆"、"不"是副詞,"可"是助動詞,修飾的是後面的介詞結構。連詞結構没有這樣的功能。
③ 吕叔湘《漢語語法分析問題》第50節。另請參考本書第六章。

上古漢語連詞大致可分以下八類：並列連詞，遞進連詞，順承連詞，選擇連詞，因果連詞，轉折連詞，假設連詞，讓步連詞。

關於殷商時期的連詞，意見歷來分歧迭出。楊逢彬認爲："郭沫若、管燮初、陳夢家、向熹等先生在他們的著作中共列出'叀、于、與、又、以、氏、眔、暨、從、自、母、兄、及、亦、乍、若、則……乃'等17個'連詞'。其中，釋作'以'和釋作'氏'的是一個字，隸定爲'眔'的字釋作'暨'，'于'讀若'與'，這都是重複計算。餘下的14個詞中，有的可以肯定不是連詞，有的難以肯定是連詞，都可以歸入其他虛詞以及實詞中。可以歸入其他虛詞的有'亦、自、重、于'；可以入實詞的除'母'應歸入名詞外，其餘'兄、以、從、及、乍、若、暨、又'均可歸入動詞。'則……乃'則應析爲兩個詞。"① 我們大體認可這種觀點。因此下文關於連詞的敘述，除殷商時期的"眔（暨）"稍作討論外，其餘均從西周時期開始。

第一節 並列連詞的發展

一般認爲，殷商時期的"眔"是一個並列連詞，"與"、"及"的意思。

  貞：莽眔永獲鹿？允獲一。　　　　　　　　（《合集》1076正甲）
  ……犬眔麋擒。　　　　　　　　　　　　　（《合集》28367）
  丁卯卜，行貞：王賓父丁歲牢眔祖丁歲牢，亡尤？
　　　　　　　　　　　　　　　　　　　　　　（《合集》23030）
  丙午卜，賓貞：㞢八羊眔酒三十牛？　　　　（《合集》16223正）

以上各例，"眔"處於兩個並列的同類成分（名詞性成分或動詞性成分）之間，"連詞"的意味是比較明顯的。

但楊逢彬指出，甲骨文裏有不少所謂連詞"眔"，其實還是動詞，表"加上"、"附加"的意思。其主要理由是，這些"眔"往往還能受副詞修飾。例如：

  其侑蔑眔伊尹？弜眔？　　　　　　　　　　（《合集》30451）
  己巳貞，其馭祖丁眔父丁？弜眔父丁？　　　（《屯南》1128）

---

① 楊逢彬《論殷墟甲骨刻辭中不能肯定存在連詞》，見《殷墟甲骨刻辭詞類研究》。

上面是正反對貞的例子，正貞句的"眔"位於兩個同類成分之間，像是並列連詞，但反貞句的"眔"却受否定副詞"弜"的修飾，甚至還帶賓語"父丁"，露出了動詞的面目。

楊逢彬承認，"當動詞、形容詞處在副詞、介詞和連詞經常所處的位置上時，前者往往因爲詞彙意義逐漸磨損而語法化爲後者"，"後世的並列連詞'暨'正是由具有'附加'意義的動詞'暨'（姚案：即"眔"）虛化來的"①。

我們認爲，由動詞（或介詞）虛化爲連詞，是一個連續不斷的漸變過程，其中一定會有一隻脚踏進了連詞，另一隻脚仍留在動詞（或介詞）的中間現象。這種中間現象，在"非此即彼"的結構主義觀點看來，是難以解釋的。但從歷史發展的實際來看，却是自然而然的，甚至是必不可少的。殷商時期的"眔"，也許就處於這個中間階段吧②。

至西周時期，並列連詞"眔"繼續使用，同時又新產生了"與"、"粵"、"及"、"而"、"且"、"以"等並列連詞。

眔（暨）

西周時期出現的"暨"，一般認爲就是殷商時期的"眔"，二字實爲同一個詞。在西周傳世文獻中一般寫作"暨"，西周金文中一般仍寫作"眔"。"眔（暨）"字結構可以作各種句法成分。例如：

　　朕文考眔毛公遣仲征無需。　　　　　（孟簋，西周中期）
　　盧眔蔡姬永寶。　　　　　　　　　　（盧鐘，西周中期）
　　隹（唯）三月。王令榮眔内史曰：……（榮作周公簋，西周早期）
　　王令静司射學宫，小子眔服眔小臣眔尸僕學射。（静簋，西周中期）
　　禹拜稽首，讓于稷、契暨皋陶。　　　（《尚書·堯典》）
　　厥貢惟土五色，羽畎夏翟，嶧陽孤桐，泗濱浮磬，淮夷蠙珠暨魚。
　　　　　　　　　　　　　　　　　　　（《尚書·禹貢》）
　　封！以厥庶民暨厥臣達大家，以厥臣達王，惟邦君，汝若恒。
　　　　　　　　　　　　　　　　　　　（《尚書·梓材》）

與

"與"在西周時期已有介詞的用法。"與"字結構經常引介動作行爲的

---

① 楊逢彬《論殷墟甲骨刻辭中"暨"的詞性》，見《殷墟甲骨刻辭詞類研究》；又見《中國語文》2003年第3期。
② 喻遂生《甲骨文"暨"連詞用法説》，《古漢語研究》2013年第4期。

參與者,在動詞前作狀語。例如:

  邦人大恐,王與大夫盡弁,以啓金縢之書。　　(《尚書·金縢》)

這種句子,如果把重點放在"王"上,則"與大夫"狀"王"的行爲方式,"與"爲介詞;如果把"王"和"大夫"同等看待,則"王"與"大夫"爲並列關係,"與"就接近連詞了。所以,這種句子是"與"由介詞轉爲連詞的契機。到了"與"字結構作賓語,"與"的並列連詞的身份就可以確認了。例如:

  爾之許我,我其以璧與珪,歸俟爾命;爾不許我,我乃屛璧與珪。
              (《尚書·金縢》)
  二公及王乃問諸史與百執事。　　(《尚書·金縢》)

雩

"雩"(有人釋爲"雩")是西周時期的另一個並列連詞,義略同於"與"。例如:

  我聞殷墜令,唯殷邊侯甸雩殷正百辟,率肆于酒。
              (大盂鼎,西周早期)
  余其用格我宗子雩百姓。　　(善鼎,西周中期)

至東周時期,"雩(雩)"便逐步消失了。

及

"及"在殷商時期爲動詞,"追及"之義,常用於征伐之辭。至西周時期,便有了介詞用法:

  時日曷喪?予及汝偕亡。　　(《尚書·湯誓》)
  戎大同從追汝,汝及戎大臺搏。　　(不其簋蓋,西周晚期)

由此又枝生出並列連詞用法:

  逎俾[饗]以召酒及羊。　　(召鼎,西周中期)
  鄭鄧伯及叔嬬作寶鼎。　　(鄭鄧伯鼎,西周晚期)
  二公及王乃問諸史與百執事。　　(《尚書·金縢》)

而

"而"一般只連接謂詞性成分。例如:

帝曰："夔,命汝典樂,教胄子。直而温,寬而栗,剛而無虐,簡而無傲。" （《尚書·堯典》）

啓呱呱而泣,予弗子,惟荒度土功。 （《尚書·皋陶謨》）

若網在綱,有條而不紊。 （《尚書·盤庚上》）

且

"且"一般也是只連接謂詞性成分。例如：

申伯之德,柔惠且直。 （《詩經·大雅·崧高》）
四牡奕奕,孔修且張。 （《詩經·大雅·韓奕》）

以

並列連詞"以"與介詞"以"關係密切。例如：

伯懋父以殷八師征東夷。 （小臣謎簋,西周早期）
之日,王以侯入于寢。 （麥方尊,西周早期）

這二例的"以"字結構作用相近,但第一例"以"字爲介詞,"率領"義（與率領義動詞"以"有虛實之别）,第二例既可以理解爲周王領着邢侯入於宮寢（"以"爲表率領義的介詞）,也可以理解爲周王與邢侯入於宮寢（"以"爲並列連詞,馬承源即理解爲並列連詞[①]）。類似的例子還有：

王賜命鹿,用作寶彝,命其永以多友殷飤。 （命簋,西周早期）
唯十又五年三月既霸丁亥,王在𣂁侲宮,大以乎友守。
  （大鼎,西周中期）
王呼膳夫駒召大以乎友入攼。 （大鼎,西周中期）
辥對揚王休,用自作寶器,萬年以乎孫子寶用。（辥簋,西周中期）

這些例子中的"以",雖然與"率領"義有淵源關係,但注家大都理解爲並列連詞,"和"、"與"的意思,説明率領義已很淡,甚至没有了。至於下列例子裏的"以",那就是不折不扣的並列連詞了：

不大聲以色,不長夏以革。 （《詩經·大雅·皇矣》）

[①] 見馬承源《商周青銅器銘文選（三）》,47頁。

欲王以小民受天永命。　　　　　　　　　（《尚書·召誥》）

"聲以色"即"聲與色","夏以革"即"夏與革","王以小民"即"王與小民"。
　　"以"還可以用於並列的行爲狀態之間,略相當於"而"。如:

　　爾謂朕:"曷震動萬民以遷?"　　　　　　（《尚書·盤庚下》）
　　王與大夫盡弁,以啓金縢之書。　　　　　（《尚書·金縢》）
　　王執書以泣,曰:……　　　　　　　　　（《尚書·金縢》）

這種連接謂詞性成分的"以",顯然與表方式、憑藉的介詞"以"有淵源關係。例如:

　　（1）在璿璣玉衡,以齊七政。　　　　　　（《尚書·堯典》）
　　（2）戛擊鳴球,搏拊琴瑟以詠。　　　　　（《尚書·皋陶謨》）

以上例（1）,既可以理解爲"在（察）璿璣玉衡以（而）齊七政（日、月和五星）"（"以"爲連詞）,也可以理解爲"以（用）在（察）璿璣玉衡的方法,觀察七政"（"以"爲介詞）。例（2）,既可以理解爲"搏拊琴瑟以（而）詠"（"以"爲連詞）,也可以理解爲"以搏拊琴瑟的方式歌詠"（"以"爲介詞）。正是"以"的介詞性質在這種場合的逐步淡化,使連接謂詞性成分的"以"得以枝生。

東周以及西漢時期,並列連詞有"暨、與、及、以、而、如、且"等。另外還有表示分句間並列關係的格式"既（已、以）……又"等。下面分別説明。

暨

東周以後,"眾"已不用,"暨"也用得很少:

　　地東至海暨朝鮮,西至臨洮、羌中,南至北嚮戶,北據河爲塞,并
陰山至遼東。　　　　　　　　　　　　　　（《史記·秦始皇本紀》）

與

"與"進入東周以後,仍然繼承了西周時期的用法,用於兩個並列的名詞性成分之間。例如:

　　子罕言利與命與仁。　　　　　　　　　　（《論語·子罕》）
　　此非泰山之神,是宋之先湯與伊尹也。
　　　　　　　　　　　　　　（《晏子春秋·內篇諫上》第二十二章）

彌與紇,吾皆愛之,欲擇才焉而立之。 (《左傳》襄公二十三年)
(舜)順事父及後母與弟,日以篤謹,匪有解。(《史記·五帝本紀》)

但是,東周以後,"與"多有連接兩個並列的謂詞性成分的用法,這是西周時期是很少見的。例如:

知可以戰與不可以戰者勝。 (《孫子兵法·謀攻》)
姜曰:"行也!懷與安實敗名。" (《左傳》僖公二十三年)
隘與不恭,君子不由也。 (《孟子·公孫丑上》)
晏子曰:"敢問據之忠與愛于君者,可得聞乎?"
(《晏子春秋·內篇諫下》第二十二章)
夏帝卜殺之與去之與止之,莫吉。 (《史記·周本紀》)

不過,"與"所連接的謂詞性成分都事物化(指稱化)了。

及

"及"在東周以後依然保持並列連詞用法:

(1) 冬,十二月,城諸及防,書,時也。 (《左傳》莊公二十九年)
(2) 元年春,公及夫人嬴氏至自王城。 (《國語·晉語四》)
(3) 李延年,中山人也,父母及身兄弟及女皆故倡也。
(《史記·佞幸列傳》)
(4) 如意立爲趙王后,幾代太子者數矣,賴大臣爭之及留侯策,太子得毋廢。 (《史記·呂太后本紀》)
(5) 王欲誅相國,爲其奉先王功大及賓客辯士爲游説者衆,王不忍致法。 (《史記·呂不韋列傳》)

其中上例(4)、(5)的連接謂詞性成分的用法在西周時也是比較少見的。

並列連詞"與"和"及"性質相近,二者都能連接詞或詞組,而且所構成的並列詞組也都能作句子的主語、賓語、兼語或定語。雖然如此,二者也存在一些差別,值得注意。主要有以下幾點[1]:

1."與"字結構可以作判斷句的謂語,而"及"字結構不能。如:

孔子曰:"道二:仁與不仁而已。" (《孟子·離婁上》)

---

[1] 周生亞《並列連詞"與""及"用法辨析》,《中國語文》1989年第2期。

> 故視而可見者,形與色也;聽而可聞者,名與聲也。
> 　　　　　　　　　　　　　　　　　　　(《莊子·天道》)

這裏的"與"不能換成"及"。

2. "與"、"及"在並列項中的位置不同。"與"主要是連接雙項的,因此在一般情況下,不存在"與"在並列項中的位置問題。可是"及"却不同了,"及"可以連接多個並列項,當"及"在多個並列項中表未盡時(指"及"後的内容往往帶有舉例性質,而不是把所有的並列項全都列出來),"及"的位置基本是偏後的。如:

> 寇近,亟收諸雜鄉金器,若銅、鐵及他可以左守事者。
> 　　　　　　　　　　　　　　　　　　　(《墨子·雜守》)

> 騫因分遣副使使大宛、康居、大月氏、大夏、安息、身毒、于寘、扜罙及諸旁國。　　　　　　　　　　(《史記·大宛列傳》)

3. "及"字結構可表主從。所謂表主從,就是指"及"前的内容是主,"及"後的内容是從。如:

> 王命尹氏及王子虎、内史叔興父策命晋侯爲侯伯。
> 　　　　　　　　　　　　　　　　　　(《左傳》僖公二十八年)

> 將盟,鄭六卿,公子騑、公子發、公子嘉、公孫輒、公孫蠆、公孫舍之及其大夫、門子,皆從鄭伯。　　(《左傳》襄公九年)

當"與"、"及"作爲並列連詞同時出現在同一個詞組或句子中的時候,這一點表現得最爲充分,即兩者有明確的分工:"與"只起單純的連接作用,而"及"除表示連接外,還往往表示内容上的主從關係。例如:

> 令尹炮之,盡滅郤氏之族、党,殺陽令終與其弟完及佗,與晋陳及其弟子。　　　　　　　　　　　(《左傳》昭公二十七年)

> 其左右亦皆隨鳴鏑而射殺單于頭曼,遂盡誅其後母與弟及大臣不聽從者。　　　　　　　　　　　(《史記·匈奴列傳》)

4. 動詞"及"的詞義特點是强調一個活動過程。由動詞"及"引申而成的連詞"及"也同樣具備這一特點。因此,在許多情況下,[A及B]≠[A與B],"及"和"與"除上述表主從與否外,無論在詞義或用法上都還有一些細微差別。例如：

（1）初,鄭武公娶于申,曰武姜,生莊公及共叔段。(《左傳》隱公元年)
（2）今子且致我,我且言子之奪我珠而吞之,燕王必當殺子,刳子腹及子之腸矣。　　　　　　　　　　　　(《戰國策·燕三》)
（3）（高祖）好酒及色。　　　　　　　　　　(《史記·高祖本紀》)

以上諸句中的"及"都是並列連詞,但卻不可以換成"與"字。因爲"及"所連接的並列項在時間上有先後,如例（1）；在空間上有表裏遠近,如例（2）；在程度上有深淺大小,如例（3）。而並列連詞"與"就沒有這些特點。"與"所連接的兩個並列項,在關係上是完全平等的,彼此位置即使調換,意義上也無大的妨礙。如：

子曰："殺父與君,亦不從也。"　　　　　　　(《論語·先進》)
色與禮孰重？　　　　　　　　　　　　　　(《孟子·告子下》)

以

並列連詞"以"進入東周以後沿襲了西周時期的用法,只是連接謂詞性成分者多見,而連接體詞性成分者很少見。例如：

湯質皙而長,顏以髯,兌上豐下,倨身而揚聲。
　　　　　　　　　　　　　　(《晏子春秋·內篇諫上》第二十二章)
帝顓頊高陽者,黃帝之孫而昌意之子也。靜淵以有謀,疏通而知事。　　　　　　　　　　　　　　　　(《史記·五帝本紀》)
諸侯皆歸湯,湯遂率兵以伐夏桀。　　　　　　(《史記·夏本紀》)
冬,季武子如宋,……褚師段逆之以受享,賦《常棣》之七章以卒。　　　　　　　　　　　　　　　　(《左傳》襄公二十年)

最後一例的"以"連接兩個名詞,意爲《常棣》詩的第七章和末章。"卒"指末章。

而

並列連詞"而"一般連接謂詞性成分。例如：

樂伯左射馬而右射人。　　　　　　　　　　(《左傳》宣公十二年)
伯有侈而愎。　　　　　　　　　　　　　　(《左傳》襄公三十年)

父慈而教,子孝而箴,兄愛而友,弟敬而順,夫和而義,妻柔而正,姑慈而從,婦聽而婉,禮之善物也。　　（《左傳》昭公二十六年）

怨聚于百姓而權輕于諸侯。（《晏子春秋·內篇諫下》第二十三章）

是以民樂其政而世高其德。（《晏子春秋·內篇諫上》第十六章）

有時也連接名詞性成分,例如:

黑而上僂,深目而豭喙。　　（《左傳》昭公四年）

禹者,黃帝之玄孫而帝顓頊之孫也。　　（《史記·夏本紀》）

觀察上例可知,名詞性成分受"而"的連接,便有了某種描寫的性質。因此,有時"而"所連接的,一頭是名詞性成分,另一頭可以是謂詞性成分。例如:

公衣黼黻之衣,素繡之裳,一衣而五采具焉。

（《晏子春秋·內篇諫下》第十五章）

"一衣"(名詞性)和"五彩具"(謂詞性)在這裏都是一種描寫,所以可並列使用。

如

"如"連接謂詞性成分,只是比較少見。例如:

嘗若鬼神之能賞賢如罰暴也,蓋本施之國家,施之萬民,實所以治國家利萬民之道也。　　（《墨子·明鬼下》）

予秦地如毋予,孰吉?　　（《史記·平原君虞卿列傳》）

"而"與"如"古音相近,可能二者屬同一個詞,或有同源關係。

且

"且"依然連接謂詞性成分,只是用例較少:

盾曰:"棄人用犬,雖猛何爲!"鬭且出。　　（《左傳》宣公二年）

狄應且憎,是用告我。楚人惡君之二三其德也,亦來告我。

（《左傳》成公十三年）

到戰國晚期,形成"且……且……"句式,表示兩種動作同時進行。如:

襄子迎孟談而再拜之,且恐且喜。　　（《韓非子·十過》）

（陵軍）且引且戰,連鬬八日。　　（《史記·李將軍列傳》）

既（已、以）……又

"既（已、以）……又"專用於分句之間，表並列關係：

　　既東封鄭，又欲肆其西封。　　　　　（《左傳》僖公三十年）
　　余既滋蘭之九畹兮，又樹蕙之百畝。　　（《楚辭·離騷》）
　　已失人，又失天，其有殃也多矣。　　　（《國語·晉語三》）
　　日夜合離，以成文章，以能合從，又善連衡。　（《荀子·賦》）

第二節　遞進連詞的發展

　　遞進連詞連接的兩項，後一項表示在前一項的情況下更進一層。
　　遞進連詞西周時期始見，有"矧"和"且"。
　　"矧"用於遞進關係的複句的後一分句前，用反問的形式表示後面的分句在前面分句基礎上更進一層，可譯為"何況"。例如：

　　今不承于古，罔知天之斷命，矧曰其克從先王之烈？
　　　　　　　　　　　　　　　　　　　　（《尚書·盤庚上》）
　　相時憸民，猶胥顧于箴言，其發有逸口，矧予制乃短長之命？
　　　　　　　　　　　　　　　　　　　　（《尚書·盤庚上》）

　　遞進連詞"且"主要見於《詩經》，其用法是連接句子成分，即連接連謂結構的前後兩個謂詞性成分，後一個比前一個更進一層。常見有"既……且"、"終……且"格式，可以譯為"而且"。例如：

　　喪亂既平，既安且寧；　　（《詩經·小雅·皇皇者華》）
　　神之聽之，終和且平。　　（《詩經·小雅·伐木》）
　　君子有酒，旨且多。　　　（《詩經·小雅·魚麗》）
　　既見君子，樂且有儀。　　（《詩經·小雅·菁菁者莪》）

　　東周以西漢時期的遞進連詞有"矧、且（且夫）、況（而況、況乎）、而"等。
　　"矧"入東周以後已近於消失，只有極少用例：

　　古者有夏，方未有禍之時，百獸貞蟲，允及飛鳥，莫不比方，矧佳人面，胡敢異心？　　（《墨子·明鬼下》）

"且"在東周以後繼承了原有的用法。例如：

　　夜,鄭伯使祭足勞王,且問左右。　　　　(《左傳》桓公五年)
　　獻公即位,鎮撫邊境,徙治櫟陽,且欲東伐,復繆公之故地,修繆公之政令。　　　　　　　　　　　　　　(《史記·秦本紀》)

此外,"且"還發展出連接分句的用法。連接分句的"且",前後兩項的遞進關係很明顯,可以譯爲"況且"。"且"字之用,使分層論說的力量得到加強。例如：

　　秋,七月,天王使宰咺來歸惠公、仲子之賵。緩,且子氏未薨,故名。　　　　　　　　　　　　　　　　(《左傳》隱公元年)
　　此非所以子民、彰名、致遠、親鄰國之道也。且賢良廢滅孤寡不振,而聽嬖妾以禄御夫以蓄怨,與民爲讎之道也。
　　　　　　　　　　　　　　(《晏子春秋·內篇諫上》第九章)
　　公曰："以兵降城,以眾圖財,不仁。且吾聞之：人君者,寬惠慈眾,不身傳誅。"令捨之。　(《晏子春秋·內篇諫下》第三章)
　　君臣有間,乃可虞也。且戎王好樂,必怠於政。
　　　　　　　　　　　　　　　　　　　　(《史記·秦本紀》)

"且"又發展出雙音節形式"且夫",其作用相當於連接分句的"且",只是語氣更爲強烈。例如：

　　夫寵而不驕,驕而能降,降而不憾,憾而能眕者,鮮矣。且夫賤妨貴,少陵長,遠間親,新間舊,小加大,淫破義,所謂六逆也。
　　　　　　　　　　　　　　　　　　　　(《左傳》隱公三年)
　　嬰之罪多矣,而君欲賞之。豈以其不肖父爲不肖子厚受賞以傷國民義哉! 且夫德薄而禄厚,智悟而家富,是彰汙而逆教也! 不可。
　　　　　　　　　　　　　(《晏子春秋·內篇雜下》第二十八章)
　　朕聞法正則民慤,罪當則民從。且夫牧民而導之善者,吏也。其既不能導,又以不正之法罪之,是反害於民爲暴者也。
　　　　　　　　　　　　　　　　　　　　(《史記·孝文本紀》)

"況"(況乎、況于、況於)是東周以後發展出來的,相當於西周時期的"矧",一般可以譯爲"何況"。例如：

蔓草猶不可除,況君之寵弟乎? 　　　　(《左傳》隱公元年)
先王違世,猶治之法,而況奪之善人乎? 　(《左傳》文公六年)
夫千乘之王、萬家之侯、百室之君,尚猶患貧,而況匹夫編户之民乎? 　　　　　　　　　　　　　　(《史記·貨殖列傳》)
多算勝,少算不勝,而況于無算乎? 　　(《孫子兵法·計篇》)
榮且利,中主猶且爲之,況于賢主乎? 　(《吕氏春秋·應同》)
且庸人尚羞之,況於將相也? 　　(《史記·廉頗藺相如列傳》)
節己,雖貪污之心猶若止,又況乎聖人? 　(《吕氏春秋·有度》)

"而"的遞進連詞用法也是東周以後發展出來的。性質相當於連接句子成分的"且",可以譯爲"而且"。例如:

楚師驟勝而驕,其師老矣,而不設備。子擊之,鄭師爲承,楚師必敗。　　　　　　　　　　　　　　　(《左傳》宣公十二年)
苟可法于國,而善益于後世,則父死亦當矣,妾爲之收亦宜矣。
　　　　　　　　　　　　　　(《晏子春秋·内篇諫下》第二章)
馬陵道狹,而旁多阻隘,可伏兵。　(《史記·孫子吴起列傳》)

第三節　順承連詞的發展

順承連詞連接謂詞性成分,所連接的兩項,一般在時間上有先後相承的關係。

西周時期順承連詞有"而、以、則"。

"而",可譯爲"而後"、"然後"、"就"、"便"等。例如:

王乃徇師而誓,曰:…… 　　　　　　　(《尚書·泰誓中》)
(舜)流共工于幽洲,放驩兜于崇山,竄三苗于三危,殛鯀于羽山:四罪而天下咸服。　　　　　　　　　　(《尚書·堯典》)

"以"略同於"而"。例如:

唯女率我友以事。 　　　　　　　　　　(庚父鼎,西周早期)
山拜頴首,受册佩以出。 　　　　　　　(膳夫山鼎,西周晚期)

"則"連接分句,表示所連接的兩項在時間上前後相承,可譯爲"就"、"便"、"纔"等。例如:

> 周公朝至于洛,則達觀于新邑營。　　　　（《尚書·召誥》）
> 隹武王既克大邑商,則廷告于天。　　　　（何尊,西周早期）

東周以後以至西漢,順承連詞有"而、以、則、而後、然後、然則、然而"。這些連詞既可以用於單句,也可以用於複句（後一分句）。另外,這一時期還有一些用於順承複句的連詞格式（組合）如"乃……遂"、"既……遂"等。例如:

> 晏子起病而見公。　　　　（《晏子春秋·内篇諫上》第九章）
> 萬國和,而鬼神山川封禪與爲多焉。　　　　（《史記·五帝本紀》）
> 有輿死人以出者,公怪之。　　　　（《晏子春秋·内篇諫下》第三章）
> 明法以繩天下。　　　　（《鹽鐵論·輕重》）
> 淇則有岸,隰則有泮。　　　　（《詩經·衛風·氓》）
> 行厚德,遠佞人,則蠻夷率服。　　　　（《史記·五帝本紀》）
> 晏子老辭邑,景公不許,致車一乘而後止。
> 　　　　（《晏子春秋·内篇雜下》第二十八章）
> 遂入,至紂死所。武王自射之,三發而後下車,以輕劍擊之,以黄鉞斬紂頭。　　　　（《史記·周本紀》）
> 臣聞明君必務正其治,以事利民,然後子孫享之。
> 　　　　（《晏子春秋·内篇諫下》第十九章）
> 願上所居宫毋令人知,然後不死之藥殆可得也。
> 　　　　（《史記·秦始皇本紀》）

"然則"引領後一分句,在肯定、承認前一分句的同時,進一步申説。例如:

> 晏子對曰:"其田氏乎? 田無宇爲埠矣。"公曰:"然則奈何?"
> 　　　　（《晏子春秋·外篇第七》第十章）
> 騶衍以陰陽主運顯於諸侯,而燕齊海上之方士傳其術不能通,然則怪迂阿諛苟合之徒自此興,不可勝數也。　　　　（《史記·封禪書》）

"然而"的作用同於"然則":

足游浮雲,背凌蒼天,尾偃天間,躍啄北海,頸尾咳于天地乎？然而潏潏不知六翮之所在。　　（《晏子春秋·外篇第八》第十四章）

甘露降,時雨至,年穀豐孰,民不疾疫,衆人善之,然而賢主圖之。
　　　　　　　　　　　　　　　　　　　　（《史記·趙世家》）

"乃……遂"、"既……遂"是用於複句的固定格式：

初,梁伯好土功,亟城而弗處。民罷而弗堪,則曰："某寇將至。"乃溝公宮,曰："秦將襲我。"民懼而潰,秦遂取梁。
　　　　　　　　　　　　　　　　　　　（《左傳》僖公十九年）

管仲曰："老馬之智可用也。"乃放老馬而隨之,遂得道。
　　　　　　　　　　　　　　　　　　　（《韓非子·説林上》）

公既視朔,遂登觀臺以望。　　　　　（《左傳》僖公五年）

第四節　選擇連詞的發展

選擇連詞表示要在前後兩項之間作出選擇。

選擇連詞不見於西周。東周以後,選擇連詞有"若"、"如"等。另外還有專用於複句間的"抑"、"與其……不如"、"與其……寧"、"與……不如"等。下面分別舉例説明。

（1）晋趙鞅使告于衛,曰："君之在晋也,志父爲主。請君若大子來,以免志父。不然,寡君其曰志父之爲也。"（《左傳》哀公十七年）
（2）其以軍若城邑降者,卒萬人,邑萬户,如得大將。
　　　　　　　　　　　　　　　　　　　（《史記·吳王濞列傳》）
（3）若從踐土若從宋,亦唯命。　　　（《左傳》定公十三年）
（4）方六七十,如五六十,求也爲之,比及三年,可是足民。
　　　　　　　　　　　　　　　　　　　　（《論語·先進》）
（5）宗廟之事如會同,端章甫,願爲小相焉。　　（《論語·先進》）

例（1）"請君若大子來",楊伯峻注："若,或也。"[①] 有時並列的兩項前都用

---
① 見楊伯峻《春秋左傳注》第四册,1707頁。

"若",表"或……或……",如例(3)"若從踐土若從宋",楊伯峻注:"若,或也。或從踐土盟約,復舊職,直屬周天子;或從宋,爲其屬役,唯晋之命。"①例(4)的"如",楊伯峻注:"如,或者的意思。"例(5)的"宗廟之事如會同",楊伯峻譯:"祭祀的工作或者同外國盟會。"②

上古"如"、"若"語音接近(魚鐸對轉),可能具有同源關係。

"抑"用於選擇複句,一般放在後一分句:

夫子至於是邦也,必聞其政。求之與?抑與之與?
(《論語·學而》)

求牧與芻而不得,則反諸其人乎?抑亦立而視其死與?
(《孟子·公孫丑下》)

選擇格式只用於複句間,一般傾向於選擇後項。例如:

與其戍周,不如城之。　　　(《左傳》昭公三十二年)
與其素厲,寧爲無勇。　　　(《左傳》定公十二年)
與吾得革車千乘,不如聞行人燭過之一言也。
(《韓非子·難二》)

第五節　因果連詞的發展

一、原因連詞

原因連詞,用於因果複句表原因的分句。原因分句可以在前,也可以在後。西周時期原因連詞有"惟(維、唯)"、"用"等,可譯爲"因爲"。

惟不敬厥德,乃早墜厥命。　　　　　(《尚書·召誥》)

汝曷弗告朕,而胥動以浮言,恐沈于衆?若火之燎于原,不可嚮邇,其猶可撲滅?則惟汝衆自作弗靖,非予有咎。(《尚書·盤庚上》)

維其有章矣,是以有慶矣。　　(《詩經·小雅·裳裳者華》)

用天降大喪於下國,亦唯鄂侯馭方率南淮尸東尸,廣伐南國東

---

① 見楊伯峻《春秋左傳注》第四册,1523頁。
② 見楊伯峻《論語譯注》,中華書局,1980年,120~121頁。

國,至于曆內,王乃命西六師、殷八師曰:"撲伐鄂侯馭方,勿遺壽幼。"
(禹鼎,西周晚期)

誕惟厥縱,淫泆于非彝,用燕喪威儀,民罔不盡傷心。
(《尚書·酒誥》)

東周以後,原因連詞"唯"、"用"繼續存在,另又增加了"以"、"爲"、"由"等。例如:

夫唯不爭,故無尤。　　　　　　　　(《老子》第八章)
吾唯不知務而輕用吾身,吾是以亡足。　(《莊子·德充符》)
瞽者仰視而不見星,人不以定有無,用精惑也。(《荀子·解蔽》)
而廣以良家子從軍擊胡,用善騎射,殺首虜多,爲漢中郎。
(《史記·韓長孺列傳》)
(楚人)以晏子短,爲小門于大門之側而延晏子。
(《晏子春秋·内篇雜下》第九章)
秦以不早定扶蘇,令趙高得以詐立胡亥,自使滅祀。
(《史記·劉敬叔孫通列傳》)
文公爲衛之多患也,先適齊。　　(《左傳》閔公二年)
良愕然,欲毆之。爲其老,彊忍下取履。(《史記·留侯世家》)
由所殺蛇白帝子,殺者赤帝子,故上赤。(《史記·高祖本紀》)

二、結果連詞

結果連詞連接的兩項前後相承,前一項表原因,後一項是前一項引起的結果。結果連詞處於後項,可分爲兩類,一類前後項重在表達事實,其連詞是連接"事實的因果";另一類前後項重在表達事理,其連詞是連接"事理的因果"。例如:"鄭公子忽在王所,故陳侯請妻之,鄭伯許之,乃成婚。"(《左傳》隱公七年)這一段話用了兩個結果連詞"故"和"乃","故……"是承上表"請妻之"的事理(鄭公子忽在王所),"乃"是承上表事實(成婚)。"故"可譯爲"因此"、"所以","乃"可譯爲"於是",二者的作用是不一樣的。但這種區別只是一種傾向性,在一些句子裏,"事實的因果"和"事理的因果"又難以截然分開。甚至有的因果連詞既可以表事實的因和果,又可以表事理的因和果,如"以故"。

（一）西周時期的結果連詞

西周時期結果連詞，從現有材料看，一般連接事理的因和果。這類連詞所連接的兩項重在闡明事理，後項往往是在前項基礎上的合理發展或對前項的原因作出解釋。有"肆、故（古）、則、以、茲"等。

肆 用於在因果複句的結果分句前，承上表示事物之間的事理上的因果聯繫，可譯爲"因此"、"所以"。結果分句一般是主謂結構，"肆"傾向於放在主語的前頭。

> 我有大事，休，朕卜并吉，肆予告我友邦君，……（《尚書·大誥》）
> 惟時敘，乃寡兄勖，肆汝小子封在茲東土。　（《尚書·康誥》）

故（古） 這個連詞西周金文一般作"古"，可譯爲"因此"、"所以"。結果分句如果是主謂結構，"故（古）"傾向於放在主語的前面。例如：

> 唯殷邊侯甸與殷正百辟，率肆于酒。古（故）喪師。
> 　　　　　　　　　　　　　　（大盂鼎，西周早期）
> 非先王不相我後人，惟王淫戲用自絕。故天棄我。
> 　　　　　　　　　　　　　　（《尚書·西伯戡黎》）
> 庶群自酒，腥聞在上；故天降喪于殷，罔愛于殷。
> 　　　　　　　　　　　　　　（《尚書·酒誥》）

則 連詞"則"承上表示事理的因果聯繫，既可以聯繫分句，也可以聯繫句子成分。當其聯繫分句時，既可以在主語前，也可以在主語後。"則"可以譯爲"因此"、"那麼"、"便"等。例如：

（1）無敢傷牿。牿之傷，汝則有常刑。　　（《尚書·費誓》）
（2）爾不從誓言，予則孥戮汝，罔有攸赦。　（《尚書·湯誓》）
（3）汝……乃裕民。曰："我惟有及。"則予一人以懌。
　　　　　　　　　　　　　　　　　　　　　（《尚書·康誥》）
（4）有夏不適逸，則惟帝降格，嚮于時夏。　（《尚書·多士》）
（5）吁！咸若時，惟帝其難之。知人則哲，能官人；安民則惠，黎民
　　懷之。　　　　　　　　　　　　　　　　（《尚書·堯典》）

以上例（1）~（4）的"則"聯繫分句，其中例（1）、（2）的"則"處於主語之後，例（3）、（4）的"則"處於主語之前。例（5）是"則"聯繫句子成分的

例子。

以 "以"可譯爲"使得"、"以致",連接的前後兩項一般只是句子成分,後項是前項的結果。例如:

勖哉夫子！尚桓桓,如虎、如貔、如熊、如羆于商郊；弗迓克奔,以役西土。　　　　　　　　　　　　　　　　　　（《尚書·牧誓》）

既明且哲,以保其身。　　　　　　　　　　（《詩經·大雅·烝民》）

兹 "兹"表示結果,可譯爲"則"、"所以"。例如:

祀兹酒。　　　　　　　　　　　　　　　　　　　（《尚書·酒誥》）

王曰:"嗚呼！疾大漸,惟幾；病日臻,既彌留,恐不獲誓言嗣,兹予審訓命汝。"　　　　　　　　　　　　　　　　　　　　（《尚書·顧命》）

（二）東周以至西漢間的結果連詞

1. 連接事實的因和果

這一類的連詞有"遂、乃(迺)、因、于是(于是乎、於是)、以故"等。這些連詞所連接的兩項重在説明事實,後項是由前項所導致的一個事實。因此我們説它是連接事實的因和果。這一類的連詞又可分爲兩小類,第一類包括"遂、乃(迺)、因"等,特點是,如果後項是一個主謂結構,它們必須出現在主語的後面,因此,從語法上看,它們被包含在句内,而不是在分句之間,不過這並不妨礙它們在語義上連接前項的"因"。另一類就是"于是(于是乎、於是)"、"以故",特點是,如果後項是主謂結構,它既可以出現在主語之前,又可以出現在主語之後。連接事實的因和果的連詞,都可以翻譯爲"於是"。

遂

（1）叔曰:"是無厭也。無厭,將及我。"遂伐虞公,故虞公出奔共池。
　　　　　　　　　　　　　　　　　　　　　　　　　　（《左傳》桓公十年）

（2）晏子再拜,出而不言,遂如大臺。
　　　　　　　　　　　　　　　　　　　　　　（《晏子春秋·内篇諫下》第五章）

（3）公使韓子休追之曰:"孤不仁,不能順教,以至此極。夫子休國焉而往,寡人將從而後。"晏子遂鞭馬而返。
　　　　　　　　　　　　　　　　　　　　　　（《晏子春秋·内篇諫上》第八章）

（4）高祖醉,曰:"壯士行,何畏!"乃前,拔劍擊斬蛇。蛇遂分爲兩。
（《史記·高祖本紀》）

從例（1）~（2）看,"遂"似乎處在分句之間。但那是因爲後一分句省略了主語,一旦主語出現,"遂"就必須到主語後面去。如例（3）決不能説成"遂晏子鞭馬而返",例（4）也決不能説成"遂蛇分爲兩"。然而,"遂"字之用,爲的是連接前一分句的"因",如果没有前一分句,"晏子遂鞭馬而返"、"蛇遂分爲兩"等是不能單獨説的。

乃（迺） "乃（迺）"的作用與"遂"相同。

（1）鬭伯比曰:"天去其疾矣,隨未可克也。"乃盟而還。
（《左傳》桓公八年）
（2）高糾治晏子家,不得其俗,迺逐之。
（《晏子春秋·內篇雜上》第二十九章）
（3）沛令後悔,恐其有變,乃閉城城守,欲誅蕭、曹。
（《史記·高祖本紀》）
（4）（晏子）再拜,便僻。景公迺下席而謝之曰:"子彊復治東阿,東阿者,子之東阿也,寡人無復與焉。"
（《晏子春秋·外篇第七》第二十章）

與"遂"一樣,"乃"也不能放在主語前面,如例（4）也不能説成"迺景公下席而謝之"。

因

襄仲聘于宋,且言司城蕩意諸而復之,因賀楚師之不害也。
（《左傳》文公十一年）
夫社,束木而塗之,鼠因往託焉。
（《晏子春秋·內篇問上》第九章）
齧缺問於王倪,四問而四不知。齧缺因躍而大喜,行以告蒲衣子。
（《莊子·應帝王》）
單父人吕公善沛令,避仇從之客,因家沛焉。
（《史記·高祖本紀》）

與"遂"和"乃"一樣,後一分句如果有主語,"因"也必須處在主語的後面。

于是（于是乎、於是、於是乎） 這幾個結果連詞用法完全一致。特點是，只用在後一分句，且既可以在主語前，也可以在主語後。例如：

（1）夫德，儉而有度，登降有數，文物以紀之，聲明以發之，以臨照百官。百官於是乎戒懼而不敢易紀律。　　（《左傳》桓公二年）

（2）晏子對曰："嬰聞之與君言異。若乃心之有四支，而心得佚焉，可。得令四支無心，十有八日，不亦久乎？"公于是罷畋而歸。
　　（《晏子春秋·内篇諫上》第二十三章）

（3）岳曰："異哉，試不可用而已。"堯於是聽岳用鯀。
　　（《史記·五帝本紀》）

（4）春，正月甲戌、己丑，陳侯鮑卒。再赴也。於是陳亂，文公子佗殺太子免而代之。　　（《左傳》桓公五年）

（5）故務其三時，修其五教，親其九族，以致其禋祀，於是乎民和而神降之福。　　（《左傳》桓公六年）

（6）奮曰："願取吳王若將軍頭，以報父之仇。"於是灌夫被甲持戟，募軍中壯士所善願從者數十人。　（《史記·魏其武安侯列傳》）

（7）夫生厚而用利，于是乎正德以幅之。
　　（《晏子春秋·内篇雜下》第十五章）

（8）公曰："寡人固也。"於是賜封人麥丘以爲邑。
　　（《晏子春秋·内篇諫上》第十三章）

這些連詞，處在後一分句，既可以在主語之後，如例（1）~（3），也可以在主語之前，如例（4）~（6）。例（7）、（8）後一分句主語承前省略。"于是（于是乎）"與"於是（於是乎）"未見有區别。

以故　連詞"以故"處於後一分句，既可以在主語前，也可以在主語後。例如：

信復收兵與漢王會滎陽，復擊破楚京、索之間，以故楚兵卒不能西。
　　（《史記·淮陰侯列傳》）

漢敗楚，楚以故不能過滎陽而西。　　（《史記·項羽本紀》）

2. 連接事理的因和果

東周以降，連接事理的連詞用得較多，如"則、故、是故、以故、用、是用、斯是用、是以、以此、此以"等。這些連詞一般可以翻譯爲"因此"、"因而"、

"所以"等。

則 表推論關係的複句,前一分句表某種條件,後一分句表在這種條件下的某種結果。連詞"則"用在這後一分句的前面,如果有主語,只能用在主語的前面。"條件"也可理解爲廣義的原因之一,所以我們把"則"放在因果連詞一類裏。例如:

夫火烈,民望而畏之,故鮮死焉。水懦弱,民狎而玩之,則多死焉。　　　　　　　　　　　　　　　　(《左傳》昭公二十年)

今君去禮,則是禽獸也。　(《晏子春秋·内篇諫上》第二章)

授舜,則天下得其利而丹朱病;授丹朱,則天下病而丹朱得其利。
　　　　　　　　　　　　　　　　　　　(《史記·五帝本紀》)

第一例實際上是兩個相對待的複句。前一個用連詞"故",後一個用連詞"則",二者是一致的。

故 "故"引領後一分句,例如:

彼竭我盈,故克之。……吾視其轍亂,望其旗靡,故逐之。
　　　　　　　　　　　　　　　　　　　　(《左傳》莊公十年)

日月之氣風雨不時,彗星之出,天爲民之亂見之,故詔之妖祥,以戒不敬。　　　　　　　　　　　(《晏子春秋·内篇諫上》第十八章)

夫趙彊而燕弱,而君幸於趙王,故燕王欲結於君。
　　　　　　　　　　　　　　　　　　(《史記·廉頗藺相如列傳》)

以故、是故 "以故"可用於主語之前,也可用於主語之後(見上);"是故"只能用在主語前,亦即分句之首。"以故"可以表示事實的因果(見上),也可以表示事理的因果;"是故"一般表示事理的因果。如:

君王后事秦謹,與諸侯信,以故建立四十有餘年不受兵。
　　　　　　　　　　　　　　　　　　　　(《戰國策·齊六》)

田榮者,數負項梁,又不肯將兵從楚擊秦,以故不封。
　　　　　　　　　　　　　　　　　　　　(《史記·項羽本紀》)

其言不讓,是故哂之。　　　　　　　(《論語·先進》)

孔子懼,作《春秋》。《春秋》,天子之事也。是故孔子曰:"知我者,其唯《春秋》乎!罪我者,其唯《春秋》乎!"(《孟子·滕文公下》)

玉不琢,不成器;人不學,不知道,是故古之王者建國君民,教學
爲先。　　　　　　　　　　　　　　　　　　　　(《禮記·學記》)

用、是用、斯是用

不協之故,用昭乞盟于爾大神,以誘天衷。
　　　　　　　　　　　　　　　　　　　　(《左傳》僖公二十八年)
伯夷、叔齊不念舊惡,怨是用希。　　　(《論語·公冶長》)
狄應且憎,是用告我。　　　　　　　(《左傳》成公十三年)
諸侯備聞此言,斯是用痛心疾首,暱就寡人。
　　　　　　　　　　　　　　　　　　　　(《左傳》成公十三年)

是以、以此、此以

寡人願事君朝夕不倦,將奉質幣以無失時,則國家多難,是以
不獲。　　　　　　　　　　　　　　　　　　(《左傳》昭公三年)
吾觀國人尚有飢色,是以不秣馬;班白者多徒行,故不二輿。
　　　　　　　　　　　　　　　　　　(《韓非子·外儲説左下》)
文帝寬,不忍罰,以此吴日益横。　　(《史記·吴王濞列傳》)
夙興夜寐,朝夕臨政,此以知其恤民也。(《左傳》襄公二十六年)

第六節　轉折連詞的發展

　　前後表轉折關係的謂詞或複句,後一項或提出與前項對立的論述,或補
充、解釋、限制前項。轉折連詞就用在後項的前面,常可譯爲"反而"、"却"等。
西周以至西漢時期的轉折連詞有"而、則、然而、兹"。
　　而　"而"是最爲常見、最爲典型、最爲持久的轉折連詞。例如:

寬而栗,柔而立,愿而恭,亂而敬,擾而毅,直而温,簡而廉,剛而
塞,强而義;彰厥有常,吉哉。　　　　　　　(《尚書·皋陶謨》)
《關雎》,樂而不淫,哀而不傷。　　　　　　(《論語·八佾》)
公曰:"怪哉!雨雪三日而天不寒。"
　　　　　　　　　　　　　　(《晏子春秋·内篇諫上》第二十章)

雖受命而功不至,至梁父矣而德不洽,洽矣而日有不暇給,是以即事用希。　　　　　　　　　　　　（《史記·封禪書》）

則

周餘黎民,靡有孑遺。昊天上帝,則不我遺。
　　　　　　　　　　　　　　　　（《詩經·大雅·雲漢》）
魚網之設,鴻則離之。　　　（《詩經·邶風·新臺》）

然而　也常表轉折關係。例如：

臣豈不欲吳？然而前知其爲人之異也。（《左傳》昭公十五年）
夫勇多則弑其君,力多則殺其長,然而不敢者,維禮之謂也。
　　　　　　　　　　　　（《晏子春秋·内篇諫下》第二十五章）
臣聞之,圖王不王,其敝可以伯。然而不伯者,王道失也。故願大王之轉攻楚也。　　　　　　（《史記·越王句踐世家》）

兹　表轉折很少見,目前只見一例：

嗚呼！休兹知恤,鮮哉！　　　　　（《尚書·立政》）

"休兹知恤"意爲"美好却知道憂慮","兹"爲轉折連詞。

第七節　假設連詞的發展

　　假設複句,前一個分句提出一種假設,後一個分句説明在這種情況下會出現的結果。假設連詞用於前一個分句,或處在主語前,或處在主語後。可譯爲"假如"、"如果"等。前一分句有時省略主語,後一分句有時用因果連詞"則"呼應。
　　西周時期假設連詞有"乃、如、借、則（少見）"等。例如：

爾乃惟逸、惟頗,大遠王命,則惟爾多方探天之威,我則致天之罰,離逖爾土。　　　　　　　　　　　　（《尚書·多方》）
君子如怒,亂庶遄沮。　　　　　（《詩經·小雅·巧言》）
借曰未知,亦既抱子。　　　　　（《詩經·大雅·抑》）

汝則有大疑,謀及乃心,謀及卿士,謀及庶人,謀及卜筮。

(《尚書·洪範》)

東周以至西漢期間,"乃"、"借"已很少見,"如"、"則"則繼續使用。例如:

如有用我者,吾其爲東周乎? (《論語·陽貨》)
心則不競,何憚於病? (《左傳》僖公七年)
謹守成皋,則漢欲挑戰,慎勿與戰。 (《史記·項羽本紀》)

同時,這一時期假設連詞獲得了很大的發展,其中新增加的單音節假設連詞大致有"若、當、苟、爲、猶、且、使、所"等。這些假設連詞都可以譯爲"假如"、"倘若"。新增加的表假設的雙音節組合有"若使、向使、苟或、當使、若其、自非、假令、弟令、藉使"等。這種雙音節形式的出現,是這一時期漢語的一個特點。下面分別敘述。

新增加的單音節假設連詞,如:

先君若問與夷,其將何辭以對? (《左傳》隱公三年)
若漢挑戰,慎勿與戰,無令得東而已。 (《史記·高祖本紀》)
然即當爲之撞巨鍾、擊鳴鼓、彈琴瑟、吹竽笙而揚干戚,民衣食之財將安可得乎? (《墨子·非樂上》)
先祖當賢,後子孫必顯。 (《荀子·君子》)
主苟終,所不嗣事于齊者,有如河! (《左傳》襄公十九年)
苟富貴,無相忘。 (《史記·陳涉世家》)
孫叔敖……戒其子曰:"爲我死,王則封汝,汝必無受利地!"

(《列子·説符》)

於是微子度紂終不可諫,欲死之,未能自決,乃問於太師,太師若曰:"今誠得治國,國治身死不恨。爲死,終不得治,不如去。"

(《史記·宋微子世家》)

猶有鬼神,吾有餒而已,不來食矣。 (《左傳》襄公二十年)
子弟猶歸器衣服裘衾車馬,則必獻其上,而後敢服用其次也。

(《禮記·内則》)

且靜郭君聽辨而爲之也,必無今日之患也。

(《吕氏春秋·知士》)

君且欲霸王,非管夷吾不可。　　　　　(《史記·齊世家》)
使不知辯,德行之厚若禹、湯、文、武不加得也,王公大人骨肉之親,躄、瘖、聾,暴爲桀紂,不加失也。　　(《墨子·尚賢下》)
孔子欣然而笑曰:"有是哉顔氏之子!使爾多財,吾爲爾宰。"
　　　　　　　　　　　　　　　(《史記·孔子世家》)

"所"作爲表假設的連詞,有"如果"義,都用於誓詞中,且在偏句句末,大多有語氣詞"者"與之配合,加强發誓的語氣,有"如果……的話"一類意思。例如:

予所否者,天厭之!天厭之!　　　　　(《論語·雍也》)
所不與舅氏同心者,有如白水!　　(《左傳》僖公二十四年)

新增加的表假設的雙音節組合,如:

若使古之王者毋知有死,自昔先君太公至今尚在,而君亦安得此國而哀之?　　　　　(《晏子春秋·外篇第七》第二章)
若使湯武不遇桀紂,未必王也。　　(《吕氏春秋·長攻》)
向使四君却客而不内,疏士而不用,是使國無富利之實而秦無彊大之名也。　　　　　　(《史記·李斯列傳》)
人苟或言之,必聞其聲;苟或行之,必見其成。(《禮記·緇衣》)
當使虎豹失其爪牙,則人必制之矣。　　(《韓非子·人主》)
若其弗賞,是失信也,何以庇民?　　(《左傳》昭公十五年)
若可,師有濟也,君而繼之,兹無敵矣。若其無成,君無辱焉。
　　　　　　　　　　　　　　　(《左傳》昭公二十六年)
自非聖人,外寧必有内憂。　　　　　(《左傳》成公十六年)
自非聖人,得志而不驕佚者,未之有也。　(《鹽鐵論·論功》)

"自非"連用,作假設連詞,表示"如果不是"、"除非"之意。

假令晏子而在,余雖爲之執鞭,所忻慕焉。
　　　　　　　　　　　　　　　(《史記·管晏列傳》)
第令事成,兩主紛争,患乃始結。　(《史記·吴王濞列傳》)
藉使子嬰有庸主之材,僅得中佐,山東雖亂,秦之地可全而有,宗廟之祀未當絶也。　　　　(《史記·秦始皇本紀》)

第八節　讓步連詞的發展

讓步複句，一般都是前一分句先退説一步，後一分句再轉入正面意思。讓步連詞一般用在前一分句，以強化讓步意味。讓步也是一種假設。所以讓步連詞實際上可看作假設連詞中特殊的一類。

西周時期讓步連詞有"雖、雖則、每、有"等。

"雖"用於轉折複句的前一分句之中，表示讓步，即先肯定或承讓某一事實，下面再轉折，可譯爲"雖然"。例如：

  有王雖小，元子哉。　　　　　　　（《尚書・召誥》）
  雖有周親，不如仁人。　　　　　　　（《尚書・泰誓中》）
  周雖舊邦，其命維新。　　　　　　　（《詩經・大雅・文王》）

"雖"有時與"則"連用，構成"雖則"這樣的連詞性結構，表示讓步。例如：

  雖則劬勞，其究安宅？　　　　　　　（《詩經・小雅・鴻雁》）
  跂彼織女，終日七襄。雖則七襄，不成報章。

            （《詩經・小雅・大東》）

"每"用在轉折複句的前一分句，表示讓步，可譯爲"雖然"。例如：

  脊令在原，兄弟急難。每有良朋，況也永歎。

            （《詩經・小雅・常棣》）
  征夫捷捷，每懷靡及。　　　　　　　（《詩經・大雅・烝民》）

"有"有連詞"雖"的用法，只是用例極少。例如：

  有厥罪小，乃不可不殺。　　　　　　（《尚書・康誥》）
  ["乃"，却。]

東周以後"有"的這種用法幾乎消失。

東周以至西漢時期，讓步連詞"雖"、"雖則"（多見於《詩經》）繼續存在，另又增加了"縱、即、自、藉弟令（借弟令）"等。有些連詞常有"猶、猶且、寧、況"等在後一分句相呼應。例如：

雖君有命,寡人弗敢與聞。　　　　　(《左傳》隱公十一年)
今君雖終,言猶在耳。　　　　　　　(《左傳》文公七年)
雖體解吾猶未變兮,豈余心之可懲?　(《楚辭·離騷》)
雖厚其命,民弗從之矣。　(《郭店楚墓竹簡·成之聞之》)
國雖廣,人雖衆,兵猶且弱也。　　　(《淮南子·兵略》)
老僕雖棄,將軍雖貴,寧可以勢奪乎?
　　　　　　　　　　　　(《史記·魏其武安侯列傳》)
出其東門,有女如雲。雖則如雲,匪我思存。
　　　　　　　　　　　　(《詩經·鄭風·出其東門》)
魴魚赬尾,王室如燬。雖則如燬,父母孔邇。
　　　　　　　　　　　　(《詩經·周南·汝墳》)
縱子忘之,山川鬼神其忘諸乎?　　　(《左傳》定公元年)
吾縱生無益於人,吾可以死害於人乎哉?　(《禮記·檀弓》)
青青子衿,悠悠我心。縱我不往,子寧不嗣音?
　　　　　　　　　　　　(《詩經·鄭風·子衿》)
縱江東父兄憐而王我,我何面目見之?縱彼不言,籍獨不愧於心乎?　　　　　　　　　(《史記·項羽本紀》)
桀、紂即厚於有天下之勢,索爲匹夫而不可得也。
　　　　　　　　　　　　(《荀子·王霸》)
公子即合符,而晉鄙不授公子兵而復請之,事必危矣。
　　　　　　　　　　　　(《史記·魏公子列傳》)
昌爲人强力,敢直言,自蕭、曹等皆卑下之。
　　　　　　　　　　　　(《史記·張丞相列傳》)

[這句是説周昌爲人倔强,敢説直話,即使蕭何、曹參他們也都敬他。]

方今律令百有餘篇,文章繁,罪名重,郡國用之,疑惑或淺或深。自吏明習者不知所處,而況愚民乎?　(《鹽鐵論·刑德論》)
藉弟令毋斬,而戍死者固十六七。　(《史記·陳涉世家》)

另外,"雖然"已趨於固定搭配,有讓步連詞的作用,但尚未凝結成詞。"雖"是讓步連詞,"然"是謂詞性稱代成分,"如此"、"這樣"的意思,稱代上一分句的内容。"雖然"總是單獨一停頓,承認上文的内容,但却重在申説下文。例如：

微子則不及此。雖然，子殺二君與一大夫，爲子君者，不亦難乎？　　　　　　　　　　　　　　　（《左傳》僖公十年）

晏子聞之笑曰："嬰其淫于色乎？何爲老而見犇。雖然，是必有故。"　　　　　　　（《晏子春秋·內篇諫下》第二章）

此令行于民而法于國矣。雖然，妾聞之：勇士不以衆彊凌孤獨，明惠之君不拂是以行其所欲。　（《晏子春秋·內篇諫下》第二章）

安陵君曰："大王加惠，以大易小，甚善。雖然，受地於先王，願終守之，弗敢易。"　　　　　　　　　　（《戰國策·魏四》）

第八章
結構助詞的發展

　　助詞是漢語特有的一類虛詞，其成員的功能很不一樣，但共同的特點，一是只有語法意義，没有詞彙意義，二是黏附性，不能單獨使用。漢語缺少形態變化，助詞系統却十分發達。

　　漢語助詞傳統上分爲三類：結構助詞、動態助詞、語氣助詞。我們把語氣助詞稱爲語助詞，單立出來論述，見下章。動態助詞在先秦西漢時期尚未産生。因此本章只討論結構助詞。

　　先秦西漢間的結構助詞有"者"、"所"和"之"。"者"和"所"在功能上有相當强的互補關係，所以放在一起討論。

第一節　者、所

　　結構助詞"者"和"所"，説到底是上古漢語謂詞性成分轉指名詞（以下稱爲"轉指"）的兩個緊密相關的標記。要説清楚它們的功能，就要從名詞和動詞的關係説起。

一、本體名詞與動詞的統一性

　　名詞和動詞的關係問題，是語言研究中的一個十分古老，同時帶有根本意義的問題。對於漢語動詞轉化爲名詞，學界過去的解釋是，動詞、形容詞處在主、賓語位置上，就轉化爲名詞。但後來的研究表明，這種觀點是錯誤的。動詞、形容詞處在主、賓語位置上依然是動詞[①]。再後來，有學者認爲

[①] 朱德熙、盧甲文、馬真《關於動詞形容詞"名物化"的問題》，見朱德熙《現代漢語語法研究》，商務印書館，1980年。

動詞、形容詞加上一個表示轉指的形式標記就轉化爲名詞,凡是真正的名詞化都有實在的形式標記①。但我們的研究表明,這種觀點依然不盡符合事實。動詞、形容詞不用任何形式標記也可以名詞化,並且所得出的類型與用形式標記的完全一致②。那麽,漢語動詞、形容詞名詞化的原因及規律到底何在? 就在於本體名詞與動詞具有天然的、內在的統一性。可以說,"動"是"名"的存在形式③。一個本體名詞,如果以分析的形式說出來,就必然要包含"動"的範疇。反過來,一個"動"的範疇如果指稱化,就很容易指向它所依附的那個"名"。中國古人對這種"動-名"轉化關係早就有認識。清代《虛字説》作者袁仁林早就說過:"凡實皆可虛,凡死皆可活,但有用不用之時耳。從其體之靜者隨分寫之,則爲實爲死,從其用之動者以意遣之,則爲虛爲活。"袁氏所謂"實字"、"死字",大致相當於今之名詞;"虛字"、"活字"大致相當於今之動詞。袁氏還舉例說:"'耳'、'目',體也,死實字也;'視'、'聽',用也,半虛半實字也。'耳而目之'句,配以'而'字'之'字,則死者活,實者虛矣。口中'耳目',而意已'視聽'矣。"袁氏進一步指出:"虛用活用,亦非修辭者勉强杜撰如此。蓋天地間虛實恒相倚,體用不相離,至靜之中而有至動之理,凡物皆然。"④(着重號爲姚振武所加。依據此理,我們也完全可以說:"至動之中而有至靜之理。")

因此,動詞的轉指實際上是廣義的"S-V-O"整體框架內動詞與本體名詞內在聯繫的一種體現。在這個框架內,"S"和"O"都是本體名詞,一般情況下分別代表廣義的施事和受事⑤。非本體名詞無法獨立參與轉指活動。動詞轉指有三種類型,即V、SV、VO。依照本體論的觀點,V既可以轉指S,也可以轉指O,而SV則轉指O,VO則轉指S。下面舉例說明。先看單個"V"

---

① 朱德熙《自指和轉指》,《方言》1983年第1期。
② 姚振武《關於自指和轉指》,《古漢語研究》1994年第3期;姚振武《漢語謂詞性成分名詞化的原因及規律》,《中國語文》1996年第1期。
③ 請參考本書第一章第三節。亞氏範疇中的性質、姿態、狀況等今天看來屬於形容詞範疇的內容,也不妨看作廣義的"動"範疇。至於數量、地點、時間等,在漢語中雖然也表現爲名詞,但實際上是本體存在的另一種形式,被稱爲"附屬名詞",即依附於本體名詞的名詞。請參考[法]阿爾諾(Antoine Arnauld)、[法]朗斯洛(Claude Lancelot)《普遍唯理語法》(選譯),胡明揚譯,見《西方語言學名著選讀》,中國人民大學出版社,1988年。
④ 袁仁林《虛字説》,131頁。
⑤ 動詞的轉指本質上只與本體名詞相關,它一般不轉指非本體名詞的成分,如時間、處所等。如果要轉指非本體成分,該非本體成分所依附的本體名詞則必須在動詞性成分中出現。請參考姚振武《漢語謂詞性成分名詞化的原因及規律》,《中國語文》1996年第1期;姚振武《論本體名詞》,《語文研究》2005年第4期。

的轉指。

"祝"本是一個祭祀義動詞,例如:"兄(祝)于母庚。"(《合集》40386正)發生轉指以後則指稱從事祭祀的人(施事),例如《晏子春秋·外篇第七》第六章:"齊有彗星。景公使祝禳之。"相類的例子還有:

(1) a. 無幾何而梁丘據御六馬而來。
　　　　　　　　　　　(《晏子春秋·内篇諫上》第十八章)
　　 b. 晏子怪而問之,御以實對。
　　　　　　　　　　　(《晏子春秋·内篇雜上》第二十五章)
(2) a. 輔拂無一人,諂諛我者甚衆。
　　　　　　　　　　　(《晏子春秋·内篇雜上》第二十章)
　　 b. 故明王之任人,諂諛不邇乎左右,阿黨不治乎本朝。
　　　　　　　　　　　(《晏子春秋·内篇問上》第二十四章)

以上的"御"和"諂諛",在"a"類句子裏是動詞,體現了本義;在"b"類句子裏則轉指從事該行爲動作的人(施事)。

"使"本是一個使令義動詞,如《説文》:"使,令也。"《左傳》隱公元年:"天王使宰咺來歸惠公、仲子之賵。"發生轉指以後,則指稱被使令的人(受事)。例如,《左傳》隱公九年:"公怒,絶宋使。"相類的例子還有:

(3) a. 公召晏子,且賜之。　　(《晏子春秋·内篇雜下》第六章)
　　 b. 是則隱君之賜也。　　(《晏子春秋·内篇雜下》第十二章)
(4) a. 交游朋友從,無以説於人,又不能説人者窮。
　　　　　　　　　　　(《晏子春秋·内篇問上》第十五章)
　　 b. 以君之賜,澤覆三族,延及交游。
　　　　　　　　　　　(《晏子春秋·内篇雜下》第十八章)
(5) a. 臣請挽尸車,而寄之於國門外宇霤之下,身不敢飲食。
　　　　　　　　　　　(《晏子春秋·外篇第七》第十一章)
　　 b. 臣節其衣服飲食之養,以先國之民。
　　　　　　　　　　　(《晏子春秋·内篇雜下》第二十五章)

以上的"賜"、"交游"、"飲食",在a類句中是動詞,體現了本義;在b類句中則轉指該動作的受事。

有時同一個動詞,既可轉指施事,也可轉指受事。如"御",在例(1)b

裏是轉指施事，但在下例中却是轉指受事：

（6）以婦職之法教九御。　　　　　　（《周禮·天官冢宰·内宰》）
　　　［鄭玄注：“九御，女御也。九九而御于王，因以號焉。”］

封建帝王親幸女色曰"御"（張衡《思玄賦》"斥西施而弗御兮"，李善注："御，幸也。"），因此所親幸的女人也曰"御"，爲受事。

動詞的轉指能力與它的"價"有直接關係。從理論上説，一個動詞有幾個"價"，它就有轉指幾種語義角色的可能。而能充當動詞配價成分的名詞，只能是本體名詞①。

以上考察的是單個動詞的轉指。下面考察動詞詞組的轉指情況。

動詞詞組，因已有配價成分出現在詞組中，所以它所能轉指的對象是受到制約的。具體説，如果是"SV"，一般情況下只能轉指"O"；如果是"VO"，一般情況下只能轉指"S"。舉例如下：

（1）惟我下民秉爲，惟天明畏。　　　　　　（《尚書·多士》）
（2）朕不肩好貨。　　　　　　　　　　　　（《尚書·盤庚下》）
（3）勿辯乃司民湎于酒。　　　　　　　　　（《尚書·酒誥》）

以上例（1）是"SV"轉指"O"，"我下民秉爲"即"我下民所秉爲"之義。例（2）、（3）是"VO"轉指"S"，"好貨"即"好貨者"，"司民"即"司民者"。

二、"者"和"所"的功能及發展

以上我們考察了動詞及動詞詞組轉指的内在理據。然而，在實際語言中，這種典型的實例出現反而是較少的，根本的原因是，這種轉指與它的原形在形式上完全一樣，某種程度上不利於信息的傳遞。於是，一種從形式上把二者區別開來的方法便應運而生了，這就是，在需要轉指時，"V"和"VO"用"者"，"SV"用"所"。有形式標記的轉指和没有形式標記的轉指，性質是完全一致的。舉例如下：

"V者"，仍以"御"爲例，"御者"既可以指"S"，也可以指"O"。如：

（1）御者執策，立于馬後。　　　　　　（《儀禮·既夕禮》）
（2）御者四人，皆坐持體。　　　　　　（《儀禮·既夕禮》）

---

① 姚振武《論本體名詞》，《語文研究》2005年第4期。

例（1）的"御者"指駕馭馬車的人，爲"S"；例（2）的"御者"指君主所御使的人（即侍從），爲"O"。再例如：

（1）莫敖使徇于師曰："諫者有刑！" 　　　（《左傳》桓公十三年）
（2）重耳曰："君父之命不校。"乃徇曰："校者，吾讎也。"
　　　　　　　　　　　　　　　　　　　　　（《左傳》僖公五年）
（3）居者爲社稷之守，行者爲羈絏之仆。　（《左傳》僖公二十四年）
（4）楚王賜晏子酒，酒酣。吏二縛一人詣王。王曰："縛者曷爲者也？"
　　　　　　　　　　　　　　　　　（《晏子春秋·內篇雜下》第十章）
（5）今大國之攻小國也。攻者，農夫不得耕，婦人不得織，以守爲事。
　　　　　　　　　　　　　　　　　　　　　　　　（《墨子·耕柱》）
（6）初，武城人或有因於吳竟田焉，拘鄫人之漚菅者，曰："何故使吾水滋？"及吳師至，拘者道之以伐武城，克之。
　　　　　　　　　　　　　　　　　　　　　　（《左傳》哀公八年）

以上（1）～（3）各例的"V者"是指"S"，（4）～（6）各例的"V者"是指"O"。"VO者"一般情況下只能轉指"S"，例子非常多。如：

（1）亡鄧國者，必此人也。　　　　　　　　　（《左傳》莊公六年）
（2）肉食者鄙，未能遠謀。　　　　　　　　　（《左傳》莊公十年）
（3）帥師者受命於廟。　　　　　　　　　　　（《左傳》閔公二年）
（4）女子，從人者也。　　　　　　　　　　　（《左傳》僖公元年）

"SV"的轉指，如果要採用形式標記，則只能用"所"，不能用"者"。例子也非常多，如：

（1）君命寡人同恤社稷之難，今問諸使者，曰師未及國，非寡人之所敢知也。　　　　　　　　　　　　　　　　　（《左傳》隱公五年）
（2）商，周之不敵，君之所聞也。　　　　　　（《左傳》桓公十一年）
（3）神所馮依，將在德矣。　　　　　　　　　（《左傳》僖公五年）

有時候，"S"可以省略，省略的"S"可以補出。如：

（4）公曰："疆場之事，慎守其一，而備其不虞。姑盡所備焉。事至而戰，又何謁焉？"　　　　　　　　　　　　（《左傳》桓公十七年）

（5）寡君畏君之威，不敢甯居，來修舊好。禮成而不反，無所歸咎，惡
　　於諸侯。　　　　　　　　　　　　　　　　（《左傳》桓公十八年）
（6）孔叔止之曰："國君不可以輕，輕則失親；失親，患必至。病而乞
　　盟，所喪多矣。君必悔之。"　　　　　　　　（《左傳》僖公五年）

例（4）可以補爲"（我）姑盡所備焉"；例（5）可以補爲"（寡君）無所歸
咎"；例（6）可以補爲"（君）所喪多矣"。

有時候，"所"字前面似乎找不出"S"，例如：

（7）所謂西伯善養老者，制其田里，教之樹畜，導其妻子使養其老。
　　　　　　　　　　　　　　　　　　　　　　　（《孟子·盡心上》）
（8）存其心，養其性，所以事天也。夭壽不貳，修身以俟之，所以立
　　命也。　　　　　　　　　　　　　　　　　　（《孟子·盡心上》）
（9）所以除鏡一。
　　　　　　　（《散見簡牘合輯·湖南長沙馬王堆一號漢墓竹簡、木楬》）

這一類，其S的外延必然非常廣，它的存在對於說話人、聽話人乃是無可置
疑的事實，因此有時不必出現。如以上例（7）～（9）三例，"所V"前面的S
是普遍的"人"，很容易推知，故不必出現。同理，如果一個"S所V"其S外
延極廣，往往也可以省去而不影響句意。例如：

（10）却至曰："人所以立，信知勇也。"　　　　（《左傳》成公十七年）

這一例的"人"就可以省去，省去了，它實際上還是隱含着。外延越廣的S
越是容易不出現，或是容易省去，這是句子的一個普遍規律，不獨"S所V"
爲然。例如：

（11）孟子曰："人不可以無恥。無恥之恥，無恥矣。"
　　　　　　　　　　　　　　　　　　　　　　　（《孟子·盡心上》）

這一句的"人"也可以省掉。人們自然知道指的是所有的人，去掉也不影響
基本意思。這一類的"S所V"尤當注意，不得據此認爲有些"所V"前面可
以没有S。王力曾說："在一切不用主語的句子裏，咱們都可說主語是潛在
的（virtual）。'下雨'的'下'，和'雞下蛋'的'下'，其性質完全相同。不
過，在'下雨'這一個句子裏，咱們没有用主語的必要，就不用罷了。象'天

下雨'一類的説法，並不是絶對不通的。由此類推，當'有'字没有主語時，可以解釋作'天下有'或'世上有'，當'是'字没有主語時，可以解釋作'這是'或'那是'，當真理句没有主語時，可以認'人'爲潛在的主語。"①

還有的時候，"S所V"後面似乎出現了"O"，人們可能會據此認爲這時"（S）所V"就不指代"O"了。例如：

（12）吾有所受之也。　　　　　　　（《孟子·滕文公上》）
（13）周恐，必以國合於所與粟之國，則是勁王之敵也。

（《戰國策·東周》）

（14）晉侯觀於軍府，見鍾儀。問之曰："南冠而縶者，誰也？"有司對曰："鄭人所獻楚囚也。"　　　　　　　（《左傳》成公九年）
（15）初，穆子去叔孫氏，及庚宗，遇婦人，使私爲食而宿焉。……既立，所宿庚宗之婦人獻以雉。　　　　　　　（《左傳》昭公四年）
（16）華亥與其妻，必盟而食所質公子者而後食。

（《左傳》昭公二十年）

其實，這種句子可分爲兩類，第一類可以例（12）、（13）爲代表，這類句子的動詞是三向動詞，三向動詞可以帶兩個賓語，而這類例句"S所V"後只可能出現一個賓語，另一個缺位的賓語正是"（S）所V"所指稱的。關於這一類，朱德熙有很好的論述②，這裏就不贅述了。第二類可以例（14）～（16）爲代表，這一類所謂"O"其實並不與"V"構成動賓關係，而是以中心語的身份與"（S）所V"構成同位性偏正關係，例如"鄭人所獻楚囚"，其構造是"鄭人所獻＋楚囚"，與所有同位性偏正結構一樣，中心語"楚囚"可以省略而句意不變。其他兩例都可以照此辦理（省略的中心語用括弧表示）："所宿（庚宗之婦人）獻以雉"，"食所質（公子者）而後食"。

還有的時候，"O"爲廣義的施事，"S"爲廣義的受事，這時"（S）所V"也照樣可以指代"O"。這種情況很少見。例如：

夙興夜寐，毋忝爾所生。　　　　　（《詩經·小雅·小宛》）

這裏的"所生"指"爾"的父母和祖先。按照常識，只有父母生子女，没有子

---

① 王力《中國語法理論》，《王力文集》第1卷，54頁。
② 朱德熙《自指和轉指》，《方言》1983年第1期。

女生父母的,因此子女作"生"的主語,而父母作"生"的賓語,似乎是不可思議的事。但這是就語義而言的,語義不能代替語法。在語法上,古漢語確實可以有施事賓語。仍以"所生"爲例:

  (1) 冀之北土,馬之所生。   (《左傳》昭公四年)
  (2) 橘生淮南則爲橘。 (《晏子春秋·內篇雜下》第十章)

例(1)的"馬之所生"指的是"冀之北土",如果還原爲動賓結構,就是"馬生冀之北土"(比較例[2]的"橘生淮南")值得注意的是,這裏的"冀之北土"或"淮南"是作爲施事而不是處所來對待的。正如我們今天說"煙臺出蘋果",這"煙臺"也是作爲施事,而不是處所對待一樣。其他施事賓語如:

  (3) 舜臣堯,賓於四門。   (《左傳》文公十八年)
  (4) 天下有道,小德役大德,小賢役大賢。天下無道,小役大,弱役强。
               (《孟子·離婁上》)
  (5) 百里奚之未遇時也,亡虢而虜晉,飯牛於秦。
               (《呂氏春秋·慎人》)

例(3)意義上是堯臣舜,但却採取了"舜臣堯"的語法形式。例(4)意義上應是"大德役小德",但却採取了"小德役大德"的語法形式(餘類推)。例(5)意義上應是晉虜百里奚,但却採取了"(百里奚)虜晉"的形式。這種"倒序"現象在甲骨文、金文中即已存在,例如:

  (6) 我叀其戋方?我叀弗其戋方?
    貞:方其戋我叀?
    貞:方弗戋我叀? (張秉權《殷虛文字丙編》69)[1]
  (7) 頌其萬年眉壽,畯臣天子。   (頌壺,西周晚期)[2]

例(6)頭兩句,"方"是施事,却處在賓語的位置,後兩句可證之。例(7)意義上是天子臣頌(人名),也用了相反的語法形式。

  同一種語法形式有時可以表達不同的語義關係,不能因爲有些賓語是施事,就否認其作爲賓語的資格,進而否認"所V"指稱它的能力。

---

[1] 轉引自劉翔等《商周古文字讀本》,語文出版社,1989年,281頁。
[2] 轉引自劉翔等《商周古文字讀本》,115頁。

施事賓語很少見,與此相應,"(S)所V"指稱施事賓語也很少見。

形容詞具有單向的特點,因此它的轉指只能指向施事(廣義的,句法序列上總是處在該形容詞的前面,也就是該形容詞所依附的本體),没有受事。形容詞的轉指同樣採取有形式標記和没有形勢標記兩種形式。例如:

(1) 好勇而惡賢者。　　　　　(《晏子春秋·内篇雜上》第一章)
(2) 有賢不用,安得不亡。　(《晏子春秋·内篇諫上》第二十一章)

形容詞名詞化的標記只能是"者"。可是有時我們也能看到"所賢"、"所貴"這樣的形式,這時的"賢"和"貴"已經轉化爲動詞了,不宜視爲形容詞。

在上面的分析中,我們實際上是按照以下兩種模式來考察動詞的轉指的("z"代表VP名詞化的標記,在下列公式中只表示它與VP的結合,並無位置順序的意義):

A:V^z

B:$(SV)^z$和$(VO)^z$

A式的VP只是單個的動詞,V^z既可以指稱S也可以指稱O,但無論指稱哪個,都只能是一種概念上的"一般",是一種定義式的指稱方式。B式的VP裏引入了本體成分S或O,"$(SV)^z$"指稱O,"$(VO)^z$"指稱S,所指稱的就是相對於V^z這個"一般"的"個別"了。這裏再以"韓厥獻丑父"(《左傳》成公二年)爲例作一集中的説明。孤立的"獻者"是"一般",它在理論上可以指稱所有的獻人者(主語)和被獻者(賓語)。但如果要指稱個別性主語(韓厥),則引入相應的個別性賓語(丑父),成爲"獻丑父者"就行了。與此相應,如果要指稱個別性賓語(丑父),則應引入相應的個別性主語(韓厥),但是不能採用"韓厥獻者"的形式,而必須採用"韓厥所獻"的形式。古漢語中雖也存在"SV者",但這個"者"一般被認爲是表提頓語氣的語氣詞,與謂詞性成分名詞化標記"者"是兩回事。例如:

(1) 何危爾? 我貳也。魯子曰:"我貳者,非彼然,我然也。"

(《公羊傳》莊公二十三年)

古漢語没有"SV者"指稱個別性賓語的現象。"所"是古漢語謂詞性成分名詞化指稱個別性賓語的特有標記。凡是"所V"都是指稱個別性賓語的。

可見本體名詞與V的結合是非常重要的一件事。單純的"V²"只能指稱一般,或者説整體,而引入了本體名詞後則指稱相對於這個一般的個別或相對於這個整體的一部分,其規律是,引入S則指稱O,引入O則指稱S。由此可見,在"S-V-O"的轉指活動中,S和O實際是一種互爲依存、互相制約的關係。一方的外延越大,另一方的外延也必然越大,反之亦然。確定了一方,也就控制了另一方①。

《馬氏文通》以來,關於"所"是否指示代詞或是否具有指代性的討論一直不斷。"所"是一個只能與謂詞性成分(主要是動詞)結合的黏附成分,不能獨立使用,没有任何實義,與指示代詞在語法、語義上都很不同,怎麽會與指示代詞掛上鈎呢?按照我們的觀點,事情就比較清楚了。"所V"是指代"V者"中的一部分(個別)的,而指示代詞的作用也是從全體中指出部分(包括從一般中指出個別)。例如"此人",就是人(一般)中的這一個(個別);"彼君子"(《詩經》)就是指君子(一般)中的那一些(個別)或人(一般)中的那些君子(個別)。可見,"所V"與指示代詞的指稱範圍相同,即都是指稱個別的。顯然,這就是多年來大部分語法著作把"所"看成指示代詞或至少有某種指代性的真正原因。其實,造成這種情況的根源並不在"所"字,而在於所有的"所V"結構前面都有一個S,或至少可以補出一個S。指代詞直接指稱個別,而"所V"却是謂詞性成分名詞化的一種方式,它是通過其前面的S對其後的O的制約,實現對個別性賓語(O)的指稱的。二者途徑、方式不同,不能混爲一談。嚴格説來,"所V"的提法是不正確的,這是一種只顧後(V)而不顧前(S)的説法,這種提法反映人們忽視了S的存在和作用,並由此產生出"所"爲指示代詞或有某種指代性的推論。正確的提法應是"(S)所V","(S)"表示或直接出現,或雖未直接出現,但可以明確補出來。這樣的表達反映了S對O的支配、限制關係,體現了事情的本質。

我們支持"所"不是指示代詞,也没有指代性的意見。但是,持這種意見的學者只看到"所V"名詞化並指稱賓語的現象,而没有解釋"所V"只能指稱個別性賓語、與指示代詞指稱範圍相當的特點,因而缺乏説服力。持指代詞説的學者感覺到了"所V"與指示代詞指稱範圍相當,但却生硬地把原因歸結到"所"字上,認爲"所"字就是指示代詞或有指代性,從而難以解

---

① 姚振武《動詞轉指的理論模型》,《歷史語言學研究》第一輯,商務印書館,2008年。

釋"所"不能獨立運用,"所V"已名詞化的事實①。

在殷商時代,表示動詞轉指的結構助詞"者"、"所"還未出現,也不見有其他相類的標記,在這一階段,漢語動詞性成分的轉指完全在沒有形式標記的方式下進行。例如,"伐"在殷商時期有"殺人以祭"一義,爲及物動詞。如"……且辛,伐三人,卯牝"(《續》1.18.8),這"伐三人"是"殺三人以祭"的意思。"甲戌伐上甲"(《乙》459),這個"伐上甲"則是"殺人以祭上甲"之意②。動詞"伐"發生轉指,則所伐之人亦稱"伐",爲名詞。例如:"貞:侑于南庚一伐?卯羊?"(《合集》965正)③ 再如"禽"(擒),在殷商時期只有"擒獲"的意思,爲及物動詞。如:"丙戌卜,丁亥王陷,禽?允禽三百又四十八。"(《合集》33371)但到西周金文中就發生了轉指,所擒獲物也稱爲"禽"。例如:"余來歸獻禽。"(不其簋)

"者"和"所"出現在西周時期《尚書》(《尚書》"所"字有時寫作"攸")、《詩經》等傳世文獻,西周金文未見。例如:

予弗知乃所訟。　　　　　　　　　(《尚書·盤庚上》)
二公命邦人,凡大木所偃,盡起而筑之,歲則大熟。
　　　　　　　　　　　　　　　　(《尚書·金縢》)
爾不從誓言,予則孥戮汝,罔有攸赦。　(《尚書·湯誓》)
駕彼四牡,四牡騤騤;君子所依,小人所腓。
　　　　　　　　　　　　　　　(《詩經·小雅·采薇》)
君子所履,小人所視。睠言顧之,潸焉出涕。
　　　　　　　　　　　　　　　(《詩經·小雅·大東》)
彼譖人者,亦已大甚。　　(《詩經·小雅·巷伯》)
駉駉牡馬,在坰之野。薄言駉者,有驈有皇,有驪有黃,以車彭彭。
　　　　　　　　　　　　　　　　(《詩經·魯頌·駉》)

自此以後,漢語謂詞性成分的指稱化獲得了很大的自由。整個先秦西漢時期,結構助詞"者"和"所"的基本性質沒有大的變化。

---

① 姚振武《個別性指稱與所字結構》,《古漢語研究》1998年第3期。
② 吳其昌、伍仕謙說,見于省吾主編《甲骨文字詁林》第三冊,2335、2339頁。
③ 楊逢彬《殷墟甲骨刻辭詞類研究》,12~13頁。

第二節 之

結構助詞"之"的作用主要有兩點，一是處在定語和中心語之間，充當定中結構的非強制性的形式標記，起彰顯該定中結構的作用。二是用在某些處於非獨立的、指稱狀態下的主謂結構之間，充當非強制性的形式標記，起彰顯該主謂結構作用。

一、定中結構之間的"之"

殷商時期，結構助詞"之"尚未出現，定語和中心語之間是不用"之"的。例如：

    貞：方來入邑，今夕弗震王師？   （《合集》36443）

當時只說"王師"而不能說"王之師"。但到了西周時期，情況出現了變化。"王之師"之類的結構出現了。例如：

    無有作惡，遵王之路。   （《尚書·洪範》）
    天其永我命于茲新邑，紹復先王之大業，厎綏四方。
                  （《尚書·盤庚上》）

不過這個"之"不是強制性的，它也可以不用。例如：

    其有衆咸造，勿褻在王庭。   （《尚書·盤庚中》）

定中結構在句中大致有兩種情況：一是當需要彰顯時，加"之"；二是該定中結構本來已處於彰顯狀態，或本不需要特別彰顯，所以不加"之"。

結構助詞"之"可以處於各種類型的定中結構之間。例如：

    予欲觀古人之象。   （《尚書·皋陶謨》）
    是而子殺余之弟也。   （《左傳》襄公十四年）
    子爲元帥，師不用命，誰之罪也。   （《左傳》宣公十二年）
    以子之矛陷子之楯，何如？   （《韓非子·難一》）
    方其鼓刀屠狗賣繒之時，豈自知附驥之尾，垂名漢庭，德流子孫哉？   （《史記·樊酈滕灌列傳》）

俞哉,帝! 光天之下,至于海隅蒼生,萬邦黎獻,共惟帝臣。
（《尚書·皋陶謨》）

相時憸民,猶胥顧于箴言；其發有逸口,矧予制乃短長之命?
（《尚書·盤庚上》）

雖有田常、子罕之臣不敢欺也,奚待於不欺之士！
（《韓非子·五蠹》）

廢興、存亡、昏明之術皆兵之由也。　（《左傳》襄公二十七年）

心之官則思。思則得之,不思則不得也。　（《孟子·告子上》）

二、主謂結構之間的"之"

殷商時期,主謂結構的主、謂之間是不加"之"的。例如：

　　壬戌卜,㱿貞：婦好娩,嘉?　　　　　（《合集》13997）

這個"婦好娩"實際上可以看作主語,也就説是處於非獨立的、指稱的狀態下的,全句是問"婦好娩"這件事會不會順利？殷商時期没有"婦好之娩"一類的説法。如果在西周時期,是可以説成"婦好之娩,嘉?"的。

但到了西周時期,結構助詞"之"開始處於主謂結構之間起彰顯該結構的作用。這種主謂結構可以充當主語、賓語或複句的分句。

作主語,如：

　　肆高宗之享國,五十有九年。　　　　（《尚書·無逸》）
　　大之牖民,如壎如篪。　　　　　　　（《詩經·大雅·板》）

作賓語,如：

　　汝無侮老成人,無弱孤有幼。各長于厥居,勉出乃力,聽予一人之作猷。　　　　　　　　　　　　　　　　　（《尚書·盤庚上》）
　　憂心慘慘,念國之爲虐。　　　　　　（《詩經·小雅·正月》）

作分句,如：

　　牿之傷,汝則有常刑。　　　　　　　（《尚書·費誓》）
　　辭之輯矣,民之洽矣。　　　　　　　（《詩經·大雅·板》）

我們把這種"之"定義爲某些主謂結構處於非獨立的、指稱的狀態下的一個非強制性的形式標記,其作用是使原結構的非獨立的、指稱的性質更加彰顯[①]。

東周以降,"之"的這種性質一直保持下來:

如知爲君之難也,不幾乎一言而興邦乎? （《論語·子路》）
戎之生心,民慢其政. （《左傳》莊公二十八年）
雖鞭之長,不及馬腹。 （《左傳》宣公十五年）
民之望之,若大旱之望雨也。 （《孟子·滕文公下》）
堯知子丹朱之不肖,不足授天下,於是乃權授舜。
　　　　　　　　　　　　　　　　　（《史記·五帝本紀》）
舜登用,攝行天子之政,巡狩。行視鯀之治水無狀,乃殛鯀於羽山以死。 （《史記·夏本紀》）
周武王之東伐,至盟津,諸侯叛殷會周者八百。
　　　　　　　　　　　　　　　　　（《史記·殷本紀》）

[①] 姚振武《現代漢語的"N的V"與上古漢語的"N之V"》,《語文研究》1995年第2、3期。

第九章

語助詞的發展

"語助詞"的劃分歷來比較分歧。這裏所謂的"語助詞",是指除"語氣詞"以外的其他"語助"成分。包括通常所謂"句首語氣詞"、"音節助詞"、"襯音助詞"、"重言助詞"等①。

"語助詞"與"語氣詞"都是依附成分。二者的區別在於,"語氣詞"是屬於句子層面的,而"語助詞"則屬於句子以下層面,依附於詞或詞組(包括分句)。它們或是作爲句子成分,處於句首或句中,起強調、感嘆等作用;或是依附於某詞,起調節音節,彰顯該詞的作用。語助詞從不置於句末。而語氣詞總是後置的,常置於句末。正如王力所言:"語氣詞既不是表示敘述詞的語氣(像西洋動詞的 moods),而是表示全句的語氣的,自然它們最適宜的位置是在句末了。"②

有的詞似乎既可以出現在句首,又可以出現在句末。例如"夫":

(1)夫戰,勇氣也。一鼓作氣,再而衰,三而竭。(《左傳》莊公十年)
(2)嗚呼!天禍衛國也夫! (《左傳》成公十四年)

但其實,例(1)的語助詞"夫"是由指示代詞"彼"虛化而來的(二者皆屬脣音),而例(2)的"夫"則是一個純粹的語氣詞,兩個"夫"没有聯繫,應分屬兩個詞。

殷商時期的語助詞,有"叀"、"隹"兩個。例如:

癸卯卜,貞:王其崔耤,叀往?十二月 (《合集》9500)
叀王往?

---

① 古漢語與廣義的"語氣"有關的語法成分有"語氣副詞"、"語助詞"和"語氣詞"。這三者在概念上的區別,請參考本書第十章第一節。
② 王力《中國語法理論》,《王力文集》第1卷,216頁。

  勿隹王往　　　　　　　　　　　　　　　　（《合集》7352）
  貞：王叀沚馘从伐［巴］？
  貞：王勿从沚馘伐巴？　　　　　　　　　　（《合集》32正）
  叀牢田，無災？
  叀沓田，無災？　　　　　　　　　　　　　（《合集》28789）
  辛酉卜，𣪉貞：乙丑其雨，不隹我禍？
  貞：乙丑其雨，隹我禍？　　　　　　　　　（《合集》6943）

  "叀"和"隹"，可以出現在各類語法成分之前，目前學界一般認爲其作用和功能相近，都是表強調的焦點標記，焦點就是其後的成分。區別在於，"叀"強調主觀願望，"隹"強調客觀事實。這種看法是很精到的[①]。
  張玉金認爲"叀"和"隹"是語氣副詞，沈培、楊逢彬則根據"叀"和"隹"主要修飾名詞性成分這一事實，認爲看作語氣詞比較恰當[②]，而我們認爲，"叀"和"隹"只作用於句子成分，而不是作用於全句層面，且主要作用於名詞性成分，所以宜歸入語助詞。
  進入西周，"叀"和"隹"繼續使用。只是"叀"在傳世文獻中一般寫作"惠"。"隹"，在金文中有時作"唯"，在《尚書》中一般作"惟"，在《詩經》中一般作"維"。例如：

  享哉！叀王恭德裕天。　　　　　　　　　（何尊，西周早期）
  叀余小子肇淑先王德。　　　　　　　　　（師訊鼎，西周中期）
  咨！四岳！有能奮庸熙帝之載，使宅百揆亮采，惠疇？
  　　　　　　　　　　　　　　　　　　　　（《尚書·君奭》）
  予不敢宿，則禋于文王、武王：惠篤敘，無有遘自疾，萬年厭于乃
  德，殷乃引考。　　　　　　　　　　　　　（《尚書·洛誥》）
  隹九月，王在宗周，令盂。　　　　　　　　（大盂鼎，西周早期）
  我聞殷墜令。隹殷邊侯、甸與殷正百辟，率肆于酒，故喪師。
  　　　　　　　　　　　　　　　　　　　　（大盂鼎，西周早期）
  唯王令明公遣三族伐東國。　　　　　　　　（明公簋，西周早期）

[①] 張玉金《甲骨卜辭中"惠"和"唯"的研究》，《古漢語研究》1988年第1期；沈培《殷墟甲骨卜辭語序研究》第二章第二節；楊逢彬《殷墟甲骨刻辭詞類研究》。
[②] 張玉金《甲骨卜辭中"惠"和"唯"的研究》，《古漢語研究》1988年第1期；沈培《殷墟甲骨卜辭語序研究》第二章第二節；楊逢彬《殷墟甲骨刻辭詞類研究》，2003年。

唯十又二月初吉,伯吉父作毅尊簋,其萬年子孫孫永寶用。

(伯吉父簋,西周晚期)

欽哉！欽哉！惟刑之恤哉！　　　　　(《尚書·堯典》)
俞咨！伯,汝作秩宗。夙夜惟寅,直哉惟清。(《尚書·堯典》)
厥土惟白壤,厥賦惟上上,錯,厥田惟中中。(《尚書·禹貢》)
惟十有三祀,王訪于箕子。　　　　　(《尚書·洪範》)
我馬維駒,六轡如濡。　　(《詩經·小雅·皇皇者華》)
彼爾維何？維常之華。彼路斯何？君子之車。

(《詩經·小雅·采薇》)

王事多難,維其棘矣！　　　(《詩經·小雅·出車》)

"隹(唯)"在西周金文裏大部分位於表達事件發生時間的分句句首, "惟"、"維"在傳世文獻裏則大部分用在句子成分的前面。

西周時期,語助詞驟然增多。除"惟(唯、維)"外,還有"若、曰(聿、遹、越)、曰若、伊、之、載、云(員)、言、薄(薄言)、式、思、侯、于"等。例如：

王曰："若古有訓,蚩尤惟始作亂,延及于平民。"

(《尚書·呂刑》)

予若籲懷兹新邑,亦惟汝故,以丕從厥志。(《尚書·盤庚中》)
天方艱難,曰喪厥國。　　　　(《詩經·大雅·抑》)
雨雪瀌瀌,見晛曰消。　　　(《詩經·小雅·角弓》)
無念爾祖,聿修厥德。　　　(《詩經·大雅·文王》)
維此文王,小心翼翼,昭事上帝,聿懷多福。

(《詩經·大雅·大明》)

遹求厥寧,遹觀厥成。　　(《詩經·大雅·文王有聲》)
殷遂喪,越至于今。　　　　　(《尚書·微子》)
越小大邦用喪,亦罔非酒惟辜。　　(《尚書·酒誥》)
曰若稽古,帝堯曰放勳……　　　　(《尚書·堯典》)
有皇上帝,伊誰云憎？　　　(《詩經·小雅·正月》)
我視謀猶,伊于胡底？　　　(《詩經·小雅·小旻》)
天保定爾,亦孔之固。　　　(《詩經·小雅·天保》)
今此下民,亦孔之哀。　　(《詩經·小雅·十月之交》)

乃生男子,載寢之牀,載衣之裳,載弄之璋。

(《詩經·小雅·斯干》)

題彼脊令,載飛載鳴。　　(《詩經·小雅·小宛》)

赫赫炎炎,云我無所。　　(《詩經·大雅·雲漢》)

人之云亡,邦國殄瘁。　　(《詩經·大雅·瞻卬》)

我心之憂,日月逾邁,若弗員來。　(《尚書·秦誓》)

鼓咽咽,醉言舞。于胥樂兮。　(《詩經·魯頌·有駜》)

於呼小子,未知臧否。匪手攜之,言示之事。匪面命之,言提其耳。　　(《詩經·大雅·抑》)

四牡修廣,其大有顒。薄伐玁狁,以奏膚公。

(《詩經·小雅·六月》)

思樂泮水,薄采其藻。　　(《詩經·魯頌·泮水》)

薄言震之,莫不震疊。　　(《詩經·周頌·時邁》)

駉駉牡馬,在坰之野。薄言駉者,有驈有皇,有驪有黃,以車彭彭。

(《詩經·魯頌·駉》)

式敷民德,永肩一心。　　(《尚書·盤庚下》)

式夷式已,無小人殆。　　(《詩經·小雅·節南山》)

今我來思,雨雪霏霏。　　(《詩經·小雅·采薇》)

思輯用光,弓矢斯張。　　(《詩經·大雅·公劉》)

兕觥其觩,旨酒思柔。　　(《詩經·周頌·絲衣》)

上帝既命,侯于周服。　　(《詩經·大雅·文王》)

飲御諸友,炰鱉膾鯉。侯誰在矣?張仲孝友。

(《詩經·小雅·六月》)

山有嘉卉,侯栗侯梅。　　(《詩經·小雅·四月》)

此日而食,于何不臧!　　(《詩經·小雅·十月之交》)

胡不相畏?先祖于摧。　　(《詩經·大雅·雲漢》)

服其命服,朱芾斯皇。　　(《詩經·小雅·采芑》)

彼爾維何?維常之華。彼路斯何?君子之車。

(《詩經·小雅·采薇》)

語助詞中,有不少是一個詞的不同寫法,或"幾個詞"具有同源關係。例如"惟"、"唯"、"維"實際上就是一個詞的不同寫法,"云"和"員"也是如此。"曰"、"聿"、"遹"、"越"等古音也很接近,功能相仿,很可能屬於同一個詞,或至少具有同源關係。

西周時期語助詞的驟然增多,顯然與文體有極大關係。這些詞大部分見於《詩經》,詩歌是講究語音的節律和情感的抑揚的,經常有補足音節和刻意強調的需要,因此語助詞的大量產生就不奇怪了。

東周以後,語助詞在詩歌裏面依然不少,而在非詩歌體的典籍裏則很自然地少了。東周時新產生的語助詞大致有"夫、其、逝(噬)、謇(蹇)、羌"等。

"夫"常用於議論句或敘述句的開端,標誌着將要闡發議論或敘說事情,沒有具體含義。如:

  夫戰,勇氣也。一鼓作氣,再而衰,三而竭。（《左傳》莊公十年）
  夫人必自侮,然後人侮之。 （《孟子·離婁上》）
  夫斯乃上蔡布衣,閭巷之黔首。 （《史記·李斯列傳》）

"其"一般用於形容詞前,起着加強形容的作用。這個"其"可能與具有泛指性的"其"（"不在其位,不謀其政"之類）有一定淵源關係。例如:

  靜女其姝,俟我於城隅。 （《詩經·邶風·靜女》）
  北風其涼,雨雪其雱。 （《詩經·邶風·北風》）

"逝(噬)"一般用於句首,順承上文,強調下句。如:

  碩鼠碩鼠,無食我黍,三歲貫女,莫我肯顧。逝將去女,適彼樂土。
        （《詩經·魏風·碩鼠》）
  日居月諸,下土是冒。乃如之人兮,逝不相好。胡能有定,寧不我報。 （《詩經·邶風·日月》）
  彼君子兮,噬肯適我? （《詩經·唐風·有杕之杜》）

語助詞"謇(蹇)"只見於《楚辭》,疑爲方言詞,常用於句首。如:

  紛逢尤以離謗兮,謇不可釋也。 （《楚辭·九章·惜誦》）
  蹇將憺兮壽宮,與日月兮齊光。 （《楚辭·九歌·雲中君》）

"羌"常用於下句句首,有時用於句中,表示感嘆。《楚辭》用得較多,疑爲方言詞。如:

  衆皆競進以貪婪兮,憑不厭乎求索。羌內恕己以量人兮,各興心

而嫉妒。 （《楚辭·離騷》）
杳冥冥兮羌晝晦,東風飄兮神靈雨。 （《楚辭·九歌·山鬼》）
余以蘭爲可恃兮,羌無實而容長。 （《楚辭·離騷》）

"語助詞"是一個龐雜的類,共同特點是没有具體的實義。但圍繞着實義的有無,往往見仁見智。我們把語助詞定義爲在句子層面以下,没有具體實義,而只起强調、感嘆和調節音節等作用的語法成分。以上列舉的只是在我們看來分歧相對較小的一些詞例。實際上在歷代注家筆下被指爲"辭"或"語辭"、"語助"等的遠不止這些①。

---

① 楊伯峻、何樂士《古漢語語法及其發展》第十一章;易孟醇《先秦語法》第七章,湖南教育出版社,1989年;張玉金《西周漢語語法研究》第三章;錢宗武《今文〈尚書〉語法研究》第七章;中國社會科學院語言研究所古代漢語研究室編《古代漢語虛詞詞典》,商務印書館,1999年。

第十章
語氣詞的發展

第一節　語氣詞的基本認識

　　語氣詞又稱助詞或語氣助詞,是漢語特有的一種詞類。馬建忠説:"助字者,華文所獨,所以濟夫動字不變之窮。"① 上古漢語的語氣詞歷史悠久,種類豐富。

　　郭錫良説:"語氣就是説話人對所説句子與現實關係所持的態度。通俗地説,就是説這句話的口氣,這包括思想認識、意志願望方面的因素,也包括心理狀態、感情色彩方面的因素,可以是直陳、疑問,可以是肯定,否定,可以是假設,擬測,可以是商量、命令,可以是讚嘆、驚訝。""任何語言都具有語氣範疇,不同語言的語氣範疇可以用不同的手段來表達。印歐語有形態變化,主要是用動詞的變化作爲語氣的表達手段,同時還用語調來表示;漢語是没有形態變化的語言,語氣的表達手段似乎就是語氣詞了。其實這種認識是不確切的……表達語氣的語言手段是多種多樣的,可以是詞形變化,也可以是語氣詞;可以是詞彙形式,也可以是句式,還可以是語調。在漢語裏,除詞形變化外,其他形式都可以用來作爲表示語氣的手段。"②

　　我們基本同意這個意見。不過我們認爲,在語氣表達的各種手段中,語調(音勢)手段是最原始、最基本的,是與語言本身相始終的,而其他手段則是後起的,且處在不斷的產生和消亡之中。薩丕爾説:"把詞序和音勢看做原始的、表達一切造句關係的方法,而把某些詞和成分的現有關係價值看做由價值轉移引起的後起情況,這樣的看法有點冒險,但不是完全没有道理的

---

① 馬建忠《馬氏文通》,323頁。
② 郭錫良《先秦語氣詞新探》,見《漢語史論集》(增補本)。

空想。""說話的現實內容,它的母音和輔音所結成的各音組,原先只限於是具體的;關係原先不用外表形式表達,只是暗含在順序和節奏裏説出來。"①基於這樣的認識,我們認爲,語氣詞的作用並不是"表達"語氣,而是"標示"語氣。意思是,所謂"語氣"是句子本身就有的,並不是離了語氣詞就不存在了。語氣詞只不過是把句子本身既有的語氣進一步彰顯出來而已。

　　傳統的看法認爲古漢語語氣詞是多功能的,即"一方面,一個語氣詞可以表示多種語氣;另一方面,好幾個語氣詞可以表示同一種語氣"②。郭錫良不同意這種意見。他説:"語氣詞的作用是單功能的。""語氣範疇是一很複雜的範疇,語氣範疇的語言表達手段是多種多樣的,並非只有語氣詞。對語氣範疇的複雜性和語氣表達手段的多樣性缺乏認識,恐怕是語氣詞多功能觀點在理論認識上的一種失察。這樣就造成了像何容早已指出過的結果:'不免把這個助詞所沒有的作用也當成它的作用,把一個作用很單純的助詞當成作用很複雜的,而永遠弄不清楚。'""我們還可以從一個句子連用兩個或三個語氣詞,來證明語氣詞是單功能的。""如果語氣詞是多功能的,'也'既表論斷語氣,又表疑問語氣,爲什麼又要'也乎'連用呢?'矣'既表陳述語氣,又表疑問語氣,就無需'矣乎'連用。'也'、'邪'既然可以通假,'也'本身就可以表示'邪'的語氣,'也邪'連用,就是多餘。按照《高等國文法》的分析,'乎'和'哉'的作用幾乎完全相同,都可以表示疑問、反詰、感嘆,何必要'乎哉'連用呢?至於'也乎哉'、'也已矣'等三個語氣詞連用,按照多功能的觀點,就更是疊牀架屋,沒有必要了。總之,按照語氣詞多功能的觀點,既分不清各個語氣詞之間的區別,又解釋不清幾個語氣詞連用的大量語言事實。只有按照語氣詞單功能觀點來考察,纔能分清各個語氣詞之間的細微區別,也纔能解釋清楚幾個語氣詞連用的現象。"③

　　我們完全同意郭錫良的上述意見。結合上述語調(音勢)手段是表達語氣的最原始、最基本的手段的認識,就可以看出,語氣詞"多功能"的看法其實是一種錯覺。例如所謂"也"與"矣"同,實際情況是,句子本身可以通過語調標示"矣"的語氣(這是最原始最基本的手段),然後再加上"也"標示論斷語氣,二者結合,標示一種複雜語氣。根據這個原理,語氣詞的"連用"就可以得到合理的解釋,每個語氣詞其實都獨立發揮作用的。

---

① [美]薩丕爾《語言論》,101～102頁。
② 孫錫信《漢語語氣詞的歷史考察》,語文出版社,1999年,22頁。
③ 郭錫良《先秦語氣詞新探》,見《漢語史論集》(增補本)。

不過仍需指出，單功能性只適用於相同的語法位置，如果是不同的語法位置，那就另當別論了。例如"也"，處於句末位置，確實具有論斷語氣；但如果處於句中位置，如《詩經·陳風·墓門》"夫也不良"，這個"也"就不是論斷性的，而只能是標示提頓語氣了。當然還有一種辦法，就是把"也"分成不同性質的兩個，處於句末的表論斷性的陳述語氣，處於句中的表提頓語氣，以維持單功能性。我們採取的辦法是維持同一個"也"，不過指出它處在不同的位置時性質是有差異的。兩種辦法沒有實質的矛盾。

古漢語與廣義的"語氣"有關的語法成分有"語氣副詞"、"語助詞"和現在討論的"語氣詞"。這三者在理論上是可以區分的。語氣詞是後置性的，一般處於句子末尾，標示全句的語氣，如陳述、疑問、祈使、感嘆等。有時也置於句中成分之後，標示提頓，引出下文。王力說："語氣詞既不是表示敘述詞的語氣（像西洋動詞的moods），而是表示全句的語氣的，自然它們最適宜的位置是在句末了。"[①]語氣副詞和語助詞在結構關係上一般屬於詞或詞組層面，是前置性的。語氣副詞，如"其、庶、尚、曾、豈、蓋、盍、庸、奚、殆、敢、請、誠、獨"等，一般只修動詞性成分，位於句內。而語助詞，如"若、曰（聿、遹、越）、曰若、伊、之、載、云（員）、言、薄（薄言）、式、思、侯、于、斯"等，既可修飾動詞性成分，又可修飾名詞性成分，有時還可以位於句首。語氣副詞意義比較實，而語助詞的意義却空靈得多，有時似乎只有"襯音"作用。

第二節　語氣詞的產生和發展

一、殷商時期的語氣詞

一般認為，殷商時期就有語氣詞，即"抑"和"執"，標示疑問語氣，常前後相承，分別用於選擇問句兩選擇項的末尾。例如：

（1）癸酉卜，貞：方其征今二月抑？不執？余曰：不其征。允不。
　　　　　　　　　　　　　　　　　　（《合集》20411）

（2）癸酉卜，王貞：自今癸酉至于乙酉，邑人其見方抑？不其見方執？
　　　　　　　　　　　　　　　　　　（《合集》799）

[①] 王力《中國語法理論》，見《王力文集》第1卷，216頁。

（3）癸卯卜，王：岳蔑征戎執？弗其蔑？三日丙午邁方，不獲。

（《合集》20449）

（4）辛酉卜，貞：有至今日執？亡抑？亡。　　（《合集》20377）

例（1）、（2）是先用"抑"後用"執"；例（3）、（4）則相反，先用"執"後用"抑"。

這兩個語氣詞在語氣上有何區別，不大清楚，但用法上似稍有區別。張玉金觀察到"抑"可連續用於正反對貞句的兩條命辭之末，而"執"沒有此用法。例如（釋文從張氏）：

（1）戊申卜：方啓自南，其圍抑？
　　戊申卜：方啓自南，不其圍抑？　　（《合集》20415）
（2）涉三羌，既獲抑？
　　毋獲抑？　　（《合集》19755）

張氏還觀察到"抑"可出現在單一的是非問句末尾，而"執"也沒有這種用法。例如：

（1）癸亥卜：小方不圍今秋抑？　　（《合集》20476）
（2）戊戌卜：其陰翌已抑？啓，不見雲。（《合集》20988）
（3）庚戌卜：今日狩，不其擒抑？　　（《合集》20757）

只要有語言，就會有語氣，但語氣詞的使用却不是必然的。"抑"和"執"應該是後產生的，而且不可能完全覆蓋所有的相應的句子。所以甲骨文裏不使用疑問語氣詞的問句是很常見的：

（4）丁丑卜，小方其征今八月？不。　　（《合集》20473）
（5）丁巳卜，師：自丁至于辛酉虎不其禽？允。
　　丁巳卜，師：自丁至于辛酉虎禽？不。　　（《合集》21387）

張玉金指出，"抑""是可有可無的句末語氣詞，刪掉它並不影響句子基本意義的表達"[①]。這是正確的。

裘錫圭曾推測，較晚的古漢語裏置於選擇問句兩個連詞之間的"抑"，

[①] 張玉金《關於卜辭中"抑"和"執"是否句末語氣詞的問題》，《古漢語研究》2000年第4期。

也許就是由這種"抑"演變而成的①。

二、西周時期的語氣詞

降及西周,語氣詞明顯增多,大體可分爲三類:一類是標示陳述語氣的,主要有"也、矣、已、止"等;第二類標示疑問語氣,有"其";第三類標示感嘆語氣,主要有"哉(㦰、才)、兮、斯、思、胥"等。

1.標示陳述語氣的語氣詞

關於"也"和"矣",郭錫良說:"'也'和'矣'從大類來說雖然同屬陳述語氣,但'也'是論斷性的陳述,而'矣'是報導性的陳述。《淮南子·說林訓》說:'"也"之與"矣",相去千里。'這是古人深有感受的體會,說得很對。"② 楊伯峻、何樂士也說:"'也'和'矣'的共同之處是它們都大量出現在陳述句中。它們的區別主要在於:'也'大多用於敍述靜態事物,表示對事物、行爲的敍述或判斷;而'矣'則大多用於敍述動態事物,表示事物已經怎樣或將會怎樣。"③

也 或許是上古漢語中用得最多的語氣詞,始見於《詩經》,一般處於句末。例如:

> 爾還而入,我心易也。還而不入,否難知也。壹者之來,俾我祇也。
> 　　　　　　　　　　　　　　　　　（《詩經·小雅·何人斯》）
> 薪是穫薪,尚可載也。哀我憚人,亦可息也。
> 　　　　　　　　　　　　　　　　　（《詩經·小雅·大東》）
> 白圭之玷,尚可磨也;斯言之玷,不可爲也。
> 　　　　　　　　　　　　　　　　　（《詩經·大雅·抑》）

這一種"也"有時還可隨着謂語倒裝到主語的前面。例如:

> 允也天子,降予卿士。　　　　　（《詩經·商頌·長發》）

"允也天子"其實就是"天子允也"的倒裝,倒裝之後,語氣更強烈一些。這類倒裝句《詩經》中多見。

"也"還可以用於句中,一般處於話題的後面,標示提頓語氣。例如:

---

① 裘錫圭《關於殷虛卜辭的命辭是否問句的考察》,《中國語文》1988年第1期。
② 郭錫良《先秦語氣詞新探》,見《漢語史論集》(增補本)。
③ 楊伯峻、何樂士《古漢語語法及其發展》,855頁。

今也日蹙國百里,於乎哀哉! 　　　　（《詩經·大雅·召旻》）

前面說過,這時的"也"與處於句末的"也"因所依附成分的不同而性質有所不同。這種表提頓語氣的"也"東周以後極爲多見。

矣　始見於《尚書》(今文)和《詩經》,一般處於句末。例如:

拜手稽首,告嗣天子王矣。　　　　（《尚書·立政》）
嗚呼! 孺子王矣!　　　　（《尚書·立政》）
天作高山,大王荒之。彼作矣,文王康之。
　　　　（《詩經·大雅·天作》）
迨我暇矣,飲此湑矣。　　　　（《詩經·小雅·伐木》）
昔我往矣,楊柳依依。　　　　（《詩經·小雅·采薇》）

"矣"也可用於倒裝句。例如:

逖矣西土之人。　　　　（《尚書·牧誓》）
皇矣上帝,臨下有赫。　　　　（《詩經·大雅·皇矣》）
休矣皇考,以保明其身。　　　　（《詩經·周頌·訪落》）
哿矣富人,哀此煢獨!　　　　（《詩經·小雅·正月》）

"逖矣西土之人"即"西土之人逖矣"的倒裝(餘可類推),倒裝之後,語氣更強烈一些。

已　標示限止語氣。如:

王曰:"公定,予往已。"　　　　（《尚書·洛誥》）

郭錫良說:"'已'表示的語氣同'矣'近似,都是對事物進行陳述,但是兩者不僅古音不完全相同,表示的語氣也有明顯差異。'矣'是把所說的事物當作新情況來報導,'已'則是表示所說的事物不過如此,是一種限止的語氣。"①

西周時期標示限止語氣的"已"還很少見,東周以後纔逐漸多了起來。它顯然是由表停止、結束的動詞"已"虛化來的。表"停止、結束"的動詞"已"在西周時期常見於句末。例如:

---

① 郭錫良《先秦語氣詞新探》,見《漢語史論集》(增補本)。

  岳曰:"異哉,試可,乃已。"   (《尚書·堯典》)
  君子如祉,亂庶遄已。   (《詩經·小雅·巧言》)
  亹亹文王,令聞不已。   (《詩經·大雅·文王》)
  樂只君子,德音不已。   (《詩經·小雅·南山有臺》)

由比較實的"停止、結束"到比較虛的"不過如此"語氣,其虛化痕迹到東周以後更爲明顯。

 止 用於句末,表示確定的語氣,多見於《詩經》,其他典籍很少見。

  維桑與梓,必恭敬止。   (《詩經·小雅·小弁》)
  高山仰止,景行行止。   (《詩經·小雅·車舝》)
  我相此邦,無不潰止。   (《詩經·大雅·召旻》)
  茶蓼朽止,黍稷茂止。   (《詩經·周頌·良耜》)

2. 標示疑問語氣的語氣詞

西周時期標示疑問語氣的語氣詞主要有"其"(舊讀"jī"),見於《尚書》、《詩經》①。

  今爾無指告予,顛隮,若之何其?   (《尚書·微子》)
  夜如何其? 夜未央。   (《詩經·小雅·庭燎》)

3. 標示感嘆語氣的語氣詞

西周時期標示感嘆語氣的語氣詞是一個大類,主要有"哉(𢦏、才)、兮、斯、思、胥"等,在《詩經》中尤爲豐富。

 哉 西周時期常見的一個語氣詞,在《尚書》(今文)、《詩經》中用例很多,在西周金文中寫作"𢦏"或"才",標示比較强烈的感嘆語氣。例如:

  徹令敬享𢦏。   (何尊,西周早期)
  唯民謀拙才。   (班簋,西周中期)
  嗚呼! 邦伯、師長、百執事之人,尚皆隱哉! (《尚書·盤庚下》)
  樂只君子,福禄膍之。優哉游哉,亦是戾矣。
             (《詩經·小雅·采菽》)
  文王烝哉!   (《詩經·大雅·文王有聲》)

---

① 張玉金《西周漢語語法研究》。

"哉"也有倒裝句:

　　鞫哉庶正,疚哉冢宰。　　　　　(《詩經·大雅·雲漢》)
　　今日之事,不愆于六步、七步乃止,齊焉。夫子勖哉!不愆于四伐、五伐、六伐、七伐乃止,齊焉。勖哉夫子!　　(《尚書·牧誓》)

第二句之爲倒裝最爲明顯:前面是"夫子勖哉",後面是"勖哉夫子"。

　　兮　標示較強烈的詠嘆語氣,主要見於《詩經》。例如:

　　君子有穀,詒孫子。于胥樂兮。　　(《詩經·魯頌·有駜》)
　　蓼彼蕭斯,零露湑兮。既見君子,我心寫兮。燕笑語兮,是以有譽處兮。　　　　　　　　　　　　(《詩經·小雅·蓼蕭》)
　　無將大車,衹自塵兮。無思百憂,衹自疧兮。
　　　　　　　　　　　　　　　　(《詩經·小雅·無將大車》)
　　間關車之舝兮,思孌季女逝兮。　(《詩經·小雅·車舝》)

"兮"有時可處於主語之後,起提頓和舒緩的作用。例如:

　　父兮生我,母兮鞠我。　　　　　(《詩經·小雅·蓼莪》)

不過這種情況很少見。

　　斯　表示詠嘆,主要見於《詩經》。例如:

　　出此三物,以詛爾斯!　　　　　(《詩經·小雅·何人斯》)
　　對越在天,駿奔走在廟,不顯不承,無射於人斯!
　　　　　　　　　　　　　　　　　(《詩經·周頌·清廟》)
　　弁彼鸒斯,歸飛提提。　　　　　(《詩經·小雅·小弁》)
　　天難忱斯,不易維王!　　　　　(《詩經·大雅·大明》)

　　思、胥　加强語氣,多見於《詩經》。例如:

　　昔我往矣,楊柳依依;今我來思,雨雪霏霏。
　　　　　　　　　　　　　　　　　(《詩經·小雅·采薇》)
　　神之格思,不可度思,矧可射思?　(《詩經·大雅·抑》)
　　君子樂胥,受天之祜。　　　　　(《詩經·小雅·桑扈》)
　　君子樂胥,萬邦之屏。　　　　　(《詩經·小雅·桑扈》)

《詩經》的歌詠、抒情性質,決定了它語氣詞的豐富多樣。

三、東周以後的語氣詞

東周以後,"思、胥"很少見了。其他如"也("殹"同"也")、矣、兮、已、止、斯、哉"等繼續存在。由於這一時期社會文化空前活躍,各種思潮,各種文體相繼湧現,導致語氣的表達進一步豐富,新出現了"耳(而已)、爾、云、焉、者、邪、乎、與(歟)、夫、爲、而、且、來"等一批語氣詞。

另外還有一個"只",常見於《詩經》,一般認爲表感歎,如"母也天只,不諒人只!"(《詩經·鄘風·柏舟》)等。但近年來趙平安等學者考證,"本原型語氣詞'只',是'也'的寫訛"①。此説應該可信。

西周時期即已存在的語氣詞在東周以後的出現環境複雜化,這方面的情況我們將在下一節"語氣套疊現象及其發展"中加以討論。下面先介紹東周以後新出現的語氣詞及其性質。

1. 標示陳述語氣的語氣詞

而已→耳

上一節討論了句尾表"停止"、"結束"義的動詞"已"虛化爲語氣詞"已"的軌跡。事實上,語氣詞"已"在西周時期只見到《尚書·洛誥》中一例,而據李小軍考察,"稍後的《易經》、《詩經》、《儀禮》、《周禮》中'已'都爲動詞,不見語氣詞的用例",以致他懷疑"這一孤例很有可能是《尚書》在輾轉傳抄過程中後人加進去的"②。這可備一説。無論如何,東周以後,"已"已成爲一個成熟的表陳述語氣的語氣詞,略近於"矣",這裏略舉幾例:

  卒哭而諱,生事畢而鬼事始已。　　　(《禮記·檀弓下》)
  然則王之所大欲可知已。　　　(《孟子·梁惠王上》)
  傲細民之憂,而崇左右之笑,則國亦無望已。
　　　　　　　　　　　(《晏子春秋·内篇諫下》第二十三章)
  夫神農以前,吾不知已。　　　(《史記·貨殖列傳》)

"已"和"矣"雖然都表陳述語氣,但正如上節所提到的,兩者表示的語

---

① 見趙平安《對上古漢語語氣詞"只"的新認識》,《簡帛》第三輯,上海古籍出版社,2008年。
② 李小軍《語氣詞"已""而已"的形成、發展及有關問題》,《漢語史學報》第九輯。

氣有明顯差異,因此"已矣"可以連用①。例如:

  子曰:"賜也,始可與言《詩》已矣!" (《論語·學而》)

  在動詞"已"的虛化過程中,衍生出語氣詞"而已"。"而"本爲連詞,"已"本爲動詞,二者經常"共現",但其實不在同一層面。例如:

  子曰:"苟有用我者,期月而已可也。三年有成。"
              (《論語·子路》)
  楚令尹圍請用牲讀舊書加于牲上而已,晋人許之。
              (《左傳》昭公元年)
  人生天地之間,若白駒之過隙,忽然而已。 (《莊子·知北游》)

這樣的"而已","而"爲連詞,"已"爲表停止、結束義的動詞。李小軍認爲:"當'已'是動詞時,'而'是連詞,'而已'是一個跨層非短語結構,也就是説'而'和'已'雖然句法位置緊鄰,但是並不處於同一個句法單位,比如前面所舉'忽然而已'。但是随着'已'動詞性的減弱,'而'的連詞功能也在相應減弱,因爲語氣詞常置於句末,是不需要連詞連接的。也就是説'已'語義的弱化,會導致連詞'而'連接功能和語義的弱化;而兩者語義的弱化一旦達到一定程度,邊界就會開始模糊,結合逐漸緊密並融合(fusion);最後'而已'被重新分析爲一個複合語氣詞。"②這個分析是可信的。語氣詞"而已"的例子,如:

  子之佐十一人,其不欲戰者,三人而已。 (《左傳》成公六年)
  楚之良,在其中軍王族而已。   (《左傳》成公十六年)

以上的"而已"只宜看作表限止語氣的單純詞。

  "而已"單一化既久,其語音進一步融合,便有了語氣詞"耳"。郭錫良認爲,"語氣詞'耳'是'而已'的合音,也是表示限止語氣"③。例如:

  子曰:"二三子!偃之言是也。前言戲之耳。"(《論語·陽貨》)
  寡人非能好先王之樂也,直好世俗之樂耳!(《孟子·梁惠王下》)

---

① 郭錫良《先秦語氣詞新探》,見《漢語史論集》(增補本)。
② 李小軍《語氣詞"已""而已"的形成、發展及有關問題》,《漢語史學報》第九輯。
③ 郭錫良《先秦語氣詞新探》,見《漢語史論集》(增補本)。

天子、諸侯所親者,唯長子、母弟耳。　（《穀梁傳》襄公三十年）
從此道至吾軍,不過二十里耳。　（《史記・項羽本紀》）

爾　陳述語氣詞,有限止意味,相當於"而已"。例如:

其在宗廟朝廷,便便言,唯謹爾。　（《論語・鄉黨》）
其國亡矣,徒葬於齊爾。　（《公羊傳》莊公四年）
葉公子高入據楚,誅白公,定楚國,如反手爾。（《荀子・非相》）

"爾"還可表示肯定、強調的語氣。例如:

君若用臣之謀,則今日取郭而明日取虞爾!
　　　　　　　　　　　　　　　（《公羊傳》僖公二年）
盡此不勝,將去而歸爾。　（《公羊傳》宣公十五年）

焉　本爲指代詞,有時有"於此"、"於之"的意思,常作賓語,處於陳述句句末。例如:

今予發,惟恭行天之罰。今日之事,不愆于六步、七步乃止,齊焉。　（《尚書・牧誓》）
爲壇於南方,北面,周公立焉。　（《尚書・金縢》）
制,巖邑也。虢叔死焉。　（《左傳》隱公元年）
晉平公欲伐齊,使范昭往觀焉。
　　　　　　　　　（《晏子春秋・內篇雜上》第十六章）
昔者吾舅死於虎,吾夫又死焉,今吾子又死焉。
　　　　　　　　　　　　　　　（《禮記・檀弓下》）

以上第一例的"齊焉",宜理解爲"齊之",使部隊整頓一下的意思。其餘各例的"焉"也都有明顯的指代性質,作賓語。

這樣的處於句末的"焉"逐漸虛化,就兼有了強化陳述語氣的作用,例如:

三人行,必有我師焉。　（《論語・述而》）
既富矣,又何加焉?　（《論語・子路》）
酒醴之味,金石之聲,願夫子無與焉。
　　　　　　　　　　（《晏子春秋・內篇諫上》第六章）

公何不去二子者,毋使耳目淫焉。
(《晏子春秋·內篇諫下》第十五章)

再進一步虛化,指代作用就很微弱了,只能理解爲表示確定的語氣詞。如:

君子病無能焉,不病人之不己知也。　(《論語·衛靈公》)
四十、五十而無聞焉,斯亦不足畏也已!　(《論語·子罕》)
举有力焉,能投蓋于稷門。　(《左傳》莊公三十二年)
禹、湯罪己,其興也悖焉。　(《左傳》莊公十一年)
胸中不正,則眸子眊焉。　(《孟子·離婁上》)
天下有道,聖人成焉;天下無道,聖人生焉;方今之時,僅免刑焉
(《莊子·人間世》)

云　略含不肯定、委婉、舒緩之意。例如:

然虞卿非窮愁,亦不能著書以自見於後世云。
(《史記·平原君虞卿列傳》)
老萊子亦楚人也,著書十五篇,言道家之用,與孔子同時云。
(《史記·老子韓非列傳》)

2. 標示疑問語氣的語氣詞

者　語氣詞"者"多用於疑問句末,常與前面疑問代詞"誰"、"何"等呼應,起強調作用。例如:

盧蒲姜告之,且止之。弗聽,曰:"誰敢者?"
(《左傳》襄公二十八年)
安見六七十如五六十而非邦也者?　(《論語·先進》)
故飄風不終朝,驟雨不終日,孰爲此者? 天地也。
(《老子》第二十三章)
孰謂晏子習于禮者?　(《晏子春秋·內篇雜上》第二十一章)
地者,先君之地;君亡在外,何以得擅許秦者?
(《史記·晉世家》)
君即百歲後,誰可代君者?　(《史記·蕭相國世家》)

"者"有時還可以置於主語或前一分句之後,標示提頓語氣,後面的分

句或謂語則加以解釋或説明。

> 攻而必取者,攻其所不守也。　　　（《孫子兵法·虛實》）
> 井蛙不可以語於海者,拘於虛也。　（《莊子·秋水》）
> 伍奢有二子,不殺者,爲楚國患。　（《史記·楚世家》）
> 北山愚公者,年且九十。　　　　　（《列子·湯問》）

邪　疑問語氣詞"邪"常用於是非問句,表測度語氣。例如:

> 子知子之所不知邪?　　　　　　　（《莊子·齊物論》）
> 非夫子之友邪?　　　　　　　　　（《莊子·養生主》）

語氣再强烈一點,即可表示反詰語氣:

> 維據盡力以愛君,何愛者之少邪?
> 　　　　　　　　　　　　（《晏子春秋·内篇諫下》第二十二章）
> 擎跽曲拳,人臣之禮也,人皆爲之,吾敢不爲邪?
> 　　　　　　　　　　　　　　　　（《莊子·人間世》）
> 文帝曰:"吏不當若是邪?"　（《史記·張釋之馮唐列傳》）

"邪"也可用於選擇問:

> 不知天之棄魯邪,抑魯君有罪於鬼神故及此也?
> 　　　　　　　　　　　　　　　　（《左傳》昭公二十六年）
> 天之蒼蒼,其正色邪?其遠無所至極邪?　（《莊子·逍遙游》）

乎　"乎"是一個比較"廣譜"的語氣詞,可以用於多種句子。首先是用於各類問句。最常見的是是非問句,如:

> 子路問曰:"子見夫子乎?"　　　　（《論語·微子》）
> 王立於沼上,顧鴻雁麋鹿,曰:"賢者亦樂此乎?"
> 　　　　　　　　　　　　　　　　（《孟子·梁惠王上》）
> 子欲聞死之説乎?　　　　　　　　（《莊子·至樂》）

用於是非問的"乎"有時可與介詞結構一起提到動詞之前,以突出所詢問的焦點。例如:

（1）禮之本末,將於此乎在?　　　　　　（《左傳》昭公五年）
　　（2）吾乃今於是乎見龍?　　　　　　　　（《莊子·天運》）
　　（3）生乎由是? 死乎由是?　　　　　　　（《荀子·勸學》）

例（1）即"將在於此乎?"的加强式,例（2）即"吾乃今見龍於是乎?"的加强式,例（3）即"由是生乎? 由是死乎?"的加强式。

"乎"也用於特指問句,加强特指疑問語氣。一般有體現疑問焦點的疑問代詞"誰、何、安、胡、孰、奚、盍"等相配合,要求對方作出回答。如:

　　夫今之歌者其誰乎?　　　　　　　　　（《莊子·山木》）
　　莊周反入,三月不庭。藺且從而問之:"夫子何爲頃間甚不庭乎?"　　　　　　　　　　　　　　　　　（《莊子·山木》）
　　於是桓公問太史伯曰:"王室多故,予安逃死乎?"
　　　　　　　　　　　　　　　　　　　　（《史記·鄭世家》）
　　天下紛紛,何時定乎?　　　　　　　　（《史記·陳丞相世家》）

"乎"還可用於選擇問句,加强選擇的語氣。如:

　　子聞之,謂門弟子曰:"吾何執? 執御乎? 執射乎? 吾執御矣。"
　　　　　　　　　　　　　　　　　　　　（《論語·子罕》）
　　子爲長者慮,而不及子思。子絕長者乎? 長者絕子乎?
　　　　　　　　　　　　　　　　　　　　（《孟子·公孫丑下》）
　　人生受命於天乎? 將受命於户邪?　　（《史記·孟嘗君列傳》）

"乎"還可用於反詰問句,加强反詰的語氣。如:

　　子曰:"學而時習之,不亦説乎? 有朋自遠方來,不亦樂乎? 人不知而不愠,不亦君子乎?"　　　　　　　（《論語·學而》）
　　日月出矣而爝火不息,其於光也,不亦難乎!
　　　　　　　　　　　　　　　　　　　　（《莊子·逍遥游》）
　　子獨不見貍狌乎? 卑身而伏,以候敖者。　（《莊子·逍遥游》）

"乎"還可用於祈使句,加强命令、祈請、勸戒、禁止等語氣。例如:

　　急子至,曰:"我之求也,此何罪? 請殺我乎!"又殺之。
　　　　　　　　　　　　　　　　　　　　（《左傳》桓公十六年）

故言有召禍也,行有招辱也,君子慎其所立乎!(《荀子·勸學》)

"乎"還可用於感嘆句,加強感嘆語氣。例如:

知我者,其惟《春秋》乎!罪我者,其惟《春秋》乎!
(《孟子·滕文公下》)

歌曰:"泰山其頹乎?梁木其壞乎?哲人其萎乎?"
(《禮記·檀弓上》)

彈其劍而歌曰:"長鋏歸來乎!食無魚。"
(《史記·孟嘗君列傳》)

感嘆句的"乎"也可以有倒裝用法。例如:

惜乎,吾見其進也,未見其止也!　　　(《論語·子罕》)

這一句可以看作"吾見其進也,未見其止也,惜乎!"的倒裝。

與(歟)　語氣詞"與"或寫作"歟",常用於是非問句。例如:

曰:"是魯孔丘與?"曰:"是也。"……曰:"是魯孔丘之徒與?"對曰:"然。"　　　(《論語·微子》)

太宰問於子貢曰:"夫子聖者與?何其多能也?"
(《論語·子罕》)

《詩》云"如切如磋,如琢如磨",其斯之謂與?(《論語·學而》)

"與(歟)"也用於選擇問句。例如:

此天下之害與?天下之利與?　　　(《墨子·兼愛下》)

子禽問於子貢曰:"夫子之於是邦也,必聞其政。求之與?抑與之與?"　　　(《論語·學而》)

門無鬼曰:"天下均治而有虞氏治之邪?其亂而後治之與?"
(《莊子·天地》)

求牧與芻而不得,則反諸其人乎?抑亦立而視其死與?
(《孟子·公孫丑下》)

堯治天下五十年,不知天下之治歟,不治歟?不知億兆之願戴己歟,不願戴己歟?　　　(《列子·仲尼》)

"與(歟)"还可用於反詰句和感嘆句:

(1) 爾罪三也,而曰女何無罪與! 　　　　　　(《禮記·檀弓上》)
(2) 季氏將伐顓臾。冉有、季路見於孔子曰:"季氏將有事於顓臾。"
　　 孔子曰:"求! 無乃爾是過與?" 　　　　　　(《論語·季氏》)
(3) 子在陳,曰:"歸與! 歸與! 吾党之小子狂簡,斐然成章,不知所
　　 以裁之!" 　　　　　　　　　　　　　　　(《論語·公冶長》)

以上例(1)、(2)爲反詰句,例(3)爲省略了主語的感嘆句。

3. 標示感嘆語氣的語氣詞

夫 常用於感嘆句,標示感慨、讚嘆、悲哀等語氣。例如:

叔向曰:"辭之不可以已也如是夫! 子産有辭,諸侯賴之,若之何其釋辭也?" 　　　　　　(《左傳》襄公三十一年)

南人有言曰:"人而無恒,不可以作巫醫。"善夫!

(《論語·子路》)

靈王爲章華之臺,與伍舉升焉,曰:"臺美夫!"

(《國語·楚語上》)

不明於道者,悲夫! 　　　　　　(《莊子·在宥》)

"夫"有時還可用於倒裝句:

悲夫,有土者之不知也! 　　　　　　(《莊子·在宥》)

這一句實際就是"有土者之不知也,悲夫!"的倒裝。

"夫"還可用於疑問句句,標示是非問或測度問。例如:

夫微之顯,誠之不可掩如此夫? 　　　　　　(《禮記·中庸》)

齊貌辨見宣王,王曰:"子,靖郭君之所聽愛夫?"

(《戰國策·齊一》)

爲 標示感嘆。常與疑問代詞"何"、"奚"等配合使用,句子呈反詰、感嘆語氣,反詰語氣由疑問代詞承擔。例如:

夫顓臾,昔者先王以爲東蒙主,且在邦域之中矣,是社稷之臣也。何以伐爲? 　　　　　　(《論語·季氏》)

君子質而已矣,何以文爲? 　　　（《論語·顏淵》）
使於四方,不能專對;雖多,亦奚以爲? （《論語·子路》）
我決起而飛,槍榆枋,時則不至,而控於地而已矣,奚以之九萬里而南爲? 　　　　　　　　　　　（《莊子·逍遙游》）
汝又何爲以治天下感予之心爲? （《莊子·應帝王》）
歸休乎君,予無所用天下爲! （《莊子·逍遙游》）

最後一句"歸休乎君,予無所用天下爲!",句子没有疑問代詞,因此没有反詰語氣,而只有單純的感嘆語氣。

而 標示感嘆語氣。例如：

唐棣之華,偏其反而! 豈不爾思? 室是遠而! （《論語·子罕》）
已而! 已而! 今之從政者殆而! （《論語·微子》）
鬼猶求食,若敖氏之鬼不其餒而! （《左傳》宣公四年）

且 標示感嘆語氣,主要見於《詩經》。例如：

不見子都,乃見狂且。 （《詩經·鄭風·山有扶蘇》）
雖則如荼,匪我思且。 （《詩經·鄭風·出其東門》）

來 標示感嘆語氣,較少見。例如：

爲人臣者不足以任之,子其有以語我來! （《莊子·人間世》）
雖然,若必有以也,嘗以語我來! （《莊子·人間世》）

四、語氣套疊現象及其發展

（一）關於語氣套疊現象

語氣就是說話人的口氣,包括心理狀態、感情色彩等。可以說,只要說話,必有語氣。而語氣詞却是後起的、非必需的現象。例如,在殷商時期,没有標示論斷語氣的"也",但我們決不能說殷商時期没有論斷語氣。於是發生一個問題：某種語氣詞,與它所對應的某種業已存在的語氣,究竟是什麼關係? 例如：

（1）豈弟君子,民之父母。 （《詩經·大雅·泂酌》）
（2）展如之人兮,邦之媛也。 （《詩經·鄘風·君子偕老》）

這是兩個判斷句,(1)無"也",(2)有"也"。例(2)這樣的句子可以看作是由例(1)這樣的句子加上"也"造成的。顯然,加"也"之前句子已經有了判斷語氣,"也"的作用只是使句子原有的判斷語氣更爲彰顯一些而已。正是在這個意義上,我們說"也"的作用只是"標示"原句已有的論斷語氣,它使得原句的語氣得到加強。如果語氣詞所標示的語氣與原句的語氣不一致,便體現一種複合語氣,從而形成語氣的"套疊"現象,表達說話者的複雜的感情、心理狀態。例如:

(3)不及黃泉,無相見也。　　　　　　(《左傳》隱公元年)
(4)惡!是何言也!　　　　　　　　　(《孟子·公孫丑上》)

例(3)是祈使句,不用"也"仍然是祈使、命令的語氣,這種語氣是由禁止性否定副詞"無"表示的。"也"並不表示祈使語氣,而是對這種祈使的語氣加以肯定,仍是表示論斷或肯定的語氣。因此例(3)是祈使語氣與判斷語氣的套疊,只是祈使語氣沒有使用語氣詞。例(4)是感嘆句。前有嘆詞"惡"[①],句中又有表示反詰的代詞"何",反詰也就帶有不以爲然的驚訝意味,句子的感嘆語氣是由"惡"和"何"表示的,"也"是幫助"是何言"這個判斷句表示判斷的。因此例(4)是感嘆語氣與判斷語氣的套疊。

如果句子使用不止一個語氣詞,那麼看起來就是語氣詞的套疊了。例如:

斯謂之仁已乎?　　　　　　　　　(《論語·顏淵》)

這裏,表限止的"已"與表疑問的"乎"代表該句的兩種語氣。對於這種現象,我們姑且稱爲語氣詞的套疊使用。這時句子的語氣重心一般在後一個語氣詞上。

語氣詞的套疊使用不限於兩相套疊,還有三相套疊。例如:

晏子立於崔氏之門外。其人曰:"死乎?"曰:"獨吾君也乎哉?吾死也。"曰:"行乎?"曰:"吾罪也乎哉?吾亡也。"
　　　　　　　　　　　　　　　(《左傳》襄公二十五年)

[①] 嘆詞獨立成句,而不是句子成分,一般在句子或段落的前面,表達各種強烈的感情。殷商時期有"俞",西周以後較多有"嗟、嗚呼(於呼、烏虖)、噫嘻、嘻"等。請參考張玉金《甲骨文語法學》;張玉金《西周漢語語法研究》;何樂士《〈左傳〉語法研究》,河南大學出版社,2012年。

"也乎哉",兼表肯定、疑問和反問的語氣。句子的語氣重心落在最後的"哉"字上。

既然是"套疊",就說明它們是分層次的。一般的規律是"管前不管後",即每個語氣詞只統攝它前面的部分而不管後面部分。仍以"斯謂之仁已乎?"爲例,"已"是統攝"斯謂之仁"的,而"乎"是統攝"斯謂之仁已"的。"已"和"乎"並不在一個層面上。正如朱德熙所言:"幾個語氣詞接連出現,彼此在結構上沒有直接的關係。"①這樣遞相套疊,最後一個語氣詞,它的轄域自然最大,所以成爲全句的語氣中心。其實套疊的不是語氣詞,而是句子本身的不同語氣。"語氣詞的套疊"只是一個表象,且方便稱説而已。

語氣詞的套疊使用是一個極爲複雜的現象,應結合原句本身的語氣和各個語氣詞本身的語氣綜合理解。例如,對於"子曰:'泰伯其可謂至德也已矣'"(《論語·泰伯》)一句,郭錫良解釋説,三個語氣詞連用,各個語氣詞仍保留各自所表示的語氣,組成三種語氣因素相結合的複合語氣,語氣的重心一般在最後一個語氣詞上。比如"也"表肯定語氣,"已"表限止語氣,"矣"表報導新情況的語氣,也就是説孔子是把"泰伯其可謂至德"這一事實當作肯定的、止於此的新情況報導出來。其實句中的語氣副詞"其"還表示委婉語氣,整個句子又帶上委婉語氣色彩。這是一個四種語氣因素組成的複合語氣②。這是非常精到的觀察,具有普遍意義。此外,朱承平研究了語氣詞套疊使用中語氣詞本身的搭配規律,他指出:"不同語氣的語氣詞連用時,一般是陳述語氣詞放在疑問語氣詞或感嘆語氣詞之前;疑問語氣詞放在感嘆語氣詞之前。""陳述語氣詞連用有兩個特點:第一,'也'、'矣'二字較爲活躍。凡陳述語氣詞連用時一般都有這兩個語氣詞參與。第二,在語氣詞連用時,一般是'也'字放在其他語氣詞之前,'矣'字放在其他語氣詞之後。只有'而已'、'耳'這兩個語氣詞與'也'連用時,'也'字纔放在它們的後面。"③

語氣詞的套疊使用,過去多稱爲"語氣詞的連用",這種説法不體現語氣詞之間的層次關係,是不準確的。楊永龍對套疊使用的語氣詞的層次關係有細緻的分析,值得參考④。對於這種現象,楊氏稱爲"同現",我們稱爲

---

① 朱德熙《語法講義》,見《朱德熙文集》第1卷,233頁。
② 郭錫良《先秦語氣詞新探》,見《漢語史論集》(增補本)。
③ 朱承平《先秦漢語句尾語氣詞的組合及組合層次》,《中國語文》1998年第4期。
④ 楊永龍《先秦漢語語氣詞同現的結構層次》,《古漢語研究》2000年第4期。

"套疊",我們覺得後者更能體現層次關係。

（二）語氣詞套疊使用的歷史發展①

語氣詞套疊使用是一個歷史現象,這種現象發端於春秋初、中期。根據現有的材料看,均見於《詩經·國風》,共有五種:焉哉、只且、也且、乎而、也哉。舉例如下:

　　反是不思,亦已焉哉!　　　　　（《詩經·衛風·氓》）
　　其虛其邪,既亟只且!　　　　　（《詩經·邶風·北風》）
　　子不我思,豈無他人? 狂童之狂也且!《詩經·鄭風·褰裳》）
　　俟我於庭乎而,充耳以青乎而,尚之以瓊瑩乎而。
　　　　　　　　　　　　　　　　　（《詩經·齊風·著》）
　　君子至止,錦衣狐裘,顏如渥丹,其君也哉!
　　　　　　　　　　　　　　　　　（《詩經·秦風·終南》）

上文已說了,據趙平安等的研究,上古語氣詞"只"字很可能是"也"字的訛寫,因此所謂五種很可能只是四種,"只且"即"也且"。

通過對《詩經·國風》中語氣詞套疊情況的考察分析,得出初期語氣詞套疊現象的幾個特點,即古漢語語氣詞套疊現象在春秋初、中期處於萌發階段,種類很少,而且用例集中,或是出自同一篇或某兩篇中,或是用於同一語言環境中。如"乎而"用了9次,全部出現在《詩經·齊風·著》中;"也且"兩見於《鄭風·褰裳》,均用於每節最後一句"狂童之狂也且",語句完全一樣。構成連用的單個語氣詞,也多爲漢語較早的語氣詞"哉、也（只）、乎、而、焉、且"等。這反映出了早期書面語中的口語優勢和特點。《國風》多爲民歌體,雖然可能經過採詩官或編纂者的某些加工,但基本形態當不會有太大出入。語氣詞套疊現象在《國風》中的出現應是當時口語實際的真實反映,當然也是最早的反映。這一階段只有兩相套疊的用例。

降及春秋晚期戰國初期,語氣詞套疊現象進入了發展期,種類達到了18種,除"也哉"是繼承上一階段的以外,其餘都是新產生的（"焉哉"本時期未見,但在戰國中期再次出現,見下）。增加的速度和數量是驚人的。具體爲"也已、已矣、也已矣、而已矣、焉而已矣、云爾、也夫、矣夫、也乎、矣乎、

---

① 這一部分主要根據趙長才《先秦漢語語氣詞連用現象的歷時演變》,《中國語文》1995年第1期。

已乎、焉耳乎、而已乎、也與、也哉、矣哉、乎哉、也乎哉"①。舉例如下：

四十、五十而無聞焉，斯亦不足畏也已！　（《論語·子罕》）
賜也，始可與言《詩》已矣！告諸往而知來者。（《論語·學而》）
泰伯，其可謂至德也已矣！　（《論語·泰伯》）
無爲而治者，其舜也與！夫何爲哉？恭己正南面而已矣。
　　　　　　　　　　　　　　　　　　　（《論語·衛靈公》）
回也，其心三月不違仁；其餘，則日月至焉而已矣。
　　　　　　　　　　　　　　　　　　　（《論語·雍也》）
其爲人也，發憤忘食，樂以忘憂，不知老之將至云爾。
　　　　　　　　　　　　　　　　　　　（《論語·述而》）
子曰："莫我知也夫！"子貢曰："何爲其莫知子也？"
　　　　　　　　　　　　　　　　　　　（《論語·憲問》）
伯牛有疾，子問之，自牖執其手，曰："亡之，命矣夫！"
　　　　　　　　　　　　　　　　　　　（《論語·雍也》）
君子曰："位其不可不慎也乎！"　（《左傳》成公二年）
有能一日用其力於仁矣乎？　（《論語·里仁》）
其言也訒，斯謂之仁已乎？　（《論語·顏淵》）
子曰："女得人焉耳乎？"　（《論語·雍也》）
子路問君子。子曰："修己以敬。"曰："如斯而已乎？"
　　　　　　　　　　　　　　　　　　　（《論語·憲問》）
季康子問："仲由可使從政也與？"子曰："由也果，於從政乎何有？"曰："賜也可使從政也與？"曰："賜也達，於從政乎何有？"曰："求也可使從政也與？"曰："求也藝，於從政乎何有？"
　　　　　　　　　　　　　　　　　　　（《論語·雍也》）
是謂盜竽，非道也哉。　（《老子》第五十三章）
飽食終日，無所用心，難矣哉！　（《論語·陽貨》）
大宰知我乎？吾少也賤，故多能鄙事。君子多乎哉？不多也。
　　　　　　　　　　　　　　　　　　　（《論語·子罕》）
我王者也乎哉？　（《國語·晉語六》）

---

① 數據基本來自趙長才《先秦漢語語氣詞連用現象的歷時演變》，《中國語文》1995年第1期。但"也已哉"我們遍查未得，姑存疑，不計。

到了戰國中期，語氣詞的套疊用法呈現高峰態勢。這一時期的主要特點是，種類較上一時期繼續有大幅度增加，達到了33種，增加的趨勢極爲明顯。現將這33種悉列於下（其中繼承前兩個階段的17種["焉哉"直接繼承春秋初、中期]，新産生的有16種[下加着重號者]）①：也已、已矣、而已矣、也已矣、云爾、也乎、已乎、矣乎、而已乎、也夫、矣夫、也與、也哉、乎哉、焉哉、矣哉、也乎哉、焉也、爾也、而已也、焉爾也、耳矣、焉耳矣、乎來、焉爾、乎云爾、焉耳、而已耳、已夫、也邪、云乎、哉乎、而已哉。

三套疊形式，上一階段的"焉耳乎"和"焉而已矣"消失了，本階段又產生了3種，共5種。

現就本階段新産生的套疊形式舉例如下：

  成人之者，將責成人禮焉也。　　　　　（《禮記·冠義》）
  夫子何善爾也？　　　　　　　　　　　（《禮記·檀弓上》）
  君子之聽音，非聽其鏗鏘而已也，彼亦有所合之也。
 　　　　　　　　　　　　　　　　　　　（《禮記·樂記》）
  宦於大夫者之爲之服也，自管仲始也，有君命焉爾也。
 　　　　　　　　　　　　　　　　　　　（《禮記·雜記下》）
  雖然，止是耳矣，夫胡可以及化？猶師心者也。
 　　　　　　　　　　　　　　　　　　　（《莊子·人間世》）
  夫銘者，壹稱而上下皆得焉耳矣。　　　（《禮記·祭統》）
  孔子在陳，曰："盍歸乎來！吾黨之士狂簡，進取不忘其初。"
 　　　　　　　　　　　　　　　　　　　（《孟子·盡心下》）
  唯祭祀之禮，主人自盡焉爾。　　　　　（《禮記·檀弓下》）
  孟子曰："是亦羿有罪焉。"公明儀曰："宜若無罪焉？"曰："薄乎云爾，惡得無罪？"　　　　　　　　（《孟子·離婁下》）
  愛之，斯錄之矣；敬之，斯盡其道焉耳。（《禮記·檀弓下》）
  化其萬物而不知其禪之者，焉知其所終？焉知其所始？正而待之而已耳。　　　　　　　　　　　　　（《莊子·山木》）

---

① 數據來自趙長才《先秦漢語語氣詞連用現象的歷時演變》，《中國語文》1995年第1期。本書稍有改變："乎爾"，僅見於《孟子·梁惠王下》"出乎爾者，反乎爾者也"，其"爾"是指代詞，不計；"已邪"，僅見於《墨子·尚同下》兩次："家既已治，國之道盡此已邪？""國既已治矣，天下之道盡此已邪？"其"已"當爲動詞，完備、完結的意思，不計；"也已哉"，遍尋未得，存疑，暫不計。

然則君之所讀者,古人之糟魄已夫! 　　（《莊子·天道》）
我不若勝,若果是也,我果非也邪? 　　（《莊子·齊物論》）
古之人有言曰:"事之云乎",豈曰友之云乎?
（《孟子·萬章上》）
悲哉乎! 汝爲知在毫毛,而不知太寧! 　（《莊子·列禦寇》）
明乎物物者之非物也,豈獨治天下百姓而已哉!
（《莊子·在宥》）

"而已"是一個單純的語氣詞,所以"而已耳"、"而已也"等都是兩套疊形式。

進入戰國晚期,語氣詞套疊現象進入衰退期。表現爲兩多兩少的特點。兩多是指繼承舊的形式多,消失的形式也多;兩少是指總的形式種類少(與戰國中期相比),新產生的種類也少。

上一階段的有10種套疊形式消失,它們是:焉也、焉耳矣、乎來、焉耳、也邪、已夫、哉乎、而已哉、乎云爾、焉爾也。

本階段全部30種套疊形式如下(本階段新產生7種[下加着重號者][①]):也已、爾也、耳也、而已也、也矣、耳矣、焉矣、已矣、而已矣、也已矣、也而已矣、焉爾、也夫、矣夫、也乎、也與、已乎、矣乎、云爾、云乎、而已耳、而已乎、爾哉、耳哉、乎哉、邪哉、也哉、矣哉、也乎哉、焉哉。

新產生的只有7種,這說明語氣詞套疊現象的能產性已大大減弱了。新產生的套疊形式不僅種類少,而且用例也很少,據趙長才統計,本階段大多數語氣詞套疊形式的使用頻率都呈下降趨勢。

下面就這7種新產生的套疊形式舉例如下:

老耽貴柔,孔子貴仁,墨翟貴廉,關尹貴清,子列子貴虛,陳駢貴齊,陽生貴己,孫臏貴勢,王廖貴先,兒良貴後。有金鼓所以一耳也。
（《呂氏春秋·不二》）
是善惡之分也矣。 　　（《荀子·性惡》）
公爵爲執圭,官爲柱國,戰而勝,則無加焉矣。
（《戰國策·東周》）
若吾所言,謂人之所得勢也而已矣,賢何事焉?
（《韓非子·難勢》）

---

① 趙長才列爲8種,其中"焉乎"我們遍尋未得,暫不計,存疑。

　　　　以夫桀跖之道,是其爲相縣也,幾直夫芻稻粱之縣糟糠爾哉!
　　　　　　　　　　　　　　　　　　　　　　　　(《荀子·榮辱》)
　　　　故先王明之,豈特玄之耳哉!　　　　　　(《荀子·正論》)
　　　　彼誠有之者,與誠無之者,若白黑然,可詘邪哉!
　　　　　　　　　　　　　　　　　　　　　　　　(《荀子·君道》)

　　西漢以後,語氣詞套疊現象進一步衰落。據趙長才統計,本時期全部134個用例中,有近一半(60例)是直接引用先秦舊籍。全部18種套疊形式絶大部分都有引用先秦典籍的用例,其中"也夫"、"也已"、"矣夫"、"云爾"、"而已耳"和"也已矣"這6種全部引自先秦舊籍。因此,從種類上看,如果不計這6種連用形式的話,那麽實際使用的套疊形式只有12種,比整個先秦時期語氣詞套疊種類(50種)減少了38種,而且這12種均爲先秦舊有形式的繼承。從用例上看,除去引用先秦古籍的60個用例,實際用例只有74例,僅及戰國晚期用例(269例)的27%,不足整個先秦時期用例(743例)的十分之一。可見,到了西漢時期,語氣詞套疊現象確實大大減少了,而且不再具有形式上的創新能力了。

　　語氣詞套疊使用是漢語發展史上一個重要的歷史現象。先秦時期是語氣詞套疊最爲活躍的時期,其最大特點是形式上創新能力很強,不僅種類繁多,而且用例也相當可觀。

　　語言本身的發展固然是造成這一狀況的最重要最直接的内在原因,但先秦時期特定的歷史條件也是語氣詞套疊現象如此蓬勃發展的一個重要因素。語氣詞套疊現象具有較明顯的口語和抒情色彩,春秋戰國時期百家爭鳴,論辯於外;"國風"各異,情動於衷,這就是語氣詞套疊現象盛行的重要原因。以《論語》爲例,所有的語氣詞套疊形式均只在對話中出現,而象《論語·鄉黨》這種沒有對話的篇目,雖然篇幅較長,却沒有出現一次。其他各書的情況也大致如此。

　　即便在同一時期,文章體裁相近的不同作品中,也存在着語氣詞套疊形式種類和用例次數多寡不均衡的現象。這可能與作家個人的語言風格有關。如果不過分強調方言影響的話(對此,我們持謹慎態度),那麽至少也應該承認作家在吸收口語成分進入其作品時,個人的語言風格起了相當大的作用。《荀子》和《韓非子》兩書的情況就説明了這個問題。《荀子》中出現的套疊形式爲13種,用例81次;《韓非子》則只出現6種,用例22次。

語氣詞套疊的種類是有限的,可列舉的。只有少數語氣詞套疊形式穩定性較強,使用頻率較高,而絕大多數則穩定性很弱,使用頻率也較低。兩套疊形式最先出現,種類和用例較多,分佈亦較廣,在各個階段始終佔絕對優勢。三套疊的形式分佈不廣,大多只出現在某一部或某兩部書中。這説明,它使用很不普遍,大多只是曇花一現罷了。

第十一章
構詞法的發展

　　漢語的構詞,從音節特徵上看,主要分爲單音節詞和雙音節詞兩類;從詞的結構上看,可分爲單純詞和複合詞兩類;從構詞理據上看,有的不可分析,有的可以有限度地加以分析。

　　構詞的變化總是關乎意義的變化,其途徑有二:或者伴隨着詞形的變化,或者並不伴隨着詞形的變化。

　　單音節詞一般是單純詞,雙音節詞有的是單純詞,有的是複合詞。複合詞除附加關係外,其構詞理據一般可作有限度的分析。單音節詞,其詞根一般無法尋得構詞理據,但由詞根引申出的一組詞,則是有構詞理據可循的。雙音節單純詞,過去一般認爲其構詞無理據可循,但其實有一部分也是可以尋得其構詞理據的,也就是説,構詞理據並不是複合詞的專利,追尋構詞理據與分析結構關係是兩回事,二者並不總是一致的(理由見下)。

第一節　殷商時期的構詞法

　　殷商時期漢語單音節詞佔絶對優勢,這是毫無問題的。單音節詞產生新詞,是通過詞義引申實現的。有兩種途徑。

　　一種途徑是詞形没有變化(没有音變)。例如"田",郭錫良認爲在甲骨卜辭中有田獵義。如:

　　　　壬子卜,貞:王其田,亡災?　　　　　　　(《合集》33530)

又有農田義。如:

  大令衆人曰：協田，其受年？   （《合集》1）

人類社會是從採集時代到漁獵時代，再經過畜牧時代到農耕時代的。"田"這個詞本來是表示田獵的，到了農耕時代人們在先前田獵的區域進行種植，"田"引申出農田義，分化出一個新詞。

  再如"帝"，郭錫良認爲，在甲骨卜辭中"帝"有禘祭、上帝、死去的帝王三個意義。例如：

  丙辰卜，𠂤貞：帝于岳。   （《遺》846）
  今二月，帝令雨。   （《鐵》123·1）
  乙卯卜，其又歲于帝丁一牢？   （《南輔》62）

甲骨文中的"帝"字像架木或束木以燔之形，本是表示禘祭，初爲祭天神之義，是動詞。由祭祀天神而轉指祭祀的對象——權威最高的上帝，再引申指人間權威最高的帝王，分化爲三個詞。後代加示旁，造了一個"禘"字作爲禘祭的專用字。

  另一種途徑是詞形發生變化（音變）。例如"狩"和"畜"，郭錫良認爲甲骨文中有"狩"字，義爲田獵。如：

  之日狩，允禽。   （《合集》10198）

又有"畜"字，義爲豢養。如：

  王畜馬在兹廄。   （《合集》29415）

人類社會由漁獵時代轉向畜牧時代，也就是把狩獵所獲得的野獸豢養起來。狩獵有所獲，畜養也有所獲，二者在意義上是有聯繫的。在《詩經》音系中"狩"是書母幽部[*ɕĭəu]，"畜"是曉母覺部[*xĭəuk]，爲陰入對轉。二字音近義通，"畜"是"狩"通過音變構造的新詞。

  再例如"史"和"事"，郭錫良認爲甲骨卜辭中"史"、"事"同形，是一個字。用作"史"是官職名：

  其乎北御史，衛。   （《甲》1636）
  丁亥史其酒告[于]南室。   （《續》2·6·3）

用作"事"是事物、事情義：

貞：勿立史（事）于南。　　　　　　　　　　（《明》2324）

乙亥卜：生四月妹有史（事）？弗及今三月有史（事）。

（《通·别一·新》17）

史官在商代地位較高，或主持祭祀，或記事，或爲使臣。總之，"史"是爲王治事的人，在意義上與"事"有關係。在《詩經》音系中，"史"是山母之部[*ʃĭə]，"事"是崇母之部[*dʒĭə]。二字音近義通，是通過音變構造的同源詞。有的甲骨學者對某些官名釋作"吏"，如"東史"釋作"東吏"。"吏"是來母之部[*lĭə]，與"事"也是疊韻關係，仍然是音變造詞。如果承認上古以前有複輔音，"史"、"吏"的音義關係更加緊密，原本同音[*ʃlĭə]，是一個詞，分化爲"史"[*ʃĭə]和"吏"[*lĭə]，意義也有所分化。①

可以看出，這兩種途徑實質還是一個，就是意義的引申，只不過有的伴隨着音變，有的没伴隨音變。

同時，殷商時期還出現了一些複合結構，這些結構都是名詞性的（大多是專有名稱），其結構關係，按照一般的説法，大致有以下幾種類型：

聯合型：甲子、乙丑、癸亥、壬戌、辛酉、上下、牝牡等；

偏正型：上帝、東母、北巫、二示、三示、大示、小示、上示、下示、大宗、小宗、大室、中室、東室、東寢、西寢、公宮、人方、北方、大方、北彔、丘商、丘紹、大邑商、婦周、婦嬉、婦好、子儒、子伐、大采、小采、大食、小食、多君、多晨、多尹、多射、大采、小采、大食、小食等；

動賓型：作册、御史。

以上這些複合結構究竟是詞還是詞組，這個問題在學界是有分歧的。

郭錫良認爲都是詞組，最多也只能説是"短語詞"②。而伍宗文及其他一些學者則認爲殷商時期已有複音詞的萌芽③。

我們認爲，這些複合結構在殷商時期已經常作爲一種固定組合來使用，這應該是没有問題的。至於這種組合，其成分之間的緊密程度到還是没到"詞"的標準，這就涉及到漢語複合詞與詞組的劃分問題，這是一個迄今爲止並没有徹底解決的問題。漢語複合詞的結構與詞組的結構大部分

---

① 郭錫良《先秦漢語構詞法的發展》，見《漢語史論集》（增補本）。
② 郭錫良《先秦漢語構詞法的發展》，見《漢語史論集》（增補本）。
③ 伍宗文《先秦漢語複音詞研究》，巴蜀書社，2001年，306～307頁。

情況下是一致的。大量的複合詞是由詞組"詞彙化"而產生的①。"今天的詞法曾是昨天的句法",而殷商時期的複合結構,相當大一部分至少在後世可以肯定是複合詞,這也是事實。因此説"甲骨文的詞彙已出現複音化的萌芽",似不爲過。

豈但如此,在我們看來,殷商時期有少數幾個"複合"結構是可以肯定爲"詞"的,而且是雙音節單純詞,這就是"作册"、"御史"等。

"作册"、"御史"這類結構,作爲名詞,一般被認爲是"動賓式"(或"支配式")的複合詞②。這個看法是有問題的。一個名詞,是不能被分析爲"動賓式"的,反過來説,一個動賓結構也不能同時又是名詞。這就關係到語言學中關於"向心結構"的基本原則:向心結構的功能應與它的核心語的功能一致。動賓結構是典型的向心結構,其核心語爲動詞,所以動賓式的功能應與動詞,而不是名詞的功能一致。這是一條爲無數事實證明了的規律。事實上,"作册"、"御史"之類,其意義相當於動賓結構加上"者",即"作册者"、"御史者",這是漢語謂詞性成分名詞化,轉指動作行爲施事的一類。凡動作行爲總是和動作行爲對象相聯繫。"轉指"就是指動詞性成分語義發生變化,轉而指稱與該動作行爲相關的各種對象,諸如施事、受事、與事、工具等。轉指是動詞性成分的一項基本功能③。從構詞的角度看,不妨稱之爲"轉指造詞",它是漢語語法結構詞彙化的一種方式。轉指之後,作爲名詞,一般是不能作結構分析的(少數可以分析,有特殊原因)。從這個意義上,可以把它們視爲雙音節的單純詞。但這種單純詞,其構詞理據又是可以探求的(轉指)。因此我們認爲,構詞理據的探求有時應與詞的結構分析分開來對待:一個雙音節詞,可以探求構詞理據並不意味着一定可以作結構分析。反過來,如果可以作結構分析,其構詞理據一般也就清楚了④。

---

① 董秀芳《詞彙化:漢語雙音詞的衍生和發展》,四川民族出版社,2002年。
② 郭錫良《先秦漢語構詞法的發展》,見《漢語史論集》(增補本);伍宗文《先秦漢語複音詞研究》第五章;馬真《先秦複音詞初探》,見《北京大學百年國學文粹·語言文獻卷》,北京大學出版社,1998年。
③ 請參考本書第一章第三節;姚振武《漢語謂詞性成分名詞化的原因及規律》,《中國語文》1996年第1期。
④ 姚振武《説轉指造詞》,載《古漢語研究的新探索——第十一屆全國古代漢語研討會論文集》,語文出版社,2014年;又見《跨越古今——中國語言文字學論文集(古代卷)》,馬來亞大學中文系、馬來亞大學中文系畢業生協會出版發行,漫延書房印刷,2013年。

第二節　西周時期的構詞法

西周時期,儘管單音節詞的詞義引申造詞(有音變的和没有音變的)仍然很能產,但漢語複音化的趨勢已經開始,複音詞主要包括雙音節單純詞和雙音節複合詞兩類。在"轉指造詞"繼續能產的同時,漢語開始運用語音造詞法,造出疊音詞、雙聲聯綿詞、疊韻聯綿詞、非雙聲疊韻聯綿詞等雙音節單純詞。

雙音節複合詞方面,西周時期不僅數量大大增加,而且類型也多樣化起來,不僅有名詞,還開始有動詞、形容詞等。另外,附加式複合詞也告誕生。

一、雙音節單純詞的發展

轉指造詞,殷商時期的"作册"、"御事(御史)"繼續流傳下來:

嗟! 我友邦冢君,御事、司徒、司馬、司空、亞、旅、師氏、千夫長、百夫長及庸、蜀、羌、髳、微、盧、彭、濮人。稱爾戈,比爾干,立爾矛,予其誓。　　　　　　　　　　　　　　(《尚書·牧誓》)

丁卯,命作册度。　　　　　　　　　　(《尚書·顧命》)

此外還新產生了"司徒、司馬、司空(見上例)、司寇、綴衣、趣馬"等。例如:

太史,司寇蘇公! 式敬爾由獄,以長我王國。(《尚書·立政》)
曰:"王左右常伯、常任、準人、綴衣、虎賁。"(《尚書·立政》)
[《僞孔傳》:"綴衣,掌衣服。"]
立政:任人、準夫、牧、作三事,虎賁、綴衣、趣馬、小尹、左右攜僕……　　　　　　　　　　　　　(《尚書·立政》)

召彼故老,訊之占夢。　　　　　(《詩經·小雅·正月》)

這些雙音節詞,作爲動賓結構,原意是從事某種工作,這裏則轉指爲從事這種工作的人(官職,名詞)。作爲名詞,它們應視爲單純詞,理由已如上述。

西周時期,已具備了漢語雙音節單純詞的基本類型。只是用例較後世少。除"轉指造詞"外,用語音造詞法造出的雙音節單純詞,包括以下幾類①。

1. 疊音詞

　　　　唯六月既生霸，穆穆王在鎬京。　　　（遹簋，西周中期）
　　　　丕顯朕皇高祖單公，桓桓克明哲乓德。　（逨盤，西周晚期）
　　　　嗚呼！天明畏，弼我丕丕基。　　　　　（《尚書·大誥》）
　　　　湯湯洪水方割，蕩蕩懷山襄陵，浩浩滔天。（《尚書·堯典》）
　　　　眇眇予末小子，其能而亂四方，以敬忌天威？（《尚書·顧命》）
　　　　無教逸欲有邦。兢兢業業，一日二日萬幾。（《尚書·皋陶謨》）
　　　　俊乂在官，百僚師師，百工惟時。　　　（《尚書·皋陶謨》）
　　　　今汝聒聒，起信險膚，予弗知乃所訟。　（《尚書·盤庚上》）
　　　　叔梁父作寶簋，子子孫孫其萬年用。　　（叔梁父簋，西周早期）
　　　　無將大車，維塵冥冥。　　　　　　　　（《詩經·小雅·無將大車》）
　　　　滔滔江漢，南國之紀。　　　　　　　　（《詩經·小雅·四月》）
　　　　今我來思，雨雪霏霏。　　　　　　　　（《詩經·小雅·采薇》）
　　　　菁菁者莪，在彼中阿。　　　　　　　　（《詩經·小雅·菁菁者莪》）
　　　　臨衝閑閑，崇墉言言。　　　　　　　　（《詩經·大雅·皇矣》）

　　據錢宗武研究，今文《尚書》還有如下一些疊音詞：安安、烝烝、贊贊、孜孜、頷頷、呱呱、蹌蹌、生生、平平、焰焰、肆肆、眇眇、泯泯、棼棼、番番、仡仡、截截、昧昧、斷斷、休休等。

　　疊音詞絕大部分爲狀態形容詞性質，少數爲名詞，如"子子孫孫"。

2. 雙聲聯綿詞

　　　　予誓告汝：有扈氏威侮五行，怠棄三正，天用勦絶其命。
　　　　　　　　　　　　　　　　　　　　　（《尚書·甘誓》）
　　　　奉答天命，和恒四方民。　　　　　　　（《尚書·洛誥》）
　　　　立事、牧夫、準人，則克宅之，克由繹之，兹乃俾乂國。
　　　　　　　　　　　　　　　　　　　　　（《尚書·立政》）
　　　　㽙朕位。虢許（赫戲）②上下若否與四方。（毛公鼎，西周晚期）

---

① 本節關於今文《尚書》的引例，皆出自錢宗武《今文〈尚書〉語法研究》。
② "虢許"即"赫戲"，並爲曉紐雙聲，光明貌。這裏用作動詞，明察之義。請參考馬承源《商周青銅器銘文選（三）》，318頁。

邦之杌陧,曰由一人。　　　　　　　　　　(《尚書·秦誓》)
鴛鴦于飛,畢之羅之。　　　　　　　　　　(《詩經·小雅·鴛鴦》)

雙聲聯綿詞包括動詞、形容詞(杌陧)、名詞(鴛鴦)。

3. 疊韻聯綿詞

嶓冢導漾,東流爲漢,又東爲滄浪之水。　　(《尚書·禹貢》)
爾公爾侯,逸豫無期。　　　　　　　　　　(《詩經·小雅·白駒》)
螟蛉有子,蜾蠃負之。　　　　　　　　　　(《詩經·小雅·小宛》)

錢宗武認爲:"今文《尚書》的疊韻聯綿詞,極少數同韻,多數爲鄰韻旁轉相通。"① 鄰韻旁轉相通者,如鴟義、簫韶、析支、侮老等。

蚩尤惟始作亂,延及于平民;罔不寇賊,鴟義奸宄,奪攘矯虔。
　　　　　　　　　　　　　　　　　　　　(《尚書·呂刑》)
汝無侮老成人。　　　　　　　　　　　　　(《尚書·盤庚上》)
鳥獸蹌蹌。《簫韶》九成,鳳皇來儀。　　　(《尚書·皋陶謨》)
織皮:昆侖、析支、渠搜,西戎即敘。　　　(《尚書·禹貢》)

4. 雙聲兼疊韻聯綿詞

緜蠻黃鳥,止于丘阿。　　　　　　　　　　(《詩經·小雅·緜蠻》)

5. 非雙聲疊韻聯綿詞,包括動詞、形容詞、名詞

夔曰戛擊鳴球,搏拊琴瑟以詠,祖考來格,虞賓在位,群后德讓。
　　　　　　　　　　　　　　　　　　　　(《尚書·皋陶謨》)
豈弟君子,求福不回。　　　　　　　　　　(《詩經·大雅·旱麓》)
月離于畢,俾滂沱矣。　　　　　　　　　　(《詩經·小雅·漸漸之石》)
梧桐生矣,于彼朝陽。　　　　　　　　　　(《詩經·大雅·卷阿》)
鳳皇于飛,翽翽其羽,亦集爰止。　　　　　(《詩經·大雅·卷阿》)

郭錫良認爲,非雙聲疊韻聯綿詞,"其中大多在韻部方面有一定聯繫,或旁轉,或對轉,或旁對轉,是一種寬鬆的疊韻關係。真正聲韻都相差很遠的

---

① 錢宗武《今文〈尚書〉語法研究》,52頁。

聯綿詞是極少的"①。

二、雙音節複合詞的發展

殷商時期的聯合式複合結構是名詞性的,而且絕大多數是由天干、地支相配而成的"干支",如甲子、乙丑之類。而西周時期,聯合式複合詞已大大發展,既有名詞性的,又有動詞性的(包括形容詞性的)。名詞性的,其組成成分不再限於干支,已擴大到其他名詞性成分,如"元首、弓矢、臣妾、行道、土田、疆土、朋友、左右、仆庸、爪牙、辟侯、辟王、朝夕、夙夜、昧晨"等。略舉幾例如下:

股肱喜哉,元首起哉,百工熙哉。　　　　(《尚書‧皋陶謨》)
大侯既抗,弓矢斯張。　　　　　　　　　(《詩經‧小雅‧賓之初筵》)
馬牛其風,臣妾逋逃,無敢越逐。　　　　(《尚書‧費誓》)
勿使暴虐從獄,援奪叔行道。　　　　　　(塱盨,西周晚期)
賜汝土田。　　　　　　　　　　　　　　(多友鼎,西周晚期)
伯康作寶簋,用饗朋友。　　　　　　　　(伯康簋,西周晚期)
濟濟辟王,左右趣之。　　　　　　　　　(《詩經‧大雅‧棫樸》)
夙夜匪解,以事一人。　　　　　　　　　(《詩經‧大雅‧烝民》)

動詞性聯合型複合詞,是西周時期產生的,數量很多。其組成成分爲動詞或形容詞。例如:

對揚王休。　　　　　　　　　　　　　　(井鼎,西周中期)
唯工來格丁成周年,厚趠有償于濂公。　　(厚趠方鼎,西周早期)
不祿益子。徂先盡死亡。　　　　　　　　(作册益卣,西周中期)
水曰潤下,火曰炎上,木曰曲直,金曰從革,土爰稼穡。
　　　　　　　　　　　　　　　　　　　(《尚書‧洪範》)
靜幽高祖,在微霝處。　　　　　　　　　(史牆盤,西周中期)
乃惟四方之多罪逋逃,是崇是長,是信是使,是以爲大夫卿士;俾暴虐于百姓,以奸宄于商邑。　　　(《尚書‧牧誓》)
若古有訓,蚩尤惟始作亂,延及于平民;罔不寇賊,鴟義奸宄,奪攘矯虔。　　　　　　　　　　　(《尚書‧呂刑》)

---

① 郭錫良《先秦漢語構詞法的發展》,見《漢語史論集》(增補本)。

動詞性聯合型複合詞還有"奔走、出入、婚媾、進退、恐懼、來歸、死亡、享祀、享孝、征伐、佐佑、哀矜、卜筮、教誨、淪喪、往來、先後、劓割、詛祝、丕顯、共屯（恭純）、惠穆、康娛、寧静、虔敬、舒遲、威儀、和懌、艱難、康寧、康强、煢獨、逸豫、正直"等。

名詞性的偏正複合詞在進入西周以後不僅延續下來，而且數量大爲增加。其修飾語有名詞、形容詞、動詞、數詞、方位詞等。例如：夫子、小人、庶民、大夫、四方、三苗、百姓、後生、下民、父乙（大名冠小名）等。

關於附加式複合詞，丁聲樹等指出："一個基本成分加一個類似詞頭、詞尾的附加成分造成一個詞，叫做附加式。"[①]這個定義是非常切合漢語實際的。漢語缺少形態，所謂"詞頭"、"詞尾"，往往保留有詞彙意義的尾巴，所以只能說"類似"。

關於詞頭，討論最多的是始於殷商時期的"有X"式，"有"被認爲是詞頭。但我們認爲"有"字可能並非詞頭。相關論述見本書的第一章第一節。

但進入西周以後，有了狀態形容詞詞尾，從而形成附加式狀態形容詞。主要有"-若、-如、-然、-爾、-焉、-斯、-其"等。這種詞尾一般見於單音節狀態形容詞和雙音節狀態形容詞AA式，雙音節狀態形容詞AB式和四音節狀態形容詞未見有附加詞綴者。請參考本書第二章第二節。

另外還有所謂名詞詞頭"子"，動詞詞頭"越、聿、爰、曰"，形容詞詞尾"斯、思、其"等，這些成分是虛是實，歷來爭議較多，我們且存而不論[②]。

第三節　東周以後構詞法的發展

東周以降，西周漢語複音詞的類型被全面繼承下來，且數量大爲增加，使用頻率不斷增高。同時複音詞的類型也進一步豐富。下面主要考察東周以來新產生的複音詞類型。

一、動詞性偏正複合詞的產生

西周時期的偏正複合詞基本都是名詞性的。關於動詞性偏正複合詞

[①] 丁聲樹等《現代漢語語法講話》，商務印書館，1999年，220頁。
[②] 馬真《先秦複音詞初探》，見《北京大學百年國學文粹·語言文獻卷》；程湘清《先秦雙音詞研究》，見《漢語史專書複音詞研究》，商務印書館，2003年。

（即狀中結構複合詞），伍宗文曾注意到了西周金文中的如下用例：

王受乍册尹書，俾册令免曰……　　　　（免簋，西周中期）
王乎内史吴曰：册令虎。　　　　　　　（師虎簋，西周中期）
王乎尹氏册令善夫克。　　　　　　　　（大克鼎，西周晚期）
王乎乍册尹册命柳……　　　　　　　　（柳鼎，西周晚期）
内史尹册易救玄衣黹屯。　　　　　　　（救簋蓋，西周中期）

伍宗文説：

"册"是簡册、册書，典籍作"策"；"命"字西周中期出現後與"令"字通用不别，因而"册令"即"册命"。"册命"即《禮記·祭統》所謂"執策命之"，是策命制度常用的一個動詞，表示用册書布命，包括任命與賞賜；專指以册書行賞者，則用"册易"，大約由於其内容包括在"册命"之中，所以後世棄而不用了。《書·顧命》："太史秉書。由賓階隮，御王册命。"孔疏引鄭玄曰："太史東面，于殯西南而讀策書，以命王嗣位之事。"雖用爲名詞，但從鄭玄説解仍不難看出其本來的意義。①

這是我們看到的最早的關於動詞性偏正複合詞的論述。這在西周屬於個别現象。東周以後，這種類型的複音詞有擴大的趨勢，其修飾語部分可以是名詞、形容詞、動詞、副詞等。例如：

爲命：裨諶草創之，世叔討論之，行人子羽修飾之，東里子產潤色之。　　　　　　　　　　　　　　　　　（《論語·憲問》）
堯舜支解人，從何軀始？（《晏子春秋·内篇諫上》第二十五章）
吴起收泣於岸門，痛西河之爲秦，卒枝解於楚。
　　　　　　　　　　　　　　　　　　　　（《韓非子·難言》）
推君之盛德，公佈之于天下。（《晏子春秋·外篇第七》第八章）
作爲辭令，可分佈于四方。（《晏子春秋·内篇雜上》第十三章）
宗廟不血食，絶其後類，君臣離散，民人流亡。
　　　　　　　　　　　　　　　　　　　　（《吕氏春秋·當染》）

---

① 伍宗文《先秦漢語複音詞研究》，330頁。

宜夫子之光輔五君。以爲諸侯主也。
（《晏子春秋・外篇第七》第七章）

景公信用讒佞、賞無功、罰不辜。
（《晏子春秋・內篇諫上》第八章）

糾合兄弟,撫存翌州。　（《晏子春秋・內篇問上》第七章）

天下將因秦之怒,秦趙之敝而瓜分之。　（《戰國策・趙三》）

寡人有罪,夫子倍棄不援,寡人不足以有約也。夫子不顧社稷百姓乎。　（《晏子春秋・內篇諫上》第五章）

嬰恐國之流失、而公不得享也。
（《晏子春秋・內篇諫下》第十八章）

景公出游於公阜。　（《晏子春秋・內篇諫上》第十八章）

樂驕樂,樂佚游,樂晏樂,損矣。　（《論語・季氏》）

子之燕居,申申如也,夭夭如也。　（《論語・述而》）

經營四荒兮,周流六漠。　（《楚辭・遠游》）

燕魯分争。百姓惛亂。　（《晏子春秋・外篇第七》第二十二章）

君不能飭法,而群臣專制,亂之本也。
（《晏子春秋・內篇雜下》第十四章）

晏子上車太息而歎曰,嬰之亡豈不宜哉？
（《晏子春秋・內篇雜上》第二十七章）

荊莊王好周游田獵,馳騁弋射,歡樂無遺。（《呂氏春秋・情欲》）

韓厥執縶馬前,再拜稽首,奉觴加璧以進，　（《左傳》成公二年）

親之所言而然,所行而善,則世俗謂之不肖子。（《莊子・天地》）

如果説"册命"是否成詞還有疑問的話,以上"草創"、"枝（支）解"、"血食"、"公佈"、"糾合"、"流失"、"分争"、"瓜分"等,成詞的可能性則大爲增加了,至少在後世,它們成爲了不折不扣的動詞。

不過從總體上看,動詞性的偏正複合詞在春秋戰國時期還是比較少的。

二、動補性複合詞的產生

漢語動補結構的產生,是一個有爭議的問題。我們認爲,該結構西周時期即有端倪,但大規模的產生,是在東周以後。至於它是否成詞,雖難以完全下斷語,但至少可以認爲是結合得比較緊密、可以單獨使用、有成詞傾向的組合①。例如：

  諺言有之曰：社鼠不可熏去。
          （《晏子春秋·外篇第七》第十四章）
  公西面望睹彗星，召伯常騫，使禳去之。
          （《晏子春秋·内篇諫上》第十八章）
  美哉水乎清清，其濁無不雩途，其清無不灑除，是以長久也。
          （《晏子春秋·内篇問下》第三章）
  以君之賜，澤覆三族，延及交游。
          （《晏子春秋·内篇雜下》第十八章）
  邾子在門臺，臨廷。閽以缾水沃廷，邾子望見之，怒。
          （《左傳》定公三年）
  孔子望見顔回攫其甑中而食之。 （《吕氏春秋·任數》）
  上乃壁庸城，望布軍置陳如項籍軍，上惡之。與布相望見，遥謂布曰：“何苦而反？” （《史記·黥布列傳》）
  既飲，謳者進，上望見，獨説衛子夫。 （《史記·外戚世家》）
  燕軍盡掘壟墓，燒死人。即墨人從城上望見，皆涕泣，俱欲出戰，怒自十倍。 （《史記·田單列傳》）
  子之相燕，坐而佯言曰：走出門者何，白馬也？
          （《韓非子·内儲説上七術》）
  郤至將登，金奏作於下，驚而走出。 （《左傳》成公十二年）
  齊嘗大飢，道旁餓死者不可勝數也。（《韓非子·外儲説右上》）
  古有伯夷叔齊者，武王讓以天下而弗受，二人餓死首陽之陵。
          （《韓非子·姦劫弑臣》）
  有術客與醫俱言曰：“聞嬰子病死，願請治之。”
          （《晏子春秋·内篇諫下》第二十一章）
  蒼梧縣反者，御者恒令南郡復。義等戰死，新黔首恐。
          （《張家山漢墓竹簡·奏讞書》）

以上一個（或一種類型）動補式舉多例，是爲了説明它們結構緊密，反復使

---

① 姚振武《上古漢語動結式的發展及相關研究方法的檢討》，《古漢語研究》2013年第1期；另見本書第十六章。

用,至少是接近於"詞"的。

三、附加式複合詞的進一步發展

上面曾提到西周時期,漢語產生了一批狀態形容詞詞尾"-若"、"-如"、"-然"、"-焉"、"-斯"、"-其"等,構成後附式複合詞。東周以降這些詞尾繼續使用,只是興衰有所不同。"-焉"、"-然"、"-如"至戰國末及西漢時期一直較常見。"-若"進入東周以後就急速衰減,有的典籍,如《左傳》、《論語》、《孟子》不見使用,《莊子》、《荀子》偶有所見,入漢以後見者益少。"-爾"產生並多見於戰國早期、中期,戰國晚期開始趨於減少[①]。

漢語詞彙的發展經歷了一個以單音節詞爲主到以雙音節詞爲主的歷史發展過程。先秦複音詞的産生和發展是漢語詞彙發展史上的一個重要階段。據馬真對先秦《詩經》、《左傳》、《公羊傳》、《穀梁傳》、《論語》、《孟子》、《楚辭》(屈賦部分)、《荀子》等八部著作複音詞的統計,"總計複音詞3 432個(不包括人名地名在内),除去重複的,有2 772個。如果先秦單音詞估計爲一萬,那麼複音詞已經爲單音詞的百分之二十以上。全部先秦複音詞當然會更多,加上人名、地名比重就更大了。"馬真認爲:"雖然先秦複音詞在使用頻率上還遠遠不如單音詞,但在先秦詞彙中已佔一定比重,更值得注意的是,它爲漢語複音詞的進一步發展,乃至使複音詞在漢語詞彙中佔主導地位,打下了基礎。"[②] 當然,從總體上看,先秦西漢階段,漢語單音詞依然是佔主導地位的。

---

① 請參考本書第二章第二節;張博《先秦形容詞後綴"如、若、爾、然、焉"考察》,《寧夏大學學報(社會科學版)》1992年第4期;周法高《中國古代語法·構詞篇》。
② 馬真《先秦複音詞初探》,見《北京大學百年國學文粹·語言文獻卷》。

第十二章
主謂結構的發展

　　主謂結構是語言中最基本、最重要的結構之一。本體名詞以及相關的實義動詞,是任何語言中最根本的成分。這二者最重要的句法表現之一,就是充當主語(名詞)和謂語(動詞),組成主謂結構。作主語的雖然不僅僅是本體名詞,但其他成分都必須與本體名詞發生或直接或間接的關係,纔能充當主語。作謂語的雖然不僅僅是實義動詞,但其他成分也必須與實義動詞發生或直接或間接的關係,纔能充當謂語。换句話説,只有指稱或指稱化的成分,纔能充當主語;只有陳述或陳述化的成分,纔能充當謂語[①]。

第一節　主語的位置

　　漢語從殷商時期至今,一般來説一直是主語在前謂語在後,這是毫無問題的。在一些特殊句式中,如感嘆句、疑問句、祈使句等,出於修辭的需要,有所謂主語在後的"倒裝句",這樣的句子歷代都有,與語言類型上的後置主語概念無關。
　　甲骨學者歷來有"後置主語"一説[②],雖然這種現象爲數極少。沈培舉出了一些例子,如:

　　　　戊寅[卜],允來𠦪侯。
　　　　庚辰卜,不來𠦪侯。　　　　　　　　　　　(《合集》20067)

[①] 姚振武《論本體名詞》,《語文研究》2005年第4期;姚振武《人類語言的起源與古代漢語的語言學意義》,《語文研究》2010年第1期。
[②] 管燮初《殷虚甲骨刻辭的語法研究》;陳夢家《殷虚卜辭綜述》。

于癸未有至雀師。
于甲申有至雀師。　　　　　　　　　　（《合集》60864）
丁亥貞：今夕亡震師。　　　　　　　　（《合集》34718）

　　沈培認爲這樣的句子是真正的後置主語句,應該是當時實際語言的反映。沈培甚至考慮到這種現象是否反映更早時期漢語的特點[①]。
　　"後置主語"一般來說也就是我們所說的"施事賓語"。它反映了上古漢語語序的不確定性。這種不確定性,在整個上古時期都有表現,但在殷商時期表現尤甚。沈培聯繫更早時期漢語的特點考慮這種現象,是很敏銳的。

第二節　"主+之+謂"式的產生與消亡[②]

　　主謂結構最基本的功能就是獨立表達一個完整的意思。此外,主謂結構還可以作句子成分,如主語、賓語、分句等,以表達各種與動作、行爲、狀態相關的範疇。例如：

（1）衛州吁弒桓公而立。　　　　　　　（《左傳》隱公四年）
（2）楚重得志於晉,晉之恥也。　　　　（《左傳》昭公元年）
（3）若以與我,皆喪寶也,不若人有其寶。　（《左傳》襄公十五年）
（4）晉人以公不朝來討,公如晉。　　　（《左傳》文公二年）
（5）君驕侈而克敵,是天益其疾也。　　（《左傳》成公十七年）
（6）是晉再克而楚再敗也,楚是以不競。　（《左傳》宣公十二年）
（7）秦獲穿也,獲一卿矣。秦以勝歸,我何以報？
　　　　　　　　　　　　　　　　　　（《左傳》文公十二年）
（8）楚莊王立,子孔、潘崇將襲群舒,使公子燮與子儀守,而伐舒蓼。
　　　　　　　　　　　　　　　　　　（《左傳》文公十四年）
（9）晉侯賞從亡者,介之推不言祿,祿亦弗及。
　　　　　　　　　　　　　　　　　　（《左傳》僖公二十四年）

[①] 沈培《殷墟甲骨卜辭語序研究》,5~17、222~224頁。
[②] 姚振武《現代漢語的"N的V"和上古漢語的"N之V"》,《語文研究》1995年第2、3期；何樂士《左傳的[主"之"謂]式》,見《左傳虛詞研究》(修訂本),商務印書館,2004年；王洪君《漢語表自指的名詞化標記"之"的消失》,見《語言學論叢》第十四輯。

（10）狄滅溫,蘇子無信也。　　　　　　　　　（《左傳》僖公十年）

以上各例的主謂結構,例（1）是獨立表達一個完整的意思,例（2）～（10）則是充當各種句子成分,以表達各種與動作、行爲、狀態相關的範疇。例（2）是作判斷句主語;例（3）、（4）是作賓語,其中例（4）是作介詞賓語;例（5）、（6）是作表語;例（7）～（10）則是作各種分句。其中例（7）是假設分句,意思是:如果秦獲得了穿,僅是獲得了一個卿而已。例（8）是時間分句,意思是:楚莊王立了以後,子孔、潘崇將襲群舒。例（9）是原因分句,意思是:因爲晋侯要賞從亡者,（介之推不願受賞）所以介之推不言禄。例（10）是結果分句,意思是:狄滅溫,是由於蘇子無信。

可以看出,主謂結構作上述句子成分時,有一個共同的特點,即不再是獨立的,而是處於非獨立的指稱的狀態中,作句子（單句或複句）的一部分。

主謂結構作句子成分,殷商時期便有其例。如:

（1）王聽,唯有害?　　　　　　　　　　　　（《合集》1773）
（2）乙巳卜,争貞:告方出于祖乙、大乙?　　　　（《合集》651）

以上例（1）是主謂結構作假設分句,意思是:王如果聽聞了,會不會有災害?例（2）是主謂結構（方出）作賓語。

西周時期也是如此:

（1）曶受休[于]王,曶用兹金作朕文考辪伯鸉牛鼎。
　　　　　　　　　　　　　　　　　　　　　（曶鼎,西周中期）
（2）咨!四岳!朕在位七十載,汝能庸命,巽朕位?
　　　　　　　　　　　　　　　　　　　　　（《尚書·堯典》）
（3）我聞:殷墜令,唯殷邊侯甸與殷正百辟,率肆于酒,故喪師。
　　　　　　　　　　　　　　　　　　　　　（大盂鼎,西周早期）
（4）唯公㑣于宗周,𢎞從。　　　　　　　　　（𢎞尊,西周早期）
（5）今我隹即型禀于文王正德,若文王令二三正。（大盂鼎,西周早期）
（6）天降威,知我國有疵,民不康。　　　　　　（《尚書·大誥》）

以上例（1）、（2）是主謂結構作原因分句,例（1）意思是:因爲曶受賜（休）于王,所以曶用賜得的金作朕文考辪伯鸉牛鼎,例（2）意思是:因爲我在位已七十年了,你們能用我之命,升任我的帝位嗎?例（3）是主謂結構作結果分句,意思是:殷喪失天命,是因爲殷邊侯甸與殷正百辟,全都沉湎於酒。例(4)是主謂結構作時間分句,意思是:在公行(䞳)於宗周時,隰跟從他。例(5)、(6)是主謂結構作賓語。

但西周以後,這種作句子成分的主謂結構有了一種新的形式,即在該結構的主謂之間加一"之"字,形成"主+之+謂"式。例如:

　　肆高宗之享國,五十有九年。　　　　　(《尚書·無逸》)
　　天之牖民,如壎如篪。　　　　　　　　(《詩經·大雅·板》)
　　——以上作主語
　　汝無侮老成人,無弱孤有幼。各長于厥居,勉出乃力,聽予一人
　之作猷。　　　　　　　　　　　　　　(《尚書·盤庚上》)
　　憂心慘慘,念國之爲虐。　　　　　　　(《詩經·小雅·正月》)
　　——以上作賓語
　　牿之傷,汝則有常刑。　　　　　　　　(《尚書·費誓》)
　　辭之輯矣,民之洽矣。　　　　　　　　(《詩經·大雅·板》)
　　——以上作分句

西周時期有没有"主+之+謂"式,學界是有分歧的。傳世的《尚書》(今文)有不少"主+之+謂"式。但是大西克也普查了出土資料《商周青銅器銘文選》,結果是"主+之+謂"結構一例也没有。不僅如此,他還考察了睡虎地秦墓竹簡(睡虎地秦墓在地域上雖然曾屬楚,但在文化特質上却與秦一致,而與楚不同)和西北地區漢代簡牘,也是一例"主+之+謂"都没有。於是他得出結論,周秦地區的語言自來就不用"主+之+謂",而只用"主+謂"[①]。我們認爲,"主+之+謂"不僅見於《尚書》(今文),還見於《詩經》的大、小雅(例見上),恐不宜輕易否定。

東周以降,"主+之+謂"不僅繼續存在,而且相當盛行。例如:

（1）天之棄商久矣。　　　　　　　　　　(《左傳》僖公二十二年)
（2）國之存亡,天也。　　　　　　　　　(《左傳》成公十六年)
（3）陳轅宣仲怨鄭申侯之反己於召陵,故勸之城其賜邑。
　　　　　　　　　　　　　　　　　　　(《左傳》僖公五年)

---

① [日]大西克也《秦漢以前古漢語中的"主之謂"結構及其歷史演變》,見《第一屆國際先秦漢語語法研討會論文集》,岳麓書社,1994年。

（4）如知爲君之難也,不幾乎一言而興邦乎? （《論語·子路》）
（5）逮吳之未定,君其取分焉。 （《左傳》定公四年）
（6）使攝叔奉麋獻焉,曰:"以歲之非時,獻禽之未至,敢膳諸從者。"
　　 （《左傳》宣公十二年）
（7）鄭之厚,君之薄也。 （《左傳》僖公三十年）
（8）弗與共天位也,弗與治天職也,弗與食天禄也,士之尊賢者也,非
　　王公之尊賢也。 （《孟子·萬章下》）
（9）此天之亡我,非戰之罪也. （《史記·項羽本紀》）
（10）皮之不存,毛將安傅? （《左傳》僖公十四年）
（11）戎之生心,民慢其政。 （《左傳》莊公二十八年）
（12）晉侯之入也,秦穆姬屬賈君焉。 （《左傳》僖公十五年）
（13）王聞群公子之死也,自投于車下。 （《左傳》昭公十三年）

以上各例的"主+之+謂"式,例(1)、(2)是作主語;例(3)～(6)是作賓語,其中例(5)、(6)是作介詞的賓語;例(7)～(9)是作表語;例(10)、(11)是作假設分句;例(12)、(13)是作時間分句。

作表語的"主+之+謂",也是非獨立的、指稱性的。在現代漢語中,由於有係詞"是",表語部分的指稱性(或者說名詞性)是比較容易認識的。古代漢語雖然沒有係詞,但主語之後起表語作用的成分也是指稱性(或者說名詞性)的,不宜認爲是陳述性的。

"主+之+謂"的"之"從　開始就不是必需的。也就是說,沒有它,主謂結構也可以處在非獨立的、指稱的狀態下,並且這種性質依然可以是顯豁的。這是有大量語言事實證明的。當然,有了它,主謂結構則一定是處在非獨立的、指稱的狀態下,並且一定是顯豁的。因此我們把"主+之+謂"的"之"定義爲某種主謂結構處於非獨立的、指稱的狀態下的非強制性的形式標記,其作用就是使原主謂結構的非獨立的、指稱的狀態更爲顯豁。

"主+之+謂"在西漢初年已大大衰落,南北朝初期已從大衆口語中消失[①]。

[①] 王洪君《漢語表自指的名詞化標記"之"的消失》,見《語言學論叢》第十四輯。

第三節　受事主語句的發展

受事主語句是指主語是謂語動詞的受事的句子。上古漢語受事主語句可分爲意合句、遭遇義動詞句、指稱句,以及被動句四大類型[①]。

一、意合句的發展

意合句是指主語與謂語動詞之間的被動關係完全靠這二者的語義限制和語境限制來確定,無任何形式標誌。意合句是漢語受事主語句最基本、最古老的一種類型,從殷商時期到現代漢語一直都使用,略提示幾例:

(1) 癸巳卜,賓貞:臣執?
　　貞:臣不其執?　　　　　　　　　　　　(《合集》643 正丙)
(2) 貞:多羌獲?
　　貞:多羌不其獲?　　　　　　　　　　　(《合集》156)
(3) a. 己酉,王才桀,卯其易(賜)貝。　　(四祀卯其卣,殷代)
　　b. 王賜(賜)乘馬,是用左王。　　　(虢季子白盤,西周晚期)
(4) 君伐,焉歸?　　　　　　　　　　　　(《左傳》昭公十年)
(5) 齊卑君矣,君祇辱焉。　　　　　　　　(《左傳》昭公二十九年)

以上表被動意義的各例,動詞均没有任何形態標誌。尤其是例(3)的 a(被動)和 b(主動),句式完全一致,如果不靠語境限制和詞語的語義選擇限制,我們是無法分辨何爲主動、何爲被動的。

有時,爲了表達的需要,可以在表被動的動詞後面引入施動者。比較以下三例:

(6) 趙以其大吉,地削兵辱,主不得意而死。　(《韓非子·飾邪》)
(7) 是以一夫倡而天下和,兵破陳涉,地奪諸侯,何嗣之所利?
　　　　　　　　　　　　　　　　　　　　(《鹽鐵論·結和》)
(8) 然兵破於陳涉,地奪於劉氏者,何也?　(《漢書·賈山傳》)

---

① 姚振武《先秦漢語受事主語句系統》,《中國語文》1999 年第 1 期。

以上三例主要部分基本相同,區別在於:例(6)是簡單的意合句,例(7)、(8)則是在例(6)的基礎上加上了施動者,例(8)動詞與施動者之間有介詞"於",例(7)則無。

"于(於)"的介入,是歷史發展的結果。殷商時期,意合句的動詞與施動者之間一般是不用"于"爲介的。例如:

> 我使其𢦔方?我使弗其𢦔方?
> 貞:方其𢦔我使?
> 貞:方弗𢦔我使?　　　　　　　　(《合集》6654正反)

劉翔等在解釋這一例時指出:"同一內容,採用了兩種不同的句式,後兩句是問方(國)會不會加害於我(商)的使者,是主動句;而前兩句則是問我(商)的使者會不會被方(國)所害,'方'就是'于方',雖然沒有用介詞'于',但施動者出現了,其被動的意念非常明顯。"①

但是殷商時期也有少數用介詞"于"的用例。如:

> 亘貞:王戠多屯,若于下上?
> 貞:王戠多屯,若于下乙?　　　　　　(《合集》808正)

這樣的句子,張玉金認爲是受事主語句。他說:"這對卜辭貞問:大王要是以戠的方式使用多屯,那麼是會被地祇天神所順助呢,還是會被下乙所順助呢?"②在殷商時期,這樣的句子,其動詞一般只限於"若"。

如果表達同一種語法範疇有借助虛詞和不借助虛詞兩種辦法,從起源的角度看,一般來說總是不借助虛詞的辦法出現在前,而借助虛詞的辦法出現在後。這應該是一條規律。因此我們說意合句動詞和施動者之間的"于"是後加進去的。

西周以後乃至整個先秦西漢時期,不用"于"的意合句始終存在,且表被動義的動詞後面,既有施事,也有受事(直接賓語),還有處所。例如:

> 頌其萬年眉壽,畯臣天子。　　　　　(頌壺,西周晚期)
> (舜)既月乃日,覲四岳群牧,班瑞于群后。(《尚書·堯典》)
> 舜臣堯,賓于四門。　　　　　　　　(《左傳》文公十八年)

---

① 劉翔等《商周古文字讀本》,281頁。
② 張玉金《甲骨文虛詞詞典》,295頁;另參考張玉金《甲骨文語法學》,133頁。

比干剖心,孔子拘匡。　　　　　　　　(《荀子·堯問》)
夫燕之所以不犯寇被兵者,以趙之爲蔽於南也。(《戰國策·燕一》)
何賜貝卅朋,用作□公寶尊彝。　　　　(何尊,西周早期)
小臣諫蔑曆眾賜貝,用作寶尊彝。　(《小臣諫簋,西周早期》)
昔西伯拘羑里,演《周易》;孔子戹陳蔡,作《春秋》;屈原放逐,著《離騷》;左丘失明,厥有《國語》;孫子臏腳,而論兵法;不韋遷蜀,世傳《呂覽》;韓非囚秦,《説難》、《孤憤》;《詩》三百篇,大抵賢圣發憤之所爲作也。　　　　　　　　　　(《史記·太史公自序》)

以上各句,意思依次是:頌(人名)永遠作天子的臣下(畯,永遠);舜受四岳群牧的覲見;舜向堯稱臣(比較《晏子春秋·内篇雜上》"晏子臣于莊公");孔子被匡人所拘;燕不受寇、兵的侵害;何(人名)被賜貝三十朋;小臣諫被蔑曆(稱讚之意)及被賜貝;西伯被拘於羑里,孔子被戹於陳蔡,屈原被放逐,不韋被遷往蜀地,韓非被秦所囚。動詞"臣、覲、拘、犯、賜、蔑曆、拘、戹、放逐、遷、囚"等皆表被動意義。

至西周時期,意合句的動詞與施動者之間的"于"開始多了起來。(東周以後又出現了"於",其性質與"于"基本一致。以下討論也包括"於"。)例如:

保侃母易(賜)貝于南宫。　　　　　(保侃母簋蓋,西周早期)
中乎歸生鳳于王①。　　　　　　　　(中方鼎,西周早期)

這就是所謂表被動的"于"字句,其"于"字被認爲體現了被動句的"結構特點"。然而,從上面的論述可明顯看出,這個"于"並不負擔任何"被動"信息,它的任務僅僅是介紹出施動者。在它出現以前,句子已是被動義了,而且施動者的出現最初並不依賴於它,以後也不是絕對依賴於它。説這個"于"並不表被動的另一個重要依據是,它還可介引出受事者,句子形式與"被動句"一樣,句意的理解只是靠語境限制和詞語間的語義選擇限制。這種句子先秦並不少見。如:

(1) 矧今天降戾于周邦,惟大艱人,誕鄰胥伐于厥室。
　　　　　　　　　　　　　　　　(《尚書·大誥》)

---

① 馬承源注:"王乎饋中以生鳳。此句是被動句。"見馬承源《商周青銅器銘文選(三)》,76頁。

（2）鄭伯之享王也，王以后之鞶鑒予之。虢公請器，王予之爵。鄭伯由是始惡於王。　　　　　　　　　（《左傳》莊公二十一年）

（3）a. 人主之患在於信人。信人，則制於人。　（《韓非子·備內》）
　　　b. 夫制於燕者，蘇子也。　　　　　　　　　（《戰國策·燕一》）

（4）a. 子胥父誅于楚也，挾弓持矢而干闔廬。（《穀梁傳》定公四年）
　　　b. 君盍誅於祝固、史嚚以辭賓？　　　　（《左傳》昭公二十年）

最能説明問題的是例（3）、（4）。例（3），同樣的"制於X"，a是説人主受制於人，被動；b則是説蘇秦控制燕國，主動。例（4），同樣的"誅于（於）X"，a是説子胥之父被楚國誅殺，被動；b是説君主誅殺祝固、史嚚，主動。正如我們不能説例（1）、（2）以及（3）b、（4）b的"于"是表主動的一樣，我們也不能説例（3）a、（4）a的"于"是表被動的。

其實，早有學者注意到"于"不表被動，如郭錫良、康瑞琮等均指出了這一點[①]。但多數學者依然持舊説，例如朱德熙仍認爲這個"于"是"表被動語態的"，唐鈺明、周錫䪖、楊五銘、周清海等也有相近看法[②]。分歧的雙方都没有正面展開論證。

有的學者在事實和觀念之間左右爲難，不知所措。例如：

　　楚子使薳章讓於鄧，鄧人弗受。　　　　　　（《左傳》桓公九年）

楊伯峻注："讓於鄧，猶言讓鄧，於字不宜有，但古人多有此種語法。"[③]既言"不宜有"，又言"古人多有"，顯然自相矛盾。究其因，所謂"不宜有"者，在説者觀念中，"於"是表被動的標誌，應該"鄧"爲施事纔對，可實際上"鄧"却是受事，所以"於"不宜有；所謂"古人多有"者，乃是説者親眼所見的許多事實，不能不承認。然而，承認了也就意味着將徹底動摇自己關於"於"的觀念，而這又是説者無法接受的，於是只有自相矛盾一條路了。

王力承認過去認爲"于"字式是被動式是一個"錯誤"[④]，這是非常可貴

[①] 郭錫良、唐作藩、何九盈、蔣紹愚、田瑞娟《古代漢語》上册，北京出版社，1981年；康瑞琮《古代漢語語法》，遼寧人民出版社，1987年，433頁。

[②] 朱德熙《自指和轉指》，《方言》1983年第1期；唐鈺明、周錫䪖《論先秦漢語被動式的發展》，《中國語文》1985年第4期；楊五銘《西周金文被動式簡論》，《古文字研究》第七輯，中華書局，1980年；周清海《西周金文裏的被動式和使動式》，《中國語文》1992年第6期。

[③] 楊伯峻《春秋左傳注》，125頁。

[④] 王力《漢語語法史》，見《王力文集》第11卷，383頁。

的。但他同時又認爲,"于"字式"只是借用處所狀語來引進施事者"。對此我們仍不能同意。我們看到,介詞"于"在殷商時期的用法已非常廣泛而複雜,粗略地説,可以介引處所、時間、對象、施事、受事等①,所有這些加起來體現了"于"的性質,很難說其中誰借用了誰。

　　至此,不可避免地遇到一個問題,即我們説"于"既不表主動,也不表被動,那麼,它的作用到底是什麽? 這涉及到"于"的基本性質問題。我們知道,古漢語的動賓之間語義關係複雜多樣,許多種類的賓語與它們的動詞之間能够插入"于"字,例如受事、施事、處所、時間、原因等。可以説,凡是能插入"于"字的動賓結構,其"于"字的作用就在於使原結構變爲動補結構,從而強化該結構原有的語義關係。一般説,與施事主語句相比較,受事主語句總是比較"特殊",所以人們在使用時總是傾向於使用有"于"字的加強式,使語義更爲顯豁。這就是在實際用例中加強式反多於原式的原因所在②。

　　意合句的動詞前還可以加上某些助動詞或副詞,使句子獲得某種附加意義。例如:"民可使由之"(《論語》),"斗筲之人,何足算也"(《論語》),"事既畢矣"(《左傳》),"門已閉矣"(《左傳》)。有時"可"、"足"還可加在"於"字句前面,形成複雜形式。如"聲音不足聽於耳與?"(《孟子》),"不可法於後世者"(《孟子》)。《馬氏文通》認爲"'可'、'足'兩字後動字,概有受動之意",這是誤解。"可"、"足"作爲助動詞,其後的動詞並不都能解釋爲被動意義。例如"(汝)可憐哉"(《莊子》),"其生可樂"(《莊子》),"我猶不足貴也"(《莊子》),"不足活身"(《莊子》)。從意義上看,"可"表可能、意願,"足"表值得、够得上,與被動義無關。正如上舉之"既"、"已"等表完成的副詞與被動義無關一樣。意合句之表被動,是由受事成分處於主語位置決定的。

二、遭遇義動詞句的發展

　　上古漢語受事主語句的另一種類型,就是用表遭遇義的動詞加在及物

---

① 張玉金《甲骨文虛詞詞典》。
② 孫良明説:"姚先生講'意念句',指出'"於"並不負擔任何"被動"信息',此認識也非常正確。姚先生否認'V-於-N'是被動式,此主張當也成立;本文談'V-於-N'受事主語句廣被解釋也證實此説。"見孫良明《談高誘"注"解説受事主語句的表達功能、解釋能力和先秦漢語受事主語句系統及古代漢語被動式的形成》,《漢語史學報》第九輯。

動詞前面,形成動賓結構,以表示被動。這些動詞有"遇、遭、受、被、罹、得、見"等。對於前幾個動詞的性質,人們一般無異議。唯獨對於"見"字,學界歷來認爲是表被動的虛詞。我們認爲,"見"字與其他遭遇義動詞在語法功能、語義特點上完全一致,不宜分作兩種對待。

第一,從組合能力來看,遭遇義動詞既可以獨立帶名詞性賓語,又可以獨立帶動詞性賓語,表示的意義完全一致。例如:

（1）道下,遇雨將不出,是不歸也。　　　（《左傳》昭公二十二年）
（2）鄭游販將歸晋,未出竟,遭逆妻者,奪之,以館于邑。

（《左傳》襄公二十二年）
（3）德厚而受禄,德薄則辭禄。（《晏子春秋·內篇雜下》第二十八章）

這是帶名詞性賓語的例子。帶動詞性賓語的例子如:

（4）楚大子建之遇讒也,自城父奔宋。　　（《左傳》哀公十六年）
（5）諸所遭執而欲惡生者,人不必以其請得焉。　（《墨子·大取》）
（6）好善無厭,受諫而能戒。　　　　　　　（《荀子·修身》）

這些"遇、遭、受"帶動詞性賓語表示被動,不會有人持異議,它們與上述例（1）~（3）的"遇、遭、受"屬於同一個詞,也不會有異議。經過觀察我們發現,"見"字與這些遭遇義動詞一樣,不僅用在動詞性詞語前,而且也用在名詞性詞語前,表述的意義完全一致。用在動詞性詞語前的用例即所謂"被動式",人們都很熟悉,這裏先舉用於名詞性詞語前的例子:

（7）昔者越國見禍,得罪於天王。　　　　　（《國語·吳語》）
（8）韓與荆有謀,諸侯應之,則秦必復見崤塞之患。

（《韓非子·存韓》）
（9）夫安樂無事,不見覆軍殺將之憂,無過燕矣。（《戰國策·燕一》）
（10）奴之病得之流汗數出,炙於火而出見大風也。

（《史記·扁鵲倉公列傳》）
（11）病見寒氣則遺溺,使人腹腫。　　（《史記·扁鵲倉公列傳》）

以上例（7）~（11）諸"見"字顯然不能解釋爲看見,也不是表被動的虛詞所能解釋,因爲其後爲名詞性成分。它們只能解釋爲遭遇義。"見禍"即"遭禍","見崤塞之患"即"遭崤塞之患","不見覆軍殺將之憂"即"不遇覆軍殺將之憂",而"見大風"、"見寒氣"之類至今仍存在於現代漢語之中,爲遭受義。"見"的這種用法古漢語中並不少見,它與用在動詞性詞語前的"見"意義完全一致。例如"見伐"(《左傳》)就是"遭伐","見保"(《孟子》)就是"受保","見愛"、"見惡"(《墨子》)就是"遇愛"、"遭惡","見刳"(《荀子》)就是"遭刳"。因此它們應屬同一個詞,並且這個詞與上述(1)~(6)諸例所示的"遇、遭、受"等在組合能力、意義特徵上完全一致。副詞通常不能用在名詞性詞語前,介詞也不能獨立帶名詞性賓語①。既能獨立帶名詞性賓語,又能獨立帶動詞性賓語的只有動詞。這種動詞是漢語謂賓動詞中固有的一類,現代漢語、古代漢語均如此。

再觀察"見+及物動詞"本身的變化關係。請看下例:

(12) 是少與我俱,見苦,爲生難,故重棄財。至如少弟者,生而見我富,乘堅驅良逐狡兔,豈知財所從來,故輕棄之,非所惜吝。

(《史記·越王勾踐世家》)

(13) 存亡繼絕,衛弱禁暴,而無兼併之心,則諸侯親之矣。修友敵之道,以敬接諸侯,則諸侯説之矣。所以親之者以不並也,並之見則諸侯疏矣。所以説之者以友敵也,臣之見則諸侯離矣。

(《荀子·王制》)

例(12)是朱公評論他兩個兒子的一段話,從上下文可知,"見苦"和"見我富"語法性質是相同的,後者可以看作前者語法上的擴展式。單純的"見苦"很像所謂的被動式,但是比照它的擴展式,"見"與"富"(苦)之間可以插入"我",可知此"見"字只能是表遭受義的動詞。因爲,"我富"這樣的主謂結構與被動意義是不相容的。"見我富"只能是"遇我富"之意,所以"見苦"也就是"遇苦"或"受苦"。再看例(13)。我們知道,按照一般的説法,古漢語動賓結構,當賓語前置時,前置賓語與動詞之間置一"之"或"是"字,形成"O之(是)V"式②。此式還原時須去掉"之"或"是"。換言之,古漢語動賓結構存在如此變換關係:[A式]VO⇌[B式]O之(是)V。例如:

---

① 這種"見"字,呂叔湘認爲類似表被動的副詞或詞頭(《中國文法要略》,38頁);周秉鈞視爲副詞(《古漢語綱要》,湖南人民出版社,1981年,44頁);錢大群、劉明視爲介詞(《古漢語語法常識》,甘肅人民出版社,1977年)。
② 有人把這種形式視爲受事主語句,例如管燮初《左傳句法研究》(安徽教育出版社,1994年)。這一問題宜專文討論,這裏不擬涉及。

（14）我思古人，實獲我心。　　　　　　　（《詩經·邶風·綠衣》）
（15）先君之思，以勗寡人。　　　　　　　（《詩經·邶風·燕燕》）
（16）楚子懼吳，使沈尹射待命于巢。　　　（《左傳》昭公五年）
（17）今吳是懼而城於郢，守已小矣。　　　（《左傳》昭公二十三年）

同一個動詞"思"，例（14）用A式，例（15）用B式。同一個動詞"懼"，例（16）用A式，例（17）用B式。古漢語動賓結構這種變換關係，是其他任何結構所沒有的。現在來看例（13），顯然，"並之見"、"臣之見"爲B式結構，我們完全可以按照變換規則，把它們轉爲A式，使句子成爲"見並則諸侯疏矣"、"見臣則諸侯離矣"，而不改變原文的意思。如果承認古漢語動賓結構存在A式:B式的變換關係，承認"並之見"、"臣之見"是B式結構，就必須承認"見並"、"見臣"是它們的A式，爲動賓結構，從而承認"見V"結構爲純粹的動賓結構。

"見"的遭遇義是從"見"的本義直接發展而來的。《説文》："見，視也。"按，視必有所及，而所及即所遇。"見"的遭遇義便由此産生。《爾雅·釋詁下》："逢、遇，見也。"郭注："行而相值即見。"《戰國策·秦二》："甘茂亡秦，且之齊，出關，遇蘇子。"高誘注："遇，見也。"如果把"見"看作虛詞，則難以説明其虛化的過程，事實上也未見有人作過這方面的解釋。

"見"爲遭遇義動詞，所以它常可以和其他遭遇義動詞形成對文、異文。例如：

（18）故國離寇敵則傷，民見凶饑則亡。　　　　（《墨子·七患》）
（19）信而見疑，忠而被謗，能無怨乎？　　　　（《史記·屈原列傳》）
（20）（汝）速已則可矣，否則爾之受罪不久矣。（《説苑·臣術》）
（21）汝速已則可，不則汝之見罪必矣。　　　　（《孔子家語·致思》）

例（18）、（19）是對文之例。例（20）、（21）爲内容相同的一段話，一作"受罪"，一作"見罪"，是異文之例。這都説明"見"和這些動詞的性質是一樣的。在我們考察"見+及物動詞"的過程中，也遇到了一些似乎有利於虛詞説的句子，對這些句子我們並不迴避。例如：

（22）言順比滑澤，洋洋纚纚，則見以爲華而不實；敦厚恭祗，鯁固慎完，則見以爲掘而不倫。　　　　　　　　　　（《韓非子·難言》）

例(22)的"見以爲",我們很難找到一個恰好相當的遭遇義動詞來替換其中的"見",而翻譯成現代漢語又是"被認爲",似乎這是"見"等於現代漢語的"被"的理由。其實不然。我們說"見"是遭遇義動詞,只是因爲它與其他遭遇義動詞在語法功能上完全一致,語義上也有共同的特徵,這並不意味着它們必須在語義上相等。在一些句子中,它們不能簡單地互相替換,這完全是正常的、必然的。簡單地把翻譯的話當作語法分析的依據,這倒常常是產生誤差的原因。

其實,對於這個"見"字的真正性質,前人也早有察覺。例如殷孟倫、殷煥先、周遲明、姜可瑜等明確指出這個"見"字是"承受義動詞",其後的及物動詞已經具有了賓語的性質[①]。這些認識與我們的研究正相合,只是他們没有展開論證。

現在來談談"被"。表被動的虛詞"被"最初來源於遭受義動詞"被",這是没有疑問的。問題是何時完成了這種轉化?王力認爲"大約萌芽於戰國末期",他舉了以下三個例子:

(23)今兄弟被侵,必攻者,廉也;知友被辱,隨仇者,貞也。
　　　　　　　　　　　　　　　　　　　　　　(《韓非子·五蠹》)
(24)萬乘之國,被圍於趙。　　　　　(《戰國策·齊六》)
(25)國一日被攻,雖欲事秦,不可得也。　(《戰國策·齊一》)

我們檢查了《韓非子》中的全部"被"字句,除了王力上引的例(23)外,還有如下六例:

(26)故奸莫不得而被刑者衆,民疾怨而衆過日聞。　(《奸劫弑臣》)
(27)軍敗晉陽,身死高梁之東,遂卒被分,漆其首以爲溲器。
　　　　　　　　　　　　　　　　　　　　　　(《喻老》)
(28)處非道之位,被衆口之譖。　　　　(《奸劫弑臣》)
(29)身尊家富,父子被其澤。　　　　　(《奸劫弑臣》)
(30)其可以罪過誣者,以公法而誅之;其不可被以罪過者,以私劍而窮之。　　　　　　　　　　　　　　　　　(《孤憤》)
(31)寬哉,不被於利;絜哉,民性有恒。　(《說林下》)

---

① 殷孟倫等編《古漢語簡論》,山東人民出版社,1979年,148~149頁。

總共七例。例(23)及(26)、(27),"被"字用在動詞前面,例(28)至(30),"被"字用在名詞性詞語前面,都是遭遇、蒙受義,顯然是同一個詞。然而王力的辦法是,用在動詞前面的是"被動式的助詞"(如例[23]),用在名詞性詞語前面的則"作爲動詞"(如例[28])①。這實際上又墮入"依句辨品"的套子中了。依照這種辦法,上述"遇、遭、受"等動詞也可以分別相應地分爲兩個,這大概沒有人會同意。王力本來是主張按有無"結構特點"確定被動句的,所謂"結構特點",就是只能用於此,不能用於彼,可是在實際中似乎沒有很好地貫徹這一宗旨。

再例如:

君實不察其罪,被此名也以出,人誰納我? （《左傳》僖公四年）
項王身亦被十餘創。　　　　　　　　　　　　（《史記·項羽本紀》）

這都是很典型的遭遇義動詞。

"被"在西漢時期仍是遭受義動詞,那麼它什麼時候虛化爲表被動的虛詞的呢?需另作專門研究,這裏只舉兩個例子,提示至少在六朝末年,"被"已虛化了。

（32）其王本姓溫,……因被匈奴所破,西踰葱嶺,遂有其國。

（《魏書·西域傳》）

（33）父子並有琴書之藝,尤妙丹青,常被元帝所使,每懷羞恨。

（《顏氏家訓·雜藝》）

這裏的"被"顯然是替換"爲X所X"中的"爲"的。如果"被"還是遭受義,這種替換是不可能發生的,因爲在遭受的意義上,"被X所X"是文不成義的。

遭遇義動詞在殷商時期即已存在,有"受、遘、見"等。例如:

辛亥卜:兄于二父一人,王受祐? 　　　　　（《合集》27037）
己巳王卜,貞:[今]歲商受[年]?王占曰:吉。東土受年,[吉]。南土受年,吉。西土受年,吉。北土受年,吉。（《合集》36975）
貞:翌乙未不遘雨? 　　　　　　　　　　　　（《合集》24882）

---

① 王力《漢語語法史》,《王力文集》第11卷,391、397頁。

> 今日辛，王其田？不遘大風。大［吉］　　　（《合集》28556）
> 己酉卜，賓貞：今日王其步□見雨，亡災？　（《合集》12500）
> ……見雨　　　　　　　　　　　　　　　　（《合集》13042）

"受祐"就是受到助祐，"受年"就是遇到好年成。"遘雨"、"見雨"就是遭遇到雨。殷商時期，這些遭遇義動詞只帶名詞性賓語，尚未發現帶動詞性賓語的例子。

遭遇義動詞"遘"至西周時期雖然還有用例，但已很少見，例如：

> 惟爾元孫某，遘厲虐疾。　　　　　　　　　（《尚書·金縢》）
> 惠篤敘，無有遘自疾，萬年厭于乃德。　　　（《尚書·洛誥》）

東周以降，"遘"就基本上消失了。

西周時期遭遇義動詞主要有"受、遇、遭、罹（離）、得、見"等。如：

> 伯姜日受天子魯休。　　　　　　　　　（伯姜鼎，西周早期）
> 丕顯文武，膺受天令。　　　　　　　　（師詢簋，西周晚期）
> 躍躍毚兔，遇犬獲之。　　　　　　　　（《詩經·小雅·巧言》）
> 閔予小子，遭家不造。　　　　　　　　（《詩經·周頌·閔予小子》）
> 二月初吉，載離寒暑。　　　　　　　　（《詩經·小雅·小明》）
> 凡民自得罪，寇攘姦宄，殺越人于貨，昏不畏死。
> 　　　　　　　　　　　　　　　　　　（《尚書·康誥》）
> 覭淑文祖皇考，克哲氒德，得純用魯，永終于吉。
> 　　　　　　　　　　　　　　　　　　（井人妄鐘，西周晚期）
> 雨雪瀌瀌，見晛曰消。　　　　　　　　（《詩經·小雅·角弓》）

這些遭遇義動詞，都只見帶名詞性賓語，尚未見帶動詞性賓語的例子。其中"受"極常見，其他皆不常見。

東周以後，遭遇義動詞又增加了"被"，同時，遭遇義動詞又有了帶動詞性賓語的用法，於是就有"表被動的虛詞"一說。其中得失，上文已有辨析[①]。

[①] 孫良明說："姚先生提出'遭遇義動詞句'說，……此認識也是成立的。"見孫良明《談高誘"注"解說受事主語句的表達功能、解釋能力和先秦漢語受事主語句系統及古代漢語被動式的形成》，《漢語史學報》第九輯。

三、指稱句的發展及被動式的產生

上古漢語還有一種受事主語句,即通常所說的表被動的"爲"字句。該句包括兩種形式:"(N)爲(N)V"和"(N)爲N所V"(括弧表示其中的成分可省略)。對於這種"爲",語法學界一直存在兩種意見,一方以馬建忠、吕叔湘爲代表,認爲是個"斷詞"(馬)或"係詞"(吕)[1];另一方可以黎錦熙、王力爲代表,認爲是表被動的"介詞"(黎)或助動詞(王)[2]。目前多數人持黎、王的意見。分歧的實質在於"爲"後的動詞性成分究竟是對受事主語的指稱,即動詞性成分轉指受事,還是對受事主語的陳述。只有後者纔是真正的被動式。以下必要時稱前者爲指稱式,後者爲陳述式。

"(N)爲(N)V"產生並盛行於春秋戰國時期,而"(N)爲N所V"萌芽於戰國晚期,盛行於兩漢及魏晉南北朝,兩者不僅產生年代不同,而且性質也不一樣。前者是指稱式,後者纔是陳述式即真正的被動式[3]。

"爲"在上古有多種含義,但與我們的討論相關的則是通常解釋爲"當作、算作、稱爲、成爲、是"等的"爲",它們有一個共同特點,即後面必需帶指稱性成分,名詞性成分自不必說,如果是謂詞性成分,處在"爲"的後面也要指稱化。如:

(1)下虐上爲弒,上虐下爲討。　　　　　(《國語·楚語下》)
(2)漢東之國,隨爲大。　　　　　　　　(《左傳》桓公六年)

例(1)表示事類,即主語屬於"弒"、"討"這一類的事。例(2)的"大"則是指"大國"。

春秋晚期,"爲"開始單獨帶謂詞性成分。我們把春秋戰國時期"爲"後的成分分爲四類,第一類爲名詞性成分,如"晉爲盟主"(《國語·魯語下》)之類,例子很多。上述例(1)、(2)可算第二類,雖是謂詞性成分,但

---

[1] 馬建忠《馬氏文通》受動字之二;吕叔湘《中國文法要略》,38頁;吕叔湘《文言虛字》,上海教育出版社,1956年。
[2] 黎錦熙《新著國語文法》,商務印書館,1924年,44頁;王力《漢語語法史》,見《王力文集》第11卷,385頁。
[3] 姚振武《指稱與陳述的兼容性與引申問題》,《中國語文》2000年第6期;姚振武《先秦漢語受事主語句系統》,《中國語文》1999年第1期。馬清華認爲姚振武《指稱與陳述的兼容性與引申問題》一文,"用漢語語法學自產理論解釋語法化問題","借助國產理論對語法化問題進行獨到的研究,是新時期語法化研究的一種方向性突破"的代表作之一,"爲重新分析方式添加了一種新的起因"。見馬清華《漢語語法化問題的研究》,《語言研究》2003年第2期。

性質很清楚，與"被動"問題無關。第三類指如下這類句子：

（3）寡君聞有不令之臣爲君憂。　　　（《左傳》昭公二十二年）
（4）彼若謀害楚國，豈不爲患。　　　（《左傳》襄公二十六年）

以上兩例，"爲"後及物動詞的受事成分（"不令之臣"、"彼"）雖處在主語的位置上，但由於語義選擇的限制，排除了該句式是陳述式的可能性。其中的"V"或"NV"均已指稱化，意思分別是："成爲國君擔憂的對象"，"豈不是患害"。正因爲如此，這種"爲（N）V"與第一、二類一樣，還能進入只有指稱性成分纔能進入的"以……爲……"式中。如：

（5）堯以不得舜爲己憂，舜以不得禹皋陶爲己憂。（《孟子·滕文公下》）
（6）夫人豈以不勝爲患哉？弗爲耳。　　　（《孟子·告子下》）

例（5）、（6）如果去掉"以"字，就是"不得舜爲己憂"、"不勝爲患"，成爲第三類了。

第四類即通常所謂"被動式"，例子很多，略舉兩例如下：

（7）管蔡爲戮。　　　　　　　　　　　（《左傳》襄公二十一年）
（8）今伐其師，楚必救之，戰而不克，爲諸侯笑。（《左傳》襄公十年）

從現代的角度看，這種句子中的"爲"都可以換上"被"，而且很通順。這也許就是它們被看作陳述式的主要原因。然而，請比較"管蔡爲戮"和"唯女子與小人爲難養也"（《論語·陽貨》），我們實在看不出它們在語法關係和語義關係上有什麼不同，唯一的"區別"是，翻譯爲現代漢語，前者可以是"管蔡被戮"而後者不可以是"唯女子與小人被難養"，因此前者便被歸入"被動式"而後者則被歸入"判斷句"。經仔細觀察，我們認爲第四類與前三類其實並無二致。理由如下：

1. 它們可以在相同語境中與前三類或其他指稱性成分形成連文、互文，還可以擴展成指稱性成分，這說明二者的性質是一致的。例如：

（9）初，伊公佗學射於庾公差，庾公差學射於公孫丁。二子追公，公孫丁御公。子魚曰："射爲背師，不射爲戮，射爲禮乎？"
　　　　　　　　　　　　　　　　　　　（《左傳》襄公十四年）

［楊伯峻注："子魚，差之字。"］

（10）諂諛者親，諫爭者疏。修正爲笑，至忠爲賊，雖欲無滅亡得乎哉！　　　　　　　　　　　　　　　（《荀子·修身》）

（11）故繞朝之言當矣，其爲聖人於晉，而爲戮於秦也。（《韓非子·說難》）

（12）此寶也，宜爲君子器，不宜爲細人用。　（《韓非子·喻老》）

（13）a. 是以國爲虛厲，身爲刑戮也。　　　　（《墨子·魯問》）

　　　b. 故國爲虛厲，身在刑僇之中。　　　　（《墨子·非命中》）

（14）員不忍稱疾辟易，以見王之親爲越之擒也。（《國語·吳語》）

（15）此行也，君爲婦人之笑辱也，寡君未之敢任。（《左傳》成公三年）

例（10）～（13）的"爲背師"、"爲禮"、"爲賊"、"爲聖人"、"爲君子器"是無可置疑的指稱式，則與它們連用的"爲戮"、"爲笑"、"爲細人用"也應當是指稱式，其意思分別是"成爲戮殺的對象"、"成爲笑辱的對象"、"當作細人的器用"等。"身爲刑戮"以及類似的話在《墨子》中屢見，它不僅可以與指稱式"國爲虛厲"連用（例[13]a），而且可以說成"身在刑僇之中"（例[13]b）。例（14）、（15）的"爲越之擒"、"爲婦人之笑辱"也是明顯的指稱式，不妨看作是"必爲吳禽"（《左傳》襄公二十五年）和"爲諸侯笑"（《左傳》襄公十年）這類句子在語法上的擴展。

2. 它們可以和其他表指稱的"爲"字式一樣，前面加上介詞"以"形成"以……爲……"或"以爲"式，而這是只有指稱性成分纔能進入的句式。例如：

（16）虢之會，魯人食言，楚令尹圍將以魯叔孫穆子爲戮，樂王鮒求貨焉不予。趙文子謂叔孫曰："……子盍逃之？不幸，必及於子。"對曰："豹也受命於君，以從諸侯之盟，爲社稷也。若魯有罪，而受盟者逃，魯必不免，是吾出而危之也。若爲諸侯戮者，魯誅盡矣，必不加師。請爲戮也。……"　　　　　　　　　　　　　　　　　　　　（《國語·晉語八》）

（17）我言維服，勿以爲笑。　　　　　　　（《詩經·大雅·板》）

（18）夫禮者以財物爲用。　　　　　　　　（《荀子·禮論》）

例（16）"以魯叔孫穆子爲戮"、"爲諸侯戮"、"爲戮"指同一回事，其一致性一目了然，可互相印證。其餘兩例性質也十分清楚。可以看出，如果把各例的"以"去掉，就是所謂"被動式"了。這正好說明，所謂"被動式"中的動詞是指稱性的，因爲，如果是陳述性的，就不可能與"以"配合。

3. "爲"後的謂詞性成分已指稱化，既然可以指稱受事，從理論上講，也

應該可以指稱施事。事實上確有這種情況,只是比較少見。這一事實非常重要,過去被忽略了。例如:

(19)敵國賓至,關尹以告,行理以節逆之,候人爲導,卿出郊勞。
　　　　　　　　　　　　　　　　　　　　　(《國語·周語中》)
(20)公曰:"章諫吾曰:'願君之廢酒也! 不然,章賜死。'如是而聽之,則臣爲制也;不聽,又愛其死。"
　　　　　　　　　　　　　　　　(《晏子春秋·内篇諫上》第四章)
(21)季康子問:"弟子孰爲好學?"　　　　　(《論語·先進》)

例(19)是説候人爲導人者,而不是候人被導;例(20)是説臣爲制君者,而不是臣被制;例(21)是説孰爲好學者,而不是説"孰被好學","被好學"文不成義。再比較如下兩例:

(22)(范獻子曰)人不可不學。吾適魯而名其二諱,爲笑焉;唯不學也。　　　　　　　　　　　　　　　　　　(《國語·晉語九》)
(23)五年,代地大動,……六年,大饑。民讇言曰:"趙爲號,秦爲笑。以爲不信,視地之生毛。"　　　　　　(《史記·趙世家》)

同是"爲笑",例(22)的"笑"指被笑者,受事;例(23)的"笑"則指笑人者,施事(秦笑趙)。如果把例(22)的"爲"看作表被動的虛詞,則勢必要在同一個"爲笑"中分出"爲₁"、"爲₂"來,這大概不會有人同意。有時所指稱對象既是動作發出者,又是動作受體,很難只歸入施事或受事。如:

(24)夫民,生厚而用利,……利過則爲敗。(《左傳》襄公二十八年)
(25)於是禹以爲河所從來者高,水湍急,難以行平地,數爲敗,……
　　　　　　　　　　　　　　　　　　　　　(《史記·河渠書》)

這兩例"敗"指的是民和河水自身,而不是被敗之意。

上述既可指稱受事,也可指稱施事的情況,也相應體現在"以……爲……"或"以爲"式中。如:

(26)子贛知孔子思歸,送冉求,因誡曰"即用,以孔子爲招"云。
　　　　　　　　　　　　　　　　　　　　(《史記·孔子世家》)
(27)陳慶虎、慶寅畏公子黃之偪,愬諸楚曰:"與蔡司馬同謀。"楚人以爲討,公子黃出奔楚。　　　　　　(《左傳》襄公二十年)

（28）秦大而近，足以爲援。　　　　　　　　　　（《左傳》文公六年）

例（26）"招"轉指受事（孔子），例（27）"討"也轉指受事（公子黄），例（28）"援"則轉指施事（秦）。

上述三條，都是"被動式"難以解釋的，而用指稱的觀點，則可對包括所謂被動式在内的全部現象作出統一的解釋。此外，從歷時發展的角度看，也不宜採取"被動式"的觀點，因爲這樣無法解釋表被動的"爲"由實到虛的過程。除非認爲它一開始就是虛詞，與動詞"爲"没有聯繫。

至戰國末年，出現了"爲N所V"式，但極少見。例如：

（29）楚遂削弱，爲秦所輕。　　　　　　　　　　（《戰國策·秦四》）
（30）夫直議者，不爲人所容。　　　　　　　　　（《韓非子·外儲説左下》）

此式的大規模、爆發性的流行，是在西漢時期①。

如何看待"爲N所V"式？按照學術界的一種重要看法，"所"是謂詞性成分名詞化標記，"所V"主要特點就是指稱受事。如果僅從這一點看，把"爲N所V"看成指稱式幾乎無懈可擊，馬建忠、吕叔湘也正是這樣認爲的②。這種看法還可以反過來證明我們上面對春秋戰國時期"爲（N）V"的分析是正確的，因爲我們可以解釋説，正是由於"爲（N）V"的構造是"爲｜（N）V"，其中"（N）V"已指稱化，所以纔有可能在語法、語義關係完全不變的情况下加進一個"所"字，使其性質更加明確。

但是，大量事實迫使我們不得不放棄這種似乎順理成章的結論，我們無法否認"爲N所V"是陳述性的，也就是説，它是真正的被動式。理由如次：

1. 許多"爲N所V"，其上下文只能容納陳述性成分，不能容納指稱性成分。例如：

（31）始皇上泰山，爲暴風雨所擊，不得封禪。　　（《史記·封禪書》）
（32）方士徐市等入海求神藥……乃詐曰："蓬萊藥可得，然常爲大鮫
　　　魚所苦，故不得至……"　　　　　　　　（《史記·秦始皇本紀》）
（33）漢王追楚，爲項籍所敗固陵。　　　　　　　（《史記·魏豹彭越列傳》）

---

① 唐鈺明《漢魏六朝被動式略論》，《中國語文》1987年第3期；姚振武《"爲"字的性質與"爲"字式》，《第二届國際古漢語語法研討會論文選編》。
② 馬建忠《馬氏文通》受動字之二；吕叔湘《中國文法要略》，38～39頁；吕叔湘《文言虚字》。

上述各句都是在陳述受事主語怎麼了，而不可能是指稱它成爲了什麼。其中例(33)帶處所狀語，更是指稱性成分所不容的。

2. 我們知道，判斷句如果主語和表語具有同一性①，其間的"爲"往往可以省略。如：

(34) 吾乃今日知先生爲天下之士也。(《史記·魯仲連鄒陽列傳》)

這是指稱式的一個規律。如果"爲N所V"是指稱性的，則其主語、表語必具有同一性，其"爲"字也應該可以省略，但事實上却絕不可省略，可見它不是指稱式。然而，"爲(N)V"是指稱式，而其"爲"也不可省略，這似乎與"爲N所V"相一致，其實不然。因爲，"爲(N)V"式的"(N)V"有賴"爲"字纔能指稱化，所以"爲"不能省。而按説"所V"不僅指稱化了，而且名詞化了，這時"爲N所V"的"爲"仍不能省略，則是難以解釋的。

與此相關，以"N所V"直接作表語的判斷句，主語和表語之間却不能插入"爲"字。例如：

(35) 禍兮(　　)福所倚，福兮(　　)禍所伏。(《老子本義》第五十章)
(36) 代地(　　)吾所急也，故封豨爲列侯，以相國守代。

(《史記·高祖本紀》)

這是真正的判斷句，謂語指稱主語"是什麼"，但在主語和謂語"N所V"之間的括弧裏却不能加上"爲"，因爲一加上"爲"就變成陳述主語"怎麼樣"了，而這與文意是格格不入的。

3. "爲N所V"只用於受事主語句，而不能用於施事主語句或其他句子，這也是它與"爲(N)V"的一個重要區别。

4. "爲N所V"式也絕不像"爲(N)V"式那樣能進入"以……爲……"這種典型的指稱式中。也就是説，没有"以N爲N所V"這樣的句式。如果"爲N所V"是指稱性的，却不能形成此式，這是説不通的。

"爲N所V"式顯然是從"爲(N)V"式發展來的。但是，這種發展不是一種簡單的擴展，而是對"爲(N)V"內部變異要求的一種滿足。一般説，指稱和陳述是一對對立的範疇，名詞與動詞之分，本質上就是指稱和陳述之

---

① 我們認爲"爲"字不宜看作係詞，因爲它還有"成爲、作爲"等含義。因此嚴格地説它後面的成分不宜稱表語。但在下面的例句裏，它確實與係詞的作用相近。爲便於説明問題，姑且稱其後的成分爲表語。

分。但兩者又有統一的一面。語言中廣泛存在的名詞、動詞的互相轉化實際上就是這種統一性起作用的結果①。

詞類之間可以發生指稱和陳述的互相轉化，句式之間也存在相似現象。目前這方面研究得還很不夠。據我們粗淺的觀察，句式之間發生這種轉化的原因，最初可能與人們對該句式的主觀態度有關，屬於語用平面。請看下面兩句話：

a. 小王是一個老實人。
b. 小王很老實。

兩者語義基本相同，區別在於a是指稱式，講小王是一個什麼樣的人；b是陳述式，講小王怎麼樣。可是在實際運用中，有時明明意在表達a義，却用了b式，反之亦然。因爲，畢竟說a也意味着b，說b也意味着a。這表明，在語義基本相同的前提下，指稱式與陳述式在語用平面存在某種兼容性。據我們觀察，這正是導致它們互相轉化的主要原因之一。這種轉化的結果不難看到。例如，戰國時的陳述式"以爲"（認爲之意）就是從春秋時大量存在的指稱式"以X_1爲X_2"變來的②。現代漢語中，表陳述的"是……"、"是……的"句（"是"、"是……的"爲語意焦點標記③。）也是從表指稱的"是……"（"是"爲係詞）轉化來的。顯然，從春秋晚期的"爲(N)V"到西漢的"爲N所V"，體現的也是由指稱式到陳述式（被動式）的轉變。

"所V"在"爲N所V"中表現出陳述性，也有其內在原因。從表面看，"所V"是名詞性成分，但它與真正的名詞在概念內涵上却不同。如"魚，我所欲"（《孟子》），"魚"和"我所欲"雖是同指的，但在概念內涵上，"我所欲"却是對"魚"的陳述，是分析形式。可以認爲，在"爲N所V"式中，"所V"的兩個因素在起作用，一是它一般只與受事有關，這保證了該式只用於受事主語句，並有了形式標記，二是上述概念內涵上的陳述性。而它的指稱性則淡化乃至消失了，正如上述表認爲的"以爲"和表焦點的"是"或"是……的"，它們原有的指稱性淡化乃至消失了一樣。

"爲N所V"中的"爲"已不是通常意義上的"爲"，"所"也不是通常意義上的"所"，兩者相結合共同轉化爲真正的被動式的標記。這一點還可以從下例"爲"被"被"取代得到證明：

---

① 姚振武《漢語謂詞性成分名詞化的原因及規律》，《中國語文》1996年第1期。
② 姚振武《"以爲"的形成及相關問題》，《古漢語研究》1997年第3期。
③ 呂叔湘《疑問·否定·肯定》，《中國語文》1985年第4期。

（37）其王本姓溫，……因被匈奴所破，西踰葱嶺，遂有其國。
（《魏書・西域傳》）

（38）父子並有琴書之藝，尤妙丹青，常被元帝所使，每懷羞恨。
（《顏氏家訓・雜藝》）

至少在六朝末年，"被"已虚化爲表被動的虚詞。只要"爲N所V"的"爲"還屬於動詞範疇，它就不可能被"被"取代，同樣，如果其中的"N所V"還是指稱性的，它也不可能與"被"相配合，因爲語義選擇上無法相容，即不可能有"被｜匈奴所破（之人）"這樣的語義選擇。

從理論上説，按照正常的組合規則，完全可以産生指稱性的"爲N所V"。事實上確實有，只是極爲罕見。《史記》中有這樣一例：

（39）"臣不作福"者，勿使行財幣、厚賞賜，以立聲譽，爲四方所歸也。
（《史記・三王世家》）

這句話的意思是，勿使大臣成爲四方所歸之人，即帝王。（《公羊傳・莊公三年》："王者，民之所歸往也。"）這種"爲N所V"極爲罕見，是因爲它自然形成的機遇就很少，至西漢，陳述性的"爲N所V"爆發性地産生後，更使它幾乎没有了存在的餘地。

值得注意的是，西漢以後，另産生了一種"爲N之所V"式。例如：

（40）神農失水而陸居兮，爲螻蟻之所裁……悲仁人之盡節兮，反爲小人之所賊。
（賈誼《惜誓》）

這種"爲N之所V"也很少見，它是陳述式"爲N所V"的加强式，而不是指稱式。這種加强式的"爲"可以换成"被"，例如：

（41）爲半錢債而失四錢，兼有道路疲勞乏困，所債甚少，所失極多，果被衆人之所怪笑。
（《百喻經・債半錢喻》）

這説明這個"爲"不具有"斷詞"的性質，進而説明式中的"之"也不是習見的名詞性偏正結構的標誌。"N之所V"作表語，表指稱，在先秦西漢極爲常見，僅《史記》中就有一百餘例。例如：

（42）德施人之所欲，君其行之。　　（《史記・田敬仲完世家》）
（43）馬者王之所愛也。　　（《史記・滑稽列傳》）

這種句子有兩個特點，一是主語與表語間不用"爲"，二是句末可以加"也"。例(40)不符合這兩條中的任何一條。陳述式"爲N所V"的加強式還有"爲N之所見V"等。關於這方面，可以參考唐鈺明、周錫䪨、姚振武的有關論著[①]。

總而言之，指稱式"(N)爲(N)V"產生並盛行於東周早期，其中的"(N)V"是對受事主語"(N)"的指稱。但由於語義的相通，這種指稱式又往往可以用來表陳述，因爲說"(樂魘)爲諸侯笑"(《左傳》)(樂魘成爲諸侯嘲笑的人)也就意味着"樂魘被諸侯嘲笑"。畢竟當時語言中缺乏一種專表被動語義關係的陳述式，因此有時把這種指稱式用於陳述是十分自然的。例如"不爲酒困"(《論語》)、"道術將爲天下裂"(《莊子》)等，陳述的意味就比較濃。但這種用法由於受到句式本身的限制，必然是不自由的。"爲(N)V"式表陳述的需要與自身表指稱的形式相互作用，終於迫使形式本身作出調整，以滿足陳述的需要。這種調整就是"所"字的介入，從此真正的被動式"(N)爲N所V"乃告產生，並且立即大面積、高頻率地使用開來，以區別於"爲(N)V"[②]。

"(N)爲N所V"萌芽於戰國晚期，盛行於兩漢及魏晉南北朝，是上古漢語真正的被動式[③]。

第四節 判斷句的發展

判斷句是用來斷定主語所指和謂語所指同屬一物，或斷定主語所指的人物屬於某一性質或種類的[④]。判斷句的主語和謂語一般是名詞性成分。動詞性成分也可以充當判斷句的謂語，不過這時它隨即指稱化了(或者說"事物化")。

---

① 唐鈺明、周錫䪨《論先秦漢語被動式的發展》，《中國語文》1985年第4期；唐鈺明《漢魏六朝被動式略論》，《中國語文》1987年第3期；姚振武《古漢語"見V"結構再研究》，《中國語文》1988年第2期。
② 姚振武《"爲"字的性質與"爲"字式》，《第二屆國際古漢語語法研討會論文選編》。
③ 孫良明說："姚先生指出'(N)爲N所V'是'真正的被動式'，此認識非常正確。除已爲語法學界公認外，本文說'爲-N-所-V'是完整的被動式，也可以充分證成此說。"見孫良明《談高誘"注"解說受事主語句的表達功能、解釋能力和先秦漢語受事主語句系統及古代漢語被動式的形成》，《漢語史學報》第九輯。
④ 王力《漢語語法綱要》"判斷句"，見《王力文集》第2卷，山東教育出版社，1985年，262頁。

現代漢語判斷句的一個重要標誌就是用係詞"是"聯繫主語和謂語。但漢語判斷句最早是不用係詞的,即便在係詞產生以後,不用係詞的判斷句依然存在,至今如此。這應該是漢語的一個特點。

殷商時期已有判斷句,不用係詞。例如:

(1) 王占曰:茲唯庚雨卜。　　　　　　　　　　(《合集》13399)
(2) 王占曰:庚吉。不雨。　　　　　　　　　　(《合集》11799)

張玉金認爲,例(1)"是個判斷句,可譯爲這是在庚日下雨的卜兆"[①]。例(2)的"庚吉"顯然是"庚日吉利"的意思,爲判斷句。其謂語爲動詞性成分。

殷商時還有判斷句的否定式,即在謂語前加上一個否定副詞"非"。例如:

庚辰貞:日有戠,非禍,隹若?　　　　　　　(《合集》33698)
癸酉貞:日月有食,非若?　　　　　　　　　(《合集》33694)
戊午非隹咎?　　　　　　　　　　　　　　(《合集》21987)[②]

以上各句只要把疑問語氣去掉,就是判斷句。

西周時期,判斷句謂語依然直接主語,沒有係詞。例如:

(1) 厥貢漆、絲。　　　　　　　　　　　　　(《尚書·禹貢》)
(2) 嗚呼! 有王雖小,元子哉。　　　　　　　(《尚書·召誥》)
(3) 祈父,予王之爪牙。　　　　　　　　　　(《詩經·小雅·祈父》)
(4) 淮夷舊我帛賄人。　　　　　　　　　　(兮甲盤,西周晚期)
(5) 見群龍無首,吉。　　　　　　　　　　　(《易經·乾卦》)

例(4)的意思是:淮夷是我舊時的賦貢臣民。

有時謂語前加有語助詞"維(惟、隹)"、"伊"。例如:

我馬維駒,六轡如濡。　　　　　(《詩經·小雅·皇皇者華》)
吉夢維何? 維熊維羆,維虺維蛇。　　(《詩經·小雅·斯干》)
厥土惟白壤。　　　　　　　　　(《尚書·禹貢》)
爾惟舊人。　　　　　　　　　　(《尚書·大誥》)

---

① 張玉金《甲骨文語法學》,196頁。
② 以上關於"非"的各例句,轉引自楊逢彬《殷墟甲骨刻辭詞類研究》,265頁。

有余隹小子。	（㝬簋，西周晚期）
周雖舊邦，其命維新。	（《詩經·大雅·文王》）
惟汝衆自作弗靖，非予有咎。	（《尚書·盤庚上》）
天非虐，惟民自速辜。	（《尚書·酒誥》）
我罪伊何？	（《詩經·小雅·小弁》）
彼有遺秉，此有滯穗；伊寡婦之利。	（《詩經·小雅·大田》）

有人認爲這個"維（惟、隹）"和"伊"是係詞，這是不妥的。"維（惟、隹）"和"伊"是焦點標記，作用是表強調，可以用在各類成分前面，不獨判斷句爲然。在東周以後這種標記就逐漸減少以至消失了。

西周時用否定副詞"非"的判斷句的否定式繼續存在。例如：

㽙非正命。	（塑盨，西周晚期）
乃非民攸訓，非天攸若，時人丕則有愆。	（《尚書·無逸》）
獄貨非寶，惟府辜功，報以庶尤。	（《尚書·呂刑》）

西周以後，"非"所修飾的成分日益豐富、複雜，既可以是名詞性成分，也可以是動詞、形容詞以及各種謂詞性結構。這些謂詞性成分一旦與"非"結合，通常會指稱化，性質與名詞性成分相當。"非"與它所修飾的成分一同構成謂語。例如：

天非虐，惟民自速辜。	（《尚書·酒誥》）
非先王不相我後人，惟王淫戲用自絕。	（《尚書·西伯戡黎》）
得一大而失一國，與惡而棄好，非謀也。	（《左傳》莊公十二年）
與衛偕命，而不與偕復，非信也。	（《左傳》僖公二十八年）

歷來有人認爲這個"非"是個表否定的係詞，但王力認爲，在上古漢語裏，要對形容詞謂語或動詞謂語加以否定就用"不"字；要對名詞謂語加以否定，就用"非"字。"不"和"非"在不同的謂語中起相同的作用，它們的詞性是一樣的[1]。

因此，雖然"非"在判斷句裏有時可以譯爲"不是"，但從整個功能上看，它應該是一個副詞。"非"字句一直存在於西周乃至兩漢時期，是一個很強勢的句式。

---

[1] 見王力《漢語語法史》，《王力文集》第11卷，263頁。

東周以降,產生了語氣詞"也",經常用在判斷句句末。例如:

  鄉愿,德之賊也。   (《論語·陽貨》)
  制,巖邑也。   (《左傳》隱公元年)
  董狐,古之良史也。   (《左傳》宣公二年)
  而母,婢也。   (《戰國策·趙三》)

有人因此認爲"也"是判斷詞①,這也是不妥的。"也"可以用在各類句子的句末,以加強原句的語氣。例如:

  甯武子邦有道則知,邦無道則愚。其知可及也,其愚不可及也。
             (《論語·公冶長》)
  臧文仲居蔡,山節藻梲,何如其知也? (《論語·公冶長》)
  叔孫昭子求納其君,無疾而死。不知天之棄魯邪,抑魯君有罪於鬼神故及此也?   (《左傳》昭公二十六年)
  項伯乃夜馳之沛公軍,私見張良,具告以事,欲呼張良與俱去。曰:"毋從俱死也。"   (《史記·項羽本紀》)

以上各句都不是判斷句,因此,"也"並不是一個判斷詞。

不過,"者……也"却是判斷句的固定格式。這種格式出現於東周以後,一直盛行於先秦西漢時期。例如:

  語之而不惰者,其回也與!   (《論語·子罕》)
  政者,正也。   (《論語·顔淵》)
  亡鄧國者,必此人也。   (《左傳》莊公六年)
  六官者皆桓族也。   (《左傳》成公十五年)
  帝嚳高辛者,黃帝之曾孫也。 (《史記·五帝本紀》)

東周以降,動詞"爲"發展出一種類似係詞的用法。許多語法書都認爲是係詞。但王力不這麽看,他説:

  有一個"爲"字,常被人認爲是係詞,和"是"字同義。楊樹達説:"是,不完全內動詞,爲也。"這是不對的。試問:"知之爲知之,不知爲不知,是知也"能換成"知之爲知之,不知爲不知,爲知也"嗎?

---

① 宋金蘭《古漢語判斷句詞序的歷史演變——兼論"也"的性質》,《語文研究》1999年第4期。

"爲"字本身不是一個係詞,而是一個動詞。"爲"的本義是"做",在上古漢語某些句子裏,它具有某種引申的意義,使我們能夠譯成現代漢語的"是"字。例如:

  余爲伯儵,余而祖也。(《左傳》宣公三年)
  長沮曰:"夫執輿者爲誰?"子路曰:"爲孔丘。"(《論語·微子》)
  桀溺曰:"子爲誰?"曰:"爲仲由。"(同上)

這種敘述句代替了判斷句。在用"也"字煞句的情況下,一般不用"爲"字("余而祖也")。"也"字煞句是上古判斷句的基本形式;在特殊情況下,"爲"字纔是必需的。譬如説,在主語和謂語指稱同一事物的時候,"爲"字就不可以省。例如:

  知之爲知之,不知爲不知。(《論語·爲政》)
  爾爲爾,我爲我,雖袒裼裸裎於我側,爾焉能浼我哉?(《孟子·公孫丑上》)
  公子姊爲趙惠文王弟平原君夫人。(《史記·魏公子列傳》)

相反地,在上古漢語的判斷句裏,如果主語和謂語不是指稱同一事物,主語的內涵外延不一致,就不能用"爲"字。如"子產,惠人也",不能説成"子產爲惠人","滕,小國也",不能説成"滕爲小國"。可見,"爲"字並不是係詞。係詞應該是屬於基本詞彙的。如果"爲"字是係詞,它不應該輕易給新興的詞所代替,可是"爲"字後來在類似判斷句中消失了。如果説上古的係詞既有"是"又有"爲",可能性更小,因爲在同一語言中同時有兩個係詞是不可能的。①

"爲"在上古有多種含義,但與我們的討論相關的則是通常解釋爲"當作、算作、稱爲、成爲、是"等的"爲",其中只有一小部分恰恰可以翻譯爲現代漢語的"是"。我們把"爲"後的成分分爲三類,第一類爲名詞性成分,如:

(1) 商其淪喪,我罔爲臣僕。   (《尚書·微子》)
(2) 鄭武公、莊公爲平王卿士。   (《左傳》隱公三年)
(3) 夫盟,信之要也。晉爲盟主,是主信也。 (《國語·魯語下》)

---

① 王力《漢語語法史》,見《王力文集》第11卷,255~257頁。

（4）余爲伯儵,余而祖也。　　　　　　　　（《左傳》宣公三年）
（5）長沮曰:"夫執輿者爲誰?"子路曰:"爲孔丘。"

（《論語·微子》）

（6）桀溺曰:"子爲誰?"曰:"爲仲由。"　　　（《論語·微子》）

以上例(1)~(3)的"爲"都不宜翻譯爲"是",原句依次是"我不作臣僕"、"鄭武公、莊公擔任平王卿士"、"晉作爲盟主"的意思。例(4)~(6)各句的"爲"則可以翻譯爲"是"。

第二類,"爲"後是謂詞性成分,但已經指稱化(事物化)了,性質很清楚。其中有的可以翻譯爲"是",有的則不能。如:

禮之用,和爲貴,先王之道,斯爲美。　　　（《論語·學而》）
下虐上爲弒,上虐下爲討。　　　　　　　（《國語·楚語下》）
漢東之國,隨爲大。　　　　　　　　　　（《左傳》桓公六年）
寡君聞有不令之臣爲君憂。　　　　　　　（《左傳》昭公二十二年）
彼若謀害楚國,豈不爲患。　　　　　　　（《左傳》襄公二十六年）

第三類,"爲"後也是謂詞性成分,但通常被認爲是"被動式",顯然不能翻譯爲"是"。例子很多,略舉兩例如下:

管蔡爲戮。　　　　　　　　　　　　　　（《左傳》襄公二十一年）
今伐其師,楚必救之,戰而不克,爲諸侯笑。（《左傳》襄公十年）

問題是,以上三類,其"爲"是同一個"爲",還是依照不同的翻譯分爲多個"爲"? 我們認爲是同一個"爲"[①]。王力的意見是正確的。

西周時期,出現了古指稱詞"是(時)"[②],可以作主語、賓語、定語。作主語的例子,如:

民訖自若,是多盤。　　　　　　　　　　（《尚書·秦誓》）
汝則從、龜從、筮從、卿士從、庶民從,是之謂大同。

（《尚書·洪範》）

---

① 詳細論證請參考姚振武《"爲"字的性質與"爲"字式》,見郭錫良主編《古漢語語法論集》,語文出版社,1998年;姚振武《先秦漢語受事主語句系統》,《中國語文》1999年第1期。
② 關於古指稱詞,請參考本書第四章第二節。"是"和"時"古音極爲接近,用法也基本相同,很可能是同一個詞的不同寫法。

乃有大罪,非終,乃惟眚災,適爾,既道極厥辜,時乃不可殺。
(《尚書·康誥》)

非我一人奉德不康寧,時惟天命。無違! (《尚書·多士》)

古指稱詞"是(時)"經常處在判斷句中複指主語的位置上。例如:

知之爲知之,不知爲不知,是知也。 (《論語·爲政》)

長沮曰:"夫執輿者爲誰?"子路曰:"爲孔丘。"曰:"是魯孔丘與?"曰:"是也"。 (《論語·微子》)

若又勿壞,是無所藏幣以重罪也。 (《左傳》襄公三十一年)

蓋已卑,是蔽目也。 (《周禮·冬官考工記·輪人》)

王之不王,是折枝之類也。 (《孟子·梁惠王上》)

我今破齊還報,是益呂氏資也。 (《史記·齊悼惠王世家》)

"複指"的位置,容易使"是"的指代性質發生弱化和淡化,逐漸褪化爲一個係詞。正如王力所說:"'是'字經常處在主語和謂語中間,這樣就逐漸產生出係詞的性質來。"①

問題是,"是"是何時發展爲係詞的。王力認爲:"漢語真正係詞的產生,大約在公元第一世紀前後,即西漢末年或東漢初年。"②但最新的研究表明,這個時間還可以大大提前。例如:

(1) 問於桀溺,桀溺曰:"子爲誰?"曰:"爲仲由。"曰:"是魯孔丘之徒與?"對曰:"然。" (《論語·微子》)

(2) 禽獸以力爲政,強者犯弱,故日易主。今君去禮,則是禽獸也。
(《晏子春秋·內篇諫上》第二章)

(3) 公怒色變,抑手疾視曰:"嚮者夫子之教寡人,無禮之不可也。寡人出入不起,交舉則先飲,禮也?"晏子避席,再拜稽首而請曰:"嬰敢與君言而忘之乎?臣以致無禮之實也。君若欲無禮,此是已。" (《晏子春秋·內篇諫上》第二章)

(4) 謂彼是是也,不可。 (《墨子·經說下》)③

---

① 王力《漢語語法史》,見《王力文集》第11卷,266頁。
② 王力《漢語語法史》,見《王力文集》第11卷,266頁。
③ 此例轉引自郭錫良《關於係詞"是"產生時代和來源爭論的幾點認識》,見《漢語史論集》(增補本)。

（5）鄭縣人有得車軛者，而不知其名，問人曰：此何種也？對曰：此車軛也。俄又復得一。問人曰：此是何種也？對曰：此車軛也。
（《韓非子·外儲説左上》）
（6）是是餓鬼　　是是大兇（凶）（《睡虎地秦墓竹簡·日書甲種》）
（7）南門是將軍門，可聚粮。（《天水放馬灘秦簡綜述》）[①]
（8）此是家人言耳。（《史記·儒林列傳》）

以上各例的"是"，係詞的性質比較明確，不必贅論。其中例（1）～（3）時間最早。例（1）爲兩人的當面對話，所以"是"不可能是指稱對方，只能看作係詞。郭錫良以《史記·孔子世家》引此句作"子，孔丘之徒與？"爲由，懷疑其真實性。但例（2）也是雙方（君臣）當面對話，其"是"的性質當與例（1）同。《晏子春秋》過去長時間被看成僞書，但1972年銀雀山漢簡《晏子》16章的出土，已足證《晏子春秋》的真實性。晏子是與孔子同時代的人物。駢宇騫認爲："從《史記》的記載和簡本《晏子》的重新問世，足以説明《晏子春秋》的成書年代最晚不會晚於秦統一六國，從書中的內容及書中的語言用字來看，可能還會更早一些。"[②] 我們曾對《晏子春秋》進行過專書語法研究，從《晏子春秋》的某些語法特點來看，我們認爲，"該書成書大約不會晚於戰國中期"[③]。

以上事實表明，係詞"是"的出現，至少在戰國晚期，甚至可能在戰國中期以前。

語言學界在討論係詞"是"的來源問題時，有一種輕視"少數"的傾向。王力曾言："我在這一篇文章裏，嚴守着'例不十，法不立'的原則，凡遇單文孤證，都把它歸於'存疑'之列，以待將來再加深考。所謂文法者，本是語句構造上的通例；如果我們在某一時代的史料中，只在一個地方發見了一種特別的語句構造方式，那麼就不能認爲通例，同時也就不能成爲那時代的文法。縱使不是傳寫上的錯誤，也只能認爲偶然的事實罷了。"[④] 我們認爲，"例不十，法不立"，鼓勵儘可能多地搜羅事實，其嚴謹的精神是值得提倡的。但如果説，在科學研究中，非要到"事實"積累到一定的數量纔可以立論，

[①] 何雙全《天水放馬灘秦簡綜述》，《文物》1989年第2期。
[②] 駢宇騫《晏子春秋校釋》序言，書目文獻出版社，1988年。
[③] 姚振武《〈晏子春秋〉詞類研究》緒言。
[④] 王力《中國文法中的係詞》，見《王力語言學論文集》，商務印書館，2000年。

這種科研方法則是值得商榷的。"事實"是沒有"偶然"的，只有事實的多寡纔有偶然。是否"事實"這是關鍵。只要是事實，哪怕再少，都要引起足夠的重視。科學研究，對待事實不能搞"少數服從多數"。凡是"多數"，都是從少數發展來的，凡是"少數"，都有發展爲多數的可能。無數事實說明，重視、發掘少數的事實，往往會成爲科學發展的導綫，應予格外的重視。何況，中國自古幅員遼闊，方言分歧，在一個地方剛剛萌芽，甚至尚未出現的某種現象，在另一個地方也許已經發展成熟了。例如漢語個體量詞的"數+量+名"結構，在先秦西漢傳世文獻中非常少見。對於這樣"少數"的事實，學界往往過度地、甚至無端地懷疑，主要原因就是其"少"，以致認爲這種結構秦漢以後纔逐漸發展，魏晉六朝始佔優勢。其實，在發掘出來的春秋末、戰國初期的曾侯乙墓竹簡中，這種結構已非常普遍①。這說明，在今天的湖北隨州一帶，當時這種結構已是很常見了，只是很少反映到主流的傳世文獻中去罷了。

  係詞"是"產生之後，古指稱詞"是"依然存在，且很盛行。係詞"是"本身的用法也尚未完全成熟。標誌係詞"是"用法完全成熟的否定式"不是"，據汪維輝研究，是在東漢時期出現的，這也遠早於王力等所認爲的唐代②。例如：

  諸比丘，若以彈指間，念此諸想之事，皆爲精進行，爲奉佛教，不是愚癡食人施也，何況能多行？是故可念行法想。
      （安世高譯《禪行法想經》，《大正藏》卷15，頁181c）

  爲不是大佑人者，是以若欲往詣佛師友者。
      （安玄共嚴佛調譯《法鏡經》，12/21b）

  其法不是弊魔及魔天之所滅，亦不是天中天弟子所滅。
      （支婁迦讖譯《阿閦佛國經》卷下，11/761b）

---

① 姚振武《上古漢語個體量詞和"數+量+名"結構的發展以及相關問題》，《中國語言學》第二輯。
② 汪維輝《係詞"是"發展成熟的時代》，《中國語文》1998年第2期。

第十三章
動詞與受支配成分關係的發展

這一章的目的,是探討句中動詞與受它支配的成分之間語義關係的表達形式及其歷史發展。動詞與受支配的成分之間的關係是語言中最重要、最本質的關係①。

語言中動詞與受支配成分的語義關係幾乎是無窮盡的(即具有無限的表達能力),正如呂叔湘所言:"動詞和賓語的關係確實是説不完的。"② 因此,本章所探討的,只是上古漢語動詞與受支配成分之間語義關係表達形式中比較突出、比較常見的一些類型及其歷史發展。

就漢語而言,一般情況下,受支配成分處於動詞之前的稱爲主語,處於動詞之後的稱爲賓語,但其實,就與動詞的關係而言,主語、賓語是有着深刻的同一性。呂叔湘説:"必須認清的第二點,也是更加重要的一點,那就是:主語和賓語不是互相對待的兩種成分。主語是對謂語而言,賓語是對動詞而言。主語是就句子格局説,賓語是就事物和動作的關係説。主語和賓語的位置不在一個平面上,也可以説是不在一根軸上,自然不能成爲對立的東西。主語和賓語既然不相對立,也就不相排斥。一個名詞可以在入句之前作動詞的賓語,入句之後成爲句子的主語,可是它和動詞之間原有的語義關係並不因此而消失。不但是賓語可以分別爲施事、受事、當事、工具等等,主語也可以分別爲施事、受事、當事、工具等等。在一定程度上,賓語和主語可以互相轉化……似乎不妨説,主語只是動詞的幾個賓語之中提出來放在主題位置上的一個。好比一個委員會裏幾個委員各有職務,開會的時候可以輪流當主席,不過當主席的次數有人多有人少,有人老輪不上罷了。

---

① 請參考本書第一章。
② 呂叔湘《語文常談》,60頁。

可以說,凡是動詞謂語句裏的主語都具有這樣的二重性。"① 這段話,透過紛繁的表象,牢牢抓住了漢語"主語和賓語"問題的本質,是非常深刻的。

在這一章裏,我們所要考察的動詞與受其支配成分的關係,不涉及句子格局層面的"主語"問題(當然二者從表面看會有重疊,即所謂"主語的二重性")。所以,爲了論述的方便,我們把受動詞支配的成分都稱爲"賓語",無論它在動詞後或動詞前,也無論是否受介詞介引。

第一節 殷商時期的動賓關係

一、一般動賓語義關係及賓語的位置

殷商時期,漢語動詞與賓語就可有多種語義關係②。賓語一般在動詞後面,但也可以在動詞前面,且無形式標記。賓語還可以通過介詞的介引與動詞發生關係,介詞結構原則上也是既可以在動詞後,也可以在動詞前(少數),與賓語的位置大體一致。

1. 受事賓語

(1) 己巳卜,我貞:射麋?　　　　　　　　　(《合集》21586)
(2) 丁未卜,貞:惠王刈黍?　　　　　　　　(《合集》9559)
(3) 丁亥,貞:今夕亡震師?　　　　　　　　(《合集》34718)
(4) 甲戌,貞:今夕師亡震?　　　　　　　　(《合集》34715)
(5) 豚暨羊皆用?　　　　　　　　　　　　　(《合集》31182)
(6) 丁巳卜,彀貞:王學衆伐于免方,受有佑?　(《合集》32)
(7) 貞:其于一人禍?　　　　　　　　　　　(《合集》557)

例(4)、(5)的賓語前置於動詞。比較例(3)和例(4),可知吕叔湘的"主語二重性"的觀點確非虛言。例(6)、(7)爲介詞介引動詞的受事,介詞結構一在動詞之後,一在動詞之前。

2. 施事賓語

施事賓語一般在動詞前,有時也可在動詞後。例如:

---

① 吕叔湘《漢語語法分析問題》第83節。
② 張玉金《甲骨文語法學》。

（1）甲子卜，王貞：土方其敦乎？　　　　　　　　（《合集》20392）
（2）戊寅子卜：丁歸在川人？　　　　　　　　　　（《合集》21661）
（3）丙寅卜，亘貞：王歲多屯，若于下上？　　　　（《合集》808）
（4）囗其奠乍方，其祝囗至于大乙，于之若？　　　（《屯南》3001）

例（2）的施事賓語後置，同時也體現了動詞的使動用法。"施事賓語"與動詞的"使動用法"，二者對句子的理解側重點不同，但沒有根本的分歧。例（3）、（4）的施事賓語由介詞介引，例（3）的置動詞後，例（4）的置動詞前，例（4）這種情況很少見。

3. 與事賓語

朱德熙說："施事、受事以外的另一方，可以稱爲'與事'。"① 與事一般表現爲間接賓語。

殷商時期與事賓語一般處於動詞之後，也可以處於動詞之前；還可以由介詞介引，置於動詞之後，或動詞之前（少數）。例如：

（1）戊申卜，爭貞：帝其降我熯？　　　　　　　　（《合集》10171）
（2）貞：岳禱年？　　　　　　　　　　　　　　　（《合集》10071）
（3）甲午卜：惠周乞牛多子？　　　　　　　　　　（《合集》3240）
（4）王求雨于土？　　　　　　　　　　　　　　　（《合集》32301）
（5）于祖乙用羌？　　　　　　　　　　　　　　　（《合集》32122）

以上各例的與事賓語，例（1）、（3）置於動詞之後（例[1]置於直接賓語之前，例[3]置於直接賓語之後），例（2）置於動詞之前。例（4）、（5）均由介詞介引，例（4）置於動詞後，例（5）置於動詞前。

4. 意動賓語

意動賓語是指主語主觀上認爲賓語具有謂語動詞所表示的性質狀態，或即是謂語動詞所表示的事物。例如：

　　　乙未卜，王貞：乞侑禱于祖乙？王吉茲卜。　（《合集》22913）
　　　乙丑卜，王貞：占娥子余子？　　　　　　　（《合集》21067）

廣義上，意動賓語也可以歸入受事賓語，只是因爲這種用法在古漢語中比較突出，所以單列之。

---

① 朱德熙《語法講義》，見《朱德熙文集》第1卷，109頁。

5. 爲動賓語

爲動賓語，賓語不是動作的受事，而是動作爲之而發的對象或原因。例如：

（1）庚申卜，今來甲子酒王，不遘雨？　　　　（《合集》34533）
（2）侑子族？　　　　　　　　　　　　　　　（《合集》14924）
（3）己未卜，御婦妣庚？　　　　　　　　　　（《合集》22226）
（4）癸卯卜：禱雨于示壬？
　　　　于上甲禱雨？　　　　　　　　　　　（《合集》32344）
（5）乙未卜，貞：其御于多兄？　　　　　　　（《合集》2527）

"酒王"就是爲時王進行酒祭；"侑子族"就是爲子族進行侑祭；"御婦妣庚"就是爲了"婦"向妣庚進行御祭；"禱雨"就是爲雨而禱；例（5）動詞賓語由介詞結構引介，置於動詞之後，是"爲多兄進行御祭嗎"的意思。

爲動賓語一般在動詞之後，但有迹象顯示它也可以在動詞之前。例如：

（1）先高祖燎酒？　　　　　　　　　　　　　（《合集》32308）
（2）貞：啓不其御？①　　　　　　　　　　　（《合集》10936反）

例（1）是問是否先進行爲了對"高祖"進行燎祭而進行的酒祭？例（2）是問，不爲天晴（啓）舉行御祭嗎？

廣義上，爲動賓語也可以歸入與事賓語，只是因爲這種用法在古漢語中比較突出，所以單列之。

6. 方式、工具賓語

這種賓語表示行爲動作所依憑的方式、工具，一般在動詞之後，但有時也可在動詞之前。例如：

（1）禱大甲卅牛？　　　　　　　　　　　　　（《合集》1436）
（2）酒六牢？　　　　　　　　　　　　　　　（《合集》15783）
（3）戊寅卜：九犬帝于西？二月。　　　　　　（《合集》21089）
（4）貞：翌丁卯侑于宰又一牛？　　　　　　　（《合集》15080）
（5）侑于宰？　　　　　　　　　　　　　　　（《合集》15086）

---

① 釋文據《類纂》。

以上方式、工具賓語,例(1)、(2)置於動詞後,例(3)置於動詞前。例(4)、(5)由介詞介引,置於動詞後。

7. 處所賓語

這種賓語表示行爲動作的處所。例如:

(1) 丙戌卜,殻貞:翌丁亥我狩寧?
　　　　　　貞:翌丁亥勿狩寧?　　　　　　　(《合集》11006)
(2) 癸丑卜,宗歲,又鬯?
　　 弜又鬯?　　　　　　　　　　　　　　(《合集》30336)①
(3) 庚戌卜:往田于東?　　　　　　　　　　(《合集》22043)
(4) 于宫田,亡災?　　　　　　　　　　　　(《合集》29012)

以上各例的處所賓語,例(1)的置於動詞後,例(2)的置於動詞前。例(3)、(4)的由介詞介引,例(3)的介詞結構置於動詞後,例(4)的介詞結構置於動詞前。

8. 時間賓語

這種賓語表示行爲動作的時間。例如:

(1) 今日酒父乙?　　　　　　　　　　　　(《合集》2216)
(2) 癸丑卜:王步乙卯?
　　 丙辰卜:王步丁巳于春?　　　　　　　(《合集》32727)
(3) 甲辰貞:其禱禾于丁未?　　　　　　　(《合集》33331)
(4) 丁亥卜:汝有疾,于今三月弗水?　　　　(《合集》22098)

以上各例的時間賓語,例(1)的在動詞前,例(2)的在動詞後,例(3)、(4)的由介詞介引,例(3)的置於動詞後,例(4)的置於動詞前。

9. 存現賓語

這種賓語表示事物的存在與否,其動詞一般是"有"、"亡"。例如:

貞:𦥑有鹿?
𦥑有鹿? 二告　　　　　　　　　　　　(《合集》5775)
亡其鹿?　　　　　　　　　　　　　　　(《合集》893)

---

① 例見沈培《殷墟甲骨卜辭語序研究》,70頁。

事實表明,施事賓語絕大多數處在動詞之前,少數也可以處在動詞後;時間賓語多數處於動詞前,少數也可以處在動詞後;受事賓語,爲動賓語,方式、工具賓語,處所賓語等多數處於動詞後,少數也可以處在動詞前。意動賓語一般處於動詞後。介詞結構的分佈,與上述賓語的分佈大體是一致的。

這樣的分佈,可能與主語的二重性有一定關係。吕叔湘説:"拿施事做主語,受事做賓語,是有很堅强的心理根據的;各種語言的分析法的結果往往大體上和這個相符,就是因爲基本上都從這個施受關係出發,不過各自顧到它的特殊語法而不得不有所修改。國語既没有語形等等顧慮,又何妨把這個原則充分應用開來。"① 既然施事賓語强烈傾向於與主語相聯繫,處於動詞之前,作用於"句子格局",那麽動詞的其他賓語,最好的辦法就是置於動詞之後,以顯示大致的區別。當然這並不是"自然的法則"。正如吕叔湘所言,從本質上説,各種賓語都有作主語的資格和可能,這就不可避免地導致出現各種各樣的"例外"。明白了這層道理,就不必對這些"例外"感到費解、糾結了。没有例外倒是奇怪的。

二、有"標記"的賓語前置結構

上一節表明,所謂"賓語",其位置,相對於動詞,從原則上説是可前可後的。只不過不同的位置在數量上有多寡之别。於是,"寡"的一方往往傾向於加上某些類似於形式標記的東西,以求獲得自由。

1. 由"惠"和"唯"提示的賓語前置

殷商時期有由"惠(叀)"和"唯(隹)"(以下只寫作"惠"和"唯")提示的賓語前置句。這種句子較多見。例如:

(1) 丁酉卜,貞:惠十牛用? 　　　　　　　　　　(《合集》4762)
(2) 惠父先酒? 　　　　　　　　　　　　　　　　(《合集》27489)
(3) 丙辰,貞:惠豣帝? 　　　　　　　　　　　　(《合集》15982)
(4) 戊申,貞:惠雨禱于礜? 　　　　　　　　　　(《合集》34271)
(5) 惠潢田,亡災?
　　　弜田潢? 　　　　　　　　　　　　　　　(《合集》29399)
(6) 惠乙亥酒? 　　　　　　　　　　　　　　　　(《合集》903)

―――――――――
① 吕叔湘《從主語、賓語的分別談國語句子的分析》,見《漢語語法論文集》(增訂本)。

以上是由"叀"提示的賓語前置句。例(1)、(2)是受事賓語前置,例(3)是工具賓語前置,例(4)是爲動賓語前置,例(5)是處所賓語前置,例(6)是時間賓語前置。意動賓語前置的現象暫未見。

"唯"的性質與"叀"基本一致。不過,由"叀"和"唯"提示的賓語前置句,其否定形式是"勿唯"(如以下例[10]所示),略舉幾例:

(7)唯祖御? 　　　　　　　　　　　　　　　(《合集》22094)
(8)丁未卜,亘貞:邛方出,唯我禍? 　　　　　(《合集》6091)
(9)貞:鼎唯禱酒? 　　　　　　　　　　　　(《合集》15267)
(10)貞:王叀龍方伐?
　　　王勿唯龍方伐? 　　　　　　　　　　(《合集》6476)

"叀"和"唯"幾乎可以用在句中任何語法成分前,因此張玉金、沈培等認爲它們並不是賓語前置的特有標記,而是一種語氣副詞性質的焦點標記。張玉金認爲:"'唯'字的基本語氣和基本作用應與'叀'字相同。""但是,'叀'字一般強調主觀意願,而'唯'字一般強調客觀事實。兩者在語氣上有細微差別。"[1]

2.否定句的代詞賓語前置

古代漢語否定句中代詞賓語一般前置於動詞,這一現象在殷商時期已經開始。據沈培研究,甲骨文否定句中前置的代詞賓語有"我、余、爾"等人稱代詞,否定詞一般是"不",很少情況下還用"勿"[2]。例如:

(1)貞:祖辛不我害?
　　貞:祖辛害我? 　　　　　　　　　　　　(《合集》95)
(2)乙未卜,爭貞:王亥求我?
　　貞:王亥不我求? 　　　　　　　　　　　(《合集》7352正)
(3)貞:祖乙害王?
　　王占曰:"吉。勿余害。" 　　　　　　　　(《合集》13750反)
(4)戊申卜,爭貞:帝其降我熯?
　　戊申卜,爭貞:帝不我降熯? 　　　　　　(《合集》10171正)

---

[1] 張玉金《甲骨卜辭中"叀"和"唯"的研究》,《古漢語研究》1988年第1期;沈培《殷墟甲骨卜辭語序研究》第二章之第二節。
[2] 沈培《殷墟甲骨卜辭語序研究》,21~23頁,30頁。

在這類句子裏,代詞和動詞之間可以加"其"字。如:

> 癸酉卜,爭貞:王勿逆舌方,下上弗若,不我其受[祐]?
> (《合集》6201)

> 戊戌卜,殼貞:王曰:"侯虎往(?),余不爾其合,以乃史歸。"
> (《合集》3298)

沈培還認爲,否定句中"之"作賓語時也可以提到動詞前。但"之"前有焦點標志"惠"和"唯",情況與一般的否定句中賓語前置不一樣。例如:

> 辛卯卜,賓貞:沚聝啓巴,王勿唯之比。
> 辛卯卜,賓貞:沚聝啓巴,王惠之比。　　　(《合集》6461正)

否定句代詞賓語也有不前置的現象。沈培經過篩選,確定了以下幾例:

> 貞:我家舊老臣亡巷我?　　　　　　　　　(《合集》3522正)
> 貞:多祖亡害我?　　　　　　　　　　　　(《合集》2095)
> 貞:曰師亡在兹延?　　　　　　　　　　　(《合集》5808)

三、三賓語及多賓語句

殷商時期,三賓語句(通常稱爲雙賓語句)很常見,其動詞多爲"給予"義,有"受(授)、降、作、肇、易(賜)、畀、來、氏(致)、禀、㱿(頒)"等①。例如:

> ……不雨,帝……受我年?　　　　　(《合集》9731正)
> 戊申卜,爭貞,帝其降我熯?　　　　(《合集》10171正)

動詞後的兩個賓語,一般是間接賓語處於直接賓語之前,如上例所示。但也有少數直接賓語處於間接賓語之前。例如:

> 辛卯卜,扶,受年商?　　　　　　　(《合集》20651)
> 戊申卜,亙貞,受年王?　　　　　　(《合集》40079正)

這樣的句子,沈培認爲是主語後置,而不是"雙賓語句",從而引起争

---

① 喻遂生《甲骨文雙賓語句研究》,見《甲金語言文字研究論集》。由於動詞前的施事學界一般視爲主語而非賓語,所以這裏的"三賓語"學界一般視爲雙賓語。我們從主語的二重性(既是主語又是賓語)出發,把主語也納入動賓關係的考察範圍,所以表面上多出一個賓語。

議①,這其實是没有必要的。争議透露出"主語、賓語對立"的語法觀念。其實動詞所支配的成分,放在動詞後即爲賓語,放在動詞前則既爲主語又爲賓語(因針對的對象不同),這就是吕叔湘所謂"主語的二重性",本章開始部分已引述。這個觀念非常重要,可以解決不少分歧。

殷商時期,還有三個賓語以上的多賓語句。例如:

(1) 辛卯卜,甲午禱禾上甲三牛? 　　　　　(《合集》33309)

上例,與動詞"禱"相關的有四個賓語:甲午、禾、上甲、三牛,簡單、直接排列於動詞前後,其意略謂:在甲午這一天爲了年成用三條牛向上甲禱祭嗎? 如此複雜的語義關係,却没有借助任何"形態"或虛詞。就動詞與賓語的語義關係而言,"甲午"是時間賓語,"禾"是原因賓語(或曰"爲動賓語"),"上甲"是受事賓語,"三牛"是方式、工具賓語。

這樣的句子,其語序甚至還可以變動。例如:

(2) 甲申卜,御婦鼠妣己三牝牡? 十二月。 (《合集》19987)

(3) 一牛一羊御婦鼠妣己? 　　　　　　　(《合集》19987)

(4) 一牛御婦鼠妣己? 　　　　　　　　　(《合集》19987)

以上三句出自同一片甲骨,與動詞"御"相關的有三個名詞。其中表工具(犧牲)的名詞或置於動詞後(例[2]),或置於動詞前(例[3]、[4])。再如:

(5) 甲辰卜:大乙暨上甲酒,王受有祐? 　　(《屯南》2265)

這一例的受事(大乙暨上甲,王)又放到動詞前面去了(比較例[1])。再如:

(6) 貞:啓不其御? 　　　　　　　　　　(《合集》10936反)

這一例是問,不爲天晴(啓)舉行御祭嗎? 爲動賓語"啓"也放到了動詞的前面。再如:

(7) 癸丑卜:王步乙卯? 　　　　　　　　(《合集》32727)

---

① 沈培《殷墟甲骨卜辭語序研究》,10頁;喻遂生《甲骨文雙賓語句研究》,見《甲金語言文字研究論集》。

這一例的時間賓語（乙卯）又處在動詞的後面。

我們認爲，多賓語句，及其賓語位置的靈活性，體現了漢語遠古時期的面貌。那時候還沒有任何虛詞，語序也比較靈活。

後來產生了介詞"于"，介引動詞的賓語。所介引的賓語幾乎可以是各種語義成分。而"于"字結構本身的位置，大體上說也是既可以在動詞前，也可以在動詞後。介詞結構的這些情況，我們在本章第一小節已有介紹。

介詞"于"當然也可以進入多賓語句，加在各類賓語前面，形成"介詞結構"，同時其他賓語也可以省略（或隱含），這樣，減少了實際呈現的賓語的數量，以使句子的意思更加清楚。例如：

（1）庚寅卜，爭貞：翌丁酉勿禱于丁三牛？　　　　　（《合集》10520）
（2）丁亥卜，于翌戊子酒三豭祖乙？　　　　　　　　（《合集》1526）
（3）貞：禱禾于示壬三牢？　　　　　　　　　　　　（《合集》28271）
（4）乙亥卜，于大乙大甲御弜五牢？　　　　　　　　（《合集》4325）

例（1）介詞加在祭祀對象的前面，又省略了祭祀的目的（原因）。例（2）介詞加在時間詞語的前面，也省略了祭祀目的（原因）。例（3）介詞加在祭祀對象的前面，省略了時間詞語。例（4）介詞加在祭祀對象的前面，省略了時間詞語和目的（原因）詞語，介詞結構前置於動詞。

這樣，像"甲午禱禾上甲三牛"這樣的多賓語句，由於介詞的介入和省略（隱含）法的運用，實際出現的幾率是很少的。

介詞"于"的作用，在於體現和彰顯動詞及其所支配成分之間的語義關係，但它又不專屬於某種語義關係。仍以呂叔湘的"委員會"說作譬，介詞"于"好比"與衆不同"的一頂帽子，今天可能戴在這個委員的頭上，明天可能戴在另一個委員的頭上，區別只是，有的委員常能夠輪上，有的很少輪上，有的則長時間輪不上。"專屬度"不高，"兼容性"較強，這是漢語虛詞、語序一類手段的特點。它起的是有限的、聊勝於無的作用。如果強以印歐語眼光來要求，一定要分出個非此即彼，說一不二的道道，恐怕只能得出治絲益棼的結果。

西方語言的"形態"專屬度雖然高，但也不可能做到百分之百，一定程度的兼容現象也是不可避免的。可以說，語法形式的"兼容性"，是人類語言語法成分的一個共性，只是在漢語這種語言裏表現得較爲明顯，而在西方語言裏則較爲隱蔽罷了。

有迹象表明，不同的成分前置於動詞，其表現形式有時是不一樣的。例如否定式中人稱代詞賓語的前置，一般就採取"否定詞+代+動"的形式。如：

　　貞：祖辛不我害？
　　貞：祖辛害我？　　　　　　　　　　　　　（《合集》95）

而否定式中其他名詞性賓語的前置，則採取"名+否定詞+動"的形式。如：

　　癸巳卜，其振鼓？
　　弜振？
　　癸巳卜，鼓弜振，其尊？　　　　　　　　（《屯南》236）①

這種區別，體現的只是不同性質的賓語在前置時的不同表現，而不是"主語"和"賓語"的區別。正如呂叔湘所言："主語和賓語既然不相對立，也就不相排斥。"

　　以上闡述的各種各類的現象，其出現頻率往往是很不均衡的。以賓語之於動詞爲例，其位置一般說雖然可前可後，但各種類型的賓語表現得極不均匀。這些現象，應該從歷史發展的角度來認識。從歷史發展的角度看，"多見"的可能變爲少見甚至消失，"少見"的也可能變爲多見或者消失，"未見"的則可能出現，以至於變爲多見。這就是語言形式在歷史發展中的從無到有，從有到無的過程。這種過程在漢語發展的歷史長河中得到了體現。因此，對於少見和未見的一定不要輕視。尤其是對於"未見的"現象，不要輕易斷爲"不可以出現"，因爲這樣的表述截斷了將來發展的可能性。

　　受動詞支配的各種語義成分，從原則上說，既可位於動詞前，也可位於動詞後。但作爲語言系統，爲了交際的有效性，它總是傾向或強烈傾向於語序的有定性。有時甚至用語法標記的手段來強化這種有定性。不過應該看到，這種有定性實質上只是語言使用者的一種約定，並不是"自然的法則"。"自然的法則"是什麼？就是動詞和相應的賓語（或者說名詞，主要是指本體名詞）②，二者缺一不可，其順序從本質上說倒並沒有一定之規。這就是我們在人類語言中看到各種不同的語序的真正原因。"自然的法則"並不規

---

① 沈培《殷墟甲骨卜辭語序研究》，63頁。
② 姚振武《人類語言的起源與古代漢語的語言學意義》，《語文研究》2010年第1期。

定某一特定語序,這就埋伏下了與現有人爲約定語序不一致的無限可能性,當這種不一致顯現時,我們就看到各種各樣的"例外"出來"搗亂"。"不一致"總是無法避免的,這也就是"例外"總是不可避免的真正原因。人類語言形式於是也就有了無限發展的可能性。

第二節　西周時期的動賓關係

一、一般動賓語義關係及賓語的位置

西周時期,由於舊有介詞的成熟和一批新介詞的產生並廣泛使用[①],過去單純以動賓結構表達的各種語義關係多傾向於用"介詞結構+動詞"來表達("介詞結構"與賓語一樣,或在動詞前或在動詞後)。這是本時期的一個顯著變化。因此,動賓結構的各種表達能力受到一定的分流,不過並沒有消失。可以說,凡由"介詞結構+動詞"表達的語義關係,依然都可以由動賓結構來表達。只是由於前者的發展和活躍,使後者出現的機會相應減少了而已。

下面介紹西周時期的各種主要的動賓語義關係類型(包括相應的"介詞結構+動詞"的表達形式)。例句儘量體現賓語及介詞結構既有在動詞後的,又有在動詞前的。

1. 受事賓語

(1) 賜遇金,用作旅甗。　　　　　　　　　　(遇甗,西周中期)
(2) 麥賜赤金,用作鼎。　　　　　　　　　　(麥鼎,西周早期)
(3) 盤庚教于民。　　　　　　　　　　　　　(《尚書·盤庚上》)
(4) 予曷敢不于前寧人攸受休畢?　　　　　　(《尚書·大誥》)
(5) 赫赫南仲,獫狁于襄。　　　　　　　　　(《詩經·小雅·出車》)

例(2)是賓語置於動詞之前,例(3)是介詞結構置於動詞後,例(4)、(5)是介詞結構置於動詞前的兩種形式。例(4)是"予曷敢不畢于前寧人攸受休"的意思(攸,即"所"。休,福祥,在此指偉業)。這種形式較少見。例(5)即"襄于獫狁"的意思(襄,除去)。

---

① 請參考本書第六章。

2. 施事賓語

（1）周公初基，作新大邑于東國洛。　　　　　（《尚書·康誥》）
（2）天乃大命文王，殪戎殷。　　　　　　　　（《尚書·康誥》）
（3）頌其萬年眉壽，畯臣天子。　　　　　　　（頌壺，西周晚期）
（4）王事靡盬，憂我父母。　　　　　　　（《詩經·小雅·杕杜》）
（5）丕顯皇考叀叔，穆穆秉元明德，御于厥辟。
　　　　　　　　　　　　　　　　　　　　　　（虢叔旅鐘，西周晚期）
（6）自天降康，豐年穰穰。　　　　　　　（《詩經·商頌·烈祖》）

例（3）、（4）是施事賓語處於動詞之後，例（5）、（6）是介詞介引動詞的施事賓語，例（5）介詞結構在動詞後，例（6）介詞結構在動詞前。施事賓語中的一部分，同時又體現了動詞的使動用法，如例（4）。

3. 與事賓語

（1）我既贖汝五［夫］［效］父，用匹馬束絲。　　（曶鼎，西周中期）
（2）我有好爵，吾與爾靡之。　　　　　　　　（《易經·中孚卦》）
（3）其汝克敬以予，監于殷喪大否，肆念我天威。（《尚書·君奭》）

例（1）意思是從效父那裏贖得五夫。"效父"爲與事賓語。例（2）、（3）以介詞介引與事賓語，例（2）介詞結構前置，例（3）介詞結構後置。"汝克敬以予"即"汝與我克敬"。"我"是與事成分，作介詞的賓語。（《廣雅·釋詁三》："以，與也。"）

4. 意動賓語

　　毋金玉爾音，而有遐心。　　　　　　　　（《詩經·小雅·白駒》）
　　時邁其邦，昊天其子之，實右序有周。　　（《詩經·周頌·時邁》）

5. 爲動賓語

（1）我既贖汝五［夫］［效］父，用匹馬束絲。　　（曶鼎，西周中期）
（2）天佑下民，作之君、作之師。　　　　　　（《尚書·泰誓上》）
（3）坎坎鼓我，蹲蹲舞我。　　　　　　　（《詩經·小雅·伐木》）
（4）乃命三后，恤功于民。　　　　　　　　　（《尚書·呂刑》）
（5）爲韓姞相攸，莫如韓樂。　　　　　　　（《詩經·大雅·韓奕》）

"贖汝",爲汝而贖。"作之君、作之師",爲之立君,爲之立師。"鼓我",爲我擊鼓。"舞我",爲我起舞。例(4)、(5)爲介詞結構,(4)後置,(5)前置。"恤功于民",爲臣民建立功業。

6. 原因賓語

(1) 汝無以小謀敗大作。　　　　　　　　（《逸周書·祭公解》）
(2) 民之失德,乾餱以愆。　　　　　　　　（《詩經·小雅·伐木》）
(3) 天降威,我民用大亂喪德。　　　　　　（《尚書·酒誥》）
(4) 乃惟成湯,克以爾多方簡,代夏作民主。（《尚書·多方》）
(5) 成不以富,亦祇以異。　　　　　　　　（《詩經·小雅·我行其野》）

原因賓語只見到用介詞介引的,介詞結構既可在動詞前,也可在動詞後（少數）。"乾餱以愆",因乾餱而失德（即愆于乾餱。愆,罪過,失德之意）。"用大亂喪德",因大亂喪德。"以爾多方簡",因爾多方的擁戴（簡,選擇）。

7. 方式、工具賓語

(1) 用臊延賸兹五夫。　　　　　　　　　　（曶鼎,西周中期）
(2) 凡以公車折首二百又□又五人,執訊廿又三人,俘戎車百乘一十又七乘。　　　　　　　　　　　　（多友鼎,西周晚期）
(3) 烈文辟公,綏以多福。　　　　　　　　（《詩經·周頌·載見》）
(4) 白令余敢擾乃小大事。　　　　　　　　（儵匜,西周晚期）

上例"臊"、"多福"、"公車"、"小大事"都是方式、工具賓語。前三例用介詞介引,其中例(3)介詞結構後置,例(4)不用介詞介引。"擾乃小大事"即"以小大事擾你"。

8. 比較賓語

　　　古我先王,將多于前功。　　　　　　　（《尚書·盤庚下》）

"多于前功",超過以前的功業。

表示相關對象類似。動詞常用"若"、"如"等。例如:

　　　無若丹朱傲,惟慢游是好,敖虐是作。　　（《尚書·皋陶謨》）
　　　若火之燎于原,不可嚮邇。　　　　　　　（《尚書·盤庚上》）

堇荼如飴。　　　　　　　　　　（《詩經・大雅・緜》）
君子至止,福禄如茨。　　　　　　（《詩經・小雅・瞻彼洛矣》）
彼君子女,卷髪如蠆。　　　　　　（《詩經・小雅・都人士》）

9. 處所方位賓語

王凡三方。　　　　　　　　　　（大豐簋,西周早期）
肆余以餒士獻民,俾宥先王宗室。　（猷簋,西周晚期）
惟二月既望,越六日乙未,王朝步自周,則至于豐。
　　　　　　　　　　　　　　　　（《尚書・召誥》）
其有衆咸造,勿褻在王庭。　　　　（《尚書・盤庚中》）
王麻冕黼裳,由賓階隮。　　　　　（《尚書・顧命》）

"王凡三方"即"王泛舟于三方"。"俾宥先王宗室"就是"在先王宗廟宣揚先王美德"。後三例的介詞結構,有的在動詞前,有的在動詞後。

10. 時間賓語

（1）賜汝鑾旂,用事,夙夕勿廢朕令。　（恒簋蓋,西周中期）
（2）敬夙夕勿廢朕令。　　　　　　　（師克盨,西周晚期）
（3）在昔殷先哲王迪畏天顯小民,經德秉哲。（《尚書・酒誥》）
（4）殷遂喪,越至于今。　　　　　　　（《尚書・微子》）

"敬夙夕"即夙夕恭敬。兩例的"夙夕",一前置一後置,均爲時間賓語。例（3）、（4）的時間賓語由介詞介引,例（3）的介詞結構前置,例（4）的後置。

11. 存現賓語

西周時期的存現賓語,其動詞一般是"有"、"亡"、"無"等。例如:

南山有桑,北山有楊。　　　　　（《詩經・小雅・南山有臺》）
兹盨有十又二。　　　　　　　　（虢仲盨蓋,西周晚期）
田無禽。　　　　　　　　　　　（《易經・恒卦》）
王饗酒,遹御亡遣。　　　　　　（遹簋,西周中期）

["亡遣",即沒有災譴。]

二、否定句中賓語的位置

1. 否定句中人稱代詞賓語的位置

否定句中人稱代詞賓語通常前置,這在殷商時期即如此,至西周時代仍不少見。例如:

  民寧,不汝瑕殄。   (《尚書·康誥》)
  朕不敢有後,無我怨。   (《尚書·多士》)
  惟爾洪無度,我不爾動,自乃邑。 (《尚書·多士》)
  越予沖人不卬自恤。   (《尚書·大誥》)
  無曰不顯,莫予云覯。   (《詩經·大雅·抑》)

不過也有並不前置的例外。如:

  汝勿尅余乃辟一人。   (大盂鼎,西周早期)
  爾不許我,我乃屏璧與珪。 (《尚書·金縢》)
  胡逝我梁,不入唁我!   (《詩經·小雅·何人斯》)
  胡爲我作,不即我謀?   (《詩經·小雅·十月之交》)
  肆予曷敢不越卬敉寧王大命? (《尚書·大誥》)
  天不湎爾以酒,不義從式。 (《詩經·大雅·蕩》)
  汝曷弗告朕,而胥動以浮言,恐沈于衆? (《尚書·盤庚上》)

總的來看,否定句中的人稱代詞賓語,前置的情況遠遠多於後置的情況。

2. 否定句中古指稱詞的位置

否定句中古指稱詞(一般稱爲指示代詞)[①]也有前置於動詞的現象,只是比否定句中人稱代詞前置現象要少得多。例如:

  象曰:永貞之吉,終莫之陵也。 (《易經·賁卦》)
  九五:鴻漸于陵,婦三歲不孕,終莫之勝,吉。(《易經·漸卦》)
  心之憂矣,寧莫之知!   (《詩經·小雅·小弁》)
  至于小大,無時或怨。   (《尚書·無逸》)
  ["時",是]

[①] 關於古指稱詞的概念,請參考本書第四章。

不前置的例子殷商時期就有,如:

貞:曰師亡在兹延? (《合集》5808)

西周以來不前置的例子則很多,甚至多於前置的例子①。例如:

爾曷不忱裕之于爾多方? (《尚書·多方》)
庶頑讒説,若不在時,侯以明之,撻以記之。(《尚書·皋陶謨》)
公功棐迪篤,罔不若時。 (《尚書·洛誥》)
維昔之富,不如時;維今之疚,不如兹。(《詩經·大雅·召旻》)
君子不惠,不舒究之。 (《詩經·小雅·小弁》)

3. 否定句中其他賓語的位置

古漢語學界歷來有一種觀點,認爲"弗"是一個含有代詞賓語的否定詞,略與"不之"相當;而"勿"也是一個含有代詞賓語的否定詞(表禁止),略與"毋(無)之"相當,所以"弗"和"勿"如果修飾及物動詞,這個及物動詞一般不帶賓語②。例如王力説:"否定詞'弗'、'勿'的用法,經過多人的分別研究,大家承認,在謂語的中心詞是及物動詞的時候,'弗'和'勿'所修飾的及物動詞一般不能帶賓語。"③

這個論斷不符合西周金文和《尚書》(今文)的語言事實。在西周金文和《尚書》中,無論是"弗"、"不"還是"勿"、"毋(無)",修飾及物動詞而帶賓語是相當常見的現象④。例如:

王弗忘乎舊宗小子。 (盠駒尊,西周中期)
文王孫亡弗懷型。 (班簋,西周中期)
余弗敢亂余國致我考我母令。 (五年召伯虎簋,西周晚期)
各迪有功,苗頑弗即工。帝其念哉。 (《尚書·皋陶謨》)
予弗知乃所訟。 (《尚書·盤庚上》)
師旂衆僕不從王征于方。 (師旂鼎,西周中期)

---

① 周光午《先秦否定句代詞賓語位置問題》,見《中國語文》雜誌社編《語法論集》第三集,1959年。
② 丁聲樹《釋否定詞"弗""不"》,見《歷史語言研究所集刊外編第一種·慶祝蔡元培先生六十五歲論文集》,1933年。吕叔湘《論毋與勿》,見《漢語語法論文集》(增訂本)。
③ 王力《漢語語法史》,見《王力文集》第11卷,179~180頁。
④ 黄景欣《秦漢以前古漢語中的否定詞"弗"、"不"研究》,《語言研究》1958年第3期。

洒多亂,不用先王作型,亦多虐庶民。　　　　（牧簋,西周中期）
淮夷舊我帛賄人,毋敢不出其帛、其積、其進人、其貯。
　　　　　　　　　　　　　　　　　　　　　　（兮甲盤,西周晚期）
我后不恤我眾,舍我穡事,而割正夏。　　　　（《尚書·湯誓》）
爾無不信,朕不食言。　　　　　　　　　　　（《尚書·湯誓》）
用夙夜事,勿廢朕令。　　　　　（伯晨鼎,西周中期或晚期）
公命,我勿敢言。　　　　　　　　　　　　　（《尚書·金縢》）
封!汝典聽朕毖,勿辯乃司民湎于酒。　　　　（《尚書·酒誥》）
勿廢朕命,毋墜乃政。　　　　　　　　　　　（逆鐘,西周晚期）
氒貯毋不即市,毋敢或入變灾貯,則亦刑。　　（兮甲盤,西周晚期）
汝無侮老成人,無弱孤有幼。　　　　　　　　（《尚書·湯誓》）
明聽朕言,無荒失朕命。　　　　　　　　　　（《尚書·盤庚中》）

潘玉坤指出:"西周銘文情況不太一樣,就'勿'而言,全部23個用例中,'勿'後動詞帶賓語的有16例,不帶賓語的僅有7例。"①

西周金文是出土資料,《尚書》是傳世典籍,兩相印證,是十分可靠的。

其實,這種情況在殷商時期即如此:

貞:翌甲申王勿賓上甲日?　　　　　　　　　（《合集》1248）
壬寅卜,㱿貞:河害王?
壬寅卜,㱿貞:河弗害王?　　　　　　　　　（《合集》776正）
戊辰卜:及今夕雨?
　　　弗及今夕雨?　　　　　　　　　　　　（《合集》33273）②

三、非否定句代詞賓語的位置

1. 疑問代詞賓語的位置

殷商時代尚未見有疑問代詞。西周時期,疑問代詞作動詞的賓語,一般要前置於動詞。例如:

王其效邦君,越御事,厥命曷以?　　　　　　（《尚書·梓材》）
禹拜曰:"都!帝,予何言?"　　　　　　　　（《尚書·皋陶謨》）

---

① 潘玉坤《西周金文語序研究》,華東師範大學出版社,2005年,122頁。
② 張玉金《甲骨文語法學》,40～41頁。

云徂何往？　　　　　　　　　　　（《詩經·大雅·桑柔》）
又何予之？玄衮及黼。　　　　　　（《詩經·小雅·采菽》）
伊誰云從？維暴之云。　　　　　　（《詩經·小雅·何人斯》）

但也有後置的例子，只是數量很少：

帝曰："俞，予聞。如何？"　　　　　（《尚書·堯典》）
夜如何其？夜未央。　　　　　　　（《詩經·小雅·庭燎》）
赫赫師尹，不平謂何！　　　　　　（《詩經·小雅·節南山》）

疑問代詞作介詞賓語，呈現出不同的情況。一般說，作介詞"以"的賓語，疑問代詞要前置。例如：

何以舟之？維玉及瑤，鞞琫容刀。　（《詩經·大雅·公劉》）
王其效邦君、越御事，厥命曷以？　（《尚書·梓材》）

疑問代詞作介詞"于（於）"的賓語，則要後置。例如：

此日而食，于何不臧！　　　　　　（《詩經·小雅·十月之交》）
彼人之心，于何其臻？　　　　　　（《詩經·小雅·菀柳》）
所謂伊人，於焉嘉客？　　　　　　（《詩經·小雅·白駒》）

2. 其他代詞賓語的位置

這裏討論非否定句中人稱代詞和古指稱詞賓語的位置問題。

人稱代詞在非否定句中一般是後置的，但也有前置的現象。前置現象如：

予豈汝威？用奉畜汝衆。　　　　　（《尚書·盤庚中》）
民獻有十夫予翼，以于敉寧武圖功。（《尚書·大誥》）
豈不爾受，既其女遷。　　　　　　（《詩經·小雅·巷伯》）
["遷"，轉移。]
赫赫師尹，民具爾瞻。　　　　　　（《詩經·小雅·節南山》）
俾予靖之：後予極焉。　　　　　　（《詩經·小雅·菀柳》）

古指稱詞作賓語也有前置現象。最突出的就是"是"，西周時期"是"作賓語基本前置，很少後置的。例如：

子孫是尚。　　　　　　　　　　　　（豐伯車父簋，西周晚期）
吹笙鼓簧，承筐是將。　　　　　　　（《詩經·小雅·鹿鳴》）
如賈三倍，君子是識。　　　　　　　（《詩經·大雅·瞻卬》）
喤喤厥聲，肅雝和鳴，先祖是聽。　　（《詩經·周頌·有瞽》）
是伐是肆，是絶是忽，四方以無拂。　（《詩經·大雅·皇矣》）
王易乘馬，是用左王。　　　　　　　（虢季子白盤，西周晚期）
吉蠲爲饎，是用孝享。　　　　　　　（《詩經·小雅·天保》）

"是"後置例：

濡其首，有孚失是。　　　　　　　　（《易經·未濟卦》）

與此相應，古指稱詞"之"作賓語一般後置，很少前置。例如：

安民則惠，黎民懷之。　　　　　　　（《尚書·皋陶謨》）
有夏多罪，天命殛之。　　　　　　　（《尚書·湯誓》）

王力曾説："在原始時代的漢語裏，可能的情況是這樣：代詞作爲賓語的時候，正常的位置本來就在動詞的前面（像法語一樣）。"[①]

王力的這一推想，並没有得到事實的支持。殷商時期古指稱詞（一般稱之爲"指示代詞"）有"之"、"兹"兩個，"之"作賓語，只見到在動詞之後的例子，無論是不是否定式：

（1）□□卜，亘貞：于之？　　　　　　（《合集》18866）
（2）貞．勿于之？　　　　　　　　　　（《合集》18867）
（3）貞：曰之？　　　　　　　　　　　（《合集》18863）
（4）貞：勿曰之？　　　　　　　　　　（《合集》18865）
（5）辛巳卜，宕貞：其曰之？
　　　貞：不曰之？
　　　貞：其曰之？
　　　貞：不曰之？
　　　其曰之？
　　　不曰之？　　　　　　　　　　　（《合集》18860正）

---

① 王力《漢語語法史》，見《王力文集》第11卷，272頁。

張玉金認爲:"上引例(1)、(2)中的'于'都是動詞,意思是前往。兩例中的'之'指代某地,可譯爲'那裏'。例(3)、(4)、(5)中的'曰'也是動詞,意思是命令,其中的'之'指代某個人。"① 只有在有焦點標誌"唯(惠)"的情況下,"之"纔可以前置於動詞。例如:

  辛卯卜,賓貞:沚㦰啓巴,王勿唯之比。
  辛卯卜,賓貞:沚㦰啓巴,王惠之比。 (《合集》6461正)

"兹"作賓語則可前可後:

  辛巳,余卜:今秋我步兹? (《合集》21796)
  王在兹大示佐。 (《合集》816反)
  其牢又一牛?兹用。 (《合集》35931)
  乙未卜:又彳歲于父乙三牛?兹用。 (《合集》34240)

到了西周時期出現了"是","是"和"之"作賓語,當時的分工是,"之"一般位於動詞之後,"是"則一般位於動詞之前。所以,並沒有迹象顯示,在原始時代的漢語裏代詞作爲賓語正常的位置本來就在動詞的前面。

四、有標記的賓語前置結構

西周時期出現的古指稱詞"是",在古漢語賓語前置句的發展史上是一件大事。"是"作賓語,在當時,其語法特點是前置性,語義特點是複指性,複指動詞前面的某一成分,這個成分最初往往是詞組或句子,而且可以被其他成分隔開。例如:

(1)肄毋有弗懿,是用壽考。 (毛公旅方鼎,西周中期)
(2)朕教汝于棐民彝,汝乃是不蘉,乃時惟不永哉。(《尚書·洛誥》)
(3)凡厥庶民,極之敷言,是訓是行。 (《尚書·洪範》)

例(1)"是"所複指的是"毋有弗懿"(懿,順)。例(2)"是"所複指的是"棐民彝"(棐,輔助;彝,法)。"棐民彝"與"是不蘉"(蘉,勉力)之間有"汝乃"隔開。例(3)"是"所複指的是"極之敷言"。可以看出,這樣的句子,其實就是最初的賓語前置式"賓是動",只不過"賓"比較複雜,且與"是"

---

① 張玉金《甲骨文語法學》,30~31頁。

貼得不是很緊。一旦"賓"與"是"貼緊起來,就是典型的賓語前置式"賓是動"了。例如:

  舟人之子,熊羆是裘。 (《詩經·小雅·大東》)
  ["裘",通"求",追求。]
  私人之子,百僚是試。 (《詩經·小雅·大東》)
  靖共爾位,正直是與。 (《詩經·小雅·小明》)

但這樣的前置式,如果"是"前有不止一個的可供複指的成分,就有歧義的可能。例如:

(1) 往近王舅,南土是保。 (《詩經·大雅·崧高》)
(2) 殳季良父作𣪘妣尊壺,用盛旨酒,用享孝于兄弟婚媾諸老,用祈匄眉壽,其萬年令終難老,子子孫孫是永寶。

             (殳季良父壺,西周晚期)

例(1)"是"前有兩個可供複指的成分,"王舅"和"南土",據句意可知"是"所複指的是較近的"南土";例(2)"是"前也有兩個可供複指的成分"𣪘妣尊壺"和"子子孫孫",據句意可知"是"所複指的是較遠的"𣪘妣尊壺"。有時同一個句子發生不同的理解。唐鈺明就舉有如下一例:

  赫赫姜嫄,其德不回,上帝是依。 (《詩經·魯頌·閟宮》)

唐鈺明指出:"'上帝是依',學術界至今仍存在歧見。例如高亨《詩經今注》看作'賓是動'式,理解為'姜嫄依靠上帝',而周予同主編《中國歷史文選》則看作指代詞'是'前置,理解為'天帝憑依姜嫄'。類似的歧見常常發生於'賓是動'式,充分說明這種格式的缺陷。為了消除歧義和促進功能的完善,'賓是動'式與'唯賓動'式自然而然地結合起來,構成了新型的'唯賓是動'式。'唯賓是動'式具有明確的規定性,成為了古漢語固定的提賓式。"①

  唐鈺明指出"唯賓是動"式來源於"賓是動"式與"唯(惠)賓動"式的結合,目的是消除"賓是動"可能產生的歧義。"唯(惠)賓動"殷商時期就

---

① 見唐鈺明《甲骨文"唯賓動"式及其蛻變》,原載《中山大學學報》1990年第3期;又見《著名中年語言學家自選集·唐鈺明卷》。

有,且沒有歧義,它與"賓是動"結合,也就消除了後者的歧義性。

"唯賓是動"("唯"西周時又寫作"惟")式是西周後期非常流行的一個句式。再舉幾例如下:

無若丹朱傲,惟慢游是好,敖虐是作。　　　（《尚書·皋陶謨》）
今商王受,惟婦言是用。　　　（《尚書·牧誓》）
乃惟四方之多罪逋逃,是崇是長,是信是使,是以爲大夫卿士。
　　　（《尚書·牧誓》）

古指稱詞"之"也有複指性,它本來是後置於動詞的,但由於受"是"的感染,也有了前置的用法,這就是模仿"賓是動"而成的"賓之動"。例如:

王其德之用,祈天永命。　　　（《尚書·召誥》）
止旅乃密,芮鞫之即。　　　（《詩經·大雅·公劉》）
師干之試。　　　（《詩經·小雅·采芑》）
維北有斗,西柄之揭。　　　（《詩經·小雅·大東》）

這種模仿也是有迹象可循的。例如:

萬年無疆,子孫是尚,子孫之寶,用孝用享。
　　　（豐伯車父簋,西周晚期）

"子孫之寶","之"前置,這大概是爲了與前面的"子孫是尚"的"是"變文避複,於是把"之"拉來充當模仿的角色。這就透露"之"在前置於動詞這件事上模仿"是"的信息。這種隔開式的"賓……之動"極其少見。

同樣,受"唯賓是動"的感染,也就有了"惟(唯)賓之動"。例如:

惟文王之敬忌。　　　（《尚書·康誥》）
罔不惟進之恭。　　　（《尚書·多方》）
["進",財貨。"恭",供。]
以萬民惟正之供。　　　（《尚書·無逸》）
惟耽樂之從。　　　（《尚書·無逸》）
["從",追求。]
罔不惟德之勤。　　　（《尚書·呂刑》）

西周時還有"賓斯動"、"賓來動"、"賓于動"等賓語前置式。例如:

弓矢斯張,干戈戚揚。　　　　　　（《詩經·大雅·公劉》）
　　篤公劉,于京斯依。　　　　　　　（《詩經·大雅·公劉》）
　　顯允方叔,征伐玁狁,蠻荆來威。　（《詩經·小雅·采芑》）
　　匪安匪游,淮夷來求。　　　　　　（《詩經·大雅·江漢》）
　　赫赫南仲,獫狁于襄。　　　　　　（《詩經·小雅·出車》）
　　赫赫南仲,獫狁于夷。　　　　　　（《詩經·小雅·出車》）

這些前置式的產生,可能也是受"賓是動"影響的結果。"斯"、"來"、"于"、"之"等,一般並沒有"是"那樣的前置性,例如:

　　我有嘉賓,德音孔昭。視民不恌,君子是則是傚。
　　　　　　　　　　　　　　　　　　（《詩經·小雅·鹿鳴》）

這一例的"是則是效"就決不能說成"之（或斯、來、于）則之（或斯、來、于）效"的,因為"之"等通常後置於動詞。"之"等的前置,只出現在"賓是動"的"是"的位置。而"是"的前置性很強,它不僅有"賓是動",而且還有"賓……是動"、"動賓（或主謂）……是動是動"等式一系列相關句式。"賓是動"用久了,"是"的指代性有所弱化,這就給其他成分的模仿造成了機會。"賓斯動"、"賓來動"、"賓于動"等一般出現在《詩經》這種韻律性很強的文體中。

五、複雜動賓式

1. 三賓語句

西周三賓語句的一個新發展,就是使動三賓語句的產生。

一個詞組（或句子）,主語所代表的人物並不施行動詞所表示的動作,而是致使賓語所代表的人或事物施行這個動作,或致使它產生某種結果,成為某種狀態。這樣的詞組（或句子）叫作使動式。

使動式是古代漢語動賓結構的一個重要類型,在殷商時期即已產生。例如:

　　戊寅子卜:丁歸在川人?　　　　　　（《合集》21661）
　　先馬,其悔,雨?　　　　　　　　　　（《合集》27951）

殷商時期的使動式還很少見,其動詞限於不及物動詞（包括形容詞）。西

周時期,使動式進一步豐富。及物動詞、數詞、方位詞等都可以有使動用法。例如:

　　王事靡盬,憂我父母。　　　　　　(《詩經·小雅·杕杜》)
　　上帝臨女,無貳爾心!　　　　　　(《詩經·大雅·大明》)
　　我疆我理,南東其畝。　　　　　　(《詩經·小雅·信南山》)

然而,使動式還可以是三賓語式。例如:"晋侯飲趙盾酒。"(《左傳》宣公二年)這種使動三賓語式可能最早見於西周時期,其動詞包括不及物動詞和及物動詞。張玉金曾列了如下兩例[①]:

　(1)亹亹申伯,王纘之事。　　　　　　(《詩經·大雅·崧高》)
　(2)乃生男子,載寢之牀,載衣之裳,載弄之璋。
　　　　　　　　　　　　　　　　　　(《詩經·小雅·斯干》)

例(1),"纘之事",使之任事。"纘",踐、任,及物動詞。例(2),"寢之牀",使之寢於牀,"寢"爲不及物動詞;"弄之璋",使他弄璋,"弄"爲及物動詞。

殷商時期的多賓語句,至西周時期已不再見到。但三賓語句更加發展起來,賓語的構成也更爲複雜。據潘玉坤統計,西周銘文"雙賓動詞"(即我們所説的三賓語動詞)的數量,基本數爲二十九,擴展數爲四十。所謂"擴展的雙賓動詞",指的是與"基本雙賓動詞"有緊密意義聯繫,且以之爲基礎而構成的那些動詞。其中用得最多的就是賞賜類動詞[②]。例如:

　　周公賜小臣單貝十朋。　　　　　(小臣單觶,西周早期)
　　公大保賞御正良貝。　　　　　　(御正良爵,西周早期)

與殷商時期的三賓語句一樣,西周時期的三賓語句也有少數直接賓語處在間接賓語之前的"例外"現象。例如:

　　公賞貝束。　　　　　　　　　　(束作父辛卣,西周早期)

2.其他複雜動賓式的産生

西周時期還有一些複雜的動賓式。張玉金列有如下一些(編號、着重

[①] 張玉金《西周漢語語法研究》,285頁。
[②] 潘玉坤《西周金文語序研究》,28~38頁。

號爲我們所加,例句我們有所選擇)①:

V_1+V_2+O。這是兩個並列的動詞共同帶一個賓語,這種句式比較常見。例如:

  天亡佑王,殷祀于王丕顯考文王,事糦上帝。（大豐簋,西周早期）
  馬牛其風,臣妾逋逃,勿敢越逐。祇復之,我商（賞）賚汝。
               （《尚書·費誓》）
  甲子,王乃洮頮水。   （《尚書·顧命》）

V_1+O+V_2。這個句式中的"O",既是"V_1"的賓語,也是"V_2"的賓語。但在"V_1"之後出現了,就不在"V_2"之後出現了。例如:

  克拜稽首,敢對天子不顯魯休揚,用作旅盨。（克盨,西周晚期）
  旅對天子魯休揚。   （虢叔鐘,西周晚期）

由於"V_1"和"V_2"之間是並列關係,所以兩者前後位置可以互換。例如:

  趩拜稽首,揚王休對。   （趩觶,西周中期）

$V_1+O_1+V_2+O_2$。這種並列句主謂語部分或謂語核心部分是兩個動賓短語的並列。例如:

  專命專政。   （毛公鼎,西周晚期）
  女多禽,折首執訊。   （不其簋,西周晚期）
  惟殷先人有册有典。   （《尚書·多士》）
  我有嘉賓,鼓瑟吹笙。   （《詩經·小雅·鹿鳴》）

以上諸例,都是"$V_1+O_1+V_2+O_2$"單獨作謂語或自成一小句。

$V_1+V_2+O_1+O_2$。這種句式中兩個動詞V_1和V_2分別帶有賓語,但賓語沒有各自出現在它們的動詞之後,而是兩個賓語共同出現在兩個動詞之後。例如:

  殺越人于貨。   （《尚書·康誥》）
  三考,黜陟幽明。   （《尚書·堯典》）

---

① 張玉金《西周漢語語法研究》,291~293頁。

"殺越人于貨",等於"殺人越貨"。越,奪。于,和。"黜陟幽明"即"黜幽陟明",指提拔賢能,罷免昏庸。

三動式和四動式。這種並列句的謂語部分或謂語核心部分是由三個或四個並列的動詞構成的,後可以出現賓語。例如:

保右命爾。　　　　　　　　　　(《詩經・大雅・大明》)
儀式刑文王之典。　　　　　　　(《詩經・周頌・我將》)
夫知保抱攜持厥婦子。　　　　　　　　　(《尚書・召誥》)

"保右命爾"即保護、幫助、降命你。"儀式刑文王之典"即效法文王之典。儀、式、刑三字並列,都是效法的意思。"保抱攜持厥婦子"即護着、抱着、牽着、扶着妻子兒女。

以上各種複雜動賓式,均不見於殷商時期。

第三節　東周以後的動賓關係

一、動賓語義關係的發展

東周以後,動賓語義關係更趨多樣化。除原有的各項關係外,又有新的發展。現就新的發展,大致敘述如下[①]。

1. 對待賓語

這種動賓語義關係似不見於殷商及西周時期。對待關係不同於意動關係,其動詞表示主語的一種態度,賓語是動作行爲所對待的對象,動詞多由形容詞或不及物動詞充當,也有少量活用的名詞。如:

(1) 是必滅若敖氏之宗。傲其先君,神弗福也。(《左傳》文公九年)
　　["傲其先君",對其先君傲慢。]
(2) 諸君子皆與驩言,孟子獨不與驩言,是簡驩也。(《孟子・離婁下》)
　　["簡驩",對我(驩)簡慢。]
(3) 武安侯新欲用事爲相,卑下賓客。(《史記・魏其武安侯列傳》)
　　["卑下賓客",對賓客態度謙卑。]

---

① 王克仲《古漢語動賓語義關係的分類》,《遼寧大學學報》1989年第5期。

2. 對向賓語

這種動賓關係，賓語是行爲動作所面朝的對象。如：

（1）若爲茅絰，哭井則已。　　　　　　　（《左傳》宣公十二年）
　　［"哭井"，對（向）着井哭。］
（2）子南之子棄疾爲王御士，王每見之，必泣。棄疾曰："君三泣臣矣！敢問誰之罪也？"　　　　（《左傳》襄公二十二年）
　　［"泣臣"，對（向）臣哭泣。］

這種動賓語義關係不見於西周時期。

3. 給予賓語

無論是西周時期還是東周時期，一方給予另一方物品，都可由"雙賓語"式表達，如"公易旅貝十朋"（《旅鼎》）、"齊人饋之餼"（《左傳》桓公六年）之類。但到東周時期，這一語義關係也可由單賓式表達。這種單賓結構不見於西周時期，其動詞多由所給與的名詞活用而來。如：

（1）吳人曰："宋百牢我。"　　　　　　　（《左傳》哀公七年）
　　［意謂宋人以百牢給與我。牛、羊、豕各一叫大牢，省稱牢。"百牢我"是以牛、羊、豕各一百享讌吳王夫差。］
（2）惠公之在梁也，梁伯妻之。　　　　　（《左傳》僖公十七年）
　　［意謂梁伯以自己的女兒嫁給他。《史記·晉世家》作"梁伯以其女妻之"。］
（3）有一母見信飢，飯信，竟漂數十日。　（《史記·淮陰侯列傳》）
　　［"飯信"，給韓信飯吃。］

4. 原因賓語

西周時期原因賓語只見到用介詞介引的，東周以降，動詞可直接帶原因賓語。動詞多由表示心理狀態的不及物動詞充當。

（1）晉人懼其無禮於公也，請改盟。　　　（《左傳》文公三年）
　　［"其"，指代晉人自己。晉人因爲他們在魯文公二年時曾無禮於魯文公而感到恐懼。］
（2）魏王怒公子之盜其兵符，矯殺晉鄙。　（《史記·信陵君列傳》）
　　［意謂魏王因信陵君偷盜兵符矯殺晉鄙而發怒。］

原因關係與前述爲動關係略有不同。"原因"偏於內在的緣由,而"爲動"則偏於外在的目的。例如:

(3) 等死,死國可乎?　　　　　　　　　(《史記·陳涉世家》)
(4) 王怒曰:"大辱國,詰朝爾射,死藝。"　(《左傳》成公十六年)

同樣是"死+賓語",例(1)是說爲了得到國家而死,例(2)是說因藝(善射)而死。

西周時期,我們只發現用介詞介引的"原因賓語",像上面這種不用介詞介引的,東周以後纔見到。當然用介詞介引的原因賓語東周時依然存在:

(5) 余必使爾罷於奔命以死。　　　　　　(《左傳》成公七年)
(6) 此無他故焉,生於節用裕民也。　　　(《荀子·富國》)

5. 比較賓語

西周時的比較賓語,一般表類同,其他很少見。東周以降,比較賓語非常豐富。"動賓"前面,一般都有主語,形成"主+動+賓"句式,表示主語比賓語更具備謂語所指出的情況。動詞多由形容詞、數詞活用,也有部分名詞、不及物動詞活用者。賓語表示比較的對象,多爲代表人或物的名詞及其短語或代詞。

形容詞活用爲動詞,如:

臣以力事君者也,今徐子力多臣,臣不以自代,恐他人言之而爲罪也。　　　　　　　　　　　　　　　(《韓非子·外儲説左下》)
["力多臣",力比臣多,力多於臣。]
珠玉寶器多於京師。　　　　　　　　　(《史記·梁孝王世家》)
民之於仁也,甚於水火。　　　　　　　(《論語·衛靈公》)
子貢賢於仲尼。　　　　　　　　　　　(《論語·子張》)
商也好與賢己者處。　　　　　　　　　(《説苑·雜言》)
["賢己",比己賢,賢於己。]

名詞活用作動詞,如:

武安由此滋驕,治宅甲諸第。　　　　　(《史記·魏其武安侯列傳》)
["甲諸第",甲於諸第,即和其他一些府邸比爲第一。]

倍數詞活用作動詞,常用"倍"、"半"等詞。如:

　　大夫倍上士,上士倍中士,中士倍下士。　　(《孟子·萬章下》)
　　["倍上士",比上士多一倍的俸禄。]
　　諸侯之地五倍於秦,料度諸侯之卒十倍於秦。
　　　　　　　　　　　　　　　　　　　　(《史記·蘇秦列傳》)
　　故事半古之人,功必倍之。　　(《孟子·公孫丑上》)
　　[所下的氣力比古人少一半而功效必高於古人一倍。]

有時用數字表示幾倍,如:

　　大國地方百里,君十卿禄,卿禄四大夫。　　(《孟子·萬章下》)
　　[君十倍於卿的俸禄,卿的俸禄四倍於大夫。]

二、"賓語前置"現象的衰微

這裏所説的"賓語前置",是指以下三類:否定式中的賓語前置,疑問代詞作賓語的前置,賓語用"是"、"之"等複指的賓語前置式。

有關否定式中的賓語前置,人們經常看到的一句話是:否定句中代詞賓語必須前置。事實上這句話是不準確的。所謂"代詞",包括人稱代詞和古指稱詞(一般稱爲"指示代詞")兩類。總的來説,在先秦時期,這兩類處於否定式中,都有前置於動詞和後置於動詞兩種情況。區別在於,人稱代詞在否定式中,總體説,前置現象非常强勢,後置現象屬於少數;古指稱詞(指示代詞)在"不"字式中後置現象總體説非常强勢,前置現象屬於少數。在"莫"字式、"未"字式中前置現象佔優勢[①]。

孫良明依據漢人對《詩經》的箋注,全面考察賓語前置式從先秦到漢代的變化。其立意是這樣的:"漢人感到先秦文獻語言難懂纔需要注釋的;而注釋的文字只能用當代活的語言(當然是加了工的書面語)。這樣從《詩經》原文跟傳、箋文字的對比中可看出從先秦到漢代的語言變化來。"[②]

孫良明的結論是:到了漢代,否定式的賓語前置消失了,由"是"、"之"等複指的賓語前置也消失了。難以確定的是疑問代詞作賓語的前置式,根

---

① 周光午《先秦否定句代詞賓語位置問題》,中國語文雜誌社編《語法論集》第三集。
② 孫良明《從〈詩經〉毛傳、鄭箋談賓語前置句式的變化》,《中國語文》1989年第3期。

據毛傳、鄭箋不能確定其在漢代已經消失。

下面依孫良明文,舉例並列出相應的毛傳、鄭箋,以示賓語前置消失之迹。

1. 否定式中的賓語前置

    既見君子,不我遐棄。   (《周南·汝墳》)

  [箋:已反得見之,知其不遠棄我。]

    豈不爾思?子不我即。   (《鄭風·東門之墠》)

  [箋:我豈不思望女乎?女不就迎我而俱去耳!]

    蝃蝀在東,莫之敢指。   (《鄘風·蝃蝀》)

  [箋:虹,天氣之戒,尚無敢指者;況淫奔之女,誰敢視之。]

    謂他人父,亦莫我顧。   (《王風·葛藟》)

  [箋:謂他人爲己父無恩于我,亦無顧眷我之意。]

    三歲貫女,莫我肯顧。   (《魏風·碩鼠》)

  [箋:我事女三歲矣,曾無教令恩德來顧眷我。]

    大夫君子,無我有尤。   (《鄘風·載馳》)

  [箋:無我有尤,無過我也。]

    無我惡兮,不寁故也。   (《鄭風·遵大路》)

  [箋:子無惡我。]

2. "是"、"之"等複指的賓語前置

    周公東征,四國是皇。   (《豳風·破斧》)

  [箋:周公既反攝政,東伐此四國。傳:皇,匡也。]

    無非無儀,唯酒食是議。   (《小雅·斯干》)

  [箋:唯議酒食爾。]

    四方是維,天子是毗。   (《小雅·節南山》)

  [箋:毗,輔也。……維制四方,上輔天子。]

    魚網之設,鴻則離之。   (《邶風·新臺》)

  [箋:設魚網者宜得魚。]

    豈無他人,維子之好。   (《唐風·羔裘》)

  [箋:乃念子而愛好之也。]

    維此仲行,百夫之防。   (《秦風·黃鳥》)

  [箋:防,猶當也,言此一人當百夫。]

匪安匪游,淮夷來求。　　　　　　　　　　(《大雅·江漢》)

[箋:主爲來求淮夷所處。]

既醉既飽,福祿來反。　　　　　　　　　　(《周頌·執競》)

[箋:以重得福禄也。傳:反,復也。]

赫赫南仲,玁狁于夷。　　　　　　　　　　(《小雅·出車》)

[箋:獨言平玁狁者,玁狁大,故以爲始,以爲終。傳:夷,平也。]

四國于番,四方于宣。　　　　　　　　　　(《大雅·崧高》)

[箋:四國有難,則往捍禦之,爲之蕃屏;四方恩澤不至,則往宣揚之。]

弓矢斯張,干戈戚揚。　　　　　　　　　　(《大雅·公劉》)

[傳:張其弓矢,秉其干戈戚揚。]

朋酒斯饗,曰殺羔羊。　　　　　　　　　　(《豳風·七月》)

[箋:國君閑于政事而饗羣臣。傳:饗者,饗人以狗。]

　　孫良明利用毛傳和鄭箋與《詩經》原文對照,來探討語言的變化,其結論應該是比較可靠的。他的有些結論,也與其他學者的研究相合。例如關於由"是"、"之"等複指的賓語前置式,許嘉璐、敖鏡浩等經過對秦漢傳世典籍的研究,得出的結論與孫良明是完全一致的。許嘉璐更進一步指出,"唯……是"句式只是在西周春秋之間出現並流行的句式,春秋中晚期以後即趨於消失,那段時期的用例是爲追求典雅而仿古的結果①。

　　孫良明的結論也有與其他學者所見不相合的。例如周光午就認爲直到兩漢時期,否定詞"未"字和"莫"字的句子裏,逆序句式依然佔最大優勢。他有下列的統計表②:

兩漢否定句中否定詞和代賓間個別相應關係一覽表

代詞賓語及位置\例語數字\否定詞	我		吾		予		己		子		汝		之		是		此		諸		卿	
	前	後	前	後	前	後	前	後	前	後	前	後	前	後	前	後	前	後	前	後	前	後
不	5	7	3	3			2	25	7	1	2	82	1	2	1	9			2			2

---

① 許嘉璐《關於"唯……是"式句》,《中國語文》1983年第2期;敖鏡浩《略論先秦時期"O／是／V"句式的演變》,《中國語文》1983年第5期。

② 周光午《先秦否定句代詞賓語位置問題》,中國語文雜誌社編《語法論集》第三集。

（續表）

代詞賓語及位置 例語數字 否定詞	我		吾		予		己		子		汝		之		是		此		諸		卿	
	前	後	前	後	前	後	前	後	前	後	前	後	前	後	前	後	前	後	前	後	前	後
弗													4	6								
莫	1				1		2						30	7			1					
未							1						34	7	1							
無							1							5								
末														2								
總　計	5	8	3	3	1		2	29	7	1			70	109	1	2	2	10		2		2

　　從上表可以看出，兩漢時期"莫"字句和"未"字句，賓語前置現象在典籍中依然佔絕對優勢。不過這也許是可以解釋的。"傳"、"箋"的目的是讓當時人讀懂原文，必然儘量用口語，而典籍原文爲追求典雅，"存古"的成分多一些，是自然的。因此根據"傳"、"箋"，似可認爲在兩漢時期的口語中，否定式中的賓語前置現象和由"是"、"之"等複指的賓語前置現象已趨於消失。書面語中則還有一些"存古"的現象。

　　關於疑問代詞賓語是否已由前置轉爲後置，孫良明不能確定。但其實疑問代詞作賓語，一開始就有前置和後置兩種情況，只是後置較少而已（見上文）。下面是我們所見到的一些春秋時期以後的後置例子：

　　　　今君聞晉之亂而後作焉，寧將事之，非鼠如何？
　　　　　　　　　　　　　　　　　　　（《左傳》襄公二十三年）
　　　　令尹盡信之矣，國將如何？　　　（《左傳》昭公二十七年）
　　　　景公問晏子曰："古之盛君，其行如何？"
　　　　　　　　　　　　　　　　　（《晏子春秋·內篇問上》第十一章）
　　　　楚得臣怒，擊晉師，秦晉退。軍吏曰："爲何退？"
　　　　　　　　　　　　　　　　　　　　　　　（《史記·晉世家》）
　　　　久之，文承閒問其父嬰曰："子之子爲何？"曰："爲孫。""孫之孫爲何？"曰："爲玄孫。""玄孫之孫爲何？"曰："不能知也。"
　　　　　　　　　　　　　　　　　　　　　（《史記·孟嘗君列傳》）
　　　　王曰："婦言謂何？"　　　　　　　（《史記·滑稽列傳》）

問左右曰:"人言云何?"左右對曰:"人言且立其子,何去其母乎?" 　　　　　　　　　　　　　　　　　(《史記·外戚世家》)

疑問代詞賓語的完全後置,應該是中古以後的事了。

三、三賓語句

東周以降,三賓語句的一個顯著特點就是,殷商及西周時期爲數很少的直接賓語處於間接賓語之前的現象,較廣泛地發生開來了。其中直接賓語爲"之"者居多。例如:

婦人遂行,生二子於郤氏,郤氏亡,晉人歸之施氏。
　　　　　　　　　　　　　　　　(《左傳》成公十一年)
周賴大國之義,得君臣父子相保也,愿獻九鼎,不識大國何途之從而致之齊?　　　　　　　　(《戰國策·東周》)
宋之鄙人得璞玉而獻之子罕,子罕不受。　(《韓非子·喻老》)
上莫不致愛其下,而制之以禮。　　　　(《荀子·王霸》)
蘇代爲齊獻書穰侯。　　　　　　　　(《戰國策·秦二》)
成王長,周公反政成王,北面就群臣之位。(《史記·周本紀》)

據時兵統計,在《史記》中,直接賓語置於間接賓語之前的例子達150多例,約佔《史記》雙及物結構用例的20%多。此外該結構所接納的動詞數量也大幅度增加。其中一般給予類動詞有"傳、進、致、屬、奏、反、嫁、假、薦、捐、棄、納、入、委、上、下、效、行、獻、奉、畀、歸、饋、施、還、讓、給、分、輸、薦、舉、寄"等,資訊傳遞類動詞有"告、征、請、讒、白、惡、問、言、詛、布、諭、乞、學、聞"等,取類動詞有"取、得、受、稟、貸"等[①]。

時兵認爲"SVO$_{客體}$O$_{接受者}$"是由"SVO$_{受事}$于O$_{接受者}$"結構中介詞"于"的脱落而造成的。我們對此持謹慎態度。殷商卜辭中就有"受年商"(《合集》20651)的説法,陳夢家曾認爲"受年商(王)即受年于商(王)"[②]。但沈培指出,卜辭中從未見到"受(授)年于商(或王)"的説法[③]。既然本没有"于",當然也就無從"脱落"。

[①] 時兵《上古漢語雙及物結構研究》,安徽大學出版社,2007年,171～173頁。
[②] 陳夢家《殷虛卜辭綜述》,129頁。
[③] 沈培《殷墟甲骨卜辭語序研究》,10頁。

第十四章
定中關係的發展

總的來説，漢語的偏正結構分爲兩類，一類是體詞性偏正結構，一類是謂詞性偏正結構。體詞性偏正結構的功能相當於名詞，其修飾語和被修飾語分別稱爲定語和中心語，這種結構簡稱"定中結構"；謂詞性偏正結構的功能相當於動詞，其修飾語和被修飾語分別稱爲狀語和中心語，這種結構簡稱"狀中結構"。

第一節　定語的基本類型及其發展

殷商時期，漢語定中結構就已比較複雜。能夠充當定語的成分大致有名詞、代詞、數詞、形容詞、動詞、定中短語、並列短語、動賓結構等①，處於中心語之前。舉例如下。

名詞定語：

　　乙丑卜，古貞：媳妌魯于黍年？　　　　　　（《合集》10132）
　　貞：方來入邑，今夕弗震王師？　　　　　　（《合集》36443）

代詞定語：

　　貞：不雨，不唯兹商有作禍？　　　　　　　（《合集》776）
　　乙丑卜，王貞：占蛾子余子？　　　　　　　（《合集》21067）
　　貞：翌辛丑不其雨？王占曰：今夕其雨，翌辛[丑][啓]。之夕
　　允雨，辛丑啓。　　　　　　　　　　　　　（《合集》3297）

---

① 張玉金《甲骨文語法學》；陳夢家《殷虛卜辭綜述》；管燮初《殷虛甲骨刻辭的語法研究》。

數詞定語：

  丙午卜，㱿貞：尞八羊眾酒三十牛？ （《合集》16223）

  其皆取二山，有大雨？ （《合集》30453）

  □亥，貞：王又百鬯百牛。 （《合集》32044）

  二十鬯。大吉，用 （《合集》30914）

形容詞定語：

  丙戌卜：惠新豐用？ （《合集》32536）

  戊王其田于畫，擒大狐？ （《合集》28319）

動詞定語：

  貞：茲邑其有降禍？

  戊戌卜，賓貞：茲邑亡降禍？ （《合集》7852正）

  壬戌卜：王逆㠯以羌？

  于滴王逆以羌？ （《合集》32035）

定中結構作定語：

  丁巳卜。㱿貞：黍田年魯？王占曰：吉，魯。 （《合集》10133）

  邛方亦侵我西鄙田。 （《合集》6057）

並列短語作定語：

  貞：今來歲我不其受年？ （《合集》9654）

  貞：我家舊老臣亡害我？ （《合集》3522）

動賓結構作定語：

  王異戊其射在穆兕，[擒]？ （《合集》28400）

  貞：先省在南廩？ （《合集》9641）

  西周以後，作定語的成分在殷商原有基礎上又有了新的發展，增加了數量結構、象聲詞、聯合結構、狀中結構、介詞結構、主謂結構、複句形式等。這標誌著西周時期定語形式進一步豐富和複雜。舉例如下[①]：

---

① 張玉金《西周漢語語法研究》；管燮初《西周金文語法研究》。

數量結構作定語：

  禮百姓豚眾賞卣鬯貝。　　　　　　　（士上盉，西周早期）
  賢從，公命事賄賢百畮（畝）糧。　　（賢簋，西周中期）
  我既贖汝五［夫］［效］父，用匹馬束絲。（曶鼎，西周中期）
  王賜乘馬。　　　　　　　　　　　　（虢季子白盤，西周晚期）

"卣鬯"即"一卣鬯"，"匹馬束絲"即"一匹馬，一束絲"，"乘馬"即"一乘馬"（四匹馬）。古漢語量詞前的數詞爲"一"時，數詞照例是可以省去的。

象聲詞作定語：

  交交桑扈，率場啄粟。　　　　　　　（《詩經·小雅·小宛》）
  喓喓草蟲，趯趯阜螽。　　　　　　　（《詩經·小雅·出車》）

聯合結構作定語：

  顯淑文祖、皇考，克哲厥德。　　　　（井人妄鐘，西周晚期）
  惟羞刑暴德之人，同于厥邦。　　　　（《尚書·立政》）

狀中結構作定語：

  皇天引厭氒德，配我有周，膺受大命，率懷不廷方。
  　　　　　　　　　　　　　　　　　（毛公鼎，西周晚期）
  不寧方來，上下應也。　　　　　　　（《易經·比卦》）

介詞結構作定語：

  賜田于敆五十田，于早五十田。　　　（敔簋，西周晚期）
  易（賜）于亡一田。易（賜）于𡧟一田。易（賜）于隊一田。易（賜）于甙一田。　　　　　　　　　　　　（卯簋蓋，西周中期）

以上"于"字結構作定語，表示所賜的田的處所。

主謂結構作定語：

  唯公太保來伐反夷年，在十又一月庚申，公在盩𠂤，公賜旅貝十朋。　　　　　　　　　　　　　　　　（旅鼎，西周早期）

唯王來格于成周年。厚趠有償于溓公。　（厚趠方鼎,西周早期）

複句形式作定語:

唯王大禴于宗周,出館鎬京年,在五月既望辛酉,王令士上眔史黃殷于成周。　　　　　　　　　　（士上卣,西周早期）

東周以降,"數+量"結構作定語的形式進一步豐富。西周時期數量結構作定語,一般是數詞爲"一"的省略式,如"匹馬束絲"等。完整的"數+量+名"形式極爲少見。東周以後,完整的"數+量+名"形式趨於多見,且包含各種量詞類型。例如:

王幣一乘路车,三匹駟。　　　　（《曾侯乙墓竹簡》）
一乘正車　　一乘韋車　　一乘羊車　　（《包山楚簡》）
或取一秉秆焉。　　　　　（《左傳》昭公二十七年）
一雙璜　　一雙琥　　二貪(合)盞　　（《望山楚簡》）
與之一簞珠,使問趙孟。　　　（《左傳》哀公二十年）
生丈夫二壺酒,一犬;生女子二壺酒,一豚。（《國語・越語上》）
遂賦晉國一鼓鐵,以鑄刑鼎。　（《左傳》昭公二十九年）
今君舉千鍾爵禄,而安投之於左右。
　　　　　　　　　　（《晏子春秋・内篇諫下》第一章）
五尺童子,操寸之煙,天下不能足以薪。
　　　　　　　　　　（《晏子春秋・内篇諫下》第一章）

以上各例,量詞包括個體量詞、集體量詞、容器量詞、度量衡量詞等。

東周以後又產生了副詞作定語、"所"字結構作定語等新形式。例如:

成事不説,遂事不諫,既往不咎。　　　　（《論語・八佾》）
甘羅還報秦,乃封甘羅以爲上卿,復以始甘茂田宅賜之。
　　　　　　　　　　（《史記・樗里子甘茂列傳》）
廣騎曰:"故李將軍。"尉曰:"今將軍尚不得夜行,何乃故也!"
　　　　　　　　　　（《史記・李將軍列傳》）
乃遣使柏始昌、吕越人等歲十餘輩,出此初郡抵大夏。
　　　　　　　　　　（《史記・大宛列傳》）

以上各例,"遂"、"始"、"故"、"今"、"初"都是副詞,作定語,爲西周及以前時期所未見。

  有所得犬,欲試之茲囿。　　　　　　　(《國語·晉語九》)
  以所聞孔某之行,則本與此相反謬也。　(《墨子·非儒下》)
  故所爲功,利於人謂之巧,不利於人謂之拙。(《墨子·魯問》)
  所善荆軻,可使也。　　　　　　　　　(《戰國策·燕三》)

以上各例,均是"所"字結構作定語。有時"所"字結構前面又有定語,形成雙重或多重定中關係,例如:

  孔子所傳宰予問五帝德及帝系姓,儒者或不傳。
  　　　　　　　　　　　　　　　　　(《史記·五帝本紀》)
  而見鄉者後宮童妾所棄妖子出於路者,聞其夜啼,哀而收之。
  　　　　　　　　　　　　　　　　　(《史記·周本紀》)

以上"孔子"作"所傳"的定語,然後"孔子所傳"又作後面成分"宰予問五帝德及帝系姓"的同位性定語;"後宮童妾"作"所棄"的定語,然後"後宮童妾所棄"又作後面成分"妖子"的同位性定語,而"後宮童妾"本身又是個定中結構。

有時,前面的"所"字結構定語內部有可加一個助詞"之",形成"名+之所+動"作定語的格式。例如:

  夫晉國將守唐叔之所受法度,以經緯其民。
  　　　　　　　　　　　　　　　　　(《左傳》昭公二十九年)
  今大王之所從十二諸侯,非宋、衛也。　(《戰國策·齊五》)
  秦之所殺三晉之民數百萬。　　　　　　(《戰國策·燕二》)

"所"字結構作定語及其衍生的"名+之所+動"作定語,都不見於西周時期。

第二節　"定+之+中"結構的產生

殷商時期,結構助詞"之"尚未出現,定語和中心語之間是不用"之"的。但到了西周時期,情況出現了變化。"定+之+中"之類的結構出現了。

例如：

  牧共作父丁之食簋。　　　　　　（牧共作父丁簋，西周早期）
  王用弗忘聖人之後。多蔑曆賜休。　（師望鼎，西周中期）
  無有作惡，遵王之路。　　　　　　（《尚書·洪範》）
  天其永我命于茲新邑，紹復先王之大業，厎綏四方。
  　　　　　　　　　　　　　　　　（《尚書·盤庚上》）

  陳夢家曾説："領位與名詞之間加一'之'字如'某某之孫'到春秋金文纔出現。"① 看來是不確切的。不過這個"之"不是強制性的，它也可以不用。例如：

  其有衆咸造，勿褻在王庭。　　　　（《尚書·盤庚中》）

  "之"的作用在於彰顯該定中結構，當該定中結構本來已處於彰顯狀態，或本不需要特別彰顯，就可以不加"之"。

  結構助詞"之"可以處於各種類型的定中結構之間。例如：

  予欲觀古人之象。　　　　　　　　（《尚書·皋陶謨》）
  是而子殺余之弟也。　　　　　　　（《左傳》襄公十四年）
  子爲元帥，師不用命，誰之罪也。　（《左傳》宣公十二年）
  以子之矛陷子之楯，何如？　　　　（《韓非子·難一》）
  方其鼓刀屠狗賣繒之時，豈自知附驥之尾，垂名漢庭，德流子孫哉？　　　　　　　　　　　　　　（《史記·樊酈滕灌列傳》）
  俞哉，帝！光天之下，至于海隅蒼生，萬邦黎獻，共惟帝臣。
  　　　　　　　　　　　　　　　　（《尚書·皋陶謨》）
  相時憸民，猶胥顧于箴言；其發有逸口，矧予制乃短長之命？
  　　　　　　　　　　　　　　　　（《尚書·盤庚上》）
  雖有田常、子罕之臣不敢欺也，奚待於不欺之士！
  　　　　　　　　　　　　　　　　（《韓非子·五蠹》）
  廢興、存亡、昏明之術皆兵之由也。（《左傳》襄公二十七年）
  心之官則思。思則得之，不思則不得也。（《孟子·告子上》）

---

① 陳夢家《殷虛卜辭綜述》，94頁。

第三節　後置定語的發展

上古漢語的定中結構,通常是定語在前,中心語在後,這是不爭的事實。但是有没有後置定語,這是一個有争議的問題。

領屬性定語一般不存在後置問題,例如:

  齊師伐莒。　　　　　　　　　　　　（《左傳》宣公十三年）
  鄭人、齊人、衛人伐盟、向。　　　　　（《左傳》桓公七年）

古漢語中一般不存在"師齊"、"人鄭"這樣的領屬結構。但似也有個别例外。例如:

  蒭對揚天子休,用作尊簋季姜。　　　　（蒭簋,西周中期）

這一例,馬承源注:"應爲'用作季姜尊簋'之倒文。"① "尊簋季姜"似爲領屬定語後置結構。這種例子極爲罕見。

陳夢家曾指出,卜辭中有等位的名詞組,其詞序是容許顛倒的,例如:

  ……妣丙大乙奭更今日酒。　　　　　　（《合集》27502）
  丙申卜,貞:王賓大乙奭妣丙袞？亡尤？　（《合集》36198）

大乙之配(奭)是妣丙,妣丙是大乙之配,所以可以互倒②。從結構的角度看,這實際上就是同位性偏正結構,定語既可前置,也可後置。"妣丙大乙奭"應是定語後置。西周時也偶有類似的例子:

  汝勿剋余乃辟一人。　　　　　　　　　　（大盂鼎,西周早期）

馬承源注:"乃辟一人,對上文'余'的補充。"③ "余乃辟"即"我你的君王",是"你的君王我"的"倒文",爲同位性偏正結構,定語後置。

後置的數量結構有人認爲是後置定語,我們認爲看作主謂結構可能比較合適。例如:

———
① 馬承源《商周青銅器銘文選(三)》,236頁。
② 陳夢家《殷虚卜辭綜述》,105頁。
③ 馬承源《商周青銅器銘文選(三)》,39頁。

子產以幄幕九張行。　　　　　　　　（《左傳》昭公十三年）

我持白璧一雙，欲獻項王，玉斗一雙，欲與亞父。

（《史記·項羽本紀》）

以上"白璧一雙"之類，現代漢語裏依然有相同的句子，如"電視機一臺"，一般都認爲是主謂結構。

爭議比較多的是體現事物整體與部分關係的定中結構。如"樹杞"、"杞樹"之類，和體現描寫關係的定中結構，如"桑柔"、"柔桑"之類。從現有材料來看，這兩類定語後置的定中結構應該是客觀存在的。

一、體現事物整體與部分關係的定語後置結構

這類定中結構在現代漢語裏一般是"部分"在前，整體在後，例如"松樹"、"蝗蟲"等。可是在先秦漢語裏往往是"整體"在前，"部分"在後。又可以分爲兩類：一類是名詞性成分作後置定語，即所謂"大名冠小名"；另一類是謂詞性成分作後置定語。

（一）名詞性成分作後置定語[①]

名詞性成分作後置定語，比較多見的大致有以下幾類：

1. 人名

親屬稱謂。殷商時期的定中式親屬稱謂，一般以"親屬稱謂＋天干名"爲主。例如：祖乙（《合集》1520）、妣甲（《合集》1264）、父甲（《合集》2206）、母丙（《合集》2537）等。但是也有相反的組合，例如：乙祖（《合集》32572正）、丁祖（《合集》14881）、己妣（《合集》20039）、庚妣（《合集》22227）等。

上述組合，何爲定語，何爲中心語，學界是有分歧的。有人主張"祖乙"類爲"定＋中"式，則"乙祖"類爲定語後置。有人則相反，認爲"乙祖"類爲"定＋中"式，則"祖乙"類爲定語後置[②]。但無論如何，存在後置定語的現象，應該是事實。

西周時期也多有"祖乙"、"父甲"之類，未見"乙祖"、"丁祖"之類。不過當定語不是天干名時，一般要前置，如"王父王母"（伯康簋）、"我考我母"（五年召伯虎簋）。以後也一直如此，如"重華父"（《史記》）、"舜母"（《史記》）。

[①] 這一部分主要根據孟蓬生《上古漢語的大名冠小名語序》，《中國語文》1993年第4期。
[②] 沈培《殷墟甲骨卜辭語序研究》，209～210頁。

君主稱謂。從甲骨文看，商王生前稱"王"，如"王亥"(《合集》358)、"王恒"(《鉄雲藏龜》199.3)；死後一般稱"祖"、"父"等(即親屬稱謂中的"祖乙"、"父甲"等)。殷人稱同時的方國首領爲"侯"，如"侯屯"(《合集》32187)、"侯喜"(《卜辭通纂》592)、"侯虎"(《卜辭通纂》790)。從傳世典籍來看，夏代以前的君主一般稱"帝"，如"帝堯"(《尚書·堯典》)、"帝舜"(《尚書·堯典》)等。夏代君主稱"后"，如"后羿"(《左傳》襄公四年)、"后夔"(《左傳》昭公二十九年)、"后緡"(《左傳》哀公元年)等。

臣工稱謂。上古漢語臣工名的構成是在專名字前冠以官位或職業。例如甲骨文有"亞雀"(《小屯殷虛文字乙編》3418)、"師貯"(《卜辭通纂》733)、"小臣妥"(《殷契粹編》1275)、"小臣嗇"(《殷契粹編》1161)等。西周金文也有"史頌"(史頌鼎)、"小臣夌"(小臣夌鼎)、"作册大"(作册大方鼎)等。《左傳》中則有"師曠"、"宰孔"、"卜偃"、"豎衍"等。春秋時王室或公室成員常常在專名前冠以表明其貴族身份的通名。例如《左傳》中就有"王子帶"、"王孫蘇"、"公子起"、"太子忽"等。

普通人名稱謂。傳說中夏代以前的女人或女神，一般在專名前冠以"女"字，如"女媧"(《楚辭·天問》)、"女歧"(《楚辭·天問》)、"女夷"(《淮南子·天文》)、"女華"(《史記·秦本紀》)、"女修"(《史記·秦本紀》)等。殷商時期貴族男性稱"子"，女性稱"婦"稱"母"，如"子漁"(《合集》295正)、"子汰"(《合集》3061正)、"子雍"(《合集》3123)等。春秋時的"子貢"、"子張"是這種稱謂方式的繼承，再如"婦好"(《合集》2653)、"婦口"(《殷契粹編》1238)、"婦良"(《小屯殷虛文字乙編》2510)、"母犬"(《小屯殷虛文字乙編》4810)、"母丁"(《鐵雲藏龜》13.1)、"母子"(《小屯殷虛文字乙編》7750)。有時也有相反的語序，如"婦口"亦作"口婦"(《甲骨續存》743)、"母丁"亦稱"丁母"(《甲骨文零拾》74)、"母子"亦稱"子母"(《殷虛文字綴合》465)。西周時期，男子美稱"父"，其定語則前置了。如"叔向父"(叔向父簋)、"穆父"(穆父作姜懿母鼎)。以後這種前置形式便固定下來，如"邾儀父"(《左傳》)、"師尚父""亞父"(《史記》)等。

2. 地名

殷商時期有地名定語後置的例子。如：

(1) 其用在父甲升門，有正？吉。
　　　于父甲宗用，有正？吉。　　　　　　　　　　　　(《屯南》2334)

（2）惠可用于宗父甲,王受祐?　　　　　　（《英國所藏甲骨集》2267）①

例（1）的"父甲宗"即父甲的宗廟,例（2）的"宗父甲"意思一樣,只是定語後置了。

另外,甲骨文既有"雀𠂤"（《合集》8006）、"鹿𠂤"（《合集》8219甲）,又有"𠂤非"（《合集》24266）、"𠂤鼓"（《合集》2434）。沈培認爲:"這種現象反映漢語地名在早期時候'類名+專名'和'專名+類名'兩種格式並存,誰主誰次還沒固定下來。到後來纔統一爲'專名+類名'的格式。"②

這種"類名+專名"的定語後置式,西周時期仍有其例:

　　休天君弗望穆公聖粦明㽙輔先王,格于尹姞宗室𤔲林。

　　　　　　　　　　　　　　　　　　　　（尹姞鬲,西周中期）

潘玉坤説:"據《銘文選》,'宗室'應讀如崇室,高屋也。句子大意是,天君不忘穆公服事先王之功,親臨穆公爲其妻尹姞所建造的'宗室'。比較奇特的是'宗室'之後綴有'𤔲林'。而由該篇銘文首句'穆公乍（作）尹姞宗室于𤔲林'可知,𤔲林乃宗室所在地。陳夢家認爲,宗室與𤔲林之間省介詞'于'。這種理解語義上當然沒問題,但要真正補出來,則不長的一句話就出現了兩個介詞'于'（各于尹姞宗室于𤔲林）,未免彆扭。我們想,不如乾脆就認'宗室𤔲林'是定語後置的偏正結構,'𤔲林'説明'宗室'的處所。"③ 其實,對照殷商時期相應的用例可知,"宗室𤔲林"是更古老的形式,不存在省略介詞的問題,介詞"于"是後來加進去的。

3. 星名

定語後置的星名只見於西周時期。《尚書·堯典》有"星火"、"星鳥"、"星虛"、"星昴"。入東周以後,星名的定語就變得前置後置並見了。如《左傳》中既有"恒星"（莊公七年）、"彗星"（昭公二十六年）,也有"星孛"（文公十四年）。到了《史記》裏,除了直接引述西周時期的"星火"、"星鳥"、"星虛"、"星昴"外,其他星名的表述,定語都前置了。如:彗星、歲星、長星、壽星、德星、信星、赤星、建星、曲星、陰星、陽星等。

---

① 轉引自張玉金《甲骨文語法學》,156～158頁。
② 沈培《殷墟甲骨卜辭語序研究》,215～216頁。
③ 潘玉坤《西周金文語序研究》,208～209頁。

4. 動物名

先秦西漢間動物名定語後置者多見。例如：

行春令，則蟲螟爲敗。　　　　　　（《呂氏春秋·孟夏紀》）
行春令，則蟲蝗爲敗。　　　　　　（《呂氏春秋·孟夏紀》）
人民不勝禽獸蟲蛇。　　　　　　　（《韓非子·定法》）
淳化鳥獸蟲蛾。　　　　　　　　　（《史記·五帝本紀》）
故龍以爲畜，故魚鮪不淰。　　　　（《禮記·禮運》）
師曠告晉侯曰："鳥鳥之聲樂，齊師其遁。"（《左傳》襄公十八年）
見無禮於其君者，如鷹鸇之逐鳥雀也。（《左傳》文公十八年）
若如臣者，猶獸鹿也，唯薦草而就。（《韓非子·内儲説上》）

孟蓬生指出，"鳥鳥"只是"鳥"，故繼師曠之後叔向又告晉侯曰："城上有鳥，齊師其遁。"（《左傳》襄公十八年）一言"鳥鳥"一言"鳥"，所指相同。上舉"鳥雀"、"蟲螟"、"蟲蝗"、"獸鹿"均與單言"雀"、"螟"、"蝗"、"鹿"無異。

定語前置的動物名在先秦便產生了，如"鮪魚"（《詩經·汝墳》）、"鳥鳥"（《管子·形勢》）。在定語前置語序取代定語後置語序後，原來的定語後置結構有兩種不同的命運：一是消亡，二是保留下來獲得泛指意義。如上文"蟲蛇"與"蟲蛾"，均與禽獸並列，已經由專指變成泛指。《説文解字》："蠱，禽獸蟲蝗之怪謂之蠱。""蟲蝗"與"禽獸"並提，亦是泛指。《禮記》中的"魚鮪"，與下文"鳥獸"對言，不得目爲專指。

5. 植物名

草名之定語後置者，如：

視天下悦而歸己，猶草芥也，唯舜爲然。（《孟子·離婁上》）
主好本，則民好墾草萊。　　　　　（《管子·七臣七主》）
其視殺人如艾草菅然。　　　　　　（《大戴禮·保傅》）
寧誅鋤草茅以力耕乎，將游大人以成名乎？（《楚辭·卜居》）
鳥獸鳴而群號兮，草苴①比而不芳。（《楚辭·九章·悲回風》）

定語前置的草名也很早就產生了。《詩經》中有"藘草"（《伯兮》），《韓

---

① 《呂氏春秋·貴生》高誘注："苴，草蒯也。"

非子》有"薦草"(《內儲說上》)。《山海經》此類草名更多,如"莽草"(《中山經》)、"華草"(《北山經》)、"茞草"(《西山經》)。

定語後置的草名跟上文的動物名一樣,在被定語前置語序取代以後,仍有一些保存下來,只是獲得了泛指的意義。《悲回風》以"草苴"與"鳥獸"對言,則"草苴"已是泛指。漢以後人用"草芥",皆取其泛指義,並非專指一草。

樹名之定語後置者,見於《詩經》。例如:樹檀(《小雅·鶴鳴》)、樹杞(《鄭風·將仲子》)、樹桑(《鄭風·將仲子》)、樹檖(《秦風·晨風》)。

6. 水土名

  蓄水潦,積土塗。　　　　　　　　　　(《左傳》襄公九年)
  秦趙戰於河漳之上,再戰而再勝秦。　　(《戰國策·齊一》)

《說文解字》:"潦,雨水也。"《廣韻》:"塗,泥也。""泥,水和土也。"可見水潦、土塗均爲定語後置結構。《戰國策》高注:"河漳,漳水也。"則"河漳"亦爲大名冠小名結構無疑。"水潦",後代一般說成"潦水",如王勃《滕王閣序》"潦水盡而寒潭清"。

總的來說,名詞性定語後置現象是趨於消失的,但發展並不平衡。有些名詞性定語的後置,總是伴隨着它的前置現象的,只是隨着時代的不同,前置、後置的比例大有差別。一般說,時代越早,後置現象越多,越突出;時代越晚,後置現象則越少,越衰微。到了秦漢之際,除了刻意的存古和一些"語言化石"外,這些名詞性定語後置的現象就基本消失了,如"親屬稱謂+天干名"、地名、動物名、植物名等。例如樹名,《呂氏春秋》凡兩見,都是定語前置語序。如《去宥》:"鄰父有與人鄰者,有枯梧樹。其鄰之父言梧樹之不善也,鄰人遽伐之。"又《求人》:"南至交阯、孫樸、續樠之國,丹粟、漆樹、沸水、漂漂、九陽之山,羽人、裸民之處,不死之鄉。"《史記》中樹名也兩見,也都是定語前置語序。如《燕召公世家》:"召公巡行鄉邑,有棠樹,決獄政事其下。"又《樊酈滕灌列傳》:"漢王急,馬罷,虜在後,常蹶兩兒欲棄之,嬰常收,竟載之,徐行面雍樹乃馳。"看來至遲在秦漢間定語前置的樹名已呈取代之勢。

還有一些,最初似乎沒有例外,都是後置,但隨着時間的推移,例外出現了,並逐漸成爲了主流現象,甚至取代了原來的後置現象。例如殷商時期貴族男性稱"子",如"子漁"、"子汰"、"子雍"等。而到了春秋時期,"孔子"、"崔子"等新興說法出現了,並最終取代了前者。職官名,最初定語後置似乎也無例外,但到了《史記》中,則有"蕭相國"、"陳丞相"、"灌將軍"、"呂太后"、"邢夫人"等,取代了定語後置現象。

還有一些定語後置現象則很"頑固",例如表示身份的"太子"、"公子",整個先秦西漢時期一直是定語後置,如"太子忽"、"公子游"等。而"忽太子"、"游公子"之類的説法,則是西漢以後的事了。

其實,這種定語後置現象至今也没有完全消失。例如方言裏的"人客"(客人)、"雞公"(公雞)、"牛公"(公牛)、"塵灰"(灰塵)等。

(二)謂詞性成分作後置定語

體現"整體－部分"關係,並以謂詞性成分作後置定語的現象,最早見於西周時期。其定語部分可分爲兩類,第一類是動詞詞組,第二類是由"于"、"自"充當介詞的介賓結構。

1. 動詞詞組。如:

(1)賜女……人鬲自馭至于庶人六百又五十又九夫。

(大盂鼎,西周早期)

(2)賜汝井人奔于量。　　　　　　　　(大克鼎,西周晚期)

(3)率乂于民棐彝。　　　　　　　　　(《尚書·吕刑》)

趙平安認爲,例(1)"'自馭至於庶人'是個動詞性詞組,在這裏作後置定語,限定'人鬲'的範圍";例(2),"'奔于量'是動補詞組,作'井人'的定語,限定所賜井人是逃到量去的那一部分"①。

趙平安的意見是正確的,不過還應有所補充。實際上,例(1)、(2)中作後置定語的謂詞性成分已經指稱化了(轉指),其意義相當於在它後面加上一個助詞"者"。"自馭至于庶人"即"自馭至于庶人者","奔于量"即"奔于量者"。在這方面,有準確領悟者。如例(3),屈萬里注:"率:用。乂:治。棐彝:謂非法者。"譯:"用以治理那些不守法的民衆們。"②

東周以後,助詞"者"開始進入上述後置定語中,使其指稱性更加明顯。例如:

(4)將戰,國人受甲者皆曰:"使鶴!鶴實有禄位,余焉能戰?"

(《左傳》閔公二年)

---

① 趙平安《兩周金文中的後置定語》,《古漢語研究》1990年第2期。
② 屈萬里《尚書今注今譯》,臺灣商務印書館,1969年,178～179頁。

（5）臣弒其君者有之，子弒其父者有之。　　（《孟子·滕文公下》）
（6）南門之外有黃犢食苗道左者。　　（《韓非子·內儲說上》）

朱德熙認爲例（5）"臣弒其君者"的構造是"臣／弒其君者"，不是"臣弒其君／者"。"弒其君者"是"臣"的後置修飾成分。例（6）情形相同，應分析爲"黃犢／食苗道左者"[①]。

對照例（1）~（3）和例（4）~（6），可知我們把"奔于量"理解爲"奔于量者"是正確的。沒有"者"的可以加上"者"，有"者"的也可以省去"者"，句子意思不變。

東周以降，這類後置定語一直存在加"者"和不加"者"兩種形式。例（4）~（6）是加"者"的，下面再舉幾個不加"者"的例子：

（7）小臣有晨夢負公以登天，及日中，負晉侯出諸廁，遂以爲殉。
　　　　　　　　　　　　　　　　　　　　　　（《左傳》成公十年）
（8）以豬膏大如手，令䖵（蜂）……　（《馬王堆漢墓帛書·養生方》）
（9）蒲，楊柳可以爲箭。
　　　　　　　　　（《儀禮·既夕禮》"御以蒲菆"賈公彦疏所引《注》）

"晨夢負公以登天"即"晨夢負公以登天者"，意思是晨夢負公以登天的人。"豬膏大如手"即"豬膏大如手者"，意思是大如手的豬膏。"楊柳可以爲箭"即"楊柳可以爲箭者"，意思是可以爲箭的楊柳。

由此可知，這個"者"並不是一個強制性成分。

有時，在這種加"者"的後置定語與它的中心語之間，還會加上一個助詞"之"。例如：

（10）故人之能自曲直以赴禮者，謂之成人。（《左傳》昭公二十五年）
（11）戎人之前遇覆者奔，祝聃逐之。　　　　（《左傳》隱公九年）

2. 由"于"、"自"充當介詞的介賓結構作後置定語。如：

（12）王賜中馬自𤞷侯四𩦌。　　　　　　　　　（中觶，西周早期）
（13）懋父賞御正衛馬匹自王。　　　　　　　（御正衛簋，西周早期）
（14）毛公賜朕文考臣自厥工。　　　　　　　　　（孟簋，西周中期）

[①] 朱德熙《自指和轉指》，《方言》1983年第1期。

趙平安認爲例(12)~(14)都是介詞結構作後置定語,表示中心語的來源。例(12)的意思是王賜給中四㺇來自㲋侯的馬。("㺇"大約是個量詞,"㲋"大約是個定語成分。)例(13)的意思是懋父賞賜御正衛一匹來自王的馬。例(14)的意思是毛公賞賜我先父來自厥工的臣。再如:

（15）賜汝田于野,賜汝田于渒,賜汝井家𤰔田于㕢以厥臣妾,賜汝田于康,賜汝田于匽,賜汝田于陴原,賜汝田于寒山。

（大克鼎,西周晚期）

趙平安認爲例(15)中由介詞"于"和地名組成的七個介詞詞組"于野"、"于渒"、"于㕢"、"于康"、"于匽"、"于陴原"、"于寒山"都是後置定語,表示所賜田的處所。句子意思是賜給你在野的田,賜給你在渒的田,賜給你在㕢的井家𤰔田和那裏的臣妾,賜給你在康的田,賜給你在匽的田,賜給你在陴原的田,賜給你在寒山的田。

需要注意的是,在金文中,同樣是表示某地的田,介詞詞組有時又放在"田"的前面:

（16）賜于亡一田,賜于𡧛一田,賜于隊一田,賜于𩵋一田。

（卯簋蓋,西周中期）

趙平安認爲這種情況,可以說明"田"後面的介詞詞組的定語性質①。

"于"字結構的這一用法,暫未見於殷商時期以及西周以後的文獻資料。

二、體現描寫關係的定語後置結構

漢語體現描寫關係的定中結構,一直是以定語前置式爲主的。殷商時期就有"新豐、舊豐(《合集》32536)、白豕(《合集》995)、大狐(《合集》28319)、大牢、小牢、大乙、小乙、大甲"等。

可是,這類詞在殷商時期還有少數定語後置的現象。例如:戊大(32165)、甲大(33180)、乙大(19821)等②。

進入西周以後這種後置現象依然存在。例如:

---

① 趙平安《兩周金文中的後置定語》,《古漢語研究》1990年第2期。
② 轉引自沈培《殷墟甲骨卜辭語序研究》,210頁。

（1）月正元日，舜格于元祖。　　　　　　　　（《尚書·堯典》）
（2）菀彼桑柔，其下侯旬。　　　　　　　（《詩經·大雅·桑柔》）
（3）儕汝十五昜登盾生皇畫内。　　　　　（五年師旋簋，西周晚期）

例（1），"月正元日"，《僞孔傳》："月正，正月。"《尚書·堯典》另有"正月上日，受終于文主"句，可知"月正"爲定語後置無疑。例（2），《詩經·豳風·七月》有"柔桑"（女執懿筐，遵彼微行，爰求柔桑），可知"桑柔"即"柔桑"。趙平安認爲，例（3）"'儕'假爲'賷'，《説文》解釋爲'持送'。'昜'通'錫'，指美銅而言。'登盾'即大盾，'錫登盾'是指錫金爲飾的大型盾牌。'皇'通'凰'，'生皇畫内'指盾内畫着生動活潑的鳳凰。'生皇畫内'猶'生皇畫於内'，是由主謂詞組構成的。在這裏作盾的後置定語。"全句的意思是送給你十五只用良銅裝飾並且裏面畫着生動的鳳凰的大盾。

西周時期，這種體現描寫關係的後置定語，還可以名詞性成分爲之。例如：

（4）賜汝玄衣黹純、赤市朱黄、鑾旂、攸勒。　　　（頌鼎，西周晚期）
（5）賜汝玄衣黹純、素市金鈨、赤舄、戈琱㦿彤矮、攸勒、鑾旂五日。

　　　　　　　　　　　　　　　　　　　　（弭伯師耤簋，西周晚期）

例（4），"屯"通"純"，衣緣；玄衣黹屯（純），意爲有刺繡鑲邊的黑色官服。市，蔽膝；黄，繫市的帶子；赤市朱黄，應譯爲連有（或配有）朱色帶子的赤色蔽膝。"鑾旂"即"鑾旗"，"攸勒"即革質飾銅的馬籠頭。全句的意思是：賜給你有刺繡鑲邊的黑色官服，配有朱色帶子的赤色蔽膝、鑾旗、革質飾銅的馬籠頭。

例（5），素市金鈨，即"素市金黄"，市的革帶金文皆作"黄"，銘文之"金鈨"讀爲"金黄"。㦿，或以爲即戈之"内"；琱内，戈的"内"部有雕飾。矮，纓；彤矮，紅纓。因此，所謂"戈琱㦿彤矮"，就是内有雕飾並飾有紅纓的戈。全句的意思是：賜給你有刺繡鑲邊的黑色官服，配有金色帶子的白色蔽膝，赤色的鞋子，内有雕飾並飾有紅纓的戈，革質飾銅的馬籠頭，飾有五個太陽的鑾旗。

以上"玄衣黹純"之類的四字格與"攸勒"、"鑾旂"之類呈並列關係的兩字格混合排列，可知兩者之間也是並列關係，這種並列關係只能容納名詞性成分。如果把"玄衣黹純"之類理解爲主謂結構,就與整體的並列關係不和諧了。因此"玄衣黹純"之類只能是定語後置的名詞性成分①。

　　無論是"乙大"之類,還是"桑柔"之類,抑或"玄衣黹純"之類,都行之不遠,東周以後就逐漸消失了。

---

① 趙平安《兩周金文中的後置定語》,《古漢語研究》1990年第2期。

第十五章
處置式的産生與發展

處置式是漢語一種特殊的句法結構。最早提出這一概念的是王力。王力説:"凡用助動詞把目的位提到敘述詞的前面以表示一種處置者,叫做處置式。"① "處置式就是'把'字句。就形式上説,它是用介詞'把'字把賓語提到動詞的前面("一定要把淮河修好");就意義上説,它的主要作用在於表示一種有目的的行爲,一種處置。"②

部分處置式確實與賓語前置句(或曰"受事主語"句)關係密切。但事實表明,"表示一種有目的的行爲,一種處置"並不僅僅與賓語前置句有關,處置式也並不僅僅限於"把"字句,"把"字句也並不僅僅與賓語前置句有關。

漢語處置式産生於西周時期,其形式爲"以"字結構,有三種語義類型。一是以介詞"以"與表訟告義的動詞配合,表示把對象處置爲被告。例如:

乃師或以女告。　　　　　　　　　　　　(㒇匜,西周晚期)
[你的上司又把你控告。]
女敢以乃師訟。　　　　　　　　　　　　(㒇匜,西周晚期)
[你敢把你的上司訟告。]

有時出現間接賓語,或直接加在動詞後,或以"于"爲介。如:

曶或以匡季告東宫。　　　　　　　　　　(曶鼎,西周中期)
[曶又把(違約的)匡季告予東宫。]
鬲从以攸衛牧告于王。　　　　　　　　　(鬲攸从鼎,西周晚期)

---
① 王力《中國現代語法》,82頁。
② 王力《漢語語法史》,見《王力文集》第11卷,372頁。

［鬲从把攸衛牧告到王那裏。］
　　［召]使厥小子𧧹以限訟于井叔。　　　　　　（召鼎,西周中期）
　　［召使他的小子𧧹把限訟告到井叔那裏。］
　　衛以邦君厲告于井伯、伯邑父、定伯、𤼈伯、伯俗父。
　　　　　　　　　　　　　　　　　　　　　　（五祀衛鼎,西周中期）
　　［衛把邦君厲告到井伯、伯邑父、定伯、𤼈伯、伯俗父那裏。］

可見同一類型的内容在表達時兩種方法並存。後來,隨着受動者一般少用介詞結構作補語來表示逐漸形成趨勢,這類處置式也就漸漸少見了。

　　第二種語義類型是"施動者+'以'+直接受動者+他動詞+處所",表示處置到某處。例如：

　　俗（欲）女弗以乃辟陷于艱。　　　　　　　　（毛公鼎,西周晚期）
　　［要你不要把你的君王陷到災難裏去。］
　　弗以我車陷于艱。　　　　　　　　　　　　（不嬰簋,西周晚期）

"艱"不是間接受動者,它和"于"組成介詞結構作他動詞"陷"的處所補語①。

　　這種處置式一直延續到西漢：

　　復以弟子一人投河中。　　　　　　　　　　（《史記·滑稽列傳》）
　　高漸離乃以鉛置筑中,復進得近,舉筑朴秦皇帝,不中。
　　　　　　　　　　　　　　　　　　　　　　（《史記·刺客列傳》）

　　第三種語義類型即"以爲"句。"以"和"爲"雖然表面上連在一起,但實際上分屬不同的語法層面,必須拆開來理解。"以"的賓語前置,形成"O_1以爲O_2"式。這種句子又分爲兩種。一種表示對介詞"以"的賓語的認識,其"爲"有"當作"、"看作"的意思,就是"把O_1當作O_2"的意思。例如：

　　（1）我言維服,勿以爲笑。　　　　　　　　（《詩經·大雅·板》）
　　（2）乃惟四方之多罪逋逃,是崇是長,是信是使,是以爲大夫卿士。
　　　　　　　　　　　　　　　　　　　　　　（《尚書·牧誓》）

---

① 陳初生《早期處置式略論》,《中國語文》1983年第3期。

（3）惟今之謀人，姑將以爲親。　　　　　　　　（《尚書·秦誓》）

例（1）的意思是"勿以我言爲笑談"，也就是不要把我的話當作笑談。例（2）的意思是"以是爲大夫卿士"，也就是把他當作大夫卿士。例（3）即以今之謀人爲親人的意思。

這種處置式在東周以後繼續存在：

　　（4）士不可以不弘毅，任重而道遠，仁以爲己任，不亦重乎？
　　　　　　　　　　　　　　　　　　　　　　　　（《論語·泰伯》）
　　（5）楚國方城以爲城，漢水以爲池，雖衆，無所用之。
　　　　　　　　　　　　　　　　　　　　　　　（《左傳》僖公四年）
　　（6）今王非越是圖，而齊魯以爲憂。夫齊魯譬諸疾，疥癬也，豈能涉
　　　　江淮而與我争此地哉？　　　　　　　　　　（《國語·吳語》）

但東周以後，這種處置式的形式出現了一種新的變化，即把"以"的前置賓語移至"以"之後，形成"以O_1爲O_2"，而意思不變。例如：

　　（7）天將以夫子爲木鐸。　　　　　　　　　　（《論語·八佾》）
　　（8）初，鄭文公有賤妾，曰燕姞，夢天使與己蘭。曰："余爲伯儵。余，
　　　　而祖也，以是爲而子。以蘭有國香，人服媚之如是。"
　　　　　　　　　　　　　　　　　　　　　　　（《左傳》宣公三年）
　　（9）季氏以公鉏爲馬正。　　　　　　　（《左傳》襄公二十三年）
　　（10）吾必以仲子爲巨擘焉。　　　　　　　　（《孟子·滕文公上》）

新形式"以O_1爲O_2"產生之後，"O_1以爲O_2"即明顯處於衰退狀態，至戰國末已基本不用，而爲新形式所取代①。

西周時期另一種"以爲"處置式表示"用來製作"，"爲"是製作義。例如：

　　　　它山之石，可以爲錯。　　　　　　　　（《詩經·小雅·鶴鳴》）
　　　［可以把他山之石做成磨刀石。］
　　　　我黍與與，我稷翼翼。我倉既盈，我庾維億。以爲酒食，以享以祀。
　　　　　　　　　　　　　　　　　　　　　　　（《詩經·小雅·楚茨》）
　　　［把我的粟稷製作成酒食。］

---

① 姚振武《"以爲"的形成與相關問題》，《古漢語研究》1997年第3期。

疆埸翼翼,黍稷彧彧。曾孫之穡,以爲酒食。

（《詩經·小雅·信南山》）

［把曾孫們收割的粟稷製作成酒食。］

這種"以爲",《詩經》以外的典籍很少見到。

東周以後,處置式又增加了新的類型。表"告訴"義的"告"也可與"以"組成處置式,表示對事件的處置。例如:

王以戎難告于齊。　　　　　　（《左傳》僖公十六年）
公見之,以難告。　　　　　　（《左傳》僖公二十四年）
武王已克殷,後二年,問箕子殷所以亡。箕子不忍言殷惡,以存亡國宜告。　　　　　　（《史記·周本紀》）

這種處置式,很可能來源於與其語義相關的雙賓語句或"賓語+介字結構"句。例如:

（1）告余先王若德。　　　　　　（毛公鼎,西周晚期）
（2）公告氒事于上。　　　　　　（班簋,西周中期）

以上例（1）是雙賓語句,例（2）是"賓語+補語"句。例（1）如果用處置式表示,就是"以先王若德告我",例（2）如果用處置式表示,就是"公以氒事告于上"。

東周以後,介詞"以"還可與"給予"義動詞組合,表示對給與物的處置。如:

齊侯以許讓公。　　　　　　（《左傳》隱十一年）
及河,子犯以璧授公子。　　　　　　（《左傳》僖公二十四年）
天子不能以天下與人。　　　　　　（《孟子·萬章上》）
因以文繡千匹,好女百人,遺義渠君。　　　　　　（《戰國策·秦二》）
秦亦不以城予趙,趙亦終不予秦璧。

（《史記·廉頗藺相如列傳》）

總結起來,先秦"以"字結構可表處置。其中訟告義處置式、處所義處置式和認爲、當作義處置式以及製作義處置式產生於西周時期。

訟告義處置式不見於東周以及西漢時期,而與唐以後盛行的"把"字句倒比較接近（只要把"以"換成"把"即可，而"以"和"把"都有"持控"義），一部分"把"字句去掉"把"字不能還原爲受事主語句①，訟告義處置式去掉"以"字也不能還原爲受事主語句。如此"現代"的處置式却出現在西周時期，之後幾乎"失傳"，至唐代又以"把"字句的形式重現，這中間，也許由於材料所限，使我們銜接有關過程發生困難。但無論如何，尊重事實總是首要的。

處所義處置式一直流傳到西漢時期。

認爲、當作義處置式也流傳至西漢，不過形式發生了一些變化，即由"O_1 以爲 O_2"發展爲"以 O_1 爲 O_2"，而意思不變（例見上）。製作義處置式西周以後似未延續下來。

東周以後，"以"字結構處置式又產生了"告訴"義處置和"給予"義處置，且都延續到西漢時期（例見上）。

朱德熙指出：

> 其實跟"把"字句關係最密切的不是"主-動-賓"句式，而是受事主語句。仔細觀察一下就會發現，絕大部分"把"字句去掉"把"字以後剩下的部分仍舊站得住，而這剩下的部分正是受事主語句。例如：
>
> 把衣服都洗乾凈了——衣服都洗乾凈了
> 把嗓子喊啞了——嗓子喊啞了
> 把煙也戒了，把酒也戒了——煙也戒了，酒也戒了②

朱德熙的觀察是很精到的。處置式與受事主語句的密切關係，在商周時期漢語裏就有體現。陳初生指出（陳氏稱受事主語句爲賓語前置句）：

> 處置式的詞序似是上承遠古和上古前期漢語的賓語前置而來。
>
> 甲骨文中，也有名詞賓語徑置動詞前面的例子，如：
>
> 丙子卜，㲋貞：今來羌率用？（《丙》38）
>
> 卜辭中用羌作牲的記錄，一般作"用羌"，賓語在動詞後，這裏却將"羌"置於"用"之前……對這條卜辭的理解一般是："王今天統統用來羌嗎？"但也可以理解爲："今天把來羌統統用了嗎？"若此，就有

---

① 梅祖麟《唐宋處置式的來源》，《中國語文》1990年第3期。
② 朱德熙《語法講義》，見《朱德熙文集》第1卷，213頁。

處置的意味，但因爲沒有語法標誌，還不能算做真正的處置式。這種詞序有強調的意味，對受動者給以處置的概念似已產生。西周金文中也可以見到類似句式：

其邑复、憨言二邑奥鬲从。(鬲从盨，《三代》10·45·2)

意即把复和憨言兩個城邑交付給鬲从。這個句子可以用雙賓語句式"奥鬲从其邑复、憨言二邑"表達，但在這裏却將直接賓語放在他動詞"奥"之前，間接賓語放在後面，動詞對直接受動者的處置意味也很明顯。如果再在直接受動者之前加一個介詞"以"爲語法標誌，就成爲典型的"以"字句處置式了。所以，賓語徑置動詞前面的句式與處置式的關係倒是非常密切的。漢語發展到商代，基本詞序已經是動詞在前，賓語在後了。遠古漢語中那樣的賓語在動詞之前的句式倒變成了特殊，只有在強調賓語（受動者）時纔偶爾使用。這種句式可以看作是意念上的處置式。但意念上的處置式與意念上的被動式極易相混，後來古人纔用介詞"以"爲語法標誌，就像以"于"爲被動句的語法標誌一樣。於是，"以"字句處置式就正式產生了。而後來的"將"字句、"把"字句，只不過是隨着語言的不斷發展，介詞的替換（當然不是簡單的替換）而已，而並不一定是"將"字句從用"將"的連動式，"把"字句從用"把"的連動式演變而來。①

陳初生的推理是有道理的。如上例"以文繡千匹，好女百人，遺義渠君"，如果把"以"去掉，就是"文繡千匹，好女百人，遺義渠君"，爲受事主語句（賓語前置句）了。其原理，與"把"字句之去掉"把"，是完全一致的。但也應該看到，正如受事主語句並不是"把"字句的唯一來源一樣，受事主語句也並不是"以"字處置式的唯一來源。例如東周時期的"告訴"義處置式就很可能來源於雙賓語句或"賓語+補語"句。西周時期的訟告義處置式，其來源可能也是如此。

---

① 陳初生《早期處置式略論》，《中國語文》1983年第3期。

第十六章
"動結式"的產生與發展

第一節　"動結式"辨析

"動結式"（即"動詞+結果補語"的形式，又稱"使成式"、"述補式"等），是漢語發展史上的一個重要現象，也是一個在學界引起重大分歧的問題。王力爲之定義如下：

> 使成式（causative form）是現代漢語裏常見的一種結構形式。從形式上說，是及物動詞加形容詞（如"修好"、"弄壞"），或者是及物動詞加不及物動詞（如"打死"、"救活"）；從意義上說，是把行爲及其造成的結果用一個動詞性詞組表達出來。①

王力的定義原則上是不錯的，但是缺乏細化的觀察和分析②。該定義把"動結式"中表"結"的成分（以下稱爲"下字"）分爲形容詞和不及物動詞兩類，分歧主要集中在下字爲"不及物動詞"的一類。因此這一節重點考察這一類。

從理論上說，及物動詞能帶賓語，不及物動詞不能帶賓語，這是二者的主要區別。如果這種區別是清楚的，那麼這一類就非常好辦，只需"按圖索驥"，在意義不變的條件下，下字是不及物動詞的，就歸入動結式；下字是及物動詞的，就歸入及物動詞並列組合。

---

① 王力《漢語語法史》，見《王力文集》第11卷，367頁。
② 例如，該定義把動結式的上字規定爲及物動詞，實際上非及物動詞也能充當上字。朱德熙說："值得注意的是述補結構之爲及物的或不及物的跟充任述語的動詞及物不及物沒有必然的聯繫。舉例來說，'哭'是不及物動詞，可是述補結構'哭啞'卻是及物的，因爲可以說'哭啞了嗓子'。"（朱德熙《語法講義》，見《朱德熙文集》第1卷，145頁）朱德熙的話是有道理的。上古漢語情況也是如此。

漢語確實有不及物動詞與及物動詞的區别。但這種區别只是一個大致的輪廓，猶如一張顯影模糊的底片。吕叔湘説："動詞分成及物(外動,他動)不及物(内動,自動)，是很有用的分類，可也是個界限不清的分類。""問題在於'賓語'的範圍：是不是動詞後面的名詞都是'賓語'？要是這樣，漢語裹的動詞，就真的像有些語法學者所説，很少是不及物的了。"① 朱德熙説："如果我們不加任何限制，就是説從最寬泛的意義上去理解賓語，那末不但及物動詞能帶賓語，不及物動詞和形容詞也能帶某些類型的賓語。"② 這是針對不及物動詞和形容詞説的。針對及物動詞，吕叔湘説："漢語的及物動詞絶大多數都能進入第一格局的兩成分句。"③（姚按：指"中國隊勝"這樣不帶賓語的句子。）胡附説："漢語中大部分動詞（尤其是單音的），的確具備兩用的能力，帶不帶賓語比較自由。"④

上古漢語情況也是一致的。據李佐丰統計，絶大部分及物動詞都有不及物用法（只是程度有差别），這與吕叔湘是完全一致的。李佐丰説，上古漢語的"及物和不及物動詞之間並不存在一條明晰的界限，它們之間的界限是模糊的"⑤。太田辰夫也説"在古代漢語中自動、他動兩用動詞很多"⑥。

不及物動詞的及物用法，也就是所謂"使動用法"，已成爲常識，不必多言。及物動詞的不及物用法，所表現的是不及物動詞，甚至形容詞的性質，這是需要注意的。正如吕叔湘所言："一個具體的行爲必須繫屬於事物，或是只繫屬於一個事物，或是同時繫屬於兩個或三個事物。繫屬於兩個或三個事物的時候，通常有施和受的分别；只繫屬於一個事物的時候，我們只覺得這麽一個動作和這麽一件事物有關係，施和受的分别根本就不大清楚。"⑦ 略舉幾例：

君伐,焉歸？　　　　　　　　　　　(《左傳》昭公十年)
胡、貉數侵掠,獨占辰星,辰星出入躁疾,常主夷狄。
　　　　　　　　　　　　　　　　　(《史記·天官書》)

---

① 吕叔湘《漢語語法分析問題》第46節。
② 朱德熙《語法講義》，見《朱德熙文集》第1卷，67頁。
③ 吕叔湘《説"勝"和"敗"》，《中國語文》1987年第1期。
④ 胡附《動詞及物與不及物的區分》，見《現代漢語語法探索》，商務印書館，1990年。
⑤ 李佐丰《先秦的不及物動詞和及物動詞》，《中國語文》1999年第4期。
⑥ ［日］太田辰夫《中國語歷史文法》，蔣紹愚、徐昌華譯，北京大學出版社，2003年，196頁。
⑦ 吕叔湘《從主語、賓語的分别談國語句子的分析》，見《漢語語法論文集》(增訂本)。

六國回辟,貪戾無厭,虐殺不已。　　　（《史記·秦始皇本紀》）

以上句子中的及物動詞只繫屬於主語這一個事物,"我們只覺得這麽一個動作和這麽一件事物有關係",從另一角度也未嘗不可以看作"表狀態",類似形容詞。

由於這種模糊性,所以一個表達"動結"意義的組合,無論其下字是及物動詞還是不及物動詞,一般説有兩種可能:如果下字表現出及物的一面,該組合就相當於兩個及物動詞的並列結構;如果下字表現出不及物的一面,該結構就是動結式。例如:

（1）齊戰勝楚。　　　　　　　　　（《戰國策·楚一》）
（2）齊兵大勝。　　　　　　　　　（《戰國策·齊一》）
（3）楚大勝齊。　　　　　　　　　（《戰國策·齊一》）

"勝"是及物動詞。但例（1）"戰勝"的"勝"究竟是及物性的還是不及物性的,決定於兩種理論上可能的選擇路徑。第一種,"勝"向例（2）那樣不及物性的"勝"看齊,"戰勝"於是就是動結式;第二種,"勝"向例（3）那樣及物性的"勝"看齊,"戰勝"於是爲兩個及物動詞並用。

再説下字是不及物動詞的。例如:

（4）太尉周亞夫擊破吳楚。　　　　（《史記·齊悼惠王世家》）
（5）項梁軍破。　　　　　　　　　（《史記·項羽本紀》）
（6）秦破韓、魏。　　　　　　　　（《史記·周本紀》）

例（4）"擊破"的"破"究竟是及物性的還是不及物性的,同樣決定於兩種理論上可能的選擇路徑。第一種,"破"向例（5）那樣不及物性的"破"看齊,"擊破"於是就是動結式;第二種,"破"向例（6）那樣及物性的"破"看齊,"擊破"於是爲兩個及物動詞並用。

事實表明,兩種選擇路徑都存在,只是發展勢頭很不相同。先看第一種路徑:

（7）煮麥,麥孰（熟）。　　　　　（《馬王堆漢墓帛書·五十二病方》）

這一例的"熟"顯然是不及物的[①]。"煮"和"熟"之間隔着兩個"麥"。省略

[①] "熟"在《五十二病方》中多使動用法,如"孰（熟）所冒雞而食之"等,應該是不及物動詞。

其中的一個,就成了下例:

(8)煮麥熟。

雖然《五十二病方》中没有"煮麥熟",但有與其類型一致的"煎之潰(沸)"、"燔飯焦"、"熏直(脂)熱"等。例如:

(9)即以彘膏財足以煎之。煎之潰(沸),即以布足(捉)之。
　　　　　　　　　　　　　　　(《馬王堆漢墓帛書·五十二病方》)

(10)露疦:燔飯焦,冶,以久膏和傅。
　　　　　　　　　　　　　　　(《馬王堆漢墓帛書·五十二病方》)

(11)令烟熏直(脂)。熏直(脂)熱,則舉之。
　　　　　　　　　　　　　　　(《馬王堆漢墓帛書·五十二病方》)

所以我們有理由推斷"煮麥熟"是可以存在的。中間的受事名詞再發生移位,即有動結式"煮熟":

(12)以南(男)潼(童)弱(溺)一斗半并□,煮熟。
　　　　　　　　　　　　　　　(《馬王堆漢墓帛書·五十二病方》)

這一例,受事名詞("男童溺")處於"煮熟"之前,"煮熟"已爲一體。受事名詞既然可以處於動結式前,其實也就意味着可以處於動結式後(説見下),形成這樣的句子:

(13)煮熟麥。
　　　[比較]激怒襄王。　　　　　　　　(《史記·楚世家》)

對於"煮熟"之類及其隔開式"煮麥熟(燔飯焦)"之類,我們還可以看到相應的否定式,例如:

(14)宰夫胹熊蹯不熟。　　　　　　　　　(《左傳》宣公二年)
(15)及食熊蹯,胹不熟。　　　　　　　　(《史記·趙世家》)

例(14)、(15)講的是同一件事。例(15)實際上可以看作"(熊蹯)胹不熟",是"胹熊蹯不熟"中受事名詞"熊蹯"前移的產物,與上述"煮麥熟"中"麥"前移而有"煮熟"是完全一致的。區別只是,一爲肯定式,一爲否定式。由此可知,動結式"煮熟"之類已經很成熟了。

以上例（7）~（13）顯示的是動結式"煮熟"可能的形成過程。《馬王堆漢墓帛書·五十二病方》"是我國現已發現的最古醫方"，成書年代比《黃帝內經》要早①，"至少可以上溯到春秋戰國之際甚至更早"②。《左傳》也是戰國前期典籍，"煎之潰（沸）"、"燔飯焦"、"胹熊蹯不熟"之類句子，與同時趨向成熟的動結式"煮熟"、"胹不熟"等，是可以相互印證的。

類似"煮麥，麥孰（熟）"這樣導致動結式產生的句式，在上古漢語中是常見的。如：

  丙寅，攻蒯，蒯潰。   （《左傳》昭公二十三年）
  燕攻齊，齊破。   （《戰國策·齊六》）
  晉擊繆公，繆公傷。   （《史記·秦本紀》）
  日餔時，遂擊產，產走。   （《史記·呂太后本紀》）
  楚得臣怒，擊晉師，晉師退。 （《史記·晉世家》）
  太子復伐之，鄭師大敗。   （《左傳》哀公二年）
  晉立襄公子而反擊秦師，秦師敗，隨會來奔。（《史記·秦本紀》）

以上各例，後一個動詞都"只繫屬於一個事物"，其前面的名詞都有可能通過省略和移位，形成動結式，像"煮熟"的形成過程一樣。

再看第二種選擇路徑。例如，《史記》中有大量的"擊N，破N"（前後兩個名詞"N"同指。如："擊王離軍，破之。"），如果前一個"N"發生省略，就有可能形成"擊破N"這樣"擊"和"破"並列連用的情況。如：

  章邯進兵擊李歸等滎陽下，破之，李歸等死。陽城人鄧說將兵居
  郯，章邯別將擊破之，鄧說軍敗走陳。 （《史記·陳涉世家》）

這一例前面用"擊N，破之"，後面用"擊破之"，至少我們有理由懷疑後面的"擊破"是前面"擊"的賓語發生省略而形成的，"擊破"為兩個動詞並用。

"擊N，破N"這類句式，在上古也是常見的。例如：

  越子因而伐之，大敗之。   （《左傳》定公十四年）
  吳王聞之，悉發精兵擊越，敗之夫椒。（《史記·越王句踐世家》）
  擊芒卯華陽，破之，斬首十五萬。 （《史記·秦本紀》）

---

① 馬王堆漢墓帛書整理小組編《馬王堆漢墓帛書（肆）》"出版說明"，文物出版社，1985年。
② 張顯成《從簡帛文獻看使成式的形成》，《古漢語研究》1994年第1期。

二十四年,王翦、蒙武攻荆,破荆軍。　　(《史記·秦始皇本紀》)

　　有時甚至兩種選擇路徑發生在同一個結構上。例如"攻破",《史記》中凡9見,既有體現第一種路徑的句子,如"燕攻齊,齊破";又有體現第二種路徑的句子,如"王翦、蒙武攻荆,破荆軍"。

　　以上事實提示我們,對於表動結意義的結構,無論僅依據第一種路徑,一概推定爲動結式,還是僅依據第二種路徑,一概推定爲動詞並列結構(像太田辰夫及梅祖麟等學者那樣,見下文),都是片面的。兩種路徑不僅是可能,而且都是事實。它直接對應於漢語動詞本身的兩用性(及物動詞有不及物性,不及物動詞有及物性,只是側重點不相同),是漢語動詞兩用性在"動結"組合中的體現。

　　面對這種"同義異構",歷史將如何選擇?顯然,歷史選擇了動結式。魏晉以後,並列結構幾乎不見了蹤影,動結式一統了天下。那麼,當年的並列結構爲什麼會被統一爲動結式呢?原因可能與漢語雙音形式越來越高的使用率有關。一個並列結構,如果有了高使用率的"振盪",就會結合得越來越緊密,從而被業已存在的動結式所同化,重新分析爲動結式。正如蔣紹愚所說:"有許多動結式'V_1+V_2'是由動詞並列式'V_1+V_2'發展來的。""並列式中兩個動詞或是並用,或是相承,語義重心通常在後一動詞;動結式中動詞和補語結合緊密,語義重心通常在前一動詞。"[①]動結式其實發源頗早(說見下),結構緊密,有成詞傾向,許多學者認爲是"複合動詞"[②],原因就在這裏。它的強勢發展,體現了漢語詞組的詞彙化進程,是符合漢語詞彙雙節音化大勢趨的。

　　《史記》中就有"擊破"被同化爲動結式的迹象:

　　十一年,與吳楚反,漢擊破,殺賢。　　(《史記·齊悼惠王世家》)
　　十一年,與吳楚反。漢擊破,殺卬,地入於漢。
　　　　　　　　　　　　　　　　　　　　(《史記·齊悼惠王世家》)

以上"擊破"不帶賓語,其"破"不是使動用法(後面無需梅祖麟所謂"賓語的支撐"[③]),而是不及物動詞的性質,依理這個"擊破"是很接近真正的動

---

① 蔣紹愚《漢語動結式產生的時代》,《漢語詞彙語法史論文集》,商務印書館,2000年。
② 周遲明《漢語使動性複式動詞》,《山東大學學報》1957年第1期;[日]太田辰夫《中國語歷史文法》;梅祖麟《從漢代的"動、殺"、"動、死"來看動補結構的發展》,《語言學論叢》第十六輯,商務印書館,1991年。
③ 梅祖麟《從漢代的"動、殺"、"動、死"來看動補結構的發展》,《語言學論叢》第十六輯。

結式的。

總之，上古漢語以動詞作下字的動結式的產生至少有兩個途徑。一是由"煮麥，麥孰（熟）"一類的句式，通過名詞省略直接形成，並不經過動詞並列組合階段。另一種是由"擊N，破N"這樣的句式，通過名詞省略，先形成動詞並列組合，然後被同化爲動結式。這種"同化"的重要基礎，就是上古漢語不及物動詞與及物動詞界限的模糊性，不及物動詞的不及物性且不必說，就是及物動詞也有不及物性，所以容易發生轉變。

鑒於上古漢語詞類問題的特殊性，下字的詞性便難以作爲判定動結式的標準。那麼，標準究竟應是什麼呢？我們認爲，應該同時滿足以下三個條件：

1. 意義上，必須是把行爲及其造成的結果用一個動詞性結構表達出來。
2. 下字常有不及物用法。
3. 形式上，該結構的兩個成分結合緊密。

以上第二條意味着，一個及物動詞，尤其是出現頻率高的及物動詞，如果沒有或者極少有不及物的用法，那麼，由它充當下字的結構即便意義上很像動結式，也暫不認爲是動結式，而寧可看作兩個及物動詞的並用。例如"殺"和"取"，上古單用時出現頻率非常高，極少有不及物的用法，相應，"禽殺"、"伐殺"、"攻殺"、"襲殺"、"伐取"、"略取"、"攻取"等也基本未見不帶賓語的用例，這類組合中古以後或消失，或被同化爲動結式，但在上古都暫不看作動結式。

判斷是否結合緊密，有以下幾點：第一，該結構是否有高使用率。如果是，則基本可定爲動結式，而不必擔心其爲並列組合。即便其下字在單用時可以帶賓語，或這兩個成分在別的情況下又並列使用，也不影響這個結論。動結式是作爲一個單位與賓語發生關係的，其內部結構相對緊密，所以更傾向於"詞"的層面，而"雙動共賓"的並列組合是兩個並列的單位分別與賓語發生關係，其內部結構相對鬆散，所以更傾向於詞組的層面。高使用率必然會促使並列組合內部結構越來越緊，從而轉向動結式。例如"擊破"，據統計，在《史記》中就有46例[1]，"破"字單用時也常有不及物的用法，所以儘管有"擊N破之"之類的說法，我們依然認爲"擊破"或已是，或很快變爲了

---

[1] 蔣紹愚《漢語動結式產生的時代》，《漢語詞彙語法史論文集》。

動結式。第二，如果一個成分能廣泛充當表結果的下字，則該結構也可認爲是動結式。例如"傷"，可以組合成"擊傷"、"鬭傷"、"格傷"、"刺傷"、"射傷"、"毆傷"等，類似構詞成分，這也說明"V傷"結合得很緊密，可以認爲是動結式。第三，因爲上古漢語材料有限，越是往上，掌握的材料越少，尤其是殷商、西周時期的語言材料，與後來相比，數量上少得多。所以"經常、反復出現"這個概念有一定的局限性，也就是說，現有材料中的少數不一定意味着當時實際語言中也是少數①。爲在某種程度上彌補這一局限，就要有一定程度的具體分析作爲補充。即，如果一個"動結式"雖然出現不多，但是其下字經常單用，且從不或很少帶賓語，這種情況下，哪怕只有一例，只要是可靠的，也應該認爲是動結式，因爲没有别的選擇。例如"張皇"、"飲食醉飽"、"離逖"等（見下文）。

此外，作定語修飾語也是動結式的一個標誌。如果一個表"動結"意義的結構作定語修飾語，一般說它就是動結式。例如"陰乾黄牛膽"、"餓死人"、"戰死之賞罰"、"戰勝後"、"折傷兵器簿"等（見下文）。

如果一個表"動結"意義的結構出現很少，其下字單用時帶或者不帶賓語都很常見，這時就有兩種可能，一是它確是動結式，只不過現有的材料没有反映它的活躍程度；二是它只是一個偶然的、臨時的並列組合，不是動結式。凡是這種情況，我們都歸於"疑似動結式"。

下一節，我們就按照這個標準，考察上古漢語動結式的發展情況。

第二節　"動結式"的發展

據現有材料，動結式最早見於西周時期，其下字爲形容詞。例如：

今王敬之哉！張皇六師，無壞我高祖寡命。　　（《尚書·顧命》）
我則致天之罰，離逖爾土。　　　　　　　　　（《尚書·多方》）②
爾大克羞耈惟君，爾乃飲食醉飽。　　　　　　（《尚書·酒誥》）③

---

① 例如，關於個體量詞"數+量+名"結構，過去學者們僅根據傳世文獻，判斷它在兩漢時期極爲少見（或者没有）。但在發掘出來的春秋末、戰國初的《曾侯乙墓竹簡》中，這種結構已非常普遍。
② 以上兩例轉引自張玉金《西周漢語語法研究》，267頁。
③ 這一例轉引自楊興發、馮杏實《先秦漢語中的動補結構》，《西南民族學院學報（社會科學版）》1986年第4期。

"張皇","皇"作形容詞,"大"的意思,這在西周時期極爲常見,例如"皇祖"、"皇考"、"皇天"、"皇王"等,且"皇"極少帶賓語,所以"張皇"應是動結式,"張大"的意思①。雖然僅有一例,也不應忽視。"六師"即皇家御林軍。

"離逖爾土",諸家皆以"離遠爾土"相釋。如顧頡剛、劉起釪注云:"僞孔釋云:'我則致行天罰,離遠汝土,將遠徙之。'《蔡傳》則云:'我亦致天之罰,播流蕩析,俾爾離遠爾土矣,爾雖欲宅爾宅,畎爾田,尚可得哉!'兩家語不同而意同,皆訓'逖'爲'遠'。"②"逖"訓遠,《尚書》有多例,如"逖矣西土之人"(《牧誓》),"我乃明致天罰,移爾遐逖"(《多士》),都不帶賓語。所以"離逖"可以認爲是動結式。

"飲食醉飽",採用的是古漢語"分承"的修辭方式,實際就是"飲醉食飽"③。"醉"和"飽"在西周時也經常出現,只作謂語,幾乎從不帶賓語。

以上四個動結,三個的下字是形容詞(皇、逖、飽),一個的下字是不及物動詞(醉)。"動+形"式的動結式是最典型的一種動結式,它的出現非常重要,對於其他動結式的形成,會有示範效應。

西周時還有一些"疑似動結式"。如:

若火之燎于原;不可嚮邇,其猶可撲滅。　　(《尚書·盤庚上》)
厥亂明我新造之邦。　　(《尚書·君奭》)
["亂",治。治理新造之邦使之光明。]
四海遏密八音。　　(《尚書·堯典》)
[《爾雅·釋詁》:"遏,止也。""密,静也。"止絕八音使之静。]
九族既睦,平章百姓。　　(《尚書·堯典》)
["平章","平"或作"便",通"辨"。鄭玄注:"辨,別;章,明也。""平章"就是辨別彰明之意。"百姓"即"百官"。④]
逆子釗于南門之外,延入翼室。　　(《尚書·顧命》)
戕敗人,宥。　　(《尚書·梓材》)
乃變亂先王之正刑。　　(《尚書·君奭》)

---

① 顧頡剛、劉起釪《尚書校釋譯論》,中華書局,2005年,1851～1852頁。
② 顧頡剛、劉起釪《尚書校釋譯論》,1867頁。
③ 徐志奇《論分承》,《古漢語研究》1993年第1期。
④ 顧頡剛、劉起釪《尚書校釋譯論》,22～24頁。

以上各例均只出現一次,而其後一成分則多見,且常帶賓語。所以暫歸爲"疑似動結式"。

東周以降,下字爲形容詞的動結式繼續存在。例如:

  取,□令見日,陰乾之。   (《馬王堆漢墓帛書・養生方》)
  以夏日至到□□毒堇,陰乾,取葉。
          (《馬王堆漢墓帛書・五十二病方》)
  其藥曰陰乾黄牛膽。 (《馬王堆漢墓帛書・五十二病方》)
  取苺莖,暴(曝)乾之。 (《馬王堆漢墓帛書・五十二病方》)
  有贏肉出,或如鼠乳狀,末大本小,有空(孔)其中。□之,疾久(灸)熱,把其本小者而盬(鹽)絶之。
          (《馬王堆漢墓帛書・五十二病方》)
  王孫若安靖楚國,匡正王室,而後庇焉,啓之願也。
          (《左傳》哀公十六年)
  先王之於民也,懋正其德而厚其性。 (《國語・周語上》)
  行法志堅,好修正其所聞,以矯飾其情性。 (《荀子・儒效》)

"陰乾"在《馬王堆漢墓帛書》中凡十九見,既可帶賓語,也可不帶賓語。"陰乾"還有多例作定語,這是它爲動結式的有力證據。"陰乾"至今猶存。"陰乾"的反面是"曝乾"。最後三例是一組以形容詞"正"爲下字的動結式。

東周以降,下字爲動詞的動結式開始增多,其功能也趨於齊全。

下面分爲"下字爲及物動詞的"和"下字爲不及物動詞的"兩大部分舉例。每部分又分爲"可帶可不帶賓語的"、"基本帶賓語的"、"基本不帶賓語的"三種情況。例子按帶賓語、帶補語(如果有)、不帶賓語、作定語(如果有)、下字獨用時的不及物用法等各項順序排列。所列動結式一般是反覆多次出現的。必要時輔以說明。

(一)下字爲及物動詞的

1. 可帶可不帶賓語的

望見

  閽以缾水沃廷,邾子望見之,怒。 (《左傳》定公二年)
  登鐵上,望見鄭師衆,大子懼,自投于車下。(《左傳》哀公二年)
  孔子望見顏回攫其甑中而食之。 (《呂氏春秋・任數》)

衛姬望見君,下堂再拜,請衛君之罪。　（《呂氏春秋·精諭》）
簡子上之晉陽,望見壘而怒曰……　（《呂氏春秋·似順》）
周君爲之,望見其狀,盡成龍蛇禽獸車馬,萬物之狀備具。

（《韓非子·外儲説左上》）

——以上帶賓語

范雎歸取大車駟馬,爲須賈御之,入秦相府。府中望見,有識者皆避匿。　　　　　　　（《史記·范雎蔡澤列傳》）
燕軍盡掘壟墓,燒死人。即墨人從城上望見,皆涕泣。

（《史記·田單列傳》）

既飲,謳者進,上望見,獨説衛子夫。　（《史記·外戚世家》）

——以上不帶賓語

"見"的不及物用法：

是會也,晉侯召王,以諸侯見,且使王狩。

（《左傳》僖公二十八年）

及歸,遂不見。　　　　　　　　　（《左傳》文公七年）
乃入見,問何以戰。　　　　　　　（《左傳》莊公十年）
濤塗以告齊侯,許之。申侯見,曰：……　（《左傳》僖公四年）

戰勝

戰勝大國,武也。殺無道而立有道,仁也。　（《國語·晉語三》）
齊戰勝楚,勢必危宋；不勝,是以弱宋干强楚也。

（《戰國策·楚一》）

"秦戰勝趙,王敢責垣雍之割乎。"王曰："不敢。""秦戰不勝趙,王能令韓出垣雍之割乎？"王曰："不能。"　（《戰國策·魏四》）

——以上帶賓語

最後一例有動結式的肯定、否定兩種形式"秦戰勝趙～秦戰不勝趙",這與現代漢語動結式及其否定形式是完全一致的。可知"戰勝"是成熟的動結式。

楚威王戰勝於徐州,欲逐嬰子於齊。　（《戰國策·齊一》）

燕、趙、韓、魏聞之,皆朝於齊。此所謂戰勝於朝廷。

(《戰國策・齊一》)

——以上帶補語

是故戰勝而不報,取地而不反,兵勝於外,福生於內,用力甚少而名聲章明,種亦不如蠡也。　　(《國語・越語下》)

不如與魏以勁之,魏戰勝,復聽於秦,必入西河之外。

(《戰國策・秦一》)

齊人伐楚,戰勝,破軍殺將,再辟地千里。　(《戰國策・秦三》)

楚魏戰於陘山。魏許秦以上洛,以絕秦於楚。魏戰勝,楚敗於南陽。　　(《戰國策・秦四》)

公負令秦與強齊戰。戰勝,秦且收齊而封之,使無多割,而聽天下之戰;不勝,國大傷,不得不聽秦。　(《戰國策・東周》)

——以上不帶賓語

而君以魯衆合戰勝後,此其爲德也亦大矣。(《戰國策・齊一》)

——以上作定語

"戰勝後"即"戰勝之後",指戰勝的那一方。"戰勝"作定語,是動結式的確證。

"勝"的不及物用法:

王兵勝而不驕,伯主約而不忿。　　(《戰國策・秦五》)

齊兵大勝,秦軍大敗,於是秦王拜西藩之臣而謝於齊。

(《戰國策・齊一》)

昔者齊、燕戰於桓之曲,燕不勝,十萬之衆盡。

(《戰國策・齊五》)

"戰勝"在馬王堆漢墓出土帛書《戰國縱橫家書》中也多見,性質與傳世《戰國策》中的完全一致:

(華)軍,秦戰勝魏,走孟卯,攻大梁(梁)。須賈說穰侯曰:"臣聞魏王長吏冒(謂)魏王曰:'初時者,惠王伐趙,戰勝三梁(梁),拔邯鄲,趙氏不割而邯鄲復歸……'"

(《戰國縱橫家書・須賈說穰侯章》)

夫戰勝暴子,割八縣之地。(《戰國縱橫家書・須賈說穰侯章》)

秦兵戰勝,必收地千里,今戰勝不能倍(背)鄢陵而攻梁(梁)者
□少也。　　　　　　　(《戰國縱橫家書·見田儋于梁南章》)

2. 基本帶賓語的

射中　"射中"一般要帶賓語,不帶賓語者極少。例如:

 管夷君與小白戰於莒,道射中小白帶鉤。　(《列子·力命》)
 項王伏弩射中漢王。漢王傷,走入成皋。(《史記·項羽本紀》)
 項羽大怒,伏弩射中漢王。　　(《史記·高祖本紀》)
 公踰牆,射中公股,公反墜,遂弑之。　(《史記·齊太公世家》)
 晉敗楚,射中共王目。　　　(《史記·楚世家》)
 祝聃射中王臂。　　　　　(《史記·鄭世家》)
 吏卒格信時,射中上林苑門,宣下吏詆罪,以爲大逆。
        (《史記·酷吏列傳》)

——以上帶賓語

 子列子常射中矣,請之於關尹子。　(《呂氏春秋·審己》)

——以上不帶賓語

"中"的不及物用法:

 公何不謀伐魏,田忌必將。戰勝有功,則公之謀中也。
        (《史記·田敬仲完世家》)
 不如聽之以退秦兵,不聽則秦兵不卻,是秦之計中而齊楚之計
過也。　　　　　　　(《史記·田敬仲完世家》)
 陽越射之,不中。　　　　(《左傳》定公八年)
 樂射之,不中。　　　　(《左傳》襄公二十三年)

3. 基本不帶賓語的,例子比較罕見,勉強有"戰克"。

戰克

 戰克而王饗,吉孰大焉?　　(《左傳》僖公二十五年)
 戰克攻取,詔令天下。　　(《韓非子·初見秦》)

"克"的不及物用法:

 楚、鄭親矣。來勸我戰,我克則來,不克遂往,以我卜也!
        (《左傳》宣公十二年)

"克"作爲及物動詞而帶賓語是很常見的,如"武王克商"之類。但"戰克"兩見,都不帶賓語。這究竟是從不帶賓語,還是既可帶賓語也可不帶賓語,因例子太少,尚不好斷定。但及物動詞既有不及物的用法,我們就不能完全排除其充當下字的動結式不帶賓語的可能。

（二）下字爲不及物動詞的

1. 可帶可不帶賓語的

逃歸

  侄其從姑,六年其逋,逃歸其國,而棄其家。（《左傳》僖公十五年）

  汲鄭伯,逃歸陳侯。（《穀梁傳》襄公九年）

  常山王背項王,奉項嬰頭而竄,逃歸於漢王。

         （《史記·淮陰侯列傳》）

  ——以上帶賓語（或"於"字結構作補語）

  鄭伯喜於王命,而懼其不朝於齊也,故逃歸不盟。

         （《左傳》僖公五年）

  晉太子圉爲質於秦,將逃歸,謂嬴氏曰：……

         （《左傳》僖公二十二年）

  厥貉之會,麋子逃歸。（《左傳》文公十年）

  華元逃歸。立於門外,告而入。（《左傳》宣公二年）

  厲之役,鄭伯逃歸,自是楚未得志焉。（《左傳》宣公十一年）

  二年,楚懷王亡逃歸。（《史記·楚世家》）

  ——以上不帶賓語

還有"走歸"：

  子之罪大極重,疾走歸。（《莊子·盜跖》）

"歸"的不及物用法：

  厲公多外嬖姬,歸,欲盡去群大夫而立諸姬兄弟。

         （《史記·晉世家》）

  楚成王乃引兵歸。（《史記·晉世家》）

  三日,叢往求之,遂弗歸。（《戰國策·楚一》）

  聊城人或讒之燕,燕將懼誅,因保守聊城,不敢歸。

         （《史記·魯仲連鄒陽列傳》）

V滅

西周時有"撲滅",以其數量少,學者多認爲動詞連用。但東周以後,尤其是西漢時期,以"滅"爲下字的動結式極多,既可帶賓語,也可不帶賓語,而且"滅"還常有不及物用法。因此,東周以後的"V滅"作爲動結式應該是成立的。

余姑翦滅此而朝食。　　　　　　　　(《左傳》成公二年)
趙公子嘉乃自立爲代王,故舉兵擊滅之。
　　　　　　　　　　　　　　　　　(《史記·秦始皇本紀》)
王擊滅若敖氏之族。　　　　　　　(《史記·楚世家》)
烹滅強暴,振救黔首,周定四極。　(《史記·秦始皇本紀》)
振動四極,禽滅六王。　　　　　　(《史記·秦始皇本紀》)
今皆已夷滅諸呂,而置所立,　　　(《史記·呂太后本紀》)
夜,有司分部誅滅梁、淮陽、常山王及少帝於邸。
　　　　　　　　　　　　　　　　　(《史記·呂太后本紀》)
太子申生將下軍,趙夙御戎,畢萬爲右,伐滅霍。
　　　　　　　　　　　　　　　　　(《史記·晉世家》)
虢公醜奔周。還,襲滅虞。　　　　(《史記·晉世家》)
——以上帶賓語
而膠西、膠東、濟南、菑川王咸誅滅,地入于漢。
　　　　　　　　　　　　　　　　　(《史記·齊悼惠王世家》)
淮陰、黥布等皆以誅滅,而何之勳爛焉。(《史記·蕭相國世家》)
厥曠遠者千有餘載,近者數百載,故其儀闕然堙滅,其詳不可得而記聞云。　　　　　　　　　　　(《史記·封禪書》)
合檄二,章皆破,摩滅不可知。　(《居延新簡》52·39)
——以上不帶賓語

"滅"的不及物用法:

同盟滅,雖不能救,敢不矜乎?　　(《左傳》文公四年)
臧文仲聞六與蓼滅,曰……　　　　(《左傳》文公五年)
及韓滅,不愛萬金之資,爲韓報讎強秦。(《史記·留侯世家》)
不如奔他國,借力以雪父之恥,俱滅,無爲也。
　　　　　　　　　　　　　　　　　(《史記·伍子胥列傳》)

趙宗滅乎,若號;即不滅,若無聲。　　　　(《史記·趙世家》)

V傷

甲賊①傷人,吏論以爲鬭傷人,吏當論不當？當貲。
　　　　　　　　　　(《睡虎地秦墓竹簡·法律答問》)
鬭傷人,而以傷辜二旬中死,爲殺人。
　　　　　　　　　　(《張家山漢墓竹簡·二年律令·賊律》)
伐鄭,鄭射傷桓王,桓王去歸。　　(《史記·周本紀》)
以劍擊傷右手指二所。　　(《居延漢簡甲乙編》13·6)
部以所持劍格傷不知何一男子□(《居延漢簡甲乙編》148·45)
捕律:禁吏毋夜入人廬舍捕人,犯者其室殿傷之,以毋故入人室律從事。　　　　(《居延漢簡甲乙編》395·11)
——以上帶賓語

甲、乙交與女子丙奸,甲、乙以其故相刺傷,丙弗智(知),丙論可(何)殹(也)？　　(《睡虎地秦墓竹簡·法律答問》)
將軍仁恩,不忍誅傷,伏自念毋以塞厚恩。
　　　　　　　　　　(《居延新簡》65·197)
其六十五兩折傷,卅二兩完。　(《居延漢簡甲乙編》582·16)
其七兩折傷□攄可繕,六兩完。　　(《居延新簡》56·135)
——以上不帶賓語

甲渠候官建昭元年八月折傷兵器簿。　(《居延新簡》52·453)
甲溝言三時簿本有折傷兵簿,各與完兵簿異。
　　　　　　　　　　(《居延新簡》48·141)
掖甲渠正月盡三月四時出折傷牛車二兩吏失亡以□□□
　　　　　　　　　　(《居延漢簡甲乙編》270·26)
——以上作定語

以上"折傷"作定語,知其必爲動結式。

---

① 賊,殺。《國語·晉語五》"使鉏麑賊之",韋昭注:"賊,殺也。"《左傳》昭公十四年:"殺人不忌爲賊。"《荀子·修身》:"害良曰賊,……竊貨曰盜。"《隋書·刑法志》:"無變斬擊謂之賊。"《周禮·朝士》疏:"賊謂殺人曰賊。"請參考睡虎地秦墓竹簡整理小組編《睡虎地秦墓竹簡》,103頁。

"傷"的不及物用法：

不勝,國大傷,不得不聽秦。　　　　　　(《戰國策·東周》)
今秦攻周而得之,則衆必多傷矣。　　　　(《戰國策·西周》)
相與鬭,交傷,皆論不殹(也)?
　　　　　　　　　　　(《睡虎地秦墓竹簡·法律答問》)
漢王傷,走入成皋。　　　　　　　　　　(《史記·項羽本紀》)

V下

晏子有功,免人於厄,而反詘下之,其去俗迹遠矣。
　　　　　　　　　　　(《晏子春秋·内篇雜上》第二十四章)
積(瘕),先上卵,引下其皮,以砭(砭)穿其【隋(脽)】旁。
　　　　　　　　　　　(《馬王堆漢墓帛書·五十二病方》)
旦起起坐,直脊,開尻,翕州,印〈抑〉下之,曰治氣。
　　　　　　　　　　　(《馬王堆漢墓帛書·天下至道談》)
以五物與薛□根裝瓿中,取下贛汁……
　　　　　　　　　　　(《馬王堆漢墓帛書·雜療方》)
且一月斬下三千九百一十五級,功效已著。
　　　　　　　　　　　　　　　　(《敦煌漢簡》81)
須寫下詔書。　　　(《疏勒河流域出土漢簡》*146)
——以上帶賓語
大夫則辭,退下,比及門,三辭。　　(《儀禮·士相見禮》)
令四面騎馳下,期山東爲三處。於是項王大呼馳下,漢軍皆披靡,遂斬漢一將。　　　　　(《史記·項羽本紀》)
須臾當泄下,不下,復飲藥,盡大下立愈矣。良甚。
　　　　　　　　　　　　　　　　(《敦煌漢簡》1997)
——以上不帶賓語

"下"的不及物用法：

丑父使公下,如華泉取飲。　　　　　　(《左傳》成公二年)
小臣自阼階下,北面,請執冪者與羞膳者。　(《儀禮·燕禮》)
降,更爵,洗;升酌膳;下,再拜稽首。　　(《儀禮·大射儀》)

V去

公西面望睹彗星,召伯常騫,使禳去之。
(《晏子春秋・內篇諫上》第十八章)

取馬矢觕(粗)者三斗。孰析,沃以水,水清,止;浚去汁,洎以酸漿□斗。　　　　　(《馬王堆漢墓帛書・五十二病方》)

蠱(冶)五物,入酒中一日一夜,浚去其肘(滓),以汁漬飱(飧)飯。　　　　　(《馬王堆漢墓帛書・養生方》)

擣(搗)而煮之,令沸,而潛去其宰(滓)。
(《馬王堆漢墓帛書・五十二病方》)

成鬻(粥)五斗,出,揚去氣,盛以新瓦甕。
(《馬王堆漢墓帛書・五十二病方》)

引出,徐以刀【剶(劙)】去其巢。
(《馬王堆漢墓帛書・五十二病方》)

取久溺中泥,善擇去其蔡、沙石。
(《馬王堆漢墓帛書・五十二病方》)

決通川防,夷去險阻。　　　(《史記・秦始皇本紀》)

——以上帶賓語

諺言有之曰:"社鼠不可熏去。"
(《晏子春秋・外篇第七》第十四章)

箭百皆持去。　　　　　　(《居延新簡》20・24)

□君單衣一領。□廿三,幣橐絮三枚,革履二兩,夜亡去。
(《居延漢簡甲乙編》346・30,346・43)

馬死去。　　　　　　　　(《居延新簡》58・79)

——以上不帶賓語

"去"的不及物用法:

正行脩身,過(禍)去福存。　(《睡虎地秦墓竹簡・爲吏之道》)

【癰】種(腫)盡去,已。　(《馬王堆漢墓帛書・五十二病方》)

乃沐,其㲉毛去矣。　　　(《馬王堆漢墓帛書・養生方》)

2. 基本帶賓語的
伐敗

  吳伐敗子常,子常亡奔鄭。　　　　　　（《史記·楚世家》）
  齊湣王伐敗趙、魏軍,秦亦伐敗韓,與齊爭長。
　　　　　　　　　　　　　　　　　　　　（《史記·楚世家》）
  十四年,秦伐敗我鄢。　　　　　　　　（《史記·韓世家》）
  釐公三十年,伐敗齊于林營。　　（《史記·燕召公世家》）
  明年,楚伐敗齊師於徐州。　　（《史記·孟嘗君列傳》）

"敗"的不及物用法：

  一舉而三晉亡,從者敗。　　　　　　（《戰國策·秦一》）
  齊兵大勝,秦軍大敗。　　　　　　　（《戰國策·齊一》）
  功敗名滅,後世無稱焉,非智也。（《史記·魯仲連鄒陽列傳》）

擊破

  旦日饗士卒,爲擊破沛公軍!　　　　（《史記·項羽本紀》）
  高祖自擊破布。　　　　　　　　　　（《史記·荊燕世家》）
  擊破周章軍而走。　　　　　　　　（《史記·秦始皇本紀》）
  齊予陳餘兵,擊破常山王張耳,張耳亡歸漢。
　　　　　　　　　　　　　　　　　　　　（《史記·高祖本紀》）

"破"的不及物用法：

  今項梁軍破,士卒恐。　　　　　　　（《史記·項羽本紀》）
  楚懷王見項梁軍破,恐。　　　　　　（《史記·高祖本紀》）
  項羽至睢陽,聞海春侯破,乃引兵還。　（《史記·高祖本紀》）
  於是商賈中家以上大率破,民偷甘食好衣,不事畜藏之產業。
　　　　　　　　　　　　　　　　　　　　（《史記·平準書》）

V怒

  欲以激怒襄王,故對以此言。　　　　（《史記·楚世家》）
  令辱之,以激怒其眾。　　　　　　　（《史記·陳涉世家》）

蘇秦恐秦兵之至趙也,乃激怒張儀,入之于秦。

(《史記·蘇秦列傳》)

　　酒行,太后謂嘉曰:"南越内屬,國之利也,而相君苦不便者,何也?"以激怒使者。　　　　　　　　　　　(《史記·南越列傳》)

　　范雎繆爲曰:"秦安得王?秦獨有太后、穰侯耳。"欲以感怒昭王。　　　　　　　　　　　　　　　(《史記·范雎蔡澤列傳》)

　　將見昭王,使人宣言以感怒應侯曰:……　(《戰國策·秦三》)

"怒"的不及物用法:

　　民皆怒,欲戰。　　　　　　　　　　　　　(《史記·周本紀》)
　　吳王怒,故遂伐楚,取兩都而去。　　　　(《史記·吳太伯世家》)
　　公怒,射之,寺人立而啼。　　　　　　　(《史記·齊太公世家》)

3. 基本不帶賓語的

戰敗

　　己勸君戰,戰敗,將納孫周。　　　　　　　(《國語·晉語六》)
　　戰敗,則怨結於百姓,而禍歸社稷。　　　　(《戰國策·秦三》)
　　梁君、田侯恐其至而戰敗也,悉起兵從之,大敗趙氏。

(《戰國策·魏二》)

　　聞陳王戰敗,不知其死生。　　　　　　　(《史記·陳涉世家》)

"敗"的不及物用法:

　　蔡人怒,故不和而敗。　　　　　　　　　　(《左傳》隱公十年)
　　一舉而三晉亡,從者敗。　　　　　　　　　(《戰國策·秦一》)

V熟

　　取大叔(菽)一斗,熬孰(熟),……

(《馬王堆漢墓帛書·五十二病方》)

　　以南(男)潼(童)弱(溺)一斗半並□,煮熟。

(《馬王堆漢墓帛書·五十二病方》)

　　及食熊蹯,胹不熟,殺宰人。　　　　　　　(《史記·趙世家》)

上例"胹不熟"是動結式的否定式,可知"V 熟"已是成熟的動結式。
"熟"的不及物用法:

宰夫胹熊蹯不熟,殺之。　　　　　　　　(《左傳》宣公二年)
國無道而年穀和熟,天贊之也。　　　　　(《左傳》昭公元年)
年穀熟。　　　　　　　　　　　　　　　(《史記·天官書》)

V 死

以"死"爲下字的動結式廣泛存在,一般不帶賓語。計有"弑死"、"餓死"、"病死"、"焦死"、"戰死"、"經死"等。

魯有夫人、慶父之亂,二君弑死,國絶無嗣。　(《國語·齊語》)
李兌用趙,減食主父,百日而餓死。　　　　(《戰國策·秦三》)
有術客與醫俱言曰:"聞嬰子病死,願請治之。"
　　　　　　　　　　　　　(《晏子春秋·內篇諫下》第二十一章)
日月不明,寒暑雜至,五穀焦死。　　　　(《墨子·非攻下》)
甲殺人,不覺,今甲病死已葬,人乃後告甲。
　　　　　　　　　　　　　　(《睡虎地秦墓竹簡·法律答問》)
我戰死,猶有令名焉。　　　　　　　　　(《國語·晋語一》)
里人士五(伍)丙經死其室,不智(知)故,來告。
　　　　　　　　　　　　　　　(《睡虎地秦墓竹簡·封診式》)
——以上不帶賓語
楚靈王好細腰,其朝多餓死人。
　　　　　　　　　　　　　(《晏子春秋·外篇第七》第十一章)
內務耕稼,外勸戰死之賞罰,孝公善之。　(《史記·秦本紀》)
——以上作定語

以上"餓死"、"戰死"作定語,是爲動結式的確證。另外,上古經常有"……而餓死",連詞"而"處在"餓死"之前,"餓死"之間不可能再插入"而"形成"……而餓而死"格式,因此"餓死"顯然是一個結合緊密的單位,只宜理解爲動結式,不宜理解爲並列組合①。例如:

---

① 先秦既有"餓死",又有"餓而死",有時甚至記述同一件事而二者互見。例如:
　　伯夷、叔齊辭孤竹之君,而餓死于首陽之山。　　　　(《莊子·盜跖》)
　　二子北至於首陽之山,遂餓而死焉。　　　　　(《莊子·讓王》)(轉下頁)

李兌用趙,減食主父,百日而餓死。　　（《戰國策·秦三》）
李兌管趙,囚主父於沙丘,百日而餓死。
　　　　　　　　　　　　　　　　　　（《史記·范雎蔡澤列傳》）
主父欲出不得,又不得食,探爵鷇而食之,三月餘而餓死沙丘宫。
　　　　　　　　　　　　　　　　　　　　　（《史記·趙世家》）
夫厲雖癰腫胞疾,上比前世,未至絞纓射股;下比近代,未至擢筋而餓死也。　　　　　　　　　　　（《戰國策·楚四》）
爲王而餓死兮誰者憐之!　　（《史記·吕太后本紀》）
其後九歲而君餓死。　　　　（《史記·絳侯周勃世家》）

"死"的不及物用法：

我死,乃亟去之!　　　　　　　（《左傳》隱公十一年）
寡人雖死,亦無悔焉。　　　　　（《左傳》隱公三年）

"死"的不及物用法用例很多,僅舉兩例以示之。

總體看來,上古動結式,不及物動詞以及形容詞作下字,其數量遠高於及物動詞作下字。這是很自然的。因爲古漢語及物動詞與不及物動詞畢竟還有大致的區別,這使得不及物動詞以及形容詞更容易作下字。但某些及物動詞也可以作下字,體現了漢語的"模糊"特點,其理論意義不可忽視。

依理,"既可帶賓語又可不帶賓語"應該是動結式的普遍功能,爲什麼會出現三種情況呢？原因可能有二：其一,我們掌握的材料有限,不足以反

（接上頁）"餓而死"顯然是並列結構。於是一些討論動結式的文章常用它來證明"餓死"也是並列結構。這樣的論證也許不妥。一般說,一個句法結構在基本語義關係不變的條件下發生變化,有兩種主要的方式：擴展和變換。擴展前與擴展後,二者的結構關係基本一致；變換前與變換後,則是兩種不同的句法結構。判定這兩種方式有一個前提,即事先知道變化前後兩個對象各自的結構關係。例如,只有事先知道"餓死"是並列結構,我們纔能夠判斷"餓而死"是它的擴展式；相應,也只有事先知道"餓死"是動結式,我們纔能夠判斷"餓而死"是它的變換式。反過來說,如果我們事先並不知道"餓死"是什麼結構,那麼單單依據"餓而死",對於判定"餓死"的結構性質,其實幫助不大。既不能主觀地從擴展的角度把"餓死"理解爲並列組合,也不能主觀地從變換的角度把它理解爲動結式。這也就是朱德熙所說的"兩種語法格式之間有轉化關係,並不證明結構相同。"（《語法答問》）現在我們既已知道了"餓死"爲動結式（作定語,有衆多"……而餓死"句式等）,因此有條件進一步判定"餓而死"是"餓死"的變換式。這種變換,在現代漢語中依然有孑遺。例如動結式"打不倒"（"打倒"的否定式）與並列組合"打而不倒",後者顯然只能是前者的變換式。如果有人依據"打而不倒"來論證"打不倒"也是並列組合,大概沒有人會同意吧？在上下文中變換句式來表達相同的意思,這在語言運用中是很常見的現象。

映某些動結式功能的全貌。隨着所掌握的材料的擴大,一些屬於另外兩類的可能會被證明其實也是"既可帶賓語又可不帶賓語"的一類;其二,各個具體動結式,其功能發育齊全有一個過程,有的功能早出,有的功能晚出,並非"步調一致",這在任何事物的發展過程中都是正常的,甚至是必然的。歷史語言學有一條原則:"每一個詞都有自己的歷史",道理就在這裏。這一點尤其值得注意。例如"V死",上古時期確實未發現帶賓語現象,但中古以後,便合乎邏輯的發展出帶賓語的用法。

東周以後還有許多疑似動結式,如"糾合、刈亡、禁止、剥脱、開通、耀明、擾亂、審端、凝止、來至、散越、化卑"等①。

第三節 研究方法的檢討

一、問題的提出

動結式問題是漢語語法史研究中一個十分重要、影響巨大、分歧突出的焦點問題。早在二十世紀四十年代,王力的《中國語法理論》就專有《使成式的產生及其發展》一章加以討論。五十年代以來,陸續又有周遲明、余健萍、楊建國、祝敏徹、太田辰夫等多位學者關注這個問題。大致分爲兩派意見。一派可以稱爲早出派,其内部又可分爲兩類,周遲明、余健萍認爲動結式(使成式)產生於西周時期(如《尚書》的"撲滅"之類),而王力、楊建國、祝敏徹等認爲產生於西漢時期。另一派可以稱爲晚出派,以日本學者太田辰夫爲代表,認爲動結式產生於中古以後②。

早出派最早發掘出這種重要的語言現象並展開討論,有首倡之功。但他們主要從現代漢語語感出發來界定動結式,忽視了由時代差異帶來的"動結式"内部結構關係的複雜性。太田辰夫力排衆議,首先注意到古今"動結式"的同義異構現象,這種深入內部結構關係來考察動結式的方法,意義十分重大,把漢語動結式研究推向了一個更深入的階段,是必須充分肯定的。

---

① 楊興發、馮杏實《先秦漢語中的動補結構》,《西南民族學院學報(社會科學版)》1986年第4期。
② 王力《漢語語法史》,《王力文集》第11卷;周遲明《漢語使動性複式動詞》,《山東大學學報》1957年第1期;余健萍《使成式的起源和發展》,《語法論集》,中華書局,1957年;楊建國《補語式發展試探》,《語法論集》第三集;楊建國《先秦兩漢時期的動詞補語》,《語言學論叢》第二輯,商務印書館,1958年;[日]太田辰夫《中國語歷史文法》。

但我們認爲,太田辰夫僅根據部分語言事實就把上古時期的"動結式"都推定爲並列式(當然他説得比較含蓄,但至少有這種傾向),這就與早出派僅根據現代語感,就把上古相關結構一概當作"動結式"一樣,都走入了極端。

太田辰夫説:

在古代漢語中自動、他動兩用動詞很多。但是時代往後,産生了兩用動詞固定爲自動用法的傾向。因此,作爲古代他動功能的繼承,使成複合動詞就成爲必要的了。從現代漢語的語感看來,類似使成複合動詞的形式從很古就有,例如:

若火之燎于原;不可嚮邇,其猶可撲滅。(《尚書·盤庚》)

以及上面所舉的《史記·項羽本記》的"擊破"就是這樣。但是,初看感到它們是使成複合動詞,是因爲在現代漢語中"滅"、"破"的自動詞的傾向很強。但是在古代漢語中,"滅"、"破"也可以是他動詞。因此,這些例中的"撲滅"、"擊破"應該認爲是等立的複合動詞,而不應認爲是使成複合動詞。因此,就出現了這樣的情况:完全相同的同一個詞,在古代漢語中不是使成複合動詞,在現代漢語中是使成複合動詞。確定使成複合動詞的産生時期雖有這樣一種困難,但無論如何,這種形式多數是在唐代産生的,在那時,可以認爲兩用動詞已經逐步固定爲自動用法,因此,可以認爲使成複合動詞至遲是在唐代産生的。而且,除此以外,還可以選擇不論在古代漢語中還是現代漢語中都不是自他兩用的動詞,來查明一個詞的複合方式。例如用"殺"和"死"那樣的詞,它們意義上有類似之點,而自動和他動的區別是明確的,"殺"從古到今都是他動詞,"死"從古到今都是自動詞。[①]

太田辰夫的影響十分大。後來梅祖麟的有關研究,把太田辰夫的思想片面發揮開來,其影響也很大。他修改王力關於動結式的定義,形成了如下定義:

1. 動補結構是由兩個成分組成的複合動詞。前一個成分是他動詞,後一個成分是自動詞或形容詞。
2. 動補結構出現於主動句:施事者+動補結構+受事者。
3. 動補結構的意義是在上列句型中,施事者用他動詞所表示的動作

---

① [日]太田辰夫《中國語歷史文法》,194頁。

　　　　使受事者得到自動詞或形容詞所表示的結果。
　　4. 唐代以後第二條的限制可以取消。
　　　　按照這個定義,"V死"在五世紀以前是複合動詞,但不是動補結構;五世紀以後,纔變成動補結構。①

上述定義,第三條是管意義的,毋庸贅論②。第四條是梅祖麟一系列論證的結果。因此,核心是第一、第二兩條。

　　幾十年來,人們沿着太田辰夫及梅祖麟的思路,發表了無數論著③,既繼承了他們的成就,也或多或少沿襲了他們的錯誤,以致分歧迭出。下面我們討論以太田辰夫和梅祖麟爲代表的研究方法。

二、關於及物動詞與不及物動詞

　　梅祖麟的方法可以通過他對待"帶賓語"的態度來說明。即一個"動結式"(姑且先稱爲"動結式"),其下字如果事先被梅氏認爲"他動詞"(包括通常認爲具有使動用法的自動詞),那麼"帶賓語"就成爲了否定其爲動結式的理由(不符合第一條"後一個成分是自動詞或形容詞",即應該不帶賓語纔成其爲"自動詞或形容詞"),如"射傷"、"伐滅"、"燒絕"、"禁止"、"擊敗"等;而其下字如果事先被梅氏認爲"自動詞",例如劉宋以前的"V死",那麼不能帶賓語又成了否定其爲動結式的理由(不符合第二條,即應該帶賓語纔成其爲動結式)。

　　這種標準後面的邏輯是上古漢語及物動詞和不及物動詞的嚴格對立:及物動詞因爲能帶賓語,所以由它充當下字的"動結式"即便帶上賓語也不算動結式,而只能是兩個及物動詞的並用。非要等到其及物動詞"自動詞化"以後(語音標誌是"清濁別義的衰落",句法標誌則是後面不需賓語"支撑")纔能算作動結式;不及物動詞因爲不能帶賓語,所以由它充當下字的"動結式"即便不帶賓語也不算動結式,非要等到能帶賓語了(其表現爲所

---

① 梅祖麟《從漢代的"動、殺"、"動、死"來看動補結構的發展》,《語言學論叢》第十六輯。以下所引述的梅祖麟的觀點均出自此文。不再注明。
② 依照這一條意義限制,"戰勝"、"食飽"、"飲醉"等都不算動結式,因爲它們的"結果"體現在施事者而不是受事者上。道理何在? 梅氏沒有解釋。我們依然按照王力的定義,認爲這類形式都屬於動結式。
③ 張猛指出:"據不完全統計,截止於2012年,僅漢語的述補結構,就有相關論文2 000多篇,相關專著120多部。"見張猛《訓詁和漢語體系的關係》(手稿)。

謂"施受關係的中立化"），纔能算作動結式。

我們認爲這種方法沒有考慮到漢語及物動詞與不及物動詞之間的模糊性，脫離了漢語的實際。事實上，上古漢語無論是及物動詞還是不及物動詞充當下字的動結式，都分別存在既可帶賓語又可不帶賓語，基本不帶賓語，和基本帶賓語這三類情況，只是分佈不均勻①。這從上一節已能清楚看出。

梅祖麟認爲漢語動結式有兩個來源：一是下字爲及物動詞的（包括通常認爲具有使動用法的自動詞），一是以"V死"爲代表的下字爲不及物動詞的。他對於前者，只注意基本帶賓語的一類，而忽視了其餘兩類"不利證據"；對於後者，則只注意其基本不帶賓語的一類，也忽視了其餘兩類"不利證據"。說到底，還是"及物動詞帶賓語，不及物動詞不帶賓語"這種印歐語眼光在作怪。

例如，儘管《史記》中有"射傷"、"伐滅"、"燒絕"、"禁止"、"擊敗"等用例，但梅祖麟認爲："'滅'、'傷'、'敗'、'絕'、'止'五個字都是他動（或使動）用法比自動用法多，這是先秦的情況。前漢離先秦不遠，這些字仍是他動性比較强，因此'V滅'、'V敗'、'V傷'、'V絕'、'V止'在前漢都是並列結構。"這樣推理是否合理呢？是否一個詞只要"他動性比較强"（或如太田辰夫所言："也可以是他動詞"），它與別的他動詞結合就一定是並列的，而不可以顯示其"自動"的一面，構成動結式呢？以現代漢語爲例，誰都承認"打傷"、"撲滅"、"殺絕"、"禁止"、"擊敗"是動結式，但同時它們的下字"他動性"也並不弱，如"傷了心"、"滅了燈"、"敗了家"、"絕了户"、"止了血"等。既然現代漢語中這些詞單用時的他動性並不應影響它們充當結果補語的資格（因爲它們單用時常常還另有自動性），那麼，同樣的情況到了《史記》中，爲什麼就不行了呢？更何況，"誅滅"、"刺傷"等在上古就可以不帶賓語（例見上），即便按梅氏的標準，也是不折不扣的動結式。只是梅氏忽略這些事實。

再例如，他否認上古的"V死"是動結式，最主要的理由是"V死"尚不能帶受事賓語，但是，"怒"是堪比"死"的典型的不及物動詞。據梅祖麟轉引李佐丰對先秦《左傳》等9部作品的統計，"怒"單獨使用時，"不帶賓語和補語"83例，"帶使動賓語"13例。又據梁銀峰對《史記》等6部西漢作

---

① 這種不均勻是很正常的。每一個詞都有自己的生命，受各種因素的制約，其使用情況不完全一致是必然的。要求整齊劃一，反而是不切實際的。

品的統計，"怒"的自動用法460例，帶使動賓語用法6例，比例是77：1①。由此可見，"怒"的自動性有時甚至比"死"還強。（據梅祖麟所引，"死"的自動、他動比例是43：1。）然而，"V怒"却幾乎全帶賓語。（"激怒"，《史記》5例，4例帶賓語。另"感怒"，《史記》2例，都帶賓語；《戰國策》1例，帶賓語。）

太田辰夫認爲"死"這個詞"從古到今都是自動詞"，因此選擇來作鑒別動結式的標準。但其實，無論是古代還是現代，"死"帶賓語都有例可尋。宋紹年就列舉如下一些古漢語中"死"帶賓語的例子②：

郟瞀人常被兵于周，曰："何故死吾天子。"
（《公羊傳》昭公三十一年）
崔子之徒以戈斫公而死之。　（《韓非子·奸劫弑臣》）
（吴王）賜子青屬鏤之劍以死（之）。（《史記·吴太伯世家》）
買臣深怨（湯），常欲死之。　　（《漢書·朱買臣傳》）

李平也指出："我們僅在《韓非子索引》（中華書局1982）和《春秋經傳引得》（燕京大學引得編纂處1937）中就找到六例'死'作外動詞用的。這些例子都不可能是後人的竄改，因後世更無此用法。"③

現代漢語，如：

你就死了這顆心吧！
在那場災荒中，村裏死了不少人。

"死"還可以作動結式的上字：

普天下死絶了男人了？　　　　　　（《紅樓夢》）

由此看來，如果嚴格依照太田辰夫的辦法，"V死"作爲動結式，就成了問題。進而，整個動結式的存在也都將在邏輯上發生動摇，這顯然是不可接受的。問題出在哪裏？就在於，漢語，無論是古代漢語還是現代漢語，都極少有絶對不可帶賓語的自動詞，甚至形容詞。或者説，"兩用"性是漢語不及物動詞、形容詞乃至及物動詞的一個特點，而學者們偏要拿單用性，即

---

① 梁銀峰《西漢結果補語的發展》，《古漢語研究》2005年第1期。
② 宋紹年《漢語結果補語式的起源再探討》，《古漢語研究》1994年第2期。
③ 李平《〈世説新語〉和〈百喻經〉中的動補結構》，《語言學論叢》第十四輯。

"不可帶賓語",作爲充當動結式下字的先決條件,這就脱離了漢語的實際。

事實上,太田辰夫自己明明知道下字"自動、他動兩用動詞很多",既是"兩用",爲什麽在論證時却偏偏只考慮"他動"一面,而不考慮"自動"一面?這是十分奇怪的。幾十年來,因爲受太田辰夫的影響,語法學家們只要發現動結式下字單用時能帶賓語,哪怕是"使動賓語",就立刻斷定該結構是兩個他動詞的並列使用,而非動結式。這就走入了極端。

漢語不及物動詞和形容詞帶賓語的現象很常見,與此相應,漢語的及物動詞不帶賓語的現象也很常見,這一性質使得某些及物動詞也完全可以充當動結式的下字。例如"勝",單用時帶或不帶賓語用例都很多,而"戰勝"僅《戰國策》就有33例,其中不帶賓語22例,帶賓語9例,作定語2例,其爲動結式無可置疑。

三、"主語與賓語的對立"問題

梅祖麟的論證方法體現了一種主語、賓語對立的語法觀念。例如"V死",他認爲只能帶受事主語(所謂"乙型")是不算動結式的,非要等到也能帶受事賓語纔算動結式(所謂"丙型")。這種語法觀念,對於漢語研究來説,其實是大有問題的。

吕叔湘説:

> 必須認清的第二點,也是更加重要的一點,那就是:主語和賓語不是互相對待的兩種成分。主語是對謂語而言,賓語是對動詞而言。主語是就句子格局説,賓語是就事物和動作的關係説。主語和賓語的位置不在一個平面上,也可以説是不在一根軸上,自然不能成爲對立的東西。主語和賓語既然不相對立,也就不相排斥。一個名詞可以在入句之前做動詞的賓語,入句之後成爲句子的主語,可是它和動詞之間原有的語義關係並不因此而消失。不但是賓語可以分别爲施事,受事,當事,工具等等,主語也可以分别爲施事,受事,當事,工具等等。在一定程度上,賓語和主語可以互相轉化。"寫完了一封信"⇌"一封信寫完了"之類的例子不用説,更能説明問題的是下面這種例子:
> 　　西昌通鐵路了:鐵路通西昌了|這個人没有騎過馬:這匹馬没有騎過人|窗户已經糊了紙:紙已經糊了窗户|競争和戰争,争霸和稱霸,充滿了帝國主義的整個歷史進程:

　　　　帝國主義的整個歷史進程充滿了競爭和戰爭，爭霸和稱霸

似乎不妨說，主語只是動詞的幾個賓語之中提出來放在主題位置上的一個。好比一個委員會裏幾個委員各有職務，開會的時候可以輪流當主席，不過當主席的次數有人多有人少，有人老輪不上罷了。可以說，凡是動詞謂語句裏的主語都具有這樣的二重性。①

呂叔湘的這段話，透過紛繁的表象，牢牢抓住了漢語"主語和賓語"關係的本質，內涵深刻，意義重大。這也就是我們上文說受事名詞（"男童溺"）既然可以處於動結式前，其實也就意味着可以處於動結式後的理論依據。

"凡是動詞謂語句裏的主語都具有這樣的二重性。"因此，上古"V死"的受事即便只處主位不處賓位，並不值得奇怪，不過"老輪不上罷了"，這時不妨看看"V怒"；相應，"V怒"的受事即便不處主位，只處賓位，也不值得奇怪，也是"老輪不上罷了"，這時不妨看看"V死"。而用某一個特定結構的一時表現（"主語賓語對立"的錯覺）作爲"標準"來推及其餘，這個方法雖然影響十分大，但卻是不正確的。

梅祖麟還認爲"推墮"、"激怒"、"攻下"等所謂動補結構在前漢只出現於（甲）型句，不出現於（乙）型句：

　　（甲）施事者＋複合動詞＋受事者
　　（乙）起詞＋複合動詞

梅祖麟分析說："爲什麼'推墮'、'攻下'、'擊敗'、'射傷'等複合詞在兩漢時代後面一定要帶着賓語？這是因爲'墮'、'敗'、'傷'等下字在複合詞中仍是使動（或他動）用法，後面需要有賓語撐着。"

所謂（甲）型句，就是既有主語又有賓語的句子。所謂（乙）型句，就是只有主語沒有賓語的句子。兩者的對立，實質還是主語、賓語的對立。因此此說也必然不符合事實。上文已經指出，上古漢語，無論由及物動詞或是不及物動詞充當下字的動結式，都分別存在既能帶賓語又能不帶賓語、基本不帶賓語、基本帶賓語這三種類型，因此不能以偏概全。

四、"自動詞化"等等

梅祖麟說："從先秦到唐代，漢語有個'自動詞化'的趨勢。""上古有

---

① 呂叔湘《漢語語法分析問題》第83節。

使動式,把名詞、自動詞、形容詞放在表示施事者和受事者的兩個名詞之間。這種依靠語序的'使動轉換'在中古消失。"這個觀點又表述爲"使動式的衰落",被梅祖麟認爲是導致"'他動+他動'的並列結構轉成'他動+自動'的動補結構"的因素之一。這個觀點源於太田辰夫。太田辰夫説:"在古代漢語中自動、他動兩用動詞很多。但是時代往後,產生了兩用動詞固定爲自動用法的傾向。因此,作爲古代他動功能的繼承,使成複合動詞就成爲必要的了。"①

事實是,使動用法是漢語不及物動詞、形容詞,甚至及物動詞的一個固有特點,從來不曾"消失"過。上古漢語如此,現代漢語也如此(據常瑛華研究,現代漢語可表使動義的不及物動詞有65個②)。何以唯獨在中古以後"消失"了,而到現代漢語裏又變了回來了?梁銀峰在考察魏晉南北朝文獻後指出:"大量事實表明,使動用法無論其用例的數量還是其所構成的句式類型,都尚未表現出明顯的衰落態勢。"③顯然,所謂"消失"、"衰落"説,是對使動用法相對減少這一歷史現象的誇張,其目的是迎合所謂使動用法在中古以後的消失導致了動結式的產生這一觀點。其實,一種語言形式,在歷史的發展過程中,有時候使用多一點,有時候使用少一點,這是任何語言發展史中常見的自然現象。

實際情況是,動結式與動詞的使動用法,是漢語關係密切、並行發展的兩種表述方式。時代遠,單音節性強,因此動結式相對少,使動用法相對多;時代近,雙音節性強,因此動結式相對多,使動用法相對少。是動結式的自主發展壯大的"因",擠壓了使動用法的使用空間,造成它相對減少的"果"。太田辰夫以及梅祖麟的説法是倒果爲因了,不符合歷史發展的事實。

被認爲曾經"消失"的使動用法,至今依然廣泛存在着;而被認爲與這種用法密切相關的,曾經廣泛,甚至是唯一存在的表"動結"意義的動詞並列組合,至今却蹤跡全無,這種背離不是反常嗎?合理的解釋是,那種動詞並列組合即使有,也很弱勢,行之不遠,而真正的動結式則歷史悠久,表現強勢,具有很大的同化力,最終"一統天下"。所以今天並列組合的蹤跡全無,

---

① [日]太田辰夫《中國語歷史文法》,194頁。
② 常瑛華《現代漢語可表使動義的不及物動詞配價研究》,《成都大學學報》2005年第2期;胡附《動詞及物與不及物的區分》,《現代漢語語法探索》;楊必勝《關於及物化現象》,《天津師大學報》1984年第2期。
③ 梁銀峰《漢語動補結構的産生與演變》,學林出版社,2006年,139頁。

使動用法的依然存在,就不難理解了。

梅祖麟曾舉出"啄雌鴿殺""打汝口破"等一系列"'隔開'型使成式",並據此推斷蕭齊以前"也該有'施+V死+受'這種'不隔開'的使成式"。在他看來,"不隔開的使成式"(即典型的動結式)的產生又是與同時期發生的"清濁別義的衰落"、使動用法的"消失"直接相關的。

然而,如上所引,"隔開"型使成式("煎之潰[沸]"、"燔飯焦"、"熏脯熱"等)至少在春秋戰國之交就已產生。因此,"不隔開的使成式"也應至少在春秋戰國之際就已產生。這與我們上述關於動結式產生的論證,是可以相互印證的。區別只是,"春秋戰國之際甚至更早",比梅祖麟所説的"蕭齊"時期,大概要早近千年。

這近千年的時間跨度,就使得梅祖麟的"清濁別義的衰落",使動用法的"消失"(與太田辰夫所謂唐代"兩用動詞已經逐步固定爲自動用法"相呼應)等據説與動結式的產生直接相關的現象完全失去了依託。

據梅祖麟説,與動結式的產生直接相關的另一個現象是形容詞作下字的動結式的產生,它出現在魏晉六朝時,是"感染"動補結構產生的另一個重要因素。但據我們考察,此類動結式在西周時期即有其例,東周以後也延續不絕(見上文),它當然不可能爲梅祖麟的觀點提供支持。

五、結語

漢語動結式產生的根本原因,應從漢語動詞(不及物動詞和及物動詞)的綜合性(或者説"模糊性")這一基本特性來理解。由於這種綜合性,漢語本來就有直接形成動結式的可能,而不一定要經過動詞並列組合階段。一個表"動結"意義的動詞組合,其下字如果表現出及物性,就傾向於形成動詞並列組合;其下字如果表現出不及物性,就傾向於形成動結式。這是不難理解的。而"動+形"之爲動結式,且最早出現,就更是自然而然了,因爲形容詞的不及物性最强。至於動詞並列組合,因受已有動結式的影響,便同化爲動結式了。

綜合性("模糊性")是動結式產生的內因。使動結式廣泛流行開來的外因,是漢語詞彙雙音節化(同時也是詞彙化)的歷史進程。動結式是作爲一個單位與賓語發生關係的,而並列組合則是兩個並列的單位分別與賓語發生關係的。顯然,動結式是與詞彙的雙音節性相聯繫的,而動詞並列組合是與詞彙的單音節性相聯繫的。或者説,詞彙的雙音節化是有利於動結式而有礙於動詞並列組合的。在西周時期,漢語雙音節化進程剛剛開始,所以動結式出現的機會相對少而使動用法及動詞並列組合出現的機會相對多。隨着時間的推移,詞彙的雙音節化大規模展開,雙音節成分使用率越來越高,動結式便越來越多,乃至最後一統天下,而動詞並列組合則不斷萎縮,乃至最後退出歷史舞臺。

在動結式取代並列組合的過程中,"同化"展示了巨大的力量。動結式不僅易於同化與自己性質相對較近的並列組合(例如同化"動+不及物動詞的使動用法"),甚至還可能同化由强及物動詞充當下字的表"動結"意義的並列組合。例如"殺"是一個强及物動詞,在上古很少有不及物用法,依照我們的判斷標準,在上古,"V殺"理論上不應是動結式。但胡敕瑞說:"可以認爲'V殺'類動結式的形成是受了'V破'類動結式的影響。'殺'類和'破'類都是充當'V_1V_2O'式中的'V_2',隨着'破'類'性狀'語義凸顯而轉成動結式,處於同樣位置的'殺'類語義也可能虛化,最後也變成了動結式。"[①]胡氏的推理是有道理的。

事實表明,動結式發端於西周時期,東周以後逐漸增多。它本身有一個發展的過程,在不同發展階段,其内部各成員性質略有差異,這是完全正常的。如果以後世的某種動結式爲基準來裁量動結式歷史上的一切,甚至用某一個詞的某一種用法作爲標準來裁量一切,這恐怕就削足適履了。動結式的下字獨用時不能帶賓語(所謂"自動詞化"),一帶賓語,動結式就不成其爲動結式,而只能是並列組合,這種認識沒有照顧到漢語的特點,是不可取的。實際情況往往是,"動結式"的下字,完全可以向其獨用時的不及物性看齊,形成動結式。即便有時下字向其及物性看齊,形成動詞並列組合,也會很快被同化爲動結式。

太田辰夫和梅祖麟有關漢語動結式研究的理論方法的缺陷大致可以歸結爲以下幾點:

1. 用一種"非此即彼"的印歐語觀念來對待漢語及物動詞和不及物動詞的關係,忽視了二者之間的統一性。即或有所注意(所謂兩用性),但在分析具體問題時却只考慮其中的一方面而不考慮另一方面。

2. 忽視了"每一個詞都有自己的歷史"這一歷史語言學原則,忽視了統一體内部各成員在發展過程中可能存在的差異性,只討論少數幾個經

[①] 胡敕瑞《動結式的早期形式及其判定標準》,《中國語文》2005年第3期。

過挑選的動詞及相關的"動結式",便據此對全面的情況作出推斷,以偏概全。

3. 對這幾個經過挑選的動詞及相關的"動結式",則以"主語賓語對立"作爲分析問題的出發點,忽視了主語賓語之間的統一性(即主語的二重性),從而導出一系列似是而非的結論。

4. 把漢語使動用法在中古時期相對減少這一正常的歷史現象主觀誇大爲"消失",以迎合動結式在中古以後產生的觀點。

幾十年來,關於漢語動結式歷史發展的研究,太田辰夫和梅祖麟兩位學者的影響特別大,國内主流的看法或多或少都受到他們的影響。人們依照他們的思路,極力想找出一個確定後一成分爲自動而非他動的説一不二的辦法,以致不同的看法紛如聚訟,幾乎一家一説。其實,如果站在漢語自身的立場上,從漢語自身的事實出發來思考漢語,而不是用印歐語觀念來硬套漢語,漢語動結式問題本來並没有那麽複雜。這是值得深思的。

主要參考文獻

出土文獻及研究[①]

北京大學中文系、湖北省文物考古研究所編《望山楚簡》,中華書局,1995年。

陳夢家《殷虚卜辭綜述》,中華書局,1988年。

陳煒湛《甲骨文所見第一人稱代詞辨析》,《學術研究》(廣州)1984年第3期。

甘肅省博物館、武威縣文化館編《武威漢代醫簡》,文物出版社,1975年。

甘肅省文物考古研究所、甘肅省博物館、中國文物研究所、中國社會科學院歷史研究所編《居延新簡》,中華書局,1994年。

甘肅省文物考古研究所編《敦煌漢簡》,中華書局,1991年。

管燮初《西周金文語法研究》,商務印書館,1981年。

管燮初《殷虚甲骨刻辭的語法研究》,中國科學院出版,1953年。

何雙全《天水放馬灘秦簡綜述》,《文物》1989年第2期。

侯志義主編《西周金文選編》,西北大學出版社,1990年。

胡厚宣主編《甲骨文合集釋文》,中國社會科學出版社,1999年。簡稱《合集》。

胡平生、張德芳《敦煌懸泉漢簡釋粹》,上海古籍出版社,2001年。

湖北荆沙鐵路考古隊《包山楚簡》,文物出版社,1991年。

湖北省博物館編《曾侯乙墓》,文物出版社,1989年。

湖北省文物考古研究所、北京大學中文系編《九店楚簡》,中華書局,1999年。

湖南省博物館編著《長沙楚墓》,文物出版社,2000年。

黄天樹《甲骨文中的範圍副詞》,《語言文字學》2011年第12期。

黄載君《從甲文、金文量詞的應用,考察漢語量詞的起源與發展》,《中國語文》1964年第6期。

簡牘整理小組編《居延漢簡補編》,《中研院史語所專刊》之九十九,中研院史語所,1998年。

金立《湖北江陵鳳凰山八號漢墓竹簡試釋》,《文物》1976年第6期。

[①] 本書所引出土文獻一般採用便於理解的寬式釋文。

荆門市博物館編《郭店楚墓竹簡》，文物出版社，1998年。
李均明、何雙全編《散見簡牘合輯》，文物出版社，1990年。
連雲港市博物館、中國社會科學院簡帛研究中心、東海縣博物館、中國文物研究所編《尹灣漢墓簡牘》，中華書局，1997年。
林梅村、李均明編《疏勒河流域出土漢簡》，文物出版社，1984年。
劉彬徽、彭浩、胡雅麗、劉祖信《包山二號楚墓簡牘釋文》，見湖北省荊沙鐵路考古隊編《包山楚簡》，文物出版社，1991年。簡稱《包山楚簡》。
劉翔等《商周古文字讀本》，語文出版社，1989年。
劉信芳、梁柱編著《雲夢龍崗秦簡》，科學出版社，1997年。
馬承源《商周青銅器銘文選（三）》，文物出版社，1988年。
馬王堆漢墓帛書整理小組編《馬王堆漢墓帛書（肆）》，文物出版社，1985年。簡稱《馬王堆漢墓帛書》。
潘玉坤《西周金文語序研究》，華東師範大學出版社，2005年。
秦永龍編著《西周金文選注》，北京師範大學出版社，1992年。
裘錫圭《關於殷虛卜辭的命辭是否問句的考察》，《中國語文》1988年第1期。
裘錫圭《湖北江陵鳳凰山十號漢墓出土簡牘考釋》，《文物》1974年第7期。
裘錫圭《裘錫圭自選集》，河南教育出版社，1994年。
裘錫圭《談談古文字資料對古漢語研究的重要性》，《中國語文》1979年第6期。
裘錫圭、李家浩《曾侯乙墓竹簡釋文與考釋》，見湖北省博物館編《曾侯乙墓》，文物出版社，1989年。簡稱《曾侯乙墓竹簡》。
沈培《殷墟甲骨卜辭語序研究》，臺北文津出版社，1992年。
睡虎地秦墓竹簡整理小組編《睡虎地秦墓竹簡》，文物出版社，1990年。
唐蘭《長沙馬王堆漢軑侯辛追墓出土隨葬遣策考釋》，《文史》第十輯，中華書局，1980年。
唐鈺明《甲骨文"唯賓動"式及其蛻變》，《中山大學學報》1990年第3期；又見《著名中年語言學家自選集·唐鈺明卷》，安徽教育出版社，2002年。
王貴元《戰國竹簡遣策的物量標記法與量詞》，《古漢語研究》2002年第3期。
王文耀、劉志基、張再興、潘玉坤、臧克和編《金文資料庫》（電子版），廣西教育出版社，2003年。
王鍈《雲夢睡虎地秦簡所見某些語法現象》，《語言研究》1982年第1期。
魏德勝《睡虎地秦墓竹簡語法研究》，首都師範大學出版社，2000年。
揚州博物館《江蘇儀徵胥浦101號西漢墓》，《文物》1987年第1期。
楊逢彬《殷墟甲骨刻辭詞類研究》，花城出版社，2003年。
楊五銘《西周金文被動式簡論》，《古文字研究》第七輯，中華書局，1980年。
姚孝遂主編《殷墟甲骨刻辭類纂》，中華書局，1989年。簡稱《類纂》。
于省吾主編《甲骨文字詁林》，中華書局，1996年。
喻遂生《甲骨文"暨"連詞用法說》，《古漢語研究》2013年第4期。

喻遂生《甲骨文"在"字介詞用法例證》,《古漢語研究》2002年第4期。
喻遂生《甲金語言文字研究論集》,巴蜀書社,2002年。
張家山二四七號漢墓竹簡整理小組編《張家山漢墓竹簡[二四七號墓]》,文物出版社,
　　2001年。簡稱《張家山漢墓竹簡》。
張顯成《從簡帛文獻看使成式的形成》,《古漢語研究》1994年第1期。
張玉金《關於卜辭中"抑"和"執"是否句末語氣詞的問題》,《古漢語研究》2004年第
　　4期。
張玉金《甲骨卜辭中"惠"和"唯"的研究》,《古漢語研究》1988年第1期。
張玉金《甲骨文虛詞詞典》,中華書局,1994年,295頁。
張玉金《甲骨文語法學》,學林出版社,2001年。
張玉金《西周漢語代詞研究》,中華書局,2006年。
張玉金《西周漢語語法研究》,商務印書館,2004年。
趙平安《兩周金文中的後置定語》,《古漢語研究》1990年第2期。
中國社會科學院考古研究所編《居延漢簡甲乙編》,中華書局,1980年。
中國社會科學院考古研究所編《小屯南地甲骨》,中華書局,1983年。簡稱《屯南》。
周清海《西周金文裏的被動式和使動式》,《中國語文》1992年第6期。

其他研究論著

敖鏡浩《略論先秦時期"O／是／V"句式的演變》,《中國語文》1983年第5期。
白平《"有"非詞頭辨》,見白平《漢語史研究新論》,書海出版社,2002年。
常瑛華《現代漢語可表使動義的不及物動詞配價研究》,《成都大學學報》2005年第2期。
陳初生《早期處置式略論》,《中國語文》1983年第3期。
程湘清《先秦雙音詞研究》,見《漢語史專書複音詞研究》,商務印書館,2003年。
丁聲樹《釋否定詞:"弗"、"不"》,見《中研院史語所集刊外編第一種·慶祝蔡元培先
　　生六十五歲文集》,1933年。
丁聲樹等《現代漢語語法講話》,商務印書館,1999年,220頁。
董秀芳《詞彙化:漢語雙音詞的衍生和發展》,四川民族出版社,2002年。
高名凱《漢語語法論》,商務印書館,1986年。
顧寶田、洪澤湖《尚書譯注》,吉林文史出版社,1995年。
顧頡剛、劉起釪《尚書校釋譯論》,中華書局,2005年。
管燮初《左傳句法研究》,安徽教育出版社,1995年。
桂詩春《語言起源問題新探——〈祖先的聲音〉評介》,《國外語言學》1993年第1期。
郭錫良、魯國堯主編《中國語言學》第一輯,山東教育出版社,2008年。
郭錫良、唐作藩、何九盈、蔣紹愚、田瑞娟《古代漢語》,北京出版社,1981年。
郭錫良《漢語史論集》(增補本),商務印書館,2005年。
郭錫良《介詞"以"的起源與發展》,《古漢語研究》1998年第1期。

郭錫良《介詞"于"的起源和發展》,《中國語文》1997年第2期。
何樂士《〈左傳〉的人稱代詞》,見《古漢語語法研究論文集》,商務印書館,2000年。
何樂士《〈左傳〉否定副詞"不"與"弗"的比較》,見《古漢語語法研究論文集》,商務印書館,2000年。
何樂士《左傳的數量詞》,見《古漢語語法研究論文集》,商務印書館,2000年。
何樂士《左傳虛詞研究》(修訂本),商務印書館,2004年。
何樂士《左傳語法研究》,河南大學出版社,2012年。
洪波《漢語類別詞起源初探》,見《堅果集》,南開大學出版社,1999年。
洪波《兼指代詞語源考》,《古漢語研究》1994年第2期。
胡敕瑞《動結式的早期形式及其判定標準》,《中國語文》2005年第3期。
胡附《動詞及物與不及物的區分》,見《現代漢語語法探索》,商務印書館,1990年。
胡适《胡適文存》,《胡適全集》第1卷,安徽教育出版社,2003年。
許嘉璐《關於"唯……是"式句》,《中國語文》1983年第2期。
黃長著《世界諸語言》,見《中國大百科全書·語言文字卷》,中國大百科全書出版社,1988年。
黃景欣《秦漢以前古漢語中的否定詞"弗"、"不"研究》,《語言研究》1958年第3期。
黃奇逸《古國、族名前的"有"字新解》,《中國語文》1981年第1期。
蔣紹愚《漢語動結式產生的時代》,《漢語詞彙語法史論文集》,商務印書館,2000年。
金力《東亞人群的源流與遺傳結構》(網絡版),世紀大講堂,2005年2月26日。
康瑞琮《古代漢語語法》,遼寧人民出版社,1987年。
黎錦熙《新著國語文法》,商務印書館,1924年。
李明《漢語助動詞歷史演變研究》,北京大學博士論文,2001年。
李平《〈世說新語〉和〈百喻經〉中的動補結構》,《語言學論叢》第十四輯,商務印書館,1987年。
李小軍《語氣詞"已""而已"的形成、發展及有關問題》,《漢語史學報》第九輯,上海教育出版社,2010年。
李永燧、王爾松《哈尼語簡志》,民族出版社,1986年。
李宇明《所謂名詞詞頭"有"新議》,《中州學刊》1982年第3期。
李佐丰《先秦的不及物動詞和及物動詞》,《中國語文》1999年第4期。
梁銀峰《漢語動補結構的產生與演變》,學林出版社,2006年。
梁銀峰《西漢結果補語的發展》,《古漢語研究》2005年第1期。
劉利《先秦漢語助動詞研究》,北京師範大學出版社,2000年。
劉世儒《漢語動量詞的起源》,《中國語文》1959年第6期。
劉世儒《魏晉南北朝稱量詞研究》,《中國語文》1962年第3期。
劉世儒《魏晉南北朝個體量詞研究》,《中國語文》1961年第10、11期。
呂叔湘《漢語語法分析問題》,商務印書館,1979年。

呂叔湘《漢語語法論文集》(增訂本),商務印書館,1984年。
呂叔湘《近代漢語指代詞》,學林出版社,1985年。
呂叔湘《說"勝"和"敗"》,《中國語文》1987年第1期。
呂叔湘《文言虛字》,上海教育出版社,1956年。
呂叔湘《疑問・否定・肯定》,《中國語文》1985年第4期。
呂叔湘《語文常談》,生活・讀書・新知三聯書店,1980年。
呂叔湘《中國文法要略》,商務印書館,1982年。
呂叔湘主編《現代漢語八百詞》,商務印書館,1980年。
馬建忠《馬氏文通》,商務印書館,1983年。
馬清華《漢語語法化問題的研究》,《語言研究》2003年第2期。
馬學良主編《漢藏語概論》,北京大學出版社,1991年。
馬真《先秦複音詞初探》,見《北京大學百年國學文粹・語言文獻卷》,北京大學出版社,1998年。
梅朝榮《人類簡史・大辯論:現代人究竟起源於何時何地》,武漢大學出版社,2006年。
梅祖麟《從漢代的"動、殺"、"動、死"來看動補結構的發展》,《語言學論叢》第十六輯,商務印書館,1991年。
梅祖麟《唐宋處置式的來源》,《中國語文》1990年第3期。
孟蓬生《上古漢語的大名冠小名語序》,《中國語文》1993年第4期。
彭林注譯《儀禮》,岳麓書社,2001年。
駢宇騫《晏子春秋校釋》,書目文獻出版社,1988年。
錢大群、劉明《古漢語語法常識》,甘肅人民出版社,1977年。
錢宗武《〈書〉"女(汝)、爾、乃、而"研究》,《湖南師範大學社會科學學報》1996年第6期。
錢宗武《今文〈尚書〉語法研究》,商務印書館,2004年。
秦建明、張懋鎔《也談古國名前的"有"字》,《中國語文》1985年第4期。
屈萬里《尚書今注今譯》,臺灣商務印書館,1969年。
沈玉成《左傳譯文》,中華書局,1981年。
時兵《上古漢語雙及物結構研究》,安徽大學出版社,2007年。
史存直《漢語史綱要》,中華書局,2008年。
宋金蘭《古漢語判斷句詞序的歷史演變——兼論"也"的性質》,《語文研究》1999年第4期。
宋紹年《漢語結果補語式的起源再探討》,《古漢語研究》1994年第2期。
孫良明《從〈詩經〉毛傳、鄭箋談賓語前置句式的變化》,《中國語文》1989年第3期。
孫良明《古代漢語法變化研究》,語文出版社,1994年。
孫良明《漢魏晉人對謂詞結構中名動語義關係的分析》,《古漢語研究》2008年第2期。
孫良明《談高誘"注"解說受事主語句的表達功能、解釋能力和先秦漢語受事主語句系統及古代漢語被動式的形成》,《漢語史學報》第九輯,上海教育出版社,2010年。
孫良明《中國古代語法學探究》,商務印書館,2005年。
孫錫信《漢語語氣詞的歷史考察》,語文出版社,1999年。
唐鈺明《古漢語動量表示法探源》,《古漢語研究》1990年第1期。
唐鈺明《漢魏六朝被動式略論》,《中國語文》1987年第3期。
唐鈺明《其、厥考辨》,《中國語文》1990年第4期。
唐鈺明、周錫馥《論先秦漢語被動式的發展》,《中國語文》1985年第4期。
汪維輝《係詞"是"發展成熟的時代》,《中國語文》1998年第2期。
王海棻《先秦疑問代詞"誰"與"孰"的比較》,《中國語文》1982年第1期。
王洪君《漢語表自指的名詞化標記"之"的消失》,見《語言學論叢》第十四輯,商務印書館,1984年。
王珏《現代漢語名詞研究》,華東師範大學出版社,2001年。
王克仲《古漢語動賓語義關係的分類》,《遼寧大學學報》1989年第5期。
王力《漢語語法綱要》,見《王力文集》第2卷,山東教育出版社,1985年。
王力《漢語語法史》,見《王力文集》第11卷,山東教育出版社,1990年。
王力《同源字典》,商務印書館,1991年。
王力《中國文法中的係詞》,見《王力語言學論文集》,商務印書館,2000年。
王力《中國現代語法》,商務印書館,1985年。
王力《中國語法理論》,見《王力文集》第1卷,山東教育出版社,1984年。
王力主編《古代漢語》,中華書局,1981年。
王士元《演化語言學中的電腦建模》,《北京大學學報(哲學社會科學版)》2006年第2期。
王世舜《尚書譯注》,四川人民出版社,1982年。
王引之《經傳釋詞》,岳麓書社,1982年。
魏德勝《古漢語中名詞的結構義》,《河南大學學報(社會科學版)》1998年第1期。
吳福祥、馮勝利、黃正德《漢語"數+量+名"格式的來源》,《中國語文》2006年第5期。
伍宗文《先秦漢語複音詞研究》,巴蜀書社,2001年。
向熹《簡明漢語史》,高等教育出版社,1993年。
徐丹《第三人稱代詞的特點》,《中國語文》1989年第4期。
徐通鏘《歷史語言學》,商務印書館,1996年。
徐蕭斧《古漢語中的"與"和及"》,《中國語文》1981年第5期。
徐志奇《論分承》,《古漢語研究》1993年第1期。
楊必勝《關於及物化現象》,《天津師大學報》1984年第2期。
楊伯峻《春秋左傳注》,中華書局,1981年。
楊伯峻《論語譯注》,中華書局,1980年。
楊伯峻、何樂士《古漢語語法及其發展》,語文出版社,1992年。

楊建國《補語式發展試探》,《語法論集》第三集,中華書局,1959年。
楊建國《先秦漢語的狀態形容詞》,《中國語文》1979年第6期。
楊建國《先秦兩漢時期的動詞補語》,《語言學論叢》第二輯,商務印書館,1958年。
楊榮祥《近代漢語否定副詞及相關語法現象略論》,《語言研究》1999年第1期。
楊壽堪《亞里士多德範疇學說簡介》,福建人民出版社,1982年。
楊樹達《高等國文法》,商務印書館,1984年。
楊興發、馮杏實《先秦漢語中的動補結構》,《西南民族學院學報(社會科學版)》1986年第4期。
楊永龍《先秦漢語語氣詞同現的結構層次》,《古漢語研究》2000年第4期。
姚小平《洪堡特——人文研究和語言研究》,外語教學與研究出版社,1995年。
姚振武《"爲"字的性質與"爲"字式》,見郭錫良主編《古漢語語法論集》(第二屆國際古漢語語法研討會論文選編),語文出版社,1998年。
姚振武《"以爲"的形成與相關問題》,《古漢語研究》1997年第3期。
姚振武《〈晏子春秋〉的助動詞系統》,《中國語文》2003年第1期。
姚振武《動詞轉指的理論模型》,《歷史語言學研究》第一輯,商務印書館,2008年。
姚振武《個別性指稱與"所"字結構》,《古漢語研究》1998年第3期。
姚振武《古漢語"見V"結構再研究》,《中國語文》1988年第2期。
姚振武《關於自指和轉指》,《古漢語研究》1994年第2期。
姚振武《漢語謂詞性成分名詞化的原因及規律》,《中國語文》1996年第1期。
姚振武《論本體名詞》,《語文研究》2005年第4期。
姚振武《人類語言的起源與古代漢語的語言學意義》,《語文研究》2010年第1期。
姚振武《認知語言學思考》,《語文研究》2007年第2期;又見人大複印資料《語言文字學》2007年第8期。
姚振武《上古漢語第三身範疇的表達及相關問題》,《古漢語研究》2001年第4期。
姚振武《上古漢語動結式的發展及相關研究方法的檢討》,《古漢語研究》2013年第1期。
姚振武《上古漢語個體量詞和"數+量+名"結構的發展以及相關問題》,《中國語言學》第二輯,山東教育出版社,2009年。
姚振武《上古漢語己身代詞研究》,見《紀念中國語文創刊50周年學術論文集》,商務印書館,2003年。
姚振武《上古漢語名量詞稱量特徵初探》,見徐丹主編《量與複數的研究——中國境內語言的跨時空考察》,商務印書館,2010年。
姚振武《説轉指造詞》,載《古漢語研究的新探索——第十一屆全國古代漢語研討會論文集》,語文出版社,2014年;又見《跨越古今——中國語言文字學論文集(古代卷)》,馬來亞大學中文系、馬來亞大學中文系畢業生協會出版發行,漫延書房印刷,2013年。
姚振武《先秦漢語受事主語句系統》,《中國語文》1999年第1期。
姚振武《現代漢語的"N的V"與上古漢語的"N之V"》,《語文研究》1995年第2、3期。

姚振武《晏子春秋詞類研究》,河南大學出版社,2005年。
姚振武《指稱與陳述的兼容性與引申問題》,《中國語文》2000年第6期。
葉桂郴、羅智豐《漢語動量詞形成的原因》,《古漢語研究》2007年第3期。
易孟醇《先秦語法》,湖南教育出版社,1989年。
殷國光《呂氏春秋詞類研究》,華夏出版社,1997年。
殷孟倫等編《古漢語簡論》,山東人民出版社,1979年。
余健萍《使成式的起源和發展》,《語法論集》,中華書局,1957年.
袁仁林《虛字說》,中華書局,1989年。
張斌、胡裕樹《漢語語法》,見《中國大百科全書·語言文字卷》,中國大百科全書出版
    社,1988年。
張博《先秦形容詞後綴"如、若、爾、然、焉"考察》,《寧夏大學學報(社會科學版)》1992
    年第4期。
張惠英《漢語方言代詞研究》,語文出版社,2001年。
張猛《訓詁和漢語體系的關係》(手稿)。
張延俊《也論漢語"數·量·名"形式的產生》,《古漢語研究》2002年第2期。
趙長才《先秦漢語語氣詞連用現象的歷時演變》,《中國語文》1995年第1期。
趙大明《左傳介詞研究》,北京大學博士論文,2001年。
趙平安《對上古漢語語氣詞"只"的新認識》,《簡帛》第三輯,上海古籍出版社,2008年。
趙元任《漢語口語語法》,商務印書館,1979年。
中國社會科學院語言研究所古代漢語研究室編《古漢語研究論文集》,北京出版社,
    1982年。
中國社會科學院語言研究所古代漢語研究室編《古漢語研究論文集》(二),北京出版
    社,1984年。
中國社會科學院語言研究所古代漢語研究室編《古代漢語虛詞詞典》,商務印書館,
    1999年。
周秉鈞《古漢語綱要》,湖南人民出版社,1981年。
周秉鈞《尚書注譯》,岳麓書社,2001年。
周遲明《漢語使動性複式動詞》,《山東大學學報》1957年第1期。
周法高《中國古代語法·稱代篇》,中華書局,1990年。
周法高《中國古代語法·構詞篇》,臺灣中研院史語所,1961年。
周光午《先秦否定句代詞賓語位置問題》,《語法論集》第三集,1959年。
周生亞《並列連詞"與""及"用法辨析》,《中國語文》1989年第2期。
周生亞《論上古漢語人稱代詞繁複的原因》,《中國語文》1980年第2期。
周忠和《DNA解讀人類起源》,《華夏地理》2007年第1期。
朱承平《先秦漢語句尾語氣詞的組合及組合層次》,《中國語文》1998年第4期。
朱德熙、盧甲文、馬真《關於動詞形容詞"名物化"的問題》,見朱德熙《現代漢語語法研

究》,商務印書館,1980年。

朱德熙《語法答問》,見《朱德熙文集》第1卷,商務印書館,1999年。

朱德熙《語法講義》,見《朱德熙文集》第1卷,商務印書館,1999年。

朱德熙《自指和轉指》,《方言》1983年第1期。

朱紅《基於語料庫的漢語第一人稱代詞分析》,《古漢語研究》2011年第1期。

朱慶之《佛教混合漢語簡論(初稿)》,首屆漢語史學術研討會論文,1997年8月,成都。

朱慶之《上古漢語"吾""予/余"等第一人稱代詞在口語中消失的時代》,《中國語文》2012年第3期。

[德]洪堡特(Wilhelm von Humboldt)《論人類語言結構的差異及其對人類精神發展的影響》,姚小平譯,商務印書館,1999年。

[法]阿爾諾(Antoine Arnauld)、[法]朗斯洛(Claude Lancelot)《普遍唯理語法》(選譯),胡明揚譯,見《西方語言學名著選讀》,中國人民大學出版社,1988年。

[法]貝羅貝(Alain Peyraube)《上古、中古漢語量詞的歷史發展》,《語言學論叢》第二十一輯,商務印書館,1998年。

[法]貝羅貝(Alain Peyraube)、吳福祥《上古漢語疑問代詞的發展與演變》,《中國語文》2000年第4期。

[古希臘]亞里士多德(Aristotle)《範疇篇 解釋篇》,方書春譯,商務印書館,2005年。

[美]布龍菲爾德(Leonard Bloomfield)《語言論》,袁家驊、趙世開、甘世福譯,商務印書館,1980年。

[美]戴蒙德(J. Diamond)《第三種黑猩猩:人類的身世與未來》,王道還譯,上海譯文出版社,2012年。

[美]喬姆斯基(Noam Chomsky)《如何看待今天的生物語言學方案》,《語言科學》2010年第2期。

[美]Breyne Arlene Moskowitz《語言的掌握》,李平節譯,《國外語言學》1981年第2、3期。

[美]薩丕爾(Edward Sapir)《語言論》,陸卓元譯,商務印書館,1985年。

[美]韋爾斯(Spencer Wells)《出非洲記——人類前史》,杜紅譯,東方出版社,2006年。

[日]大西克也《秦漢以前古漢語中的"主之謂"結構及其歷史演變》,見《第一屆國際先秦漢語語法研討會論文集》,岳麓書社,1994年。

[日]太田辰夫《中國語歷史文法》,蔣紹愚、徐昌華譯,北京大學出版社,2003年。

[瑞士]索緒爾(Ferdinand de Saussure)《普通語言學教程》,高名凱譯,商務印書館,1980年。

[蘇聯]В.И. Абаев《論意識和語言的起源》,蔡富有譯,《國外語言學》1980年第1期。

[英]羅賓斯(R. H. Robins)《語言分類史》,林書武譯,《國外語言學》1983年第1期。

[英]羅素(Bertrand Russell)《西方哲學史》,何兆武、李約瑟譯,商務印書館,1963年。

後　記

　　這本書終於付梓了。直到交稿期限的最後一天，我依然在不斷地翻閱着，試圖找出不當甚至錯誤，加以改正。近"鄉"情怯，醜媳婦總要見公婆，這是沒有辦法的事。

　　本書可能是第一部較爲系統地考察當今一種活的語言在公元前一千多年間語法發展史的專著。國内幾本漢語語法史著作，涉及上古部分都比較概略。從國外來看，在活的語言中，只有極少數語言其可考歷史長度可能與漢語相近，如梵語、希臘語等。但這些語言現存公元前的文獻資料有限，遠不足以支持構建一部較爲系統的語法發展史。只有漢語，既有極長的歷史長度，又有最爲豐富、一脈相承的文獻資料，具備構建這樣一部語法史的條件。

　　但我並未欣喜，相反，感到的是一種沉重和苦澀。沉重是說，面對如此重擔，我的學識、能力均很不足，確實有舉鼎絕臏之感。苦澀是說，這樣性質的書，以其重要性來說，就是有十本八本，也一點不嫌其多。可眼下只有勉爲其難的一本，而古漢語語法學科在我所供職的中國社會科學院語言研究所，已後繼無人。

　　我今年已退休。回想語言研究所的古漢語語法學科，從陸志韋先生，到管燮初、何樂士、王克仲、王海棻、敖鏡浩、麥梅翹等先生，當年各顯其美，各展其能，爲古漢語語法學術事業作出了重要貢獻，使古漢語研究室的這個學科成爲在全國乃至國際上具有重要影響力的優勢學科。這個勢頭本該延續下去，並發揚光大，但不幸的是，我負責古漢語研究室的十幾年來，這個學科竟然日漸式微。如今我已是本單位這個學科的最後一人，而本書也竟成"廣陵散"了。其間我雖曾多方努力，但收效甚微。據權威說法，語法學是語言學的核心（我本人並不認同這個觀點），而語言研究所據稱是以漢語語法研究立所的。可是在漢語迄今三千多年的可考歷史中，上古漢語差不多佔了一半的時段，如此的研究空缺，是令人遺憾和痛心的。我堅信中國學者終將重新認識到上古漢語的無與倫比的語言學價值，並從中提煉、升華出具有漢語特色的語言學思想來，貢獻於普通語言學。

　　本書的特點，一方面，從材料依據上，我力圖較大面積地結合出土文獻（甲骨文、西周金文、簡帛資料等）和傳世文獻，來勾勒上古漢語語法發展的歷史，這在過去漢語語法史研究中是不多見的。以往的研究主要建立在傳世文獻基礎上，對出土文獻的注意，廣度和深度都有所不足。另一方面，書中較多貫徹了我個人的一些語法觀念，所以其觀點往往個性比較強，或者說得好聽一點，"自主創新"比較多。自然，分歧和非議也會隨之而來，對此我抱着坦然和開放的態度。

　　本書從來源上可分爲三個部分。第一部分是我歷年的研究成果。例如第十二章"主謂結構的發展"就是建立在我《現代漢語的"N的V"與上古漢語的"N之V"》（《語文研究》1995年第2、3期連載）和《先秦漢語受事主語句系統》（《中國語文》1999年第1期）等文章基礎上的；第四章第二節"古指稱詞的概念及古指稱詞的發展"，就是建立在我《上古漢語第三身範疇的表達及相關問題》（《古漢語研究》2001年第4期）等文章的基礎上的。第二部分爲其他學者比較可靠的研究成果，在一定程度上被直接吸收進來。例如名詞詞頭"有"的問題、介詞問題、語氣詞套疊問題、後置定語問題等。第三部分最爲費時費力，需要結合第一手資料，考察分析大量現有研究成果，去僞存真，去粗取精，往往一個章節就是一個獨立的研究課題，例如我最近發表的《上古漢語動結式的發展及相關研究方法的檢討》（《古漢語研究》2013年第1期）一文，實際就是本書的第十六章。

　　本書把上古時期分爲殷商、西周和東周以下以至西漢末年這三個階段。這樣的分期，大致是以語料本身的統一性作爲依據的。殷商甲骨文作爲一個獨立系統，是毫無問題的。西周時期，金文、《尚書》（今文）、《詩經》（《雅》、《頌》部分）以及《易經》等，其統一性也是較爲明顯的。東周以下，從《論語》、《左傳》到諸子百家、出土簡帛資料以及《史記》等，也可以歸爲一個相對統一的系統。相信這樣的分期也比較符合學界一般的認識。

　　年輕的時候曾多次讀過魯迅先生《憶韋素園君》一文，其中的一段話幾乎能背下來:"素園却並非天才,也非豪傑,當然更不是高樓的尖頂,或名園的美花,然而他是樓下的一塊石材,園中的一撮泥土,在中國第一要他多。他不入於觀賞者的眼中,只有建築者和栽植者,決不會將他置之度外。"願本書能成爲建築者和栽植者手中的一塊石材,一撮泥土。果真如此,我就心滿意足了。

姚振武

2014年7月30日於愛吾廬

再版後記

　　倏忽之間,本書出版已有十年了。值此再版之際,我要感謝趙平安先生,是他的關注和厚愛使本書得以順利出版。我還要感謝本書初版的責任編輯徐衍女士,她深厚的專業素養和極爲認真負責的工作態度,使本書得以避免許多瑕疵甚至錯誤。

　　本次再版,緒論部分稍有些改動,其餘部分只在校對過程中偶有增删,基本未作變動。如果本書對於古漢語學術事業有些微的益處,我將感到十分榮幸!誠懇希望廣大讀者對本書提出批評和建議。

姚振武

2025 年 2 月 27 日